不动产法律实务丛书

组织编写／宁波市律师协会
主　编／俞建伟
副主编／俞乾文

农村土地与房屋
法律一本通

LAWS ON LAND AND HOUSES IN RURAL AREAS
A COMPREHENSIVE GUIDE

俞建伟　俞乾文　周龙飞
王　榕　嵇思涛　兰军华 / 合著

法律出版社　LAW PRESS
北京

图书在版编目(CIP)数据

农村土地与房屋法律一本通/俞建伟等著. --北京：法律出版社，2024
(不动产法律实务丛书)
ISBN 978-7-5197-8760-8

Ⅰ.①农… Ⅱ.①俞… Ⅲ.①农村-土地法-基本知识-中国②农村住宅-法律-基本知识-中国 Ⅳ.
①D922.32②D922.181

中国国家版本馆 CIP 数据核字(2024)第 023096 号

农村土地与房屋法律一本通
NONGCUN TUDI YU FANGWU FALÜ YIBENTONG

俞建伟　俞乾文
周龙飞　王　榕　著
嵇思涛　兰军华

责任编辑　慕雪丹　章　雯
装帧设计　汪奇峰　鲍龙卉

出版发行	法律出版社	开本	710 毫米×1000 毫米　1/16
编辑统筹	法商出版分社	印张	45.25　字数　785 千
责任校对	赵明霞	版本	2024 年 9 月第 1 版
责任印制	胡晓雅	印次	2024 年 9 月第 1 次印刷
经　　销	新华书店	印刷	三河市龙大印装有限公司

地址：北京市丰台区莲花池西里 7 号(100073)
网址：www.lawpress.com.cn　　　销售电话：010-83938349
投稿邮箱：info@lawpress.com.cn　　客服电话：010-83938350
举报盗版邮箱：jbwq@lawpress.com.cn　咨询电话：010-63939796
版权所有·侵权必究

书号：ISBN 978-7-5197-8760-8　　　　定价：168.00 元

凡购买本社图书，如有印装错误，我社负责退换。电话：010-83938349

俞建伟

1976年8月31日出生，浙江省宁波市象山县人。1997年从西北工业大学航天学院本科毕业，获工学学士，后获得法学学士与教育学硕士学位。1997—2010年，在宁波大学工作，获评副研究员职称，期间曾在法学院开设多门课程。2003—2010年，在浙江众信律师事务所任兼职律师。2010—2017年，在中国科学院宁波材料所从事科技合作与技术转移工作。2018—2019年，在宁波市律师协会工作，担任专职副秘书长。2020年起，到浙江合创律师事务所工作，重新开始律师执业，主要从事民商事与知识产权领域业务，并开展不动产领域与商业秘密领域的相关法律研究。现是宁波仲裁委员会仲裁员，被宁波大学聘为法学院兼职硕士生导师，并被相关政府部门聘为宁波市农业农村普法讲师团成员、宁波市既有住宅加装电梯专家、宁波市商业秘密领域专家人才库专家、宁波市知识产权纠纷调解专家、宁波市行政合法性审查服务研究中心实务专家等。独著的《民法典居住权制度的理论与实践》，牵头编写的《城市普通住宅法律一本通》与《农村土地与房屋法律一本通》由法律出版社出版。所管理运行的"不动产法律"微信公众号，已经发表300多篇普法文章。

俞乾文

中国政法大学法学硕士，中国民主促进会会员，现为浙江红邦律师事务所高级合伙人。主攻各类保险法律事务，无讼平台"保险向乾看"专栏作者。自2022年开始持续开展房屋买卖、宅基地等相关法律研究。

周龙飞

宁波大学法律硕士研究生毕业，三级律师，现任浙江合创律师事务所青年律师工作委员会副主任，宁波市检察院人民监督员。2021年，获宁波市律师行业"甬律先锋、优秀党务工作者"荣誉称号；2023年，被宁波市委政法委、宁波市法学会确定为宁波市青年法学法律人才库成员。同年，入选2023年宁波市名优律师人才库"成长型名优律师"培育对象。

王　榕

1988年9月出生，浙江京衡（宁波）律师事务所副主任、高级合伙人，兼任宁波市律协江北分会副会长。2020年获宁波市律师行业优秀共产党员"甬律先锋"；2021年获宁波市优秀青年律师；2021年获宁波市律师行业《民法典》宣讲个人荣誉称号。主要从事民事商事案件的诉讼代理、企业常年法律顾问及专项法律顾问工作、刑事辩护等。

嵇思涛

无党派人士，现为北京天驰君泰（宁波）律师事务所权益合伙人、宁波市鄞州区政协委员、鄞州区新联会律知联副会长，同时担任工信部中小企业志愿服务专家、宁波市高层次人才法务专员，曾获宁波市优秀青年律师、宁波市优秀志愿者、宁波市大学生就业之星等荣誉。主要从事公司合规、争议解决和刑事辩护等业务，并开展不动产领域的相关法律研究。

兰军华

2012年7月毕业于浙江理工大学，获法学学士学位。现为浙江共业律师事务所高级合伙人。主要业务方向为政府法律顾问、企业法律顾问以及住房领域争议解决，主理个人微信公众号"兰律匠行"，专注行政法实务，并在工程建设、住房保障、不动产登记等行政领域以及建筑房地产领域开展相关法律研究。2023年12月，入选宁波市名优律师人才库（行政领域"成长型"名优律师培育对象）。

序 一

在当今中国,随着经济社会的持续发展,城镇化率、城市化率也逐渐提高,房地产业成为经济的支柱,不仅为社会提供了很多商品房,而且成为社会财富的主要组成部分。关注以房屋为主的不动产领域,不仅是法律人的业务发展需要,更是时代赋予法律人应承担的社会责任。

对于普通老百姓来说,最重要的是"衣、食、住、行"。其中"住"的问题尤其重要,只有安居才能乐业,住宅不仅对于生活很重要,而且还是普通家庭中最主要的财产。在日常生活中,我们都不可避免地要遇到房屋买卖、租赁、装修、物业、征收补偿、继承等事情,因此而引起的与房屋相关的纠纷也较多。而且,随着房地产市场的发展,由此产生的各种新情况也层出不穷,如商品房限购政策经常变化、二手房买卖过程中新出现的"带押过户"做法、已设立居住权的住宅买卖或出租是否受限、老旧小区住宅加装电梯有加速的趋势等,普通老百姓因房所困、为房所恼乃至谈"房"色变的情况经常出现。究其原因,与房屋相关的法律关系复杂、办理流程繁杂,老百姓想知道相关法律知识以解决现实问题,但需要有一定的法律知识基础才能明了。

《民法典》颁布实施以后,其中有些规范与此前的法律法规中的规范有所区别。与房屋相关的物权制度,有业主的建筑物区分所有权、共有制度、居住权、抵押权等;与土地相关的物权制度,有土地承包经营权、建设用地使用权、宅基地使用权、地役权、抵押权等;与房屋相关的典型合同,有房屋买卖合同、租赁合同、建设工程合同、承揽合同、物业服务合同、赠与合同、借款合同、保证合同、中介合同等;此外,在婚姻家庭、继承中与房产也有较密切的关系,如离婚中的共有房产分割、分家析产、房产的继承或遗赠等。总之,《民法典》的很多规范都与房屋、土地等不动产有密切的关系。所以,需要法官、律师及其他法律工作者向普通的人民群众普及相关法律知识与办理流程,让人民群众知道如何避免被"坑",所签订的协议比较公平、合理,一旦出现问题后知道如何处理,可以保护自己的合法权益。

随着新农村建设与乡村振兴,尤其是从2014年开始的农村土地征收、集体经营性建设用地入市、宅基地制度改革等三项试点工作,使得农村土地管理制度与此前有较大的区别。《农村土地承包法》《土地管理法》及其实施条例的修正,完善了农村土地承包经营权"三权"分置与宅基地"三权"分置的探索。如何合理利用农村闲置土地与闲置房屋,成为乡村振兴需要探索的一大难题。

浙江宁波是中国改革开放前沿,也是律师业发展高地,几位优秀律师敏锐注意到这种现实关切,用近两年的时间合作撰写了这两本普法书:《城市普通住宅法律一本通》《农村土地与房屋法律一本通》。这两本书从普通读者的角度出发,介绍了相关法律法规的规范与相关领域的基本知识、办理的流程步骤,提供相关的合同示范文本或参考文本,还分析了常见的一些相关法律问题,并提出律师的建议与注意事项,有很强的实用性。通过对一些典型案例的介绍与简单说明,用"以案说法"的方式进行普法,增强了可读性,便于读者理解。

这两本书的内容相当全面,包含了关于涉及房屋与土地法律问题的各个方面。我先翻阅了《城市普通住宅法律一本通》一书的目录,发现其中既有商品房购置、二手房买卖、房屋抵押、房屋租赁、物业服务、房屋征收与补偿、房产继承与遗赠等常见的内容,又有住宅装修、加装电梯、居住权、房产赠与与互换、共有房产处理等不常见的内容,读者可以根据需要选择所要阅读的内容,"总有一款适合你",不必全书都读。

这两本书定位为普法书,所以这不是一本教人如何"打官司"的书,而是一本教人怎么"避免打官司"的指引。书中内容以非诉为主,通过事前、事中的防范措施,能够把房屋买卖、租赁、抵押、物业服务等过程中的分歧尽量消除在起点,在根源上减少后期纠纷的产生,这种"上工治未病"的做法,符合普通读者的期待与普法的目的。

这两本书中选入大量的案例,所以可读性较好。由案号可见,书中选用的案例比较新,读者也可以根据案号到中国裁判文书网上查到相关案例的判决书或裁定书。而且有些案例是最高人民法院发布的指导案例,判决或裁定的典型案例,其指导意义显然比一般案例更强。

古人云:"瑕不掩瑜,百密一疏。"自然,书中也存在一些不足与遗憾。如书中选入的多数案例是各地基层法院判决的案例,属于一般裁判文书,相较于最高人民法院发布的指导性案例、公报案例而言,其裁判观点的权威性还不是很强,所以有些案例的典型性有所欠缺。有些案例判决也存在一定的争议,不同的法院有不同的判决,在实践中不乏结果差异较大甚至相反的判决。书中作者提出的个别观点也存在商榷之处,如物业服务企业安全保障义务的范围与责任承担,农村房屋买卖合同纠纷处理中对于合同无效后双方的过错责任承担比例及损失的计算,有些是作者的个人观点,并不是定论。当然从另一个角度来看,这也能够使读者在阅读时,把自己放进去,把自己的案情放进去,"活学活用",指导实践。同时,我们对作者对此书的可持续性的修订与完善更增加了期待。希望读者在阅读时进行把握。

我认为,律师应利用自己的专业知识与经验,帮助群众实现和维护自身合法权益。本书作者正是基于社会的需要,运用法律知识,从普通读者的视角,分析相关法律问题,为普通人普法,给予实实在在的帮助,帮助普通群众处理好与房屋、土地相关的法律问题。

这两本书既是普法书,也是法律实务书,不仅适合普通群众阅读,还适合法官、律师、基层法律工作者、人民调解员等群体在业务办理过程中借鉴,也适合法学专业学生作为参考,还可以作为给农村"法律明白人"的培训教材。

"路漫漫其修远兮,吾将上下而求索。"推进法治中国建设是法律人的职业追求。我们期盼更多的法律工作者投身到法治中国的事业中来，在全面推进依法治国、建设法治中国中大显身手，为强国建设、民族复兴贡献自己应尽的力量。

是为序。

中华全国律师协会监事长、
国浩律师事务所首席执行合伙人

2023 年 10 月

序　二

自 2020 年《民法典》颁布以来，全国各地都兴起了学习《民法典》的热潮。与《民法典》相关的普法书籍在此后也陆续出版，但大都是对《民法典》相关条文的解释，内容显得相对比较杂。此前关于房屋、土地的法学著作或普法书籍也较多，随着《民法典》的颁布及相关司法解释的修订，《城市房地产管理法》《农村土地承包法》《土地管理法》及其实施条例的最新修正，书中的有些内容已经过时，不再适合读者学习，否则可能产生误导后果。所以，我们希望有一些新的普法书籍能出版出来，帮助人民群众更好地学习《民法典》，在日常生活中能更好地运用法律知识。

我收到俞建伟律师发来的《城市普通住宅法律一本通》《农村土地与房屋法律一本通》两本普法书的书稿，看后觉得"耳目一新"，所以欣然同意为这两本书写序。

首先，书中介绍的一些内容颇具新意。如关于城市房屋的内容，常见的有关于房屋买卖、房屋抵押、房屋租赁、物业服务、房屋征收与补偿、房产继承与遗赠等内容，一般是各自成书，或者将几个内容放在同一本书中进行介绍。《城市普通住宅法律一本通》中不仅有以上这些常见内容，而且有既有住宅加装电梯、设立居住权、住宅装修、房产赠与与互换等不常见的内容。关于农村土地与房屋的普法书籍并不多，内容大多是关于土地承包经营、宅基地管理、集体土地征收等。《农村土地与房屋法律一本通》中不仅有土地承包经营、宅基地使用与管理、农村房屋买卖、农村房屋租赁、集体土地征收与补偿等常见内容，还有土地经营权流转、集体经营性建设用地入市、地役权与相邻关系、农村房屋建造与装修、农村分户与分家析产、农村不动产抵押贷款等不常见的内容。这些不常见的内容让人看后觉得有种"新瓶装新酒"的感觉。在这两本书中，即使是常见的内容中也有一些有特色的内容，如商品房买卖中的特殊情况处理、二手房买卖中的特殊情况处理、房屋租赁中的特殊情况处理、物业服务中业主合法权益的保护、宅基地制度改革试点与"三权"分置探索、农村房屋买卖合同无效的处理、农村房屋征收中的特殊情况处理等，让人看后觉得有种"旧瓶装新酒"的感觉。总之，在这两本普法书中可以看到很多一般在学术著作中才会介绍的新内容。

其次，书中引用的相关法律法规与司法解释等内容比较新，选用的合同示范文本也较新。书中涉及相关法律知识，引用较多的是《民法典》中的相关规定，或《城市房地产管理法》《农村土地承包法》《土地管理法》等相关法律法规（最新修正版）中的内容，还有2023年6月28日发布的《无障碍环境建设法》中与加装电梯相关的内容。如果需要引用原《物权法》《合同法》中的相关规定，也进行了比较分析与说明，使得读者了解最新的法律规范。《民法典》颁布以后，最高人民法院在2020年年底颁布了一批司法解释，文中也是引用了相关司法解释中的最新规范。如最高人民法院在2023年4月20日发布的《关于商品房消费者权利保护问题的批复》，也选入"新建商品房购置"这一章中。此外，文中还选入2022年10月自然资源部公布的《不动产登记法（征求意见稿）》与2023年3月最高人民法院发布的《关于适用〈中华人民共和国民法典〉侵权责任编的解释（一）（征求意见稿）》中的相关内容。文中还介绍了一些省级高级人民法院发布的最新司法解释，如江苏省高级人民法院于2022年10月发布的《全装修商品房买卖合同装修质量纠纷案件审理指南》，广东省高级人民法院于2022年12月发布的《关于审理房屋买卖合同纠纷案件的指引》，该审理指南或指引经最高人民法院审查同意，对其他地方法院审理相关案件也有较大的参考价值与一定的指导意义。此外，书中还介绍了一些由政府部门发布的合同示范文本，并分析了合同签订过程中需要注意的事项。《民法典》颁布后，此前颁布的一些合同示范文本中的有些内容已不适合新的规范要求,部分内容需要进行修改,所以作者尽量选用最新的合同示范文本,如在《城市普通住宅法律一本通》中选用2023年版《浙江省商品房买卖合同(预售)》《浙江省商品房买卖合同(现售)》《浙江省存量房买卖合同》《浙江省房屋租赁合同》示范文本;在《农村土地与房屋法律一本通》中选用自然资源部办公厅、国家市场监督管理总局办公厅于2023年2月发布的《集体经营性建设用地使用权出让合同》《集体经营性建设用地使用权出让监管协议》示范文本(试点试行)。通过对最新法律规范与合同示范文本的介绍,使得这两本普法书的内容较新,读者可以从中受益。

再次,书中选用的案例比较新。在《城市普通住宅法律一本通》中有180余个案例,在《农村土地与房屋法律一本通》中有160余个案例,由案号可见,大多数是近几年发生或法院判决的案例,反映了法院审理相关案件的最新裁判规则。其中有些案例是最高人民法院判决或裁定的案例,如"商品房消费者权利保护及与其他权利的关系"中选用的两个典型案例是最高人民法院判决的案例,在"购房合同解除导致担保贷款合同解除的纠纷案例"中引用了最高人民法院作出的(2019)最高法民再245号民事判决书中的内容,说明房产商无法按期交房导致借款合同、抵押合同解除,剩余贷款应由房产商归还。在"房屋征收与补偿""集体土地房屋征收与补偿"中,因征收程序或补偿问题引起的行政诉讼案例,大都是选用经最高人民法院判决或裁定的典型案例,有较强的指导意义。此外,书中还选用了一些由最高人民法院发布的指导案例,可以作为各级法院审理类似案例的参考依据,权威性相对较高。

最后,书中还介绍了农村土地制度改革的最新进展情况。在《农村土地与房屋法律一本通》中,介绍了从2014年开始的农村土地征收、集体经营性建设用地入市、宅基地制度改革三项试点工作的最新进展情况与试点经验。并介绍了农村土地承包经营权"三权"分置与土地经营权流转的相关情况,还介绍了宅基地"三权"分置改革探索、宅基地有偿使用、宅基地使用权转让、宅基地的自愿退出与被收回等内容。如在规章方面,书中选入《农村宅基地管理暂行办法(征求意见稿)》中的一些内容。在"农村不动产抵押贷款"这一章中,介绍了土地经营权、农民住房财产权、农村集体经营性建设用地使用权抵押贷款等试点情况。可见,作者对我国农村土地制度改革的最新发展趋势有所把握,所介绍的内容也是比较新的。

两本书虽然定位为以普法为主,其中也有一些作者的独特观点。如在《城市普通住宅法律一本通》中,作者提出交付商品房出现层高不足的问题处理,建议当事人在房屋买卖合同中自己增加约定:如果交付房屋的层高未能达到合同约定的规划层高,参照关于面积差异方式处理;在加装电梯过程中,要注意不同业主的利益平衡,既要推动加装电梯工作、维护多数业主的利益,又要注意对不同意加装电梯的少数业主的合法权益保护,适当提高对其的经济补偿数额;根据居住权的设立方式不同,双方的权利与义务应有所区别,无偿设立的居住权合同准用赠与合同规则,有偿设立居住权可以参照适用房屋租赁合同规则。在《农村土地与房屋法律一本通》中,作者提出在农村土地制度改革中要重视对闲置宅基地和闲置住宅的盘活利用,保护农村村民的利益;在农村房屋买卖合同或宅基地使用权纠纷处理时,即使合同无效但双方对征收补偿利益的约定仍是有效,应按照诚信原则进行处理,对合同无效造成的损失计算,建议可以考虑按重新购置房屋价格计算损失;在对集体土地上所建的农村房屋征收时,征收部门不能以该房屋是违法建筑为由概不补偿,对村民依法取得的宅基地使用权应予以合理补偿,并提出对其他农村房屋征收的处理建议。

书中提供的一些合同参考文本大多是作者起草的合同,虽然与政府部门发布的合同示范文本相比,不及其规范、细致,但也有特定的借鉴参考价值。如居住权合同、地役权合同、装修承揽合同、农村住宅装修合同、农村房屋买卖合同、房屋互换合同、分家析产协议等是其他书中很少见的合同,有一定的稀缺性。

两本书共超过百万字的内容无疑是非常丰富的,但书中也存在一些遗憾与不足。如物业服务公司能否阻止业主封包阳台的相关纠纷,各地法院判决存在较大的差异,但书中只是选了其中一种案例,可能会让读者认为法院都是这种判决结果;如农村房屋买卖合同纠纷处理,对于合同无效后双方的过错责任承担比例及损失的计算,各地法院也有不同的判决,作者虽然对合同无效后的法律后果分析得较详细,但只是一家之言,而非定论。可能因为篇幅所限,书中对很多内容没有进行深入的讨论与分析,如《民法典》新设立的居住权制度可能会对房屋买卖、房屋租赁、房屋征收与补偿、法院执行工作等产生较大的影响,俞建伟在其所著的《民法典居住权制度的理论与实践》中有较深入的分析,但在这两本书中分析得并不多,感觉有点遗珠之憾。

  这两本书的定位虽然以普法为主,但也有较多的理论内容与作者的分析观点。我认为,这两本书不仅适合作为普法书,也适合给律师们阅读并作为工具书。如在遇到相关案件时,律师可以翻阅一下相关内容,可能会帮助其理清思路,对案件有更为准确的判断。

  律师写书很不容易,尤其是合作写书更不容易。我非常乐意将这两本由浙江律师所著的普法书推荐给广大读者!

  是为序。

中华全国律师协会副会长、
浙江六和律师事务所首席合伙人

2023 年 10 月

本书主要法律、法规、规章、司法解释一览表

名称	性质	发布或开始实施时间	最新修订时间	简称
《中华人民共和国民法典》	法律	2020年5月28日		《民法典》
《中华人民共和国土地管理法》	法律	1986年6月25日	2019年8月26日	《土地管理法》
《中华人民共和国农村土地承包法》	法律	2002年8月29日	2018年12月29日	《农村土地承包法》
《中华人民共和国农村土地承包经营纠纷调解仲裁法》	法律	2009年6月27日		《农村土地承包经营纠纷调解仲裁法》
《中华人民共和国城市房地产管理法》	法律	1994年7月5日	2019年8月26日	《城市房地产管理法》
《中华人民共和国城乡规划法》	法律	2007年10月28日	2019年4月23日	《城乡规划法》
《中华人民共和国建筑法》	法律	1997年11月1日	2019年4月23日	《建筑法》
《中华人民共和国消费者权益保护法》	法律	1993年10月31日	2013年10月25日	《消费者权益保护法》
《中华人民共和国村民委员会组织法》	法律	1998年11月4日	2018年12月29日	《村民委员会组织法》
《中华人民共和国农村集体经济组织法》	法律	2024年6月28日		《农村集体经济组织法》
《中华人民共和国乡村振兴促进法》	法律	2021年4月29日		《乡村振兴促进法》
《中华人民共和国行政诉讼法》	法律	1989年4月4日	2017年6月27日	《行政诉讼法》

续表

名称	性质	发布或开始实施时间	最新修订时间	简称
《中华人民共和国行政复议法》	法律	1999年4月29日	2023年9月1日	《行政复议法》
《中华人民共和国妇女权益保障法》	法律	1992年4月3日	2022年10月30日	《妇女权益保障法》
《中华人民共和国老年人权益保障法》	法律	1996年8月29日	2018年12月29日	《老年人权益保障法》
《中华人民共和国契税法》	法律	2020年8月11日		《契税法》
《中华人民共和国个人所得税法》	法律	1980年9月10日	2018年8月31日	《个人所得税法》
《中华人民共和国印花税法》	法律	2021年6月10日		《印花税法》
全国人大常委会《关于授权国务院在北京市大兴区等三十三个试点县（市、区）行政区域暂时调整实施有关法律规定的决定》	全国人大常委会法律性文件	2015年2月27日第十二届全国人大常委会第十三次会议通过		
全国人大常委会《关于授权国务院在北京市大兴区等232个试点县（市、区）、天津市蓟县等59个试点县（市、区）行政区域分别暂时调整实施有关法律规定的决定》	全国人大常委会法律性文件	2015年12月27日第十二届全国人大常委会第十八次会议通过		
《中华人民共和国土地管理法实施条例》	行政法规	1991年1月4日	2021年7月2日	《土地管理法实施条例》
《不动产登记暂行条例》	行政法规	2014年11月24日	2024年3月10日	《不动产登记暂行条例》
《建设工程质量管理条例》	行政法规	2000年1月30日	2019年4月23日	《建设工程质量管理条例》
《村庄和集镇规划建设管理条例》	行政法规	1993年6月29日		《村庄和集镇规划建设管理条例》

续表

名称	性质	发布或开始实施时间	最新修订时间	简称
《中华人民共和国增值税暂行条例》	行政法规	1993年12月13日	2017年11月19日	《增值税暂行条例》
《中华人民共和国个人所得税法实施条例》	行政法规	1994年1月28日	2018年12月18日	《个人所得税法实施条例》
《不动产登记暂行条例实施细则》	部门规章	2016年1月1日	2019年7月24日	
《农村土地承包合同管理办法》	部门规章	2023年2月17日		
《农村土地经营权流转管理办法》	部门规章	2021年1月26日		
《确定土地所有权和使用权的若干规定》	部门规章	1995年3月11日	2010年12月3日	
《土地权属争议调查处理办法》	部门规章	2003年1月3日	2010年11月30日	
《建筑工程施工许可管理办法》	部门规章	1999年10月15日	2021年3月30日	
《住宅室内装饰装修管理办法》	部门规章	2002年3月5日	2011年1月26日	
《自然资源行政处罚办法》	部门规章	2014年4月10日	2024年1月31日	
《自然资源听证规定》	部门规章	2003年12月30日	2020年3月20日	
《关于农村土地征收、集体经营性建设用地入市、宅基地制度改革试点工作的意见》	中共中央办公厅、国务院办公厅文件	2014年12月2日		
国务院《关于开展农村承包土地的经营权和农民住房财产权抵押贷款试点的指导意见》	国务院规范性文件	2015年8月10日		
《农村承包土地的经营权抵押贷款试点暂行办法》	部门规范性文件	2016年3月15日		

续表

名称	性质	发布或开始实施时间	最新修订时间	简称
《农民住房财产权抵押贷款试点暂行办法》	部门规范性文件	2016年3月15日		
《农村集体经营性建设用地使用权抵押贷款管理暂行办法》	部门规范性文件	2016年5月13日	已失效	
《关于深化农村集体经营性建设用地入市试点工作的意见》	中共中央办公厅、国务院办公厅文件	2022年		
《关于做好农村集体经营性建设用地使用权抵押贷款相关工作的通知》	部门规范性文件	2024年3月4日		
原建设部《关于加强村镇建设工程质量安全管理的若干意见》	部门规范性文件	2014年12月6日		
住房城乡建设部等5部门《关于加强农村房屋建设管理的指导意见》	部门规范性文件	2024年4月12日		
《不动产登记操作规范(试行)》	部门规范性文件	2021年6月7日		
《确定土地所有权和使用权的若干规定》	部门规范性文件	1995年3月11日	2010年12月3日	
最高人民法院《关于审理涉及农村土地承包纠纷案件适用法律问题的解释》	司法解释	2005年7月29日	2020年12月29日	《农村土地承包司法解释》
最高人民法院《关于审理涉及农村土地承包经营纠纷调解仲裁案件适用法律若干问题的解释》	司法解释	2014年1月9日	2020年12月29日	《农村土地承包经营纠纷司法解释》
最高人民法院《关于适用〈中华人民共和国民法典〉继承编的解释(一)》	司法解释	2020年12月29日		《继承编的解释(一)》

续表

名称	性质	发布或开始实施时间	最新修订时间	简称
最高人民法院《关于适用〈中华人民共和国民法典〉婚姻家庭编的解释(一)》	司法解释	2020年12月29日		《婚姻家庭编的解释(一)》
最高人民法院《关于适用〈中华人民共和国民法典〉物权编的解释(一)》	司法解释	2020年12月29日		《物权编的解释(一)》
最高人民法院《关于审理建设工程施工合同纠纷案件适用法律问题的解释(一)》	司法解释	2020年12月29日		《建设工程施工合同的解释(一)》
最高人民法院《关于适用〈中华人民共和国民法典〉总则编若干问题的解释》	司法解释	2022年2月24日		《总则编若干问题的解释》
最高人民法院《关于审理涉及农村集体土地行政案件若干问题的规定》	司法解释	2011年8月7日		
最高人民法院《关于审理城镇房屋租赁合同纠纷案件具体应用法律若干问题的解释》	司法解释	2009年7月30日	2020年12月29日	《房屋租赁合同司法解释》
最高人民法院《关于适用〈中华人民共和国民法典〉时间效力的若干规定》	司法解释	2020年12月29日		
最高人民法院《关于适用〈中华人民共和国民法典〉合同编通则若干问题的解释》	司法解释	2023年12月4日		《合同编通则解释》
最高人民法院《关于修改〈民事案件案由规定〉的决定》	司法解释性质文件	2011年2月18日	2020年12月29日	《民事案件案由规定》

目 录

第一章 农村土地承包经营 … 001
第一节 相关法律对农村土地承包经营的规定与理解 … 001
一、《民法典》对农村土地承包经营的相关规定与理解 … 001
二、《土地管理法》对农村土地承包经营的相关规定 … 003
三、《农村土地承包法》的框架结构与最新修改内容 … 004
四、集体所有土地与农村土地的分类 … 005

第二节 家庭承包方式与农村土地承包经营合同 … 008
一、农村土地承包经营的原则 … 008
二、家庭土地承包的特点 … 011
三、土地承包的程序 … 012
四、家庭承包关系中的主体及其权利与义务 … 014
五、农村土地承包经营合同的内容与生效 … 017
六、农村土地承包经营合同的变更与解除 … 018

第三节 农村土地承包经营权的保护与转移 … 023
一、"四荒地"的承包方式与特殊要求 … 023
二、农村土地承包经营权调查与确权登记 … 026
三、对农村土地承包经营权的保护 … 028
四、土地承包经营权的互换与转让 … 032
五、"长久不变"政策与第三轮农村土地承包 … 034

第四节 农村土地承包经营纠纷处理 … 038
一、《农村土地承包经营纠纷调解仲裁法》的规定与理解 … 038
二、农村土地承包经营纠纷通过诉讼方式解决 … 040
三、司法解释中对家庭土地承包纠纷案件的处理规范 … 042

第五节　与农村土地承包经营相关的纠纷案例　　044
　一、农村土地承包经营合同纠纷案例　　044
　二、土地承包经营权确认纠纷案例　　050
　三、土地承包经营权互换与转让纠纷案例　　052
　四、承包地被征收后补偿费用分配纠纷案例　　054
　五、妇女土地承包经营权与集体经济组织成员权益保护　　059

第二章　农村土地经营权流转　　063
第一节　农村土地"三权分置"制度　　063
　一、农村土地"三权分置"的法律依据　　063
　二、农村集体土地所有权与经营管理主体　　064
　三、农村集体土地承包经营权与承包主体　　065
　四、农村集体土地经营权与经营主体　　066
第二节　农村土地经营权流转与农业适度规模经营　　067
　一、相关法律对农村土地经营权流转的规定与理解　　067
　二、《农村土地经营权流转管理办法》的主要内容与理解　　071
　三、农村土地经营权流转的主要形式　　073
　四、农村土地经营权流转合同及是否办理登记　　077
　五、农村土地经营权流转中存在的问题与加强监管检查　　079
　六、农村土地经营权流转与农业适度规模经营　　081
第三节　农村土地经营权流转纠纷处理与案例　　084
　一、农村土地经营权流转纠纷的解决途径　　084
　二、农村土地经营权流转纠纷的常见情形　　085
　三、农村土地经营权流转纠纷案例　　090

第三章　宅基地使用与管理　　101
第一节　相关法律法规对宅基地的规定与理解　　101
　一、《民法典》对宅基地的规定与理解　　101
　二、《土地管理法》及《土地管理法实施条例》对宅基地的规定与理解　　102
　三、地方性法规中关于宅基地的规定　　104
第二节　宅基地使用权的基本知识与办理登记　　107

一、宅基地使用权的基本知识　　107
　　二、宅基地的布局和面积标准　　110
　　三、办理宅基地使用权登记　　113
第三节　宅基地使用权的取得、流转与退回　　118
　　一、宅基地使用权的取得与使用　　118
　　二、宅基地有偿使用的试点情况　　123
　　三、宅基地使用权转让与出租　　124
　　四、宅基地的自愿有偿退出与被收回　　129
第四节　宅基地制度改革试点与"三权分置"探索　　132
　　一、相关改革背景与探索实践情况　　132
　　二、宅基地"三权分置"与相关探索　　136
　　三、各地宅基地"三权分置"试点经验介绍　　141
　　四、闲置宅基地和闲置住宅的盘活利用　　144
第五节　与农村宅基地相关的纠纷处理与案例　　148
　　一、与农村宅基地相关的纠纷处理　　148
　　二、与宅基地权属相关的纠纷案例　　152
　　三、宅基地使用权转让引起的相关纠纷案例　　156
　　四、与宅基地相关的其他纠纷案例　　160

第四章　集体经营性建设用地入市　　164
第一节　相关法律法规关于集体建设用地的规定与理解　　164
　　一、《土地管理法》对建设用地的相关规定与理解　　164
　　二、《土地管理法实施条例》对建设用地的相关规定与理解　　166
　　三、建设用地的分类与集体经营性建设用地的应用范围　　168
第二节　土地确权与集体建设用地使用权登记　　172
　　一、集体所有土地确权登记　　172
　　二、集体建设用地确权的程序　　175
　　三、集体建设用地确权工作的推进　　176
第三节　集体建设用地的开发利用　　177
　　一、相关改革背景与探索实践情况　　177
　　二、集体经济组织可以利用集体建设用地兴办企业　　182

三、利用集体建设用地建设租赁住房的探索　　　　　　　　186
　　四、集体所有土地不能用于商品房开发　　　　　　　　　　189
第四节　集体经营性建设用地入市与流转　　　　　　　　　　191
　　一、集体经营性建设用地入市条件与交易方式　　　　　　　191
　　二、集体经营性建设用地使用权在二级市场流转　　　　　　197
　　三、探索集体经营性建设用地入市的试点经验　　　　　　　202
　　四、地方性法规关于集体所有土地使用权市场管理的规定　　206
　　五、地方政府规章关于集体建设用地使用权流转管理的规定　209
　　六、集体经营性建设用地出让合同与出让监管协议　　　　　213
第五节　与集体经营性建设用地相关的纠纷案例　　　　　　　219
　　一、与集体建设用地开发利用相关纠纷案例　　　　　　　　219
　　二、与集体经营性建设用地入市程序相关纠纷案例　　　　　226
　　三、涉集体经营性建设用地入市相关纠纷案例　　　　　　　229
　　四、土地租赁合同纠纷案例　　　　　　　　　　　　　　　234

第五章　地役权与相邻关系　　　　　　　　　　　　　　　　238
第一节　《民法典》对地役权的规定与理解　　　　　　　　　238
　　一、《民法典》对地役权的规定　　　　　　　　　　　　　238
　　二、对地役权制度的理解　　　　　　　　　　　　　　　　239
　　三、地役权的不同分类　　　　　　　　　　　　　　　　　244
第二节　地役权合同的签订　　　　　　　　　　　　　　　　245
　　一、地役权合同的一般条款　　　　　　　　　　　　　　　245
　　二、地役权合同中需要注意的其他事项　　　　　　　　　　247
　　三、地役权合同的参考文本　　　　　　　　　　　　　　　249
第三节　设立地役权需要注意的法律问题　　　　　　　　　　253
　　一、办理地役权登记　　　　　　　　　　　　　　　　　　253
　　二、地役权的法律效力　　　　　　　　　　　　　　　　　256
　　三、在设立用益物权的土地上设立地役权　　　　　　　　　258
　　四、地役权合同的解除与地役权的消灭　　　　　　　　　　259
第四节　相邻关系与相邻权　　　　　　　　　　　　　　　　261
　　一、《民法典》对相邻关系的规定　　　　　　　　　　　　261

二、对相邻关系的理解　　262
　　三、相邻权与地役权的差异　　263

第五节　地役权与相邻关系纠纷案例　　266
　　一、地役权纠纷的相关案例　　266
　　二、相邻关系纠纷的相关案例　　270

第六章　农村房屋建造与装修　　274

第一节　农村房屋的法律特征与相关规范　　274
　　一、农村房屋的法律特征　　274
　　二、农村房屋与城市商品房的差异　　275
　　三、与农村房屋相关的法律规范　　277
　　四、农村房屋产权的取得与办理登记　　278

第二节　农村房屋建造与装修的基本知识　　281
　　一、农村房屋建造与装修的不同类型　　281
　　二、农村房屋建造的主要流程　　283
　　三、住宅装修施工过程中的步骤　　286

第三节　农村房屋建造与装修中的法律适用　　288
　　一、《民法典》中关于农村房屋建造与装修的规定　　288
　　二、其他法律法规关于农村房屋建造与装修的规范　　290
　　三、地方性法规关于自建房安全管理的规范　　292
　　四、地方政府规章关于农村住房建设管理的规范　　295
　　五、部门规章关于住宅装修的规范　　301

第四节　签订农村房屋建造与装修施工合同　　302
　　一、农村住房建设施工合同示范文本　　302
　　二、农村住宅装修施工合同的参考文本　　307
　　三、签订简易版的工程承揽合同　　309
　　四、签订定作合同时的注意事项　　313

第五节　农村房屋建造与装修过程中的主要事项　　316
　　一、农村宅基地的申请与审批　　316
　　二、农村自建房需要取得规划许可证　　318
　　三、农村自建房的质量问题　　319

四、建造与装修过程中的物资材料采购　　321
　　五、建造或装修完成后的验收与保修　　321

第六节　建房过程中的人身安全与相关纠纷案例　　323
　　一、建房过程中的各方法律关系界定　　323
　　二、发生人身损害事故后的责任承担　　325
　　三、建房过程中发生的人身损害赔偿案例　　328

第七节　农村房屋建造引起的纠纷处理与案例　　331
　　一、司法解释中适用农村房屋建造与装修合同纠纷处理　　331
　　二、建造房屋存在质量问题引起的纠纷案例　　333
　　三、建造房屋不符合设计或材料不合格引起的纠纷案例　　335
　　四、合同无效后处理工程费用的相关案例　　337
　　五、合同提前解除引起的纠纷案例　　339
　　六、与农村建房相关的特殊纠纷案例　　341

第八节　农村房屋装修引起的纠纷案例　　342
　　一、因房屋装修质量存在问题引起的纠纷案例　　342
　　二、未签订书面形式装修合同引起的纠纷案例　　344
　　三、因项目定作引起的承揽合同纠纷案例　　346
　　四、因农村房屋装修引起的其他纠纷案例　　347

第七章　农村房屋买卖　　350

第一节　农村房屋买卖的常见情况与处理建议　　350
　　一、农村房屋确权与办理登记　　350
　　二、农村房屋买卖的常见情况　　352
　　三、农村房屋买卖的处理建议　　353

第二节　农村房屋买卖合同的建议写法　　355
　　一、农村房屋买卖合同的一般条款　　355
　　二、农村房屋买卖中需要注意的事项　　357
　　三、农村房屋买卖合同的参考文本　　358

第三节　农村房屋买卖合同纠纷处理　　362
　　一、法院关于农村房屋买卖合同纠纷处理的相关规定　　362
　　二、农村房屋买卖合同的效力分析　　367

三、农村房屋买卖合同无效后的法律后果　　371
　　四、合同无效但对征收补偿利益的约定仍有效　　376
　　五、农村房屋买卖的民事纠纷与行政处罚的关系　　380

　第四节　与农村房屋买卖相关的纠纷案例　　383
　　一、农村房屋买卖合同纠纷案例　　383
　　二、农村房屋转卖产生的纠纷案例　　388
　　三、违法建筑转让产生的纠纷案例　　391
　　四、名为房屋买卖实为其他权益转让的纠纷案例　　394

第八章　农村房屋租赁　　397

　第一节　《民法典》对租赁合同的规定与理解　　397
　　一、《民法典》对租赁合同的规定　　397
　　二、房屋租赁合同的法律特征　　400
　　三、房屋租赁合同中的双方权利与义务　　402
　　四、房屋租赁过程中相关法律问题分析　　406

　第二节　房屋租赁合同的签订　　410
　　一、房屋租赁合同的一般条款　　410
　　二、从出租人角度看合同中需要注意的内容　　413
　　三、从承租人角度看合同中需要注意的内容　　415
　　四、房屋租赁合同的参考文本　　416

　第三节　房屋租赁需要注意的事项　　419
　　一、房屋出租人需要注意的事项　　419
　　二、房屋承租人需要注意的事项　　423
　　三、租赁合同无效的原因及处理　　425
　　四、租赁合同提前解除的条件及处理　　427

　第四节　房屋租赁引起的常见纠纷案例　　431
　　一、因出租人违约造成的房屋租赁合同纠纷案例　　431
　　二、因承租人违约造成的房屋租赁合同纠纷案例　　433
　　三、因租赁合同无效或提前解除引起的纠纷案例　　435

　第五节　房屋租赁中的特殊情况处理及纠纷案例　　438
　　一、超长租期的房屋租赁合同规范与处理　　438

二、房屋出租后装饰装修或扩建部分的处理　　440
　　三、非法建筑或临时建筑出租情况的处理　　443

第九章　农村不动产抵押贷款　　445
第一节　农村"两权"抵押贷款的相关规范　　445
　　一、农村"两权"抵押贷款的试点工作　　445
　　二、农村"两权"抵押贷款的法律依据　　448
　　三、农村"两权"抵押贷款的法律性质　　449
第二节　土地经营权抵押贷款　　451
　　一、申请抵押贷款的条件　　451
　　二、贷款的相关问题　　452
　　三、抵押物价值认定与办理登记　　453
　　四、抵押的土地经营权处置　　454
　　五、土地经营权抵押贷款的发展动向　　455
　　六、土地经营权抵押引起的纠纷案例评析　　456
第三节　农民住房财产权抵押贷款　　457
　　一、抵押的范围与申请抵押贷款的条件　　457
　　二、贷款的相关问题　　458
　　三、办理农民住房财产权抵押登记　　459
　　四、抵押的农民住房财产权处置　　459
　　五、抵押人的基本居住条件保护　　461
　　六、农民住房财产权抵押引起的纠纷案例　　462
第四节　农村集体经营性建设用地使用权抵押　　464

第十章　集体土地征收与补偿　　467
第一节　集体土地征收的法律规范与理解　　467
　　一、法律法规对集体土地征收的相关规定　　467
　　二、农村土地征收制度改革试点工作　　471
　　三、地方性法规对集体土地征收的相关规定　　473
　　四、各地对集体土地房屋征收与补偿的相关规定　　477
第二节　集体土地征收的基本知识与工作流程　　479

    一、集体土地征收与补偿的基本含义　　　　　　　　　　479

    二、集体土地征收与国有土地上房屋征收的区别　　　　479

    三、集体土地征收与补偿的参与主体　　　　　　　　　480

    四、集体土地征收与补偿的工作原则　　　　　　　　　481

    五、集体土地征收与补偿的工作流程　　　　　　　　　482

第三节　征收土地预公告发布与前期工作　　　　　　　485

    一、征收工作启动与征收土地预公告的发布　　　　　　485

    二、集体土地征收中被征收人的确定　　　　　　　　　486

    三、征收范围确定后的禁止行为与暂停办理事项　　　　487

    四、开展土地现状调查及社会稳定风险评估　　　　　　489

第四节　征地补偿安置方案公布与协议签署　　　　　　490

    一、征地补偿安置公告发布与内容　　　　　　　　　　490

    二、办理补偿登记与组织听证活动　　　　　　　　　　492

    三、公布征地补偿安置方案　　　　　　　　　　　　　494

    四、征地补偿安置协议的内容　　　　　　　　　　　　495

    五、征地补偿安置协议的签署与决定的作出　　　　　　502

第五节　征收土地申请审批与后期落实执行　　　　　　503

    一、征收土地申请审批与公告发布　　　　　　　　　　503

    二、征地补偿安置费用的落实与足额支付　　　　　　　504

    三、被征收人对征地与补偿工作不服的救济途径　　　　504

    四、征收人申请法院强制执行的条件与程序　　　　　　505

第六节　集体土地房屋征收补偿标准与安置方式　　　　506

    一、集体土地房屋征收补偿费用与标准　　　　　　　　506

    二、征收农村村民住宅的补偿安置方式　　　　　　　　508

    三、被征收农村房屋的价值评估　　　　　　　　　　　511

    四、安置人口认定与农村集体经济组织成员资格　　　　512

    五、与农村房屋征收相关的其他费用补偿　　　　　　　516

    六、土地补偿费用在农村集体经济组织内部的处理　　　519

第七节　集体土地房屋征收的法律责任与纠纷案例　　　523

    一、集体土地房屋征收中的违法行为及法律责任　　　　523

    二、司法解释关于农村集体土地行政案件的规定　　　　524

三、因集体土地房屋征收引起的行政诉讼案例　　525
　　四、因集体土地房屋征收安置补偿引起的行政诉讼案例　　529
　　五、因房屋拆迁补偿合同履行问题引起的民事诉讼案例　　535
　　六、因拆迁征收利益的分配与归属引起的民事诉讼案例　　537
　第八节　农村房屋征收中的特殊情况处理　　541
　　一、征收范围内的违法建筑与临时建筑的认定和处理　　541
　　二、村民依法取得的宅基地使用权应予以合理补偿　　544
　　三、继受取得的农村房屋征收与补偿　　546
　　四、超面积标准的农村房屋征收与补偿　　549
　　五、集体土地上所建的非住宅用房征收与补偿　　550

第十一章　农村家庭内部不动产处理　　555
　第一节　农村住宅设立居住权　　555
　　一、《民法典》对居住权的规定与理解　　555
　　二、居住权合同的一般条款与注意事项　　558
　　三、居住权合同的参考文本　　561
　　四、设立居住权的有效遗嘱的基本内容　　569
　　五、设立居住权需要办理登记手续　　571
　　六、农村合作建房并设立居住权需要注意的事项　　573
　第二节　与居住权相关的纠纷案例　　575
　　一、民事纠纷处理与为老年人设立居住权　　575
　　二、与居住权相关的其他纠纷案例　　579
　第三节　农村分户与分家析产　　582
　　一、农村分户中涉及的法律问题　　582
　　二、农户共有房产与分家析产的方式　　583
　　三、农村分家析产的基本原则与特殊情况　　585
　　四、分家析产协议的参考文本　　588
　　五、办理农村房屋产权转移登记　　591
　第四节　与农村分户相关的常见纠纷案例　　592
　　一、分家析产纠纷案例　　592
　　二、宅基地使用权纠纷案例　　594

三、土地承包经营权继承纠纷案例 596
第五节　农村不动产互换 597
一、房屋互换的类型与法律后果 597
二、房屋互换合同的性质与法律参照适用 599
三、房屋互换合同的参考文本 601
四、涉宅基地的互换与权利确认 604
第六节　农村不动产互换引起的纠纷案例 606
第七节　农村共有房产处理 608
一、《民法典》对共有制度的规定 608
二、共有的类型 610
三、共有的分割方式 611
四、共有房产分割的常见情形 613
五、按份共有人的优先购买权 615
六、签订共有房产分割协议需要注意的事项 616
七、未办理产权登记的房屋使用权益的分割 617
第八节　与农村共有房产处理相关的常见纠纷案例 618
一、共有纠纷案例 618
二、婚姻家庭纠纷案例 620
第九节　农村房产赠与 622
一、《民法典》对赠与合同的规定 622
二、家庭内部房产赠与的特点 623
三、房产赠与的常见情形与法律效力 624
四、签订房产赠与合同时需要注意的事项 626
五、赠与所附义务的处理 629
第十节　与农村房产赠与相关的常见纠纷案例 630
一、离婚纠纷处理与房产赠与 630
二、赠与合同纠纷案例 631
三、附义务赠与合同纠纷案例 633

第十二章　农村不动产权益继承与遗赠 636
第一节　农村不动产权益继承 636

一、《民法典》对继承的一般规定与基本原则 636
二、继承的类型与遗嘱的形式 638
三、订立一份包括房产继承内容的合法遗嘱 641
四、房产继承中的常见法律问题 648
五、农村宅基地及其上所建房屋的继承 655
六、关于土地承包经营权能否作为遗产继承 659

第二节 不动产权益继承中发生的常见纠纷案例 660
一、继承纠纷与调解处理 661
二、法定继承纠纷案例 662
三、遗嘱继承纠纷案例 664
四、土地承包经营权继承纠纷案例 666

第三节 房产遗赠与遗赠扶养协议 667
一、《民法典》对遗赠的相关规定与理解 667
二、房产遗赠需要注意的法律问题 669
三、《民法典》对遗赠扶养协议的相关规定与理解 673
四、遗赠扶养协议的参考文本 675
五、遗赠扶养协议的效力认定与违约责任 677

第四节 遗赠中发生的常见纠纷案例 680
一、遗赠纠纷案例 680
二、遗赠扶养协议纠纷案例 683

主要参考文献 687

后　记 690

第一章
农村土地承包经营

第一节　相关法律对农村土地承包经营的规定与理解

一、《民法典》对农村土地承包经营的相关规定与理解

《民法典》物权编第三分编"用益物权"第十一章专门规定了"土地承包经营权",共有14条规定。

第三百三十条　农村集体经济组织实行家庭承包经营为基础、统分结合的双层经营体制。

农民集体所有和国家所有由农民集体使用的耕地、林地、草地以及其他用于农业的土地,依法实行土地承包经营制度。

第三百三十一条　土地承包经营权人依法对其承包经营的耕地、林地、草地等享有占有、使用和收益的权利,有权从事种植业、林业、畜牧业等农业生产。

第三百三十二条　耕地的承包期为三十年。草地的承包期为三十年至五十年。林地的承包期为三十年至七十年。

前款规定的承包期限届满,由土地承包经营权人依照农村土地承包的法律规定继续承包。

第三百三十三条　土地承包经营权自土地承包经营权合同生效时设立。

登记机构应当向土地承包经营权人发放土地承包经营权证、林权证等证书,并登记造册,确认土地承包经营权。

第三百三十四条　土地承包经营权人依照法律规定,有权将土地承包经营权互换、转让。未经依法批准,不得将承包地用于非农建设。

第三百三十五条　土地承包经营权互换、转让的,当事人可以向登记机构申请登记；未经登记，不得对抗善意第三人。

第三百三十六条　承包期内发包人不得调整承包地。

因自然灾害严重毁损承包地等特殊情形，需要适当调整承包的耕地和草地的，应当依照农村土地承包的法律规定办理。

第三百三十七条　承包期内发包人不得收回承包地。法律另有规定的，依照其规定。

第三百三十八条　承包地被征收的，土地承包经营权人有权依据本法第二百四十三条的规定获得相应补偿。

第三百三十九条　土地承包经营权人可以自主决定依法采取出租、入股或者其他方式向他人流转土地经营权。

第三百四十条　土地经营权人有权在合同约定的期限内占有农村土地，自主开展农业生产经营并取得收益。

第三百四十一条　流转期限为五年以上的土地经营权，自流转合同生效时设立。当事人可以向登记机构申请土地经营权登记；未经登记，不得对抗善意第三人。

第三百四十二条　通过招标、拍卖、公开协商等方式承包农村土地，经依法登记取得权属证书的，可以依法采取出租、入股、抵押或者其他方式流转土地经营权。

第三百四十三条　国家所有的农用地实行承包经营的，参照适用本编的有关规定。

由以上规定可见我国农村土地承包经营基本制度的主要特点。

1.农村土地承包经营以家庭承包方式为主，以其他承包方式为辅。农村家庭联产承包责任制通过40多年的长期实践被证明是适合国情、行之有效的，已成为我国农村集体经济组织的一项基本制度长期稳定下来。我国农村已开展了两轮土地承包，将开始第三轮土地承包。其他承包方式包括"招标、拍卖、公开协商等方式"，主要适用于农村的"四荒地"。"四荒地"是指不宜采取家庭承包方式来承包的荒山、荒沟、荒丘、荒滩等农村土地。"四荒地"的承包通常是按照招标或拍卖的方式进行，双方需签订书面的承包合同。本集体经济组织成员对"四荒地"承包在同等条件下有优先权。

2.农村土地承包的用途只能是用于从事种植业、林业、畜牧业、渔业等农业生产经营。未经依法批准，不得将承包地用于非农建设。即使土地承包经营权流转，土地经营权人也应将该土地用于农业生产经营。

3. 农村土地承包是有期限的。耕地的承包期为30年；草地的承包期为30年至50年；林地的承包期为30年至70年。承包期限届满，土地承包经营权人还可以继续承包。

4. 土地承包经营权需要进行确权登记。登记机构应当向土地承包经营权人发放土地承包经营权证、林权证等证书，并登记造册，确认土地承包经营权。但需要注意：与其他不动产物权有所区别的是，土地承包经营权不是采取登记生效主义，而是"自土地承包经营权合同生效时设立"。

5. 对土地承包经营权进行严格的保护。如规定"承包期内发包人不得调整承包地""承包期内发包人不得收回承包地"；承包地被征收的，土地承包经营权人有权获得相应补偿；土地承包人死亡，其应得的承包收益，可以依法继承。

6. 土地承包经营权可以互换、转让。土地承包经营权人可以与本集体经济组织内的其他土地承包经营权人进行土地承包经营权互换、转让，不需要审批即可生效。而且并不要求必须办理登记，而是采取登记对抗主义，"土地承包经营权互换、转让的，当事人可以向登记机构申请登记；未经登记，不得对抗善意第三人"。

7. 经过确权登记的土地经营权可以依法流转。土地承包经营权人可以自主决定依法采取出租、入股或者其他方式向他人流转土地经营权。通过招标、拍卖、公开协商等方式承包农村土地，经依法登记取得权属证书的，可以依法采取出租、入股、抵押或者其他方式流转土地经营权。对土地经营权也采取登记对抗主义，"当事人可以向登记机构申请土地经营权登记；未经登记，不得对抗善意第三人"。

二、《土地管理法》对农村土地承包经营的相关规定

在《土地管理法》中也有一些关于农村土地承包经营的相关规定。

第四条　国家实行土地用途管制制度。

国家编制土地利用总体规划，规定土地用途，将土地分为农用地、建设用地和未利用地。严格限制农用地转为建设用地，控制建设用地总量，对耕地实行特殊保护。

前款所称农用地是指直接用于农业生产的土地，包括耕地、林地、草地、农田水利用地、养殖水面等；建设用地是指建造建筑物、构筑物的土地，包括城乡住宅

和公共设施用地、工矿用地、交通水利设施用地、旅游用地、军事设施用地等；未利用地是指农用地和建设用地以外的土地。

使用土地的单位和个人必须严格按照土地利用总体规划确定的用途使用土地。

第十条　国有土地和农民集体所有的土地，可以依法确定给单位或者个人使用。使用土地的单位和个人，有保护、管理和合理利用土地的义务。

第十一条　农民集体所有的土地依法属于村农民集体所有的，由村集体经济组织或者村民委员会经营、管理；已经分别属于村内两个以上农村集体经济组织的农民集体所有的，由村内各该农村集体经济组织或者村民小组经营、管理；已经属于乡（镇）农民集体所有的，由乡（镇）农村集体经济组织经营、管理。

第十三条　农民集体所有和国家所有依法由农民集体使用的耕地、林地、草地，以及其他依法用于农业的土地，采取农村集体经济组织内部的家庭承包方式承包，不宜采取家庭承包方式的荒山、荒沟、荒丘、荒滩等，可以采取招标、拍卖、公开协商等方式承包，从事种植业、林业、畜牧业、渔业生产。家庭承包的耕地的承包期为三十年，草地的承包期为三十年至五十年，林地的承包期为三十年至七十年；耕地承包期届满后再延长三十年，草地、林地承包期届满后依法相应延长。

国家所有依法用于农业的土地可以由单位或者个人承包经营，从事种植业、林业、畜牧业、渔业生产。

发包方和承包方应当依法订立承包合同，约定双方的权利和义务。承包经营土地的单位和个人，有保护和按照承包合同约定的用途合理利用土地的义务。

在《土地管理法实施条例》中，也有一些与农村土地承包经营关系密切的相关规定。

三、《农村土地承包法》的框架结构与最新修改内容

我国在2002年专门制定了《农村土地承包法》，此后，在2009年、2018年两次进行修正。从其目录中可以大致知道该法包括的内容，具体内容在各节中进行分析。

从2018年最新一次修正内容中，可以看出农村土地承包经营制度的改革发展趋势。新修正的《农村土地承包法》落实了农村集体土地"三权分置"制度，进一步保护农民的土地承包经营权。主要的内容修改有以下四个方面。

修改一： 农村集体土地实行"三权分置"制度。以前，设立在农村集体土地上

的法定权利有"两权",分别是:农村集体土地所有权与土地承包经营权,后从农村土地承包经营权中分离出一个土地经营权,所以现在农村集体土地实行"三权分置"制度,这"三权"分别指的是:农村集体土地所有权、土地承包权和土地经营权。新修正的《农村土地承包法》对土地经营权的主要规定有:一是关于土地承包经营权的概念介绍;二是规定了土地经营权的流转方式;三是明确土地经营权的相关登记制度;四是规定了土地经营权的融资担保;五是关于土地经营权流转合同的订立和解除等相关规定。

修改二:农民进城落户以后,依然保留其土地承包经营权。随着社会的发展以及政策的推动,很多农民已经在城市中买房并落户,但这中间会涉及土地问题,关于农民进城以后承包地会不会被收回,是很多农民担心的问题。新修正的《农村土地承包法》作出了明确的规定,农民进城落户以后,农民的土地承包经营权继续保留,地方政府不得把退出土地承包经营权作为农户进城落户的条件。并规定在承包期间内,承包户进城落户的,可以按照自愿有偿原则在本集体经济组织内转让土地承包经营权或者将承包地交回发包方;如果不将承包地交回给发包方的,也鼓励其流转土地经营权。

修改三:农民可以通过流转土地经营权获得相应的经济收入。现在很多原来生活在农村的人进城打工,但是又担心失去土地,有的农民以为把土地经营权流转给其他人就是永久失去了土地承包经营权。《农村土地承包法》相关规定明确土地承包经营权是属于农民的,可以一定程度上打消农民的这种顾虑。农民把承包获得的土地经营权流转出去可以获得相应的经济收入,国家鼓励土地经营权流转的目的是帮助农民致富。

修改四:加强对农村妇女土地承包经营权的特别保护。此前,我国一些地方存在对妇女土地承包经营权的歧视现象,不符合男女平等的法律基本原则。新修正的《农村土地承包法》加强了对农村妇女土地承包经营权的特殊保护。一是规定了承包农户家庭成员依法平等享有承包土地的各项权益,也就是说妇女在家庭里面享有承包土地的各项权利;二是在土地承包经营权证和林权证中,应当将具有土地承包经营权的全部家庭成员列入;三是"外嫁女"土地问题得到解决,如果在婆家没有分到土地,"外嫁女"在娘家承包的土地不能被收回;四是农村妇女与男子享有平等的土地承包经营权。

四、集体所有土地与农村土地的分类

按照土地的性质,我国将土地分为国家所有土地与集体所有土地两大类。

《中华人民共和国宪法》(以下简称《宪法》)第9条第1款规定:矿藏、水流、森林、山岭、草原、荒地、滩涂等自然资源,都属于国家所有,即全民所有;由法律规定属于集体所有的森林和山岭、草原、荒地、滩涂除外。第10条第1、2款规定:城市的土地属于国家所有。农村和城市郊区的土地,除由法律规定属于国家所有的以外,属于集体所有;宅基地和自留地、自留山,也属于集体所有。《土地管理法》第9条也作出类似的规定。《民法典》第260、261条规定也对集体土地权属进行了明确。

集体所有土地,顾名思义,强调的是农民集体作为一个整体共同对土地享有所有权,具体表现为以乡(镇)、村、村民小组等农村集体经济组织代表农民集体行使对土地的所有权。具体分别由乡(镇)农村集体经济组织、村集体经济组织或者村民委员会、村内各该农村集体经济组织或者村民小组来进行经营与管理。

根据《土地管理法》第4条第1、2款的规定,国家实行土地用途管制制度。根据土地用途,将土地分为农用地、建设用地和未利用地。可见,在集体所有土地中,有明显的土地类型区分。

《农村土地承包法》第2条规定:本法所称农村土地,是指农民集体所有和国家所有依法由农民集体使用的耕地、林地、草地,以及其他依法用于农业的土地。《农村土地经营权流转管理办法》对农村土地作出更狭义的规定,该办法第34条第1款规定:本办法所称农村土地,是指除林地、草地以外的,农民集体所有和国家所有依法由农民集体使用的耕地和其他用于农业的土地。

集体所有土地与农村土地有一定的区别,因为其区分的方式不同。集体所有土地中除了耕地、林地、草地等用于农业的土地外,还有建设用地和未利用地;农村土地既包括农民集体所有的农用地,也包括国家所有依法交由农民集体使用的农用地,如国有农场中的土地。总体而言,集体所有土地中大部分是农用地,农村土地中大部分是农民集体所有的土地。

2017年11月1日,由原国土资源部组织修订的国家标准《土地利用现状分类》(GB/T 21010—2017)发布。该标准采用一级、二级两个层次的分类体系,共分为12个一级类、73个二级分类。其中一级分类有耕地、园地、林地、草地、商服用地、工矿仓储用地、住宅用地、公共管理和公共服务用地、特殊用地、交通运输用地、水域及水利设施用地、其他用地。

根据《土地管理法》第4条第3款的规定,农用地对应的是《土地利用现状分类》中:耕地、园地、林地的全部,草地的绝大部分,交通运输用地中的农村道路,水域及水利设施用地与其他用地的部分。

2020年11月,自然资源部办公厅发布《国土空间调查、规划、用途管制用地用海分类指南(试行)》。农用地对应该分类指南的相关分类情况见表1。

表1 分类指南用地分类名称代码

一级类		二级类	
类型编码	类型名称	类型编码	类型名称
01	耕地	0101	水田
		0102	水浇地
		0103	旱地
02	园地	0201	果园
		0202	茶园
		0203	橡胶园
		0204	其他园地
03	林地	0301	乔木林地
		0302	竹林地
		0303	灌木林地
		0304	其他林地
04	草地	0401	天然牧草地
		0402	人工草地
		0403	其他草地
23	其他土地	2302	田坎
		2303	田间道

农村土地中大部分是农用地,但两者也存在一定的区别,有着各自的使用语境与用词搭配。"农用地"强调用途,与建设用地、未利用地属于同一子分类,其使用语境主要为国家土地用途管理下,对农用地转为非农用地(建设用地)的审批与严格限制,所以在《土地管理法》中主要按照用途进行分类;而"农村土地"与土地承包经营权密不可分,所以在《农村土地承包法》中均以"农村土地"作为固定术语加以表述。本章内容中没有特指,一般也以"农村土地"进行表述。

农村土地的外延显然要宽于农用地。如设施农用地属于农用地还是建设用地？根据我国相关规定,设施农用地是指直接用于经营性养殖的畜禽舍、工厂化作物栽培或水产养殖的生产设施用地及其相应附属设施用地,农村宅基地以外的晾晒场等农业设施用地。设施农用地具体可以分为生产设施用地和附属设施用地。因为其性质不同于非农业建设项目用地,所以按照农用地管理。

"四荒地"的性质是农用地还是未利用地？根据《不动产登记暂行条例实施细则》第47条的规定"承包农民集体所有的耕地、林地、草地、水域、滩涂以及荒山、荒沟、荒丘、荒滩等农用地","四荒地"应属于农用地。但根据国务院办公厅发布的《关于进一步做好治理开发农村"四荒"资源工作的通知》(国办发〔1999〕102号)的相关规定,"四荒地"属于"未利用地"。未利用地是指农用地和建设用地以外的土地。所以,现有法律法规与政策性文件对"四荒地"的性质暂时没有很明确的定义。按照《农村土地承包法》第48条的规定,不宜采取家庭承包方式的荒山、荒沟、荒丘、荒滩等农村土地,通过招标、拍卖、公开协商等方式承包。可见,"四荒地"受《农村土地承包法》的规制,一起纳入农村土地中进行调整。由此可见,农村土地的外延要宽于农用地。

第二节　家庭承包方式与农村土地承包经营合同

一、农村土地承包经营的原则

农村土地承包经营有基本原则、承包原则、流转原则。基本原则是理解和解释土地承包经营法律条文的基准,居于承包原则、流转原则的上位,承包原则和流转原则是在基本原则框架下的具体应用原则。根据《农村土地承包法》的有关规定,除合法性、自愿性、稳定性外,农村土地承包经营应当坚持以下几条基本原则。

(一)所有权不变原则

《农村土地承包法》第4条规定:农村土地承包后,土地的所有权性质不变。承包地不得买卖。第13条第1款规定:村集体经济组织或者村民委员会发包的,不得改变村内各集体经济组织农民集体所有的土地的所有权。农户承包经营的客体虽然是农村土地,但因为农村土地属于农民集体所有,所以承包经营只是取得土地的使用权,而不能取得土地的所有权。

所有权不变作为农村土地承包经营的基本原则,始终贯穿农村土地承包经营的全过程。无论是家庭承包方式还是其他承包方式,或者土地经营权流转,都不能改变土地为农民集体所有的性质。

(二)公开、公平、公正原则

《农村土地承包法》第7条规定:农村土地承包应当坚持公开、公平、公正的原则,正确处理国家、集体、个人三者的利益关系。这条原则主要是对农村集体经济组织而言,目的是保障农民承包经营土地的法定权益不受侵犯,保证农村土地承包经营制度有效地实施。

对于公开原则,主要有三个方面内容:一是公开承包经营信息;二是公开承包经营程序和方案;三是公开承包结果。

公平原则主要是指同一农村集体经济组织的成员依法平等地享受和行使承包经营权,又称为平等原则。主要有两项基本要求:一是农村集体经济组织与其成员在承包经营活动中的主体平等,农村集体经济组织作为发包方不得对其成员滥用权力,不得单方对部分成员作出不公平的限制;二是土地承包经营的权利与义务在法定范围内平等。

公正原则要求农村集体经济组织应当严格按照法定的条件和程序办事,公平合理地对待每个成员与每家农户的集体土地承包经营权。

(三)承包经营权保护原则

《农村土地承包法》第5条规定:农村集体经济组织成员有权依法承包由本集体经济组织发包的农村土地。任何组织和个人不得剥夺和非法限制农村集体经济组织成员承包土地的权利。该条规定是对农村集体经济组织成员承包资格权保护的体现。

农村集体土地是农民的基本生产资料,也是农民的基本生活保障。每个具有农村集体经济组织成员资格的村民,只要一出生,不分男女老幼都享有平等的土地承包资格权,农村集体经济组织在发包时应当按照每户所有成员的人数来确定承包土地份额,将土地发包到农户,即"按人分地、按户承包"。农户具有法定的土地承包资格权,这也是作为集体经济组织成员的财产权的体现。任何组织和个人,都不得剥夺和非法限制农村集体经济组织成员承包土地的权利。《农村土地承包法》第56条规定:任何组织和个人侵害土地承包经营权、土地经营权的,应当承担民事责任。

(四) 男女平等原则

《宪法》第 48 条规定了"男女平等"的原则。但是在我国农村中,还存在很多男女不平等的问题,其中利益冲突比较突出的是农村妇女的土地权益受到侵害的问题。例如,一些农村妇女已结婚但户口没有迁出、还留在娘家,在娘家仍有村集体经济组织成员资格的情况下,该村集体经济组织在组织统一承包时拒绝其承包土地;又如,妇女离婚后继续住在前夫家所在村,而该村集体经济组织在组织统一承包时拒绝其承包土地。针对这些情况,《农村土地承包法》第 6 条规定:农村土地承包,妇女与男子享有平等的权利。承包中应当保护妇女的合法权益,任何组织和个人不得剥夺、侵害妇女应当享有的土地承包经营权。第 57 条第 7 项还规定,发包方"剥夺、侵害妇女依法享有的土地承包经营权",应当承担民事责任。这些是《宪法》规定的男女平等原则在土地承包经营中的贯彻实施,维护了农村妇女平等享有承包经营土地的权利。

(五) 土地资源保护原则

土地资源是人们赖以生存的物质基础。我国人口庞大、人均耕地少,耕地显得尤其珍贵。利用耕地进行非农建设的情况在 40 多年来有增无减,耕地保护面临严峻的形势。所以,我国在立法时对土地资源保护十分重视。《土地管理法》第 3 条规定:十分珍惜、合理利用土地和切实保护耕地是我国的基本国策。第 13 条第 3 款规定:承包经营土地的单位和个人,有保护和按照承包合同约定的用途合理利用土地的义务。第 17 条第 1、2 项规定:落实国土空间开发保护要求,严格土地用途管制。严格保护永久基本农田,严格控制非农业建设占用农用地。

《农村土地承包法》中对土地资源保护也作出了很多规定。如第 11 条第 1 款规定:农村土地承包经营应当遵守法律、法规,保护土地资源的合理开发和可持续利用。未经依法批准不得将承包地用于非农建设。第 14 条第 3 项规定,发包方有"制止承包方损害承包地和农业资源的行为"的权利。第 18 条第 2 项规定,承包方有"依法保护和合理利用土地,不得给土地造成永久性损害"的义务。这些规定的目的是保护有限的土地资源不受破坏。

在农村土地承包经营活动中,发包方和承包方只有坚持和实践以上基本原则,才能正确处理好国家、集体、个人三者的利益关系,才能有效地保护各方土地经营的合法权益。

此外，还需要明确一下土地承包的具体规则。具体见《农村土地承包法》第19条规定，土地承包应当遵循以下原则：(1)按照规定统一组织承包时，本集体经济组织成员依法平等地行使承包土地的权利，也可以自愿放弃承包土地的权利；(2)民主协商，公平合理；(3)承包方案应当依法经本集体经济组织成员的村民会议2/3以上成员或者2/3以上村民代表的同意；(4)承包程序合法。

二、家庭土地承包的特点

根据《农村土地承包法》的有关规定，家庭承包与其他承包方式比较，具有以下几个特点。

(一)承包主体的稳定性

《农村土地承包法》第3条第2款规定：农村土地承包采取农村集体经济组织内部的家庭承包方式。第13条规定，农村集体土地由"农村集体经济组织、村民委员会或者村民小组发包"。第16条第1款规定：家庭承包的承包方是本集体经济组织的农户。由此可见，农村集体经济组织是家庭土地承包的恒定发包方，作为本集体经济组织成员的农户是家庭土地承包的恒定承包方。

(二)成员承包的法定性

《农村土地承包法》第5条规定：农村集体经济组织成员有权依法承包由本集体经济组织发包的农村土地。任何组织和个人不得剥夺和非法限制农村集体经济组织成员承包土地的权利。由此可见，农村集体经济组织成员在家庭承包方式中具有法定的承包资格权，不受任何组织和个人非法剥夺或限制。而农村集体经济组织成员在其他承包方式中只有优先承包权，而无法定的承包资格权。

(三)成员承包的平等性

《农村土地承包法》第19条第1项规定：本集体经济组织成员依法平等地行使承包土地的权利。农村集体经济组织成员承包土地应当坚持资格平等的规定，这里有三个方面的内容：一是每位农村集体经济组织成员不分男女老幼，都有平等地依法承包本集体所有土地的权利，集体经济组织不得以任何借口非法剥夺或限制个别和部分成员的承包资格权；二是同一集体经济组织成员平等地享有土地承包面积和等级，如无特殊的情况，不能你多我少，或你好我差，以防止在承包土地面积和等级上出现不公平现象;三是同一集体经济组织成员的法定权利和义务应当基本一致,体现法定权利义务人人平等,如有特殊情况,不得对个别和部分成员另设非法定的义务,也不得另设非法定的权利。

(四)农户承包的自愿性

根据《农村土地承包法》第19条第1项的规定,农村集体经济组织成员也可以自愿放弃承包土地的权利。也就是说,家庭承包实行自愿原则,作为集体经济组织成员的农户要求承包的,土地承包权不受非法剥夺或限制,但要自愿放弃土地承包权,亦应许可,发包方不得强迫其承包。种粮在经济上并不太划算,所以土地承包经营权转让或转包现象也越来越多,或者抛荒土地由村干部代耕,或有些已经进城落户的农民不参加农村土地承包。现在各地在严查弃耕抛荒现象并给予一定的处罚。

(五)承包土地的无偿性

农村土地原本属于农村集体经济组织全体成员共有,所以农村集体经济组织成员基于这一共有权获得的家庭承包经营这一用益物权,本质是对自己权利的使用,这是成员财产权的体现。国家取消了家庭土地承包费,让农户无偿承包经营集体土地,承包方无须支付任何对价。因此,家庭承包经营合同中也不存在承包费的问题。

三、土地承包的程序

《农村土地承包法》第20条规定了土地承包的程序。土地承包应当按照以下程序进行:(1)本集体经济组织成员的村民会议选举产生承包工作小组;(2)承包工作小组依照法律、法规的规定拟订并公布承包方案;(3)依法召开本集体经济组织成员的村民会议,讨论通过承包方案;(4)公开组织实施承包方案;(5)签订承包合同。

2023年1月29日,农业农村部令2023年第1号发布的《农村土地承包合同管理办法》第二章"承包方案"对程序问题进行了细化。具体而言,包括以下几个程序。

(一)村民会议选举产生承包工作小组

农村土地承包是一项复杂繁重的工作,如土地丈量统计、成员资格审查、承包方案拟定、承包合同签订等,需要有一个专门组织来做具体的工作。同时,农村土地承包既要遵循法律规范,又要体现集体经济组织成员的意志,保证公平合理地进行。所以,由本集体经济组织成员的村民会议选举产生承包工作小组,具体负责土地承包的工作。承包工作小组的选举办法应当适用《村民委员会组织法》中的有关规定。选举产生承包工作小组成员以及主、副组长,然后向全体集体经济组织成员公布。

(二)承包工作小组拟订并公布承包方案

土地承包方案是农村集体经济组织发包土地的纲领性文件,也是签订土地承包经营合同的重要依据。承包工作小组产生后的主要任务就是拟定土地承包方案,需要注意以下三个方面:一是先应对本集体经济组织的土地状况和成员情况进行核对、调查和分析,通过走访、召开座谈会等方式听取村民的意见和建议;二是充分了解和掌握《农村土地承包法》《土地管理法》等法律、行政法规的有关规定,按照法律法规的规定来拟定土地承包方案,如不得有歧视妇女的内容;三是承包工作小组拟定土地承包方案后,要通过网络、公告、座谈会等多种方式充分征求村民意见,然后根据反馈意见来修订,经本集体经济组织审核后向全体村民公布。

《农村土地承包合同管理办法》第8条规定,承包方案应当符合下列要求:(1)内容合法;(2)程序规范;(3)保障农村集体经济组织成员合法权益;(4)不得违法收回、调整承包地;(5)法律、法规和规章规定的其他要求。

(三)召开村民会议讨论通过承包方案

根据《农村土地承包法》第19条第3项的规定,承包方案应依法经本集体经济组织成员的村民会议2/3以上成员或者2/3以上村民代表的同意。承包工作小组根据此规定将拟定的土地承包方案递交村民会议讨论,获得通过以后,该土地承包方案才能产生法律效力。如果土地承包方案不能通过,则不产生法律效力,需要根据村民的意见修订以后,再次提交讨论通过。土地承包方案经村民会议或村民代表通过后,承包工作小组应当及时予以公布。

《农村土地承包合同管理办法》第7条第1款规定:本集体经济组织成员的村民会议依法选举产生的承包工作小组,应当依照法律、法规的规定拟订承包方案,并在本集体经济组织范围内公示不少于15日。

(四) 公开组织实施承包方案

土地承包方案经村民会议或村民代表通过并公布后，本集体经济组织应当依照其规定的时间和内容组织实施。在这个阶段，应当做好确定每家农户的成员人数和承包土地面积、土地划块标界初定到户、邀请农户现场核对、做好签订合同的前期准备等一系列工作。组织实施土地承包方案应当公开进行，接受村民监督，不得搞暗箱操作，不得损害承包户的合法承包权益。

(五) 签订承包合同

土地承包工作准备就绪以后，农村集体经济组织作为发包方，应当按照《农村土地承包法》和土地承包方案的规定，及时与承包土地的农户签订土地承包经营合同。合同应根据示范文本来签订。承包合同示范文本由农业农村部制定。

此外，需要注意的是，根据《农村土地承包合同管理办法》第9条的规定，县级以上地方人民政府农业农村主管（农村经营管理）部门、乡（镇）人民政府农村土地承包管理部门应当指导制定承包方案，并对承包方案的实施进行监督，发现问题的，应当及时予以纠正。

四、家庭承包关系中的主体及其权利与义务

《农村土地承包法》第二章"家庭承包"第一节专门规定了"发包方和承包方的权利和义务"。《农村集体经济组织法》中也有一些规定对农村土地承包工作进行了规范，明确农村集体经济组织依法代表成员集体行使所有权，并作为集体土地的发包方；农村集体经济组织成员享有依法承包所在地农村集体经济组织发包的集体土地的权利。

(一) 家庭承包关系中的发包方的主体资格

《农村土地承包法》第13条规定，农民集体所有的土地或者国家所有依法由农民集体使用的农村土地，由"农村集体经济组织、村民委员会或者村民小组发包"。依法设立的农村集体经济组织是我国农村集体经济制度的主要组织形式，有自己的名称、组织机构和场所，拥有独立的财产和自主进行生产经营的能力，并能在一定的财产范围内独立承担民事责任，符合民事主体的资格条件，因此具有民事权利能力和民事行为能力。农村集体经济组织，包括经济联合社、经济合作

社、股份合作经济社、股份合作经济联合总社等形式。从层级来分,有乡镇集体经济组织、村集体经济组织、村内各集体经济组织等。《民法典》第99条第1款规定:农村集体经济组织依法取得法人资格。农村集体经济组织的重要职能之一是管理和发包本集体所有土地,使集体的土地资产得到合理利用和有效保护,所以农村集体经济组织具有家庭土地承包中的发包方主体资格。根据《农村土地承包法》第13条第1款的规定:农民集体所有的土地依法属于村农民集体所有的,由村集体经济组织或者村民委员会发包。由此可见,村民委员会也具有农村土地发包主体资格。但是村集体经济组织和村民委员会的职能是不同的,村民委员会是村民自我管理、自我教育、自我服务的基层群众性自治组织,具有一定的行政性质,故有行政村和自然村之分。《民法典》第101条第2款规定:未设立村集体经济组织的,村民委员会可以依法代行村集体经济组织的职能。由此可见,在村集体经济组织健全的情况下,一般不宜由村民委员会作为发包方发包土地。未建立村集体经济组织,或者村集体经济组织处于瘫痪状态不能行使职能的,才可以由村民委员会作为发包方发包土地。《村民委员会组织法》第3条第3款规定:村民委员会可以根据村民居住状况、集体土地所有权关系等分设若干村民小组。《农村土地承包法》第13条第1款规定:已经分别属于村内两个以上农村集体经济组织的农民集体所有的,由村内各该农村集体经济组织或者村民小组发包。根据该规定,村民小组对集体土地也有经营管理权,所以由村民小组发包土地,村民小组也是家庭承包中的发包主体。村民小组是村民委员会下设立的直接管辖农户和村民的自治组织,不具有法人资格。村民小组可以作为民事诉讼当事人,具有一定的民事主体资格,现在可以根据《民法典》的相关规定将其归类于"非法人组织"。

(二)发包方的权利与义务

《农村土地承包法》第14条规定,发包方享有下列权利:(1)发包本集体所有的或者国家所有依法由本集体使用的农村土地;(2)监督承包方依照承包合同约定的用途合理利用和保护土地;(3)制止承包方损害承包地和农业资源的行为;(4)法律、行政法规规定的其他权利。第15条规定,发包方承担下列义务:(1)维护承包方的土地承包经营权,不得非法变更、解除承包合同;(2)尊重承包方的生产经营自主权,不得干涉承包方依法进行正常的生产经营活动;(3)依照承包合同约定为承包方提供生产、技术、信息等服务;(4)执行县、乡(镇)土地利用总体规划,组织本集体经济组织内的农业基础设施建设;(5)法律、行政法规规定的其他义务。

(三)家庭承包关系中的承包方的主体资格

《民法典》第55条规定:农村集体经济组织的成员,依法取得农村土地承包经营权,从事家庭承包经营的,为农村承包经营户。《农村土地承包法》第16条第1款规定:家庭承包的承包方是本集体经济组织的农户。

农村承包经营户是指依法取得土地经营承包权的农户,具备家庭承包关系中的承包方的主体资格。农户由户内家庭成员组成,农户有无家庭承包主体资格权,首先取决于其家庭成员中是否有人属于本集体经济组织的成员。有人属于本集体经济组织的成员,才在本集体经济组织享有家庭承包资格权;如都无本集体经济组织成员资格的,则没有本集体经济组织的家庭承包主体资格权。集体经济组织成员资格的取得主要有两种方式:一是原始取得。原始取得是指具有血缘关系的家庭成员一直在特定农村集体经济组织而取得成员资格的方式。原始取得主要表现是人口的自然繁衍,如新生人口出生时父母双方或一方具有某村集体经济组织成员资格,当然随着父母取得同一农村集体经济组织的成员资格。二是加入取得。加入取得是指原非本集体经济组织成员,但基于一定的法律关系和事实而取得本集体经济组织成员资格的方式。如因婚姻、收养而取得本集体经济组织的成员资格,又如因移民进入本村集体经济组织取得成员资格,等等。非本集体经济组织户籍的人员加入本农村集体经济组织,关键要看农村集体民主议定程序的决定。成为农村集体经济组织成员后,才能获得家庭土地承包资格权。需要注意的是,根据2024年6月28日公布的《农村集体经济组织法》第15条的规定,非农村集体经济组织成员长期在农村集体经济组织工作,对集体做出贡献的,经农村集体经济组织成员大会全体成员3/4以上同意,可以参与分配集体收益、享受农村集体经济组织提供的服务和福利、法律法规和农村集体经济组织章程规定的其他权利。但如果不是该农村集体经济组织成员,不具有承包农村集体经济组织发包的农村土地的资格。

农户通常是指从事农业生产劳动的人口的常住户口登记在同一户口簿上的家庭。农户户口簿上登记有户主和家庭成员。农户是由户内家庭成员组成,在法律地位上还是属于自然人的范畴。农户中的"户主"是该户家庭成员对外联系的代表,所以户主可代表户内的家庭成员与本集体经济组织签订家庭承包经营合同。一旦发生纠纷,应为"(户主名)农村承包经营户",代表人一般为户主。如果该户主已经去世,应由其他家庭成员作为代表人。

(四)承包方的权利与义务

《农村土地承包法》第17条规定,承包方享有下列权利:(1)依法享有承包地使用、收益的权利,有权自主组织生产经营和处置产品;(2)依法互换、转让土地承包经营权;(3)依法流转土地经营权;(4)承包地被依法征收、征用、占用的,有权依法获得相应的补偿;(5)法律、行政法规规定的其他权利。第18条规定,承包方承担下列义务:(1)维持土地的农业用途,未经依法批准不得用于非农建设;(2)依法保护和合理利用土地,不得给土地造成永久性损害;(3)法律、行政法规规定的其他义务。

五、农村土地承包经营合同的内容与生效

《农村土地承包法》第二章"家庭承包"第三节规定了"承包期限和承包合同"。

(一)农用土地的承包期限

根据《民法典》第332条第1款的规定,耕地的承包期为30年。草地的承包期为30年至50年。林地的承包期为30年至70年。《农村土地承包法》第21条第1款对耕地、草地、林地的承包期作了相同的规定,同时该条第2款规定:前款规定的耕地承包期届满后再延长30年,草地、林地承包期届满后依照前款规定相应延长。

(二)农村土地承包经营合同的基本内容

《农村土地承包法》第22条规定:发包方应当与承包方签订书面承包合同。承包合同一般包括以下条款:(1)发包方、承包方的名称,发包方负责人和承包方代表的姓名、住所;(2)承包土地的名称、坐落、面积、质量等级;(3)承包期限和起止日期;(4)承包土地的用途;(5)发包方和承包方的权利和义务;(6)违约责任。《农村土地承包合同管理办法》第11条中对承包合同条款还增加了"承包方家庭成员信息"内容。

因为发包方与承包方签订的农村土地承包经营合同都是使用农业农村部制

定的示范文本,所以不加以详细讨论。需要注意的是,在家庭承包方式中,承包期限是法定期限,双方当事人不能自行约定期限。《农村土地承包司法解释》第7条规定:承包合同约定或者土地承包经营权证等证书记载的承包期限短于《农村土地承包法》规定的期限,承包方请求延长的,应予支持。

《农村土地承包合同管理办法》第10条规定:承包合同应当符合下列要求:(1)文本规范;(2)内容合法;(3)双方当事人签名、盖章或者按指印;(4)法律、法规和规章规定的其他要求。县级以上地方人民政府农业农村主管(农村经营管理)部门、乡(镇)人民政府农村土地承包管理部门应当依法指导发包方和承包方订立、变更或者终止承包合同,并对承包合同实施监督,发现不符合前款要求的,应当及时通知发包方更正。

(三)农村土地承包经营合同成立后的法律后果

法律后果主要包括以下三个方面:(1)土地承包经营合同生效。《农村土地承包法》第23条规定:承包合同自成立之日起生效。在家庭承包中,土地承包经营合同不需要办理批准或登记手续,只要依法成立即生效。《农村土地承包合同管理办法》第12条明确规定:承包合同自双方当事人签名、盖章或者按指印时成立。(2)承包人取得土地承包经营权。《民法典》第333条第1款规定:土地承包经营权自土地承包经营合同生效时设立。《农村土地承包法》第23条规定:承包方自承包合同生效时取得土地承包经营权。土地承包经营权合同生效,承包方农户即可取得土地承包经营权,发包方应当按照约定期限向承包方交付承包地,由承包方经营承包地。(3)可以办理土地承包经营权证。土地承包经营权证书是农户土地承包经营权的法定凭证。如果农户之间或者农户与本集体经济组织之间发生土地承包经营权纠纷,应当按照土地承包经营权证书记载的内容进行判断。又如农户办理银行贷款,可以提供土地承包经营权证书进行抵押,办理相关登记手续。

六、农村土地承包经营合同的变更与解除

为了保持农村土地承包关系稳定并长久不变,维护农户土地承包经营权益,保护农户法定承包经营权不受非法侵害,《农村土地承包法》的相关规定禁止农村集体经济组织单方变更、解除家庭土地承包经营合同。如《农村土地承包法》第15条第1项规定,发包方应维护承包方的土地承包经营权,不得非法变更、解除承包合同。第25条规定:承包合同生效后,发包方不得因承办人或者负责人的变动

而变更或者解除,也不得因集体经济组织的分立或者合并而变更或者解除。第 26 条规定:国家机关及其工作人员不得利用职权干涉农村土地承包或者变更、解除承包合同。

需要注意的是,这些禁止性规定仅是针对限制农村集体经济组织违背承包方意志而单方实施变更、解除而言的。那么,发包方和承包方是否可以协商一致后变更或解除承包合同?

《民法典》第 543 条和第 562 条第 1 款规定,经当事人协商一致,可以变更、解除合同。家庭土地承包经营合同是民事合同,所以从法理上看,在合同生效后、履行过程中应该也可以合意变更或解除合同。

(一) 家庭土地承包经营合同的变更

合同变更是指有效成立的合同在尚未履行或者未履行完毕之前,由于一定的法律事实的出现而使合同内容发生改变。合同已约定的内容通常不允许单方变更,但可以合意变更,民法上的合意是指"当事人意思表示一致"。从实践来看,家庭土地承包经营合同内容的变更主要是土地承包期限和承包面积的变更。根据《农村土地承包法》自愿承包原则的规定,家庭土地承包经营合同订立以后,承包方或发包方向对方提出变更合同的内容,经双方协商一致时,可以变更承包合同的有关内容,也可以变更内容达成新的书面合同,持变更后的合同办理登记手续。只要合意变更不违反相关法律和行政法规的禁止性规定,不损害农村集体经济组织和第三人的利益,该变更行为有效。

《农村土地承包合同管理办法》第 13 条规定,承包期内,出现下列情形之一的,承包合同变更:(1) 承包方依法分立或者合并的;(2) 发包方依法调整承包地的;(3) 承包方自愿交回部分承包地的;(4) 土地承包经营权互换的;(5) 土地承包经营权部分转让的;(6) 承包地被部分征收的;(7) 法律、法规和规章规定的其他情形。承包合同变更的,变更后的承包期限不得超过承包期的剩余期限。

需要注意的是承包方自愿交回承包地的情况。如果是部分交回,涉及承包合同的变更;如果是全部交回,涉及承包合同的解除。《农村土地承包合同管理办法》第 18 条第 1 款规定:承包方自愿将部分或者全部承包地交回发包方的,承包方与发包方在该土地上的承包关系终止,承包期内其土地承包经营权部分或者全部消灭,并不得再要求承包土地。

(二)家庭土地承包经营合同的解除

合同解除是指合同当事人一方或者双方根据法律规定或者当事人的约定依法终止合同效力的行为,包括合意解除和法定解除两种形式。《农村土地承包法》限制发包方非法解除土地承包经营合同,但并不排除合意解除和法定解除,也不限制承包方行使解除权。

从实践来看,家庭土地承包经营合同的合意解除主要有以下几种理由。(1)家庭土地承包经营合同签订以后,承包方自愿放弃土地承包经营权,将承包地交回给发包方。双方应当解除家庭土地承包经营合同,此后承包方在承包期限内不得再要求承包土地,但是其户内的本集体经济组织成员的资格权并不因此消灭,下一轮承包时仍然享有土地承包经营权。(2)发包方与承包方在签订土地承包经营合同中约定的解除条件已经成就。如在家庭土地承包经营合同中约定:承包方在3年内全家户口迁出本村的,本合同自行解除,承包地交回给发包方。(3)农民进城落户。发包方不可单方解除进城落户农户的土地承包经营合同,但是农户全家进城落户后难以履行承包合同,出现了土地长期闲置抛荒现象,发包方可与其协商通过合意方式解除家庭土地承包经营合同;承包方主动提出解除家庭土地承包经营合同,交回承包地的,发包方应当同意并解除合同。(4)承包方丧失劳动能力、无力继续承包经营,本人自愿放弃土地承包经营权的,也可以解除家庭土地承包经营合同。需要注意的是,即使承包方是主动提出解除家庭土地承包经营合同,发包方收回承包地时也应给予承包方一定的经济补偿。

法定解除是根据法律的规定或者基于法律规定的原因而解除合同。在符合法律规定的情况下,发包方或承包方有权单方解除合同。从实践来看,家庭土地承包经营合同的法定解除主要有以下几种事由:(1)由于国家建设需要,承包方所承包的土地全部被依法征收或者批准长期征用的,家庭土地承包经营合同应当解除。(2)由于洪涝、地震等不可抗拒的原因,全部承包地遭受严重破坏,承包方无法继续经营承包地,无法继续履行家庭土地承包经营合同的,承包方可以通过行使解除权的方式消灭该合同的效力。(3)承包方在承包期里实施严重违法行为或违约行为,如闲置抛荒承包地两年以上,发包方有权单方解除承包合同,并收回所发包的耕地;又如,承包方任意改变合同中约定的农业用途,用于挖沙、挖鱼塘等,经发包方劝阻无效的,发包方可以单方行使解除权。如果在没有法律依据的情况下,发包方未经承包方同意单方提出解除承包合同,该解除行为无效。

根据解除的事由不同,土地承包经营合同解除以后产生的法律效果主要有四个方面:(1)发包方与承包方合意解除家庭土地承包经营合同的,该合同终止履行,有关损失是否补偿、如何补偿、补偿多少均由双方协商确定。《农村土地承包法》第 27 条第 4 款规定:承包期内,承包方交回承包地或者发包方依法收回承包地时,承包方对其在承包地上投入而提高土地生产能力的,有权获得相应的补偿。(2)因国家建设需要征收、征用承包地,而解除家庭土地承包经营合同的,土地承包经营权人有权依据《民法典》第 243 条第 2 款的规定获得相应补偿。(3)承包方实施违法行为,农村集体经济组织依法决定收回承包地而解除家庭土地承包经营合同的,承包方因此造成的损失由承包方自己承受,农村集体经济组织不予赔偿。(4)承包地因不可抗拒的自然灾害遭受严重破坏而无法继续经营的,双方互不追责,但承包户因此失去生活保障的,农村集体经济组织应当利用《农村土地承包法》第 29 条规定对承包地进行适当调整。家庭土地承包经营合同被依法解除后,该合同终止,土地承包经营关系消灭。

《农村土地承包合同管理办法》第 14 条规定,承包期内,出现下列情形之一的,承包合同终止:(1)承包方消亡的;(2)承包方自愿交回全部承包地的;(3)土地承包经营权全部转让的;(4)承包地被全部征收的;(5)法律、法规和规章规定的其他情形。第 15 条规定,承包地被征收、发包方依法调整承包地或者承包方消亡的,发包方应当变更或者终止承包合同。除前款规定的情形外,承包合同变更、终止的,承包方向发包方提出申请,并提交以下材料:(1)变更、终止承包合同的书面申请;(2)原承包合同;(3)承包方分立或者合并的协议,交回承包地的书面通知或者协议,土地承包经营权互换合同、转让合同等其他相关证明材料;(4)具有土地承包经营权的全部家庭成员同意变更、终止承包合同的书面材料;(5)法律、法规和规章规定的其他材料。

(三)特殊情况下的承包地调整

一般情况下,土地承包后,发包方在承包期限内不能对承包地进行调整。但一些特殊情况的发生导致有对承包地进行调整的必要,如果不调整将明显不公平、不合理,难以保证集体经济组织成员的基本生活。对此情况,《农村土地承包合同管理办法》第 17 条规定了承包地调整的程序:承包期内,因自然灾害严重毁损承包地等特殊情形对个别农户之间承包地需要适当调整的,发包方应当制订承包地调整方案,并应当经本集体经济组织成员的村民会议 2/3 以上成员或者 2/3

以上村民代表的同意。承包合同中约定不得调整的,按照其约定。调整方案通过之日起20个工作日内,发包方应当将调整方案报乡(镇)人民政府和县级人民政府农业农村主管(农村经营管理)部门批准。乡(镇)人民政府应当于20个工作日内完成调整方案的审批,并报县级人民政府农业农村主管(农村经营管理)部门;县级人民政府农业农村主管(农村经营管理)部门应当于20个工作日内完成调整方案的审批。乡(镇)人民政府、县级人民政府农业农村主管(农村经营管理)部门对违反法律、法规和规章规定的调整方案,应当及时通知发包方予以更正,并重新申请批准。调整方案未经乡(镇)人民政府和县级人民政府农业农村主管(农村经营管理)部门批准的,发包方不得调整承包地。

对于二轮土地承包期内,农户家庭成员中有考入国家公务员或"农转非"的,发包方能否收回其承包地?对此问题,最高人民法院民事审判第一庭编的《民事审判实务问答》第111页中指出:根据《农村土地承包法》第27条规定,即使承包农户全家迁入城镇落户,纳入城镇住房和社会保障体系,丧失农村集体经济组织成员身份,发包方也不得据此收回承包地。因此,农户家庭成员中有考入国家公务员或"农转非"的,发包方不能收回承包地。此外,家庭承包经营的主体是农户,家庭成员个人不与土地承包经营权挂钩,只要农户还在,农户内部的人员流动不应影响土地承包经营权的内容和范围。

二轮土地承包后,新出生人口和户口迁入人员要求解决承包地,该如何处理?对此问题,最高人民法院民事审判第一庭编的《民事审判实务问答》第113页中指出:中共中央、国务院《关于保持土地承包关系稳定并长久不变的意见》中也明确规定,继续提倡"增人不增地、减人不减地"。为避免承包地的频繁变动,防止耕地经营规模不断细分,进入新的承包期后,承包方家庭人口增加、缺地少地导致生活困难的,要帮助其提高就业技能,提供就业服务,做好社会保障工作。以家庭承包方式经营的,在承包期内,实行"增人不增地、减人不减地"政策,新出生人口和户口迁入人员的生活原则上由所在户的原有承包地负责保障。但是,在二轮承包期内,发包方可以将机动地、新开垦土地和依法收回的土地等优先用于解决新增成员的承包地问题;发包方无机动地和无新增土地的,可通过土地流转等办法解决新增人口的耕地问题。

第三节　农村土地承包经营权的保护与转移

一、"四荒地"的承包方式与特殊要求

《农村土地承包法》第3条规定：国家实行农村土地承包经营制度。农村土地承包采取农村集体经济组织内部的家庭承包方式，不宜采取家庭承包方式的荒山、荒沟、荒丘、荒滩等农村土地，可以采取招标、拍卖、公开协商等方式承包。根据该规定，家庭承包是农村土地承包经营制度的基本方式，其他承包方式为补充方式。

适合采取其他承包方式的农村土地，主要是"四荒地"，即荒山、荒沟、荒丘、荒滩，此外也可以是采取家庭承包后多余的农用地。"四荒地"虽然处于闲置状态，但不一定都采取其他方式承包。在一些农用地较少的地方，农村集体经济组织成员要求采取家庭承包方式，通过民主议定程序决定采取家庭承包方式的，"四荒地"也应采取家庭承包方式。所以，"四荒地"承包与其他方式承包并不是完全相同的，"四荒地"只有在不宜采取家庭承包方式的情况下才可以适用其他方式承包。

农村集体经济组织将"四荒地"及多余的农用地通过招标、拍卖、公开协商等其他方式有偿发包出去，有三个好处：一是有利于多余农用地资源得到充分配置，并能有效地解决弃耕抛荒的问题；二是有利于调节农村集体经济组织之间人多地少的不平衡问题；三是有利于增加农村集体经济组织的收入。

（一）"四荒地"的承包方式

《农村土地承包法》第50条第1款规定：荒山、荒沟、荒丘、荒滩等可以直接通过招标、拍卖、公开协商等方式实行承包经营，也可以将土地经营权折股分给本集体经济组织成员后，再实行承包经营或者股份合作经营。根据此规定，我们可以将其他承包方式分为公开承包方式和折股承包方式。

1. 公开承包方式

公开承包方式包括招标、拍卖、公开协商等方式。下面进行简单介绍。

（1）公开招标承包。公开招标，是指招标人以招标公告的方式邀请不特定的自然人、法人或其他组织参与投标。土地经营权公开招标，即农村集体经济组织

发出"四荒地"等土地经营权招标公告,邀请不特定的组织或者个人参与投标的行为。投标是相对招标而言的,投标是投标人响应招标、参加投标竞争的行为。土地经营权采取公开招标方式承包的,本集体经济组织成员可以竞包者身份参与投标,本集体经济组织成员以外的个人或组织也可以作为竞包者参与投标。土地经营权公开招标投标的具体操作,应当执行《中华人民共和国招标投标法》的有关规定。

(2)公开拍卖承包。公开拍卖,是指农村集体经济组织作为拍卖方以公开竞争的方式,将集体所有的土地经营权按照拍卖程序发包给出价最高的竞包者从事农业开发、经营的行为。农村集体经济组织可以自行组织拍卖,也可以委托有关拍卖机构进行拍卖。《农村土地承包法》对"四荒地"等土地经营权拍卖没有具体规定,实践中应当执行《中华人民共和国拍卖法》的相关规定。但因为"四荒地"受土地承包法律规范的制约,所以有些地方政府会作出一些特别的规定,如"四荒地"等土地经营权拍卖的最低经营年限不少于10年,开发治理期限一般为3年;承包"四荒地"用于发展种植业、林果业、养殖业生产,不得从事其他非农业建设。

(3)公开协商承包。通常情况下,农村集体经济组织应当采取公开招标或拍卖的方式发包"四荒地"土地经营权。只有在公开招标或拍卖不成,或者不宜采取公开招标或拍卖(如"四荒地"面积小,采取公开招标或拍卖的成本比较高)的情况下,才可采取公开协商承包方式。法律强调"公开协商"的意义在于防止农村集体经济组织负责人"暗箱操作"侵害集体利益和村民利益,同时要求农村集体经济组织在协商承包时,应当按照民主议定程序的决定进行,接受乡(镇)人民政府或有关机构的领导和监督,邀请村民代表参与协商;通过协商形成的权利义务,如承包期限、承包面积和承包费等主要内容应当向村民公布,然后再与承包方签订承包合同。

承包人通过公开承包方式与发包方签订承包合同后,按照约定取得土地经营权。根据《民法典》第342条的规定:通过招标、拍卖、公开协商等方式承包农村土地,经依法登记取得权属证书的,可以依法采取出租、入股、抵押或者其他方式流转土地经营权。《农村土地承包法》第53条也有类似规定。

2.折股承包方式

在实践中,还存在折股承包方式,包括土地折股分配承包与土地入股经营形式。具体见《农村土地承包法》第50条第1款规定的"可以将土地经营权折股分给本集体经济组织成员后,再实行承包经营或者股份合作经营"。

（1）土地折股分配承包，是指农村集体经济组织将"四荒地"等土地按股分配给内部成员，再实行承包经营的一种承包方式。折股分配的主要特点是量化。农村集体经济组织通过全面丈量土地、清产核资和资产评估，然后以净资产量化给符合条件的村民配置股权。折股量化的主要表现形式是，按照成员人数确定股份量数分配"四荒地"等土地。

（2）土地入股经营，是指土地经营权人将土地经营权量化为股权，以此入股组成有限公司、股份公司、合作社或者农场等（以下简称土地股份合作组织）并从事农业生产的经营方式。土地入股经营专指农村集体经济组织成员将折股分配取得的"四荒地"等土地经营权投入土地股份合作组织作为股权，由土地股份合作组织统一管理和经营的一种股份制经营方式。

（二）其他方式承包的特殊要求

采取其他承包方式有一些特殊要求，具体表现在以下五方面。

1. 集体经济组织采取其他方式发包"四荒地"等土地，承包方主体可以是其内部的成员，也可以是非本集体经济组织成员的个人或组织。其他承包方式下，承包方取得的土地经营权不是法定经营权而是约定经营权，所以应支付承包费。本集体经济组织成员以外的个人或组织参与其他方式承包的，根据《农村土地承包法》第52条第2款的规定，承包方应当具备相应的资信和经营能力。

2. 集体经济组织采取其他方式发包土地，应符合一定的程序要求。《农村土地承包法》第52条规定：发包方将农村土地发包给本集体经济组织以外的单位或者个人承包，应当事先经本集体经济组织成员的村民会议2/3以上成员或者2/3以上村民代表的同意，并报乡（镇）人民政府批准。由本集体经济组织以外的单位或者个人承包，应当对承包方的资信情况和经营能力进行审查后，再签订承包合同。

3. 采取其他承包方式，也应签订书面的承包合同，有些内容由双方协商确定。《农村土地承包法》第49条规定：以其他方式承包农村土地的，应当签订承包合同，承包方取得土地经营权。当事人的权利和义务、承包期限等，由双方协商确定。以招标、拍卖方式承包的，承包费通过公开竞标、竞价确定；以公开协商等方式承包的，承包费由双方议定。需要注意的是，家庭承包方式与其他承包方式签订的农村土地承包经营合同有一定的区别，尤其是在承包费的支付方式及期限、违约责任等条款有明显的差别。双方可以就承包期限、当事人的权利和义务等内容进行协商后确定。

4. 其他承包方式的承包期限由双方在承包合同中约定但不存在法定延长。《民法典》第332条与《农村土地承包法》第21条规定的承包期限只是适用于家庭承包方式,而不适用于其他承包方式。其他方式承包的期限可以长于也可以短于以上规定的期限。承包期限的长短应当根据民主议定程序通过并经乡(镇)人民政府批准的其他承包方式方案确定的期限,由发包方与承包方在承包合同中明确约定。此外,采取其他方式承包的经营期限,不存在法定延长的问题,这与家庭承包的期限届满后"由土地承包经营权人依照农村土地承包的法律规定继续承包"有本质差别。承包人在其他土地承包合同中约定的承包期限将到期时,如需继续承包,应当另行参与发包方组织的公开发包活动进行竞争,但可以主张在同等条件下的优先权。

5. 本集体经济组织成员有优先承包权。《农村土地承包法》第51条规定:以其他方式承包农村土地,在同等条件下,本集体经济组织成员有权优先承包。在实践中,本集体经济组织成员与非本集体经济组织成员的个人或组织之间发生优先承包权纠纷,关键在于对"同等条件"的认定和判断。"同等条件"应当综合转让价格、价款履行方式及期限等因素确定。值得注意的是,《农村土地承包司法解释》第18条规定:本集体经济组织成员在承包费、承包期限等主要内容相同的条件下主张优先承包的,应予支持。但在发包方将农村土地发包给本集体经济组织以外的组织或者个人,已经法律规定的民主议定程序通过,并由乡(镇)人民政府批准后主张优先承包的,不予支持。

二、农村土地承包经营权调查与确权登记

《农村土地承包合同管理办法》第3条第2款规定:承包合同订立、变更和终止的,应当开展土地承包经营权调查。在该办法第五章专门规定"土地承包经营权调查",内容包括:

第二十六条 土地承包经营权调查,应当查清发包方、承包方的名称,发包方负责人和承包方代表的姓名、身份证号码、住所,承包方家庭成员,承包地块的名称、坐落、面积、质量等级、土地用途等信息。

第二十七条 土地承包经营权调查应当按照农村土地承包经营权调查规程实施,一般包括准备工作、权属调查、地块测量、审核公示、勘误修正、结果确认、信息入库、成果归档等。

农村土地承包经营权调查规程由农业农村部制定。

第二十八条　土地承包经营权调查的成果,应当符合农村土地承包经营权调查规程的质量要求,并纳入农村土地承包信息应用平台统一管理。

第二十九条　县级以上地方人民政府农业农村主管(农村经营管理)部门、乡(镇)人民政府农村土地承包管理部门依法组织开展本行政区域内的土地承包经营权调查。

土地承包经营权调查可以依法聘请具有相应资质的单位开展。

《民法典》第333条规定:土地承包经营权自土地承包经营权合同生效时设立。登记机构应当向土地承包经营权人发放土地承包经营权证、林权证等证书,并登记造册,确认土地承包经营权。《农村土地承包法》第24条第1、2款规定:国家对耕地、林地和草地等实行统一登记,登记机构应当向承包方颁发土地承包经营权证或者林权证等证书,并登记造册,确认土地承包经营权。土地承包经营权证或者林权证等证书应当将具有土地承包经营权的全部家庭成员列入。需要注意的是,这里的"确认"是行政确认,不是行政许可。登记机构对家庭土地承包经营合同进行审查后认为不存在违法、无效情形的,就应该给承包方农户颁发土地承包经营权证书。

2014年11月20日,中共中央办公厅、国务院办公厅发布的《关于引导农村土地经营权有序流转发展农业适度规模经营的意见》(中办发〔2014〕61号)中提出:健全土地承包经营权登记制度。完善承包合同,健全登记簿,颁发权属证书,强化土地承包经营权物权保护,为开展土地流转、调处土地纠纷、完善补贴政策、进行征地补偿和抵押担保提供重要依据。建立健全土地承包经营权信息应用平台,方便群众查询,利于服务管理……推进土地承包经营权确权登记颁证工作。按照中央统一部署、地方全面负责的要求,在稳步扩大试点的基础上,用5年左右时间基本完成土地承包经营权确权登记颁证工作,妥善解决农户承包地块面积不准、四至不清等问题。

2015年2月11日,原农业部等6部门联合发布的《关于认真做好农村土地承包经营权确权登记颁证工作的意见》(农经发〔2015〕2号)中提出:农村土地承包经营权确权登记颁证是集中开展的土地承包经营权登记,是完善农村基本经营制度、保护农民土地权益、促进现代农业发展、健全农村治理体系的重要基础性工作,事关农村长远发展和亿万农民切身利益。该意见还要求,各地在稳步扩大试点的基础上,用5年左右时间基本完成土地承包经营权确权登记颁证工作。

2016年4月18日,原农业部等4部门联合发布的《关于进一步做好农村土地承包经营权确权登记颁证有关工作的通知》中提出"确保到2018年底,除一些少数民族及边疆地区外,基本完成确权登记颁证工作"。目前,土地承包经营权确权登记颁证工作已基本完成。

如果同一块承包地,承包合同和土地承包经营权证分别发给不同的农户,该承包地被征收后,土地补偿费应给谁?对此问题,最高人民法院民事审判第一庭编的《民事审判实务问答》第112页中指出:根据《民法典》第333条第1款规定"土地承包经营权自土地承包经营权合同生效时成立"。可见,《民法典》对土地承包经营权的物权变动模式采用了意思主义物权变动模式,农户取得土地承包经营权的途径是与发包方签订承包合同,而不是领取土地承包经营权证。颁发土地承包经营权证,是对已有土地承包经营权的确认,而确认的前提是土地承包经营权已经客观存在。因此,在承包合同与土地承包经营权证发生冲突时,应以承包合同作为确定农户取得土地承包经营权的依据。故,就同一块承包地,签订承包合同的农户依法取得土地承包经营权,该承包地被征收后,有权获得相应的土地补偿费。

三、对农村土地承包经营权的保护

2018年12月修订的《农村土地承包法》更加重视对农村土地承包经营权的保护。具体体现在以下几个方面。

(一)承包期内发包人一般不得调整承包地

《民法典》第336条规定:承包期内发包人不得调整承包地。因自然灾害严重毁损承包地等特殊情形,需要适当调整承包的耕地和草地的,应当依照农村土地承包的法律规定办理。《农村土地承包法》第28条作出相应细化规定。可见,承包期内发包人一般不得调整承包地,除非出现法定的特殊情况;调整只适用于耕地和草地,不适用于林地;调整承包地必须要经过法定的程序通过并报上级政府和主管部门批准。

此前在1997年8月27日,中共中央办公厅、国务院办公厅发布的《关于进一步稳定和完善农村土地承包关系的通知》中指出,承包土地"大稳定、小调整"的前提是稳定。实行"大稳定"政策,目的是让绝大多数农户的承包土地保持长期稳定,而不是将承包地打乱重新发包。可以根据实际需要,在个别农户之间小范围适当调整。做好"小调整"工作还应坚持以下几条原则：一是"小调整"只限于人地矛盾突出的个别农户，不能对所有农户进行普遍调整；二是不得利用"小调整"提高承包费，增加农民负担；三是"小调整"的方案要经村民大会或村民代表大会2/3以上成员同意，并报乡（镇）人民政府和县（市、区）人民政府主管部门审批；四是绝不能用行政命令的办法硬性规定在全村范围内几年重新调整一次承包地。

农村集体经济组织内部个别农户之间自行协商约定调整承包地，通常是通过转包、出租或者代耕的方式处理。这种调整不影响其他农户的土地承包经营权，也不影响农村集体经济组织权益的，无须经过民主议定程序通过，农村集体经济组织应当许可并支持其自行调整。

（二）承包期内发包人一般不得收回承包地

《民法典》第337条规定：承包期内发包人不得收回承包地。法律另有规定的，依照其规定。《农村土地承包法》第27条规定：承包期内，发包方不得收回承包地。国家保护进城农户的土地承包经营权。不得以退出土地承包经营权作为农户进城落户的条件。承包期内，承包农户进城落户的，引导支持其按照自愿有偿原则依法在本集体经济组织内转让土地承包经营权或者将承包地交回发包方，也可以鼓励其流转土地经营权。承包期内，承包方交回承包地或者发包方依法收回承包地时，承包方对其在承包地上投入而提高土地生产能力的，有权获得相应的补偿。按照以上规定，说明承包期内发包人不得收回承包地不是绝对的，当法律另有可以或者存在应当收回承包地的规定情形时，发包人有权收回承包地。

对于承包方自愿交回承包地的问题。《农村土地承包法》第30条规定：承包期内，承包方可以自愿将承包地交回发包方。承包方自愿交回承包地的，可以获得合理补偿，但是应当提前半年以书面形式通知发包方。承包方在承包期内交回承包地的，在承包期内不得再要求承包土地。在家庭土地承包期内，承包方无能力继续经营承包地或者进城落户不再经营承包地又不想抛荒的，可以按照上述规定将承包地交回发包方，是其自愿放弃土地承包经营权的行为。发包方不得以承包方中途退出承包为由，追究承包方的违约责任，更不能拒绝收回承包方自愿交回的承包地。

处理承包方自愿交回承包地的问题上，要特别注意《农村土地承包法》第27条第2款关于农村进城落户的规定。国家为了保护进城农民的土地承包经营权，发包方不得以退出土地承包权作为农村进城落户的条件。也就是说，农户即使已经进城落户,按照承包合同约定仍有土地承包经营权。但是为防止进城落户农民的承包地闲置和荒芜,发包方可以对其进行引导,按照自愿、有偿的原则,在本集体经济组织内转让土地承包经营权或者依法流转土地经营权,或者劝导其将承包地交回发包方。进城落户农民自愿将承包地交还发包方收回的,发包方对其在承包地上投入而提高土地生产能力的,包括所种的果树等,应当给予相应的补偿。

《乡村振兴促进法》第55条第2款中也有规定:县级以上地方人民政府应当采取措施促进在城镇稳定就业和生活的农民自愿有序进城落户,不得以退出土地承包经营权、宅基地使用权、集体收益分配权等作为农民进城落户的条件。

关于农户家庭成员全部转为非农业户口后承包地是否收回的问题。依照农村土地承包的法律规定,不强制"农转非"承包户交回承包地,应与进城落户的农民一样,采取引导、劝导的方式,在其自愿的基础上依法转让土地承包经营权、流转土地经营权,或者将承包地交回发包方。但农户家庭成员全部转为非农业户口,就丧失了本集体经济组织成员资格和承包资格,该原农户不能参加下一轮土地承包,原承包的土地应当收回、不能再续期。

关于合同约定收回承包地的问题。如果双方在承包合同中约定,在一定条件下承包方自愿交回承包地,属于承包方自愿放弃土地承包经营权的行为,所以在约定条件成就时,发包方可以收回承包地。

(三)加强对妇女土地承包经营权的保护

《农村土地承包法》在2018年修正后,加强了对妇女土地承包经营权的保护。如第6条规定:农村土地承包,妇女与男子享有平等的权利。承包中应当保护妇女的合法权益,任何组织和个人不得剥夺、侵害妇女应当享有的土地承包经营权。第31条规定:承包期内,妇女结婚,在新居住地未取得承包地的,发包方不得收回其原承包地;妇女离婚或者丧偶,仍在原居住地生活或者不在原居住地生活但在新居住地未取得承包地的,发包方不得收回其原承包地。第57条第7项规定,如果发包方剥夺、侵害妇女依法享有的土地承包经营权的,应当承担相应的民事责任。

(四)承包地被征收的,土地承包经营权人可以获得相应补偿

《民法典》第338条规定:"承包地被征收的,土地承包经营权人有权依据本法第二百四十三条的规定获得相应补偿。"第243条第2款规定:征收集体所有的土

地,应当依法及时足额支付土地补偿费、安置补助费以及农村村民住宅、其他地上附着物和青苗等的补偿费用,并安排被征地农民的社会保障费用,保障被征地农民的生活,维护被征地农民的合法权益。《土地管理法》第48条第1、2款规定:征收土地应当给予公平、合理的补偿,保障被征地农民原有生活水平不降低、长远生计有保障。征收土地应当依法及时足额支付土地补偿费、安置补助费以及农村村民住宅、其他地上附着物和青苗等的补偿费用,并安排被征地农民的社会保障费用。

发生土地征收补偿费用分配纠纷,可以适用《农村土地承包司法解释》中的相关规定。如第20条第1款规定:承包地被依法征收,承包方请求发包方给付已经收到的地上附着物和青苗的补偿费的,应予支持。第21条规定:承包地被依法征收,放弃统一安置的家庭承包方,请求发包方给付已经收到的安置补助费的,应予支持。第22条规定:农村集体经济组织或者村民委员会、村民小组,可以依照法律规定的民主议定程序,决定在本集体经济组织内部分配已经收到的土地补偿费。征地补偿安置方案确定时已经具有本集体经济组织成员资格的人,请求支付相应份额的,应予支持。

(五)承包方自愿交回承包地的,可以获得相应的补偿

《农村土地承包合同管理办法》第18条第2款规定:承包方自愿交回承包地的,应当提前半年以书面形式通知发包方。承包方对其在承包地上投入而提高土地生产能力的,有权获得相应的补偿。交回承包地的其他补偿,由发包方和承包方协商确定。

(六)农村土地承包权益可以继承

《农村土地承包法》第32条规定:承包人应得的承包收益,依照继承法的规定继承。林地承包的承包人死亡,其继承人可以在承包期内继续承包。第54条规定:依照本章规定通过招标、拍卖、公开协商等方式取得土地经营权的,该承包人死亡,其应得的承包收益,依照继承法的规定继承;在承包期内,其继承人可以继续承包。

发生土地承包经营权继承纠纷,可以适用《农村土地承包司法解释》中的第23条规定:林地家庭承包中,承包方的继承人请求在承包期内继续承包的,应予支持。其他方式承包中,承包方的继承人或者权利义务承受者请求在承包期内继续

承包的,应予支持。

四、土地承包经营权的互换与转让

《民法典》第334条规定:土地承包经营权人依照法律规定,有权将土地承包经营权互换、转让。未经依法批准,不得将承包地用于非农建设。

(一)土地承包经营权的互换

土地承包经营权互换,是指农村集体经济组织内部成员之间互相交换承包地经营的行为。《农村土地承包法》第33条规定:承包方之间为方便耕种或者各自需要,可以对属于同一集体经济组织的土地的土地承包经营权进行互换,并向发包方备案。可见,土地承包经营权互换有两个条件要求。

一是限于"同一集体经济组织的土地的土地承包经营权"互换。也就是说只有本集体经济组织的农户才有资格互换,故互换土地承包经营权的双方农户和承包地都应在本集体经济组织内部进行。例如,以乡(镇)农民集体、村农民集体或村民小组农民集体所有的土地发包的,土地承包经营权互换应分别在同一乡(镇)、村、村民小组集体经济组织内部。如果拟交换的承包地属于两个不同的村民小组集体经济组织,即使两个农户属于同一村的,也不能交换。因为本集体经济组织农户与非本集体经济组织的农户互换承包地,也不能产生与发包方确立新的承包关系,也不能产生原承包方与发包方在该土地上的承包关系即行终止的法律效果。所以,在土地承包经营权交换前要特别注意"同一集体经济组织"这个范围,并不是说同村的农户之间就可以互换。

二是目的是"方便耕种或者各自需要"。"方便耕种"是一个常见的正当互换目的,如甲农户的承包地在乙农户的房屋附近,而乙农户的承包地在甲农户的房屋附近,两者相距较远,甲、乙农户互换承包地当然有利于耕种。这里的"各自需要"可以是其他需要,如种植水稻需要周边有水源、种植果树可以在山上但要有适宜的光照与温度。所以,"各自需要"不能乱需要,是指农业用途基本相同的情况下的各自需要。双方互换后要按照承包合同约定的土地用途来使用和经营承包地,否则不能互换。如承包合同中约定耕地用于种植农作物,双方互换后不能将该耕地挖成鱼塘用来养鱼。

《民法典》第334条赋予土地承包经营权人互换土地承包经营权的权利,故是否互换由承包户之间自主自愿决定,无须取得发包方的同意。根据《农村土地承包法》第57条第3项的规定,发包方不得强迫或阻碍承包方进行土地经营权的互换,否则承担民事责任。第60条规定,任何组织和个人强迫进行土地承包经营权互换的,该互换无效。但同一集体经济组织的农户之间互换土地承包经营权,应当在原承包合同约定的范围内进行自愿协商,经协商一致后签订互换协议。承包户之间签订的互换协议,如果不侵害发包方和其他农户权益,该协议自成立之日起生效。双方应按照协议约定履行互换义务。双方互换完毕后,各自丧失原承包地上的承包经营权同时又获得对方相关承包地上的承包经营权。协议约定的承包地及土地承包经营权交换完毕以后,该地上的经营主体即发生变更。互换协议到期后,双方相互返还承包地。

《农村土地承包合同管理办法》第19条规定,为了方便耕种或者各自需要,承包方之间可以互换属于同一集体经济组织的不同承包地块的土地承包经营权。土地承包经营权互换的,应当签订书面合同,并向发包方备案。承包方提交备案的互换合同,应当符合下列要求:(1)互换双方是属于同一集体经济组织的农户;(2)互换后的承包期限不超过承包期的剩余期限;(3)法律、法规和规章规定的其他事项。互换合同备案后,互换双方应当与发包方变更承包合同。

（二）土地承包经营权的转让

土地承包经营权转让,是指农户将全部或者部分的土地承包经营权转移给本集体经济组织的其他农户经营,并由发包方确立新的承包关系的行为。《农村土地承包法》第34条规定:经发包方同意,承包方可以将全部或者部分的土地承包经营权转让给本集体经济组织的其他农户,由该农户同发包方确立新的承包关系,原承包方与发包方在该土地上的承包关系即行终止。

《农村土地承包合同管理办法》第20条规定:经承包方申请和发包方同意,承包方可以将部分或者全部土地承包经营权转让给本集体经济组织的其他农户。承包方转让土地承包经营权的,应当以书面形式向发包方提交申请。发包方同意转让的,承包方与受让方应当签订书面合同;发包方不同意转让的,应当于7日内向承包方书面说明理由。发包方无法定理由的,不得拒绝同意承包方的转让申请。未经发包方同意的,土地承包经营权转让合同无效。土地承包经营权转让合同,应当符合下列要求:(1)受让方是本集体经济组织的农户;(2)转让后的承包期限不超过承包期的剩余期限;(3)法律、法规和规章规定的其他事项。土地承包经营权转让后,受让方应当与发包方签订承包合同。原承包方与发包方在该土地上的承包关系终止,承包期内其土地承包经营权部分或者全部消灭,并不得再要求承包土地。

(三)两种转移方式的异同与办理登记

土地承包经营权的转让和互换有很多相同之处,如两者都只能在同一集体经济组织内部进行,双方自愿协商确定,任何组织和个人不得强迫或阻碍承包方进行土地经营权的转让或互换等。但两者是两种不同的转移方式,主要存在两点区别:一是互换以"方便耕种或者各自需要"为目的,而转让无此目的制约,本集体经济组织成员之间只要双方自愿,就可以内部转让土地承包经营权。二是互换只是更换承包地而未丧失土地承包经营权,而农户转让土地承包经营权以后,由受让方与发包方之间确立新的承包关系,原承包方与发包方在该土地上的承包关系即行终止,原承包方也丧失了相应的土地承包经营权。

土地承包经营权的互换、转让登记,是指当事人提出申请,登记机构将土地承包经营权互换、转让的事项记载于不动产登记簿上的行为。《民法典》第335条规定:土地承包经营权互换、转让的,当事人可以向登记机构申请登记;未经登记,不得对抗善意第三人。《农村土地承包法》第35条也作出了类似规定。

土地承包经营权一经登记,便产生了国家公示的公信力,这种公信力具有对抗善意第三人的效力。当事人申请互换、转让登记,应当提交变更登记申请书和互换协议或转让协议等相关资料,登记机构收到申请以后,经审查符合变更登记规定的,应当给予办理变更登记,更换或者更改土地承包经营权证书,并发放给当事人。

五、"长久不变"政策与第三轮农村土地承包

2008年10月12日中国共产党十七届三中全会上通过的《中共中央关于推进农村改革发展若干重大问题的决定》中提出:稳定和完善农村基本经营制度。以家庭承包经营为基础、统分结合的双层经营体制,是适应社会主义市场经济体制、符合农业生产特点的农村基本经营制度,是党的农村政策的基石,必须毫不动摇地坚持。赋予农民更加充分而有保障的土地承包经营权,现有土地承包关系要保持稳定并长久不变。

2013年11月12日中国共产党第十八届中央委员会第三次全体会议通过的《中共中央关于全面深化改革若干重大问题的决定》第20条提出:稳定农村土地

承包关系并保持长久不变,在坚持和完善最严格的耕地保护制度前提下,赋予农民对承包地占有、使用、收益、流转及承包经营权抵押、担保权能,允许农民以承包经营权入股发展农业产业化经营。

2017年10月,中国共产党的十九大报告《决胜全面建成小康社会,夺取新时代中国特色社会主义伟大胜利》中提出:"保持土地承包关系稳定并长久不变,第二轮土地承包到期后再延长三十年。"在将来几年内,我国很多地方第二轮农村土地承包期陆续到期,根据"保持农村土地承包关系稳定并长久不变"的精神,第三轮农村土地承包即将开始。为此,《民法典》第332条第2款规定:承包期限届满,由土地承包经营权人依照农村土地承包的法律规定继续承包。

2019年11月26日,中共中央、国务院发布的《关于保持土地承包关系稳定并长久不变的意见》中提出:充分保障农民土地承包权益,进一步完善农村土地承包经营制度,推进实施乡村振兴战略,保持农村土地(指承包耕地)承包关系稳定并长久不变(以下简称"长久不变")。"长久不变"政策内涵主要包括以下方面:(1)保持土地集体所有、家庭承包经营的基本制度长久不变。确保农民集体有效行使集体土地所有权、集体成员平等享有土地承包权。(2)保持农户依法承包集体土地的基本权利长久不变。农村集体经济组织成员有权依法承包集体土地,任何组织和个人都不能剥夺和非法限制。同时,要根据时代发展需要,不断强化对土地承包权的物权保护,依法保障农民对承包地占有、使用、收益、流转及承包土地的经营权抵押、担保权利,不断赋予其更加完善的权能。(3)保持农户承包地稳定。农户承包地要保持稳定,发包方及其他经济组织和个人不得违法调整。鼓励承包农户增加投入,保护和提升地力。各地可在农民自愿前提下结合农田基本建设,组织开展互换并地,发展连片种植。支持新型农业经营主体通过流转农户承包地进行农田整理,提升农业综合生产能力。

2020年中央一号文件《关于全面抓好"三农"领域重点工作确保如期实现全面小康的意见》第27条提出:开展第二轮农村土地承包到期后再延长30年试点,在试点基础上研究制定延包的具体办法。

为贯彻落实"长久不变"政策与相关法律规定,农业农村部已经组织部分地区选择先行到期的村组开展第二轮农村土地承包到期后再延长30年的试点。对于延长承包的具体办法、程序、配套政策等进行探索,在积累实践经验的基础上,开展第三轮农村土地承包。

第三轮农村土地承包将是我国农村中的重大事件,以下对相关主要问题做简单的分析。

1. 关于第三轮土地承包的起始时间问题

1978年党的十一届三中全会决定，在农村推行联产计酬责任制改革，以后发展成为家庭联产承包责任制，实际上是第一轮农村土地承包。当时国家的政策规定，第一轮农村土地承包期为15年，最早是从1978年开始至1993年到期。第二轮农村土地承包期为30年，最早是2023年到期。但由于历史原因，各地实际启动第一轮农村土地承包的时间有所不同，因而各地第二轮农村土地承包合同到期的时间也有所不同，大体是在2023年开始至2027年到期。随之，第三轮农村土地承包的开始时间也有所不同，但均应以第二轮农村土地承包合同约定的到期时间为准，开始延长承包期。

2. 第三轮农村土地承包的方式和期限问题

第三轮农村土地承包主要是指适用于家庭承包的方式，而不是适用于其他承包方式。农村耕地承包期延长30年属于法定的承包期限，除了承包户主动要求缩短该期限以外，农村集体经济组织或其他任何个人和组织都无权缩短这个法定期限。草地、林地承包期限比耕地要长，承包期届满以后，法律对草地、林地承包期限只是规定"相应延长"。具体如何操作，法律法规还没有作出明确的规定。

3. 关于第三轮农村土地承包的承包地调整问题

第三轮农村土地承包的主要目的是"保持农村土地承包关系稳定并长久不变"，即"大稳定"。因此在第二轮农村土地承包办法基本合理、农户基本满意的，在第三轮农村土地承包时，应该尽量保持原承包方法和承包地面积不变，并可直接延长承包期。但在这30年时间内，农户家庭人口可能发生很大的变化，如因生死婚嫁的原因，有的家庭人口增加，有的家庭人口减少，两者之间往往相差较大。在这种情况下，如果第三轮农村土地承包仍然坚持"增人不增地、减人不减地"的政策，不予调整承包地，那么对于人口增加较多的农户影响较大。他们的生产资料和生活水平往往不能得到保证，这样的话，农户与本集体经济组织之间容易产生矛盾，进而影响农村社会稳定。故应允许在第三轮农村土地承包时按照《农村土地承包法》第28条第2款的规定，经民主议定程序进行"小调整"，从而体现《农村土地承包法》第7条规定的公平原则。

4. 关于农户进城落户以后收回原承包地的问题

《农村土地承包法》第27条第2款规定：国家保护进城农户的土地承包经营权。不得以退出土地承包经营权作为农户进城落户的条件。在第二轮农村土地承包期内,如果承包户成员全部进城落户的,发包方不得强制其退出承包地。但是在第二轮农村土地承包期间,承包户内成员全部进城落户,在第三轮农村土地承包时,如果该户成员都丧失了原集体经济组织的成员资格,也就丧失了土地承包经营权,故在第三轮农村土地承包时不应再由该户承包土地。如果是农户部分成员进城落户的,进城落户的农户成员因丧失原集体经济组织的成员资格,所以在第三轮农村土地承包时,可以对该户的原承包地进行相应的调整处理。但是在第三轮农村土地承包期内,农村集体经济组织的户口迁移与土地承包资格权的关系处理,应当与第二轮农村土地承包时的政策基本保持一致。

5. 关于第三轮农村土地承包经营合同与办理确权登记问题

因第二轮农村土地承包到期以后做终止处理,所以无论是第三轮农村土地承包对其第二轮农村土地承包是否进行调整,农村集体经济组织在第三轮农村土地承包时应当与农户重新签订家庭土地承包经营合同。第三轮农村土地承包经营合同应当以第二轮农村土地承包经营合同为基础,同时根据具体情况,在新的土地承包经营合同中对土地面积等进行另行约定并载明,合同签订后要及时办理新的土地承包经营权确权登记。

2022年9月,自然资源部、农业农村部发布的《关于做好不动产统一登记与土地承包合同管理工作有序衔接的通知》(自然资发〔2022〕157号)中提出要"稳妥开展土地承包经营权登记颁证"。内容如下:第二轮农村土地承包到期后再延长30年试点地区自然资源、农业农村部门要按照中央关于延包试点工作节奏和要求,共同部署、一体推进有关工作,共同做好延包合同签订和不动产登记工作。各地要认真落实《中共中央、国务院关于保持土地承包关系稳定并长久不变的意见》,已依法颁发的农村土地承包经营权证,在新的承包期继续有效且不变不换。对于延包中因土地承包合同期限变化直接顺延的,农业农村部门组织签订延包合同后,自然资源部门依据延包合同在登记簿上做相应变更,在原农村土地承包经营权证书上标注记载,加盖不动产登记专用章。涉及互换、转让土地承包经营权等其他情形,颁发不动产权属证书(封皮不动产权属证书字样下括号标注"土地承包经营权"),不动产权属证书的记载内容应与原农村土地承包经营权证内容衔接一致。证书样式由自然资源部另行发布。

农业农村部门要完善农村土地承包经营权信息系统(平台)功能,并依托系统(平台)在线办理农村土地承包合同签订、变更等业务。自然资源部门要完善不动产登记信息管理基础平台功能,通过不动产登记系统办理土地承包经营权登记。

第四节　农村土地承包经营纠纷处理

一、《农村土地承包经营纠纷调解仲裁法》的规定与理解

2009年6月27日，第十一届全国人大常委会第九次会议通过《农村土地承包经营纠纷调解仲裁法》，自2010年1月1日起施行。下面择其主要内容进行介绍。

1. 适用调解、仲裁处理的农村土地承包经营纠纷的范围。第2条规定，农村土地承包经营纠纷调解和仲裁，适用本法。农村土地承包经营纠纷包括：(1)因订立、履行、变更、解除和终止农村土地承包合同发生的纠纷；(2)因农村土地承包经营权转包、出租、互换、转让、入股等流转发生的纠纷；(3)因收回、调整承包地发生的纠纷；(4)因确认农村土地承包经营权发生的纠纷；(5)因侵害农村土地承包经营权发生的纠纷；(6)法律、法规规定的其他农村土地承包经营纠纷。因征收集体所有的土地及其补偿发生的纠纷，不属于农村土地承包仲裁委员会的受理范围，可以通过行政复议或者诉讼等方式解决。

2. 鼓励和解与调解。第3条规定：发生农村土地承包经营纠纷的，当事人可以自行和解，也可以请求村民委员会、乡(镇)人民政府等调解。第7条规定：村民委员会、乡(镇)人民政府应当加强农村土地承包经营纠纷的调解工作，帮助当事人达成协议解决纠纷。

3. 调解遵循便民、自愿、合法原则。"自愿、合法"是调解工作的一般原则。根据第4条的规定，如果当事人和解、调解不成或者不愿和解、调解的，可以申请仲裁或直接向人民法院起诉。考虑到农村家庭承包户的文化水平普遍不高，为了便民，第8条规定：当事人申请农村土地承包经营纠纷调解可以书面申请，也可以口头申请。除了村民委员会或者乡(镇)人民政府进行调解外，仲裁庭对农村土地承包经营纠纷应当进行调解。

4. 仲裁委员会与仲裁员的组成有一定的特色。第12条第1款规定：农村土地承包仲裁委员会，根据解决农村土地承包经营纠纷的实际需要设立。农村土地承包仲裁委员会可以在县和不设区的市设立，也可以在设区的市或者其市辖区设立。与各设区市以上建立的以处理经济纠纷为主的仲裁委员会、处理劳动纠纷的劳动仲裁委员会有所区别的是仲裁员的组成。第13条第1款规定：农村土地承

包仲裁委员会由当地人民政府及其有关部门代表、有关人民团体代表、农村集体经济组织代表、农民代表和法律、经济等相关专业人员兼任组成,其中农民代表和法律、经济等相关专业人员不得少于组成人员的1/2。第15条规定:农村土地承包仲裁委员会应当从公道正派的人员中聘任仲裁员。仲裁员应当符合下列条件之一:(1)从事农村土地承包管理工作满5年;(2)从事法律工作或者人民调解工作满5年;(3)在当地威信较高,并熟悉农村土地承包法律以及国家政策的居民。

5. 申请仲裁的人员资格。第19条规定:农村土地承包经营纠纷仲裁的申请人、被申请人为当事人。家庭承包的,可以由农户代表人参加仲裁。当事人一方人数众多的,可以推选代表人参加仲裁。与案件处理结果有利害关系的,可以申请作为第三人参加仲裁,或者由农村土地承包仲裁委员会通知其参加仲裁。当事人、第三人可以委托代理人参加仲裁。

6. 仲裁遵循便民高效原则。仲裁相对于诉讼而言,程序比较简便一些,期限也要比诉讼要短一些。第47条规定:仲裁农村土地承包经营纠纷,应当自受理仲裁申请之日起60日内结束;案情复杂需要延长的,经农村土地承包仲裁委员会主任批准可以延长,并书面通知当事人,但延长期限不得超过30日。考虑到农村家庭承包户的文化水平普遍不高,为了便民,第21条规定:当事人申请仲裁,应当向纠纷涉及的土地所在地的农村土地承包仲裁委员会递交仲裁申请书。仲裁申请书可以邮寄或者委托他人代交。仲裁申请书应当载明申请人和被申请人的基本情况,仲裁请求和所根据的事实、理由,并提供相应的证据和证据来源。书面申请确有困难的,可以口头申请,由农村土地承包仲裁委员会记入笔录,经申请人核实后由其签名、盖章或者按指印。

7. 仲裁庭的组成。第27条规定:仲裁庭由3名仲裁员组成,首席仲裁员由当事人共同选定,其他2名仲裁员由当事人各自选定;当事人不能选定的,由农村土地承包仲裁委员会主任指定。事实清楚、权利义务关系明确、争议不大的农村土地承包经营纠纷,经双方当事人同意,可以由1名仲裁员仲裁。仲裁员由当事人共同选定或者由农村土地承包仲裁委员会主任指定。农村土地承包仲裁委员会应当自仲裁庭组成之日起2个工作日内将仲裁庭组成情况通知当事人。第28条第1款规定了仲裁员必须回避的情形,除了仲裁员自行申请回避外,当事人也有权以口头或者书面方式申请其回避。

8. 开庭和裁决的程序。第30条规定:农村土地承包经营纠纷仲裁应当开庭进行。开庭可以在纠纷涉及的土地所在地的乡(镇)或者村进行,也可以在农村土地承包仲裁委员会所在地进行。当事人双方要求在乡(镇)或者村开庭的,应当在该乡(镇)或者村开庭。开庭应当公开,但涉及国家秘密、商业秘密和个人隐私以及当事人约定不公开的除外。对于开庭的程序,与其他仲裁程序比较相似,所以就不详细介绍了。

9. 对仲裁结果不服可以提起诉讼。与劳动纠纷仲裁区别的是,农村土地承包经营纠纷申请仲裁不是提起诉讼的必要前置程序。根据第4条规定:当事人和解、调解不成或者不愿和解、调解的,可以向农村土地承包仲裁委员会申请仲裁,也可以直接向人民法院起诉。需要提醒的是,对仲裁结果不服又不及时提起诉讼的,裁决书将生效。生效的调解书、裁决书具有强制执行力。第48条规定:当事人不服仲裁裁决的,可以自收到裁决书之日起30日内向人民法院起诉。逾期不起诉的,裁决书即发生法律效力。

10. 农村土地承包经营纠纷仲裁免费。申请其他仲裁或提起诉讼,申请人或起诉人需要预缴仲裁费或诉讼费。第52条规定:农村土地承包经营纠纷仲裁不得向当事人收取费用,仲裁工作经费纳入财政预算予以保障。仲裁免费一则为了便民,二则鼓励当事人通过调解、仲裁方式解决农村土地承包经营纠纷。

还需要注意的是,第18条规定:农村土地承包经营纠纷申请仲裁的时效期间为2年,自当事人知道或者应当知道其权利被侵害之日起计算。这与《民法典》第188条第1款规定的"向人民法院请求保护民事权利的诉讼时效期间为三年"有所区别。意味着有部分农村土地承包经营纠纷因为过了2年的申请仲裁时效被驳回请求,但如果还在民事诉讼时效期间,当事人还是可以通过民事诉讼解决纠纷。

此外,因为农村土地承包仲裁委员会没有执行权,所以申请财产保全、证据保全、执行先行裁定、执行事项等需要向法院提出申请。

二、农村土地承包经营纠纷通过诉讼方式解决

《农村土地承包法》第55条第2款规定:当事人不愿协商、调解或者协商、调解不成的,可以向农村土地承包仲裁机构申请仲裁,也可以直接向人民法院起诉。实践中,如果农村土地承包经营纠纷涉及退还费用或要求赔偿,当事人往往会选择诉讼方式而非仲裁方式解决。

(一)关于法院受理农村土地承包经营纠纷的受案范围

《农村土地承包司法解释》第1条规定,下列涉及农村土地承包民事纠纷,人

民法院应当依法受理:(1)承包合同纠纷;(2)承包经营权侵权纠纷;(3)土地经营权侵权纠纷;(4)承包经营权互换、转让纠纷;(5)土地经营权流转纠纷;(6)承包地征收补偿费用分配纠纷;(7)承包经营权继承纠纷;(8)土地经营权继承纠纷。农村集体经济组织成员因未实际取得土地承包经营权提起民事诉讼的,人民法院应当告知其向有关行政主管部门申请解决。农村集体经济组织成员就用于分配的土地补偿费数额提起民事诉讼的,人民法院不予受理。

(二)对仲裁结果不服应在30日内提起诉讼

《农村土地承包司法解释》第2条规定:当事人自愿达成书面仲裁协议的,受诉人民法院应当参照最高人民法院《关于适用〈中华人民共和国民事诉讼法〉的解释》第215、216条的规定处理。当事人未达成书面仲裁协议,一方当事人向农村土地承包仲裁机构申请仲裁,另一方当事人提起诉讼的,人民法院应予受理,并书面通知仲裁机构。但另一方当事人接受仲裁管辖后又起诉的,人民法院不予受理。当事人对仲裁裁决不服并在收到裁决书之日起30日内提起诉讼的,人民法院应予受理。

可见,在农村土地承包经营纠纷中,当事人可以选择申请仲裁也可以选择诉讼,仲裁不是诉讼的前置程序。但当事人自愿达成书面仲裁协议的,或当事人接受仲裁管辖后又起诉的,人民法院不予受理。

《农村土地承包经营纠纷司法解释》对此也作了相关规定。该解释第2条规定:当事人在收到农村土地承包仲裁委员会作出的裁决书之日起30日后或者签收农村土地承包仲裁委员会作出的调解书后,就同一纠纷向人民法院提起诉讼的,裁定不予受理;已经受理的,裁定驳回起诉。第3条规定:当事人在收到农村土地承包仲裁委员会作出的裁决书之日起30日内,向人民法院提起诉讼,请求撤销仲裁裁决的,人民法院应当告知当事人就原纠纷提起诉讼。

(三)农村土地承包经营纠纷的相关案由

需要注意的是,《农村土地承包司法解释》第1条确定的类型与最高人民法院于2020年12月29日最新发布的《民事案件案由规定》有所区别。《民事案件案由规定》规定的与农村土地承包民事纠纷相关的案由有以下类型。

1.二级案由用益物权纠纷,包括三级案由:土地承包经营权纠纷[(1)土地承包经营权确认纠纷;(2)承包地征收补偿费用分配纠纷;(3)土地承包经营权继承纠纷]和土地经营权纠纷。

2. 二级案由担保物权纠纷,包括三级案由抵押权纠纷中的四级案由土地经营权抵押权纠纷。

3. 二级案由合同纠纷,包括三级案由土地承包经营权合同纠纷中的5个四级案由:(1)土地承包经营权转让合同纠纷;(2)土地承包经营权互换合同纠纷;(3)土地经营权入股合同纠纷;(4)土地经营权抵押合同纠纷;(5)土地经营权出租合同纠纷。

(四)农村土地承包经营纠纷的诉讼主体

《农村土地承包司法解释》中对诉讼主体的规定值得注意。第3条规定:承包合同纠纷,以发包方和承包方为当事人。承包方是指以家庭承包方式承包本集体经济组织农村土地的农户,以及以其他方式承包农村土地的组织或者个人。第4条规定,农户成员为多人的,由其代表人进行诉讼。农户代表人按照下列情形确定:(1)土地承包经营权证等证书上记载的人;(2)未依法登记取得土地承包经营权证等证书的,为在承包合同上签名的人;(3)前两项规定的人死亡、丧失民事行为能力或者因其他原因无法进行诉讼的,为农户成员推选的人。

(五)审理部分农村土地承包经营纠纷时要注重调解工作

《农村土地承包司法解释》第24条规定:"人民法院在审理涉及本解释第五条、第六条第一款第(二)项及第二款、第十五条的纠纷案件时,应当着重进行调解。必要时可以委托人民调解组织进行调解。"

三、司法解释中对家庭土地承包纠纷案件的处理规范

《农村土地承包司法解释》中"二、家庭承包纠纷案件的处理"的相关规定:

第五条 承包合同中有关收回、调整承包地的约定违反农村土地承包法第二十七条、第二十八条、第三十一条规定的,应当认定该约定无效。

第六条 因发包方违法收回、调整承包地,或者因发包方收回承包方弃耕、撂荒的承包地产生的纠纷,按照下列情形,分别处理:

(一)发包方未将承包地另行发包,承包方请求返还承包地的,应予支持;

(二)发包方已将承包地另行发包给第三人,承包方以发包方和第三人为共同被告,请求确认其所签订的承包合同无效、返还承包地并赔偿损失的,应予支持。

但属于承包方弃耕、撂荒情形的,对其赔偿损失的诉讼请求,不予支持。

前款第(二)项所称的第三人,请求受益方补偿其在承包地上的合理投入的,应予支持。

第七条　承包合同约定或者土地承包经营权证等证书记载的承包期限短于农村土地承包法规定的期限,承包方请求延长的,应予支持。

第八条　承包方违反农村土地承包法第十八条规定,未经依法批准将承包地用于非农建设或者对承包地造成永久性损害,发包方请求承包方停止侵害、恢复原状或者赔偿损失的,应予支持。

第九条　发包方根据农村土地承包法第二十七条规定收回承包地前,承包方已经以出租、入股或者其他形式将其土地经营权流转给第三人,且流转期限尚未届满,因流转价款收取产生的纠纷,按照下列情形,分别处理:

(一)承包方已经一次性收取了流转价款,发包方请求承包方返还剩余流转期限的流转价款的,应予支持;

(二)流转价款为分期支付,发包方请求第三人按照流转合同的约定支付流转价款的,应予支持。

第十条　承包方交回承包地不符合农村土地承包法第三十条规定程序的,不得认定其为自愿交回。

第十一条　土地经营权流转中,本集体经济组织成员在流转价款、流转期限等主要内容相同的条件下主张优先权的,应予支持。但下列情形除外:

(一)在书面公示的合理期限内未提出优先权主张的;

(二)未经书面公示,在本集体经济组织以外的人开始使用承包地两个月内未提出优先权主张的。

第十二条　发包方胁迫承包方将土地经营权流转给第三人,承包方请求撤销其与第三人签订的流转合同的,应予支持。

发包方阻碍承包方依法流转土地经营权,承包方请求排除妨碍、赔偿损失的,应予支持。

第十三条　承包方未经发包方同意,转让其土地承包经营权的,转让合同无效。但发包方无法定理由不同意或者拖延表态的除外。

第十四条　承包方依法采取出租、入股或者其他方式流转土地经营权,发包方仅以该土地经营权流转合同未报其备案为由,请求确认合同无效的,不予支持。

第十五条　因承包方不收取流转价款或者向对方支付费用的约定产生纠纷,

当事人协商变更无法达成一致,且继续履行又显失公平的,人民法院可以根据发生变更的客观情况,按照公平原则处理。

第十六条　当事人对出租地流转期限没有约定或者约定不明的,参照民法典第七百三十条规定处理。除当事人另有约定或者属于林地承包经营外,承包地交回的时间应当在农作物收获期结束后或者下一耕种期开始前。

对提高土地生产能力的投入,对方当事人请求承包方给予相应补偿的,应予支持。

第十七条　发包方或者其他组织、个人擅自截留、扣缴承包收益或者土地经营权流转收益,承包方请求返还的,应予支持。

发包方或者其他组织、个人主张抵销的,不予支持。

第五节　与农村土地承包经营相关的纠纷案例

一、农村土地承包经营合同纠纷案例

案例一:向本集体经济组织成员以外的主体发包土地依法属于涉及村民利益的重大事项,未经民主议定程序将土地发包给集体经济组织成员以外的主体,即使土地承包合同已经村干部签字并加盖村委公章,也不应认定合同有效。

一审案号为(2021)鲁0306民初1919号,二审案号为(2022)鲁03民终1611号的确认合同有效纠纷案件(该案例是最高人民法院发布的人民法院案例库入库案例,以下简称入库案例)。案情简介:2009年,张某与山东省淄博市周村区商家镇李家村村民委员会(以下简称李家村委会)签订《承包经营合同书》,李家村委会将村东北部分荒山承包给张某经营养殖、种植使用。承包期限自2009年3月1日起至2069年3月1日止,承包费是21.7万元,一次性付清。2012年,因张某向高某借款20余万元未还,双方协商将张某与李家村委会于2009年签订的土地承包经营合同转让给高某,并于2012年4月2日签订转让协议。2012年12月5日,高某与李家村委会签订《承包经营合同书》一份,该合同书同张某与李家村委会之间签订的合同书涉及的土地四至一致,承包期限、承包费数额、缴款方式也均一致。李家村委会与高某重新签订《承包经营合同书》未经过村委的民主议定程序。后,高某向法院提起诉讼,诉请确认其与李家村委会于2012年年底签订的《承包经营合同书》为有效合同,要求李家村委会将案涉合同涉及的六间房屋及承包土

地恢复原状。

李家村委会辩称该村委会所有账务及备案中,均未有与张某签订的土地承包经营合同及2012年与高某签订协议的任何备案及财务收支记录。且高某系非本集体经济组织成员,无权承包该村土地。

山东省淄博市周村区人民法院一审判决:(1)确认高某与李家村委会于2012年年底签订的《承包经营合同书》有效;(2)驳回高某的其他诉讼请求。

李家村委会以并未与高某签订涉案《承包经营合同书》为由提起上诉。山东省淄博市中级人民法院审理后认为:关于向本集体经济组织成员以外的主体发包土地的合同效力认定。向本集体经济组织成员以外的主体发包土地依法属于涉及村民利益的重大事项,应当由村民会议或者村民代表会议讨论决定并报乡(镇)人民政府批准。若违反土地承包经营合同未经过民主议定程序,则该合同无效;若经过民主议定程序但未上报乡(镇)人民政府批准,可以认定为未生效合同。李家村委会与高某签订《承包经营合同书》发生于2012年,按照当时的《农村土地承包法》的规定,李家村委会将案涉荒山承包给本集体经济组织以外的人员高某,应当经过村民会议2/3以上成员或者2/3以上村民代表的同意。而且,依据《村民委员会组织法》的规定,上述事项系涉及村民利益的重大事项,应当由村民会议或者村民代表会议讨论决定,不属于李家村委会能够单独决定的事项,不能仅以村委会主任签字并加盖村委公章即认定合同有效。二审判决:(1)撤销一审判决;(2)驳回高某的诉讼请求。

案例二:土地承包人未能完成防治水土流失、防止山洪水灾等合同义务致使承包地区域大面积水土流失、合同目的不能实现的,发包人可以解除土地承包合同。

案号为(2019)黑1085民初932号的土地承包经营权合同纠纷案件(入库案例)。案情简介:1998年4月15日,黑龙江省穆棱市兴源镇西崴子村民委员会(以下简称西崴子村委会)与常某签订《荒山承包合同》,合同约定:西崴子村委会为了加快水土流失防治,加速绿化荒山改善农业生态环境,将属于特务沟流域、面积8609平方米的沟塘承包给常某。合同约定:常某在特务沟南滚水坡东西500米,南北20米面积1万平方米营造经济林、部分经济作物,特别要求常某建造压谷坊两座(小型拦河坝,压谷坊实际已经被水冲垮),(挖)刨鱼鳞坑栽树已被土填埋平,对杏山改造嫁接(嫁接未成功),荒山3垧营造落叶松,5垧营造人工林(实际存活约5000株),经营总面积9.8垧,总承包费2620元。经营年限自1998年4月15日起至2028年4月15日止。合同签订后,常某向西崴子村委会交纳承包费,但没有依据合同履行其他主要义务。此外,常某未经西崴子村委会同意,擅自非法开垦 8 块土地耕种,总面积 22.63 亩。后,西崴子村委会向法院提起诉讼,请求解除《荒山承包合同》并返还承包土地,要求常某非法开垦土地 22.63 亩予以退还,并赔偿损失。

黑龙江省穆棱市人民法院审理后认为,西崴子村委会将其所有的荒山承包给本村以外的常某承包经营并订立《荒山承包合同》,符合法律规定,合同合法有效,合同所约定的权利义务双方当事人应当依约自动履行。该案中,常某虽交纳承包费用,但常某未尽到约定其他义务即履行果树栽植、改造嫁接、川带、刨鱼鳞坑以及造压谷坊的合同主要义务,其所建压谷坊、人工造林等不能起到保持水土流失,防止山洪水灾的作用,致使案涉地块区域大面积水土流失,未能实现改善农业生态环境的合同目的的,属于合同违约行为致使合同目不能实现。发包人有权解除土地承包经营权流转合同。所以判决:(1)解除西崴子村委会与常某签订的《荒山承包合同》,常某返还该合同承包土地 8609 平方米;(2)常某违法侵占土地 15,094.21 平方米(总计合 22.63 标准亩)返还给西崴子村委会;(3)常某非法占地面积 22.63 亩,赔偿西崴子村委会三年损失 13,578 元。

案例三:村委会负责人违反议事规则、未履行法定程序,擅自签订补充协议,就依法成立的承包合同条款作出重大修改,免除承包方合同义务及违约责任的,不能认定系村集体组织的真实意思表示。

一审案号为(2023)鲁 0911 民初 3636 号,二审案号为(2023)鲁 09 民终 3268 号的土地承包经营权合同纠纷案件(入库案例)。案情简介:2005 年 7 月 16 日,山东省泰安市岱岳区下港镇某村村民委员会(甲方,以下简称村委会)与泰安市某汽配有限公司(乙方,以下简称汽配公司)签订《承包合同书》,主要约定内容有:(一)乙方所承包使用荒滩面积 6 亩、土地面积 1 亩、防火隔离带面积 80 亩、山林面积 4000 亩左右。……(三)承包合同期限。自 2005 年 7 月 16 日始至 2075 年 7 月 16 日止,共 70 年。(四)用途。乙方所承包的荒滩、土地、山林用于兴建分散式环保自然中西结合建筑房屋,以供住宿、餐饮、休闲、度假旅游开发之用。(五)承包费及交纳方式。1. 荒滩、土地、防火隔离带承包费 70 年共计 44,800 元,由乙方于 2005 年 10 月一期工程开工前一次付清。2. 山林承包费 70 年共计 14 万元,于 2005 年 10 月工程前付 50%,2007 年 12 月二期工程竣工一个月内付 50%。(六)地上附属物的处置。乙方所承包的荒滩、土地及生产路和其他附属设施地上附着物清理及补偿另行协商并签订补充协议。……(八)其他约定。1. 乙方一期工程投资规模50万元,于2005年10月开工,2006年4月竣工,二期工程投资规模150万元,于2006年4月开工,2007年12月竣工;三期工程投资规模200万元,于2008年1月开工,2012年12月竣工;投资额的确认以评估部门出具的评估报告为准。2.合同签订后,乙方必须于2005年11月前开工建设,乙方3个月内未开工建设的,甲方向乙方征收相当于首付承包费5%的闲置费,乙方自签约之日起,满6个月不能开工建设或者满两年不能投入生产经营的,甲方有权收回合同项下荒滩、土地、山林,乙方已付的费用不予返还合同签订后,村委会将该土地、荒滩、山林等交付给汽配公司,汽配公司支付村委会承包费共计184,800元。

2006年2月17日,双方签订《补充协议书》。协议约定:"第六条地上附属物的处置,承包范围内的地上附属物已经处置完毕。删除《承包合同书》第八条第一项、第二项、第四项、第十二项、第十八项规定,增加附件承包范围的测绘图。"该补充协议加盖了村委公章并由当时的村主任张某签字。

后,村委会向法院提起诉讼,以《补充协议书》系张某与汽配公司恶意串通而签订,未经民主议定程序,请求确认该《补充协议书》无效。

审理中查明:2023年1月17日,中共泰安市岱岳区下港镇委员会作出《关于给予张某党内严重警告处分的决定》,文件载明:"张某担任村委会主任期间,于2006年2月在未经村两委以及村民会议讨论集体决定情况下,以村委会名义与汽配公司签订《补充协议书》,且该协议书未交村委入档保管。该《补充协议书》改变了该村于2005年7月与汽配公司签订的《承包合同书》部分内容,免除汽配公司有关投资义务和未完成投资违约责任等方面的约定,影响该村旅游开发经营项目工作,造成不良影响。"

山东省泰安市岱岳区人民法院一审判决:驳回村委会的诉讼请求。

村委会提出上诉。山东省泰安市中级人民法院审理后认为:2005年7月16日村委会与汽配公司签订的《承包合同书》约定了汽配公司开发建设义务,并在合同第八条明确约定了投资数额、投资期限、开工建设期限、违约责任等内容。2006年2月17日的《补充协议书》,删除《承包合同书》第八条等条款内容,对于原合同约定的汽配公司出资建设具体金额和期限、未依约建设的违约责任等内容均进行了删除。《补充协议书》将用于检验汽配公司履行义务的可执行的量化指标内容予以删除,系对于汽配公司合同义务的免除、对于某村集体利益有重大影响。该《补充协议书》是否有效,应从行为人的权限及是否具有主观善意来综合考量。首先,免除汽配公司重要合同义务、减损村集体重大利益的《补充协议书》的签订,不属于法定代表人个人所能单独决定的事项,村委会的时任法定代表人张某对此应明知。现已查明张某违反议事规则、未履行法定程序,擅自与汽配公司签订涉及村集体资产处置的协议,造成不良影响。其次,汽配公司未尽到审查注意义务。汽配公司在签订 2005 年 7 月 16 日的《承包合同书》时,已经审核过村委会经过法定程序作出的村民决议,知晓村委会订立此类协议须履行的法定程序。汽配公司在订立《补充协议书》时,应当知道张某个人并不具有该权限,并应当审查村委会履行民主议定程序的情况,但其并未审查,难以认定为善意。《承包合同书》第六条约定了另行订立补充协议的事项范围,补充协议书内容并不属于《承包合同书》中第六条约定的另行订立补充协议的事项范围,亦难以认定汽配公司系善意。结合上述考虑,在距原《承包合同书》签订仅 7 个月、办理公证仅 1 个月的情况下,就该《补充协议书》的签订,行为人张某和汽配公司均非善意,协议内容损害某村村集体利益,村委会主张确认合同无效,具有事实和法律依据,二审予以支持。因此撤销一审判决,二审改判支持村委会的诉讼请求。

案例四:土地承包合同生效后,发包方不得因承办人或者负责人的变动而变更或者解除,也不得因集体经济组织的分立或者合并而变更或者解除。在当事人未请求的情况下,法院不得依职权适用情势变更原则判决解除合同。

再审案号为(2017)青民再 23 号的土地承包经营权合同纠纷案件(入库案例)。案情简介:2001 年 5 月 22 日,青海省民和回族土族自治县巴州镇洒力池村村民委员会(以下简称洒力池村委会)与村民马某签订《林地承包合同》,约定:由马某承包林地 10.2 亩,承包期限自 2001 年 4 月 1 日至 2032 年 4 月 1 日;马某具体种植什么苗木由洒力池村委会计划、安排,并由洒力池村委会负责销售,收入归马某所有。马某负责上交承包费,不承担其他费用;2001 年至 2006 年,马某开发治理不上交承包费,从 2007 年开始每年按年度提前一年上交承包费,承包费为每年 920 元。洒力池村委会不得无故终止合同,否则引起损失时赔偿给马某。合同签订后,双方对合同进行了公证。马某共计交纳承包费 11,200 元。2016 年 3 月 24 日,洒力池村委会召开村委会委员及部分村民共 33 人参加的会议,决议向马某下发通知,要求其按照合同将承包地所附全部苗木上交洒力池村委会,由洒力池村委会负责销售,若马某逾期不履行,收回承包地。该土地收回后,用于修建村文化广场及村委会办公室等项目,让广大村民受益。2016 年 3 月 25 日,洒力池村委会给马某送达收回苗木和销售的通知。马某未按通知的时间提交苗木,双方发生纠纷,洒力池村委会遂向法院提起诉讼,请求解除双方签订的《林地承包合同》。

青海省民和回族土族自治县人民法院认定马某违约,双方签订的《林地承包合同》未采取招标、拍卖、公开协商等方式承包,侵害了大部分村民合法权益。所以作出(2016)青0222民初619号民事判决:(1)解除洒力池村委会与马某于2001年5月22日签订的林地承包合同,尚未履行的终止履行;(2)马某于2016年9月30日前返还洒力池村委会承包的林地及耕地10.2亩;(3)洒力池村委会于2016年9月30日前返还马某预交的承包费2000元。

马某提起上诉。青海省海东市中级人民法院认为,双方在合同履行过程中,出现了需在案涉承包地上建设村文化广场、村委会办公室等公共设施的客观情况。双方签订的合同存在承包费过低的情形,于是依职权适用情势变更原则解除合同。作出(2016)青02民终356号民事判决:(1)维持一审判决第(1)项;(2)变更一审判决第(2)项为"马某于判决生效后60日内返还洒力池村委会承包的林地及耕地10.2亩";(3)变更一审判决第(3)项为"洒力池村委会于判决生效后60日内返还马某预交的承包费2000元"。

马某申请再审。青海省高级人民法院再审后认为,该案的争议焦点是洒力池村委会与马某签订的《林地承包合同》应否解除。《林地承包合同》第六条约定:"在承包期间,乙方按合同规定开发治理,按合同规定交清承包费,否则甲方有权终止合同,乙方损失自负。甲方积极协助乙方治理,按时安排苗木栽种和销售,出现别人干预时,积极处理。甲方不得无故终止合同,否则引起损失时赔偿给乙方。甲方同意乙方子女继承该合同。"从合同约定的文义来看,双方当事人合同中未约定合同解除条件,但约定洒力池村委会在对方未按合同约定开发治理,未按合同约定交清承包费的情形下有权终止合同。洒力池村委会起诉要求解除《林地承包合同》的主要事实理由有两点:(1)马某未交清两年的林地承包费;(2)合同约定马某种植苗木品种由洒力池村委会安排,并由洒力池村委会负责销售,收入归马某所有,马某从未将种植的苗木提交洒力池村委会负责销售,经书面通知后仍不履行合同约定义务,侵害了洒力池村委会合法权益,马某构成违约。原一、二审判决均确认依据马某提供的票据进行计算,马某已将承包费交至2018年的事实。双方签订的《林地承包合同》中约定,由洒力池村委会积极协助马某开发治理,并按时安排苗木栽种和销售,收入归马某所有。从上述约定可以看出,由洒力池村委会计划安排种植苗木并负责销售并非马某的义务。从合同履行情况来看,在已经履行的15年中,洒力池村委会并未安排种植苗木和销售,且双方一直对此事实无异议,也未损害洒力池村委会权利。庭审中,洒力池村委会也自认从未安排马某种植苗木事宜。洒力池村委会在未按合同约定安排种植苗木的情况下,要求马某履行上交苗木义务,不符合合同约定。马某系洒力池村村民,承包土地性质是荒滩地(河滩地)。2001年5月22日,马某与洒力池村委会经协商一致自愿签订《林地承包合同》,系当事人真实意思表示,内容不违反法律、行政法规的禁止性规定,双方当事人按照约定对合同进行了公证,对《林地承包合同》效力予以确认。在合同签订之前,洒力池村委会于2001年4月20日将马某承包土地的相关事宜采取张贴公告的形式向村民进行公告。应认定洒力池村委会与马某签订承包合同,采取了公开协商的方式,符合《农村土地承包法》规定的承包方式,且双方签订的合同系双方真实意思表示,并未侵害村民的合法权益。综上,双方约定的解除条件未成就。洒力池村委会作为合同相对方,在合同履行过程中,不得因法定代表人及委员变动而擅自变更或解除合同,洒力池村委会后继法定代表人及委员有维护正在履行的《林地承包合同》稳定性的义务,承继前任洒力池村委会与马某之间的权利义务。关于二审法院依职权适用情势变更原则解除合同是否符合法律规定的问题。法院再审认为,适用情势变更原则,是通过司法权力的介入,在合同有效的情形下,强行改变已确定的合同的权利义务,超出当事人意志重新分配合同双方的利益和风险,属于对合同自治的干涉。因此,对于情势变更,法院应按照当事人的请求,根据公平和诚实信用原则并结合案件的实际情况综合分析认定,不能依职权直接进行认定,也不宜直接适用情势变更原则作出裁判。双方签订的合同可能存在承包费过低的情形,但该情形是正常的社会经济发展所致,不属于情势变更。洒力池村委会拟在案涉承包地上建设村文化广场、洒力池村委会办公室等公共设施的客观情况亦不属于情势变更。在当事人未请求的情况下,法院依职权主动适用情势变更原则判决解除合同,与情势变更原则适用的实体条件和程序要求不符,也有悖于公平原则及诚实信用原则。青海省高级人民法院作出(2017)青民再23号民事判决:(1)撤销一、二审民事判决;(2)驳回洒力池村委会要求解除与马某签订的《林地承包合同》的诉讼请求。

二、土地承包经营权确认纠纷案例

案例五:家庭成员只要具有农村集体经济组织成员的资格,都平等享有承包经营权。丧偶妇女的土地承包经营权应受法律保护,如其在丧偶后并未再嫁人,依然享有原先所在户的土地承包经营权,其合法权益应当予以保护。

案号为(2017)苏0925民初906号的土地承包经营权纠纷案件(入库案例)。

案情简介:胡某与郭某1(已死亡)系夫妻关系,1988年生育一子郭某2。1998年农村土地二轮承包时,郭某1取得了所在村7.30亩土地承包经营权,其中含案涉1.72亩土地,并以郭某1为户主取得了由建湖县人民政府颁发的农村土地承包经营权证书。2002年左右,郭某2、胡某将涉案的土地1.72亩交由刘某代种。2014年案涉土地由所在村即江苏省建湖县高作镇溇庄村村民委员会(以下简称溇庄村委会)统一流转给他人种植,土地流转金每年每亩800元,统一交付溇庄村委会。郭某2、胡某对溇庄村委会就案涉土地流转行为亦予以认可。郭某2、胡某多次向溇庄村委会主张案涉土地流转费但未果,故向法院提起诉讼。

江苏省建湖县人民法院审理后认为,土地承包经营权人对其承包经营的土地享有占有、使用和收益的权利。无论是第一轮土地承包时计入分地名册的家庭成员还是后来新增加的家庭成员,只要具有本集体经济组织成员的资格,都平等享有承包经营权。农村妇女土地承包经营权应受法律保护,如其在丧偶后并未再嫁人,依然享有原先所在户的土地承包经营权,其合法权益应当予以保护。1998年农村土地二轮承包时,郭某2(已死亡)取得该案涉土地的土地承包经营权,并由建湖县人民政府确认。其取得案涉土地承包经营权时,郭某1、胡某系家庭共同成员,是承包经营权的共享权利人。郭某2死亡后郭某1、胡某作为权利人提起诉讼符合法律规定。溇庄村委会将案涉土地1.72亩及本村其他土地统一流转给他人种植收取的流转土地承包金依法应当支付给相关土地承包经营权权利人。所以判决溇庄村委会从2017年起向郭某1、胡某支付涉案1.72亩土地流转期间的流转金。

案例六:如果村民将户籍迁往他处,在新的集体经济组织承包了土地,将丧失在原集体经济组织的成员资格,也不具有在原集体经济组织继续享受土地承包经营权的资格。

案号为(2021)渝0114民初922号的土地承包经营权确认纠纷案件。案情简介:黄某1(女)是重庆市黔江区某乡某村三组(以下简称被告组)的成员。1998年第二轮农村土地承包时,黄某1的父亲作为农村土地承包经营户户主,以家庭承包方式依法承包了位于被告组的6块承包地,承包地面积为21.6亩土地,承包期限为1998年6月30日至2028年6月30日,土地承包经营权共有人中包括黄某1。2019年9月19日,黄某1的父亲去世,后办理死亡注销户口。黄某2(男)成为该户户主后,作为承包方代表与发包方被告组签订农村土地(耕地)承包合同,约定承包方承包12块共25.36亩土地,承包起止日为1998年6月30日至2028年6月30日。2020年6月30日,当地人民政府向黄某2户颁发农村土地承包经营权证。2015年4月10日，黄某1与余某办理结婚登记，并将户籍迁往他处。之后，黄某1向法院提出诉讼，要求确认其对上述承包地享有土地承包经营权。

重庆市黔江区人民法院审理后认为，家庭承包的承包方是本集体经济组织的农户。该案中，黄某1的父亲生前作为承包方代表承包了被告组的部分土地，黄某1的父亲去世后，黄某2成为该户户主，其作为承包方代表与被告组签订农村土地(耕地)承包合同，取得了农村土地承包经营权证，黄某2户承包的土地与黄某1的父亲生前承包的土地大体一致，承包期限一样。原告黄某1诉称其在新的集体经济组织未取得承包地而要求确认其对案涉承包地享有土地承包经营权，但其已于2015年4月23日将户籍迁移至他处，且户别为城镇居民家庭户口。所以，黄某1已不再是该户成员，也已不再是被告组的集体经济组织成员。原告黄某1依靠丈夫余某在他处承包的土地生活，原告长期未回原集体经济组织生活或耕种土地，且新的农村土地承包经营权证并未记载原告系承包方家庭成员，其无权要求确认其对案涉土地享有承包经营权。所以判决驳回原告黄某1的诉讼请求。

三、土地承包经营权互换与转让纠纷案例

案例七：同村村民间交换种植土地的行为是否构成互换土地承包经营权，需要符合相应的形式要件与实质要件。当事人双方应当签订书面合同，并报发包方备案，可以要求办理承包合同和土地承包经营权证变更手续。缺乏上述要件的，应当认定双方对于原有土地承包经营权的权利义务未转移，仅构成互换种植。

一审案号为(2019)鲁1523民初659号，二审案号为(2019)鲁15民终1901号的承包地征收补偿费用分配纠纷案件(入库案例)。案情简介：路某1、路某2同系山东省茌平县冯屯镇某村村民。2013年9月8日，路某1与茌平县冯屯镇望鲁店前村村民委员会(以下简称望鲁店前村委会)签订土地承包合同，路某1家庭承包集体土地包括案涉3.34亩土地，承包期限：自1999年10月1日起至2029年9月30日止。2010年为方便大棚种植，路某1以该案涉3.34亩土地与路某2经营使用的距村较近的2.3亩土地(含路某2家庭承包土地1.7亩，案外人路某3家庭承包土地0.6亩)交换种植。路某1、路某2仍按原自己承包土地面积履行交纳水费等义务。2016年4月20日，茌平县人民政府仍将案涉3.34亩土地确权给路某1，路某2所承包1.7亩土地确权给路某2。2018年国家高速公路建设征用案涉土地

3.34亩中的3.24亩,望鲁店前村委会将青苗补偿费发放给种地的路某2,2019年1月21日与路某2就案涉土地签订《高速公路征地协议书》,路某1向望鲁店前村委会提出异议,称其对案涉土地依法享有承包经营权,土地补偿费应归其所有,经望鲁店前村委会调解未果,路某1向法院提起诉讼。

望鲁店前村委会辩称系2018年当选的新一届村委会,对以前的事情不知情,签合同期间,双方对案涉土地发生争议,才知道这个情况。村委会集体研究同意高速公路占地土地补偿费归被征地户所有,案涉土地的土地补偿费归谁村委会不干涉。

山东省聊城市茌平区人民法院一审判决:案涉3.24亩的土地补偿款归原告路某1所有。

路某2提起上诉。二审查明:高速公路征地占用案涉土地的实际亩数为3.1722亩,补偿也是按该面积计算的;根据路某2与所在村委会签订的高速公路征地协议书中记载的补偿面积为3.1388亩,补偿188,328元,计算得出补偿标准为6万元/亩。

山东省聊城市中级人民法院审理后认为:根据《农村土地承包法(2009年修正)》与《农村土地承包经营权流转管理办法》(农业部令第47号)中的相关规定,承包方自承包合同生效时取得土地承包经营权。承包地被依法征用、占用的,承包方有权依法获得相应的补偿。土地承包经营权采取互换方式流转,形式要件上,当事人双方应当签订书面合同,并报发包方备案,可以要求办理承包合同和土地承包经营权证变更手续;实质要件上,双方对互换土地原享有的承包权利和承担的义务也相应互换。该案中,路某1、路某2于2010年即交换种植土地,双方形式要件上没有签订书面合同,也未报发包方备案,2013年9月与望鲁店前村委会签订农村土地承包合同,2016年4月20日确权时,也没有办理承包合同和土地承包经营权证变更手续,实质要件上对原享有的承包权利和承担的义务未进行互换,不符合成立互换的构成要件,且路某1为3.24亩土地,路某2为2.3亩土地,还包括他人的0.6亩土地,双方互换土地亦与常理不符。法院认定路某1、路某2间仅系交换种植土地,不构成法律上的互换,路某1依法对案涉3.34亩土地享有土地承包经营权,2019年1月21日,望鲁店前村委会与路某2就案涉土地签订的《高速公路征地协议书》无效。望鲁店前村委会同意高速公路占地土地补偿费归被征地户所有,路某1依法对被征用部分的案涉土地的土地补偿费享有所有权。二审判决:(1)变更一审判决为:案涉3.1722亩的土地补偿款190,332元归路某1所有;(2)驳回路某1的其他诉讼请求。

案例八：土地承包经营权转让，应由承包方与受让方之间签订合同，他人代签的合同对承包方不产生合同的效力，受让方应支付占用期间的承包地占用费。

案号为(2021)桂1302民初4084号的土地承包经营权转让合同纠纷案件。案情简介：1995年11月30日，当地政府向叶某1一家颁发了土地延期承包证，该承包证登记在叶某1名下。后叶某1因抢劫罪于2001年12月6日被法院判处无期徒刑，在监狱服刑。2002年6月23日，叶某1的父亲叶某3与同村的叶某2签订土地转让承包合同书，合同约定：叶某3将登记在叶某1名下承包证的2亩承包地转让给叶某2，承包期限为2002年6月23日至国家政策变动、土地收归集体所有为止，叶某2一次性付清转让费2050元给叶某3。2020年8月9日，叶某1因获减刑，刑满释放。叶某1被释放回家后，要求叶某2退还占用其的2亩承包地，被叶某2拒绝，所以叶某1向法院提起诉讼。

法院在审理中查明，叶某2占用的叶某1名下2亩土地已经土地平整，重新划分，现与叶某2的土地连在一起7~8亩，重新划分土地时须根据当地实际情况，按固定比例扣除路和水沟的消耗面积。

广西壮族自治区来宾市兴宾区人民法院审理后认为，被告叶某2与原告叶某1的父亲叶某3签订的土地转让承包合同书处分了叶某1名下的承包地，因叶某3的处分行为未经叶某1同意或追认，违反了《农村土地承包法》的相关规定，该合同对叶某1不产生合同约束力。叶某2在叶某1刑满释放回来后，在叶某1要求下应退还承包地给叶某1，叶某2未退还承包地，应支付土地占用费给叶某1至其退还土地为止。叶某1主张的土地占用费过高，法院仅支持自叶某1刑满释放回家后至叶某2砍完甘蔗退还土地时止期间的土地占用费。现叶某2在案涉土地上种植有甘蔗，应待叶某2砍收甘蔗结束后，将土地退还给叶某1。所以判决：(1)被告叶某2于2022年3月31日前归还原告叶某1承包地2亩；(2)被告叶某2支付原告叶某1的2亩承包地占用费1266.67元；(3)驳回原告叶某1的其他诉讼请求。

四、承包地被征收后补偿费用分配纠纷案例

《农村土地承包司法解释》中对"土地征收补偿费用分配"的相关规定：

第二十条 承包地被依法征收，承包方请求发包方给付已经收到的地上附着物和青苗的补偿费的，应予支持。

承包方已将土地经营权以出租、入股或者其他方式流转给第三人的，除当事

人另有约定外,青苗补偿费归实际投入人所有,地上附着物补偿费归附着物所有人所有。

第二十一条　承包地被依法征收,放弃统一安置的家庭承包方,请求发包方给付已经收到的安置补助费的,应予支持。

第二十二条　农村集体经济组织或者村民委员会、村民小组,可以依照法律规定的民主议定程序,决定在本集体经济组织内部分配已经收到的土地补偿费。征地补偿安置方案确定时已经具有本集体经济组织成员资格的人,请求支付相应份额的,应予支持。但已报全国人大常委会、国务院备案的地方性法规、自治条例和单行条例、地方政府规章对土地补偿费在农村集体经济组织内部的分配办法另有规定的除外。

案例九:承包土地被征收时,合同约定解除条件已经成就的,该合同应予解除。合同依约解除后,发包人应当向承包人返还未履行承包期的承包费,并支付相应利息。

案号为(2021)鲁0124民初2915号的土地承包经营权合同纠纷案件(入库案例)。案情简介:2011年1月1日,发包方下盆王村委会(甲方)与承包方刘某(乙方)签订土地承包合同一份,约定:(1)甲方将本村7亩承包给乙方种植。(2)承包期30年,自2011年1月1日起至2041年12月30日止。(3)承包方式:承包费每年每亩343.8元,签订合同时一次性交清30年的承包费,共计承包费72,216元。在承包期内一切费用由乙方承担。(4)违约责任:合同期内如遇国家、集体征占,乙方应无条件服从,因征占取得的当年青苗补偿归乙方所有,土地及其他补偿归甲方所有。2018年,锦水街道办事处(甲方)、下盆王村委会(乙方)、刘某(丙方)签订的补偿协议书中载明:因护城堤项目建设需要,需清除相关范围内的所属丙方的地面附属物。为减少丙方损失和保证项目建设的顺利进行,经三方协商一致,达成如下协议:(1)丙方被清除地面附属物由三方实地清点、核实、签字认可。(2)甲方根据平阴县物价局认证中心出具的价格认证报告,一次性给予丙方地面物补偿款共计760元。(3)丙方在签订协议后三日内,自行清除地面附属物,逾期不清除视为自动放弃,甲方有权进行下一步工程施工。(4)丙方清除地上附属物后,甲方向丙方一次性支付补偿款。该补偿协议书落款处刘某的签字注明了由常某代签。锦水街道办事处于2018年10月25日支付刘某760元。案涉土地被护城堤项目占收。后,刘某向法院提起诉讼,称:不清楚自己的承包地是否经过合法手续征收,即使承包地被依法征收,其也有权利获得相关的补偿。

山东省济南市平阴县人民法院审理后认为:当事人可以约定一方解除合同的

条件。解除合同的条件成就时,解除权人可以解除合同。该案中,虽双方对合同解除的时间有争议,但根据双方在承包合同中约定合同期内如遇国家、集体征占,原告应无条件服从,案涉土地已被护城堤项目征占,合同解除的条件成就,且已支付了原告地面物补偿款,故认定该合同于2018年10月25日解除。根据合同约定,合同期内如遇国家、集体征占,乙方应无条件服从,因征占取得的当年青苗补偿归乙方所有,土地及其他补偿归甲方所有,故原告要求被告支付2019年至2020年度的占地补偿费用18,000元没有事实和法律依据,不予支持。原告在签订合同时就一次性交清了30年的承包费,对于未履行合同期限的承包费应当予以返还。因合同于2018年10月25日解除,被告应当返还在此之后的承包费,故被告应当返还原告承包费53,393元。因土地被征用案涉合同解除,原告对此没有过错,被告应当支付自收到承包费之日2011年1月1日起至返还之日止的承包费利息。所以判决下盆王村委会返还刘某土地承包费53,393元及相应的利息。

案例十:农村土地被征收或征用的,青苗补偿费应归实际使用土地并进行生产经营的承包人所有,包括来自本集体经济组织成员的承包人,也包括非本集体经济组织成员的其他承包人。

一审案号为(2020)冀0638民初1703号,二审案号为(2021)冀96民终256号的土地承包经营权纠纷案件(入库案例)。案情简介:2001年6月16日,周某与河北省雄县张岗乡张庄村民委员会(以下简称张庄村委会)签订《土地承包协议书》一份,雄县张岗乡人民政府作为批准机关在协议书上签字盖章同意。按照协议书约定:周某承包张庄村委会的机动地100亩用于种植材林和农副产品经营,承包费每年每亩70元,承包期限30年,自2002年1月1日起至2032年1月1日止。2002年3月12日,周某与雄县张岗乡人民政府签订了《退耕还林合同书》,在案涉土地上种植了林木,并于2003年3月28日取得林权证。林权证登记载明土地115亩,林地使用期限28年。周某承包后投入了资金,打井办电,建设房屋,种植树木和大田作物,一直按约定交纳承包费。2018年年初,案涉土地被雄安新区租用建设十万亩苗景兼用林。按照《植树造林用地协议书》的约定,雄安新区按照每亩土地每年1500元的土地收益金和1500元的一次性地上附着物补偿费的标准,对(户主)土地的承包经营权人进行补偿。至此,张庄村委会和张岗乡人民政府不再收取周某缴纳的承包费,不再与周某签订《植树造林用地协议书》。周某认为,2018年、2019年的补偿款已给付,两年的土地收益金和一次性青苗补偿费已给付张庄村委会,但没有向其给付。周某向法院提起诉讼,要求张庄村委会、张岗乡人民政府共同给付 2018 年、2019 年度土地收益金 356,400 元,给付青苗费 178,200 元,合计 534,600 元。

张庄村委会辩称:案涉土地承包协议无效,即使有效,也因未及时交纳承包费通知周某解除,案涉土地收益金属于土地补偿费,依法应归张庄村委会所有。

河北省雄县人民法院审理后认为,周某与张庄村委会于 2001 年签订的土地承包协议合法有效,周某依约享有案涉土地的使用权。2012 年周某与张庄村委会再次签订补充协议,约定周某自 2002 年起承包张庄村土地,在扣除电力线杆及走廊、道路、坟地后为 100 亩,承包费每年每亩为 300 元。相关票据显示,周某自 2012 年至 2017 年均是按照 100 亩、每亩 300 元,即每年 3 万元向某村委会交纳的土地承包费。根据双方合同履行情况,周某对其余的 18.8 亩土地并不享有承包经营权。因案涉土地位于雄安新区植树造林用地范围内,包含周某承包土地在内的地块被征用,周某与张庄村委会签订的土地承包协议的合同目的不能实现,该合同应予解除,周某对案涉土地享有的承包权随之灭失。依照《最高人民法院关于审理涉及农村土地承包纠纷案件适用法律问题的解释》第 22 条之规定,承包地被征收后,承包方有权请求发包方给付已经收到的青苗补偿费。周某系涉案 100 亩土地的承包方以及青苗的所有权人,该土地被征收后,张庄村委会应将周某所承包的 100 亩土地上的青苗补偿款,即 15 万元返还周某。所以判决:(1)张庄村委会返还给原告周某青苗补偿费 15 万元。(2)驳回周某其他诉讼请求。

周某、张庄村委会提起上诉。河北雄安新区中级人民法院二审判决驳回上诉,维持原判。

案例十一:**承包方消亡后其继承人主张征地补偿分配款的,应根据征地补偿安置方案确定时被继承人是否具有本集体经济组织成员资格予以确定。承包方消亡后其继承人主张承包地(非林地)的征收补偿费、安置补助费的不予支持;但青苗补偿费属于承包人所有或应得的承包收益,可以依法继承。**

一审案号为(2019)闽 0703 民初 558 号,二审案号为(2019)闽 07 民终 1227 号的侵害集体经济组织成员权益纠纷案件(入库案例)。案情简介:傅某生前为福建省南平市建阳区将口镇西岸村第二村民小组(以下简称西岸村二组)的村民,1999 年取得土地承包经营权证,2017 年 12 月 26 日去世。游某 1、游某 2 是傅某的儿女,二人均不是西岸村二组的村民。2013 年 5 月 21 日,福建省南平市建阳区人民政府颁发《武夷新区将口组团征地补偿实施方案》,其中规定葡萄地的近 4 年平均亩产值为 3235 元/亩,已投产的葡萄青苗补偿费按平均亩产值的 6 倍补偿;

耕地年产值1455元/亩,菜地青苗补偿费按耕地平均产值3倍补偿。2018年11月10日经实地核实,傅某的葡萄地和菜地列入征地范围。傅某生前承包的已投产优质葡萄地0.816亩、菜地1.381亩,在2018年11月19日村委会与征地办公室签订的《征地补偿协议》征地范围内,有关补偿款已支付给西岸村二组。根据西岸村二组的征地补偿费分配方案,上述被征葡萄地、菜地可分得补偿款30,176.33元。另外,2018年7月2日,西岸村二组按每人1019.86元标准发放周边地块征地补偿款;2018年11月19日,西岸村二组按每人4024.58元标准发放周边地块征地补偿款。西岸村二组以征地补偿款发放时傅某已去世为由,拒绝将上述征地补偿款发放给傅某继承人游某1、游某2。后,游某1、游某2向法院提起诉讼,要求西岸村二组支付补偿款38,370元。

福建省南平市建阳区人民法院一审判决:西岸村二组向游某1、游某2支付35,220.77元。

西岸村二组提起上诉,提出:傅某已去世,本集体无继承人,土地属于集体所有,应予以收回,主张征地款不应予以支持。

福建省南平市中级人民法院审理后认为,该案的争议焦点为:游某1、游某2是否有权获得西岸村二组发放的两笔征地补偿分配款及傅某生前承包地的征收补偿费。该案游某1、游某2向一审法院起诉主张西岸村二组支付的补偿款,包括两种性质的款项:一是征地补偿分配款,即2018年7月2日西岸村二组按每人1019.86元标准发放的征地补偿款和2018年11月19日西岸村二组按每人4024.58元标准发放的征地补偿款;二是承包地征收补偿费,即傅某生前承包的优质葡萄地0.816亩和菜地1.381亩被征收的补偿费。法院认为,根据《最高人民法院关于审理涉及农村土地承包纠纷案件适用法律问题的解释》第24条规定。2013年5月21日建阳区人民政府颁发潭政综《建阳市人民政府关于印发〈武夷新区将口组团征地补偿实施方案〉的通知》,即为该案征地补偿安置方案确定之时。游某1、游某2的母亲傅某在该案征地补偿安置方案确定之时还在世,具有西岸村二组集体经济组织成员资格,有权参与分配西岸村二组本次征地中相应份额的征地补偿费。游某1、游某2作为傅某的继承人,请求西岸村二组支付傅某应分得的征地补偿款份额符合法律规定,予以支持。承包地的征收补偿费包括土地补偿费、安置补助费和青苗补偿费。因傅某2017年12月26日去世后,其继承人游某1、游某2不属西岸村二组集体经济组织员,其家庭承包户消亡,其承包的耕地应当由集体经济组织收回,无权取得土地补偿费。其家庭承包户消亡后,集体经济组织亦无须对其进行安置。故游某 1、游某 2 作为傅某的继承人,请求西岸村二组支付傅某的承包地征收补偿费中的土地补偿费及安置补助费部分的诉讼请求没有法律依据,不予支持。《农村土地承包法》第 32 条第 1 款规定:"承包人应得的承包收益,依照继承法的规定继承。"青苗补偿费属于承包人傅某生前应得的承包收益,可以依照继承法的规定继承。经查明,傅某生前承包葡萄地 0.816 亩、菜地 1.381 亩的青苗补偿费共计为 21,866.63 元。二审判决:撤销一审判决;西岸村二组向游某 1、游某 2 支付 26,911.07 元。

五、妇女土地承包经营权与集体经济组织成员权益保护

《农村土地承包法》中对妇女权益保护的相关规定:

第六条　农村土地承包,妇女与男子享有平等的权利。承包中应当保护妇女的合法权益,任何组织和个人不得剥夺、侵害妇女应当享有的土地承包经营权。

第三十一条　承包期内,妇女结婚,在新居住地未取得承包地的,发包方不得收回其原承包地;妇女离婚或者丧偶,仍在原居住地生活或者不在原居住地生活但在新居住地未取得承包地的,发包方不得收回其原承包地。

《妇女权益保障法》中的相关规定:

第五十五条　妇女在农村集体经济组织成员身份确认、土地承包经营、集体经济组织收益分配、土地征收补偿安置或者征用补偿以及宅基地使用等方面,享有与男子平等的权利。

申请农村土地承包经营权、宅基地使用权等不动产登记,应当在不动产登记簿和权属证书上将享有权利的妇女等家庭成员全部列明。征收补偿安置或者征用补偿协议应当将享有相关权益的妇女列入,并记载权益内容。

第五十六条　村民自治章程、村规民约,村民会议、村民代表会议的决定以及其他涉及村民利益事项的决定,不得以妇女未婚、结婚、离婚、丧偶、户无男性等为由,侵害妇女在农村集体经济组织中的各项权益。

因结婚男方到女方住所落户的,男方和子女享有与所在地农村集体经济组织成员平等的权益。

第七十五条　妇女在农村集体经济组织成员身份确认等方面权益受到侵害的,可以申请乡镇人民政府等进行协调,或者向人民法院起诉。乡镇人民政府应当对村民自治章程、村规民约,村民会议、村民代表会议的决定以及其他涉及村民利益事项的决定进行指导,对其中违反法律、法规和国家政策规定,侵害妇女合法

权益的内容责令改正；受侵害妇女向农村土地承包仲裁机构申请仲裁或者向人民法院起诉的，农村土地承包仲裁机构或者人民法院应当依法受理。

《农村集体经济组织法》中的相关规定：

第八条 国家保护农村集体经济组织及其成员的合法权益，任何组织和个人不得侵犯。

农村集体经济组织成员集体所有的财产受法律保护，任何组织和个人不得侵占、挪用、截留、哄抢、私分、破坏。

妇女享有与男子平等的权利，不得以妇女未婚、结婚、离婚、丧偶、户无男性等为由，侵害妇女在农村集体经济组织中的各项权益。

第五十六条 对确认农村集体经济组织成员身份有异议，或者农村集体经济组织因内部管理、运行、收益分配等发生纠纷的，当事人可以请求乡镇人民政府、街道办事处或者县级人民政府农业农村主管部门调解解决；不愿调解或者调解不成的，可以向农村土地承包仲裁机构申请仲裁，也可以直接向人民法院提起诉讼。确认农村集体经济组织成员身份时侵害妇女合法权益，导致社会公共利益受损的，检察机关可以发出检察建议或者依法提起公益诉讼。

案例十二：妇女在农村土地承包经营、集体经济组织收益分配、土地征收或者征用补偿费使用以及宅基地使用等方面，享有与男子平等的权利。任何组织和个人不得以妇女结婚、离婚等为由，侵害妇女在农村集体经济组织中的各项权益。

案号为(2020)苏0923民初2646号的侵害集体经济组织成员权益纠纷案件（入库案例）。案情简介：孙某（女）的父母为江苏省阜宁县益林镇马家荡居民委员会（以下简称马家荡居委会）十一组村民。农村土地二轮承包时，孙某取得该组土地承包经营权，其户口亦一直在马家荡居委会。2011年3月11日，孙某与张某（非农业家庭户口）登记结婚，孙某的户口未迁出马家荡居委会。近年来，马家荡居委会将本居委会十一组柴田、粮田对外发包，收取承包金。2020年3月14日，马家荡居委会在使用该十一组2019年度柴田承包金时，对每位十一组成员发放2450元柴田承包金分红，但孙某因属于"婚出姑娘"未享受该组柴田承包金分红。孙某要求取得2019年度柴田、粮田承包金分红未果，所以向法院提起诉讼。

江苏省阜宁县人民法院审理后认为：妇女在农村土地承包经营、集体经济组织收益分配、土地征收或者征用补偿费使用以及宅基地使用等方面，享有与男子平等的权利。任何组织和个人不得以妇女结婚、离婚等为由，侵害妇女在农村集体经济组织中的各项权益。该案孙某依法取得了马家荡居委会相应份额的土地承包经营权,其结婚后户口未有迁出马家荡居委会,亦未在其他集体经济组织取得承包地,马家荡居委会未提供证据证明孙某丧失该集体经济组织成员身份,故孙某应在农村土地承包经营、集体经济组织收益分配、土地征收或者征用补偿费使用等方面享有与其他成员平等的权利。马家荡居委会以孙某属于"婚出姑娘"为由,不向其发放2019年度柴田承包金分红,该行为侵害了孙某的合法权益;对孙某要求马家荡居委会支付相应份额的柴田承包金分红的诉请,法院依法予以支持。所以判决:马家荡居委会向孙某支付2019年度柴田分红款2100元。

案例十三:农村集体经济组织不得以村民会议、村民代表会议及其他形式限制或剥夺成员的合法权益,人为造成成员权的不平等。否则,即使经过民主程序议定、以村民会议的形式作出决议,亦因违反基本国策和法律规定而应为无效决议。

一审案号为(2020)鲁1626民初第5279号,二审案号为(2021)鲁16民终1155号的侵害集体经济组织成员权益纠纷案件(入库案例)。案情简介:2000年李某1与邹平市长山镇西鲍村村民李某2结婚后,户口迁入该村,并于2001年从该村分得土地,成为该村集体经济组织成员。2010年李某1与李某2离婚,后李某1再婚改嫁。李某2再婚后,李某1的户口从李某2家的户口本上迁出,但仍然单独落户在该村。因该村的土地包括李某1从该村分得的土地被占用,邹平市长山镇西鲍村村民委员会(以下简称西鲍村委会)每年向该村被占地的村民发放土地补偿款,2011年至2014年向李某1发放了相应数额的土地补偿款,但2014年年底被告村委会换届选举后,不再向李某1发放土地补偿款,经镇政府和管区领导协调西鲍村委会未果,镇党委、政府经研究决定从西鲍村委会的占地补偿款中扣留应当发放给李某1的占地补偿款,由镇政府代为发放,并已按年度发放至2018年,但2019年度、2020年度的占地补偿款未向李某1发放。西鲍村委会已向该村集体经济组织成员发放了2019年度土地补偿款3850元、2020年度土地补偿款3850元。西鲍村委会在2018年7月5日召开的党员及村民会议上曾通过一项决议,有24名代表签字表决不同意李某1继续在该村享受土地补偿款,2020年11月25日西鲍村委会再次召开村两委会议,5名参会人员通过决议决定李某1自2019年之后不再享受该村的土地补偿款。李某1因未能分配到2019年度、2020年度的土地补偿款,向法院提起诉讼。

西鲍村委会辩称,李某1系该村空挂户口,不属于该集体经济组织成员。

山东省邹平市人民法院审理后认为,2000年李某1因结婚将户口迁入西鲍村并从该村分得土地,取得了该村集体经济组织成员资格。虽然李某1与李某2离婚后均各自再婚,但李某1户口始终在该村。而李某1自其所分土地被占用后已经连续数年分得土地补偿款,故即使李某1离婚后因无居所并未在该村生活,也并不因此而失去集体经济组织成员资格。根据《农村土地承包法》(2018年修正)第31条规定及《妇女权益保障法》(2018年修正)第33条第1款的规定,虽然村民会议决议是某村村民自治的表现,但是村民会议决议无权剥夺农村集体经济组织成员的资格,也无权剥夺村民应当享有的农村集体经济组织成员权益,村民会议或者村民代表会议讨论决定的事项不得与宪法、法律、法规和国家政策相抵触,不得有侵犯村民人身权利、民主权利和合法财产权利的内容。所以判决西鲍某村委会向李某1给付2019年度、2020年度土地补偿款共计7700元。

西鲍村委会提出上诉。山东省滨州市中级人民法院二审判决驳回上诉,维持原判。

第二章

农村土地经营权流转

第一节 农村土地"三权分置"制度

一、农村土地"三权分置"的法律依据

1978年12月从安徽省凤阳县小岗村开始的"大包干",拉开了我国农村改革的序幕,以后逐步在全国推广,形成农村家庭联产承包责任制。并在此基础上深化改革,在20世纪90年代初逐步建立起以家庭联产承包为主的责任制、统分结合的双层经营体制,此后作为我国农村集体经济组织的一项基本制度长期稳定下来。1998年,党的十五届三中全会通过的《中共中央关于加强农业和农村工作若干重大问题的决定》明确指出:要坚定不移地贯彻土地承包再延长三十年的政策,同时抓紧制定确保农村土地承包关系长期稳定的法律,赋予农民长期而又有保障的土地使用权。1999年的《宪法修正案》正式将"农村集体经济组织实行家庭承包经营为基础、统分结合的双层经营体制"写进《宪法》。2002年8月通过的《农村土地承包法》首次在法律上确立国家实行农村土地承包经营制度。

2008年10月12日中国共产党十七届三中全会上通过的《中共中央关于推进农村改革发展若干重大问题的决定》中提出:完善土地承包经营权权能,依法保障农民对承包土地的占有、使用、收益等权利……土地承包经营权流转,不得改变土地集体所有性质,不得改变土地用途,不得损害农民土地承包权益。

2014年,中共中央、国务院发布的《关于全面深化农村改革加快推进农业现代化的若干意见》在第17条"完善农村土地承包政策"中提出:稳定农村土地承包关系并保持长久不变,在坚持和完善最严格的耕地保护制度前提下,赋予农民对承包地占有、使用、收益、流转及承包经营权抵押、担保权能。在落实农村土地集体所有制的基础上,稳定农户承包权、放活土地经营权,允许承包土地的经营权向金融机构抵押融资。从此,我国农村土地制度在原有农村土地所有权与承包经营权"两权分离"的基础上,改革为农村土地所有权、承包权与经营权"三权分置"。

2016年10月30日,中共中央办公厅、国务院办公厅发布的《关于完善农村土地所有权承包权经营权分置办法的意见》提出:现阶段深化农村土地制度改革,顺应农民保留土地承包权、流转土地经营权的意愿,将土地承包经营权分为承包权和经营权,实行所有权、承包权、经营权(以下简称"三权")分置并行,着力推进农业现代化,是继家庭联产承包责任制后农村改革又一重大制度创新。通过完善"三权分置"办法,不断探索农村土地集体所有制的有效实现形式,落实集体所有权,稳定农户承包权,放活土地经营权,充分发挥"三权"的各自功能和整体效用,形成层次分明、结构合理、平等保护的格局。

此后,2018年第二次修正的《农村土地承包法》和2019年第三次修正的《土地管理法》吸收了"三权分置"改革精神,"三权分置"制度正式成为我国的法律制度。

2020年通过的《民法典》中再次明确"三权分置"制度,在物权编的相关规定中为农村土地"三权分置"提供了基本的法律依据。尤其是第334、335条明确了土地承包经营权人可以将土地承包经营权进行互换、转让。第339条明确"土地承包经营权人可以自主决定依法采取出租、入股或者其他方式向他人流转土地经营权"。第340条明确"土地经营权人有权在合同约定的期限内占有农村土地,自主开展农业生产经营并取得收益"。第341条明确了土地经营权的设立及登记。第342条明确"通过招标、拍卖、公开协商等方式承包农村土地,经依法登记取得权属证书的,可以依法采取出租、入股、抵押或者其他方式流转土地经营权"。

《农村土地承包法》第二章第四节"土地承包经营权的保护和互换、转让"与第五节"土地经营权"中的相关规定,《土地管理法》第9、11条等规定,也是农村土地"三权分置"的法律依据。

二、农村集体土地所有权与经营管理主体

为了解决众多农村人口的生活温饱和基本发展的问题,我国的法律明确,除由法律规定属于国家所有的以外,农村土地应属于农民集体所有。《宪法》第10条第2款与《土地管理法》第9条第2款都规定,农村和城市郊区的土地,除由法律规定属于国家所有的以外,属于集体所有;宅基地和自留地、自留山,也属于集体所有。

《土地管理法》第11条规定：农民集体所有的土地依法属于村农民集体所有的，由村集体经济组织或者村民委员会经营、管理；已经分别属于村内两个以上农村集体经济组织的农民集体所有的，由村内各该农村集体经济组织或者村民小组经营、管理；已经属于乡（镇）农民集体所有的，由乡（镇）农村集体经济组织经营、管理。《民法典》第262条作出类似规定。根据法律规定，农村土地所有权主体是各级农民集体，包括乡（镇）农民集体、村农民集体和村民小组农民集体。农民集体享有农村土地的所有权，可以行使占有、使用、收益和处分等权能，农户家庭对农村土地享有承包经营权。所以，在农村实行土地承包经营时，农村集体土地所有权不变，农户或农民不享有农村土地所有权。

《农村集体经济组织法》第2条规定：本法所称农村集体经济组织，是指以土地集体所有为基础，依法代表成员集体行使所有权，实行家庭承包经营为基础、统分结合双层经营体制的区域性经济组织，包括乡镇级农村集体经济组织、村级农村集体经济组织、组级农村集体经济组织。第37条第1款规定：集体所有和国家所有依法由农民集体使用的耕地、林地、草地以及其他依法用于农业的土地，依照农村土地承包的法律实行承包经营。第38条规定：依法应当实行家庭承包的耕地、林地、草地以外的其他农村土地，农村集体经济组织可以直接组织经营或者依法实行承包经营，也可以依法采取土地经营权出租、入股等方式经营。第64条规定：未设立农村集体经济组织的，村民委员会、村民小组可以依法代行农村集体经济组织的职能。村民委员会、村民小组依法代行农村集体经济组织职能的，讨论决定有关集体财产和成员权益的事项参照适用本法的相关规定。

三、农村集体土地承包经营权与承包主体

土地承包经营权是农村集体经济组织成员承包本集体土地进行农业生产经营的权利。《民法典》第330条规定：农村集体经济组织实行家庭承包经营为基础、统分结合的双层经营体制。农民集体所有和国家所有由农民集体使用的耕地、林地、草地以及其他用于农业的土地，依法实行土地承包经营制度。《农村土地承包法》第5条规定：农村集体经济组织成员有权依法承包由本集体经济组织发包的农村土地。任何组织和个人不得剥夺和非法限制农村集体经济组织成员承包土地的权利。第51条规定：以其他方式承包农村土地，在同等条件下，本集体经济组织成员有权优先承包。根据上述法律规定，农村集体经济组织成员具有法定的土地承包经营权，且无论男女老少都平等地享有承包权利，当地政府、农村集体经济组

织以及任何单位或个人不得剥夺和非法限制农村集体经济组织成员的承包权利。

因承包人取得承包土地的用途为农业生产经营,所以《民法典》《土地管理法》《农村土地承包法》都将土地承包权和经营权合称为土地承包经营权。土地承包经营权由承包权和经营权两部分构成,其中,承包权成立在先,经营权随着承包权的成立而成立。

为了确定农村经济组织与其成员的土地承包关系,明确双方的权利义务,农村集体经济组织作为发包方,应当与承包方签订书面承包合同。《民法典》第333条第1款规定:土地承包经营权自土地承包经营权合同生效时设立。《农村土地承包法》第22条第1款规定:发包方应当与承包方签订书面承包合同。第23条规定:承包合同自成立之日起生效。承包方自承包合同生效时取得土地承包经营权。也就是说,农村集体经济组织与其成员所签订的土地承包经营权合同一旦生效,土地承包经营权即告设立。

在通常情况下,农村土地承包经营权是基于承包人与农村集体经济组织签订土地承包经营合同而取得,但在某种特殊情况下也可以另外方式取得。如根据《民法典》第334条的规定,土地承包经营权人之间可以依法将土地承包经营权互换、转让。《农村土地承包法》第32条第2款规定,林地承包的承包人死亡,其继承人可以在承包期内继续承包。

从法律地位上看,农村集体土地的承包主体应是农村承包经营户,一般是家庭形式承包,在法律地位上是作为自然人。

从权利性质上看,土地承包经营权是一种成员权,享有该承包权利的主体必须具备农村集体经济组织成员的资格。具体表现是家庭承包形式,即家庭成员中至少有一人具有农村集体经济组织成员的资格。如果一个家庭中,父母是当地农村户口,是当地农村集体经济组织成员,其子女因为上学、就业等原因将户口迁出,该家庭还可以享有农村土地承包经营权。如果父母去世后,子女等继承人不是当地农村集体经济组织成员,可以按照法律规定在承包期内继续承包林地,但在新一轮农村土地承包中,将不享有土地承包经营权。

四、农村集体土地经营权与经营主体

土地经营权是指承包人通过承包方式取得集体所有土地使用权,从事种植业、林业、畜牧业、渔业生产或其他农业生产经营项目而获取收益的权利。《民法典》第340条规定:土地经营权人有权在合同约定的期限内占有农村土地,自主开展农业生产经营并取得收益。

按照法律的规定,土地经营权的取得主要是以下四种方式:一是从土地承包经营权人处流转取得。《民法典》第339条规定:土地承包经营权人可以自主决定依法采取出租、入股或者其他方式向他人流转土地经营权。二是通过招标、拍卖、公开协商等其他方式承包"四荒地"。《农村土地承包法》第49条规定:以其他方式承包农村土地的,应当签订承包合同,承包方取得土地经营权。当事人的权利和义务、承包期限等,由双方协商确定。以招标、拍卖方式承包的,承包费通过公开竞标、竞价确定;以公开协商等方式承包的,承包费由双方议定。三是其他方式承包"四荒地"的土地经营权可以继承。根据《农村土地承包法》第54条的规定,通过招标、拍卖、公开协商等方式取得土地经营权的,该承包人死亡,如果还在承包期内,其继承人可以继续承包。四是通过土地经营权的再流转方式取得。《民法典》第342条规定:通过招标、拍卖、公开协商等方式承包农村土地,经依法登记取得权属证书的,可以依法采取出租、入股、抵押或者其他方式流转土地经营权。

对于农村集体土地经营权的经营主体,《农村土地承包法》第38条第4项规定:受让方须有农业经营能力或者资质。如果土地经营权受让人是自然人的情况,法律没有作出明确的限制,无论是本集体经济组织成员或非本组织成员,无论男女老少,理论上都可以成为土地经营权的主体,常见的土地经营权受让人是"种粮大户"。与农村集体土地承包权的承包主体是农村承包经营户(自然人)不同的是,农村集体土地经营权的经营主体除了农村承包经营户外,还可以是法人或非法人组织,如农业经营企业、家庭农场等。考虑到农村集体土地经营主体获得土地经营权后的用途只能是农业生产经营,所以如果是法人或非法人组织承包"四荒地"或通过流转获得土地承包权需要具备相应的农业经营能力或资质,否则后续难以经营,极有可能会将集体土地用于非农建设。根据《农村土地承包法》第63条第1款的规定,如果土地经营权人违法将承包地用于非农建设的,将受到行政处罚。

第二节　农村土地经营权流转与农业适度规模经营

一、相关法律对农村土地经营权流转的规定与理解

在《民法典》物权编第十一章"土地承包经营权"中对农村土地经营权流转进行了规定,具体内容如下:

第三百三十九条　土地承包经营权人可以自主决定依法采取出租、入股或者其他方式向他人流转土地经营权。

第三百四十一条　流转期限为五年以上的土地经营权,自流转合同生效时设立。当事人可以向登记机构申请土地经营权登记;未经登记,不得对抗善意第三人。

第三百四十二条　通过招标、拍卖、公开协商等方式承包农村土地,经依法登记取得权属证书的,可以依法采取出租、入股、抵押或者其他方式流转土地经营权。

《农村土地承包法》第二章第五节专门规定"土地经营权"。具体内容如下:

第三十六条　承包方可以自主决定依法采取出租(转包)、入股或者其他方式向他人流转土地经营权,并向发包方备案。

第三十七条　土地经营权人有权在合同约定的期限内占有农村土地,自主开展农业生产经营并取得收益。

第三十八条　土地经营权流转应当遵循以下原则:

(一)依法、自愿、有偿,任何组织和个人不得强迫或者阻碍土地经营权流转;

(二)不得改变土地所有权的性质和土地的农业用途,不得破坏农业综合生产能力和农业生态环境;

(三)流转期限不得超过承包期的剩余期限;

(四)受让方须有农业经营能力或者资质;

(五)在同等条件下,本集体经济组织成员享有优先权。

第三十九条　土地经营权流转的价款,应当由当事人双方协商确定。流转的收益归承包方所有,任何组织和个人不得擅自截留、扣缴。

第四十条　土地经营权流转,当事人双方应当签订书面流转合同。

土地经营权流转合同一般包括以下条款:

(一)双方当事人的姓名、住所;

(二)流转土地的名称、坐落、面积、质量等级;

(三)流转期限和起止日期;

(四)流转土地的用途;

(五)双方当事人的权利和义务;

(六)流转价款及支付方式;

(七)土地被依法征收、征用、占用时有关补偿费的归属;

（八）违约责任。

承包方将土地交由他人代耕不超过一年的,可以不签订书面合同。

第四十一条 土地经营权流转期限为五年以上的,当事人可以向登记机构申请土地经营权登记。未经登记,不得对抗善意第三人。

第四十二条 承包方不得单方解除土地经营权流转合同,但受让方有下列情形之一的除外:

（一）擅自改变土地的农业用途;

（二）弃耕抛荒连续两年以上;

（三）给土地造成严重损害或者严重破坏土地生态环境;

（四）其他严重违约行为。

第四十三条 经承包方同意,受让方可以依法投资改良土壤,建设农业生产附属、配套设施,并按照合同约定对其投资部分获得合理补偿。

第四十四条 承包方流转土地经营权的,其与发包方的承包关系不变。

第四十五条 县级以上地方人民政府应当建立工商企业等社会资本通过流转取得土地经营权的资格审查、项目审核和风险防范制度。

工商企业等社会资本通过流转取得土地经营权的,本集体经济组织可以收取适量管理费用。

具体办法由国务院农业农村、林业和草原主管部门规定。

第四十六条 经承包方书面同意,并向本集体经济组织备案,受让方可以再流转土地经营权。

第四十七条 承包方可以用承包地的土地经营权向金融机构融资担保,并向发包方备案。受让方通过流转取得的土地经营权,经承包方书面同意并向发包方备案,可以向金融机构融资担保。

担保物权自融资担保合同生效时设立。当事人可以向登记机构申请登记;未经登记,不得对抗善意第三人。

实现担保物权时,担保物权人有权就土地经营权优先受偿。

土地经营权融资担保办法由国务院有关部门规定。

从《农村土地承包法》第38条规定的原则及相关的各条规定,对土地经营权流转需要重点把握以下三个问题。

1. 土地经营权流转的自愿有偿原则

《农村土地承包法》第38条第1项明确规定,土地经营权流转应当遵循"依法、自愿、有偿,任何组织和个人不得强迫或者阻碍土地经营权流转"的原则,主要目的是保护土地经营权人的合法权益。家庭承包方式是无偿承包的,农村集体经济组织不得向其农户成员收取承包费。这是农户作为农村集体经济组织成员的财产权的体现。《农村土地承包法》第27条中也出现"自愿有偿原则",该条第3、4款规定:承包期内,承包农户进城落户的,引导支持其按照自愿有偿原则依法在本集体经济组织内转让土地承包经营权或者将承包地交回发包方,也可以鼓励其流转土地经营权。承包期内,承包方交回承包地或者发包方依法收回承包地时,承包方对其在承包地上投入而提高土地生产能力的,有权获得相应的补偿。根据《农村土地承包法》第30条的规定,承包期内,承包方可以自愿将承包地交回发包方。承包方自愿交回承包地的,可以获得合理补偿。所以,如果承包方将自己承包的土地交回给发包方,可以要求发包方给予一定的经济补偿。如果进行土地经营权的流转,更可以获得一定的收益。我国的土地政策和法律许可、鼓励土地经营权流转,主要目的是防止承包地的闲置荒芜,提高农村集体土地的利用率,更好地发展农业生产。同时也是为了农民能获得租金、转让费等收益。所以,《农村土地承包法》第10条规定:国家保护承包方依法、自愿、有偿流转土地经营权,保护土地经营权人的合法权益,任何组织和个人不得侵犯。但是,有偿流转并非强制性的规定,土地经营权流转是有偿还是无偿,由承包人(流出方)与受让人(流入方)在自愿的原则下自行协商确定。任何组织和个人特别是农村集体经济组织不得强迫其有偿流转,也不得认为无偿流转无效。在农村土地承包人将其承包的土地短期让亲友代耕的情况下,往往是无偿的。现在很多地方耕种土地在经济上往往是不划算了,需要政府采取农业补贴措施,鼓励农民耕种土地。为了解决部分区域大量出现的弃耕抛荒现象,应鼓励当地农民自愿流转土地经营权。

2.流转期限不得超过承包期的剩余期限

土地经营权流转期限由流出方与流入方自行约定。《农村土地承包法》第38条第3项规定:流转期限不得超过承包期的剩余期限。其原因是土地承包是有一定期限的,如耕地的承包期为30年。流转权是土地经营权的派生权利,依附于土地经营权而产生。因此,流转期限应当短于承包期限的剩余期限,或与承包期限保持一致。如果流转期限超过承包期限的剩余期限,因为承包合同约定的承包期限届满应当终止,所以超过承包期限的流转期限就会处于无权源的状态,应当作无效处理。《民法典》第332条第2款规定:前款规定的承包期限届满,由土地承包经营权人依照农村土地承包的法律规定继续承包。如果出现当事人在流转合同中自愿约定的流转期限超过第二轮土地承包期的剩余期限,而且土地承包经营权人在第三轮土地承包期有权继续承包该土地,也可使超期的流转期限在"继续承包"中得以延续,所以对于这种情况不能作违约处理。如果流出方放弃"继续承包",致使超期的流转期限无法进行的,该流出方应承担违约责任。同时需要说明的是"继续承包"是对家庭承包方式而言的。如果是以其他方式承包的,因承包方没有法定的继续承包资格权,所以应对超期的流转期限作无效处理。

3. 受让方具有农业经营能力或资质

土地经营权可以流转给个人也可以流转给法人或非法人组织,如果流转给个人,可以流转给本集体经济组织成员,也可以流转给非本集体经济组织的其他自然人。《农村土地承包法》规定"受让方须有农业经营能力或者资质",目的是保证土地要用于农业生产用途,防止出现土地闲置情况,并更好地利用集体土地。如果受让方具有农业经营的能力,如一般被认为农业经营能力较强的"种粮大户"、家庭农场,是政府鼓励的土地经营权流转对象。至于农业经营能力、资质的问题,现行的法律法规及规章中没有具体标准的规定。如果受让方是某一法人或非法人组织,一般应是经过依法登记设立的从事种植、养殖、畜牧、食品生产加工等农业生产经营的企业,集体农场、农民合作社等也被认为具有相应的农业经营能力。这些单位有资格受让土地经营权从事农业生产经营活动。

二、《农村土地经营权流转管理办法》的主要内容与理解

随着经济社会的发展与城市化、城镇化进程,我国农村土地经营权流转现象越来越多,需要土地如何流转进行规范。随着《农村土地承包法》的修订与《民法典》的出台,2021年1月26日,农业农村部发布《农村土地经营权流转管理办法》(农业农村部令2021年第1号发布),自2021年3月1日起施行,这是专门规范农村土地经营权流转的部门规章。

该管理办法第一章"总则"规定了农村土地经营权流转的原则:(1)土地经营权流转应当坚持农村土地农民集体所有、农户家庭承包经营的基本制度,保持农村土地承包关系稳定并长久不变,遵循依法、自愿、有偿原则,任何组织和个人不得强迫或者阻碍承包方流转土地经营权。(2)土地经营权流转不得损害农村集体经济组织和利害关系人的合法权益,不得破坏农业综合生产能力和农业生态环境,不得改变承包土地的所有权性质及其农业用途,确保农地农用,优先用于粮食生产,制止耕地"非农化"、防止耕地"非粮化"。(3)土地经营权流转应当因地制

宜、循序渐进,把握好流转、集中、规模经营的度,流转规模应当与城镇化进程和农村劳动力转移规模相适应,与农业科技进步和生产手段改进程度相适应,与农业社会化服务水平提高相适应,鼓励各地建立多种形式的土地经营权流转风险防范和保障机制。

该管理办法第二章"流转当事人"中明确了对流转当事人(包括承包方与受让方)的资格、权利与义务。第6条规定:承包方在承包期限内有权依法自主决定土地经营权是否流转,以及流转对象、方式、期限等。第7条规定:土地经营权流转收益归承包方所有,任何组织和个人不得擅自截留、扣缴。第8条规定:承包方自愿委托发包方、中介组织或者他人流转其土地经营权的,应当由承包方出具流转委托书。委托书应当载明委托的事项、权限和期限等,并由委托人和受托人签字或者盖章。没有承包方的书面委托,任何组织和个人无权以任何方式决定流转承包方的土地经营权。第9条规定:土地经营权流转的受让方应当为具有农业经营能力或者资质的组织和个人。在同等条件下,本集体经济组织成员享有优先权。第10条规定:土地经营权流转的方式、期限、价款和具体条件,由流转双方平等协商确定。流转期限届满后,受让方享有以同等条件优先续约的权利。第11条规定:受让方应当依照有关法律法规保护土地,禁止改变土地的农业用途。禁止闲置、荒芜耕地,禁止占用耕地建窑、建坟或者擅自在耕地上建房、挖砂、采石、采矿、取土等。禁止占用永久基本农田发展林果业和挖塘养鱼。第12条规定:受让方将流转取得的土地经营权再流转以及向金融机构融资担保的,应当事先取得承包方书面同意,并向发包方备案。第13条规定:经承包方同意,受让方依法投资改良土壤,建设农业生产附属、配套设施,及农业生产中直接用于作物种植和畜禽水产养殖设施的,土地经营权流转合同到期或者未到期由承包方依法提前收回承包土地时,受让方有权获得合理补偿。具体补偿办法可在土地经营权流转合同中约定或由双方协商确定。

该管理办法第三章"流转方式"中明确了"承包方依法采取出租(转包)、入股或者其他方式将土地经营权部分或者全部流转的,承包方与发包方的承包关系不变,双方享有的权利和承担的义务不变"。具体见本节第三部分的分析。

该管理办法第四章"流转合同"对合同的形式与内容进行了规范,并明确了"承包方不得单方解除土地经营权流转合同",但受让方存在擅自改变土地的农业用途、弃耕抛荒连续两年以上、给土地造成严重损害或者严重破坏土地生态环境、其他严重违约行为的,承包方可以单方解除土地经营权流转合同。如果承包方在合理期限内不解除土地经营权流转合同的,发包方有权要求终止土地经营权流转合同。受让方对土地和土地生态环境造成的损害应当依法予以赔偿。具体见本节第四部分的分析。

该管理办法第五章"流转管理"中,明确了乡(镇)人民政府农村土地承包管理部门的监督管理职责,县级以上地方人民政府农业农村主管(农村经营管理)部门应当承担业务指导职责。该管理办法的第一章"总则"中第5条规定:农业农村部负责全国土地经营权流转及流转合同管理的指导。县级以上地方人民政府农业农村主管(农村经营管理)部门依照职责,负责本行政区域内土地经营权流转及流转合同管理。乡(镇)人民政府负责本行政区域内土地经营权流转及流转合同管理。具体见本节第五部分的分析。

该管理办法第六章"附则"第35条规定:通过招标、拍卖和公开协商等方式承包荒山、荒沟、荒丘、荒滩等农村土地,经依法登记取得权属证书的,可以流转土地经营权,其流转管理参照本办法执行。

三、农村土地经营权流转的主要形式

农村土地经营权流转,是指在承包方与发包方之间的承包关系保持不变的前提下,承包方依法在一定期限内将土地经营权部分或者全部交由他人自主开展农业生产经营的行为。

2009年第一次修正后的《农村土地承包法》从广义上规定流转方式,包括互换、转让、出租、转包、入股等。2018年第二次修正后的《农村土地承包法》贯彻了"三权分置"理念,分别设置"土地承包经营权"与"土地经营权",将土地承包经营权的转让、互换与土地经营权的出租、入股等区分开来,并将转让、互换作为土地承包经营权的转移方式,而将出租、入股等作为土地经营权的流转方式。《民法典》从狭义上规定的土地经营权的流转方式。《农村土地经营权流转管理办法》第14条第1款规定:承包方可以采取出租(转包)、入股或者其他符合有关法律和国家政策规定的方式流转土地经营权。

以下主要是对常见、狭义的土地经营权流转方式进行说明。

(一)土地经营权出租

土地经营权出租,是指承包方将部分或者全部土地经营权,租赁给他人从事农业生产经营的一种流转方式。土地经营权出租中,承包方是出租方,包括家庭

农村承包方式中的农户承包方,也包括其他承包方式中的承包方,还包括转租中的转租方;承租人是流入方,包括转承租人,承租人可以是本集体经济组织的成员,也可以是本集体经济组织成员以外的个人或组织。土地经营权出租除了适用《农村土地承包法》的相关规定以外,其租赁合同还应适用《民法典》合同编第十四章"租赁合同"的相关规定。其核心是出租人将土地经营权交付给承租人经营,由承租人获得收益,而承租人应当向出租人支付租金,出租人因此获得租金收益。承包方依法采取出租(转包)将土地经营权部分或者全部流转的,承包方与发包方的承包关系不变,双方享有的权利和承担的义务不变。

(二)土地经营权转包

《农村土地承包法》第36条有土地经营权可以采取出租(转包)方式进行流转的规定,《民法典》第339条中没有明确规定转包方式,但此后公布的《农村土地经营权流转管理办法》第14条有可以采取出租(转包)方式进行流转的规定。《农村土地承包法》采取"出租(转包)"的写法,说明这两种方式比较类似,《农村土地经营权流转管理办法》第14条第2款说明:出租(转包),是指承包方将部分或者全部土地经营权,租赁给他人从事农业生产经营。可见,采取转包与出租形式,在本质是相同的:都是将承包的土地在一段时间内交由其他人来经营。要分析其中的区别,从原农业部2005年发布的《农村土地承包经营权流转管理办法》(已废止)中可以看出区别,该办法第35条第2款对转包的定义是:承包方将部分或全部土地承包权以一定期限转给同一集体经济组织的其他农户从事农业生产经营。转包后,原土地承包关系不变,原承包方继续履行原土地承包合同约定的权利和义务。

土地经营权转包,是指承包方将部分或者全部土地经营权,转包给他人从事农业生产经营的一种流转方式。所以在土地经营权转包的法律关系中,原承包人是转包人,接受转包的是转承包人,转承包人应是转包人的同一农村集体经济组织的成员。

与土地经营权转包比较相似的是土地承包经营权转让。这两者是存在本质区别的:从形式上看,转让是土地承包经营权的一种转移方式,转包是土地经营权的一种流转方式。从本质上看,土地承包经营权一旦转让,发包方与受让方就确立了新的承包关系,即原承包方与发包方即行终止土地承包关系,由受让方取得土地承包经营权;而土地经营权转包是转包人在取得承包经营权的基础上,仅将土地经营权转包给他人,承包方与发包方农村集体经济组织的承包关系不变,转包人仍然保留土地承包权。从长远看,如果土地承包经营权转让,原承包人就可能失去在新一轮土地承包中的承包资格;如果土地经营权转包,原承包人不会失去在新一轮土地承包中的承包资格。

(三)土地经营权入股

《农村土地经营权流转管理办法》第14条第3款对入股的定义是:入股,是指承包方将部分或者全部土地经营权作价出资,成为公司、合作经济组织等股东或者成员,并用于农业生产经营。

土地经营权入股也是一种流转方式。土地经营权入股有两种情况:一是农户将家庭承包的土地经营权入股;二是通过其他方式承包的农村土地,经依法登记取得权属证书后,可以入股。家庭承包经营权入股和其他流转方式一样,农户以土地经营权为股份,通过评估作价投入农业经营组织成为股东,农业经营组织将入股的土地经营权作为财产进行统一经营。农户在农业经营组织获取的利润中按股取得收益。但家庭承包经营权入股应当坚持"四不变"原则:一是农村土地集体所有权不变;二是农户的土地承包权不变;三是承包方与发包方的承包关系不变;四是承包方与发包方享有的权利和承担的义务不变。

与出租、转包等流转方式不同,土地经营权入股是有一定的风险的。农户在入股成为农业经营组织的股东后所得的收益可能比出租或转包多,也可能因为农业经营组织经营不善或者经营项目失败而亏损,入股的农户就不能获得收益或获得的收益较少。

为了降低土地经营权入股的风险,《农村土地经营权流转管理办法》第16条规定:承包方自愿将土地经营权入股公司发展农业产业化经营的,可以采取优先股等方式降低承包方风险。公司解散时入股土地应当退回原承包方。优先股是享有优先权的股权,股东对农业经营组织的资产、利润分配等享有优先权,但优先股的股东对农业经营组织的事务无表决权,也没有选举和被选举权,且优先股的股东不能退股,只能通过优先股的赎回条款赎回土地经营权。实践中,有些地方在采取优先股方式的同时,还采取了先租后股、回购等方式。先租后股是让土地经营权人先向农业经营组织出租土地,在具有稳定良好的经济收益以后再入股。

(四)土地经营权抵押

根据《民法典》第342条的规定,抵押也是土地经营权流转的一种方式。《农村土地承包法》第 47 条规定：承包方可以用承包地的土地经营权向金融机构融资担保，并向发包方备案。受让方通过流转取得的土地经营权，经承包方书面同意并向发包方备案，可以向金融机构融资担保。担保物权自融资担保合同生效时设立。当事人可以向登记机构申请登记；未经登记，不得对抗善意第三人。实现担保物权时，担保物权人有权就土地经营权优先受偿。土地经营权融资担保办法由国务院有关部门规定。

2016 年 3 月 15 日，中国人民银行等 5 个部门联合发布了《农村承包土地的经营权抵押贷款试点暂行办法》（银发〔2016〕79 号）。根据该暂行办法的第 6 条规定，通过家庭承包方式取得土地承包经营权的农户可以其获得的土地经营权作抵押申请贷款，但应同时符合相应的条件。根据该暂行办法的第 7 条规定，通过合法流转方式获得承包土地的经营权的农业经营主体申请贷款的，应同时符合相应的条件。

除了以上四种是法律明确规定的土地经营权流转方式以外，实践中，还存在着土地经营权流转的一些特殊方式，实质上是以上四种流转方式的变化形式。

（五）土地经营权反租倒包

为了连片集中经营土地或者集中承包地发包给农业经营组织，农村集体经济组织在农户自愿的情况下，可以采取反租、倒包农户的土地经营权。反租，是农村集体经济组织反过来作为承租人把已经发包给本农村集体经济组织成员的承包地租过来的倒流方式。倒包，是农村集体经济组织倒过来做转承包人把已经发包给本农村集体经济组织成员的承包地转包过来的倒流方式。这实际上是土地经营权转租、转包的一种特殊流转方式，其主要特征是承租人、转承包人是承包人所在的农村集体经济组织。通过这种方式，农户作为农村集体经济组织成员的财产权得到体现。因此，反租与倒包可以适用《农村土地承包法》的流转规定，而不适用转让、收回和调整的规定。反租与倒包只是转移了土地经营权，而原来的承包关系不变。农村集体经济组织应当按照约定向原承包方成员支付租金或者转包费等。至于农村集体经济组织再把土地转租或发包给农业经营组织，那是再流转问题。

（六）土地经营权委托流转

委托流转，是指承包方（流出方、委托人）委托所在的农村集体经济组织或者他人代其流转土地经营权的行为。委托流转本身不是土地经营权的流转方式,而是促进流转的一种方法。

承包方不方便流转或者难以流转土地经营权的,可以自愿委托发包方即农村集体经济组织或者依法设立的具有农业服务资质的中介组织进行流转,如委托农民专业合作社、乡镇农业服务中心、农业服务有限公司等流转土地经营权。委托流转的"委托"应当适用《民法典》关于"委托代理"和"委托合同"的相关规定。《农村土地经营权流转管理办法》第18条规定:承包方委托发包方、中介组织或者他人流转土地经营权的,流转合同应当由承包方或者其书面委托的受托人签订。

土地经营权委托流转,首先由承包方出具书面流转委托书,委托书应载明委托的事项、权限和期限等,并由委托人和受托人签字或盖章。任何组织或个人不得在没有承包方书面委托的情况下,流转承包方的土地经营权。否则,将会侵害到承包方的土地经营权。

在土地经营权委托流转过程中,受托方与受让人商定流转事项后,应由承包方与受让人签订流转合同。如果有特别授权,也可以由接受委托的受托方作为代理人与受让人签订流转合同,因此产生的权利义务和法律后果归属于委托方(承包方)。

(七)土地经营权再流转

土地经营权再流转,是指将已经流转的土地经营权再次进行流转,如土地经营权租赁的承租人可以再出租给他人经营,如受让人通过转包方式受让土地经营权后再转包或出租给他人经营。

再流转土地经营权需要注意以下两个问题:一是再流转需要经承包方书面同意。《农村土地承包法》第46条规定:经承包方书面同意,并向本集体经济组织备案,受让方可以再流转土地经营权。如果未经承包方的书面同意,流入方擅自再流转的,承包方可以要求解除流转合同;二是需要报发包方即农村集体经济组织备案。《农村土地经营权流转管理办法》第21条规定:发包方对承包方流转土地经营权、受让方再流转土地经营权以及承包方、受让方利用土地经营权融资担保的,应当办理备案,并报告乡(镇)人民政府农村土地承包管理部门。可见,土地经营人当事人负有向发包方备案的义务。

四、农村土地经营权流转合同及是否办理登记

流转合同是流出方与流入方为流转土地经营权而设立、变更、终止法律关系的协议。土地经营权流转合同是一种民事合同,所以也应适用《民法典》合同编的有关规定,并适用《农村土地承包法》的相关规定。《农村土地承包法》第40条第1款规定,土地经营权流转,当事人双方应当签订书面流转合同。该条第2款规定了土地经营权流转合同一般包括的条款。该条第3款规定,承包方将土地交由他人代耕不超过一年的,可以不签订书面合同。

《农村土地经营权流转管理办法》第四章专门规定"流转合同"。其中第19条规定了土地经营权流转合同的一般条款内容,对《农村土地承包法》第40条第2款规定进行了细化,并增加了两个内容:流转方式,合同到期后地上附着物及相关设施的处理。并说明:土地经营权流转合同示范文本由农业农村部制定。

2021年9月,农业农村部、国家市场监督管理总局联合发布了《农村土地经营权出租合同(示范文本)》和《农村土地经营权入股合同(示范文本)》。对于广大农民群众来说,使用合同示范文本带来了便利:一是要件完备,便于农民使用。实践中,部分农民群众因为觉得签合同麻烦,或者不知道该怎么制作签订合同,往往通过口头约定流转土地经营权,一旦发生纠纷,由于无法提供相应的有效证明,调处困难大,有些合理诉求也难以得到满足。合同示范文本要件齐备,流转时可以拿来就用,发生纠纷时查有实据,方便了农民群众。二是规范统一,便于权益保障。实践中,有些农民虽然签订了流转合同,但合同内容过于简单,没有写明双方的权利义务,发生纠纷时合同起不到保护流转双方尤其是农民群众合法权益的作用。合同示范文本中列出的权利义务更为规范、完整、具体,既可以更好保护双方合法权益,也有利于提醒双方依合同履行义务。三是约定清晰,便于明确责任。例如,两份合同示范文本中都含有耕地保护条款,禁止承租方(受让方)改变土地的农业用途,明确了承租方(受让方)保护农地的义务,不仅有利于农地的保护,也使农地生态环境受到破坏时追究承租方(受让方)的责任有了更明确的依据。

两份合同示范文本各13条,主要内容包括以下四部分:(1)合同当事人,对出租方和承租方的身份进行了列举,由合同使用双方从各项身份中进行选择;(2)租赁(入股)物及租金(股份分红)相关事项,设置了对农地租赁(入股)标的物描述及用途、期限、交付时间等条文,设置了租金及支付方式条款;(3)流转双方的权利义务,并重点强调了承租方需要合理利用土地,确保农地农用,符合粮食生产等产业规划;(4)合同变更、解除和终止以及违约责任、争议解决等事项。

当事人在签订流转合同时需要注意的一些问题:一是要注意核实对方的主体资格。对于自然人,应当要求其出示身份证件;对于法人和其他组织,应当要求其代表出示营业执照等证件,核实签订代表是否有权代表法人或其他组织签订合同,签订合同时必须加盖对方单位公章或者合同专用章。二是应当认真阅读合同每一项内容,并逐一进行填写,以保证合同内容的完整性,确保将双方约定的全部内容都体现在书面合同文本上,不建议另行作出口头约定。需要特别强调的是,两份合同示范文本都对是否同意承租方(受让方)对土地经营权再流转和融资担保设置了选项,农民群众在签订合同时一定要审慎决定是否勾选同意。三是在合同签订后,双方当事人应当依据规定向相关部门提交合同原件以完成备案,并各自保留一份合同原件。

其他的土地经营权流转合同一般可以参考以上两份合同示范文本。如果当事人对有些条款有特殊约定的,可以在流转合同中进行补充。根据《农村土地经营权流转管理办法》第21条的规定,流转土地经营权,应当办理备案,并报告乡(镇)人民政府农村土地承包管理部门。如果该部门认为流转合同中有违反法律法规的情况,应当及时予以纠正。该部门还应当向达成流转意向的双方提供统一文本格式的流转合同,并指导签订。

对于土地经营权流转是否需要办理登记的问题。《农村土地承包法》第41条规定,土地经营权流转期限为5年以上的,当事人可以向登记机构申请土地经营权登记。未经登记,不得对抗善意第三人。与此对应的是该法第47条第2款规定,担保物权自融资担保合同生效时设立。当事人可以向登记机构申请登记;未经登记,不得对抗善意第三人。由上述规定可见:土地经营权流转合同自签订后生效,不以办理土地经营权登记为必要条件。这是一个引导性规范,不是强制性规范,国家鼓励流转期限为5年以上的土地经营权合同经过备案后向登记机构申请土地经营权登记。一旦发生纠纷,未办理登记的土地经营权还是存在的,只是不得对抗善意第三人。如果承包人先后与两人签订土地经营权流转合同,一方先签约但未办理登记,另一方后签约但已办理登记。一旦发生纠纷,两人都认为自己获得土地经营权。法院会认定已经办理登记的另一方获得土地经营权,双方应继续履行流转合同,而未办理登记的一方无法获得土地经营权,但可以要求承包人承担违约责任。

五、农村土地经营权流转中存在的问题与加强监管检查

自我国的农村土地实行"三权分置"制度以来,土地经营权流转已经实施多年,并取得了显著成效。在盘活农村土地资源的同时,提高了农民收入,促进了农

村经济的发展和农村社会稳定,但在实践中还存在一些问题。主要表现在:(1)土地经营权流转不规范。一些农民认为承包地是私有财产可以自由处置,在土地经营权流转时没有按照法律规范签订流转合同,就将承包地交付他人经营管理。这种不规范的做法,严重削弱了土地经营权流转的法律效应,而且因为权利义务关系不明确而产生流转纠纷,影响了农村经济发展和社会稳定。(2)土地经营权流转渠道不畅通。有些农民因进城工作无法经营承包地,有的农户家庭因缺乏劳动力不能耕种全部或者部分承包地,需要流转土地经营权,但是目前很多农村未建立土地经营权的流转交易平台或中介服务机构,或者虽有建立却有名无实不起作用,造成了土地经营权流转渠道不通,农民只能凭非常有限的信息资源,或者只能依靠流入方上门寻找来进行流转。所以,很多农村就出现了大量弃耕抛荒现象,或者农民随便把承包地交给他人经营管理的情况。结果农民不能得到应有的流转收益,而且造成土地经营权流转市场处于无序状态。(3)以非法目的流转土地经营权。根据《农村土地承包法》第38条的规定,土地经营权流转"不得改变土地所有权的性质和土地的农业用途",承包地流转以后仍应用于农业生产经营。但有些组织或个人借土地经营权流转的名义与流出方订立流转合同,实际是在搞"圈地"活动,将流转所得的土地用于非农业建设或其他用途,如建设厂房、养殖场、挖鱼塘等。因为不能取得有关建设用地审批程序,致使流转所得的土地闲置抛荒,严重损害了土地资源的效用。也有些人未经审批擅自在流转地上建设住宅或其他建筑物,也是改变了土地的农业用途,严重破坏了土地的性质。

在土地经营权流转过程中,农村集体经济组织和乡(镇)人民政府监督不力是出现以上问题的重要原因。虽然农村集体经济组织和乡(镇)人民政府不得非法干涉农民流转土地经营权,但根据《农村土地承包法》第14条第2、3项规定,农村集体经济组织作为发包方享有"监督承包方依照承包合同约定的用途合理利用和保护土地""制止承包方损害承包地和农业资源的行为"的权利与职责。但不少农村集体经济组织在完成发包任务后,任由承包方自由流转土地经营权,没有履行应尽的监督职责。《农村土地承包法》第12条第3款规定:乡(镇)人民政府负责本行政区域内农村土地承包经营及承包经营合同管理。但在实践中,有些乡(镇)人民政府没有认真履行职责,对土地经营权流转的监督检查不重视,即使有监督检查也往往被形式主义所代替,不能及时发现和纠正辖区内的土地经营权流转存在的问题,就是上述问题持续存在的原因之一。

解决上述问题,关键在于各地的农业农村主管部门、乡(镇)人民政府和农村集体经济组织要履行法定职责,加强监管检查。《农村土地经营权流转管理办法》对此进行了细化的规定。具体体现在:(1)采取措施规范土地经营权流转合同。该管理办法规定,乡(镇)人民政府农村土地承包管理部门应当依法开展土地经营权流转的指导和管理工作。应当向达成流转意向的双方提供统一文本格式的流转合同,并指导签订。流转合同中有违反法律法规的,应当及时予以纠正。管理部门应当建立土地经营权流转台账,及时准确记载流转情况。还应当对土地经营权流转有关文件、资料及流转合同等进行归档并妥善保管。(2)鼓励各地建立土地经营权流转市场或者农村产权交易市场。县级以上地方人民政府农业农村主管(农村经营管理)部门应当加强业务指导,督促其建立健全运行规则,规范开展土地经营权流转政策咨询、信息发布、合同签订、交易鉴证、权益评估、融资担保、档案管理等服务。并按照统一标准和技术规范建立国家、省、市、县等互联互通的农村土地承包信息应用平台,健全土地经营权流转合同网签制度,提升土地经营权流转规范化、信息化管理水平。(3)充分发挥农村集体经济组织的监督职能。无论是土地承包经营权进行互换,采取出租(转包)、入股或者其他方式流转土地经营权,受让方将流转取得的土地经营权再流转以及向金融机构融资担保的,都要向发包方备案。农村集体经济组织对本区域内农村土地经营权的流转情况应比较了解。《农村土地承包法》第63条第2款规定,承包方给承包地造成永久性损害的,发包方有权制止,并有权要求赔偿由此造成的损失。第64条规定,土地经营权的受让方存在严重违约行为的,承包方在合理期限内不解除土地经营权流转合同的,发包方有权要求终止土地经营权流转合同。土地经营权人对土地和土地生态环境造成的损害应当予以赔偿。

六、农村土地经营权流转与农业适度规模经营

改革开放初期,我国农村改革主要实行的是家庭联产承包责任制。当时,我国的农民大多还是以从事农业生产为主,所以这一改革措施大大地提高了农民的劳动积极性,明显地提升了劳动生产率。但随着经济社会的发展和城市化、城镇化进程的加快,越来越多的农民不再满足于农业生产带来的收获,选择进城务工,弃耕抛荒现象越来越多出现,不利于农业生产。

为了保障农民的财产权,我国长期坚持以家庭联产承包为主的责任制。将土地承包经营权作为农户在集体经济组织的成员的主要财产权予以保障。近年来,我国推行"三权分置"改革,目的是推动土地经营权的流转,促进农业规模经营。

我国农业生产活动逐步从原来的以分为主向统分结合的经营体制方向发展。我国提出土地经营权流转不仅是保护农民的财产权,让农民通过土地经营权流转获得收益或经济补偿,而且可以促进农村土地的开发利用。通过土地经营权的流转,将农用地集中于一些"种粮大户"、农业经济合作社、集体农场、农业生产经营企业进行统一的经营管理,可以发展农业的适度规模经营、提高劳动生产效率,也使得农民获得更多的收益。

2008年10月12日,中国共产党十七届三中全会上通过的《中共中央关于推进农村改革发展若干重大问题的决定》中提出:推进农业经营体制机制创新,加快农业经营方式转变。家庭经营要向采用先进科技和生产手段的方向转变,增加技术、资本等生产要素投入,着力提高集约化水平;统一经营要向发展农户联合与合作,形成多元化、多层次、多形式经营服务体系的方向转变,发展集体经济、增强集体组织服务功能,培育农民新型合作组织,发展各种农业社会化服务组织,鼓励龙头企业与农民建立紧密型利益联结机制,着力提高组织化程度。按照服务农民、进退自由、权利平等、管理民主的要求,扶持农民专业合作社加快发展,使之成为引领农民参与国内外市场竞争的现代农业经营组织。……加强土地承包经营权流转管理和服务,建立健全土地承包经营权流转市场,按照依法自愿有偿原则,允许农民以转包、出租、互换、转让、股份合作等形式流转土地承包经营权,发展多种形式的适度规模经营。有条件的地方可以发展专业大户、家庭农场、农民专业合作社等规模经营主体。

2013年11月12日,中国共产党第十八届中央委员会第三次全体会议通过的《中共中央关于全面深化改革若干重大问题的决定》第20条提出:鼓励承包经营权在公开市场上向专业大户、家庭农场、农民合作社、农业企业流转,发展多种形式规模经营。鼓励农村发展合作经济,扶持发展规模化、专业化、现代化经营,允许财政项目资金直接投向符合条件的合作社,允许财政补助形成的资产转交合作社持有和管护,允许合作社开展信用合作。鼓励和引导工商资本到农村发展适合企业化经营的现代种养业,向农业输入现代生产要素和经营模式。

2014年11月20日,中共中央办公厅、国务院办公厅发布了《关于引导农村土地经营权有序流转发展农业适度规模经营的意见》。该意见提出:土地流转和适度规模经营是发展现代农业的必由之路,有利于优化土地资源配置和提高劳动生产率,有利于保障粮食安全和主要农产品供给,有利于促进农业技术推广应用和农业增效、农民增收,应从我国人多地少、农村情况千差万别的实际出发,积极稳妥地推进。该意见提出要"规范引导农村土地经营权有序流转"。内容包括:鼓励创新土地流转形式。鼓励承包农户依法采取转包、出租、互换、转让及入股等方式流转承包地。鼓励有条件的地方制定扶持政策,引导农户长期流转承包地并促进其转移就业。鼓励农民在自愿前提下采取互换并地方式解决承包地细碎化问题。在同等条件下,本集体经济组织成员享有土地流转优先权。以转让方式流转承包地的,原则上应在本集体经济组织成员之间进行,且需经发包方同意。以其他形式流转的,应当依法报发包方备案。该意见同时提出要"加强土地流转用途管制"。严禁借土地流转之名违规搞非农建设。严禁在流转农地上建设或变相建设旅游度假村、高尔夫球场、别墅、私人会所等。严禁占用基本农田挖塘栽树及其他毁坏种植条件的行为。严禁破坏、污染、圈占闲置耕地和损毁农田基础设施。坚决查处通过"以租代征"违法违规进行非农建设的行为,坚决禁止擅自将耕地"非农化"。

《农村土地经营权流转管理办法》第28条提出,县级以上地方人民政府农业农村主管(农村经营管理)部门应当加强服务,鼓励受让方发展粮食生产;鼓励和引导工商企业等社会资本(包括法人、非法人组织或者自然人等)发展适合企业化经营的现代种养业。县级以上地方人民政府农业农村主管(农村经营管理)部门应当根据自然经济条件、农村劳动力转移情况、农业机械化水平等因素,引导受让方发展适度规模经营,防止垒大户。

在鼓励和引导工商企业等社会资本通过流转获得土地经营权发展规模化经营的同时,为了预防出现有些企业因缺少农业生产经营能力导致效益较差、难以长期经营的情况,有的甚至将流转获得的土地用于非农建设,如建设旅游度假村、高尔夫球场、别墅、私人会所等,有的搞"圈地"而闲置耕地,所以有必要进行一定的行政干预和风险防控。

《农村土地承包法》第45条第1、2款规定:县级以上地方人民政府应当建立工商企业等社会资本通过流转取得土地经营权的资格审查、项目审核和风险防范制度。工商企业等社会资本通过流转取得土地经营权的,本集体经济组织可以收取适量管理费用。《农村土地经营权流转管理办法》对此进行了细化,见第29、30条规定。

值得关注的是,党的二十大报告中提出:巩固和完善农村基本经营制度,发展新型农村集体经济,发展新型农业经营主体和社会化服务,发展农业适度规模经营。深化农村土地制度改革,赋予农民更加充分的财产权益。保障进城落户农民合法土地权益,鼓励依法自愿有偿转让。完善农业支持保护制度,健全农村金融服务体系。

还值得注意的是,根据《农村集体经济组织法》第40条第1款的规定,农村集体经济组织可以将集体所有的经营性财产的收益权以份额形式量化到本农村集体经济组织成员,作为其参与集体收益分配的基本依据。第41条规定:农村集体经济组织可以探索通过资源发包、物业出租、居间服务、经营性财产参股等多样化途径发展新型农村集体经济。第42条规定:农村集体经济组织当年收益应当按照农村集体经济组织章程规定提取公积公益金,用于弥补亏损、扩大生产经营等,剩余的可分配收益按照量化给农村集体经济组织成员的集体经营性财产收益权份额进行分配。从该法的相关规定可见,集体所有的土地经营权流转所得的收益,可以以份额形式量化到本农村集体经济组织成员,作为其参与集体收益分配的基本依据,这样可以促进土地经营权的流转,有利于农业适度规模经营。

第三节 农村土地经营权流转纠纷处理与案例

一、农村土地经营权流转纠纷的解决途径

在农村土地经营权流传过程中或流转后,可能会发生一些纠纷,对此类纠纷应如何处理,可以先看一下相关规定。

《农村土地经营权流转管理办法》第33条规定:土地经营权流转发生争议或者纠纷的,当事人可以协商解决,也可以请求村民委员会、乡(镇)人民政府等进行调解。当事人不愿意协商、调解或者协商、调解不成的,可以向农村土地承包仲裁机构申请仲裁,也可以直接向人民法院提起诉讼。

根据《调解仲裁法》第2条第2款第2项的规定,农村土地承包经营纠纷包括:因农村土地承包经营权转包、出租、互换、转让、入股等流转发生的纠纷。所以,农村土地经营权流转纠纷可以向农村土地承包仲裁机构申请仲裁,但因为土地经营权流转往往是采取有偿方式,一旦发生纠纷,当事人一方提出要求退还支付的费用或要求赔偿损失,这是农村土地承包仲裁机构难以解决的。而且根据该法第48条第1款的规定,当事人不服仲裁裁决的,可以自收到裁决书之日起30日内向人民法院起诉。

《农村土地承包司法解释》第1条第1款关于"涉及农村土地承包民事纠纷"

中第5项有"土地经营权流转纠纷",人民法院应当依法受理。但在最高人民法院于2020年12月29日发布的修改后的《民事案件案由规定》中并没有"土地经营权流转纠纷"的案由。该规定根据"三权分置"改革精神,作了一些修改变化。所以,土地经营权流转纠纷主要指的是:"土地承包经营权合同纠纷"项下的三个四级案由:土地经营权入股合同纠纷、土地经营权抵押合同纠纷、土地经营权出租合同纠纷。对于转包的情况,一般列入土地经营权出租合同纠纷。此外,有可能会出现"土地经营权纠纷"与"土地经营权抵押权纠纷",这是因土地经营权流转而发生的民事纠纷,我们一般也归入其中。为了论述方便,本书将以上与土地经营权流转相关的纠纷统称为"土地经营权流转纠纷"。

二、农村土地经营权流转纠纷的常见情形

农村土地经营权流转纠纷中的常见情况主要有以下几种。

(一)土地经营权流转方式产生的纠纷

土地承包经营权人向他人流转土地经营权,一般应签订书面形式的合同。但在实践中,由于流出方和流入方的法律意识淡薄,往往没有采用有关部门制作的示范合同文本而随意流转,有的没有签订书面形式的流转合同,或者有些流转合同内容过于简单,后来发生流转方式的纠纷,如流出方认为是出租,要求流入方交租金,而流入方认为是无偿代耕或转包,拒绝交付租金,于是双方发生土地经营权流转方式的纠纷。

在没有签订流转合同或者流转合同没有约定流转方式的情况下,根据《民法典》第510条的规定,双方当事人可以协议补充,不能达成协议补充的,按照合同有关条款或者交易习惯确定。在具体处理时,可以根据合同目的、流转原因、合同履行情况、权证登记、农业补贴领取、实际耕作期限长短等因素综合确定流转的性质和方式。《农村土地承包司法解释》第15条规定:因承包方不收取流转价款或者向对方支付费用的约定产生纠纷,当事人协商变更无法达成一致,且继续履行又显失公平的,人民法院可以根据发生变更的客观情况,按照公平原则处理。

(二)流转合同效力引起的纠纷

常见的情形有:发包方强迫或阻碍承包方进行土地经营权的流转而产生纠纷。《农村土地承包法》第38条第1项规定:任何组织和个人不得强迫或者阻碍

土地经营权流转。也就是说，承包合同订立以后，承包地由承包方自行决定自己经营或流转给他人经营。当承包方决定自行经营时，农村集体经济组织作为发包方，违背承包方的意愿，强迫其将承包地流转给他人经营，属于对承包方土地承包经营权的侵权行为。或者当承包方决定流转其承包地的土地经营权，交由他人经营时，发包方借助其强势地位，采取阻挠手段，阻碍承包方将承包地流转给他人经营，也属于对承包方土地承包经营权的侵权行为。

根据《农村土地承包法》第57条第3项的规定，如果发包方强迫或者阻碍承包方进行土地承包经营权的互换、转让或者土地经营权流转的，应当承担停止侵害、排除妨碍、消除危险、返还财产、恢复原状、赔偿损失等民事责任。第60条规定：任何组织和个人强迫进行土地承包经营权互换、转让或者土地经营权流转的，该互换、转让或者流转无效。

《农村土地承包司法解释》第17条规定：发包方或者其他组织、个人擅自截留、扣缴承包收益或者土地经营权流转收益，承包方请求返还的，应予支持。发包方或者其他组织、个人主张抵销的，不予支持。第12条规定：发包方胁迫承包方将土地经营权流转给第三人，承包方请求撤销其与第三人签订的流转合同的，应予支持。发包方阻碍承包方依法流转土地经营权，承包方请求排除妨碍、赔偿损失的，应予支持。如果发包方以搞农业规模经营的名义强迫承包方其将承包地流转给他人经营，因此造成承包方损失的，发包方应当承担赔偿责任，第三人（流入方）明知承包方（流出方）受强迫而与承包方签订流转合同，根据其过错程度承担相应的民事责任。如果发包方为了实现土地经营权反租、倒包的目的，阻挠承包方将土地经营权流转给他人经营，故意在流转地周围设置障碍或进行断水停电，致使流入方无法耕种，承包方可以要求其排除妨碍、赔偿损失。

但是，发包方基于监督权合法干涉承包方非法流转的，不能认定为侵权行为。如承包方拟向本集体经济组织以外的组织或个人流转土地经营权，而本集体经济组织成员在同等条件下向其要求优先流入，而承包方不予优先。承包方这一行为违反了《农村土地承包法》第38条第5项中"在同等条件下，本集体经济组织成员享有优先权"的规定。为了保护本集体经济组织成员的流入优先权，发包方采取合理措施阻止承包方对外流转土地经营权是合法行为，而不是侵害或者阻碍承包方流转土地经营权的行为。又如，土地经营权人擅自改变土地的农业用途，将土地用于建造房屋，对土地造成严重损害的，发包方有权要求终止土地经营权流转合同。

此外，承包方流转土地经营权后，发包方根据《农村土地承包法》第36条的规定,要求承包方向其报请土地经营权流转备案,而承包方拒绝报请备案,因此发生纠纷该如何处理?《农村土地承包司法解释》第 14 条规定:承包方依法采取出租、入股或者其他方式流转土地经营权,发包方仅以该土地经营权流转合同未报其备案为由,请求确认合同无效的,不予支持。可见,关于土地经营权流转需要向发包方备案的规定是管理性规范,不是效力性规范。

(三)再流转合同效力引起的纠纷

《农村土地承包法》第 46 条规定:经承包方书面同意,并向本集体经济组织备案,受让方可以再流转土地经营权。《农村土地经营权流转管理办法》第 12 条中也有类似规定:受让方将流转取得的土地经营权再流转以及向金融机构融资担保的,应当事先取得承包方书面同意,并向发包方备案。

如果出现土地经营权再流转没有经过事先取得承包方书面同意或向发包方备案,出现纠纷该如何处理? 如果流入方未经承包方(流出方)的书面同意(包括在流转合同中明确可以进行再流转的条款)就擅自再流转土地经营权。作者认为可以参照《民法典》第 716~718 条关于"转租"的规定作解除处理,即承包方可以行使流转合同解除权,使流转合同关系消灭,这样再流转就失去基础合同而无法履行,达到阻却再流转合同履行的效果。流转合同解除后,该合同尚未履行的,终止履行;已经履行的,根据履行的情况和合同的性质,承包方可以要求流入方恢复原状、采取其他补救措施,并有权要求赔偿损失。当然,承包方也可以采取事后追认(提供书面同意)的方式,对流入方的行为进行认可。

对于是否要"向发包方备案"的问题,做法可以参照土地经营权流转的做法。既然发包方不能仅以该土地经营权流转合同未报其备案为由,请求确认合同无效,当然也不能仅以该土地经营权再流转合同未报其备案为由主张确认合同无效。如果本集体经济组织强制土地经营权再流转向其报请备案的,再流转当事人可以不予配合,但自愿报请备案的除外。

(四)土地经营权重复流转引起的纠纷

在实践中可能会出现这样一种纠纷:流出方先将土地经营权出租给甲,后又将同一承包地上的土地经营权转包给乙,于是就产生重复流转纠纷。此类流转纠纷涉及了土地经营权的物权效力问题。

《民法典》第 341 条规定:"流转期限为五年以上的土地经营权,自流转合同生效时设立。当事人可以向登记机构申请土地经营权登记;未经登记,不得对抗善意第三人。"由于国务院在决定不动产统一登记时给予农村土地承包经营权5年过渡期,过渡期结束农村土地承包经营权可以登记发证,所以这里有个"流转期限为五年以上"的规定。《民法典》没有将土地经营权作为一种独立的用益物权,而是作为从土地承包经营权派生出来的特殊权利。因此,流转合同生效和土地经营权设立不一定就产生物权效力,土地经营权要产生物权效力还必须要经过依法登记。办理登记后土地经营权产生物权效力,可以对抗善意第三人;如果未经登记,不得对抗善意第三人。但对于流转期限为5年以下的土地经营权,并不是不能办理土地经营权登记,而是实践中很少办理登记。如上述纠纷中,流出方先将土地经营权出租给甲,但未办理登记,后又将同意承包的土地经营权转包给乙,乙在不知道或者不应知道流出方已经将土地经营权出租给甲的情况下接受转包,且土地经营权已经办理登记手续的,这种善意接受转包所取得的土地经营权可以对抗甲的租赁权。《农村土地承包司法解释》第19条规定,发包方就同一土地签订两个以上承包合同,承包方均主张取得土地经营权的,按照下列情形,分别处理:(1)已经依法登记的承包方,取得土地经营权;(2)均未依法登记的,生效在先合同的承包方取得土地经营权;(3)依前两项规定无法确定的,已经根据承包合同合法占有使用承包地的人取得土地经营权,但争议发生后一方强行先占承包地的行为和事实,不得作为确定土地经营权的依据。笔者认为,土地经营权重复流转纠纷,可以参照该条规定进行处理。

(五)土地经营权流转时的优先权纠纷

《农村土地承包法》第38条第5项规定:在同等条件下,本集体经济组织成员享有优先权。可见在土地经营权流转中,在同等条件下,本集体经济组织成员享有流转优先权。

在实践中,发生本集体经济组织成员与非本集体经济组织成员的组织或个人之间发生流转优先权纠纷,关键是在于"同等条件"的认定和判断。如何理解"同等条件"?这里的"同等条件"是指本集体经济组织成员提出的流转的主要条件与非本集体经济组织成员的组织或个人提出的主要条件基本一致的情况。同等条件应当综合转让价格、价款履行方式及期限等因素确定。《农村土地承包司法解释》第11条规定:土地经营权流转中,本集体经济组织成员在流转价款、流转期限等主要内容相同的条件下主张优先权的,应予支持。同时,需要注意的是:在一定情况下,本集体经济组织成员流转优先权会丧失。该解释第 11 条规定,但下列情形除外:(1)在书面公示的合理期限内未提出优先权主张的;(2)未经书面公示,在本集体经济组织以外的人开始使用承包地 2 个月内未提出优先权主张的。

(六)土地经营权流转合同提前解除引起的纠纷

一般情况,土地经营权流转合同生效后,双方当事人应当按照诚信原则履行合同。土地经营权人有权在合同约定的期限内占有农村土地,自主开展农业生产经营并取得收益。经承包方同意,受让方可以依法投资改良土壤,建设农业生产附属、配套设施。一般情况下,受让方不会提前解除流转合同,否则其前期为提高土地生产能力的投入,无法要求承包方给予补偿。所以,通常情形下,承包方有提前解除流转合同的可能,一旦承包方无正当理由提前解除合同,将要承担违约责任,如土地经营权人可以要求承包方按照合同约定支付违约金并对其前期投入部分提供补偿。

但在一些特殊情况下,承包方可以单方解除土地经营权流转合同,且不需要承担违约责任。如受让方擅自改变土地的农业用途、弃耕抛荒连续两年以上、给土地造成严重损害或者严重破坏土地生态环境,或有其他严重违约行为。

此外,有些流转合同中对部分重要内容没有约定或约定不明确,导致双方协商解除合同。《农村土地承包司法解释》第 16 条规定:当事人对出租地流转期限没有约定或者约定不明的,参照《民法典》第 730 条的规定处理。除当事人另有约定或者属于林地承包经营外,承包地交回的时间应当在农作物收获期结束后或者下一耕种期开始前。对提高土地生产能力的投入,对方当事人请求承包方给予相应补偿的,应予支持。

还有,可能因为特殊情况,出现发包方提前收回承包地的情况。《农村土地承包司法解释》第 9 条规定:发包方根据《农村土地承包法》第 27 条规定收回承包地前,承包方已经以出租、入股或者其他形式将其土地经营权流转给第三人,且流转期限尚未届满,因流转价款收取产生的纠纷,按照下列情形,分别处理:(1)承包方已经一次性收取了流转价款,发包方请求承包方返还剩余流转期限的流转价款的,应予支持;(2)流转价款为分期支付,发包方请求第三人按照流转合同的约定支付流转价款的,应予支持。

因为承包地被依法征收,导致土地经营权流转合同无法实际履行的情况,双方只能协商解除。《农村土地承包司法解释》第 20 条规定:承包地被依法征收,承包方请求发包方给付已经收到的地上附着物和青苗的补偿费的,应予支持。承包方已将土地经营权以出租、入股或者其他方式流转给第三人的,除当事人另有约定外,青苗补偿费归实际投入人所有,地上附着物补偿费归附着物所有人所有。

三、农村土地经营权流转纠纷案例

案例一:承包方将土地流转他人时,如协议中未明确约定转让的是土地承包经营权还是土地经营权,在当事人对转让协议内容理解有分歧的情况下,应当根据鼓励交易、维护交易安全及诚实信用原则,认定土地转让行为系土地经营权的流转而非土地承包经营权的转让。

一审案号为(2022)鲁1322民初3719号,二审案号为(2022)鲁13民终10314号的土地承包经营权合同纠纷案件(入库案例)。案情简介:2009年2月16日,山东省郯城县泉源乡城某村村民委员会(甲方,以下简称城某村村委会)与宋某1(乙方)签订《承包合同》一份,合同约定:甲方将村西南、水泥公路南边空闲地一处,东西长300米,从水泥路边向南宽12米,承包给宋某1植树和其他经营场地用,承包期限50年(2009年2月16日至2059年2月16日),承包费为每年40元,合计2000元。承包期内任何人不得变更。合同签订后,案涉土地由城某村村委会交付宋某1使用。2009年2月18日,宋某1与王某签订《转让协议》一份,协议约定:宋某1将所承包合同转让给王某。转让后宋某1一切不负责,承包费及树木由王某交给宋某1现金1万元整,永不反悔。案涉土地由宋某1交付王某使用至今。王某于2013年10月1日就该转让协议向城某村村委会完成报备。案涉合同签订时,城某村分为前某村、后某村、河某村。现案涉部分土地被政府修路占用,剩余部分土地由王某植树所用。后,山东省郯城县泉源镇后某村(以下简称后某村)向法院提起诉讼,请求解除2009年2月16日签订的《承包合同》,并确认宋某1与王某于2009年2月18日签订的《转让协议》无效。

山东省郯城县人民法院审理后认为,依法成立的合同受法律保护。该案中,城某村村委会与宋某1签订的《承包合同》系双方真实意思表示,不违反法律法规的强制性规定,为合法有效合同,双方已按合同约定履行权利义务。原告主张宋某1将案涉承包合同转让给王某违反了合同约定,构成违约;且案涉承包土地部分已用于公路建设,致合同不能继续履行,故请求解除其与宋某1签订的《承包合同》。城某村村委会与宋某1签订的《承包合同》中未约定案涉土地不得转让,且宋某1依法享有案涉土地的承包经营权,宋某1有权向王某转让案涉土地的经营权,因此,宋某1向王某转让案涉土地经营权的行为既未违反合同约定也不违反法律规定;案涉土地部分因修路被占用致土地经营权人王某的损失,王某已得到赔付,且宋某1及土地经营权人王某均未对合同履行提出异议,故案涉合同不存在不能实现合同目的的情形。综上,案涉《承包合同》既未出现合同约定解除的事由,也不具有法定解除的情形。

原告主张宋某1将土地承包经营权转让给外村村民王某,且未经发包人即城某村村委会的同意,违反法律规定,应认定宋某1与王某之间的《转让协议》无效。该案中,《转让协议》自2009年2月18日签订,迄今已履行近14年之久,在此期间当事人未提出过异议,现原告主张《转让协议》无效,显然有违诚实信用原则,也不利于维护承包合同的稳定。为倡导诚实信用原则以及维护市场交易安全,且从被告王某的答辩内容"城某村村委会已给予王某地上附属物补偿,剩余地块不影响王某继续租用"中的文义理解,宜将转让协议内容理解为土地经营权的转让,虽然宋某1与王某签订了《转让协议》,但王某并未与案涉土地发包方即该案原告重新签订承包合同,案涉土地承包权仍由宋某1享有,王某受让案涉土地的经营权,因此《转让协议》应理解为土地经营权的流转。王某已办理向发包方备案的手续,因此宋某1与王某之间的转让协议未违反法律规定,王某依法获得案涉土地的土地经营权;《转让协议》系宋某1与王某双方的真实意思表示,且未违反法律法规的强制性规定,应当认定为有效。综上,原告以《转让协议》未经发包方同意且转让给非集体经济组织成员为由,要求判决确认转让协议无效,理由不成立,不予支持。所以判决驳回原告后某村的诉讼请求。

后某村提出上诉。山东省临沂市中级人民法院二审判决驳回上诉,维持原判。

案例二:**不同的土地用途对应不同的民事法律权利,同一块农村集体土地既颁发了承包经营权证又颁发了建设用地使用权证,属于土地使用权争议,应先向行政机关申请处理。在案涉土地存在权属争议的情况下,双方纠纷不属于人民法院民事诉讼的受案范围。**

一审案号为(2022)鲁1625民初4047号,二审案号为(2023)鲁16民终1368号的土地经营权出租合同纠纷案件(入库案例)。案情简介:郑某1等通过家庭承包方式取得案涉土地承包经营权。2002年12月,郑某1等与郑某2签订《合同书》,约定郑某2租赁郑某1等承包土地1.5975亩,租赁费为每亩每年1000元,租赁期限为2002年9月15日至2022年9月15日。截至法庭辩论终结之日,郑某2尚未支付2021年度、2022年度租赁费共计3194元。郑某1等向郑某2交付土地时,土地为"耕地"且无附着物。2015年5月,当地政府向郑某1等颁发了农村土地承包经营权证,载明土地性质为基本农田。另查明,郑某2租赁案涉土地后进行非农业建设,于2003年7月因违法占地被处以罚款。2008年8月,郑某2经营的洗桶厂作为土地使用权人取得案涉土地使用权,当地政府为洗桶厂颁发建设用地使用权证,载明地类为工业,终止日期为2026年3月26日。合同履行期限届满后,郑某2没有返还土地,郑某1等向法院提起诉讼,请求确认双方签订的租赁合同已经到期终止,要求郑某2恢复土地原状交还土地,并支付拖欠的租赁费。

郑某2辩称:郑某1等持有的土地承包经营权证与郑某2持有的集体土地使用权证所涉的土地存在重合,应当由当地人民政府处理,法院不宜直接审理。

山东省博兴县人民法院支持了郑某1等提出的诉请,一审判决:(1)确认涉案《合同书》于2022年9月15日到期终止;(2)郑某2返还郑某1等《合同书》项下土地,同时恢复土地原状;(3)郑某2支付郑某1等租赁费3194元。

郑某2提起上诉。山东省滨州市中级人民法院审理后认为:同一地块,郑某1等一方主张其享有使用权,凭据是其持有农村土地承包经营权证;郑某2一方主张其有使用权,凭据是其持有集体土地建设使用权证。经查明,涉案《农村土地承包经营权证》系农业部监制,加盖博兴县人民政府公章;《集体土地建设使用权证》加盖国土资源部土地证书管理专用章及博兴县人民政府、博兴县国土资源局公章,以上两证均由国家权威部门作出,当其内容发生冲突时,应由相应的政府部门处理为宜。根据《土地管理法》第14条第1款规定"土地所有权和使用权争议,由当事人协商解决;协商不成的,由人民政府处理"及《土地权属争议调查处理办法》第9条的规定,当事人应向有关行政主管部门申请解决,由行政主管部门履行法定职责,明确案涉土地用途,确定土地使用权归属。在案涉土地存在权属争议的情况下,双方纠纷不属于人民法院民事诉讼的受案范围。所以二审判决:(1)撤销一审判决;(2)驳回被上诉人郑某1等的起诉。

郑某1等不服二审判决,申请再审。山东省高级人民法院作出(2023)鲁民申11945号裁定:驳回郑某1等的再审申请。

案例三:土地经营权流转,土地经营权人就提高土地生产能力的投入(包括种植的果树),可以请求承包方给予相应补偿。

一审案号为(2021)鲁0614民初1640号,二审案号为(2021)鲁06民终7063号的土地承包经营权转包合同纠纷案件。案情简介:罗某与汤某系姐夫与小舅子的关系。1999年12月14日,罗某与山东省烟台市蓬莱区某镇罗家村村民委员会(以下简称罗家村村委会)签订土地承包合同,该合同约定:由罗某承包村南8.09

亩土地,承包金每3年交一次,共计10,202.76元,承包期为1999年12月14日至2019年12月14日,共20年。罗某承包该土地后,直接将上述承包地交给汤某种植,首期承包金由汤某交给罗某后再直接交给罗家村村委会。2000年4月13日,罗某与汤某之间签订了一份协议书,该协议约定:罗某承包罗家村村南土地8.09亩,现已无偿交给汤某使用,所有投资由汤某承担,所有地租由用地者承担。使用期限为1999年12月14日至2019年12月14日,20年到期。后汤某在上述承包地上种植了苹果树并一直经营至双方约定的承包期满。因罗家村村委会对承包期满后的承包地暂没有计划调整,故案涉土地又由汤某种植至2020年。罗家村村委会在承包期内收取承包金时,由汤某每3年将承包金交给罗某,再由罗某交给罗家村村委会,罗家村村委会向罗某出具收款收据。2020年,汤某在外地承包了一片葡萄园,已无力经营该承包地。为此,罗某与汤某协商,要求返还已经到期的承包地,但汤某要求罗某对所承包土地的地上附着物给予一定补偿。所以双方产生纠纷,罗某向法院提起诉讼。

山东省烟台市蓬莱区人民法院审理后认为,原告与罗家村村委会签订土地承包合同,承包该村村南8.09亩土地后,又与被告签订协议书,直接将上述8.09亩土地交由被告承包经营,对其法律效力应依法予以认可。双方在上述土地承包合同书和协议书中均未对到期后地上物如何处理进行约定。而被告获得案涉土地的承包经营权后,即在案涉土地上种植多年生苹果树,对此原告予以认可。现承包合同期满,原告要求被告返还承包土地8.09亩,被告亦同意返还。《农村土地承包司法解释》第16条第2款规定:对提高土地生产能力的投入,对方当事人请求承包方给予相应补偿的,应予支持。提高土地生产能力的情况包括增施农家肥等措施改良土壤、种植多年生果树等。该案中,被告在经营管理上述土地过程中,在承包地上栽种苹果树,属于在经营土地期间为提高土地生产能力所采取的合理投入,原告接收土地时,应当将承包地上的果树一并接收并给予被告合理补偿。法院委托评估机构对被告在承包土地上种植的苹果树的价格进行鉴定,并认定价格为77,000元。原告应按该鉴定报告认定的价值给予被告补偿。所以判决:(1)被告汤某将位于烟台市蓬莱区某镇罗家村的承包地8.09亩交还给原告罗某经营、管理、收益;(2)原告罗某给付被告汤某地上果树补偿款77,000元;(3)驳回原告罗某的其他诉讼请求。

罗某提起上诉,山东省烟台市中级人民法院二审判决驳回上诉,维持原判。

案例四：以土地经营权入股，土地经营权人应按照合同履行，如果合同无法履行或被提前解除，应对前期已履行的部分支付土地经营权流转费用。

案号为(2020)黔0524民初287号的土地承包经营权入股合同纠纷案件。案情简介：2017年11月14日，贵州省织金县黑土镇联合村村民委员会(以下简称联合村村委会)与贵州绿丰江海农业发展有限公司(以下简称绿丰公司)签订了金银草(皇竹草)种植合作协议书，双方约定联合村村委会以其村200亩的土地入股绿丰公司，从事金银草(皇竹草)种植项目，并负责草苗的种植和施肥等日常管理，绿丰公司提供土地所需的全部草苗和合同期内所需的肥料，合作期限为10年，从2017年11月起至2027年10月止。绿丰公司负责收购，金银草(皇竹草)收购价格为230元/吨。如一方当事人违约，应向守约一方支付违约金，违约金的数额为每亩2000元的经济损失。此外，织金县黑土镇人民政府(以下简称黑土镇政府)与绿丰公司签订了黑土镇金银草种植、深加工项目投资合同。

合同签订后，联合村村委会按约定履行了种植义务，但绿丰公司未履行指导、收购义务。2019年2月21日，黑土镇政府向绿丰公司发出商洽函。2019年2月25日，绿丰公司与黑土镇政府协商，绿丰公司的意见为按每亩350元支付2018年土地流转费，黑土镇政府的意见是要求绿丰公司按每亩600元给予补偿，双方未达成一致意见。2019年3月26日，黑土镇政府再次与绿丰公司进行协商。在协商过程中，绿丰公司的意见为不再投入资金在黑土镇继续种植金银草，涉及农户和合作社在2018年所种植的金银草，绿丰公司按每亩350元支付2018年土地流转费，支付土地流转费后，农户及合作社对2018年种植金银草的土地自行处理。当日，双方达成一致意见：绿丰公司按每亩450元支付2018年土地流转费，该费用应于2019年7月底之前支付。但后来绿丰公司没有按照约定支付土地流转费，所以，联合村村委会向法院提起诉讼。

贵州省织金县人民法院审理后认为，原、被告双方签订的金银草(皇竹草)种植合作协议书是双方的真实意思表示，双方本应按约定全面履行合同的权利义务，但在合同履行过程中，被告明确表示，不再投入资金在黑土镇种植金银草，对农户及合作社2018年种植金银草的土地按面积支付土地流转费，农户及合作社对种植金银草土地自行处理。在履行期限届满之前，当事人一方明确表示或者以自己的行为表明不履行主要债务，当事人可以解除合同。2019年3月26日，被告与黑土镇政府达成一致意见，按每亩450元支付2018年土地流转费，该意见虽是被告与黑土镇政府的意思表示，但原、被告之间的合同与黑土镇政府、被告之间的合同存在关联。原告所种植的金银草面积为115.08亩,按每亩450元的标准计算,被告应支付原告的土地流转费为51,786元。所以判决:(1)解除原告与被告于2017年10月14日签订的金银草(皇竹草)种植合作协议书;(2)被告一次性支付原告土地流转费51,786元。

案例五:国家实行基本农田保护制度,法律禁止占用基本农田发展林果业,明确土地经营权流转不得改变土地所有权的性质和土地的农业用途。农村土地流转合同约定改变基本农田农业种植用途,合同因违反法律、法规强制性规定而无效。合同被确认无效后,各方当事人均有过错的,应当根据过错程度各自承担相应的责任。

再审案号为(2023)鲁民再38号的土地承包经营权合同纠纷案件(入库案例)。案情简介:2020年10月16日,阳谷翔越农业专业合作社(甲方,以下简称翔越合作社)与郭某(乙方)签订协议书,约定:(1)甲方把流转土地承包给乙方共计100亩,乙方每年支付给甲方承包费每亩650元,于每年6月15日支付一半,下一半于10月15日支付;(2)甲方免费给乙方提供梨苗、花椒苗,由乙方种植,乙方保证90%的成活率,否则死一棵包赔甲方20元;(3)三年后乙方种植的梨树、花椒树,属于双方,以后费用由双方共同承担;(4)乙方交保证金1万元,乙方逾期支付租金每延迟一天支付10%的违约金,成活率达到押金顶租金;(5)乙方不得改变种植,保证树的成活率,否则包赔损失,甲方有权收回承包土地;(6)如有一方违约,每亩包赔违约金1000元;(7)本协议一式两份,双方签字生效。

后,翔越合作社向法院提起诉讼,诉请:(1)解除翔越合作社与郭某签订的协议书,判令郭某交还土地;(2)判令郭某支付2021年剩余土地租赁费4.5万元;(3)判令郭某赔偿果树苗等损失15.76万元;(4)判令郭某赔偿违约金10万元。

郭某辩称:翔越合作社所称协议不实,双方也没有约定赔偿事宜,树苗是其出钱栽种,与翔越合作社无关。

诉讼中,郭某认可收到翔越合作社的树苗8000棵,但对存活率的约定不予认可。一审诉讼期间郭某向翔越合作社支付了土地租赁费3万元,2021年剩余租赁费1.5万元未付。经过一审法院现场勘验,案涉土地上剩余成活树苗20棵,双方当事人对此勘验结果均无异议。

山东省阳谷县人民法院作出(2021)鲁1521民初3152号民事判决:(1)解除翔越合作社与郭某2020年10月16日签订的协议书;(2)郭某将案涉土地交还给翔越合作社;(3)郭某给付翔越合作社土地租赁费1.5万元;(4)郭某赔偿翔越合

作社树苗款14.36万元;(5)驳回翔越合作社的其他诉讼请求。

郭某提起上诉。山东省聊城市中级人民法院作出(2022)鲁15民终1010号民事判决:驳回上诉,维持原判。

郭某申请再审。山东省高级人民法院审理后认为:国家实行基本农田保护制度。《农村土地承包法》第38条第(2)项规定,土地经营权流转不得改变土地所有权的性质和土地的农业用途,不得破坏农业综合生产能力和农业生态环境。《基本农田保护条例》第17条规定,禁止任何单位和个人占用基本农田发展林果业。该案中,已查明案涉土地为基本农田,翔越合作社与郭某签订协议,把100亩基本农田承包给郭某,用来种植梨树苗、花椒树苗,协议的内容和目的系种植树苗发展经济,改变了土地的耕种用途,明显违反国家法律的禁止性规定,应属无效协议;原审认定协议有效,系适用法律错误,应依法纠正。该案中,翔越合作社主张郭某返还案涉土地,因案涉协议无效,该主张依法应予支持。翔越合作社基于无效《协议书》主张郭某支付2021年剩余租赁费1.5万元,不应支持,但郭某占有使用案涉土地期间,在种植树苗的同时种植玉米,已经获取利益,因此应当支付相应的土地使用费。关于树苗损失赔偿款14.36万元。协议双方对于案涉土地属于基本农田均应当明知,在此情形下,仍然违反法律规定签订案涉协议,改变土地用途种植树苗,双方对此均有过错。对于造成的树苗损失143,600元,双方各承担一半的责任,符合事实及法律规定。山东省高级人民法院作出(2023)鲁民再38号民事判决:(1)撤销一审、二审判决;(2)翔越合作社与申请人郭某签订的《协议书》无效;(3)郭某将案涉土地返还给翔越合作社;(4)郭某给付翔越合作社土地使用费1.5万元;(5)郭某赔偿翔越合作社树苗损失7.18万元;(6)驳回翔越合作社的其他诉讼请求。

案例六:土地承包方依法负有维持土地农业用途,确保土地未经依法批准不得用于非农建设。承包方将土地流转他人后,仍负有监督土地经营权人对案涉土地审慎管理、合理开发利用,依法保护和合理利用土地的义务。土地经营权人违反相关义务的,发包方可以基于民法典的绿色原则精神,解除土地承包合同。

案号为(2021)鲁1002民初7235号的土地承包经营权合同纠纷案件(入库案例)。案情简介:2007年9月8日,某村村民委员会(以下简称村委会)与李某签订了《荒山承包合同》,约定村委会将位于村西的荒山50亩(案涉土地性质为农用土地)发包给李某,承包期自2008年2月19日起至2038年2月18日止,共计30年;承包费每年每亩600元,每年3万元,合同生效之日先付15年承包费45万元,余款于第16年的1月10日前一次性付清。合同签订后,李某向村委会缴纳前15年的承包费。

威海某旅游开发有限公司(以下简称旅游公司)成立于2010年7月9日,法定代表人为李某,股东为李某(控股60%)和王某(控股40%),公司经营范围为:旅游项目的开发;石材、建材的销售。2010年7月,李某无偿将上述《荒山承包合同》中所承包的荒山无偿流转给旅游公司使用。后旅游公司在取得案涉土地后,未经批准非法占用某村西侧的属于承包范围内的土地1386平方米(其中包括林地1345平方米、农村道路41平方米)建设两层加阁楼形式的楼房,用于家庭旅馆用房。2015年12月28日,威海市自然资源与规划局(原威海市国土资源局)作出《国土资源行政处罚决定书》,认定旅游公司的上述违法行为违反了《土地管理法》的相关规定,决定对旅游公司作出如下处罚:(1)责令退还非法占用的土地;(2)该宗用地不符合土地利用总体规划,限期十五日内拆除在非法占用土地上新建的建筑物和其他设施,恢复土地原状;(3)对非法占用的1386平方米土地处以15元/平方米的罚款20,790元。旅游公司于2016年3月29日缴纳上述罚款,但并未履行拆除非法占用土地上新建的建筑物和其他设施,恢复土地原状的义务。经查明,旅游公司住所地已无人办公,其因不履行法院生效法律文书,已于2017年被法院列入失信被执行人和限制高消费名单。李某也因不能履行生效法律文书,于2020年被法院列入失信被执行人和限制高消费名单。

2016年7月12日,新设立某村农村经济股份合作社,新设立的经济股份合作社要承担某村村民委员会的一切债权、债务。2019年8月26日,某农村经济股份合作社更名为某村股份经济合作社(以下简称经济合作社)。经济合作社曾多次要求李某、旅游公司拆除该违法建筑物及其他设施,恢复土地原状无果。经济合作社向法院提起诉讼,请求解除双方签订的《荒山承包合同》,要求两被告立即返还承包的土地50亩。

山东省威海市环翠区人民法院审理后认为,民事主体从事民事活动,应当有利于节约资源、保护生态环境。该案审查重点在于经济合作社是否有权要求解除其与李某之间的《荒山承包合同》。首先,我国实行严格的土地管理制度,国家要求珍惜和合理利用土地。尽管原告与李某签订的《荒山承包合同》没有约定案涉土地的具体用途,根据《土地管理法》的相关规定,案涉土地的用途应仅限于种植业、林业等农林方面的使用。但被告李某承包案涉土地后将土地无偿流转给其作为实际控制人的旅游公司使用,旅游公司在未经审批情况下在土地上进行非农建设,且已被原威海市国土资源局确认并给予行政处罚,显然,旅游公司非法占地的违法行为损毁了农业用地,明显不属于法律的限定用途。其次,根据《农村土地承包法》的相关规定,李某作为案涉土地的承包方,在承包期间应当对案涉土地审慎管理、合理开发利用,依法负有维持土地农业用途,确保土地未经依法批准不得用于非农建设,依法保护和合理利用土地的义务;但其在将案涉土地流转给旅游公司使用后,并未依法履行上述法定义务,导致土地农业用途被改变,遭受了严重破坏,涉案《荒山承包合同》的承包农用目的亦无法实现。显然,该行为影响了案涉土地的可持续利用,违背了民法典绿色原则。鉴于李某的行为构成根本违约。故原告有权要求解除与李某之间的《荒山承包合同》。合同解除后,旅游公司、李某应当将涉案承包的50亩土地返还给原告。所以判决:(1)确认原告经济合作社与被告李某之间2007年9月8日签订的《荒山承包合同》于2022年2月7日解除;(2)被告旅游公司、李某将上述《荒山承包合同》中50亩承包土地返还给经济合作社。

案例七:双方对涉案租赁物的缺陷均系明知仍签订租赁合同,在租赁物缺陷导致合同目的不能实现的情形下,双方都不存在故意违约,合同应予解除。出租方不存在故意隐瞒与订立合同有关的重要事实的情形,应退还保证金与剩余转让款,但不需要向承租方赔偿损失。

一审案号为(2022)粤2071民初11660号,二审案号为(2022)粤20民终6140号的土地租赁合同纠纷案件(入库案例)。案情简介:2021年9月6日,刘某与中山市好手指农产品有限公司(以下简称好手指公司)签订《农村土地承包转让合同》(以下简称转包合同),约定好手指公司将其承包的32亩案涉土地使用经营权有偿转让给刘某经营蔬菜种植之用(双方均当庭确认实际上种植兰花),刘某应于每年的8月1日前将当年的转让款一次性支付给好手指公司,刘某不得改变该土地的农业用途。刘某当日向好手指公司支付了保证金5万元,9月11日刘某拿到案涉土地土壤检测报告得知土壤偏酸性,9月20日刘某向好手指公司支付转让款76,416元,9月26日刘某出具《耕地种植计划书》载明"该租地长期处于荒废,且地势低洼水淹状态,我公司计划对于该地块进行综合开发治理,改变现有生态环境,需填高该地块,更换现有酸性过重土壤,以达到科学种植的效果"。12月17日好手指公司向刘某退还案涉土地押金20,094.01元。后刘某称其受让土地后得知案涉土地的土壤PH值偏酸性,超出一般农作物的酸碱值范围,且土地低洼,不适宜种植农作物,好手指公司未能提供符合约定种植用途的农田土地,导致刘某无法实现种植农作物的合同目的,好手指公司构成根本违约。刘某向法院提起诉讼,请求判令解除刘某与好手指公司签订的《农村土地承包转让合同》,要求好手指公司返还相关款项并赔偿损失;刘某认为中山市沙溪镇虎逊村沙平股份合作经济社(以下简称沙平经济社)是该案涉土地的管理人,应承担连带责任。

庭审中,好手指公司表示同意解除《农村土地承包转让合同》。

广东省中山市第一人民法院审理后认为,从《农村土地承包转让合同》签订、刘某支付保证金、土地转让款、拿到检测报告、作计划书的整个过程可以看出,刘某在签订案涉土地转包合同时对该地块的土壤现状已明确知悉,在此情形下,刘某不仅没有向好手指公司提出解除合同,反而于2021年9月26日出具《耕地种植计划书》,积极、主动、自费对案涉土地实施改良,且在土壤改良未果的情况下,才提起诉讼提出解除合同,表明其自愿承担土壤偏酸性造成的风险。由此可见,好手指公司在签订涉案合同时并不存在故意隐瞒与订立合同有关的重要事实,刘某也是在改良土壤未果的情况下才提出解除合同,并不存在故意违约的情形。因此,在涉案《农村土地承包转让合同》因土壤偏酸性,不能继续履行而被解除的情况下,法院认定好手指公司应向刘某返还剩余保证金。根据双方签订的土地转包合同约定的转让期限及双方协商一致解除合同的情况,法院认定刘某使用案涉土地的期限为9个月加18天,即自2021年8月1日至2022年5月18日,刘某应向好手指公司支付土地转让款61,132.8元,好手指公司应向刘某退还剩余转让款15,283.2元。对刘某主张的好手指公司向其支付资金占用费、赔偿其损失等诉讼请求,因法院认为好手指公司不构成根本违约,刘某上述主张理据不足,法院均不予支持。对刘某主张沙平经济社对涉案债务承担连带责任的意见,因依法成立的合同仅对当事人具有法律拘束力,该案转包合同的双方当事人未包括沙平经济社,根据合同相对性原理,法院亦不予支持。所以判决:(1)解除刘某与好手指公司于2021年9月6日签订的《农村土地承包转让合同》;(2)好手指公司向刘某返还保证金29,905.99元以及土地转让款15,283.2元;(3)驳回刘某的其他诉讼请求。

刘某、好手指公司均提出上诉。中山市中级人民法院二审判决驳回上诉,维持原判。

案例八:土地经营权出租应签订相对长期的合同,约定的租赁期限要与农作物的种植季保持一致。如果农作物种植季划分与租赁期限不一致,农地租赁合同到期可暂缓腾退。

案号为(2023)浙0211民初981号的租赁合同纠纷案件(入库案例)。案情简介：2014年10月，潘某将自己承包的约6亩农田租赁给陈某进行蔬菜种植，每年租金为6000元，第一次签订租赁协议时约定租期为5年，其后租赁协议一年一签。2021年10月6日，双方签订了2022年度的租地协议书，租赁期自2022年1月1日起至2022年12月31日止。租赁期满前，潘某以自己需要种植作物为由，通知陈某不再续租，租赁到期后要求陈某立即腾退土地，但遭到陈某拒绝。陈某认为以往每年临近租期届满，双方都会顺利签订下一年的续租协议。2022年年底接到潘某租赁到期不再续租的通知，陈某感觉很仓促，当时已购买了下季蔬菜种植的种子，还有部分蔬菜已经播种育苗，并且准备了生产物资，为作物越冬给大棚重新进行了覆膜，退租将导致自己遭受很大损失。目前蔬菜正处于成长期，成熟和采摘以及拆除大棚、整理土地都需要时间，如果现在腾退，陈某将遭受很大的经济损失。后潘某向法院提起诉讼。

浙江省宁波市镇海区人民法院在庭前组织双方到现场调查，对目前案涉土地上的蔬菜种植状况和收成时间予以共同确认；对被告的投入和收入情况进行了了解；向原告释明了现在要求腾退有违《民法典》规定的"绿色原则"；还征询了双方对腾退时间的接受意愿。法院审理后认为，双方当事人之间签订的土地租赁合同已经到期，法院对此予以确认，原告有权要求被告返还土地。但原被告双方签订土地租赁合同时，将租赁到期日定为自然年度结束，并没有考虑到农作物的种植季尚未结束，造成了目前土地腾退困难的局面。若强行腾退土地，必然铲除尚在成长期的农作物，将会造成极大的浪费，不符合《民法典》第9条规定的"民事主体从事民事活动，应当有利于节约资源、保护生态环境"的绿色原则。此种情形下只能待当季作物成熟后再行腾退。综合考虑被告在租赁土地上的作物种植现状和生长周期，以及双方当事人的意愿，判决：被告陈某和将原租赁的土地于2023年8月31日前腾退返还给原告潘某，并支付原告潘某自2023年1月1日起至实际履行日止按照每月500元计算的土地占有使用费。

第三章
宅基地使用与管理

第一节 相关法律法规对宅基地的规定与理解

一、《民法典》对宅基地的规定与理解

在《民法典》物权编第三分编"用益物权"第十三章专门规定"宅基地使用权",共有4条规定。具体内容如下:

第三百六十二条 宅基地使用权人依法对集体所有的土地享有占有和使用的权利,有权依法利用该土地建造住宅及其附属设施。

第三百六十三条 宅基地使用权的取得、行使和转让,适用土地管理的法律和国家有关规定。

第三百六十四条 宅基地因自然灾害等原因灭失的,宅基地使用权消灭。对失去宅基地的村民,应当依法重新分配宅基地。

第三百六十五条 已经登记的宅基地使用权转让或者消灭的,应当及时办理变更登记或者注销登记。

由上述规定可知,我国宅基地制度的一些主要特点:(1)宅基地归集体所有是宅基地使用权能够成为用益物权的前提。根据《宪法》第10条第2款与《土地管理法》第9条第2款的规定,宅基地属于农民集体所有。农民使用宅基地建房是对集体所有土地的利用,申请宅基地使用权的前提是申请人是农村集体经济组织的成员。(2)宅基地的用途是建造住宅及其附属设施。农民取得宅基地,必须依法办理有关审批手续,不得超量多占,也不得违反有关规划、擅自改变土地用途。(3)宅基地使用权是一种带有社会福利性质的权利。宅基地使用权和土地承包经营权一样,是农民的安身之本,由作为农村集体经济组织成员的农民无偿获得并

无限期使用。宅基地使用权是农民因其身份而享有的福利保障,解决的是农民基本居住条件问题。

二、《土地管理法》及《土地管理法实施条例》对宅基地的规定与理解

在《土地管理法》中有一些关于宅基地的相关规定。其中关系比较密切的是第 9 条与第 62 条规定。

第九条 城市市区的土地属于国家所有。

农村和城市郊区的土地,除由法律规定属于国家所有的以外,属于农民集体所有;宅基地和自留地、自留山,属于农民集体所有。

第六十二条 农村村民一户只能拥有一处宅基地,其宅基地的面积不得超过省、自治区、直辖市规定的标准。

人均土地少、不能保障一户拥有一处宅基地的地区,县级人民政府在充分尊重农村村民意愿的基础上,可以采取措施,按照省、自治区、直辖市规定的标准保障农村村民实现户有所居。

农村村民建住宅,应当符合乡(镇)土地利用总体规划、村庄规划,不得占用永久基本农田,并尽量使用原有的宅基地和村内空闲地。编制乡(镇)土地利用总体规划、村庄规划应当统筹并合理安排宅基地用地,改善农村村民居住环境和条件。

农村村民住宅用地,由乡(镇)人民政府审核批准;其中,涉及占用农用地的,依照本法第四十四条的规定办理审批手续。

农村村民出卖、出租、赠与住宅后,再申请宅基地的,不予批准。

国家允许进城落户的农村村民依法自愿有偿退出宅基地,鼓励农村集体经济组织及其成员盘活利用闲置宅基地和闲置住宅。

国务院农业农村主管部门负责全国农村宅基地改革和管理有关工作。

《土地管理法实施条例》第四章"建设用地"第四节专门规范"宅基地管理",具体规定如下:

第三十三条 农村居民点布局和建设用地规模应当遵循节约集约、因地制宜的原则合理规划。县级以上地方人民政府应当按照国家规定安排建设用地指标,合理保障本行政区域农村村民宅基地需求。

乡(镇)、县、市国土空间规划和村庄规划应当统筹考虑农村村民生产、生活需求,突出节约集约用地导向,科学划定宅基地范围。

第三十四条 农村村民申请宅基地的,应当以户为单位向农村集体经济组织提出申请；没有设立农村集体经济组织的，应当向所在的村民小组或者村民委员会提出申请。宅基地申请依法经农村村民集体讨论通过并在本集体范围内公示后，报乡（镇）人民政府审核批准。

涉及占用农用地的，应当依法办理农用地转用审批手续。

第三十五条　国家允许进城落户的农村村民依法自愿有偿退出宅基地。乡（镇）人民政府和农村集体经济组织、村民委员会等应当将退出的宅基地优先用于保障该农村集体经济组织成员的宅基地需求。

第三十六条　依法取得的宅基地和宅基地上的农村村民住宅及其附属设施受法律保护。

禁止违背农村村民意愿强制流转宅基地，禁止违法收回农村村民依法取得的宅基地，禁止以退出宅基地作为农村村民进城落户的条件，禁止强迫农村村民搬迁退出宅基地。

《土地管理法》及《土地管理法实施条例》对于宅基地管理主要强调如下规则。

1. 宅基地"一户一宅"。"一户一宅"，指的是农村村民一个家庭户原则上只能拥有一处宅基地。如果没有分户，提出申请第二宗宅基地，乡（镇）人民政府不予批准。但是并非一个家庭户只能拥有一处住宅，如因为历史原因，一个家庭户已经拥有多处住宅，政府部门不能要求该户拆除房屋；或因为子女继承父母房屋，出现村民拥有多处住宅的情况。一处宅基地，通常是指一个家庭户的宅基地是一块整地，而不是分布于不同地方的多处土地。此处的"户"，指的是农村自然户，即一个农村家庭户，与农村承包经营户很相似但有所区别。宅基地使用权是以"户"的名义享有的权利，是农民家庭户多人共同享有的权利，而不是某个人独享的权利。

2. 对宅基地的管理需要科学规划，保障农村村民实现户有所居。一方面，要统筹并合理安排宅基地用地，突出节约集约用地导向，科学划定宅基地范围；另一方面，要统筹考虑农村村民生产、生活需求，保障农村村民宅基地的权益，改善农村村民居住环境和条件。各地对宅基地的面积标准都有规定，不能超标准审批。不能因为申请的家庭户的人数多、经济能力强，就多审批一些面积或多处宅基地。

3. 对宅基地的申请审批要按照法定程序。一般情况下，农村村民申请宅基地的，应当以户为单位向农村集体经济组织提出申请，然后经农村村民集体讨论通过并在本集体范围内公示后，报乡（镇）人民政府审核批准。

4.允许进城村民保留宅基地,保护其依法取得的宅基地和地上住宅及附属设施的合法权利。也允许进城落户的农村村民依法自愿有偿退出宅基地,此种情况下应给予一定的经济补偿。但如果农村村民出卖、出租、赠与住宅后,再申请宅基地的,乡(镇)人民政府不能予以批准。

三、地方性法规中关于宅基地的规定

2000年以后,随着宅基地制度改革的实践探索,各地先后制定一些地方性法规、地方政府规章等。尤其是在2013年后,各地出台关于宅基地的规范性文件数量明显增加,其特点是"因地制宜"。

以浙江省人大常委会发布的地方性法规为例:1984年9月6日,省第六届人大常委会第九次会议修改通过《浙江省城乡建设用地管理办法》。1987年1月20日,省第六届人大常委会第二十三次会议通过《浙江省土地管理实施办法》,同时废止《浙江省城乡建设用地管理办法》;后在1989年3月12日进行第一次修正,1994年1月29日进行第二次修正。2000年6月29日,省第九届人大常委会第二十一次会议通过《浙江省实施〈中华人民共和国土地管理法〉办法》,同时废止《浙江省土地管理实施办法》;后在2009年12月30日修正。2021年9月29日,省第十三届人大常委会第三十一次会议通过《浙江省土地管理条例》,自2021年11月1日起施行。《浙江省实施〈中华人民共和国土地管理法〉办法》同时废止。

《浙江省土地管理条例》共分为八章71条,对土地管理职责、土地所有权和使用权登记、国土空间规划、耕地保护、建设用地等内容有作细化规定,同时结合省情实际,对耕地保护补偿制度、"标准地"改革、小微企业园用地、存量建设用地盘活和数字化改革等经验做法总结提炼,以立法形式予以固化。

针对农村异地建住宅,特别是新民居建设、合村并居中普遍存在的"建新不拆旧"问题,该条例明确对逾期未拆除的,申请法院强制执行。对于宅基地的利用,该条例规定在符合一系列前提,办理相关手续的情况下,可以用于特定业态的发展,这为探索宅基地的更广泛利用提供了法律依据。该条例在宅基地"三权分置"上进行积极探索,如第56条第1款中明确提出"保障农村集体经济组织成员家庭作为宅基地资格权人依法享有的权益"。

《浙江省土地管理条例》中第五章"建设用地"中第三节"宅基地管理"部分内容如下:

第五十四条 农村村民建造住宅应当符合国土空间规划和用途管制要求,尽量使用原有的宅基地和村内空闲地。

县(市、区)人民政府在尊重农村村民意愿的前提下,可以通过统建、联建和建造公寓式住宅等方式保障农村村民居住需求。

第五十五条 农村村民一户只能拥有一处宅基地,宅基地的面积标准(包括附属用房、庭院用地),使用耕地的,最高不得超过一百二十五平方米;使用其他土地的,最高不得超过一百四十平方米;山区有条件利用荒地、荒坡的,最高不得超过一百六十平方米。

农村村民宅基地和公寓式住宅的具体标准与管理办法,由设区的市、县(市、区)人民政府按照国家和省有关规定结合当地实际制定。

第五十六条 县级以上人民政府应当依法实施农村宅基地所有权、资格权、使用权分置改革,开展宅基地资格权人认定和登记工作,保障农村集体经济组织成员家庭作为宅基地资格权人依法享有的权益。

乡镇人民政府应当建立宅基地审批管理台账。县级以上人民政府应当组织农业农村、自然资源、住房城乡建设等部门和乡镇人民政府建立统一的宅基地管理数据库,归集国土空间规划、宅基地和住宅确权登记、危险住宅、宅基地审批等相关数据。

第五十七条 有下列情形之一的,农村村民的宅基地申请不予批准:

(一)除实施国土空间规划进行村庄、集镇改造外,宅基地面积已达到规定标准,再申请新宅基地的;

(二)出租、出卖、赠与住宅后,再申请宅基地的;

(三)以所有家庭成员作为一户申请批准宅基地后,不具备分户条件而以分户为由申请宅基地的;

(四)法律、法规规定的不符合申请宅基地条件的其他情形。

认定户的具体标准和分户具体条件,由设区的市、县(市、区)人民政府制定。

第五十八条 农村村民因地质灾害避让搬迁、水库移民搬迁、土地整治、危房改造等确需使用本村以外的农民集体所有土地建造住宅的,经安置所在地的农村集体经济组织有表决权的全体成员或者全体成员代表三分之二以上同意,可以依法申请使用安置所在地村宅基地。

第五十九条 农村村民经批准易地建造住宅的,原宅基地应当交还农村集体经济组织;属于建新拆旧的,原地上建筑物应当自行拆除,不自行拆除的,由乡镇人民政府、街道办事处责令限期拆除,逾期未拆除的,依法申请人民法院强制执行。

第六十条 县级以上人民政府自然资源、农业农村主管部门应当按照国家和省有关规定,通过合理确定宅基地规模和规划布局、用地指标专项管理、简化用地审批程序等方式加强农村村民建房保障。

第六十一条 鼓励进城落户的农村村民,依法自愿有偿退出宅基地。退出的宅基地在符合国土空间规划的前提下,优先用于保障本集体经济组织成员的居住需求。

农村闲置的宅基地在符合国土空间规划、用途管制和尊重农村村民意愿的前提下,经依法办理相关手续后,可以用于发展休闲农业、乡村旅游、电子商务等新产业、新业态。

各地制定了一些关于土地管理的地方性法规,都有关于宅基地管理的内容。如《福建省土地管理条例》(2022年5月发布)第四章"建设用地"中第四节是专门关于"宅基地管理"的规定,从第40~45条共6条规范;《黑龙江省土地管理条例》(2022年12月发布)第四章"建设用地"中第四节是专门关于"宅基地管理"的规定,从第40~45条共6条规范;《贵州省土地管理条例》(2022年12月修订)第六章是专门关于"宅基地管理"的规定,第48~54条共7条规范;《宁夏回族自治区土地管理条例》(2022年11月修订)第四章"建设用地"中第四节是关于"集体建设用地和宅基地管理"的规定,其中第56~58条是关于宅基地的规范;《广东省土地管理条例》(2022年6月发布)第42、43条是关于宅基地的规范;《江苏省土地管理条例》(2021年1月修订)第59、60条是关于宅基地的规范;《吉林省土地管理条例》(2022年11月修订)第46~49条是关于宅基地的规范;《河北省土地管理条例》(2022年3月修订)第50~55条是关于宅基地的规范;《天津市土地管理条例》(2021年11月修订)第54~58条是关于宅基地的规范。此外,还有《上海市实施〈中华人民共和国土地管理法〉办法》(1994年发布,后经过三次修正,2023年在修订征求意见)、《海南自由贸易港土地管理条例》(2023年4月发布)、《云南省土地管理条例》(1999年9月发布)、《珠海经济特区土地管理条例》(2020年11月修正)、《厦门经济特区土地管理条例》(1994年1月发布)与《厦门经济特区土地管理若干规定》(2010年7月30日修正)、《呼和浩特市土地管理条例》(2010年12月修正)、《齐齐哈尔市土地管理条例》(2001年发布)等地方性法规中也有关于宅基地管理的内容。

有些地方制定了专门关于农村宅基地管理的政府规章或其他规范性文件。

如《海南省农村宅基地管理试点办法》《三亚市农村宅基地管理办法》《苏州市宅基地管理暂行办法》《滨州市农村宅基地管理办法》《上海市农业农村委员会等部门关于进一步加强本市农村宅基地管理工作的通知》《福州市人民政府关于规范农村宅基地和建房管理的实施意见》《青岛市农业农村局、青岛市自然资源和规划局关于加强农村宅基地管理的通知》《长沙市国土资源局关于规范和改进农村宅基地管理的实施意见》等。

浙江省宁波市人民政府在2001年6月25日以政府令第93号的形式发布《宁波市农村宅基地管理办法》。2019年11月15日,该规章被废止,具体内容不再介绍。

第二节 宅基地使用权的基本知识与办理登记

一、宅基地使用权的基本知识

宅基地制度是中国特色土地制度的重要组成部分,其核心是维护农村土地集体所有和保障农民基本居住权利。新中国成立以来,历经演变,我国农村宅基地制度框架已基本形成,其基本特征是:集体所有、成员使用、一户一宅、限定面积、无偿取得、长期占有、规划管控、内部流转。这一制度安排在保障农村"户有所居、民不失所"等方面发挥着极为重要的作用,促进了农村经济发展和社会稳定。

(一)宅基地使用权是一种用益物权

对"宅基地使用权"的规范在《民法典》物权编第三分编"用益物权"中,可见宅基地使用权是一种法定的用益物权。其中第362条规定:宅基地使用权人依法对集体所有的土地享有占有和使用的权利,有权依法利用该土地建造住宅及其附属设施。

从权属上看,农村宅基地属于集体所有的土地。从土地性质和用途上看,农村宅基地属于集体建设用地。从财产属性上看,宅基地使用权属于财产权利。

按照国家标准《土地利用现状分类》(GB/T 21010—2017),农村宅基地是指农村用于生活居住的宅基地,二级类别编码为0702,属于一级类"07 住宅用地"的一种。

根据 2020 年 11 月自然资源部办公厅发布的《国土空间调查、规划、用途管制用地用海分类指南（试行）》，二级类"0703 农村宅基地"在"07 居住用地"下，下分三级类"070301 一类农村宅基地"与"070302 二类农村宅基地"。

2019 年，中央农村工作领导小组办公室、农业农村部发布的《关于进一步加强农村宅基地管理的通知》中规定，农村宅基地是农村村民用于建造住宅及其附属设施的集体建设用地，包括住房、附属用房和庭院等用地。

根据我国农村的长期习惯，宅基地一般用于建设住房与厨房、卫生间、储藏房等附属用房，但对于是否包括"庭院"，存在较大争议。尤其是农村的一些庭院面积较大，采取砖墙或篱笆方式围起来，如果包括在内，明显超过宅基地的面积标准。还需要明确的是：宅基地不包括与宅基地相连的农业生产性用地、农户占用超出宅基地范围的空闲地等土地。房前屋后种的林木、花圃等绿化用地，水井、地窖等生活服务设施用地，一般也不能纳入宅基地的范围。无论是否包含在宅基地范围内，这些由村民占用的土地，其所有权归集体所有，农民对宅基地及其他建设用地只有使用权。

（二）宅基地所有权和使用权分离

我国现行宅基地产权制度的基本内容是：农民集体拥有宅基地所有权，农村集体经济组织成员拥有宅基地使用权，符合条件的农户具有分配宅基地的资格。宅基地所有权和使用权两权分离，分别归属不同主体。在此基础上，最新的宅基地"三权分置"改革，新增了"资格权"的概念，农村集体经济组织成员具有"资格权"，可以有条件地将宅基地使用权转让给他人。

关于宅基地使用权，可以从以下几个方面理解：一是农村的宅基地使用权和集体经济组织成员的权益联系在一起。具有农村集体经济组织成员身份的农村村民才有资格申请宅基地，土地的有限性决定了农村集体经济组织成员以外的人员一般不能申请宅基地。二是宅基地使用权是农村村民对于集体土地长期占有、使用的权利，权利人可以在宅基地上建设房屋及其附属设施。三是集体经济组织的成员只能申请一处宅基地。土地资源的有限性决定了不能给每个农村村民提供更多的宅基地，以户为单位分配宅基地，可以实现土地资源的保护与农村村民基本生活保障的平衡。

在我国现行的法律框架内，申请宅基地使用权的只能是本集体经济组织内部成员，城镇居民和非本集体经济组织成员的其他农村村民不能申请宅基地使用权。需要特别说明的是：户口仍旧在村集体的国家公务员，因其享受国家保障，并不依赖农村土地生产生活，不应再享受基于成员身份的特殊保障，所以不具备在农村申请宅基地的条件。

关于宅基地使用权的主体有特殊限制，农村家庭只能以"户"为单位提出申请宅基地。宅基地使用权的取得、流转和退出都是以"户"为单位。法律中对于作为宅基地使用权主体的"户"没有明确规定。实践中，各地对于"户"的认定有所不同。考虑到农村地区传统习惯等各方面差异，自然资源部办公厅《关于印发〈宅基地和集体建设用地使用权确权登记工作问答〉的函》（自然资办函〔2020〕1344号）中规定，在农村宅基地确权登记中，地方对"户"的认定有规定的，按地方规定办理。地方未作规定的，可按以下原则认定：一是以公安部门户籍登记信息为基础，同时应当符合当地申请宅基地建房的条件；二是根据户籍登记信息无法认定的，可参考当地农村集体土地家庭承包中承包集体土地的农户情况，结合村民自治方式予以认定。

一些特殊情况下，如非本集体经济组织的成员出现因地质灾害防治、新农村建设、移民安置等集中迁建，在符合当地规划的前提下，经本集体经济组织大多数成员同意并经相关机关批准异地建房的，可按规定确权登记发证。

（三）宅基地使用权人的权利与义务

对于农村村民而言，宅基地使用权虽然是无偿分配获得的，但可以为其带来一定的利益，即宅基地使用权人的权利。具体包括：

1. 占有权。农村村民经依法申请审批取得宅基地使用权后，便享有对宅基地的独占权，任何组织、个人不得非法侵占或剥夺其对宅基地的占用。对于宅基地上原有的建筑设施及其他林木，所有人或管理人应该在合理期限内处理，不能影响宅基地使用权人的正常使用。

2. 使用权。宅基地使用权没有明确的期限限制，一般是与建筑物的寿命相同。对于宅基地上所建的住宅及其附属设施，与宅基地使用权一样受法律保护。

3. 部分收益权。《民法典》及土地管理法律法规中虽然没有明确宅基地使用权人对宅基地享有收益权，但因为宅基地使用权可以随着房屋的转让、出租而转移，所以农民对宅基地享有一定的收益权。在一些试点地区，宅基地使用权是可以单独转让的，这是宅基地使用权实现其收益权财产属性的体现。

4. 受限制的处分权。虽然宅基地上所建房屋可以被继承，并在一些地区试点开展宅基地上所建农房的抵押贷款,但宅基地使用权不能单独被继承、也不能单独设立抵押,所以对宅基地使用权的处分是明显受限制的。根据"房地一体""地随房走"的原则,在满足条件的农村房屋转让过程中,宅基地使用权随同房屋一并转让。

因宅基地使用权的特殊性,宅基地使用权人在行使权利的过程中,需要遵守特定的要求并履行相关的义务。具体包括:

1. 按照批准的用途使用宅基地。无偿分配宅基地的目的主要是为解决农民的居住条件,因此农户在申请、使用宅基地时也要从这一目的出发。宅基地使用权人只能在宅基地上进行与生活居住相关的建房行为,而且应当符合宅基地的属性和约定用途,如不得擅自在宅基地上修建厂房、养殖场等非居住的房屋。

2. 按规定建造住宅及其附属设施。相关的规定既包括法律法规也包括国家政策,规定的范围既包括初始建造也包括翻建、扩建,既包括建造面积也包括建造层数,既包括附属设施的类型也包括附属设施的面积。如随意加层修建,会被有关部门责令限期拆除。

3. 保护土地的义务。宅基地属于农村土地的范畴,在使用时需要特别注意对土地的保护。宅基地使用权人作为第一责任人,有保护、管理和合理利用土地的义务,如不能擅自使用耕地来建房。在建设庭院、水井、地窖等生活服务设施,一般也不能使用农用地。

二、宅基地的布局和面积标准

(一)宅基地的布局要符合相关规划

根据《土地管理法》第62条与《土地管理法实施条例》第33条规定,农村宅基地的布局要符合乡(镇)、县、市国土空间规划和村庄规划。我国各地正在建立国土空间规划体系,已编制国土空间规划的,不再编制土地利用总体规划、城乡规划。在相关规划制定时,关于农村居民点布局主要遵守以下三条原则:(1)节约集约用地、因地制宜的原则。如在农村中相对集中地建设居民点,科学划定宅基地范围,应考虑农村村民生产、生活需求的便利,除了考虑出行便利、将宅基地规划在公共道路的两侧外,还要考虑学校与幼儿园、菜市场、基层医疗点、文化礼堂、体育锻炼场所等公共设施的共享与充分利用。(2)尽量使用原有的宅基地和村内空闲地的原则。拆旧建新后收回的宅基地、部分"四荒地"、未利用地等都可以用作宅基地使用，部分原属于集体经营性建设用地如乡镇企业废弃的厂区也可以用作建设居民点，尽量不要利用农用地，尤其是不得占用永久基本农田。(3)尽量统一规划、集中建设的原则。部分乡村的人口较多、建设用地较少，难以保证每户都可以申请到宅基地。当地政府与村委会可以将某处建设用地规划为居民点，通过统建、联建和建造公寓式住宅等方式建造多层住宅，这样既可以节约土地，还能保障"户有所居"。这样做的前提是要尊重农村村民意愿，不得强制农村村民搬迁退出宅基地、集中上楼居住。

2019 年，中央农村工作领导小组办公室、农业农村部发布的《关于进一步加强农村宅基地管理的通知》提出要求：合理安排宅基地用地，严格控制新增宅基地占用农用地，不得占用永久基本农田；涉及占用农用地的，应当依法先行办理农用地转用手续。城镇建设用地规模范围外的村庄，要通过优先安排新增建设用地计划指标、村庄整治、废旧宅基地腾退等多种方式，增加宅基地空间，满足符合宅基地分配条件农户的建房需求。城镇建设用地规模范围内，可以通过建设农民公寓、农民住宅小区等方式，满足农民居住需要。

(二)宅基地的面积标准由省(自治区、直辖市)规定

《土地管理法》第 62 条第 1 款规定：农村村民一户只能拥有一处宅基地，其宅基地的面积不得超过省、自治区、直辖市规定的标准。

目前，国家尚未公布农村宅基地规定使用面积的统一标准，各省(自治区、直辖市)根据实际情况自行规定。各省(自治区、直辖市)根据不同地域类型、耕地资源、人口密度、农村生产生活习惯等因素，分类制定本行政区域宅基地面积控制标准。

各地对宅基地的面积标准规定会采用以下四种方法：

1. 按地域地类确定宅基地的面积。如安徽、黑龙江、广东、福建、贵州、宁夏、浙江、海南等地规定了每户的最大宅基地面积标准。安徽省规定：城郊、农村集镇和圩区，每户不得超过 160 平方米；淮北平原地区，每户不得超过 220 平方米；山区和丘陵地区，每户不得超过 160 平方米。黑龙江省规定：每户不得超过 350 平方米；城市近郊和乡(镇)人民政府所在地以及省属农、林、牧、渔场场部的宅基地，每户不得超过 250 平方米。广东省规定：平原地区和城市郊区每户不得超过 80 平方米，丘陵地区每户不得超过 120 平方米；山区每户不得超过 150 平方米。福建省规定：农村村民每户宅基地面积限额为 80~120 平方米；利用荒坡地、村内空闲地

建房或者对原旧住宅进行翻建的,可以适当增加面积,但增加的面积每户不得超过 30 平方米。贵州省规定:宅基地涉及占用耕地的,宅基地面积最高不超过 170 平方米;宅基地不涉及占用耕地的,宅基地面积最高不超过 200 平方米。宁夏回族自治区规定,宅基地面积(包括附属用房、庭院用地)按照以下标准执行:使用水浇地的,每户不得超过 270 平方米;使用平川旱作耕地的,每户不得超过 400 平方米;使用山坡地的,每户不得超过 540 平方米。浙江省规定:使用耕地的,最高不得超过 125 平方米;使用其他土地的,最高不得超过 140 平方米;山区有条件利用荒地、荒坡的,最高不得超过 160 平方米。海南省规定:每户用地面积不得超过 175 平方米。

2. 根据户内人口及变化确定宅基地的面积。这种方法比较人性化,不仅考虑到宅基地紧缺的现状,还考虑到分户的问题,如重庆、四川、云南、广西等地的规定。如重庆市规定:市区范围内村民宅基地标准为每人 20～25 平方米,其他市县范围内村民宅基地标准为每人 20～30 平方米。四川省规定:农村居民或回乡落户的干部、职工、城镇居民修建住宅,每人 20～30 平方米,四人以上的户按四人计算。云南省规定,农村村民一户只能拥有一处宅基地,用地面积按照以下标准执行:城市规划区内,人均占地不得超过 20 平方米,一户最多不得超过 100 平方米;城市规划区外,人均占地不得超过 30 平方米,一户最多不得超过 150 平方米。广西壮族自治区规定:农村居民建住宅使用耕地的,人均建房用地面积不得超过 22 平方米,八口人以上的户最多不得超过 160 平方米。

3. 按人均占用耕地不同确定宅基地的面积。如江苏、河北、天津、新疆等地的规定。江苏省规定,宅基地面积按照以下标准执行:城市郊区和人均耕地不满 1/15 公顷(1 亩)的县(市、区),每户宅基地不得超过 135 平方米;人均耕地在 1/15 公顷(1 亩)以上的县(市、区),每户宅基地不得超过 200 平方米。河北省规定,农村村民新建住宅,宅基地的用地按照下列标准执行:平原地区和山区,人均耕地不足 1000 平方米的县(市),每处宅基地不得超过 200 平方米,人均耕地 1000 平方米以上的县(市),每处宅基地不得超过 233 平方米;坝上地区,每处宅基地不得超过 467 平方米。天津市规定:人均耕地面积不足 667 平方米的村庄,每户宅基地用地面积不得超过 167 平方米;人均耕地面积在 667 平方米以上的村庄,每户宅基地用地面积不得超过 200 平方米。新疆维吾尔自治区规定:人均耕地 0.04 公顷以下的,每户住宅用地不得超过 200 平方米;人均耕地 0.04 公顷以上 0.07 公顷以下的,每户住宅用地不得超过 300 平方米;人均耕地 0.07 公顷以上 0.1 公顷以下的,每户住宅用地不得超过 400 平方米;人均耕地 0.1 公顷以上 0.14 公顷以下的,每户住宅用地不得超过 500 平方米;人均耕地 0.14 公顷以上 0.34 公顷以下的,每户住宅用地不得超过 600 平方米;人均耕地 0.34 公顷以上的,每户住宅用地不得超过 800 平方米。

4. 按人均占用耕地和家庭人口不同确定宅基地的面积。如辽宁省规定:人均耕地 2 亩以上的村,四口人以下的户,不准超过 300 平方米;五口人以上的户,不准超过 400 平方米;人均耕地 2 亩以下、1 亩以上的村,四口人以下的户,不准超过 200 平方米;五口人以上的户,不准超过 270 平方米;人均耕地 1 亩以下的村,四口人以下的户,应当低于 200 平方米;五口人以上的户,应当低于 270 平方米。

此外,有些地方性法规授权设区的市、县(市、区)人民政府按照国家和省有关规定结合当地实际制定农村村民宅基地和公寓式住宅的具体标准与管理办法。

三、办理宅基地使用权登记

（一）办理登记的程序与材料要求

《不动产登记暂行条例实施细则》第 17 条第 2 项规定,宅基地使用权的首次登记,不动产登记机构应当在登记事项记载于登记簿前进行公告。第 25 条规定:市、县人民政府可以根据情况对本行政区域内未登记的不动产,组织开展集体土地所有权、宅基地使用权、集体建设用地使用权、土地承包经营权的首次登记。依照前款规定办理首次登记所需的权属来源、调查等登记材料,由人民政府有关部门组织获取。

《不动产登记暂行条例实施细则》中第四节专门规定"宅基地使用权及房屋所有权登记"。第 40 条规定:依法取得宅基地使用权,可以单独申请宅基地使用权登记。依法利用宅基地建造住房及其附属设施的,可以申请宅基地使用权及房屋所有权登记。第 41 条规定:申请宅基地使用权及房屋所有权首次登记的,应当根据不同情况,提交下列材料:(1)申请人身份证和户口簿;(2)不动产权属证书或者有批准权的人民政府批准用地的文件等权属来源材料;(3)房屋符合规划或者建设的相关材料;(4)权籍调查表、宗地图、房屋平面图以及宗地界址点坐标等有关不动产界址、面积等材料;(5)其他必要材料。此外,根据第 42 条的规定,因依法继承、分家析产、集体经济组织内部互换房屋等导致宅基地使用权及房屋所有权发生转移的,也可以办理转移申请登记。

在《不动产登记操作规范(试行)》中专门规定"宅基地使用权及房屋所有权

登记",包括首次登记、变更登记、转移登记、注销登记。以首次登记(通常称为确权登记)为例说明。

首次登记适用:依法取得宅基地使用权,可以单独申请宅基地使用权登记。依法利用宅基地建造住房及其附属设施的,可以申请宅基地使用权及房屋所有权登记。

申请主体:申请宅基地使用权登记的主体为用地批准文件记载的宅基地使用权人。申请宅基地使用权及房屋所有权登记的主体为用地批准文件记载的宅基地使用权人。

申请宅基地使用权首次登记,提交的材料包括:(1)不动产登记申请书;(2)申请人身份证明;(3)有批准权的人民政府批准用地的文件等权属来源材料;(4)不动产权籍调查表、宗地图、宗地界址点坐标等有关不动产界址、面积等材料;(5)法律、行政法规以及《实施细则》规定的其他材料。

不动产登记审查后,认为不存在不予登记情形的,在记载不动产登记簿后向权利人核发不动产权属证书。

实践中,虽然规定可以单独申请宅基地使用权登记,但多数情况是建造住房及其附属设施后,一起办理申请宅基地使用权及房屋所有权登记。不动产登记机构发放的是"房地一体"不动产权证,即将农村宅基地、集体建设用地及其上的建筑物、构筑物实行统一权籍调查和确权登记后,统一颁发"房地一体"的不动产权属证书。

(二)推进宅基地使用权确权登记发证工作

党的十七届三中全会明确提出"搞好农村土地确权、登记、颁证工作"。2010年以来,中央一号文件多次对宅基地使用权确权登记工作作出部署和要求。原国土资源部与自然资源部先后发布多份文件,例如:(1)2014年8月,原国土资源部、财政部、住房和城乡建设部、原农业部、原国家林业局发布《关于进一步加快推进宅基地和集体建设用地使用权确权登记发证工作的通知》(国土资发〔2014〕101号);(2)2016年12月,原国土资源部发布《关于进一步加快宅基地和集体建设用地确权登记发证有关问题的通知》(国土资发〔2016〕191号);(3)2020年5月,自然资源部发布《关于加快宅基地和集体建设用地使用权确权登记工作的通知》(自然资发〔2020〕84号)。

2020年7月22日,自然资源部办公厅发布《宅基地和集体建设用地使用权确权登记工作问答》(自然资办函〔2020〕1344号,以下简称《宅基地问答》)。《宅基地问答》涵盖宅基地和集体建设用地确权登记的工作组织(1~7)、地籍调查(8~29)、确权登记(30~51)、成果入库和整合汇交(52~77)四个方面77个问题。《宅基地问答》的重点在第三部分"确权登记",主要是宅基地和集体建设用地确权登记发证中的有关政策。下面列其标题:

30. 近年来国家层面出台过哪些关于宅基地和集体建设用地确权登记工作文件?

31. 如何把握地方出台相关政策与国家层面政策的关系?

32. 没有权属来源材料的宅基地如何确权登记?

33. "一户多宅"能不能登记?

34. 宅基地确权登记中的"户"如何认定?

35. 宅基地超面积如何登记?

36. 非本农民集体经济组织成员取得宅基地能不能登记?

37. 如何保护农村妇女的宅基地权益?

38. 农民进城落户后其宅基地能不能确权登记?

39. 农民集体经济组织成员之间互换房屋如何确权登记?

40. 农民集体经济组织成员之间转让、赠与宅基地上房屋如何确权登记?

41. 合法宅基地上房屋没有符合规划或者建设相关材料能不能登记?

42. 换发房地一体不动产权属证书时,房屋测量面积与原房屋所有权证面积不一致,如何处理?

43. 换发房地一体不动产权属证书时,宅基地测量面积与原登记面积不一致的,如何处理?

44. 农村简易房、临时性建(构)筑物能不能登记?

45. 宅基地批准使用后一直未办理登记,若原批准使用人死亡的,能不能申请登记?

46. 同一宗宅基地上多个房屋属于不同权利人,申请办理房地一体不动产登记的,如何处理?

47. 根据国家法规政策,哪些宅基地、集体建设用地不予登记?

48. 纳入文物保护范围的古村落或农村建(构)筑物,如何确权登记?

49. 利害关系人对宅基地和集体建设用地确权登记结果有异议的,如何处理?

50. 没有权属来源材料的集体建设用地如何确权登记?

51.原乡镇企业或村办企业破产、关停、改制等,其原使用的集体建设用地如何确权登记?

(三)特殊情况的宅基地如何确权登记

因《宅基地问答》的内容较多,本书不作逐一介绍。下面主要对编号为32、33、35、36问题的相关情况进行介绍:

32.没有权属来源材料的宅基地如何确权登记?

根据原国土资源部《关于进一步加快宅基地和集体建设用地确权登记发证有关问题的通知》和农业农村部、自然资源部《关于规范宅基地审批管理的通知》(农经发〔2019〕6号)有关规定,对于没有权属来源材料的宅基地,应当查明土地历史使用情况和现状,由所在农民集体经济组织或村民委员会对宅基地使用权人、面积、四至范围等进行确认后,公告30天无异议或异议不成立的,由所在农民集体经济组织或村委会并出具证明,经乡(镇)人民政府审核批准,属于合法使用的,予以确权登记。

33."一户多宅"能不能登记?

原国土资源部《关于进一步加快宅基地和集体建设用地确权登记发证有关问题的通知》规定,宅基地使用权应按照"一户一宅"要求,原则上确权登记到"户"。符合当地分户建房条件未分户,但未经批准另行建房分开居住的,其新建房屋占用的宅基地符合相关规划,经本农民集体经济组织或村民委员会同意并公告无异议或异议不成立的,可按规定补办有关用地手续后,依法予以确权登记;未分开居住的,其实际使用的宅基地没有超过分户后建房用地合计面积标准的,依法按照实际使用面积予以确权登记。对于因继承房屋占用宅基地,形成"一户多宅"的,可按规定确权登记,并在不动产登记簿和证书附记栏进行注记。

35.宅基地超面积如何登记?

农民集体经济组织成员经批准建房占用宅基地的,按照批准面积予以确权登记。未履行批准手续建房占用宅基地的,地方有规定的,按地方规定办理。地方未作规定的,按照原国土资源部《关于进一步加快宅基地和集体建设用地确权登记发证有关问题的通知》规定的分阶段处理原则办理:1982年《村镇建房用地管理条例》实施前,农民集体经济组织成员建房占用的宅基地,范围在《村镇建房用地管理条例》实施后至今未扩大的,无论是否超过其后当地规定面积标准,均按实际使用面积予以确权登记。1982年《村镇建房用地管理条例》实施起至1987年

《土地管理法》实施时止,农民集体经济组织成员建房占用的宅基地,超过当地规定面积标准的,超过面积按国家和地方有关规定处理的结果予以确权登记。1987年《土地管理法》实施后,农民集体经济组织成员建房占用的宅基地,超过批准面积建设的,不予确权登记。符合规划经依法处理予以保留的,在补办相关用地手续后,只登记批准部分,超出部分在登记簿和证书中注记。历史上接受转让、赠与房屋占用的宅基地超过当地规定面积标准的,按照转让、赠与行为发生时对宅基地超面积标准的政策规定,予以确权登记。

36. 非本农民集体经济组织成员取得宅基地能不能登记?

根据原国土资源部、中央农村工作领导小组办公室、财政部、原农业部《关于农村集体土地确权登记发证的若干意见》(国土资发〔2011〕178号)、原国土资源部《关于进一步加快宅基地和集体建设用地确权登记发证有关问题的通知》规定,非本农民集体经济组织成员取得宅基地,应区分不同情形予以处理:(1)非本农民集体经济组织成员,因易地扶贫搬迁、地质灾害防治、新农村建设、移民安置等按照政府统一规划和批准使用宅基地的,在退出原宅基地并注销登记后,依法确定新建房屋占用的宅基地使用权,并办理不动产登记。(2)非本农民集体经济组织成员(含城镇居民),因继承房屋占用宅基地的,可按规定确权登记,在不动产登记簿及证书附记栏注记"该权利人为本农民集体经济组织原成员住宅的合法继承人"。(3)1999年国务院办公厅《关于加强土地转让管理严禁炒卖土地的通知》(国办发〔1999〕39号)印发前,回原籍村庄、集镇落户的职工、退伍军人、离(退)休干部以及回乡定居的华侨、港澳台同胞等,原在农村合法取得的宅基地,或因合法取得房屋而占用宅基地的,经公告无异议或异议不成立的,由该农民集体经济组织出具证明,可依法确权登记,在不动产登记簿及证书附记栏注记"该权利人为非本农民集体经济组织成员"。"国办发〔1999〕39号"文件印发后,城市居民违法占用宅基地建造房屋、购买农房的,不予登记。

(四)因历史原因形成的宅基地认定

原国家土地管理局发布的《确定土地所有权和使用权的若干规定》中与宅基地相关的规定:

第四十五条 一九八二年二月国务院发布《村镇建房用地管理条例》之前农村居民建房占用的宅基地,超过当地政府规定的面积,在《村镇建房用地管理条例》施行后未经拆迁、改建、翻建的,可以暂按现有实际使用面积确定集体土地建设用地使用权。

第四十六条　一九八二年二月《村镇建房用地管理条例》发布时起至一九八七年一月《土地管理法》开始施行时止,农村居民建房占用的宅基地,其面积超过当地政府规定标准的,超过部分按一九八六年三月中共中央、国务院《关于加强土地管理、制止乱占耕地的通知》及地方人民政府的有关规定处理后,按处理后实际使用面积确定集体土地建设用地使用权。

第四十七条　符合当地政府分户建房规定而尚未分户的农村居民,其现有的宅基地没有超过分户建房用地合计面积标准的,可按现有宅基地面积确定集体土地建设用地使用权。

第四十八条　非农业户口居民(含华侨)原在农村的宅基地,房屋产权没有变化的,可依法确定其集体土地建设用地使用权。房屋拆除后没有批准重建的,土地使用权由集体收回。

第四十九条　接受转让、购买房屋取得的宅基地,与原有宅基地合计面积超过当地政府规定标准,按照有关规定处理后允许继续使用的,可暂确定其集体土地建设用地使用权。继承房屋取得的宅基地,可确定集体土地建设用地使用权。

第五十条　农村专业户宅基地以外的非农业建设用地与宅基地分别确定集体土地建设用地使用权。

第五十一条　按照本规定第四十五条至第四十九条的规定确定农村居民宅基地集体土地建设用地使用权时,其面积超过当地政府规定标准的,可在土地登记卡和土地证书内注明超过标准面积的数量。以后分户建房或现有房屋拆迁、改建、翻建或政府依法实施规划重新建设时,按当地政府规定的面积标准重新确定使用权,其超过部分退还集体。

第五十二条　空闲或房屋坍塌、拆除两年以上未恢复使用的宅基地,不确定土地使用权。已经确定使用权的,由集体报经县级人民政府批准,注销其土地登记,土地由集体收回。

第三节　宅基地使用权的取得、流转与退回

一、宅基地使用权的取得与使用

宅基地使用权的取得方式,可分为原始取得与继受取得,两种取得方式在取

得原因、取得过程等方面有明显的差异。

(一)宅基地使用权通过申请审批方式取得

宅基地使用权的原始取得是指根据法律法规的规定直接取得宅基地使用权。按照《土地管理法》及《土地管理法实施条例》中的相关规定,宅基地使用权的原始取得只有通过申请、审批这种方式。我国农村长期实行"一户一宅、无偿取得、长期使用"的宅基地管理制度。宅基地分配遵循成员申请、集体审议、按户取得、一户一宅、面积限定、规划管控的原则。

1. 申请宅基地的条件

《农村宅基地管理暂行办法(征求意见稿)》第 15 条规定:农村村民有下列情形之一的,可以以户为单位向行使宅基地所有权的本农村集体经济组织申请宅基地。农村集体经济组织不健全的,向所在的村民小组或者村民委员会提出申请。(1)家庭无宅基地的;(2)因子女结婚等原因确需分户居住,现有宅基地无法满足分户居住需求的;(3)因自然灾害、政策性搬迁、政府规划实施等原因,需要重新选址建设住宅的;(4)法律、法规和省、自治区、直辖市规定的其他情形。对前款第(3)项的情形在宅基地分配中优先予以保障。夫妻双方属于不同的农村集体经济组织成员的,应当结合实际生活居住情况,按照村规民约或当地风俗习惯,在其中一方所在集体申请宅基地。

在各省(自治区、直辖市)的地方性法规或政府规章中,对农户申请宅基地条件也有相关规定。

2. 申请审批流程

2019 年,农业农村部、自然资源部发布的《关于规范农村宅基地审批管理的通知》规定,宅基地申请审批流程包括农户申请、村民小组会讨论通过并公示、村级组织开展材料审核、乡镇部门审查、乡(镇)人民政府审批、发放宅基地批准书等环节。没有分设村民小组或宅基地和建房申请等事项已统一由村级组织办理的,农户直接向村级组织提出申请,经村民代表会议讨论通过并在本集体经济组织范围内公示后,报送乡(镇)人民政府批准。对于村民宅基地的申请,根据农业农村、自然资源等部门联审结果,由乡(镇)人民政府对农民宅基地申请进行审批,出具《农村宅基地批准书》。

该通知还要求,乡(镇)人民政府要探索建立一个窗口对外受理、多部门内部联动运行的农村宅基地用地建房联审联办制度。乡(镇)人民政府在收到宅基地和建房(规划许可)申请后,应及时组织农业农村、自然资源部门实地审查申请人是否符合条件、拟用地是否符合规划和地类等。根据多部门的联审结果,由乡(镇)人民政府对农民宅基地申请进行审批,出具《农村宅基地批准书》。现在,乡村建设规划许可证一般也是由乡(镇)人民政府一并发放,并以适当方式公开。乡(镇)人民政府建立宅基地用地建房审批管理台账,将有关资料归档留存,并及时将审批情况报县级农业农村、自然资源等部门备案。

3. 不予批准与救济途径

《土地管理法》第62条第5款规定,农村村民出卖、出租、赠与住宅后,再申请宅基地的,不予批准。《浙江省土地管理条例》第57条规定,有下列情形之一的,农村村民的宅基地申请不予批准:(1)除实施国土空间规划进行村庄、集镇改造外,宅基地面积已达到规定标准,再申请新宅基地的;(2)出租、出卖、赠与住宅后,再申请宅基地的;(3)以所有家庭成员作为一户申请批准宅基地后,不具备分户条件而以分户为由申请宅基地的;(4)法律、法规规定的不符合申请宅基地条件的其他情形。认定户的具体标准和分户具体条件,由设区的市、县(市、区)人民政府制定。

《农村宅基地管理暂行办法(征求意见稿)》第20条规定,农村村民申请宅基地,有下列情形之一的,不予批准:(1)不符合"一户一宅"规定的;(2)申请异址新建住宅但未签订退出原有宅基地协议的;(3)出卖、出租、赠与农村住宅后,再申请宅基地的;(4)原有宅基地及住宅被征收,已依法进行补偿安置的;(5)不符合分户申请宅基地条件的;(6)不符合国土空间规划、村庄规划的;(7)现有土地资源无法满足分配需求的;(8)法律、法规和省、自治区、直辖市规定不予批准的其他情形。

对于乡(镇)人民政府的审批结果不服的,申请人可以提起行政复议或者行政诉讼。对于村委会的审批结果不服的,也可以村委会为被告,提起行政诉讼。

(二)宅基地使用权申请时需要注意的事项

农村村民在申请宅基地时,需要注意以下事项:

1. 申请宅基地,要尽量使用原有的宅基地和村内空闲地。在符合规划的条件下可以使用农用地,但要依法先行办理农用地转用手续。如果农民建房涉及使用农用地,需要依法先行办理农用地转用手续。农用地转为建设用地的,按照《土地管理法》第44条第3款规定,在土地利用总体规划确定的城市和村庄、集镇建设用地规模范围内,为实施规划将永久基本农田以外的农用地转为建设用地的,按土地利用年度计划分批次分别由原批准土地利用总体规划的机关或者其授权的机关批准;在已批准的农用地转用范围内,具体可以由市、县人民政府批准。

2. 农村住宅被征收或宅基地被收回后,宅基地使用权人可以要求重新安排宅基地建房。根据《土地管理法》第48条第4款的规定,征收农村村民住宅,应尊重农村村民意愿,可以采取重新安排宅基地建房、提供安置房或者货币补偿等方式给予补偿。如果已经提供安置房或者货币补偿,就不另外安排宅基地;如果没有提供安置房或者货币补偿,应重新安排宅基地。但在现实中,选择重新安排宅基地建房的情况较少。此外,如果为了乡(镇)村公共设施和公益事业建设,经原批准用地的人民政府批准,农村集体经济组织可以收回宅基地,但应对宅基地使用权人给予适当补偿或再行分配宅基地。

3. 拆除旧房盖新房,分原地新建与易地新建,对宅基地的处理做法有所区别。如果拆除旧房在原地盖新房(包括翻建、改扩建),做法比较简单,但还是要办理宅基地审批手续,如果宅基地面积已达到规定标准,不能扩建;如果宅基地面积未达到规定标准,可以申请扩建。对于易地新建的情况,《浙江省土地管理条例》第59条规定:农村村民经批准易地建造住宅的,原宅基地应当交还农村集体经济组织;属于建新拆旧的,原地上建筑物应当自行拆除,不自行拆除的,由乡镇人民政府、街道办事处责令限期拆除,逾期未拆除的,依法申请人民法院强制执行。

4. 非本农村经济集体成员申请宅基地的,不能获批。非本农村经济集体组织成员(包括将户口迁出农村的人),在农村申请宅基地都将不会被批准。有些人将户籍迁出农村后,又迁回农村,但还是保留居民户口,因此不属于农村经济集体组织成员,也不具备申请宅基地的资格。此外,如果城镇户籍的人员依法继承的农村房屋倒塌以后要重建,需要重新申请宅基地,因其不具备宅基地的申请资格,所以也不能获得批准。

(三)宅基地使用时的注意事项

宅基地的用途是建房,农村村民在获批宅基地后,在使用时需要注意以下事项(具体见《农村宅基地管理暂行办法(征求意见稿)》第23~25条):

1. 农村村民只能在批准的宅基地位置、面积和四至范围内,按照规划许可建造住宅及其附属设施。建房基底面积与宅基地面积比例适当,预留空间能够满足日常生活需要。房屋四至(含滴水)垂直下落投影、台阶等均应控制在经批准使用的宅基地范围内。

2. 农村村民住宅建设开工前,应当向乡(镇)人民政府申请现场划定宅基地用地范围。乡(镇)人民政府在受理申请后,应当及时组织有关工作人员实地丈量批放宅基地,确定坐落、四至、界址,明确建设要求。

3. 农村村民完成住宅建设后,应当向乡(镇)人民政府提出竣工验收申请。乡(镇)人民政府在接到申请后,应当及时组织有关工作人员实地检查村民是否按照批准的坐落、四至、界址、面积等使用宅基地,是否按照规划许可要求和批准面积开展建设;对符合要求的,出具验收意见。农村集体经济组织应当委派人员到场参与宅基地批放和住宅建设竣工验收。

4. 农村村民经批准另址建设住宅的,应当按照承诺的时间无偿退回原有宅基地。

5. 通过竣工验收的农村村民可以向不动产登记机关申请办理不动产登记,包括合法取得的宅基地使用权、利用宅基地建造的住宅及其附属设施的所有权。

(四)进城落户的农民可以继续保留宅基地使用权

《土地管理法实施条例》第36条规定"依法取得的宅基地和宅基地上的农村村民住宅及其附属设施受法律保护。禁止违背农村村民意愿强制流转宅基地,禁止违法收回农村村民依法取得的宅基地,禁止以退出宅基地作为农村村民进城落户的条件,禁止强迫农村村民搬迁退出宅基地"。按照中共中央、国务院发布的《关于坚持农业农村优先发展做好"三农"工作的若干意见》(中发〔2019〕1号)规定的"坚持保障农民土地权益、不得以退出承包地和宅基地作为农民进城落户条件"的精神,不能强迫进城落户农民放弃其合法取得的宅基地使用权。此前,原国土资源部《关于进一步加快宅基地和集体建设用地确权登记发证有关问题的通知》规定:"农民进城落户后,其原合法取得的宅基地使用权应予以确权登记。"

(五)继承是宅基地使用权继受取得的主要方式

所有权继受取得,是指通过法律行为或法定事件而取得所有权。继受取得的方式主要包括买卖、互换、赠与、继承、接受遗赠等。宅基地使用权流转在下一部分中介绍,本部分主要介绍继承的情形。

宅基地使用权人以户为单位,依法享有占有和使用宅基地的权利。所以,农村宅基地的继受取得涉及的不是所有权,而是使用权,其主要表现形式为"地随房走"。在户内有成员死亡而农户存续的情况下,不发生宅基地继承问题。农户消亡时,权利主体不再存在,宅基地使用权灭失。同时,根据《民法典》第1122条的规定,遗产是自然人死亡时遗留的个人合法财产。依照法律规定或者根据其性质不得继承的遗产,不得继承。被继承人合法所有的房屋可以作为其遗产由继承人继承。因房地无法分离,继承人通过继承房屋取得房屋所有权后,可以依法使用宅基地,但并不取得用益物权性质的宅基地使用权。《农村宅基地管理暂行办法(征求意见稿)》第27条规定:"非本集体经济组织成员、已合法取得宅基地的本集体经济组织成员依法继承农户住宅的,在该住宅存续期间可以依法使用宅基地。"如果是存在多个法定继承人的情况,部分子女仍与父母为同一农户家庭,且未另行分得新宅基地,则城镇户籍子女不得主张继承宅基地使用权。对于房屋的继承,由于"房地一体"原则,在宅基地使用权继续由该户成员享有的情况下,其他城镇户籍继承人可以主张对作为遗产的房屋进行共有物分割,要求获得相应份额的经济补偿。

需要注意的是,如宅基地上尚未建有房屋,宅基地不能被单独继承,应由农村集体经济组织收回。城镇居民继承农村房屋后,不能对房屋进行翻修、重建,但可以将房屋卖给本村符合申请宅基地条件的村民。

此外,农村宅基地及宅基地上所建的房屋不适用遗赠。为了避免农村房地资源的流失,不具有本村集体组织成员身份的非亲缘关系人,不得通过遗赠的方式取得农村房屋所有权和宅基地使用权。

二、宅基地有偿使用的试点情况

农村集体经济组织成员通过申请审批方式获得的宅基地使用权是无偿的,无须缴纳使用费,具有明显的福利性。此前,我国曾实行宅基地收费制度,即有偿使用。尤其是农民建房时超过审批的面积时,一般是采取罚款的方式,变相将违法行为"合法化"。1993年,中共中央、国务院发布了《关于涉及农民负担项目审核处理意见的通知》(中办发〔1993〕10号),取消了包括农村宅基地有偿使用收费、农村宅基地超占费等在内的37项收费项目。此后,农村村民使用宅基地实行无偿制度,农村集体经济组织不能变相要求村民在申请宅基地时缴费。这同时也带来了问题:如果村民实际占用面积超过审批的面积,按照《土地管理法》第78条的规定,"超过省、自治区、直辖市规定的标准,多占的土地以非法占用土地论处",应"由县级以上人民政府农业农村主管部门责令退还非法占用的土地,限期拆除在非法占用的土地上新建的房屋"。但是如果真的拆除新建设的房屋,不仅会造成较大的经济损失,而且容易产生社会矛盾。

因此,有些试点地区在探索宅基地有偿使用制度,就是当建房实际占用的宅基地面积超出当地宅基地标准的时候,可以按照宅基地有偿使用的政策要求和标准,由相关部门收取一定的费用。这相当于以经济惩罚的方式代替此前要求拆除整改的行政处罚。超占宅基地有偿使用的收取费用方式主要有按年度收取、按时间段收取和一次性收取三种。收取的费用主要用于宅基地退出补偿、旧村改造、村庄基础设施和公共设施建设、村内公益事业发展等。下面举例说明。

1. 安徽省金寨县:制定并采取"50+3"有偿使用费阶梯累进收费办法。对"一户一宅"超规定面积部分,超过20平方米以下部分,不收取有偿使用费;超出20~70平方米部分,按每年3元/平方米收费;超出规定面积每增加50平方米,收费标准提高3元/平方米。

2. 山东省平原县:对自愿退出闲置宅基地的村民,要求其签订承诺书,免收使用费,收回闲置宅基地。对于想要保留超占宅基地和闲置宅基地使用权的村民,按阶梯收取有偿使用费。对于264~400平方米的宅基地超出部分按照0.5元/平方米收费,对400平方米以上的宅基地超出部分按照0.8元/平方米收费,对多占宅基地按照1.5元/平方米的标准收费。

3. 广东省陆河县:宅基地面积标准是不得超过150平方米。超出面积61~90平方米部分,按每年25元/平方米收费;超出面积31~60平方米部分,按每年20元/平方米收费;超出面积1~30平方米部分,按每年15元/平方米收费。

4. 河南省新乡市:宅基地面积标准为不得超过167平方米,超过的部分实施阶梯收费制。当宅基地超过300平方米时,要把超过300平方米的部分收回。对于在167~300平方米的宅基地,超出面积101~200平方米部分,按每年10元/平方米计费;超出面积51~100平方米部分,按每年5元/平方米计费;超出面积1~50平方米部分,按每年2.5元/平方米计费。

5. 海南省儋州市:宅基地超出的面积,按当地农村集体建设基准地价的40%进行核算,且建新房必须严格按照标准面积建设,否则将对超出部分予以拆除。

三、宅基地使用权转让与出租

宅基地使用权流转的主要方式包括转让和出租。此外,基于继承、遗赠、互换、赠与、分家析产、离婚时房产分割、抵押权实现等原因,宅基地上所建房屋的所有权主体会发生变更,宅基地的实际使用人也随之变更。这些方式在其他章节中进行介绍,本部分只介绍宅基地使用权转让与出租,其中广义的转让还包括买卖、互换、赠与。

在不同时期,我国对农村宅基地使用权流转的规定有所不同。具体而言,主要可以分为三个阶段:(1)1962—1981年,宅基地使用权禁止流转。(2)1982—1998年,宅基地使用权可以向城镇非农业户籍人员转让、出租。(3)1999年至今,宅基地使用权可以在有限范围内进行流转。其基本逻辑是,农村村民可以通过宅基地上所建房屋的转让、赠与等方式取得房屋所有权,按照"地随房走"的原则,从而间接取得宅基地使用权。

(一)宅基地使用权转让

宅基地使用权转让,是指农村宅基地使用权人自愿将依法取得的农村宅基地使用权连同地上建(构)筑物,按规定的程序和约定的条件通过买卖、赠与、互换或其他合法方式转让给特定受让人的行为。

《农村宅基地管理暂行办法(征求意见稿)》第29条规定:经宅基地所有权人同意,宅基地使用权可以在本集体经济组织范围内互换,也可以转让或赠与给符合宅基地申请条件的本集体经济组织成员,附着于该土地上的住宅及其附属设施应当一并处分。转让人、赠与人不得再申请宅基地。宅基地使用权互换、转让、赠与的,应当向登记机构申请变更登记。

该规定比现有的规范有明显的突破,这也符合目前的现状。虽然法律法规现有规范中没有明确规定宅基地使用权可以转让,但《民法典》第365条规定"已经登记的宅基地使用权转让或者消灭的,应当及时办理变更登记或者注销登记"。可见,宅基地使用权应是可以转让的,但需要办理的是变更登记而非转移登记。

在现实中,宅基地使用权私下转让的情况较多。一旦发生纠纷,如果宅基地使用权在本集体经济组织范围内转让,法院一般会认定转让合同有效。即使受让人已经在农村建有房屋,再受让农房不符合"一户一宅"原则,只要受让人与转让人是同一集体经济组织成员,转让合同就会被认定为有效,只是无法办理产权转移登记。因为法律法规不承认宅基地使用权转让的合法性,所以宅基地使用权互换、转让、赠与的,当事人一般不会向登记机构申请变更登记。

另外，在进行宅基地使用权转让或宅基地上所建房屋转让时，当事人在签订合同时可能会邀请所在村的干部"见证"，但这并不代表获得"宅基地所有权人同意"。

目前，试点地区出台关于宅基地使用权转让的相关规范，都有一定的限制，如"农村宅基地使用权转让不改变集体土地所有权性质，不改变集体经济组织成员资格，不改变土地用途"。虽然《农村宅基地管理暂行办法》还没有公布，但在征求意见稿中有写入此条内容，就说明相关部门有意将宅基地使用权转让合法化，不过需要满足下列要求：经宅基地所有权人同意；转让对象须是符合宅基地申请条件的本集体经济组织成员；附着于该土地上的住宅及其附属设施应当一并处分；应当向登记机构申请变更登记。

（二）农村宅基地使用权转让规则

一些试点地区积极探索，开展宅基地使用权流转。如浙江省义乌市的宅基地制度改革在全国也比较领先。以下以《义乌市农村宅基地使用权转让细则（试行）》为例进行择要介绍：

第三条　农村宅基地使用权转让应当遵循保障宅基地用益物权、节约集约利用和公开自愿有偿的原则。

第五条　农村宅基地使用权转让不改变集体土地所有权性质，不改变集体经济组织成员资格，不改变土地用途。受让人依法享有宅基地使用权及地上建（构）筑物的占有、使用、收益、处分权利。

第六条　农村宅基地使用权转让方必须持有宅基地使用权和房屋所有权权能完整的不动产权属证书。

农村宅基地使用权转让全部权利人须自愿一致，并征得村级组织同意。

第七条　已完成新农村建设（含更新改造、旧村改造、"空心村"改造、"异地奔小康"工程，下同）的村庄，经村民代表会议同意，所在镇人民政府（街道办事处）审核，报国土局、农林局（农办）备案后，允许其农村宅基地使用权在本市行政区域范围内跨集体经济组织转让。

（一）受让人必须符合下列条件：

1. 为本市行政区域范围内的村级集体经济组织成员；

2. 在同一行政村内转让取得的宅基地，其面积不得超过《义乌市农村宅基地取得置换暂行办法》及相关配套政策规定的最高户型面积。

（二）跨集体经济组织转让实行宅基地所有权、资格权和使用权相分离，转让后使用年限最高为70年，使用期届满后受让人可优先续期，并实现有偿使用。

（三）在同等条件下，本村集体经济组织有优先回购权，本村集体经济组织成员有优先受让权。

第八条　未实施或正在实施新农村建设的村庄，允许在本村集体经济组织内部转让，受让方必须是符合申请建房条件的本村集体经济组织成员，且受让后面积不超过《义乌市农村宅基地取得置换暂行办法》及相关配套政策规定的按户控制面积。

第九条　宅基地使用权转让可自行协商转让，跨集体经济组织转让的也可在政府指定的交易平台公开挂牌转让。

第十一条　宅基地使用权转让方为村级集体经济组织成员的，必须保证转让后仍拥有人均建筑面积不低于15平方米的合法住宅；农民住房财产权抵押贷款处置的按《义乌市农民住房财产权抵押贷款实施办法》规定执行。

第十五条　农村宅基地使用权转让应当服从公共利益需要的土地征收和城镇化及新农村建设。

第十六条　跨集体经济组织转让的，受让人应与村级组织签订宅基地有偿使用合同，并按不低于农村宅基地基准地价的20%一次性缴纳土地所有权收益，具体标准由村级组织民主决策决定。在使用年限内再次转让的不再缴纳土地所有权收益，但应扣除已使用年限。

土地所有权收益归村集体经济组织所有，土地所有权收益管理和分配按《义乌市农村集体经济组织宅基地收益分配管理指导意见》执行。

（三）宅基地及其房屋出租

《农村宅基地管理暂行办法（征求意见稿）》第28条规定："宅基地及其房屋出租的，出租人和承租人应依照相关法律法规订立租赁合同，明确双方当事人的权利义务，约定租赁期限、用途、租金及其支付方式等内容。租赁合同期限不得超过二十年，超过二十年的，超过部分无效。出租人应当将宅基地出租情况向宅基地所有权人报备。禁止借出租名义买卖宅基地。"

该规定相比现有的规范，有了一定的突破。《民法典》对租赁合同进行了比较详细的规范，其主要适用于房屋租赁，但并不适用于土地租赁。《房屋租赁合同司法解释》第4条第1款规定："房屋租赁合同无效，当事人请求参照合同约定的租金标准支付房屋占有使用费的,人民法院一般应予支持。"对于现实中存在的宅基地出租现象,现有法律法规中没有规定宅基地可以出租,一旦发生纠纷,宅基地租赁合同可能被认定为无效;但参照上述规定,根据"无效合同按有效处理"的精神,出租人请求参照合同约定的租金标准支付土地占有使用费的,法院一般会予以支持。

虽然现有法律法规中没有规定宅基地可以出租,但相关规范性文件中规定国有土地与集体经营性建设用地可以出租。如《规范国有土地租赁若干意见》(国土资发〔1999〕222号)对国有土地的出租进行了较为详细的规定;《城镇国有土地使用权出让和转让暂行条例》第四章专门规定了"土地使用权出租";在《土地管理法》及《土地管理法实施条例》中,规定集体经营性建设用地可以出租;在有些地方的规范性文件中,允许集体经营性建设用地使用权出租。据此推断,《农村宅基地管理暂行办法(征求意见稿)》中写入此条内容,说明相关部门有意将宅基地出租合法化,宅基地可以出租是大势所趋。

目前,在土地出租中比较有争议的是土地租赁最高期限的规定。一种观点认为,集体建设用地出租的最高年限应参照同类用途国有土地使用权出让最高年限;另一种观点认为,应该参考适用房屋的"租赁期限不得超过二十年"的限制。

此外,对于出租人是否应当将宅基地出租情况向宅基地所有权人报备,也存在不同的观点。如果没有报备,宅基地租赁合同是否有效,在实践中也存在争议。

(四)城镇居民不能在农村购买宅基地

国务院《关于深化改革严格土地管理的决定》(国发〔2004〕28号)明确规定,禁止城镇居民在农村购置宅基地。中央农村工作领导小组办公室、农业农村部发布的《关于进一步加强农村宅基地管理的通知》要求,"宅基地是农村村民的基本居住保障,严禁城镇居民到农村购买宅基地,严禁下乡利用农村宅基地建设别墅大院和私人会馆。严禁借流转之名违法违规圈占、买卖宅基地"。

《农村宅基地管理暂行办法(征求意见稿)》第33条规定:严禁城镇居民到农村购买宅基地,对城镇居民非法占用宅基地建造的住宅或购买的农户住宅依法不予办理不动产登记。

四、宅基地的自愿有偿退出与被收回

(一)宅基地使用权人自愿有偿退出

2015年以来,全国33个县(市、区)开展农村宅基地制度改革试点,各地按照"依法公平取得、节约集约使用、自愿有偿退出"的目标要求,积极探索建立宅基地有偿使用和退出机制。为促进农村土地资源合理利用,2019年修正的《土地管理法》第62条规定中增加一款内容:国家允许进城落户的农村村民依法自愿有偿退出宅基地,鼓励农村集体经济组织及其成员盘活利用闲置宅基地和闲置住宅。

根据《乡村振兴促进法》第55条第2款的规定,地方人民政府不得以退出土地承包经营权、宅基地使用权、集体收益分配权等作为农民进城落户的条件。

中央农村工作领导小组办公室、农业农村部发布的《关于进一步加强农村宅基地管理的通知》规定:对进城落户的农村村民,各地可以多渠道筹集资金,探索通过多种方式鼓励其自愿有偿退出宅基地。

1. 退出宅基地遵循自愿有偿原则

《土地管理法实施条例》第36条第2款规定:禁止违背农村村民意愿强制流转宅基地,禁止违法收回农村村民依法取得的宅基地,禁止以退出宅基地作为农村村民进城落户的条件,禁止强迫农村村民搬迁退出宅基地。

退出宅基地应当以尊重农民意愿为前提,从多途径补偿退出者利益,完善监督管理救济制度。对历史形成的"一户多宅"、宅基地面积超标且没有违反当时法律法规和政策规定情形的,鼓励农村村民通过自愿有偿方式退出多占的宅基地。

2. 退出程序

在宅基地制度改革试点探索中,农民退出宅基地主要包括以下步骤:农户提交书面申请、农村集体经济组织审核、专业机构评估价值、农户与农村集体经济组织签订协议、农户获得补偿、县级主管部门变更登记。

3. 农民自愿退出后是否可以再申请宅基地

从宅基地制度改革试点探索的情况看,部分试点地区区分宅基地退出情况,确定能否再申请宅基地,主要包括以下情形:

一是完全退出。自愿有偿退出合法占用宅基地,且不再保留宅基地使用权申请资格的,不能再申请。该情形下,农户一般能获得完整补偿。

二是部分退出。退出合法占有的宅基地但继续保留宅基地使用权申请资格的,在约定期限内如有需要可以再申请。该情形下,农户可获得的补偿较少。

三是违法占用宅基地退出。对农民违法违规超占、多占的宅基地,各地一般采用无偿退出方式,退出后不能再申请。

4. 对农民退出的宅基地的利用

《土地管理法实施条例》第35条规定:国家允许进城落户的农村村民依法自愿有偿退出宅基地。乡(镇)人民政府和农村集体经济组织、村民委员会等应当将退出的宅基地优先用于保障该农村集体经济组织成员的宅基地需求。

中央农村工作领导小组办公室、农业农村部发布的《关于进一步加强农村宅基地管理的通知》提出,在尊重农民意愿并符合规划的前提下,鼓励村集体对退出的闲置宅基地进行土地综合整治,整治出的土地优先用于满足农民新增宅基地需求、村庄建设和乡村产业发展。闲置宅基地盘活利用产生的土地增值收益要全部用于农业农村。

《农村宅基地管理暂行办法(征求意见稿)》第26条规定:农村集体经济组织及其成员可以通过自主经营、合作经营、委托经营等多种方式,依法依规盘活利用合法取得、权属清晰的农村闲置宅基地和闲置住宅。各地应当因地制宜制定闲置宅基地和闲置住宅盘活利用的扶持政策和监管要求。利用闲置宅基地和闲置住宅开展经营性活动的,应当征得宅基地所有权人同意,符合相关规划和市场监管、特种行业管理、房屋安全监管、房屋租赁管理、消防、环保、食品卫生等有关规定,不得损害农村集体经济组织和其他村民的合法权益。

(二)宅基地有偿退出的改革试点

近年来,在各地开展的宅基地改革试点中,出现了一些关于宅基地有偿退出的改革经验:

1. 湖南省浏阳市建立宅基地退出保障机制。浏阳市出台《浏阳市农村宅基地退出暂行规定》,鼓励农业转移人口进入城镇购房或农村集中居民点定居,在集体经济组织认可的前提下,进城农民或跨村、镇迁居的农民仍保留原农村集体经济组织成员身份,并享有相关经济分配权益;需返乡创业的,可通过公开竞价重新取得宅基地。

2. 浙江省诸暨市等地尝试推广地票制度。如诸暨市从2017年开始尝试地票制度改革,退出土地的农民所持有的地票,可以直接抵扣商品房购房款。

3. 上海市奉贤区尝试宅基地"股权化"。在奉贤区南桥镇试点宅基地流转试点中,对于退出宅基地、选择相对集中居住的居民,既可选择直接领取补偿资金,也可以选择以此资金参股投资项目,保底收益率不低于5%。当地由镇政府成立一家专门用来运作宅基地股权化的公司,对项目收益进行兜底。

4. 四川省泸县嘉明镇尝试"宅基地换房"养老方式。该地结合精准扶贫暨农村危房改造,创造性地开辟了宅基地退出的新路径。其核心经验和做法可以总结为三点:一是由镇、村主导,以腾退的宅基地建设用地指标,统规统建"安康公寓"、全面配套基础设施和特色经作园区,并给予就近务工安置等扶助;二是鼓励老人有偿退出原有宅基地,获得房屋残值补偿,以宅基地使用权置换"安康公寓"的居住权;三是保留老人宅基地资格权,使其可随时申请退出"安康公寓",另行选址自建。从改革试点成效来看,该地试行的"宅基地换房"养老模式有力促进了土地资源的合理优化配置,减少了宅基地闲置现象,从而实现了土地的高效利用。

从各地实践看,大部分试点地区允许集体内有偿调剂和流转,并把农民自主自愿、补偿合理到位作为有偿退出的基本原则。对于宅基地有偿退出的补偿标准,各地差异较大。

(三)集体经济组织可以收回宅基地的情形

《土地管理法实施条例》第36条第1款规定:依法取得的宅基地和宅基地上的农村村民住宅及其附属设施受法律保护。第36条中还有"禁止违法收回农村村民依法取得的宅基地"的规定。

《土地管理法》第66条第1、2款规定:"有下列情形之一的,农村集体经济组织报经原批准用地的人民政府批准,可以收回土地使用权:(一)为乡(镇)村公共设施和公益事业建设,需要使用土地的;(二)不按照批准的用途使用土地的;(三)因撤销、迁移等原因而停止使用土地的。依照前款第(一)项规定收回农民集体所有的土地的,对土地使用权人应当给予适当补偿。"

2020年3月,农业农村部编印的《农村宅基地管理法律政策问答》中明确,有下列情形之一的,村集体报经原批准用地的人民政府批准,可以收回宅基地使用权。(1)乡(镇)村公共设施和公益事业建设需要使用土地的,集体收回宅地基使用权,并对宅基地使用权人给予适当补偿。(2)不按照批准的用途使用宅基地的。(3)因撤销、迁移等原因而停止使用宅基地的。(4)空闲或房屋坍塌、拆除两年以上未恢复使用的宅基地,不再确定土地使用权。已经确定使用权的,由集体报经县级人民政府批准,注销其土地登记,集体收回宅基地使用权。(5)非农业户口居民(含华侨)原在农村的宅基地,房屋产权没有变化的,可依法确定其集体建设用地使用权。房屋拆除后没有批准重建的,集体收回宅基地使用权。(6)在确定农村居民宅基地使用权时,其面积超过当地政府规定标准的,可在土地登记卡和权证内注明超过标准面积的数量。以后分户建房或现有房屋拆迁、改建、翻建或政府依法实施规划重新建设时,按当地政府规定的面积标准重新确定使用权,其超过部分由集体收回使用权。(7)地方政府规定的其他情形。

(四)退出或收回宅基地需要注意的事项

1. 应及时办理宅基地使用权注销登记。根据《民法典》第365条的规定,已经登记的宅基地使用权消灭的,应当及时办理注销登记。根据《不动产登记暂行条例实施细则》第28条第1款第3项的规定,不动产被依法没收、征收或者收回的,当事人可以申请办理注销登记。同时,该细则第32条规定,申请集体土地所有权变更、注销登记的,应当提交下列材料:(1)不动产权属证书;(2)集体土地所有权变更、消灭的材料;(3)其他必要材料。

2. 退出、收回宅基地的处理。应当优先用于保障农村集体经济组织成员的住宅建设用地需求;富余的土地可以按照有关规定进行复垦或用于建设农村公共服务设施、发展乡村产业等;涉及转为农村集体经营性建设用地入市的,依法履行相关程序。

第四节 宅基地制度改革试点与"三权分置"探索

一、相关改革背景与探索实践情况

(一)农村宅基地制度的发展演变

新中国成立以来,农村宅基地制度的演变,以改革开放、原《中华人民共和国物权法》(以下简称原《物权法》)颁布、《土地管理法》修订为标志,可以分为四个阶段。

第一阶段是1949—1978年,集体所有制逐步建立。1954年《宪法》规定农民宅基地所有权。1962年《农村人民公社工作条例修正草案》("人民公社六十条")规定宅基地归生产队所有,一律不准出租和买卖。

第二阶段是1978—2007年,宅基地严格管理阶段。1982年2月,国务院发布《村镇建房用地管理条例》提出宅基地限额要求,并对特定城镇居民取得宅基地的合法性作了规定。1990年,国务院批转原国家土地管理局《关于加强农村宅基地管理工作的请示》(国发〔1990〕4号)。1997年4月,中共中央、国务院发布的《关于进一步加强土地管理切实保护耕地的通知》,第一次以中央文件形式提出"一户一宅"的要求。1998年修订的《土地管理法》,删除了1986年《土地管理法》关于城镇非农业户口居民使用集体土地建住宅的规定;明确规定了"一户一宅、限定面积"。1999年5月,国务院办公厅发布《关于加强土地转让管理严禁炒卖土地的通知》。2004年,国务院发布《关于深化改革严格土地管理的决定》(国发〔2004〕28号),原国土资源部发布《关于加强农村宅基地管理的意见》(国土资发〔2004〕234号)。

第三阶段是2007—2018年,改革赋权扩能阶段。2007年3月出台的《物权法》(已失效),明确宅基地使用权为用益物权。2008年,国务院发布《关于促进节约集约用地的通知》。2010年,原国土资源部发布《关于进一步完善农村宅基地管理制度切实维护农民权益的通知》(国土资发〔2010〕28号,已废止)。2014年12月,中共中央办公厅、国务院办公厅发布《关于农村土地征收、集体经营性建设用地入市、宅基地制度改革试点工作的意见》,部署开展农村宅基地制度改革试点。2018年中央一号文件提出探索宅基地所有权、资格权、使用权"三权分置",标志着宅基地制度改革探索进入新阶段。

第四阶段是2019年至今,宅基地规范管理阶段。2019年8月,《土地管理法》进行第三次修正。新《土地管理法》明确"一户一宅、户有所居"的宅基地分配制度,统筹合理安排宅基地用地的村庄规划编制制度;明确宅基地由乡(镇)人民政府审核批准,可以依法自愿有偿退出,鼓励盘活利用闲置宅基地和闲置住宅,以及国务院农业农村主管部门负责全国农村宅基地改革和管理工作。这标志着我国农村宅基地管理进入规范管理的新时期。

(二)农村宅基地制度改革试点

2008年10月12日,中国共产党十七届三中全会上通过的《中共中央关于推进农村改革发展若干重大问题的决定》中提出:完善农村宅基地制度,严格宅基地管理,依法保障农户宅基地用益物权。农村宅基地和村庄整理所节约的土地,首先要复垦为耕地,调剂为建设用地的必须符合土地利用规划、纳入年度建设用地计划,并优先满足集体建设用地。

2013年11月12日,中国共产党十八届三中全会上通过的《中共中央关于全面深化改革若干重大问题的决定》中明确提出:保障农户宅基地用益物权,改革完善农村宅基地制度,选择若干试点,慎重稳妥推进农民住房财产权抵押、担保、转让,探索农民增加财产性收入渠道。

2014年12月,中共中央办公厅、国务院办公厅发布的《关于农村土地征收、集体经营性建设用地入市、宅基地制度改革试点工作的意见》(中办发〔2014〕71号)。其中,提出改革完善农村宅基地制度。要求完善宅基地权益保障和取得方式,探索农民住房保障在不同区域户有所居的多种实现形式;对因历史原因形成超标准占用宅基地和一户多宅等情况,探索实行有偿使用;探索进城落户农民在本集体经济组织内部自愿有偿退出或转让宅基地;改革宅基地审批制度,发挥村民自治组织的民主管理作用。并建立兼顾国家、集体、个人的土地增值收益分配机制,合理提高个人收益。

2015年2月27日,第十二届全国人大常委会第十三次会议通过《关于授权国务院在北京市大兴区等三十三个试点县(市、区)行政区域暂时调整实施有关法律规定的决定》。与宅基地制度改革的相关内容是:暂时调整实施《土地管理法》(2004年)第62条第3款规定的宅基地审批权限的规定。使用存量建设用地的,下放至乡(镇)人民政府审批;使用新增建设用地的,下放至县级人民政府审批。

随后,全国范围内开始实施农村土地制度改革三项试点。此后,原国土资源部制定《农村土地征收、集体经营性建设用地入市和宅基地制度改革试点实施细则的通知》(国土资发〔2015〕35号)。2017年11月,第十二届全国人大常委会第三十次会议决定,将改革试点期限延长一年至2018年12月31日。2018年12月29日,第十三届全国人大常委会第七次会议决定:将《关于授权国务院在北京市大兴区等三十三个试点县(市、区)行政区域暂时调整实施有关法律规定的决定》规定的调整实施有关法律规定的期限延长至2019年12月31日。

农村土地制度改革三项试点工作启动以来,先后经历了期限延长、联动探索、范围拓展等不断深化的过程,并取得明显成效。2018年12月23日,国务院在第十三届全国人大常委会第七次会议上所作的《关于农村土地征收、集体经营性建设用地入市、宅基地制度改革试点情况的总结报告》中指出:腾退出零星、闲置的宅基地约14万户、8.4万亩,办理农房抵押贷款5.8万宗、111亿元。具体成效方面:增强了农村产业发展用地保障能力。福建晋江通过"指标置换、资产置换、货币补偿、借地退出"4 种方式腾退宅基地 6345 亩,为农村产业发展提供了较为充足的用地空间。增加了农民土地财产收入。宅基地制度改革通过解决历史遗留问题,保障了农民土地权益,形成了多样的农民住房保障形式,有效满足了农民的多元化居住需求。并指出一些问题和不足。一些试点地区村级土地利用规划编制、宅基地确权登记颁证等基础工作还比较薄弱。宅基地"三权分置"的探索和实践还不够充分。针对存在的问题,提出修法建议,其中关于宅基地管理制度方面,主要是:一是健全宅基地权益保障方式。建议对人均土地少、不能保障"一户一宅"的地区,允许县级人民政府在尊重农村村民意愿的基础上采取措施,保障其实现户有所居的权利;二是完善宅基地审批制度。建议下放使用存量宅基地审批权,明确农村村民申请宅基地的,由乡(镇)人民政府审核批准,但涉及占用农用地的,应当依法办理农转用审批手续;三是探索宅基地有偿使用和自愿有偿退出机制。建议原则规定鼓励进城落户的农村村民依法自愿有偿退出宅基地。

农村宅基地制度改革试点工作取得的经验在 2019 年修正的《土地管理法》及 2021 年修订的《土地管理法实施条例》中得到体现。但是由于试点的时间短、内容不足、覆盖面小,改革探索还不够充分,宅基地制度中的一些深层次矛盾和问题依然存在。三项改革相比,集体经营性建设用地入市改革成效最为显著,征地制度改革也取得了较大进展,宅基地制度改革则显得相对滞后。

(三)加强农村宅基地管理

2019 年 9 月 11 日,中央农村工作领导小组办公室、农业农村部发布的《关于进一步加强农村宅基地管理的通知》指出:由于多方面原因,当前农村宅基地管理比较薄弱,一些地方存在超标准占用宅基地、违法违规买卖宅基地、侵占耕地建设住宅等问题,损害农民合法权益的现象时有发生。

该通知中提出了一些要求。

1. 依法落实基层政府属地责任。按照新修订的土地管理法规定,农村村民住宅用地由乡(镇)人民政府审核批准。乡(镇)人民政府要因地制宜探索建立宅基地统一管理机制,依托基层农村经营管理部门,统筹协调相关部门宅基地用地审查、乡村建设规划许可、农房建设监管等职责,推行一个窗口对外受理、多部门内部联动运行,建立宅基地和农房乡镇联审联办制度,为农民群众提供便捷高效的服务。要加强对宅基地申请、审批、使用的全程监管,落实宅基地申请审查到场、批准后丈量批放到场、住宅建成后核查到场等"三到场"要求。要开展农村宅基地动态巡查,及时发现和处置涉及宅基地的各类违法行为,防止产生新的违法违规占地现象。要指导村级组织完善宅基地民主管理程序,探索设立村级宅基地协管员。

2.严格落实"一户一宅"规定。农村村民一户只能拥有一处宅基地,面积不得超过本省、自治区、直辖市规定的标准。农村村民应严格按照批准面积和建房标准建设住宅,禁止未批先建、超面积占用宅基地。经批准易地建造住宅的,应严格按照"建新拆旧"要求,将原宅基地交还村集体。农村村民出卖、出租、赠与住宅后,再申请宅基地的,不予批准。对历史形成的宅基地面积超标和"一户多宅"等问题,要按照有关政策规定分类进行认定和处置。人均土地少、不能保障一户拥有一处宅基地的地区,县级人民政府在充分尊重农民意愿的基础上,可以采取措施,按照省、自治区、直辖市规定的标准保障农村村民实现户有所居。

3.鼓励节约集约利用宅基地。严格落实土地用途管制,农村村民建住宅应当符合乡(镇)土地利用总体规划、村庄规划。合理安排宅基地用地,严格控制新增宅基地占用农用地,不得占用永久基本农田;涉及占用农用地的,应当依法先行办理农用地转用手续。城镇建设用地规模范围外的村庄,要通过优先安排新增建设用地计划指标、村庄整治、废旧宅基地腾退等多种方式,增加宅基地空间,满足符合宅基地分配条件农户的建房需求。城镇建设用地规模范围内,可以通过建设农民公寓、农民住宅小区等方式,满足农民居住需要。

4.依法保护农民合法权益。要充分保障宅基地农户资格权和农民房屋财产权。不得以各种名义违背农民意愿强制流转宅基地和强迫农民"上楼",不得违法收回农户合法取得的宅基地,不得以退出宅基地作为农民进城落户的条件。严格控制整村撤并,规范实施程序,加强监督管理。宅基地是农村村民的基本居住保障,严禁城镇居民到农村购买宅基地,严禁下乡利用农村宅基地建设别墅大院和私人会馆。严禁借流转之名违法违规圈占、买卖宅基地。

2019年12月12日,农业农村部、自然资源部发布了《关于规范农村宅基地审批管理的通知》。

二、宅基地"三权分置"与相关探索

(一)宅基地"三权分置"

2018年1月,全国国土资源工作会议提出,我国将探索宅基地所有权、资格权、使用权"三权分置",落实宅基地集体所有权,保障宅基地农户资格权和农民房屋财产权,适度放活宅基地和农民房屋使用权。

2018年2月发布的中央一号文件《中共中央、国务院关于实施乡村振兴战略的意见》在"深化农村土地制度改革"中提出,探索宅基地所有权、资格权、使用权"三权分置",落实宅基地集体所有权,保障宅基地农户资格权和农民房屋财权,适度放活宅基地和农民房屋使用权。同时,再次明确:维护进城落户农民土地承包权、宅基地使用权、集体收益分配权,引导进城落户农民依法自愿有偿转让上述权益。2018年国务院《政府工作报告》也明确提出:探索宅基地所有权、资格权、使用权分置改革。可以说,从2018年开始,我国正式开启宅基地"三权分置",宅基地制度改革探索进入新阶段。

2019年的中央一号文件要求"稳慎推进农村宅基地制度改革,拓展改革试点,丰富试点内容,完善制度设计"。2020年的中央一号文件要求"以探索宅基地所有权、资格权、使用权'三权分置'为重点,进一步深化农村宅基地制度改革试点"。按照党中央要求,农业农村部牵头制定新一轮农村宅基地制度改革试点方案,经中央审定后部署开展。

党的十九届五中全会通过的《"十四五"规划和2035年远景目标建议》指出:全面推进乡村振兴,探索宅基地所有权、资格权、使用权分置实现形式。保障进城落户农民土地承包权、宅基地使用权、集体收益分配权,鼓励依法自愿有偿转让。

从改革实践来看,各地在完善宅基地取得方式、探索宅基地有偿使用制度、完善宅基地审批管理程序等方面开展了一系列探索,取得明显成效。而在放活宅基地和农房使用权,促进宅基地流转,探索宅基地自愿有偿退出机制等方面,则总体上显得步伐缓慢、力度不够。

(二)"三权分置"的内在逻辑

宅基地"三权分置"的基本规则是:所有权作为最完整的排他性权利,处于产权分置的最高层级,且是产权分置的逻辑起点。宅基地"三权分置"的通常表述是:落实宅基地集体所有权,保障宅基地农户资格权和农民房屋财产权,适度放活宅基地和农民房屋使用权。由于宅基地使用权取得的无偿性与福利性,所以应设置一定的资格。

1. 宅基地所有权

对于宅基地所有权的法律规定,主要体现在对宅基地所有权的归属、权能、行使主体以及相关限制等方面。根据《宪法》第10条第2款和《土地管理法》第9条第 2 款的规定,宅基地属于农民集体所有。根据《民法典》第 262 条和《土地管理法》第 11 条的规定,代表农民集体行使土地所有权的有三类主体,分别为村集体经济组织或者村民委员会,村内各该农村集体经济组织或者村民小组,由乡(镇)农村集体经济组织。法律对行使宅基地所有权的限制,主要体现在宅基地可以依法被征收,不能损害宅基地使用权人的合法权益。总体而言,法律对宅基地所有权的规定是比较全面和系统的。

2. 宅基地资格权

宅基地资格权是指集体经济组织成员以农户为单位依法获得一定面积的宅基地用以建造住房,取得相关财产权益的身份权利。宅基地资格权的核心是保障农民的居住权益和住房财产权。宅基地资格权的概念是 2018 年中央一号文件首次公开提出的,此前的法律法规中还未有相关规定。一般认为,只有农村集体经济组织成员才有资格无偿分配取得宅基地,宅基地的取得必须经过申请审批程序。宅基地资格权的权利内容主要包括两方面:一是宅基地无偿使用权;二是对宅基地收益的分配请求权。

3. 宅基地使用权

宅基地使用权是一种具有身份属性和不完全财产属性的复合性权利。关于宅基地使用权的行使,主要体现在对权能、抵押、转让等方面的规定上。关于宅基地使用权的权能,包括占有和使用的权利,目前还没有明确其收益权。关于宅基地使用权的抵押,宅基地使用权不能单独办理抵押,但在试点地区宅基地上所建的房屋可以办理抵押。关于宅基地使用权的转让,在试点地区宅基地使用权可以有条件地进行转让。总之,目前对宅基地的使用权流转限制较多,目的是保障农民的基本居住条件、维护农村社会稳定,但在客观上也制约了农民土地财产权益的实现。

(三)"三权分置"的实现路径

落实宅基地资格权的前提是认定申请人是该集体经济组织成员。实践中,坚持以户籍为基础,以法律法规和村规民约为依据,以履行成员义务为条件,以群众民主评议为结果,综合户籍关系、土地承包、居住情况、履行义务等因素,全面认定申请人是不是本集体经济组织成员。

在宅基地使用权流转的试点中,主要存在以下两种模式。

一是宅基地置换模式。这种流转方式较为直接,即用宅基地、农房与其他新建房屋进行交换,在流转过程中体现为较强的公权力主导色彩。宅基地置换在各地都有不同的名称,如上海"中心村"模式、浙江"两分两换"模式、天津"宅基地换房"模式等,但实质上并无不同,均为宅基地置换。宅基地置换有以下几方面的特点:(1)由地方政府主导,农民的个人意愿难以完全体现。实践中,个别地方的做法并未充分尊重农民自由选择的权利,导致农民"被上楼""被城市化"等情况发生;(2)被置换的土地性质如何认定、置换后新建房屋是否具有完整产权等问题尚未明确,亟待统一规范;(3)宅基地置换的政策动因是对宅基地使用权流转限制的规避,可以理解为对宅基地资源的整合,地方政府的置换动力仍然是基于对被置换宅基地的开发意愿。与土地征收程序相比,宅基地置换更为简便易行且自由空间更大,受到地方政府广泛青睐,在浙江省德清县、义乌市等地取得较好的社会效果。

二是宅基地资本化补偿模式。这种模式相对复杂一些,其实质是将宅基地资本化,最为典型的就是地票制度。2008年,重庆市推出地票改革,其具体做法是将包括农村宅基地在内的闲置农村集体建设用地复垦验收后,按增加的面积核发"地票"(城市建设用地挂钩指标凭证),从而通过该指标将农村废弃、闲置的建设用地予以置换,实现土地权证化,解决土地浪费和城市建设用地紧张的矛盾。借鉴重庆市的改革经验,浙江省的一些地方将宅基地使用权量化为"宅基地权票",通过权票交易、流转,实现农民宅基地自由、有偿退出,在不改变宅基地集体所有性质的前提下,积极探索允许符合条件的宅基地及农房突破村级集体组织的边界,在全县农业人口范围内进行置换、转让、继承、入股。除此之外,还有四川"土地银行"模式、江苏"收购储备"模式等。地票制度使得"土地指标在本省市内高度市场化和抽象化",具有了财产价值。

(四)深化农村宅基地制度改革

2020年8月,中共中央办公厅、国务院办公厅发布的《深化农村宅基地制度改革试点方案》,安排104个县(市、区)3个地级整市围绕"五探索、两完善、两健全"为内容的新一轮宅基地制度改革试点。该方案强调"要积极探索落实宅基地集体所有权、保障宅基地农户资格权和农民房屋财产权、适度放活宅基地和农民房屋使用权的具体路径和办法,坚决守住土地公有制性质不改变、耕地红线不突破、农民利益不受损这三条底线,实现好、维护好、发展好农民权益"。

该方案的出台,意味着中央将在总结此前改革经验的基础上,对全面深化宅基地制度改革作出新一轮部署。

1.宅基地使用权需进一步放活

宅基地制度改革的一个总体背景是城镇化条件下城乡人口布局的深刻调整。在此背景下，深化宅基地制度改革、放活宅基地和农房使用权都已经迫在眉睫。从当前实际来看，深化宅基地制度改革有以下几个关键的着力点。

第一，实质性启动宅基地"退出权"改革。绝大多数的农业转移人口具有退出宅基地的意愿，希望能够通过退地补偿来补贴在城市购房的资金。此项改革中央早有部署，但由于退出范围、补偿资金、承接主体等方面的约束，改革实际上没有真正破题，这是新一轮改革的一个重要突破口。

第二，探索打通宅基地与集体经营性建设用地的具体机制。宅基地制度和集体经营性建设用地入市两项改革具有明显的联动效应，哪一项都不可能单兵突进。如果强行将宅基地与集体经营性建设用地分开，地方可能会通过种种"手段"将宅基地纳入集体经营性建设用地范畴。由于对这类行为进行监管的成本很高，实际上难以实施。新一轮改革中，需要明确农村宅基地与集体经营性建设用地之间的划分标准和变更程序，增强改革的系统性、整体性与协同性。

第三，探索闲置宅基地和闲置农房盘活利用的多种模式。可以考虑赋予地方一定的改革自主权，鼓励各地在利用主体、利用机制方面大胆探索，支持各地根据自身的区位特征、资源禀赋、产业基础等条件，选择适合本地实际的利用模式，并给全局性改革提供有益经验。

2.把维护农民权益作为一条不容触碰的底线

宅基地和住房是农民最重要的财产，也是农民安身立命之本，宅基地制度对于维护国家稳定大局具有基础性意义。所以，改革过程中，应注意从以下两个方面保障农民权益。

第一，建立宅基地退出和流转的市场定价机制。各地的宅基地退出和流转中，大多数情况下都是由政府进行定价。这一做法的一个弊端是缺少市场价格参考，价格定得无论高低，都不具有无可置疑的正当性。只有建立市场化的交易和定价机制，农户在宅基地退出和流转中的权益才能够得到根本保证。

第二，严格控制村庄搬迁撤并的范围和程序。在城乡人口布局大变动、大调整的情况下，势必有一部分村庄需要搬迁撤并。这一点无可置疑。但必须注意的是，当前需要进行搬迁撤并的主要是偏远地区的空心村和小规模村庄，核心目的是解决公共服务供给效率问题。地方操作中，不宜随意扩大范围。在绝大多数村庄,改革还是要扎扎实实地从每一处宅基地的退出流转做起。

三、各地宅基地"三权分置"试点经验介绍

从2018年开始探索宅基地所有权、资格权、使用权"三权分置"改革后,一些试点地区结合实际,探索了一些宅基地"三权分置"模式。目前试点范围比较窄,试点时间比较短,且各有关方面对宅基地所有权、资格权、使用权的权利性质和边界认识还不一致,有待深入研究。因此,建议在实践中进一步探索宅基地"三权分置"问题,待形成比较成熟的经验后再进行立法规范。

下面选取浙江省、重庆市、广东省三地的改革试点经验进行介绍。其中,浙江省各地的改革试点经验各有特色,下面对义乌市、德清县、象山县的做法分别简单介绍。

(一)浙江省义乌市的改革试点经验

2015年,义乌市开始宅基地"三权分置"改革试点工作。2016年,义乌市提出"1+7+9"(一意见、七办法、九细则)的宅基地改革试点方案和制度体系,在不改变宅基地归集体所有且做到对农户资格权坚守的基础上,宅基地使用权在一定条件满足时可以通过合法方式对外转让。

2020年,义乌市开展新一轮宅基地制度改革,构建"1+10+10"的深化农村宅基地制度改革政策体系,即"1"为制定农村宅基地制度改革试点的总指导意见,两个"10"分别为完善10项政策和新制定的10项政策。其中,要完善的10项政策分别是:农村集体经济组织成员资格界定办法、宅基地资格权有偿调剂办法、农村住房历史遗留问题处理办法、农村宅基地使用权转让办法、农民住房财产权抵押贷款实施办法、"集地券"管理办法、农村宅基地有偿使用办法、宅基地有偿投标选位(选房)办法、农村集体经济组织宅基地收益分配管理办法、农村土地民主管理办法。

义乌市完善宅基地集体所有权行使机制,将从农村集体对宅基地等村庄建设用地的自主统筹、自主分配、自主处置、自主收益、自主管理等方面,探索集体所有权的有效实现方式,健全农村基层的宅基地科学民主管理机制。提出坚持宅基地"三权分置"改革以优化宅基地空间用途管制为前提,适度拓展宅基地用途,经批准后宅基地可用于兴办农村电商、民宿、餐饮、养老、科研、创意、文化产业和符合条件的小型加工业等农村新产业新业态,以促进农村产业融合发展。

(二)浙江省德清县的改革试点经验

2020年12月10日,德清县在全国新一轮农村宅基地制度改革试点县(区)率先颁发农村宅基地农户资格权登记证。德清县通过"厘清一户一宅、保障户户有宅、管好宅宅法定、创新显化物权",探索创新显化宅基地和农房财产性权益,出台全国第一个基于"三权分置"的宅基地管理办法,按照"一户一宅、限定面积"的原则,细化以农户为单位分配取得宅基地的具体条件和实施办法,建立"宅基地农户资格权登记簿",登记簿按村股份经济合作社认定,报政府备案,并向农户颁发宅基地农户资格权登记证,切实保障农户权益。

德清县明确由村股份经济合作社代表村农民集体行使宅基地集体所有权,细化了村股份经济合作社对宅基地管理重要事项决策的范围及程序。将宅基地农户资格权配置和确认的权限纳入村民自治的范畴;探索了以"村股份经济合作社宅基地资格权登记簿""宅基地资格权登记卡"等方法,对宅基地农户资格权进行公示和确认;明确了宅基地农户资格权的多样化实现方式,资格权人可以申请分配宅基地,也可以申请享受城镇住房保障政策,还可以申领居住补贴,实现了以宅基地农户资格权为载体确保农村集体经济组织成员住房保障全覆盖;规定了诸如本村股份经济合作社社员身份丧失、经自愿申请退出等情形下,村股份经济合作社可以收回宅基地农户资格权。

德清县在宅基地"三权分置"实现方面提出"宅基地农户资格权"独立成权,使之成为有别于宅基地使用权的一项独立的民事权利。一方面是让农民的身份性居住保障权找到新的权利载体;另一方面是宅基地使用权转型纯化成为典型用益物权,可以转让、出让、出租和抵押。宅基地使用权是集体成员依法行使宅基地农户资格权的结果,宅基地使用权一经设立,便独立于宅基地农户资格权。宅基地使用权出租、出让的,应当向村股份经济合作社缴纳土地收益调节金,使宅基地集体所有权落到实处。土地收益调节金按合同价款的1%~3%的比例缴纳,具体由村股份经济合作社在民主决策的基础上自行确定。这对全国各地宅基地"三权分置"改革试点而言,既是改革新举措,也是改革创新点。

(三)浙江省象山县的改革试点经验

象山县的做法是分别给村民和经营方颁发资格权人证和使用权人证,同时由农村宅基地所有权人(所在村集体经济组织)、农村宅基地资格权人(村民)、农村宅基地使用权人（经营企业）三方，共同签订农村宅基地使用权流转三方合同，合同约定宅基地的座落和面积，以及地上建筑物面积、流转价款及支付方式、流转年限等，同时还明确宅基地使用权流转方式是"租赁""合营"或"合作建房"；经营企业在流转取得宅基地使用权的土地范围内有权进行房屋改造利用、经营，在租期内再流转等活动。同时，由宅基地所在的乡（镇）人民政府对上述三方签订的合同进行鉴证。

2019年8月30日，象山县自然资源和规划局发布了《象山县农村宅基地资格权管理暂行办法》。该办法第2条规定：本暂行办法规定的农村宅基地资格权是指保障农村集体经济组织成员实现其基本居住需求的权利。宅基地资格权的实现应以"分户建房"的"户"为单位提出，可以申请宅基地使用权建房，也可以放弃宅基地使用权后申请纳入城镇住房保障体系。宅基地资格权与宅基地使用权分置，宅基地资格权不因宅基地使用权流转而丧失。第3条规定，本县有下列情形之一的人员享有宅基地资格权：（1）村集体经济组织成员；（2）因经商、务工、求学、参军等离开农村在城镇居住，依然享有农村土地承包经营权的人员；（3）其他符合法律、法规或政策规定享有宅基地资格权的人员。第4条规定，农村宅基地资格权因下列情形而消亡：（1）宅基地资格权人死亡的；（2）宅基地资格权人被招录为国家公务员、事业单位工作人员的；（3）军人转干后享受房改或住房优惠政策等住房保障待遇的；（4）户籍迁入设区的市，不再保留农村土地承包经营权的；（5）有其他法律、法规或政策规定丧失宅基地资格权的情形。有前款宅基地资格权消亡规定情形，除绝户、房屋灭失、法律法规有特别规定或取得宅基地使用权时有特别约定的外，既有的合法住宅及其占用的宅基地使用权按房地一体登记原则予以不动产确权登记。第5条规定：非村集体经济组织成员在农村合法拥有住宅而享有宅基地使用权的，其不因此享有宅基地资格权，其房屋可以与其他不大于宅基地规定面积的农房互换或转让给具备分户建房条件的宅基地资格权人，但转让后不得另行申请宅基地建房。

（四）重庆市的"地票交易"

重庆市于2008年12月成立全国首家挂牌的农村土地交易所，进行以宅基地使用权为主的集体建设用地使用权的地票交易。依据《重庆农村土地交易所管理暂行办法》第18条的规定，"地票"是指将农村集体建设用地复垦为耕地后，可在城市或者近郊区等其他地方用于建设的土地指标的书面凭证。从上述地票的概念可以得知,地票不是"土地"的"票据化",而是指农村集体建设用地经复垦和验收后所产生"指标"的票据化。因此,地票就是指标,地票的交易就是指标的交易,实质是城乡建设用地增减挂钩指标的票据化。

自2008年年底重庆实施地票制度至今,地票交易只开放了一级市场,重庆农村土地交易所一直在探索开发地票二级市场问题。

一般认为,地票交易制度作为集体土地入市的一种形式,突破了农村建设用地难以流转、农村宅基地不能用于非农建设的法律问题,通过激励相应的市场机制,实现农村建设用地与城镇建设用地之间的交流,对解决我国农村建设用地低效率使用问题、打破城镇发展的土地资源瓶颈,具有较强的现实意义。

(五)广东省的宅基地入市

自2005年开始,广东省就已经开始探索怎么突破宅基地使用权的不能自由流转问题。广东省规定农村集体土地和国有土地一样,按"同地、同价、同权"的原则纳入土地交易市场。同时,广东省对现有农村宅基地和农村住宅确权、登记等问题进行规定。其明确权属、登记发证的农村住宅可以转让、出租、抵押,但不得改变住宅用途,不得进行经营性使用,改建也必须要依照有关规定报批,从而确保农村宅基地使用权不与我国基本法律制度相抵触。

四、闲置宅基地和闲置住宅的盘活利用

改革开放40多年来,随着社会经济的发展,我国的农村社会结构发生重大变化。我国城镇化率已经达到60%,大量农民工外出打工,很多已在城里安居乐业。各地村庄的农房空置率普遍在20%以上,部分地区甚至超过40%,很多农村出现"空心化"。农房及宅基地成了沉睡的资源,盘活利用好农房与宅基地资源是增加农民财产性收入的重要途径,对促进城乡融合发展和推动乡村振兴具有重要意义。

《土地管理法》第62条第6款中规定:鼓励农村集体经济组织及其成员盘活利用闲置宅基地和闲置住宅。《土地管理法实施条例》第35条规定:国家允许进城落户的农村村民依法自愿有偿退出宅基地。乡(镇)人民政府和农村集体经济组织、村民委员会等应当将退出的宅基地优先用于保障该农村集体经济组织成员的宅基地需求。

中央农村工作领导小组办公室、农业农村部发布的《关于进一步加强农村宅基地管理的通知》中提出:鼓励盘活利用闲置宅基地和闲置住宅。鼓励村集体和农民盘活利用闲置宅基地和闲置住宅,通过自主经营、合作经营、委托经营等方式,依法依规发展农家乐、民宿、乡村旅游等。城镇居民、工商资本等租赁农房居住或开展经营的,要严格遵守原《中华人民共和国合同法》(以下简称原《合同法》)的规定,租赁合同的期限不得超过20年。合同到期后,双方可以另行约定。在尊重农民意愿并符合规划的前提下,鼓励村集体积极稳妥开展闲置宅基地整治,整治出的土地优先用于满足农民新增宅基地需求、村庄建设和乡村产业发展。闲置宅基地盘活利用产生的土地增值收益要全部用于农业农村。在征得宅基地所有权人同意的前提下,鼓励农村村民在本集体经济组织内部向符合宅基地申请条件的农户转让宅基地。各地可探索通过制定宅基地转让示范合同等方式,引导规范转让行为。转让合同生效后,应及时办理宅基地使用权变更手续。对进城落户的农村村民,各地可以多渠道筹集资金,探索通过多种方式鼓励其自愿有偿退出宅基地。

2019年10月15日,农业农村部发布《关于积极稳妥开展农村闲置宅基地和闲置住宅盘活利用工作的通知》(农经发〔2019〕4号)。下面结合该文件的内容进行简要分析。

(一)盘活利用的主要方式

该通知要求"因地制宜选择盘活利用模式。各地要统筹考虑区位条件、资源禀赋、环境容量、产业基础和历史文化传承,选择适合本地实际的农村闲置宅基地和闲置住宅盘活利用模式"。

盘活利用主要有以下方式。

一是利用闲置住宅发展符合乡村特点的休闲农业、乡村旅游、餐饮民宿、文化体验、创意办公、电子商务等新产业新业态。

二是利用闲置住宅发展农产品冷链、初加工、仓储等一二三产业融合发展项目。

三是采取整理、复垦、复绿等方式,开展农村闲置宅基地整治,依法依规利用城乡建设用地增减挂钩、集体经营性建设用地入市等政策,为农民建房、乡村建设和产业发展等提供土地等要素保障。

该通知还要求"依法规范盘活利用行为。各地要进一步加强宅基地管理,对利用方式、经营产业、租赁期限、流转对象等进行规范,防止侵占耕地、大拆大建、违规开发,确保盘活利用的农村闲置宅基地和闲置住宅依法取得、权属清晰。要坚决守住法律和政策底线,不得违法违规买卖或变相买卖宅基地,严格禁止下乡利用农村宅基地建设别墅大院和私人会馆。要切实维护农民权益,不得以各种名义违背农民意愿强制流转宅基地和强迫农民'上楼',不得违法收回农户合法取得的宅基地,不得以退出宅基地作为农民进城落户的条件"。

(二)盘活利用的主体

该通知提出"依法保护各类主体的合法权益,推动形成多方参与、合作共赢的良好局面"。盘活利用的主体主要包括以下三类。

一是农村集体经济组织及其成员。在充分保障农民宅基地合法权益的前提下,支持农村集体经济组织及其成员采取自营、出租、入股、合作等多种方式盘活利用农村闲置宅基地和闲置住宅。鼓励有一定经济实力的农村集体经济组织对闲置宅基地和闲置住宅进行统一盘活利用。《农村宅基地管理暂行办法(征求意见稿)》第26条第1款规定:农村集体经济组织及其成员可以通过自主经营、合作经营、委托经营等多种方式,依法依规盘活利用合法取得、权属清晰的农村闲置宅基地和闲置住宅。

二是返乡人员。支持返乡人员依托自有和闲置住宅发展适合的乡村产业项目。国务院办公厅发布的《关于支持返乡下乡人员创业创新促进农村一二三产业融合发展的意见》(国办发〔2016〕84号)提出"支持返乡下乡人员依托自有和闲置农房院落发展农家乐。在符合农村宅基地管理规定和相关规划的前提下,允许返乡下乡人员和农民合作改建自住房"。

三是社会企业。引导有实力、有意愿、有责任的企业有序参与闲置宅基地和闲置住宅盘活利用工作。

(三)推进盘活利用示范

该通知要求"各地要结合实际,选择一批地方党委政府重视、农村集体经济组织健全、农村宅基地管理规范、乡村产业发展有基础、农民群众积极性高的地区,有序开展农村闲置宅基地和闲置住宅盘活利用试点示范。突出乡村产业特色,整合资源创建一批民宿(农家乐)集中村、乡村旅游目的地、家庭工场、手工作坊等盘活利用样板。总结一批可复制、可推广的经验模式,探索一套规范、高效的运行机制和管理制度,以点带面、逐步推开"。

一些地方也发布了关于盘活利用农民闲置房屋的规范性文件。如 2018 年 3 月 26 日,北京市农村工作委员会等 7 个部门联合发布了《关于规范引导盘活利用农民闲置房屋增加农民财产性收入的指导意见》(京政农函〔2018〕13 号);2021 年 2 月 4 日,重庆市人民政府办公厅发布了《关于印发利用存量闲置房屋发展旅游民宿试点方案的通知》(渝府办发〔2021〕17 号)。

实践中,各地在农村闲置宅基地盘活利用方面进行探索。

1. 安徽省芜湖市湾沚区盘活路径。2020 年开始探索农村闲置宅基地和闲置农房盘活整县试点,探索了 4 条盘活路径:(1)项目入股盘活路径。根据农户意愿,经充分协商,农户有偿退出闲置的宅基地,所有权收归集体,由村集体将使用权入股经营主体,实行"保底 + 分红"。(2)探索打包出租盘活路径。农户将闲置宅基地和闲置住房打包出租给经营主体,由经营主体按照一定标准每年向农户支付租金。(3)改造经营盘活路径。利用当地丰富的旅游资源,在政府的引导和扶持下,将自有的闲置农房进行改造升级,发展民宿和农家乐自主经营。(4)复垦整理盘活路径。将农户破旧房屋进行拆除,通过增减挂项目整理改造变为耕地后,入股公司,获得租金收益。项目资金主要用于村人居环境整治及公共设施,既盘活了宅基地,又提升了人居环境。

2. 陕西省西安市高陵区"共享村落"。"共享村落"是放活农村宅基地使用权、促进城乡居民生活方式融合的一种新探索。具体实施是在保持农村集体土地所有权、农民宅基地资格权和房屋所有权不变的前提下,由村集体或农户将闲置宅基地及其地上房屋,统一委托给村集体经济合作社,通过区农村产权交易平台进行公开招租或有限期流转。承租人在共享期间(宅基地和房屋租赁期限内)可在宅基地上新建或改建房屋,也可利用宅基地及其房屋进行融资抵押贷款,从事自主经营,发展乡村旅游、民宿、文化、商贸、娱乐等产业,或仅用于个人休闲居住、养老。以单独宅院(包括宅基地和房屋)作为独立共享个体,共享年限原则上不高于 20 年。租赁期满后,承租人于"共享"期间在宅基地上投资的所有不动产均归原资格权人和房屋所有权人所有。此外,"共享"期间,如遇国家政策调整、重大项目或重点工程原因需要拆迁的,其拆迁安置对象仍为原宅基地资格权人和原房屋所有权人,出租方则须退还剩余年期的使用权租赁费用。

3. 河北省滦平县城乡居民合作建房。合作建房是指村一级成立农宅合作社,将农民分散的宅基地统一整合,引入社会资本开展合作建房,解决农民"有宅基地但没钱"和投资方"有钱但没宅基地"的发展困境,实现多方共赢。2021 年 6 月 9

日,滦平县农村产权交易中心向来自北京的某市民发放合作建房房屋使用权(租赁)鉴证书。这种方式不用政府和老百姓出钱,依托区位优势和农旅项目开发,滦平县桑园村具有建房资格的村民自发成立了农宅旅游专业合作社,吸引京津城市居民到村合作建房。房屋建成后,在保证农宅性质不变且尊重社员意愿、满足农户居住的前提下,合建资格人有权享有剩余部分的财产处置分红和经营分红。合建出资人享有其他未利用房屋的占有、使用、收益、转让等权利。

笔者认为,按照我国法律规定,使用权并非是法定的物权,租赁在民法上是典型的债权关系。按照《民法典》第116条确定的"物权法定原则",物权的种类和内容,只能由法律规定,当事人不能自行约定物权。所以,为合作建房者颁发合作建房房屋使用权(租赁)鉴证书的做法值得商榷。我们建议当地集体经济组织可以为合作建房者设立长期居住权并办理登记,这样可以让出资参建的城市居民获得更加名正言顺、法律效力更高的居住权登记证明。

第五节 与农村宅基地相关的纠纷处理与案例

一、与农村宅基地相关的纠纷处理

(一)农村宅基地纠纷的化解途径

《土地管理法》第14条规定:土地所有权和使用权争议,由当事人协商解决;协商不成的,由人民政府处理。单位之间的争议,由县级以上人民政府处理;个人之间、个人与单位之间的争议,由乡级人民政府或者县级以上人民政府处理。当事人对有关人民政府的处理决定不服的,可以自接到处理决定通知之日起30日内,向人民法院起诉。在土地所有权和使用权争议解决前,任何一方不得改变土地利用现状。

此外,农村宅基地纠纷还可通过人民调解的途径进行解决。

(二)宅基地纠纷中的常见情况

宅基地纠纷中的常见情况主要有以下几种。
1. 关于宅基地申请审批引起的纠纷
宅基地申请、审批引起的纠纷,多见于申请人提出宅基地申请后,有审批权的政府以申请人之申请不符合相关法律规定为由,不予批准。按照现有的宅基地审批流程,会有村组审核、乡镇审批的环节,如果申请未获审批,申请人可能会以村组或者乡(镇)人民政府作为被告,提起行政诉讼。实务中,对并非行政机关的村委会或村民小组能否作为行政诉讼被告有一定争议。对此,我们认为:如果村民委员会或村民小组在农村村民申请宅基地时,作出的受理申请、出具通过意见等行为属于依据授权履行行政管理职责行为时,此时村民委员会或村民小组可以作为行政诉讼的被告。

2.关于宅基地权属的纠纷

根据《土地权属争议调查处理办法》第2条的规定,土地权属争议,是指土地所有权或者使用权归属争议。关于宅基地权属的纠纷,一般是先由当事人协商解决;协商不成的,由政府处理。所以,宅基地使用权争议本身不能向法院提起诉讼,而是应该向政府相关部门申请调处,对于调处结果不服的,可以依法申请行政复议或者提起行政诉讼。如村集体有权决定本村宅基地分配方案,如果村民对该分配方案不满,可以要求要求上级政府予以处理,如果提起诉讼,法院一般不予受理或受理后驳回起诉。

在一些试点地区,可能会出现宅基地资格权纠纷。常见的如从外村迁入到本村居住了几年后的人员,要求确认其宅基地资格权;从城镇工作退休后回村生活的人员购买了本村村民出售的农房,要求确认其对所购买的农房所占宅基地有合法的使用权;农村家庭原来申请过宅基地,后来分家析产,其中有家庭成员没有分到房屋或认为面积未达到标准,要求确认其宅基地资格权,等等。

3.宅基地使用权转让引起的纠纷

在农村,宅基地使用权私下转让比较常见,或以农村房屋买卖的形式实现宅基地使用权转让的实际目的,一旦发生纠纷,其合同通常被认定为无效。无效的主要原因是双方当事人不是同一集体经济组织的成员。

因为农村宅基地本身就具有很强的身份属性和福利性质,是为了保障农村集体经济组织成员住有所居,如果允许本农村集体经济组织成员之外的人购买农村房屋,可能会导致部分村民无房可住,并带来耕地减少、宅基地供应紧张等负面影响。合同无效的法律后果是返还原物,并根据双方的过错,承担损失赔偿责任。实践中,更多的争议来自对农村房屋被征收所得利益的处理,以此作为损失赔偿数额认定的主要依据。法院一般会认定,买方与卖方对于合同无效都有过错,卖方承担主要责任。

4. 与宅基地相关的侵权纠纷

宅基地侵权纠纷既有他人侵犯宅基地使用权人使用权的情况,也有宅基地使用权人在行使宅基地使用权过程中侵权的情况。他人侵犯宅基地使用权人使用权,往往与宅基地确权联系在一起,如对于同一宗闲置宅基地,有多户符合申请条件的村民申请宅基地使用权,政府将该宅基地使用权批准给其中一户后,其他户因此不满,对该户已获批准的宅基地上的建房行为进行阻挠。

宅基地使用权人的侵权行为往往与越界建房联系在一起,如不按批准的农村宅基地批准书、乡村建设规划许可证,擅自变动建房的位置或超审批面积建房,损害了周围邻居的合法权益。或者在建房过程中,因为与周围房屋之间的间隔太小,导致影响别人的采光、日照,或没有留出必要的道路,导致对别人的通行造成影响等,这些案件可能以相邻关系纠纷为案由进行审理。

5. 因宅基地自愿退出或被收回引起的纠纷

这类纠纷常见的情形:宅基地使用权人自愿退出宅基地,但对于对其补偿的方式或数额不满意,因此产生纠纷;农村集体经济组织以不符合"一户一宅"原则等理由要求村民搬迁退出宅基地,或者以退出宅基地作为村民进城落户的条件;农村集体经济组织违法收回农村村民依法取得的宅基地;因为农村公共设施或公益事业建设的需要,宅基地及其房屋被收回,但没有获得合理的补偿。

(三)农村宅基地纠纷的裁判规则

目前,最高人民法院还没有出台关于农村宅基地纠纷处理的统一司法解释。在一些试点地区,有些法院出台了关于农村宅基地纠纷处理的裁判规则。如在2020年12月30日,浙江省金华市中级人民法院发布了《关于涉义乌市农村宅基地资格权、使用权转让纠纷裁判规则(试行)》。现摘录部分主要内容:

二、宅基地资格权纠纷

第三条 宅基地资格权,是指基于村集体经济组织成员身份,通过分配、继受、共有等方式取得宅基地使用权的权利。

非本村集体经济组织成员,基于买卖、继承等合法形式已经取得的宅基地使用权,视为基于宅基地资格权取得。

旧村改造中,因旧房拆除而取得的的拆迁安置权利或者一定数额的宅基地面积,属于宅基地资格权。

第四条 下列人员,有权请求确认宅基地资格权:

1. 新出生人员、因婚姻关系新增人员、尚未审批取得宅基地权利的村集体经济组织成员；

2. 移民等政策性原因取得村集体经济组织成员身份的人；

3. 因旧村改造、宅基地自然灭失等原因而丧失宅基地的原宅基地使用权人；

4. 具备分户条件的原宅基地使用权共有人；

5. 其他具有依法取得宅基地资格权的人。

第五条　宅基地资格权的确认，应当以《浙江省村经济合作社组织条例》《浙江省农村集体资产管理条例》等法律法规、宅基地"三权分置"规范性文件以及村集体经济组织章程为依据。

在法律法规、宅基地"三权分置"规范性文件以及村集体经济组织章程没有规定时，对于村集体依照合法程序作出的涉及村集体组织成员资格条件、资格保留与资格丧失的决定，除了明显侵害成员民事权益外，人民法院应当认定其效力。

第六条　宅基地资格权纠纷中，涉及村集体经济组织成员身份界定的，应当按照《浙江省农村集体资产管理条例》第二十八条第一款确定的"按照尊重历史、照顾现实、男女平等、群众认可"的原则，界定村集体经济组织成员身份。

第七条　宅基地资格权可以在试点区域内，按照"三权分置"规范性文件规定流转。

宅基地资格权转让、互换、赠与的，应当向义乌市人民政府指定的机构办理备记手续，宅基地资格权自备记完成时转移。

第八条　资格权人有权选择单独、按户申请取得宅基地使用权，或者与其他资格权人共同申请取得宅基地使用权。资格权人申请取得宅基地使用权的，应当达到建造房屋所需的土地面积。权利人取得宅基地使用权后，相对应的宅基地资格权消灭。

资格权人达不到建筑单元所需面积或者面积有多余的，可以通过转让、受赠或互换等方式调剂。

三、宅基地使用权及房屋所有权纠纷

第九条　宅基地使用权自宗地完成定点放样时设立。宅基地使用权设立后应当进行不动产登记，未经登记的，不得对抗善意第三人。

第十条　宅基地使用权转让的，应当办理转移登记，宅基地使用权自登记完成后转移。

第十一条　多个宅基地资格权人共同取得宅基地使用权的，应当共同申请不动产登记；宅基地使用权由各宅基地资格权人按份共有。

第十二条　宅基地使用权转让的,建筑物、构筑物一并转让。

第十三条　已经过宅基地使用权或房屋所有权首次登记的,宅基地使用权受让人请求让与人办理转移登记的,应予支持。

未经过首次登记的宅基地使用权转让的,让与人应当先办理宅基地使用权首次登记。让与人不予办理,且有证据证明具备首次登记条件的,宅基地使用权受让人有权请求代位办理首次登记。

第十四条　宅基地使用权转让中,涉及到首次登记费用的,有约定的依约定,没有约定的,由让与人承担。

第十五条　宅基地使用权转让中,规范性文件对于宅基地面积转让的限制,不影响人民法院对转让合同效力以及转移登记纠纷的审理和裁判。

第十六条　宅基地让与人未取得宅基地使用权的,宅基地资格权受让人请求让与人办理宅基地使用权转移登记的,不予支持。但是,诉讼过程中,宅基地资格权让与人取得宅基地使用权的除外。

第十七条　资格权人取得宅基地使用权的,村集体不得收取宅基地使用费。非本村集体经济组织成员取得宅基地使用权的,村集体可以按规定收取宅基地使用费。资格权人取得宅基地使用权,需要村集体提供配套设施的,村集体有权收取必要费用。

2020年12月30日,金华市中级人民法院还发布了《关于涉宅基地不动产登记行民交叉问题的处置规则(试行)》。

二、与宅基地权属相关的纠纷案例

案例一:对于村民之间的宅基地权属争议,当事人可向当地政府提出土地争议调处申请,但这种权属争议不属于人民法院的受案范围。

案号为(2022)浙0111民初1422号的排除妨害纠纷案件。案情简介:张某的丈夫金某2与金某1系亲兄弟,金某2于2021年去世。张某是外地人,3个儿女都还年幼。张某称金某1曾向金某2承诺在其去世后帮忙照顾金某2的年幼子女却未履行,又霸占了因工程拆迁赔偿安置给金某2一家的房子。村、镇的工作人员多次帮忙协调调解,但金某1屡次反悔,不执行调解结果。所以,张某向法院提起诉讼。

杭州市富阳区人民法院审理后认为,《土地管理法》第14条第1款规定,土地所有权和使用权争议,由当事人协商解决;协商不成的,由人民政府处理。该案中,原告主张以对案涉房屋的宅基地使用权及房屋使用权作为请求权基础要求被告腾退房屋,其自认案涉房屋尚未取得不动产权登记证书,法院在审理过程中势必涉及判断案涉房屋土地使用权及房屋所有权的争议,而土地使用权争议不属于人民法院的受案范围。综上,原告的起诉,不属于民事案件的受案范围,应予以驳回起诉。所以法院裁定驳回张某的起诉。

案例二:已转为城镇户籍的居民,可以继续保持或继承农村房屋所有权。但一旦房屋被拆除,原房屋所有权人就失去了对该房屋所占的宅基地的使用权,也没有资格申请宅基地或重建房屋。

二审案号为(2016)湘行终448号,再审案号为(2019)最高法行申84号的行政许可案件。案情简介:案涉宅基地的使用权原系陆某1之父陆某2所有。20世纪50年代初,陆某2离开原籍湖南省衡南县三塘镇群益村上山塘组(2001年5月调整划归衡阳市蒸湘区雨母山乡管辖),到衡阳市线带厂工作并转为城镇户籍。陆某1出生后一直随父母在衡阳市生活,亦为城镇居民。2000年,陆某3经陆某2同意,向相关部门申请拆除陆某2的旧房建设新房,衡南县人民政府为陆某3颁发了城乡个人建房宅基地许可证。2007年1月,陆某2去世。后衡阳市蒸湘区雨母山乡人民政府与陆某3签订拆迁安置补偿协议。陆某1向法院提起诉讼,请求确认城乡个人建房宅基地许可证违法并予以撤销,并确认衡阳市蒸湘区雨母山乡人民政府与陆某3签订的拆迁安置补偿协议无效,并判令其重新与陆某1签订拆迁安置补偿协议。

一审法院裁定驳回陆某1的起诉。陆某1提起上诉,湖南省高级人民法院作出(2016)湘行终448号行政裁定,维持一审裁定。

陆某1申请再审。最高人民法院审理后认为,该案中,陆某2作为非群益村村民对原房屋的所有权及案涉宅基地的使用权,因陆某3拆除原房屋而已经丧失,陆某1作为陆某2的继承人亦丧失对该土地相关权利的承继,故衡南县人民政府的颁证行为与其没有利害关系,其请求撤销城乡个人建房宅基地许可证,不具有原告主体资格。所以裁定驳回陆某1的再审申请。

案例三:农村集体经济组织成员对宅基地享有使用权,且每一户只能对一块宅基地享有使用权,空闲或房屋坍塌、拆除两年以上未恢复使用的宅基地应当由集体经济组织收回。

一审案号为(2016)桂07行初33号,二审案号为(2017)桂行终1005号的土地行政裁决及行政复议案件。案情简介:原告翟某1与广西壮族自治区钦州市钦北区小董镇东联村委会第1、19、20、21、22村民小组(以下简称东联五小组)争议的土地位于东联村委会第22村民小组,面积约1240平方米。该土地原属原小董镇东联村委会街上生产队所有。20世纪50年代,该队社员翟某2及翟某1一家均在该土地上生活。约在1968年,生产队开始在该土地上养猪、养羊。翟某2是街上生产队的五保户,由生产队负责供养,1974年病故由生产队料理后事。翟某1一家也于20世纪70年代搬离该土地。1981年,街上生产队分为东联大队第1、19、20、21、22五个生产队(后为该案东联五小组),但对该土地没有具体分配,仍由五个生产队共同所有,共同管理使用。1986年,宁某分别向五个生产队及翟某1的母亲凌某承租该土地,每年向五个生产队支付租金500元、向凌某支付租金300元。承租后,宁某拆掉该地上的旧瓦房,建围墙把该土地围起来,并建造厂棚、房屋等,用来创办墨烟厂,现该土地上的建筑物为宁某承租后所建。2012年,翟某1以该土地是其祖宗屋地为由主张权属,与东联五小组发生争议。同年,宁某去世,其子不再继续承租该土地。2013年6月5日,东联五小组向广西壮族自治区钦州市钦北区人民政府提出确权申请。2016年6月13日,钦北区人民政府作出北政处字〔2016〕11号处理决定(以下简称11号处理决定)。翟某1对11号处理决定不服,向广西壮族自治区钦州市人民政府申请复议。2016年9月15日,钦州市人民政府作出钦政复决字〔2016〕49号行政复议决定(以下简称49号复议决定),维持钦北区人民政府作出的11号处理决定。翟某1仍不服,于2016年9月30日向法院提起行政诉讼,请求撤销钦北区人民政府作出的11号处理决定及钦州市人民政府作出的49号复议决定。

钦州市中级人民法院审理后综合各方当事人的诉辩及陈述意见,认定被诉行政行为程序合法,认定事实清楚。鉴于该土地原有的地貌特征已经改变,无法准确确认该土地哪部分由翟某1使用,哪部分由东联五小组使用,钦北区人民政府根据《广西壮族自治区土地山林水利权属纠纷调解处理条例》第4条、第30条第1款第2项的规定,参照争议各方收取租金比例确定各方对争议土地的使用权,符合"尊重历史,照顾现实"的确权原则,适用法律法规正确。所以判决驳回翟某1的诉讼请求。

翟某1与6位第三人(翟某2的遗孀与子女)提起上诉,广西壮族自治区高级人民法院二审判决驳回上诉,维持原判。

翟某1等7人申请再审。最高人民法院经审查认为,农村集体经济组织成员对宅基地享有使用权,且每一户只能对一块宅基地享有使用权,空闲或房屋坍塌、拆除2年以上未恢复使用的宅基地应当由集体收回。该案中,翟某1户于20世纪70年代从该地搬走后由村集体另行安置居住,其原先在该地上所建的房屋也于1986年被承租人宁某拆除。翟某1户在该地上的房屋已经灭失,其对该地不再拥有使用权。所以裁定驳回翟某1等7人的再审申请。

案例四:建筑物转让、互换、出资或者赠与的,该建筑物占用范围内的建设用地使用权一并处分。同一农村集体经济组织成员之间的农村房屋买卖,应视为宅基地使用权一并转让。

一审案号为(2018)桂03行初425号,二审案号为(2019)桂行终1006号的行政复议案件。案情简介:蒋某1原是广西壮族自治区兴安县兴安镇柘园村村民,系蒋某2姑妈。蒋某2、王某系夫妻。蒋某2也是该村村民,王某入赘蒋某2家。蒋某1与蒋某2、王某诉争土地位于该村黄泥坡,面积68.81平方米。1985年,蒋某1与其夫陈某(已去世)在该村修建民房3间居住。1987年,兴安县土地管理局批准拨给蒋某1共240平方米宅基地建房,并办理了房屋准建证。1989年,蒋某1搬至兴安县交通局宿舍居住。1994年,蒋某2、王某因婚后无房居住,搬入蒋某1的上述房屋中居住,蒋某1未提出异议。1995年,蒋某2、王某与陈某协商,陈某同意以23,000元将案涉房屋卖给蒋某2、王某。后蒋某2、王某一直居住在案涉房屋中。1997年8月,蒋某1提出申请,兴安县人民政府给蒋某1颁发了集体土地使用权证,该证登记土地使用人为蒋某1,坐落于兴安镇柘园黄泥坡,使用权面积221.3平方米。2002年,蒋某1向法院提起房屋买卖合同民事诉讼,兴安县人民法院作出(2002)兴民初字第131号民事判决,认定双方的房屋买卖合同关系成立,驳回蒋某1的诉讼请求。蒋某1提起上诉,桂林市中级人民法院作出(2002)桂市民终字第812号民事判决:驳回上诉,维持原判。2018年6月14日,兴安县人民政府作出8号处理决定,确认蒋某1已卖房屋下的土地使用权归蒋某2、王某享有。蒋某1不服,向桂林市人民政府申请复议。2018年11月2日,桂林市人民政府作出147号复议决定。蒋某1仍不服,所以向法院提起行政诉讼,请求撤销兴安县人民政府8号处理决定和桂林市人民政府147号复议决定。

桂林市中级人民法院审理后认为,法院生效判决已认定蒋某1与蒋某2、王某于1995年的房屋买卖合同关系成立。遵循房屋所有权和房屋占用范围内的土地使用权权利主体一致的原则,在蒋某1将上述房屋出卖给蒋某2、王某后,该房屋所占宅基地的使用权也随着房屋权益一并转让给了蒋某2、王某。兴安县人民政府在查明事实的基础上,依据相关法律规定,确认蒋某1已卖房屋下的土地使用权归蒋某2、王某享有,并无不当。桂林市人民政府复议予以维持正确。所以判决驳回蒋某1的诉讼请求。

蒋某1提起上诉,广西壮族自治区高级人民法院二审判决驳回上诉,维持原判。

蒋某1申请再审。最高人民法院经审查认为,该案系同一农村村民之间的宅基地上房屋买卖,应视为宅基地一并出卖。所以裁定驳回蒋某1的再审申请。

三、宅基地使用权转让引起的相关纠纷案例

案例五:受让人不是案涉宅基地所在农村集体经济组织的成员,宅基地使用权转让合同无效。出让人应退还转让款。因合同无效对受让人造成的损失,由双方按照过错比例分担。

一审案号为(2022)浙1004民初4622号,二审案号为(2023)浙10民终2412号的宅基地使用权纠纷案件。案情简介:1999年9月1日,卖方(徐某)与买方(沈某)之间签订了一份《建房用地转让协议书》,徐某将其所有坐落于台州市路桥区某街道某村某处的住宅地基的使用权转让给沈某,约定转让费为2万元。沈某向徐某实际交付了2万元转让费,并以徐某的名义支付了办理土地审批及建房过程中所需要的其他各类费用。徐某向沈某提供了以其名义办理的《个人建房建设工程规划(临时)许可证》。2000年,沈某与紧邻此处地基的其他住户一起建造起一幢4层高的楼房,并进行了装修。此后,沈某一家一直居住生活在该房屋内。2002年11月7日,上述房屋取得集体土地使用证,登记的土地使用者为徐某;但该证现由沈某持有。2014年,当地相关部门发布公告拟征收所在区域的集体土地及房屋。徐某向征收部门申报并要求安置。征收部门同意对徐某户进行安置与经济补偿,徐某户可以获得两套面积各为180平方米的安置住房。后,双方就经济补偿事宜进行了多次沟通,因为差距较大,没有达成一致。所以,沈某向法院提起诉讼。

审理中查明:2014年3月28日,徐某与张某(徐某配偶)作为徐某户(乙方)的代表与当地征收部门(甲方)签订了《房屋拆迁安置协议书》,乙方同意将已将地基出卖给沈某后所建的建筑面积为197.28平方米的房屋以及徐某户所有的另一幢建筑面积为210.74平方米的房屋共计建筑面积为408.02平方米的房屋拆迁,约定乙方安置面积为360平方米。裙房由村集体按规定统一安排到户,建筑

面积90平方米。同日,双方签订《房屋拆迁补偿协议书》,约定甲方补偿给乙方:(1)被拆房屋(合法建筑)拆迁补偿金额:229,032.72元;(2)装修补偿金额:103,306.80元;(3)附着物补偿金额:13,820.25元;(4)违章建筑作价补偿金额:49,037.68元;以上拆迁补偿金额共计395,197.45元。并查明:2020年4月21日,徐某户取得位于路桥区路北街道铭泰苑某幢某单元某室(建筑面积为183.99平方米)及配套车位,另一套应安置房屋及配套车位的摇号结果现场封存。根据沈某的申请,法院委托评估机构对上述房屋的价格进行评估。估价结果为案涉住宅房地产市场价格为233.8万元,房地产单价为12,707元/平方米;地下车位价格为12万元。

浙江省台州市路桥区人民法院审理后认为,民事主体从事民事活动,应当遵循公平原则,合理确定各方的权利和义务。该案中,被告徐某与原告沈某之间存在宅基地买卖合同,但案涉宅基地属于农民集体所有,宅基地使用权是集体经济组织成员享有的权利,原告沈某并非路北街道山马村村民,其与被告成立宅基地买卖合同,虽系双方真实意思表示,但该协议违背了法律、行政法规以及国家政策所维护的社会公共利益,应为无效。合同无效后,因该合同取得的财产,应当予以返还;不能返还或者没有必要返还的,应当折价补偿。有过错的一方应当赔偿对方因此造成的损失,双方都有过错的,应当各自承担相应的责任。该案中,原告要求被告返还宅基地转让费2万元的诉请,于法有据,法院予以支持。根据被告徐某与当地征收部门签订房屋拆迁补偿协议书时,当地征收部门已对案涉房屋的合法建筑、违法建筑、装修等进行了估价并确定了补偿金额,故法院据此认定案涉房屋及装修价值为188,867.5元。而针对原告要求被告赔偿损失200万元的诉讼请求,被告及第三人辩称被告户取得360平方米的安置房系按家庭人口为依据所取得,原告并非该村村民,不能取得安置人口数,不具有取得安置房面积的资格,没有造成原告安置住房和经济补偿的损失。法院认为,被告户虽系依照其户内人口取得应安置面积为360平方米的房屋,但其取得安置房屋仍以将其名下的房屋及已经出卖给原告的宅基地上实际由原告建造居住的建筑面积为197.28平方米的房屋在内的所有房屋进行拆除为前提条件,综上,法院对于被告上述辩称不予采纳,被告应赔偿原告因此遭受的损失。所以判决:(1)确认沈某与徐某于1999年9月1日签订的《建房用地转让协议书》无效。(2)徐某返还沈某宅基地转让款2万元、房屋建造及装修折价款188,867.5元。(3)徐某赔偿沈某经济损失1,587,119元。

徐某提起上诉。浙江省台州市中级人民法院二审判决驳回上诉,维持原判。

案例六：如果买受人非案涉宅基地所在农村集体经济组织成员，宅基地转让合同被认定为无效。但如果该农村房屋是买受人的唯一居所，法院不会支持出让人提出的返还宅基地及处置地上建筑物的要求。

一审案号为(2020)琼0107民初3209号，二审案号为(2020)琼01民终4350号的宅基地使用权纠纷案件。案情简介：2010年8月5日，蔡某1与蔡某2签订宅基地转让协议，约定蔡某1将位于海口市某镇某村的宅基地使用权206.78平方米以31万元的价格转让给蔡某2。蔡某2合计向蔡某1支付了27万元。蔡某1依约将宅基地交给蔡某2使用，蔡某2在宅基地上建造了一栋三层楼房居住使用至今。后蔡某1向法院提起诉讼。

海南省海口市琼山区人民法院审理后认为，蔡某1与蔡某2签订宅基地转让协议，约定将自有宅基地转让给非本集体经济组织成员的人员，违反法律、行政法规的禁止性规定，该协议应属无效。鉴于该协议是双方的真实意思表示，蔡某1依约向蔡某2交付宅基地，蔡某2向蔡某1支付转让款并在宅基地建造起楼房，在近12年的时间中，蔡某2在该栋楼房中实际居住，其对案涉宅基地、房屋已形成稳定的占有关系，蔡某2受让宅基地并非为了投资，而是为了居有定所，且其在本地没有他处住房，因此案涉房屋是蔡某2一家人的唯一住所，为了保障蔡某2的基本居住权和生存权，本着尊重和维持现状的原则，法院对蔡某1关于蔡某1退还转让款、蔡某2返还宅基地及处置地上建筑物的诉讼请求不予支持。所以判决：(1)确认蔡某1与蔡某2签订的宅基地转让协议无效；(2)驳回蔡某1的其他诉讼请求。

蔡某1提起上诉，海南省海口市中级人民法院二审判决驳回上诉，维持原判。

案例七：农村集体经济组织违规将集体所有的土地转让给村民用于建设房屋，不符合"一户一宅"原则，合同被认定为无效的，双方对合同无效都有过错的，农村集体经济组织应赔偿买受人的损失。

案号为(2015)台路民初字第2400号的宅基地使用权纠纷案件。案情简介：2015年1月20日，章某与台州市路桥区螺洋街道永远村村民委员会(以下简称永远村村委会)签订村屋基招标协议，载明：永远村村委会将五间屋基以暗标竞价方式招标，标底价为328,000元/间。章某以竞标价624,988元/间投得东边第一间到第五间，共计金额3,124,940元。章某建造房屋时，以中心村屋样为准建造。屋基出租年限为长期，如遇拆迁，前20年房屋地基加地面建筑由建造户享受，并退还地基款，如超过20年地面建筑物赔偿由建造户享受，地基赔偿由村委会享受。章某向台州市路桥区螺洋街道永远村经济合作社（以下简称永远村合作社）支付了3,124,940元。后章某在竞得的宅基地上建造房屋。2015年3月27日，台州市国土资源局路桥分局向章某出具通知书，以章某的建房行为违反法律相关规定为由责令其停止建房。后章某以永远村村委会、永远村合作村为被告向法院提起诉讼。

法院另查明，案涉宅基地于2001年被审批为建设用地。原告章某户另有宅基地，建有房屋两间。

浙江省台州市路桥区人民法院审理后认为，宅基地属农民集体所有，应由村集体经济组织或者村民委员会经营、管理。农村村民一户只能拥有一处宅基地，该宅基地出让范围为本村符合建房条件的村民。该案中，原告户已有宅基地并建造了房屋，其并不符合审批五间宅基地的条件，被告永远村村委会虽辩称其与原告之间系屋基出租关系，但双方关于"如遇拆迁，前20年房屋地基加地面建筑由建造户享受，并退还地基款"的约定并不符合租赁合同的法律关系特征，并且合同同时约定屋基出租年限为长期，违反了原《合同法》关于租赁期限不得超过20年的规定，故双方签订的村屋基招标协议实系宅基地转让协议，应认定为无效，并且相关土地行政主管部门已向原告出具了责令停止违法行为通知书责令其停止建房，故两被告依无效合同取得的3,124,940元款项应予以返还。双方对合同无效都存在过错，故法院酌定由两被告赔偿原告按照中国人民银行同期同类贷款利率计算的利息。所以判决：（1）原告章某与被告永远村村委会签订的村屋基招标协议无效；（2）被告永远村村委会、被告永远村合作村返还原告章某3,124,940元并赔偿利息损失。

案例八：出让人向集体经济组织成员之外的人员转让宅基地使用权后，又主张合同无效的，应认定出让人对合同无效承担较大的过错责任，需赔偿给买受人造成的大部分经济损失。

说明：该案被最高人民法院民事审判第一庭编的《民事审判指导与参考》2019年第2辑收录，其观点对类案有较大的指导意义。

案号为(2016)浙1003民初2606号的宅基地使用权纠纷案件。案情简介：施某1（审理中亡故）与李某（2001年亡故）系夫妻关系，施某2是两人之子。施某2与金某系夫妻关系。经当地土地管理局的批准，施某1、李某、施某2、金某取得坐落于黄岩区新前街道西范街道宅基地两间。1995年7月7日，施某2与杨某订立了一份房屋基地转让书，载明：施某2将一间房屋基地1.5万元卖给杨某，已付清给施某2。杨某在支付施某2转让费1.5万元与向政府部门缴纳土地配套费1.1万元后,在该宅基地上建造四层楼房并长期居住。后施某2向法院提起诉讼,要求确认双方签订的房屋基地转让书无效,并要求杨某返还宅基地使用权。杨某提起反诉,要求赔偿损失。

审理后,原告施某2等人申请对案涉宅基地使用权及地上建筑物(四层楼房)房地产市场价值进行评估。法院委托鉴定机构进行评估,评估结果为:房地产总价值为307.07万元,其中地上建筑物为23.69万元,土地使用权为283.38万元。

浙江省台州市黄岩区人民法院审理后认为,原告施某2将宅基地使用权转让给集体经济组织之外的杨某,违反国家法律规定,双方签订的房屋基地转让书应系无效。对于无效合同,因该合同取得的财产,应当予以返还,故应由原告返还被告宅基地转让款1.5万元和被告垫付的土地配套费1.1万元,由被告返还原告涉诉宅基地。被告杨某在涉诉宅基地上建造房屋并使用20年之久,且涉诉宅基地使用权价值大幅提升,被告要求原告赔偿地上建筑物损失和土地使用权价值差额损失合法合理,应予支持。该案合同无效,双方均存在过错。原告方存在较大过错,被告亦存在过错,法院酌情确定由原告对被告的损失承担90%的赔偿责任,即2,750,130元。所以判决:(1)确认施某2和杨某于1995年7月7日签订的房屋基地转让书无效;(2)原告施某2等人返还被告杨某宅基地转让款1.5万元和土地配套费1.1万元,同时赔偿杨某地上建筑物损失和土地使用权价值差额损失2,750,130元,合计2,776,130元;(3)杨某于施某2等人履行第2项义务后1个月内搬离,并返还宅基地给施某2等人。

四、与宅基地相关的其他纠纷案例

案例九:村民委员会、村民小组依据授权履行行政管理职责行为时,可以作为行政诉讼的被告。

一审案号为(2018)浙1124行初40号,二审案号为(2018)浙11行终135号,再审案号为(2019)浙行再47号的行政撤销案件。案情简介:2018年4月8日,周某向浙江省遂昌县某乡高碧街村村民委员会(以下简称高碧街村委会)提交农村私人建房用地申请表、农户申请建房用地资格审查表。高碧街村委会后作出"按村规民约之规定,村委会研究决定不同意申请"的审查意见。周某对此意见不服,向法院提起行政诉讼。

浙江省松阳县人民法院认为,对周某的农户申请建房用地资格审查属村集体组织行使自治权的内部事务行为。周某提起行政诉讼,不符合《行政诉讼法》第49条提起诉讼应当符合条件中的第4项的条件,不属于人民法院行政诉讼的受案范围。所以,一审法院裁定驳回周某的起诉。

周某提起上诉,浙江省丽水市中级人民法院二审维持原裁定。

周某申请再审,浙江省高级人民法院审理后认为,根据最高人民法院《关于适用〈中华人民共和国行政诉讼法〉的解释》第24条第1款的规定,村民委员会虽不是行政机关,但其在农村村民住宅用地审批过程中作出的是否受理申请、出具是否通过意见等行为,可以认定系依据地方性法规授权履行行政管理职责的行为,故依法可以成为行政诉讼的被告。根据已查明的事实,周某曾就高碧街村委会不同意其建房申请的行为提起民事诉讼,人民法院以不属于民事诉讼受案范围为由裁定不予受理,故从权利救济的角度,对周某提起的案涉行政诉讼,亦应予以审理。所以裁定撤销一审、二审裁定,指令浙江省松阳县人民法院继续审理该案。

案例十:农村集体经济组织不得违法收回农村村民合法占有的宅基地。如果是为了乡(镇)村公共设施和公益事业建设,经原批准用地的人民政府批准,农村集体经济组织可以收回宅基地。但应对宅基地使用权人给予适当补偿,或再行分配宅基地。

二审案号为(2020)冀行终115号,再审案号为(2020)最高法行申14361号的土地行政强制案件。案情简介:河北省保定市莲池区百楼镇西大夫庄村村民委员会(以下简称西大夫庄村委会)为了实施旧村改造,通过召开村两委及村民代表会议等方式,制定通过了村庄改造方案,收回部分宅基地的使用权。而后,保定市莲池区人民政府作出予以批准的决定。该村村民宋某因宅基地被收回,对此决定不服,因此以保定市莲池区人民政府为被告提出行政诉讼。

后河北省高级人民法院作出(2020)冀行终115号行政判决,驳回原告提出的诉讼请求。

宋某向最高人民法院申请再审。最高人民法院审理后认为,该案的争议焦点为被申请人保定市莲池区人民政府作出的批准西大夫庄村委会收回本村宅基地使用权的行为是否合法。该案中,根据原审法院查明的事实,西大夫庄村委会收回宅基地使用权是为了实施旧村改造,改善村民居住环境,提升村民生活水平,符合公共利益属性。西大夫庄村委会通过召开村两委及村民代表会议等方式,制订通过了村庄改造方案,并履行了向保定市莲池区百楼镇人民政府提出申请,经保定市国土资源局莲池区分局审查,莲池区政府批准的法定程序,基本符合法律、规章规定的审批程序规定。西大夫庄村委会决定收回本村宅基地使用权,该事项涉及全体村民的利益,应当经过村民会议或村民会议授权村民代表会议决定。从西大夫庄村委会出具的证明等材料来看,大部分村民已自愿签订安置补偿协议并交回宅基地使用权,村民签约率达到了90%。可见,案涉改造项目体现了大多数村民的意愿,符合大多数村民的利益。所以裁定驳回宋某的再审申请。

案例十一:农村村民一户只能拥有一处宅基地,即"一户一宅"的原则。村民可以通过继承宅基地上房屋的方式继续使用宅基地及房屋,但无权再主张继承房屋已经灭失的其他地块的宅基地使用权。

一审案号为(2019)辽01行初126号,二审案号为(2020)辽行终138号的行政复议案件。案情简介:2017年9月26日,许某1向辽宁省新民市人民政府提出确认并归还土地申请,要求确认并由大喇嘛乡敖多牛村民委员会归还宅基地使用权。新民市人民政府于2018年9月26日作出土地权属争议处理决定书。许某1对该决定不服,向沈阳市人民政府提出复议申请。沈阳市人民政府经调查,于2019年1月22日作出驳回行政复议申请决定。复议决定认为"争议宅基地上的房屋在1978年被烧毁后,许某1作为独立农户于同村买房另住,并取得了购买房屋的宅基地使用权。许某2独户使用争议宅基地,其作为五保户死亡后,争议宅基地上已无房屋,到申请确权时不存在留有房屋可继承的情形。""许某1在已有一份宅基地使用权的情况下,无权继承争议地块的宅基地使用权。因此,许某1对争议宅基地不享有实体权利"。所以决定驳回许某1的复议申请。许某1不服该驳回行政复议申请决定,向法院提起诉讼。

审理中查明,许某1、许某2系兴隆堡镇敖多牛村村民,系兄弟关系,属两个单独户口簿。许某2不属于许某1的家庭成员,许某2于2015年2月7日去世。许某1在本村有单独的宅基地使用权。

辽宁省沈阳市中级人民法院审理后认为,该案中,许某1申请土地确权申请内容为:"请求新民市人民政府确定被申请人归还1.76亩宅基地使用权与4亩大田地到期承包期结束并赔偿土地损失、精神损失、交通费等各项共计6万元。"根据查明的事实能够认定,争议宅基地上的房屋在1978年被烧毁后,许某1作为独立农户于同村买房另住,并取得了购买房屋的宅基地使用权的事实。而依据《土地管理法》第62条第1款"农村村民一户只能拥有一处宅基地"的规定,许某1在拥有一处宅基地的情况下,无权主张继承其他地块的宅基地使用权。沈阳市人民政府认定许某1对争议宅基地不享有实体权利的认定正确。所以判决驳回许某1

的诉讼请求。

许某1提起上诉,辽宁省高级人民法院二审判决驳回上诉,维持原判。

许某1提起再审,最高人民法院裁定驳回许某的再审申请。

案例十二:遇到合法权益被周边的建房人侵害,宅基地使用权人有权要求侵权人停止侵害,恢复原状。

案号为(2020)云2928民初403号的宅基地使用权纠纷案件。案情简介:文某于1990年建房。1998年经当地土地管理局批准,文某补办宅基地使用权证。2016年,文某将部分房屋拆除,修建房屋一幢。苏某与文某系邻居,文某户居北,苏某户居南,双方宅基地南北相邻。苏某持有集体土地使用权证,该证绘制有宗地图。2020年4月,苏某将原有房屋全部拆除,在原址修建房屋。苏某建房屋和修建化粪池时双方发生争议,文某认为苏某修建化粪池的西方和北方侵占文某10厘米的滴水面积,新建房屋的基础放大脚侵占文某南方的滴水面积。所以,文某向法院提起诉讼。

审理过程中,法院组织双方当事人到现场进行勘验,但不能确定双方当事人的四至界限。后法院向当地自然资源局发函,请该局对双方当事人争议的四至界限进行勘察。当地自然资源局复函,认定苏某修建的化粪池北边模板侵占文某滴水10厘米。

云南省永平县人民法院审理后认为,被告苏某修建的化粪池北方模板侵占原告文某的滴水面积10厘米,被告应当停止侵害,恢复原状。被告化粪池的西方未对原告的宅基地构成侵权,新建混凝土房屋基础的北方未对原告的宅基地构成侵权,被告不应当承担民事责任。被告开挖化粪池越界,客观上使原告的房屋石脚暴露,被告应当用泥土回填至可以正常排水。所以法院判决被告苏某将化粪池北方的模板拆除,所修建的化粪池北方墙体外墙皮距原告文某房屋墙体保持50厘米距离;被告苏某在化粪池修建好后5日内用泥土回填化粪池与原告文某石脚基础之间的间隙,保持原告文某的滴水能够正常排水。

第四章
集体经营性建设用地入市

第一节 相关法律法规关于集体建设用地的规定与理解

一、《土地管理法》对建设用地的相关规定与理解

《民法典》物权编第三分编"用益物权"第十二章专门规定"建设用地使用权"。根据第344条的规定,该"建设用地"是指"国家所有的土地",不包括"集体所有的土地"。第361条规定:集体所有的土地作为建设用地的,应当依照土地管理的法律规定办理。此条规范中的"土地管理的法律规定"指的应是《土地管理法》及《土地管理法实施条例》。

《土地管理法》第23条中规定:"各级人民政府应当加强土地利用计划管理,实行建设用地总量控制……土地利用年度计划应当对本法第六十三条规定的集体经营性建设用地作出合理安排……。"

在《土地管理法》中专门规范集体建设用地的是第63、64、82条及第66条第3款规定。具体内容如下:

第六十三条 土地利用总体规划、城乡规划确定为工业、商业等经营性用途,并经依法登记的集体经营性建设用地,土地所有权人可以通过出让、出租等方式交由单位或者个人使用,并应当签订书面合同,载明土地界址、面积、动工期限、使用期限、土地用途、规划条件和双方其他权利义务。

前款规定的集体经营性建设用地出让、出租等,应当经本集体经济组织成员的村民会议三分之二以上成员或者三分之二以上村民代表的同意。

通过出让等方式取得的集体经营性建设用地使用权可以转让、互换、出资、赠与或者抵押,但法律、行政法规另有规定或者土地所有权人、土地使用权人签订的书面合同另有约定的除外。

集体经营性建设用地的出租,集体建设用地使用权的出让及其最高年限、转让、互换、出资、赠与、抵押等,参照同类用途的国有建设用地执行。具体办法由国务院制定。

第六十四条　集体建设用地的使用者应当严格按照土地利用总体规划、城乡规划确定的用途使用土地。

第八十二条　擅自将农民集体所有的土地通过出让、转让使用权或者出租等方式用于非农业建设,或者违反本法规定,将集体经营性建设用地通过出让、出租等方式交由单位或者个人使用的,由县级以上人民政府自然资源主管部门责令限期改正,没收违法所得,并处罚款。

此外,《土地管理法》第66条第3款规定:收回集体经营性建设用地使用权,依照双方签订的书面合同办理,法律、行政法规另有规定的除外。

以上各条款,都是在2019年8月《土地管理法》修正时新增或修改后的内容,从其内容中可以发现国家对集体经营性建设用地的规范与导向。

1. 明确土地所有权人可以通过出让、出租等方式将集体经营性建设用地交由单位或者个人使用,前提是该土地符合规划要求并确定为工业、商业等经营性用途,还须经依法登记为集体经营性建设用地,土地所有权人与使用人之间应当签订书面合同。

2. 集体经营性建设用地的出让、出租等,需要经过农村集体经济组织内部的民主议定程序,要符合经"村民会议三分之二以上成员或者三分之二以上村民代表的同意"的要求。

3. 明确集体经营性建设用地使用权可以在二级市场流转,除法律、行政法规有专门规定或出让合同另有约定外,通过出让等方式取得的集体经营性建设用地使用权可以转让、互换、出资、赠与或者抵押。该规定改变原《土地管理法》第63条规定的"农民集体所有的土地的使用权不得出让、转让"的限制,有较大的突破。

4. 明确集体经营性建设用地入市"参照同类用途的国有建设用地执行",通常称为"同等入市、同权同价"。这是对长期以来城乡建设用地二元分化制度的一大突破。

5. 明确使用人要按照规划确定的用途使用土地。《土地管理法》第64条规定与《民法典》第350条规定的"建设用地使用权人应当合理利用土地,不得改变土地用途"比较相似。

需要注意的是,《土地管理法》对于集体经营性建设用地入市流转采用的是正面表述,对于除集体经营性建设用地外的其他集体所有土地是否可以用于非农建设并未作出明确规定。

《土地管理法》第59、60、61条是关于建设用地的规范,保留了原来的规定。主要是明确"乡镇企业、乡(镇)村公共设施、公益事业、农村村民住宅等乡(镇)村建设,应当按照村庄和集镇规划,合理布局,综合开发,配套建设";建设用地,应当符合乡(镇)土地利用总体规划和土地利用年度计划,并依法办理审批手续。

二、《土地管理法实施条例》对建设用地的相关规定与理解

因为《土地管理法》的修正,《土地管理法实施条例》也进行了修改,并在2021年7月2日以国务院令第743号发布。

该条例第四章"建设用地"中第五节是专门规范"集体经营性建设用地管理"的规定,具体内容如下:

第三十七条 国土空间规划应当统筹并合理安排集体经营性建设用地布局和用途,依法控制集体经营性建设用地规模,促进集体经营性建设用地的节约集约利用。

鼓励乡村重点产业和项目使用集体经营性建设用地。

第三十八条 国土空间规划确定为工业、商业等经营性用途,且已依法办理土地所有权登记的集体经营性建设用地,土地所有权人可以通过出让、出租等方式交由单位或者个人在一定年限内有偿使用。

第三十九条 土地所有权人拟出让、出租集体经营性建设用地的,市、县人民政府自然资源主管部门应当依据国土空间规划提出拟出让、出租的集体经营性建设用地的规划条件,明确土地界址、面积、用途和开发建设强度等。

市、县人民政府自然资源主管部门应当会同有关部门提出产业准入和生态环境保护要求。

第四十条 土地所有权人应当依据规划条件、产业准入和生态环境保护要求等,编制集体经营性建设用地出让、出租等方案,并依照《土地管理法》第六十三条的规定,由本集体经济组织形成书面意见,在出让、出租前不少于十个工作日报市、县人民政府。市、县人民政府认为该方案不符合规划条件或者产业准入和生态环境保护要求等的,应当在收到方案后五个工作日内提出修改意见。土地所有权人应当按照市、县人民政府的意见进行修改。

集体经营性建设用地出让、出租等方案应当载明宗地的土地界址、面积、用途、规划条件、产业准入和生态环境保护要求、使用期限、交易方式、入市价格、集体收益分配安排等内容。

第四十一条　土地所有权人应当依据集体经营性建设用地出让、出租等方案,以招标、拍卖、挂牌或者协议等方式确定土地使用者,双方应当签订书面合同,载明土地界址、面积、用途、规划条件、使用期限、交易价款支付、交地时间和开工竣工期限、产业准入和生态环境保护要求,约定提前收回的条件、补偿方式、土地使用权届满续期和地上建筑物、构筑物等附着物处理方式,以及违约责任和解决争议的方法等,并报市、县人民政府自然资源主管部门备案。未依法将规划条件、产业准入和生态环境保护要求纳入合同的,合同无效;造成损失的,依法承担民事责任。合同示范文本由国务院自然资源主管部门制定。

第四十二条　集体经营性建设用地使用者应当按照约定及时支付集体经营性建设用地价款,并依法缴纳相关税费,对集体经营性建设用地使用权以及依法利用集体经营性建设用地建造的建筑物、构筑物及其附属设施的所有权,依法申请办理不动产登记。

第四十三条　通过出让等方式取得的集体经营性建设用地使用权依法转让、互换、出资、赠与或者抵押的,双方应当签订书面合同,并书面通知土地所有权人。

集体经营性建设用地的出租,集体建设用地使用权的出让及其最高年限、转让、互换、出资、赠与、抵押等,参照同类用途的国有建设用地执行,法律、行政法规另有规定的除外。

2021年《土地管理法实施条例》在2019年《土地管理法》关于集体经营性建设用地可以入市流转的规定的基础上,进一步明确入市交易规则,主要体现在以下几个方面:

1.集体经营性建设用地在出让、出租前,自然资源主管部门应提出规划条件,并提出产业准入和生态环境保护要求。如果未依法将规划条件、产业准入和生态环境保护要求纳入合同,合同将被认定为无效。

2.土地所有权人依据规划条件、产业准入和生态环境保护要求等,编制集体经营性建设用地出让、出租等方案,通过本集体经济组织内部的民主议定程序并形成书面意见后,提前至少10日报市、县人民政府。虽然《土地管理法实施条例》并没有明确这是审批程序,但如果市、县人民政府提出修改意见,土地所有权人应进行相应修改。要注意期限的规定,市、县人民政府应当在收到方案后5个工作日内提出修改意见。如果不及时提出修改意见,将被视为没有修改意见,即明确的默示同意。

3.明确集体经营性建设用地的交易方式,是"以招标、拍卖、挂牌或者协议等方式确定土地使用者",这与国有土地使用权的出让方式比较类似,区别在于集体经营性建设用地的入市交易很多是采取协议方式,国有土地使用权出让原则上采用拍卖和挂牌形式交易。

4.对土地所有权人与使用人之间签订的书面合同内容进行了细化。除了《土地管理法》第63条第1款中规定的"载明土地界址、面积、动工期限、使用期限、土地用途、规划条件"外,增加了"交易价款支付、交地时间……产业准入和生态环境保护要求,约定提前收回的条件、补偿方式、土地使用权届满续期和地上建筑物、构筑物等附着物处理方式,以及违约责任和解决争议的方法等"内容,应采用国务院自然资源主管部门制定的合同示范文本,并要求将合同报市、县人民政府自然资源主管部门备案。

5.以出让方式取得集体经营性建设用地使用权以及依法利用集体经营性建设用地建造的建筑物、构筑物及其附属设施的所有权的,可以申请办理不动产登记。其使用期限一般较长,其最高年限参照同类用途的国有建设用地执行,最高期限可以为40~70年。以出租方式取得集体经营性建设用地,一般是用于建设临时性的建筑物或构筑物,不需要办理建设用地使用权登记也无法办理建筑物所有权登记。

6.通过出让等方式取得的集体经营性建设用地使用权依法转让、互换、出资、赠与或者抵押的,双方也应当签订书面合同,并书面通知土地所有权人。但对于"书面通知土地所有权人"的要求是程序性要求还是效力性强制要求,《土地管理法实施条例》中没有明确,需要在实践中进行明确。按照其采用"书面通知"而非"备案"的写法,应该是程序性要求,也就是说,如果双方签订书面合同后没有书面通知土地所有权人,不影响合同的生效。一旦发生纠纷,土地所有权人不能以未获书面通知为理由,主张集体经营性建设用地使用权人与他人签订的土地使用权流转合同无效。

三、建设用地的分类与集体经营性建设用地的应用范围

(一)建设用地的分类

按照土地的性质,我国将土地分为国家所有土地与集体所有土地两大类。

根据《土地管理法》第 4 条的规定，国家实行土地用途管制制度。根据土地用途，将土地分为农用地、建设用地和未利用地。其中，建设用地是指建造建筑物、构筑物的土地，包括城乡住宅和公共设施用地、工矿用地、交通水利设施用地、旅游用地、军事设施用地等。

建设用地依照权属不同，可以分为国有建设用地和集体建设用地。《民法典》物权编第三分编"用益物权"第十二章"建设用地使用权"主要是对国有建设用地使用权进行了比较详细的规范。集体建设用地，又称乡（镇）村建设用地，是指乡（镇）村集体经济组织和农村个人投资或集资，进行各项非农建设所使用的土地。对其进行规范的法律法规主要是《土地管理法》及《土地管理法实施条例》。

《土地管理法》第 44 条第 1 款规定："建设占用土地，涉及农用地转为建设用地的，应当办理农用地转用审批手续。"可见，农用地是可以转化为建设用地的，但需要办理审批手续。

《土地管理法》第 4 条第 3 款规定："……未利用地是指农用地和建设用地以外的土地。"《土地管理法实施条例》第 22 条第 2 款规定："建设项目占用国土空间规划确定的未利用地的，按照省、自治区、直辖市的规定办理。"可见，未利用地可以用于建设项目，所以未利用地也是可以转化为建设用地的。

国家标准《土地利用现状分类》（GB/T 21010—2017）中建设用地对应的该分类中一级分类是：商服用地、工矿仓储用地、住宅用地、公共管理与公共服务用地、特殊用地的全部，交通运输用地中的大部分，水域及水利设施用地与其他用地中的小部分。

（二）集体建设用地的分类

根据《土地管理法》的相关规定，集体建设用地主要分为三类：一是宅基地；二是公益性建设用地；三是集体经营性建设用地。长期以来，集体建设用地被限制于兴办乡镇企业、村民住宅建设和公共设施、公益事业建设等内部用途，且除国家征收或乡镇企业破产兼并外，一般不能用于其他非农建设。

在集体建设用地中，宅基地是比较明确的，需要农村集体经济组织成员提出申请、乡（镇）人民政府审批后才能获得。农村集体经济组织收回的闲置宅基地可以转化为公益性建设用地。

公益性建设用地包括乡（镇）村公共设施与公益事业用地。公共设施用地，是指乡（镇）村为了满足村民的生产、生活需要，建设如电力、水利、道路、桥梁、通信等基础设施而使用的集体土地。公益事业用地,是指为满足农村集体经济组织成员在生活、教育、文化、体育、医疗等方面的需求或为社会公益而规划使用的集体土地,如兴办农村学校与幼儿园、养老院、文化礼堂、体育锻炼场所、基层医疗卫生设施、农村社区服务设施、菜市场等。因为其主要是为满足农村生产、生活需要而兴建公共设施、兴办公益事业,所以一般是无偿使用,而且没有期限要求,类似国有划拨建设用地。《土地管理法》第61条规定:乡(镇)村公共设施、公益事业建设,需要使用土地的,经乡(镇)人民政府审核,向县级以上地方人民政府自然资源主管部门提出申请,按照省、自治区、直辖市规定的批准权限,由县级以上地方人民政府批准;其中,涉及占用农用地的,依照该法第44条的规定办理审批手续。

集体经营性建设用地,是指为工业、商业等经营性用途而使用的农村建设用地,所以应是在一定年限内有偿使用。很多集体经营性建设用地是兴办乡镇企业后的遗留物。乡镇企业用地具有点多面广、零星分散、权属复杂、基础设施配套落后的特点。基于保护耕地、增加农村集体经济组织收入等多重因素考虑,《土地管理法》第60条规定:农村集体经济组织使用乡(镇)土地利用总体规划确定的建设用地兴办企业或者与其他单位、个人以土地使用权入股、联营等形式共同举办企业的,应当持有关批准文件,向县级以上地方人民政府自然资源主管部门提出申请,按照省、自治区、直辖市规定的批准权限,由县级以上地方人民政府批准;其中,涉及占用农用地的,依照该法第44条的规定办理审批手续。按照前述规定兴办企业的建设用地,必须严格控制。省(自治区、直辖市)可以按照乡镇企业的不同行业和经营规模,分别规定用地标准。

公益性建设用地与集体经营性建设用地都是集体建设用地,主要区别是用途不同。实践中,根据土地利用总体规划与国土空间规划确定的村庄和集镇规划明确集体建设用地的用途。很多情况下,有些农村土地已经明确为建设用地,但没有明确是公益性建设用地还是集体经营性建设用地。如果是公共设施、公益事业所需的集体建设用地,就确定为公益性建设用地,收回的闲置宅基地或原集体经营性建设用地也可以转化为公益性建设用地。但公益性建设用地一般不能随意转化为集体经营性建设用地,除非经过上级部门审批并依法办理土地所有权登记。

(三)集体经营性建设用地的应用范围

在《民法典》的相关规定中,将土地承包经营权、建设用地使用权、宅基地使用权、居住权、地役权等用益物权进行单列并分别进行规范,虽然没有专章规定集体建设用地使用权,但在第361条中规定"集体所有的土地作为建设用地的,应当依照土地管理的法律规定办理",这为集体建设用地使用权提供了法源基础。集体经营性建设用地使用权是将集体建设用地用于工业、商业等经营性用途的一种土地使用权,也是一种法定的用益物权。

此前,集体经营性建设用地大多用于兴办乡镇企业,具体可以分为以下四种:一是乡(镇)办企业使用属于本乡(镇)农民集体所有的土地;二是村办企业使用属于本村农民集体所有的土地;三是村民组办企业使用属于本村民组农民集体所有的土地;四是农民个体、农民集资联办企业以及农民集体与其他单位和个人联办的企业使用所在农民集体组织所有的土地。

随着新农村建设与乡村振兴,以后集体经营性建设用地的应用范围会越来越广。国家相关部门发布的规范性文件中已经明确可以利用集体建设用地的范围,具体如下。

1. 保障性租赁住房

2021年6月,国务院办公厅发布的《关于加快发展保障性租赁住房的意见》中明确规定:保障性租赁住房建设,主要利用集体经营性建设用地、企事业单位自有闲置土地、产业园区配套用地和存量闲置房屋建设,适当利用新供应国有建设用地建设,并合理配套商业服务设施。人口净流入的大城市和省级人民政府确定的城市,在尊重农民集体意愿的基础上,经城市人民政府同意,可探索利用集体经营性建设用地建设保障性租赁住房;应支持利用城区、靠近产业园区或交通便利区域的集体经营性建设用地建设保障性租赁住房;农村集体经济组织可通过自建或联营、入股等方式建设运营保障性租赁住房;建设保障性租赁住房的集体经营性建设用地使用权可以办理抵押贷款。

2. 露营旅游休闲设施

2022年11月,文化和旅游部等14个部门联合发布的《关于推动露营旅游休闲健康有序发展的指导意见》中明确规定:选址在国土空间规划确定的城镇开发边界外的经营性营地项目,其公共停车场、各功能区之间的连接道路、商业服务区、车辆设备维修及医疗服务保障区、废弃物收纳与处理区、营区、商务俱乐部、木屋住宿区等功能区可与农村公益事业合并实施,依法使用集体建设用地,其营区、商务俱乐部、木屋住宿区等功能区应优先安排使用存量建设用地,不得变相用于房地产开发。

3. 乡村民宿

2022年7月,文化和旅游部等10个部门联合发布的《关于促进乡村民宿高质量发展的指导意见》(文旅市场发〔2022〕77号)中明确规定:乡镇国土空间规划和村庄规划中可预留不超过5%的建设用地机动指标,用于发展乡村旅游等必须在村庄建设边界外进行的少量配套设施建设,但不得占用永久基本农田和生态保护红线,不得破坏生态环境和乡村原貌,确需占用耕地的应依法落实占补平衡。鼓励农村集体经济组织以自营、出租、入股、联营等方式依法使用农村集体建设用地建设乡村民宿。

4. 医养结合项目

2022年7月,国家卫健委等11个部门联合发布的《关于进一步推进医养结合发展的指导意见》(国卫老龄发〔2022〕25号)中明确规定:完善土地支持政策,优先保障接收失能老年人的医养结合项目用地需求。允许和鼓励农村集体建设用地用于医养结合项目建设。

5. 物流基础设施

2022年5月,国务院办公厅发布的《关于印发"十四五"现代物流发展规划的通知》(国办发〔2022〕17号)中明确规定:鼓励地方政府盘活存量土地和闲置土地资源用于物流设施建设……支持依法合规利用铁路划拨用地、集体建设用地建设物流基础设施。

此外,集体经营性建设用地还可以用于:为了发展乡村旅游需要兴建的农家菜馆、游乐设施、停车场等,为了推动当地土特产外销建立的仓储设施、土特产商店、交易市场等,为了促进农村商业流通与新农村建设兴建的菜鸟驿站、超市与各种商业服务设施等。

第二节 土地确权与集体建设用地使用权登记

一、集体所有土地确权登记

根据《土地管理法》第63条的规定,只有"经依法登记的集体经营性建设用地",土地所有权人才能通过出让、出租等方式交由单位或者个人使用。所以,集体经营性建设用地在入市前首先要进行确权登记。

由于历史原因,我国农村土地长期存在四至不清、主体不明、性质用途不清晰等问题。在集体土地使用权不得出让、转让的限制流转时期,权属是否确定并不影响使用,所以很多集体建设用地没有经过确权登记,以约定俗成的方式被开发利用。但如果集体经营性建设用地要入市与流转,确权属于前置条件。以集体经营性建设用地使用权出资入股为例,需要把集体建设用地使用权确权给拟入股的企业,不仅要明确该土地的所有权归属于某农村集体经济组织,还需要明确投资主体是该土地的合法使用权人,通过确权登记才能明确其权属。

(一)土地确权的含义

土地确权是对某一范围内的土地(或称一宗地)的所有权、使用权或其他项权利的确认和确定。每宗地的土地权属要经过土地登记申请、地籍调查、核属审核、登记注册、办理土地证书等必要程序,才能得到确权。确权后登记颁证就是对农村土地权利实现物权保护。

严格来说,对不动产的登记颁证是一种设权,而不是确权。根据《民法典》第209条的规定,物权未经登记并非不存在,只是不发生物权效力,法律另有规定除外。根据《民法典》第231条的规定,因合法建造、拆除房屋等事实行为设立或者消灭物权的,自事实行为成就时发生效力。农村中大量存在房屋造好后没有去确权登记的现象,这并不影响房屋建造人对该房屋的占有、使用、收益等权利,但如果要进行处分,如将房屋买卖、抵押,就无法办理产权转移登记或抵押登记。

(二)集体所有土地确权的主要原则

1. 坚持实体与程序并重的原则。在确权过程中,不仅要依据法律法规进行各项土地权属的确定,还要坚持基本的程序正义。由于我国土地问题的复杂性和长期性,确权本身面临着巨大的调查取证等工作。在此过程中,坚持程序正义既是土地确权工作本身的需要,也是防止在确权过程中行政机关滥用权力和充分尊重当事人的基本要求。

2. 坚持历史与现实相结合的原则。新中国成立以来我国共进行过四次土地确权,分别是20世纪50年代初的土地改革、20世纪80年代中期的宅基地确权、20世纪90年代早期的确权和2010年开始的这次确权。在历次确权过程中,都相应地颁布了一些法律法规和政策,再加上我国地域辽阔,各地农村土地实际情况差别很大,操作过程也不能整齐划一,造成了很多历史遗留问题。因此,在确权过程中,对历史遗留的土地权属问题,只要符合当时规定的历史事实,不能轻易改动和否定；对现在实际存在的客观情况，要合情、合理、合法对待。在确权时要从实际出发，坚持历史与现实相结合、原则性和灵活性相结合。

3. 有利于保护农民合法权益的原则。土地确权虽然是国家行政机关依法对土地的产权归属进行认定的行政行为，但是最终权利的归属是农民自己，土地权利的确认关系到农民自己的生活、生存乃至生命。因此在确权过程中要充分保护农民的合法权益，不仅要尊重农民作为土地权利享有者的主体地位，还要按照法定程序进行调查、审核，切实做到权属合法、界址清楚、面积准确，登记资料记载和证书填写无误，发证及时，实现通过确权来保护农民合法权益的目的。

4. 坚持农村生产生活的稳定与持续发展原则。土地确权作为政府的行政确认行为，不能以政府行为干扰甚至破坏正常的农业生产活动和农民的正常生活，不能影响农村社会的稳定和持续发展。这就要求在确权过程中要尊重农业生产规律和农民生活习惯，既要使土地权利尽快准确地确定权利归属，又要使农村社会能通过土地确权得到更快的发展。

（三）集体所有土地确权的主要依据

《土地管理法》第12条规定：土地所有权和使用权的登记，依照有关不动产登记的法律、行政法规执行。依法登记的土地所有权和使用权受法律保护，任何单位和个人不得侵犯。

原国家土地管理局发布的《确定土地所有权和使用权的若干规定》是土地确权的主要依据，该规定于1995年开始实施，在2010年进行修改。该规定第三章规定"集体土地所有权"，第五章规定"集体土地建设用地使用权"。其中，对集体建设用地部分（不包括宅基地）的相关规定如下：

第二十五条　农民集体经依法批准以土地使用权作为联营条件与其他单位或个人举办联营企业的，或者农民集体经依法批准以集体所有的土地的使用权作价入股，举办外商投资企业和内联乡镇企业的，集体土地所有权不变。

第四十三条　乡（镇）村办企业事业单位和个人依法使用农民集体土地进行非农业建设的，可依法确定使用者集体土地建设用地使用权。对多占少用、占而不用，其闲置部分不予确定使用权，并退还农民集体，另行安排使用。

第四十四条　依照本规定第二十五条规定的农民集体土地，集体土地建设用地使用权确定给联营或股份企业。

二、集体建设用地确权的程序

根据《不动产登记暂行条例》第 14 条的规定,尚未登记的不动产首次申请登记的,可以由当事人单方申请。所以,如果是对集体土地所有权进行确权登记,农村集体经济组织提出申请登记。根据《不动产登记暂行条例实施细则》第 25 条的规定,市、县人民政府可以根据情况对本行政区域内未登记的不动产,组织开展集体土地所有权、宅基地使用权、集体建设用地使用权、土地承包经营权的首次登记。办理首次登记所需的权属来源、调查等登记材料,由人民政府有关部门组织获取,不需要权利人提供。

如果是集体建设用地使用权确权登记,则需要区别处理。2016 年 12 月,原国土资源部发布的《关于进一步加快宅基地和集体建设用地确权登记发证有关问题的通知》(国土资发〔2016〕191 号)中明确规定:分阶段依法确定集体建设用地使用权。1987 年《土地管理法》实施前,使用集体土地兴办乡(镇)村公益事业和公共设施,经所在乡(镇)人民政府审核后,可依法确定使用单位集体建设用地使用权。乡镇企业用地和其他经依法批准用于非住宅建设的集体土地,至今仍继续使用的,经所在农民集体同意,报乡(镇)人民政府审核后,依法确定使用单位集体建设用地使用权。1987 年《土地管理法》实施后,乡(镇)村公益事业和公共设施用地、乡镇企业用地和其他经依法批准用于非住宅建设的集体土地,应当依据县级以上人民政府批准文件,确定使用单位集体建设用地使用权。

如果是集体经营性建设用地使用权的出让,需要农村集体经济组织代表土地所有权人与建设用地使用权受让人一起申请登记。如果是集体经营性建设用地使用权的转让、互换、出资、赠与、抵押等变化,需要合同双方当事人共同申请登记。如果是依法利用集体经营性建设用地建造建筑物、构筑物及其附属设施而办理所有权登记,应由集体经营性建设用地使用权人申请办理不动产登记。

《不动产登记暂行条例实施细则》第四章"不动产权利登记"第五节专门规定了"集体建设用地使用权及建筑物、构筑物所有权登记",内容如下:

第四十四条 依法取得集体建设用地使用权,可以单独申请集体建设用地使用权登记。

依法利用集体建设用地兴办企业,建设公共设施,从事公益事业等的,可以申请集体建设用地使用权及地上建筑物、构筑物所有权登记。

第四十五条 申请集体建设用地使用权及建筑物、构筑物所有权首次登记

的,申请人应当根据不同情况,提交下列材料:

(一)有批准权的人民政府批准用地的文件等土地权属来源材料;

(二)建设工程符合规划的材料;

(三)权籍调查表、宗地图、房屋平面图以及宗地界址点坐标等有关不动产界址、面积等材料;

(四)建设工程已竣工的材料;

(五)其他必要材料。

集体建设用地使用权首次登记完成后,申请人申请建筑物、构筑物所有权首次登记的,应当提交享有集体建设用地使用权的不动产权属证书。

第四十六条　申请集体建设用地使用权及建筑物、构筑物所有权变更登记、转移登记、注销登记的,申请人应当根据不同情况,提交下列材料:

(一)不动产权属证书;

(二)集体建设用地使用权及建筑物、构筑物所有权变更、转移、消灭的材料;

(三)其他必要材料。

因企业兼并、破产等原因致使集体建设用地使用权及建筑物、构筑物所有权发生转移的,申请人应当持相关协议及有关部门的批准文件等相关材料,申请不动产转移登记。

此外,需要注意的是《土地管理法》第65条规定:在土地利用总体规划制定前已建的不符合土地利用总体规划确定的用途的建筑物、构筑物,不得重建、扩建。对于在土地利用总体规划制定前已建的不符合土地利用总体规划确定的用途的建筑物、构筑物,一般不会要求拆除。但如果此后进行重建、扩建,不动产登记机构不能为其办理所有权登记。

三、集体建设用地确权工作的推进

为了落实集体建设用地使用权确权登记,自然资源部门先后发了多份文件,主要包括:(1)2011年5月,原国土资源部、财政部、原农业部发布《关于加快推进农村集体土地确权登记发证工作的通知》(国土资发〔2011〕60号);(2)2011年11月,原国土资源部、中央农村工作领导小组办公室、财政部、原农业部发布《关于农村集体土地确权登记发证的若干意见》(国土资发〔2011〕178号);(3)2014年8月,原国土资源部、财政部、住房和城乡建设部、原农业部、原国家林业局发布《关于进一步加快推进宅基地和集体建设用地使用权确权登记发证工作的通知》(国土资发〔2014〕101号〕；（4）2016年12月，原国土资源部发布《关于进一步加快宅基地和集体建设用地确权登记发证有关问题的通知》（国土资发〔2016〕191号）；（5）2020年5月，自然资源部发布《关于加快宅基地和集体建设用地使用权确权登记工作的通知》（自然资发〔2020〕84号）。其中，原国土资源部2016年发布的《关于进一步加快宅基地和集体建设用地确权登记发证有关问题的通知》中明确规定：规范没有土地权属来源材料的宅基地、集体建设用地确权登记程序。对于没有权属来源材料的宅基地，应当查明土地历史使用情况和现状，由所在农民集体或村委会对宅基地使用权人、面积、四至范围等进行确认后，公告30日无异议，并出具证明，经乡（镇）人民政府审核，报县级人民政府审定，属于合法使用的，予以确权登记。对于没有权属来源材料的集体建设用地，应当查明土地历史使用情况和现状，认定属于合法使用的，经所在农民集体同意，并公告30日无异议，经乡（镇）人民政府审核，报县级人民政府批准，予以确权登记。

此外，在确权过程中，可能会出现对土地权属的争议。《土地管理法》第14条规定：土地所有权和使用权争议，由当事人协商解决；协商不成的，由人民政府处理。单位之间的争议，由县级以上人民政府处理；个人之间、个人与单位之间的争议，由乡级人民政府或者县级以上人民政府处理。当事人对有关人民政府的处理决定不服的，可以自接到处理决定通知之日起30日内，向人民法院起诉。在土地所有权和使用权争议解决前，任何一方不得改变土地利用现状。

2003年1月3日，原国土资源部公布了《土地权属争议调查处理办法》，后在2010年进行了修正。在调查处理土地权属争议过程中，国土资源行政主管部门可以向有关单位或者个人调查取证，并在认为有必要时对争议的土地进行实地调查。在此基础上，国土资源行政主管部门应充分听取争议双方的主张，审查双方当事人提供的有关证据材料。

第三节　集体建设用地的开发利用

一、相关改革背景与探索实践情况

（一）相关改革背景

新中国成立以来直至改革开放初期，我国一直严禁农村集体所有土地直接进入市场进行流转。因公共利益项目需要使用集体所有土地的,需要依法征收为国有土地后,才能进入市场进行流转。

但从20世纪80年代开始,随着乡镇企业的兴起,农村集体所有土地被用于兴建厂房、挖砖窑、建道路等非农建设的情况越来越多。尤其是随着市场经济的不断发展,农民越来越深刻地认识到,土地不仅是一种生产要素,同时还具有资产或财产属性,通过进入市场进行流转而获利的预期也诱导出相当数量的供给。由于集体土地的流转在多数情况下是以"地下"方式进行,相关政府部门并没有将其纳入日常管理的工作范围。有些城市郊区的农村,以农村集体经济组织或村委会的名义利用集体土地建造一批房屋,将房屋出售给本村村民,有些甚至以公开拍卖的方式卖给非本村人员,或者直接将本村的建设用地卖给村民或非本村的人员用于建造住宅,农村集体经济组织从中获益,将所得分配给村民或成为村集体的积累。有些地方以乡(镇)人民政府名义发放房屋所有权证,这些房屋成为"小产权房"。"小产权房"虽然未在登记机构办理产权登记,不能公开上市交易,但可以占用,可以出租,还可以进行私下交易,只是价格相对商品房便宜一些。由于缺乏相应的规划与制度约束,集体土地利用率偏低,浪费现象比较严重,将农用地变成建设用地的情况非常普遍,不少地方也造成了一定的生态环境问题与社会治安问题。

集体土地使用权的自发流转现象虽然反映了农民集体的利益诉求,但不受监管的无序状态也造成了一些负面效应。于是有些地方政府改变原来的默认态度,对其进行重视,将对集体所有土地使用的指导与规范纳入政府工作中。但在法律法规层面,对于集体建设用地入市流转的态度还是比较谨慎的,用"限制"取代原来的"禁止",具体表现在1998年8月修订后的《土地管理法》第43、60、63条等规定中。

进入21世纪后,基于部分地方的实践探索,中央开始重视并制定关于集体土地使用权流转的政策文件。如国务院于2004年10月发布的《关于深化改革严格土地管理的决定》(国发〔2004〕28号)中提出"在符合规划的前提下,村庄、集镇、建制镇中的农民集体所有建设用地使用权可以依法流转",为集体建设用地流转的规范管理提供了依据。2005年6月,广东省人民政府出台全国第一部关于集体建设用地流转的地方政府规章《广东省集体建设用地使用权流转管理办法》,标志着广东省农村集体建设用地使用权流转进入市场化阶段。

2008年10月12日中国共产党十七届三中全会上通过的《中共中央关于推进

农村改革发展若干重大问题的决定》在集体所有土地流转方面有比较大的突破,提出:在土地利用规划确定的城镇建设用地范围外,经批准占用农村集体土地建设非公益性项目,允许农民依法通过多种方式参与开发经营并保障农民合法权益。逐步建立城乡统一的建设用地市场,对依法取得的农村集体经营性建设用地,必须通过统一有形的土地市场、以公开规范的方式转让土地使用权,在符合规划的前提下与国有土地享有平等权益。抓紧完善相关法律法规和配套政策,规范推进农村土地管理制度改革。

后来,因为各种原因,改革进程的推进速度与成效未如社会各界的预期。

(二)改革探索实践情况

2013年11月12日,中国共产党十八届三中全会上通过的《中共中央关于全面深化改革若干重大问题的决定》中明确提出建立城乡统一的建设用地市场。在符合规划和用途管制前提下,允许农村集体经营性建设用地出让、租赁、入股,实行与国有土地同等入市、同权同价。

2014年12月,中共中央办公厅和国务院办公厅联合发布了《关于农村土地征收、集体经营性建设用地入市、宅基地制度改革试点工作的意见》(中办发〔2014〕71号)。其中,提出建立农村集体经营性建设用地入市制度。完善农村集体经营性建设用地产权制度,赋予农村集体经营性建设用地出让、租赁、入股权能;明确农村集体经营性建设用地入市范围和途径;建立健全市场交易规则和服务监管制度。并建立兼顾国家、集体、个人的土地增值收益分配机制,合理提高个人收益。

2015年2月27日,第十二届全国人大常委会第十三次会议通过《关于授权国务院在北京市大兴区等三十三个试点县(市、区)行政区域暂时调整实施有关法律规定的决定》。随后,全国范围内开始实施农村土地制度改革三项试点。

此后,原国土资源部制定《农村土地征收、集体经营性建设用地入市和宅基地制度改革试点实施细则》(国土资发〔2015〕35号),财政部会同原国土资源部出台《农村集体经营性建设用地入市土地增值收益调节金征收使用管理办法》(财税〔2016〕41号),原银监会、原国土资源部出台《农村集体经营性建设用地使用权抵押贷款管理暂行办法》(银监发〔2016〕26号,已失效)等配套制度。

从2015年开始,各试点区域陆续推出集体经营性建设用地入市项目,并有入市项目落地。刚开始,一个试点地区只开展一项试点,其中集体经营性建设用地入市改革试点15个。2016年9月,集体经营性建设用地入市改革试点扩大到全部 33 个试点县(市、区)。

经过三年探索,农村土地制度改革三项试点工作取得明显成效,2018 年 12 月 23 日,国务院在第十三届全国人大常委会第七次会议上所作的《关于农村土地征收、集体经营性建设用地入市、宅基地制度改革试点情况的总结报告》中指出:通过农村土地制度改革三项试点,推动了城乡统一的建设用地市场建设,增强了农村产业发展用地保障能力,增加了农民土地财产收入并提升了农村土地利用和治理水平。

从该总结报告中可以看出集体经营性建设用地入市的一些进展情况:集体经营性建设用地已入市地块 1 万余宗,面积 9 万余亩,总价款约 257 亿元,收取调节金 28.6 亿元。集体经营性建设用地入市进一步显化了集体土地价值,试点地区共获得入市收益 178.1 亿元。江苏武进以出让方式取得集体经营性建设用地资产成功上市,首次在最高层级资本市场上得到认可。浙江德清、河南长垣、山西泽州、辽宁海城等地通过集体建设用地调整入市建设乡(镇)工业园区,为促进乡村产业集聚、转型发展提供了有效平台。

农村土地制度改革三项试点工作在取得明显成效的同时,也存在一些问题和不足。针对存在的问题,总结报告提出了一些建议,其中在集体经营性建设用地入市方面的建议为:对土地利用总体规划等法定规划确定为工业、商业等经营性用途,并经依法登记的集体建设用地,允许土地所有权人通过出让、出租等方式交由单位或者个人使用。为维护土地管理秩序,明确要求集体建设用地使用权人严格按照土地利用总体规划等法定规划确定的用途使用土地;集体经营性建设用地使用权的最高年限、登记等,参照同类用途的国有建设用地执行。

在 2019 年修正的《土地管理法》和 2021 年修订的《土地管理法实施条例》中均有以上建议内容的体现,对集体经营性建设用地入市的主体、范围、形式、条件及流程等进一步明确。

(三)入市改革试点项目实施面临的难点

从广东省的前期实践来看,集体经营性建设用地入市还存在以下主要的难点。

1. 完善用地手续程序复杂、技术要求高

相较于国有建设用地的净地出让,集体经营性建设用地多数未完善用地手续,或仅取得农用地转建设用地批复。实践中,如将《土地管理法》要求的集体经营性建设用地"经依法登记"方可入市,理解为应当取得集体土地所有权和集体建设用地使用权证,那么从取得用地批复到办理使用权证,需要完成多项程序,不仅涉及多个职能部门,对于开展工作的人员技术素质要求也高,村集体经济组织一般难以应对。

2. 入市准备事项费用高、前期投入大

根据《土地管理法》的要求,在入市前除完善用地手续外,还需完成编制入市方案、村集体经济组织内部多次表决、地价评估、入市方案征询意见、拟定合同等多项工作,其中不乏土地报批费用、勘测测绘费用、地价评估费用等多项支出,而村集体经济组织多数并无充裕的资金开展入市准备等前期工作。

3. 入市集体决策难,不确定因素大

部分地区对于入市流程提出"三表决、三公示"等要求,即在是否同意入市、入市方案、内部收益分配等环节,均要求召开村民代表大会,进行现场表决及公示。实践中发现存在较大实施难度:村民对于何为入市并不熟悉,但是对于涉及个人收益的事项却又特别重视,导致集体民主议定时难免出现分歧;入市申请、入市方案、入市合同等材料需要征询乡(镇)人民政府、自然资源部门、市(区)人民政府及相关职能部门多轮意见,极大地拉长了开展入市工作的时间。

4. 土地增值收益分配机制不完善

由于集体经营性建设用地入市尚未纳入现行土地增值税法纳税范围,部分试点地区探索通过征收土地增值收益调节金、预留公共设施用地的方式共享入市收益。土地增值收益调节金是实现土地征收转用与集体经营性建设用地入市取得的土地增值收益在国家和集体之间分享比例的大体平衡的重要手段,但由于没有上位法的规定,实践中仍然存在土地增值收益分配机制不完善,集体土地未能与国有土地实现"同地、同权、同责"的情况。

(四)深化试点工作的要求

2019年7月6日,国务院办公厅发布了《关于完善建设用地使用权转让、出租、抵押二级市场的指导意见》(国办发〔2019〕34号)。该指导意见提出:充分发挥市场在资源配置中的决定性作用,更好发挥政府作用,坚持问题导向,以建立城乡统一的建设用地市场为方向,以促进土地要素流通顺畅为重点,以提高存量土地资源配置效率为目的,以不动产统一登记为基础,与国土空间规划及相关产业规划相衔接,着力完善土地二级市场规则,健全服务和监管体系,提高节约集约用地水平,为完善社会主义市场经济体制、推动经济高质量发展提供用地保障。该指导意见中还明确:已依法入市的农村集体经营性建设用地使用权转让、出租、抵押,可参照该指导意见执行。

2022年9月6日,中央全面深化改革委员会第二十七次会议审议通过了《关于深化农村集体经营性建设用地入市试点工作的指导意见》,提出深化农村集体经营性建设用地入市试点工作,严格条件、规范程序,探索解决改革中的深层次问题。会议强调:推进农村集体经营性建设用地入市改革,事关农民切身利益,涉及各方面利益重大调整,必须审慎稳妥推进。试点县(市、区)数量要稳妥可控。要坚持同地同权同责,在符合规划、用途管制和依法取得前提下,推进农村集体经营性建设用地与国有建设用地同等入市、同权同价,在城乡统一的建设用地市场中交易,适用相同规则,接受市场监管。要坚持节约集约用地,坚持先规划后建设,合理布局各用途土地。要严守土地公有制性质不改变、耕地红线不突破、农民利益不受损,落实永久基本农田、生态保护红线、城镇开发边界等空间管控要求。

2023年3月1日,自然资源部开展深化农村集体经营性建设用地入市试点工作视频培训。自然资源部部长强调,入市工作要做到"二三二",审慎稳妥推进试点。要抓住"两项前置条件",加快完成国土空间规划编制特别是实用性村庄规划,完成集体土地所有权和使用权确权登记;要紧盯"三项负面清单",不能通过农用地转为新增建设用地入市,不能把农民的宅基地纳入入市范围,符合入市条件的土地不能搞商品房开发;要探索"两项重点机制",兼顾国家、集体和农民个人的入市土地增值收益调节机制,保护农民集体和个人权益,保障市场主体愿用、会用入市土地的权益保护机制。

二、集体经济组织可以利用集体建设用地兴办企业

集体建设用地除用于农村村民住宅建设和公共设施、公益事业建设外,还可用于工业、商业等经营性用途,包括兴办乡镇企业。此前,集体经济组织对集体经营性建设用地开发利用的主要方式有以下几种。

(一)兴办乡镇企业

农村集体经济组织兴办的企业一般属于乡镇企业。根据1996年颁布的《中华人民共和国乡镇企业法》(以下简称《乡镇企业法》)第2条的规定,乡镇企业是指农村集体经济组织或者农民投资为主,在乡镇(包括所辖村)举办的承担支援农业义务的各类企业。第 10 条规定,农村集体经济组织投资设立的乡镇企业,其企业财产权属于设立该企业的全体农民集体所有。农村集体经济组织与其他企业、组织或者个人共同投资设立的乡镇企业,其企业财产权按照出资份额属于投资者所有。农民合伙或者单独投资设立的乡镇企业,其企业财产权属于投资者所有。第 28 条规定,举办乡镇企业,其建设用地应当符合土地利用总体规划,严格控制、合理利用和节约使用土地,凡有荒地、劣地可以利用的,不得占用耕地、好地。举办乡镇企业使用农村集体所有的土地的,应当依照法律、法规的规定,办理有关用地批准手续和土地登记手续。乡镇企业使用农村集体所有的土地,连续闲置两年以上或者因停办闲置一年以上的,应当由原土地所有者收回该土地使用权,重新安排使用。

乡镇企业产生于 20 世纪 80 年代初,是伴随农业社会分工和农村经济发展而萌发的。法律规定乡镇企业要从税后利润中提取一定比例的资金用于支援农业和农村社会性支出。乡镇企业的发展,带动集体经济不断壮大,成为以工补农的有益探索。有些乡镇企业已成为带动农民就业增收的乡村企业。2019 年 1 月发布的中共中央、国务院《关于坚持农业农村优先发展做好"三农"工作的若干意见》指出,发展壮大乡村产业,拓宽农民增收渠道,扶持发展吸纳就业能力强的乡村企业。目前,《乡镇企业法》已严重滞后于当前乡镇企业发展的需要,亟须修订完善。

《土地管理法》第 60 条规定是关于乡镇企业用地的专门条款,农村集体经济组织可以使用乡(镇)土地利用总体规划确定的建设用地兴办乡镇企业,但需要先提出申请,由县级以上地方人民政府批准。需要注意的是,该条规定提及的乡镇企业用地,是从用地主体的角度而言的,实际用地性质,仍主要是集体经营性建设用地性质,即工业、商业等用途,只是因为用地主体不同,单独在该条对于审批事项进行了规定。

(二)入股

根据《土地管理法》第 60 条的规定,农村集体经济组织使用乡(镇)土地利用总体规划确定的建设用地与其他单位、个人以土地使用权入股、联营等形式共同举办企业的,也需要办理审批手续。

入股的方式,是将集体建设用地使用权作价出资,并将集体建设用地使用权转移至要入股的企业名下。根据《中华人民共和国公司法》(以下简称《公司法》)

第 27 条规定,土地使用权可以作为非货币财产作价出资,但应可以用货币估价并可以依法转让。所以,要以集体建设用地使用权入股,首先要进行确权与评估。本章第二节中已经对集体土地确权进行了介绍,此处不再赘述。

将土地使用权作价出资,一个必要过程就是评估作价的过程,需要有资质的专业评估机构参与,通过特定的评价标准和方法,对集体建设用地的价值进行市场化的评价和测算,最后得出量化的土地使用权价值。目前,我国仅出台了农用地和城镇国有建设用地土地分等、定级、估价的技术标准,对农村集体建设用地,特别是集体经营性建设用地的级别划分和价值评估还缺乏相应的技术标准。鉴于该背景,实务中集体建设用地很多私下以非正常的途径和方式进行流转,对土地价值直接协商确定,从而造成集体建设用地的低效利用,也无法有效保护集体经济组织与农民的利益。

中国共产党十八届三中全会上提出"允许农村集体经营性建设用地出让、租赁、入股,实行与国有土地同等入市、同权同价"。鉴于此,可以考虑借鉴城镇国有土地建设用地的评估方法。

实务中,对于土地使用权的评估中常见的方法有市场比较法、收益还原法和成本法。市场比较法是根据替代原则,就待估宗地所处区域的平均条件和待估宗地具有可比性的类似土地交易实例相比,并根据修正系数等因素得出待估宗地价格的方法。收益还原法是指在估算土地未来每年预期净收益的基础上,以一定的还原率,将估价对象未来每年的纯收益折算为估价时间的价值综合的方法,简单来讲,即土地未来总收益在评估时点的现金流(收益)贴现价格。成本法即以土地开发所需各项费用之和为依据,再结合正常的开发利润、投资利益、应缴税金、土地增值效益等来推算土地价格的估值方法。

在一些地方性规范文件中,对集体建设用地的评估方法作出了明确的规定。例如,北京市规划和自然资源委员会、北京市住房和城乡建设委员会联合发布的《关于我市利用集体土地建设租赁住房相关政策的补充意见》(京规自发〔2018〕64 号)中规定:农村集体经济组织对外合作开发集体租赁住房项目,可委托有资质的土地估价机构,遵循有关规定,采用预期租金收益法、成本估算法、市场比较法等多种估价方法进行估价,为集体经济组织确定投资入股土地的正常市场价格提供参考。采用预期租金收益法考虑市场租金变化等因素,还原确定集体租赁住房的成本回收周期及入股集体土地的市场价格;采用成本估算法,分析集体租赁住房用地与国有建设用地在成本构成上的差异,考虑开发建设等周期因素,确定入股联营集体土地使用权的市场价格；采用市场比较法遵循同权同价原则，合理考虑周边及同等条件地块近期市场交易情况，确定入股联营集体土地使用权的市场价格。

（三）联营

联营是指企业法人之间或企业法人与事业单位法人之间通过协议或者章程而进行经济联合的组织形式，当事人以此达成的协议称为联营合同。《民法典》中已经没有对"联营"的规定，但在实务中联营合同大量存在。此前的《中华人民共和国民法通则》（以下简称原《民法通则》，已失效）中对"联营"有专门的规定（第51、52、53条），可供参考。原《民法通则》与最高人民法院《关于审理联营合同纠纷案件若干问题的解答》（已失效）将联营分为以下三种类型：

1. 法人型联营，又称紧密型联营。企业之间或者企业、事业单位之间联营，组成新的经济实体，独立承担民事责任、具备法人条件的，经主管机关核准登记，取得法人资格。

2. 合伙型联营，又称半紧密型联营。企业之间或者企业、事业单位之间联营，共同经营、不具备法人条件的，由联营各方按照出资比例或者协议的约定，以各自所有的或者经营管理的财产承担民事责任。依照法律的规定或者协议的约定负连带责任的，承担连带责任。

3. 协作型联营，又称松散型联营。企业之间或者企业、事业单位之间联营，按照合同的约定各自独立经营的，它的权利和义务由合同约定，各自承担民事责任。

根据《土地管理法》第60条的规定，农村集体经济组织与其他单位、个人以联营形式利用集体建设用地，一般需要设立联营企业。联营企业，是指企业间或企业与事业单位之间实现联合经营的企业组织形式，具体指的是法人型联营企业与合伙型联营企业。鉴于我国《公司法》《中华人民共和国合伙企业法》等法律日渐完善，对于联营合同纠纷案件，可以直接适用这些法律进行审理，所以《民法典》中对"联营"不再进行专门的规定。

法人型联营方式下，通常由农村集体经济组织下设乡镇企业，由于乡镇企业的股权一般不能直接转让，因此由乡镇企业与社会投资主体共同新设具有法人资格的有限公司，乡镇企业以其持有的集体建设用地使用权作价出资入股，社会投资主体通常投入资金并进行管理。

合伙型联营方式下，乡镇企业可以与社会投资主体新设合伙企业或者其他不具有法人资格的企业组织,集体建设用地使用权并不直接以作价出资的方式进入联营企业,但联营企业可以自己的名义利用集体建设用地使用权,即可以实际占有、使用该集体建设用地及上面的建筑物。最高人民法院《关于审理联营合同纠纷案件若干问题的解答》(已失效)中"关于联营各方对联营债务的承担问题"的相关规定可供参考:农业集体经济组织以提供自己所有的土地使用权参加合伙型联营的,应当按照联营合同的约定承担联营债务,如合同未约定债务承担比例,可参照出资比例或者盈余分配比例承担。

需要注意的是,《农村集体经济组织法》第39条规定:对符合国家规定的集体经营性建设用地,农村集体经济组织应当优先用于保障乡村产业发展和乡村建设,也可以依法通过出让、出租等方式交由单位或者个人有偿使用。

三、利用集体建设用地建设租赁住房的探索

2017年10月,党的十九大报告提出"坚持房子是用来住的、不是用来炒的定位,加快建立多主体供给、多渠道保障、租购并举的住房制度,让全体人民住有所居"。2022年10月,党的二十大报告再次提出"坚持房子是用来住的、不是用来炒的定位,加快建立多主体供给、多渠道保障、租购并举的住房制度"。

(一)利用集体建设用地建设租赁住房试点

2017年7月,住房和城乡建设部等9个部门联合发布了《关于在人口净流入的大中城市加快发展住房租赁市场的通知》(建房〔2017〕153号)。为增加租赁住房供应,缓解住房供需矛盾,构建购租并举的住房体系,2017年8月,原国土资源部、住房和城乡建设部联合发布《利用集体建设用地建设租赁住房试点方案》(国土资发〔2017〕100号),第一批在北京、上海、沈阳、南京、杭州、合肥、厦门、郑州、武汉、广州、佛山、肇庆、成都13个城市开展试点,以建立租售并举的住房制度,促进城乡统筹发展。2019年1月,又新增福州、南昌、青岛、海口、贵阳5个试点城市,通过试点方案的城市扩大到18个。这些试点城市也陆续出台了地方性试点实施方案。

试点方案在"基本原则"部分,提出"政府主导,审慎稳妥推进试点。项目用地应当符合城乡规划、土地利用总体规划及村土地利用规划,以存量土地为主,不得占用耕地,增加住房有效供给"。在"试点目标"部分,提出"通过改革试点,在试点城市成功运营一批集体租赁住房项目,完善利用集体建设用地建设租赁住房规则,形

成一批可复制、可推广的改革成果,为构建城乡统一的建设用地市场提供支撑"。

试点方案在"试点内容"部分,提出"村镇集体经济组织可以自行开发运营,也可以通过联营、入股等方式建设运营集体租赁住房。兼顾政府、农民集体、企业和个人利益,厘清权利义务关系,平衡项目收益与征地成本关系";"集体租赁住房出租,应遵守相关法律法规和租赁合同约定,不得以租代售。承租的集体租赁住房,不得转租";"承租人可按照国家有关规定凭登记备案的住房租赁合同依法申领居住证,享受规定的基本公共服务"。

需要注意的是,用于租赁住房建设的集体建设用地,并未限定为工业、商业等集体经营性建设用地,还包括节余存量的宅基地、村集体的住宅用地等住宅类型的用地。

(二)租赁住房的开发建设模式

在《利用集体建设用地建设租赁住房试点方案》中,明确村镇集体经济组织可以选择自主开发建设或与其他主体合作开发建设两种模式,合作开发的方式包括联营、入股等,但没有明确合作开发建设的对象。

在一些地方出台的规范性文件或地方性试点实施方案中,对合作模式有相关规定。如北京市原规划和国土资源管理委员会发布的《关于进一步加强利用集体土地建设租赁住房工作的有关意见》(市规划国土发〔2017〕376号),北京市规划和自然资源委员会、北京市住房和城乡建设委员会联合发布的《关于我市利用集体土地建设租赁住房相关政策的补充意见》(京规自发〔2018〕64号)通过对项目主体的规定,确立了以下三种开发建设模式:一是集体经济组织自主开发建设;二是集体经济组织与国有企业新设项目联合体,合作开发建设;三是由集体经济组织以外的其他主体(土地竞得者)进行开发建设。北京市将合作开发的主体限定为国有企业,对土地竞得者则没有主体限制。集体经济组织可以项目经营权出租的方式与社会资本合作。

在其他一些试点城市的规定中,厦门、杭州、郑州等试点城市与北京相似,集体经济组织只能与国有企业合作开发建设;而沈阳、广州、肇庆等试点城市的规定中明确允许非国有企业参与合作开发;还有一些试点城市对合作企业的类型没有明确规定。

值得注意的是,广东省佛山市的做法与其他城市不同,规定当地政府为住房租赁专门设立的国有企业可以协议出让等方式取得集体土地建设用地使用权,单独进行开发建设。该做法意在让政府为集体土地租赁专门设立的国有企业先行试水,引领、带领租赁市场规范化运行,其本质是政府进行集体土地租赁住房建设改革的试验场。与之类似的是北京市的"大兴模式",即镇级集体经济组织以土地使用权入股,成立具有独立法人资格的镇级土地联营公司,在没有社会资本参与的情况下进行整理开发并将建设用地使用权入市交易。两地规定的区别在于,土地使用权归属不同。佛山市通过政府专门设立的国有企业取得集体建设用地使用权;北京市大兴区通过镇级集体经济组织设立联营公司,以建设用地使用权作为担保进行整理开发融资,后入市交易,获得建设用地使用权的主体为土地竞得者。

(三)利用集体建设用地所建房屋也可以采取有偿设立居住权方式

虽然利用集体建设用地建设的住房可以采取租赁方式,但有"租赁期限不得超过二十年"的限制。很多城市居民想对租赁的房屋进行装修或改造,但担心以后会被出租人借故收回,导致前期投入难以收回。而且"承租的集体租赁住房,不得转租",如果自己住了一段时间后不想再住但租赁期限未到,不能转租房屋将会产生一定的损失。对于农村集体经济组织而言,靠租金方式收回前期的建设投入的时间周期较长,而且前期建设较大,投入需要靠借款或融资方式去解决,且此后需要负担利息或者与合作方分享租金收入。同时能否将所建造的房屋大部分出租出去,也存在一定的商业风险。

在我国部分农村地区,尤其是在城市郊区、自然环境较好的农村,有一些闲置的集体建设用地,但农村集体经济组织缺少资金进行新农村建设,因农村土地管理制度的限制难以进行建设用地的流转,所以通过"合作建房"的形式进行新农村建设。可以采取的办法有:一是由农村集体经济组织或村委会出面,在报请上级政府批准后,按照当地政府制定的土地利用规划要求,利用闲置的集体建设用地,集中建设一批住宅,土地使用权与房屋所有权归村集体经济组织所有,但可以提供给城市居民有偿使用。建设所需资金主要来自一些城市居民提供的建房资金,并由村集体经济组织按照资金数额的多少在一定面积的住宅上为出资人设立长期居住权。二是由农村集体经济组织或村委会利用积累的集体资金与银行贷款,先建设一批住宅,然后以有偿方式提供给城市居民长期居住并办理居住权设立登记。所得的房屋使用费可以用于归还银行贷款与集体积累,也可以用于公共配套设施建设、农村道路建设或绿化工作。

对城市居民来说,有偿方式设立长期居住权做法比租赁更加有吸引力,因为法律保护效力更高，可以放心地投入对房屋进行装修或改造。如果在合同中约定设立居住权的住宅可以出租，城市居民在自己不经常居住的情况下，可以对外出租获得收益，实现一定的投资功能。

虽然以上目前还只是本书作者提出的一种观点，但可以供相关政府部门参考。利用集体建设用地统一建设住房然后为城市居民设立长期居住权的做法类似租赁住房。相同点是集体建设用地使用权与房屋所有权属于农村集体经济组织，按照规划统一建设房屋，以有偿方式提供给城市居民使用。主要差异是用居住权合同代替租赁合同，并办理居住权设立登记，这可以视为利用集体建设用地建设租赁住房的一种升级版，对城市居民的吸引力会更大。如此不仅可以解决新农村建设所需的部分资金，而且通过集中规划、统一方式开展建设，比农村村民与城市居民之间个别的"合作建房"形式要好，其本质也是以有偿方式设立长期居住权。这种做法符合国家鼓励的由农村集体经济组织主导实施有偿使用制度的导向。

四、集体所有土地不能用于商品房开发

实践中，一些地方将集体所有土地（主要是集体建设用地）用于建设住房，常见做法是农村集体经济组织（或以村委会的名义）与房地产公司、建筑公司等企业合资、合作开发房地产。在审判实践中，对于以集体所有土地为标的签订的用于商品住宅的房地产开发合同的效力问题，认识存在不一致。

最高人民法院民一庭2021年第34次主审法官会议讨论认为：当事人以集体所有土地为标的签订的用于商品住宅的合资合作开发房地产合同，因违反法律、行政法规的强制性规定而无效。

具体的理由如下：首先，《城市房地产管理法》第2条第3款规定："本法所称房地产开发，是指在依据本法取得国有土地使用权的土地上进行基础设施、房屋建设的行为。"第9条规定："城市规划区内的集体所有的土地，经依法征收转为国有土地后，该幅国有土地的使用权方可有偿出让，但法律另有规定的除外。"其次，根据《土地管理法》第44条第1款规定："建设占用土地，涉及农用地转为建设用地的，应当办理农用地转用审批手续。"第63条第1款规定："土地利用总体规划、城乡规划确定为工业、商业等经营性用途，并经依法登记的集体经营性建设用地，土地所有权人可以通过出让、出租等方式交由单位或者个人使用，并应当签订书面合同，载明土地界址、面积、动工期限、使用期限、土地用途、规划条件和双方其他权利义务。"可见，集体经营性建设用地限于工业、商业等经营性用途，商品住宅

用地未纳入集体经营性建设用地用途。

由此可见,按照现行法律规定,集体所有土地不能用于商品住宅的房地产开发,当事人约定以集体所有土地为标的签订的合资、合作开发房地产合同,其约定因违反法律、行政法规的强制性规定而无效。

实践中,有些农村集体经济组织与房地产公司私下进行合作开发住宅用房的情况,以解决本村大龄青年的住房问题或其他名义出现,虽然因无法办理房产证而无法直接上市交易,但可以在本村内进行转让,甚至有些地方将房屋以"公开拍卖"的形式卖给非本村的人员。

这种做法,显然违反了《土地管理法》的相关规定,具体见第74、77、82条规定。对这种违法情形的处理,应按照《土地管理法》第83条规定:"……责令限期拆除在非法占用的土地上新建的建筑物和其他设施的,建设单位或者个人必须立即停止施工,自行拆除;对继续施工的,作出处罚决定的机关有权制止。"但在现实中,对于新建的房屋,尤其未经审批先建的情况,可以要求其"立即停止施工,自行拆除"。如果此前已建的违法建筑物,尤其是2007年《城乡规划法》颁布之前的违章建筑较多,将其全部拆除显然成本较高,而且容易产生社会矛盾。所以,通常是对农村集体经济组织处以一定的罚款,建筑物继续存在但不予办理不动产权属登记,等以后房屋倒塌后再收回集体土地。如果当地政府要对所在区域进行集体土地征收,一般不予安置补偿或给予较低标准的经济补偿。

对土地违法案件进行行政处罚,应按照《自然资源行政处罚办法》(2020年修正)的相关规定。涉及土地违法案件由土地所在地的县级自然资源主管部门管辖。该办法第11条第1款规定:自然资源主管部门发现自然人、法人或者其他组织行为涉嫌违法的,应当及时核查。对正在实施的违法行为,应当依法及时下达《责令停止违法行为通知书》予以制止。该办法第27条第1句规定:违法行为依法需要给予行政处罚的,自然资源主管部门应当制作《行政处罚告知书》,按照法律规定的方式,送达当事人。当事人有权进行陈述和申辩。根据该办法第28条的规定,对拟给予较大数额罚款行政处罚的,自然资源主管部门应当制作《行政处罚听证告知书》并送达当事人。当事人可以申请听证的,行政处罚听证适用《自然资源听证规定》。该办法第32条规定:自然资源主管部门应当自立案之日起60日内作出行政处罚决定。案情复杂,不能在规定期限内作出行政处罚决定的,经本级自然资源主管部门负责人批准,可以适当延长,但延长期限不得超过30日,案情特别复杂的除外。

需要注意的是,自然资源主管部门不能直接派人拆除违法建筑。根据《土地管理法》第 83 条的规定,建设单位或者个人对责令限期拆除的行政处罚决定不服的,可以在接到责令限期拆除决定之日起 15 日内,向人民法院起诉;期满不起诉又不自行拆除的,由作出处罚决定的机关(通常是县级自然资源主管部门)依法申请人民法院强制执行,费用由违法者承担。

第四节　集体经营性建设用地入市与流转

一、集体经营性建设用地入市条件与交易方式

(一)集体经营性建设用地入市条件

根据《土地管理法》及《土地管理法实施条例》中的相关规定,集体经营性建设用地入市主要需满足以下条件。

1. 满足规划和经营性用途要求

入市的集体经营性建设用地应当符合土地利用总体规划、城乡规划,规划用途应当为工业或者商业等经营性用途,这是"前置条件"。

我国正在建立国土空间规划体系,已编制国土空间规划的,不再编制土地利用总体规划、城乡规划。《土地管理法实施条例》第 38 条进一步将《土地管理法》第 63 条中的"土地利用总体规划、城乡规划"用词统一调整为"国土空间规划",并特别强调了符合规划对合同效力的影响,其第 41 条明确规定"未依法将规划条件、产业准入和生态环境保护要求纳入合同的,合同无效"。

同时,要加快完成国土空间规划编制特别是实用性村庄规划。2019 年 5 月,自然资源部办公厅发布《关于加强村庄规划促进乡村振兴的通知》;2020 年 12 月,自然资源部办公厅发布《关于进一步做好村庄规划工作的意见》,针对当前村庄规划工作中反映的一些问题,从政策方向上提出了指导意见,在实际操作上作出明确要求。

可使用集体经营性建设用地的,主要指工业、商业等经营性用途,如农村一二三产业融合发展、乡村文旅、养老服务、采矿用地以及规模较小、不能进区入园的一些农村小微工业项目等。除此以外,还有其他的项目也可以利用集体经营性建设用地,如保障性租赁住房、露营旅游设施、乡村民宿、医养结合项目、物流基础设

施等。明确的限制是"三项负面清单":"不能通过农用地转为新增建设用地入市"、"不能把农民的宅基地纳入入市范围"及"符合入市条件的土地不能搞商品房开发"。

2.依法登记,产权清晰

集体经营性建设用地入市的另一项"前置条件"是"完成集体土地所有权和使用权确权登记"。2022年1月,自然资源部发布《关于加快完成集体土地所有权确权登记成果更新汇交的通知》,提出健全集体土地所有权确权登记成果更新和应用机制,集体经营性建设用地入市前,应依法完成集体土地所有权确权登记。集体土地所有权未登记或存在权属争议的,集体经营性建设用地不得入市交易。

农村集体经济组织可以集体建设用地使用权入股的方式与社会投资主体共同设立企业,即农村集体经济组织将建设用地使用权评估量化,并以公司出资的形式形成公司的法人资本,并行使法人财产权。而以入股的方式将集体建设用地使用权出资至新设法人企业必然涉及资产转让及土地使用权流转和权属转移登记问题,也就需要解决确权的问题。确权登记系我国农村集体产权制度改革的重点工作之一,依法办理土地所有权和使用权确权登记系入市的前置条件。

3.应依法经过民主议定决策

集体经营性建设用地入市必须经土地所有权人内部的民主议定决策程序。《土地管理法》中对此未作出专门规定,具体可以按照《农村集体经济组织法》的相关规定予以实施。根据《农村集体经济组织法》第26条第1款的规定,对集体经营性建设用地使用、出让、出租方案等事项作出决定,是农村集体经济组织成员大会依法行使的职权。根据该法第27条的规定,农村集体经济组织召开成员大会,应有2/3以上具有完全民事行为能力的成员参加。成员大会实行一人一票的表决方式。成员大会作出决定,应当经本农村集体经济组织成员大会全体成员2/3以上同意。根据该法第28条的规定,农村集体经济组织成员较多的,可以按照农村集体经济组织章程规定设立成员代表大会。成员代表大会实行一人一票的表决方式。成员代表大会作出决定,应当经全体成员代表2/3以上同意。

除以上主要条件外,集体经营性建设用地入市还要符合程序的要求。实践中,通常还存在其他限定性条件,如未被司法机关和行政机关依法裁定、决定查封或以其他形式限制土地权利,以及符合产业政策和环保要求等。

有些试点地方出台的规范性文件中对集体经营性建设用地入市条件有专门的规定。例如,浙江省安吉县出台的《安吉县深化农村集体经营性建设用地入市管理办法》(安政办发〔2023〕24号)第18条中规定,农村集体经营性建设用地入市地块应当符合以下要求:(1)产权清晰、权属无争议,无任何其他权利障碍;(2)地上建筑物、其他附着物产权和补偿已经处理完毕;(3)具备通水、通电、通路、土地平整等基本开发建设条件;(4)符合国民经济和社会发展规划,符合产业政策、环保等要求;(5)法律法规规定的其他条件。

(二)集体经营性建设用地入市程序

《土地管理法》第63条和《土地管理法实施条例》第40、41、42条规定中明确了集体经营性建设用地入市的程序。具体有以下步骤:(1)自然资源主管部门提出规划条件和相关要求;(2)土地所有权人编制出让、出租方案,并提前报市、县人民政府;(3)根据市、县人民政府提出的修改意见,土地所有权人修改方案(也可能不要);(4)进入公共资源交易平台进行交易,以招标、拍卖、挂牌或者协议等方式确定土地使用者;(5)双方签订书面合同,合同采用国务院自然资源主管部门制定的示范文本;(6)交费,即建设用地使用者应当按照约定及时支付集体经营性建设用地价款并依法缴纳相关税费;(7)建设用地使用者申请办理集体经营性建设用地使用权登记。

(三)集体经营性建设用地入市实施主体

农村集体经营性建设用地入市主体为作为土地所有权人的农民集体,一般是由村集体经济组织或者村民委员会代表农民集体行使所有权。分别属于村内两个以上农村集体经济组织的,由村内各农村集体经济组织或者村民小组代表集体行使所有权;属于乡(镇)农民集体所有的,由乡(镇)农村集体经济组织代表集体行使所有权。

《德清县农村集体经营性建设用地入市管理办法(试行)》(德政发〔2015〕30号)第三章"入市主体"中规定:农村集体经营性建设用地入市主体是代表集体经营性建设用地所有权的农村集体经济组织。集体经营性建设用地属村集体经济组织的,由村股份经济合作社(村经济合作社)或其代理人作为入市实施主体。集体经营性建设用地属村内其他集体经济组织的,在该集体经济组织依法申请并取得市场主体资格后,可由其作为入市实施主体;未依法取得市场主体资格的,在自愿的基础上,可委托村股份经济合作社(村经济合作社)等代理人作为入市实施主体。集体经营性建设用地属乡镇集体经济组织的,由乡镇资产经营公司等乡镇全资下属公司或其代理人作为入市实施主体。

在实践中,可以探索由代表其所有权的农民集体委托授权的具有法人资格的土地股份合作社、土地联营公司等作为入市实施主体,代表集体行使所有权。例如四川省成都市郫都区围绕委托—代理机制进行探索,确立成立农村股份经济合作社等形式的新型农村集体经济组织,作为集体经营性建设用地入市的实施主体。还可以由有关集体经济组织联合设立入市实施主体,如北京市大兴区在全国率先推出集体经营性建设用地入市的镇级统筹模式,成立集体所有制的联营公司,将集体经营性建设用地登记至联营公司名下,并委托其统一进行园区建设、经营管理、收益分配。

(四)集体经营性建设用地入市交易方式

2015年2月27日,第十二届全国人大常委会第十三次会议通过的《关于授权国务院在北京市大兴区等三十三个试点县(市、区)行政区域暂时调整实施有关法律规定的决定》规定:在符合规划、用途管制和依法取得的前提下,允许存量农村集体经营性建设用地使用权出让、租赁、入股,实行与国有建设用地使用权同等入市、同权同价。该决定发布后,一些试点地区的规范性文件中,进一步将出让、出租规定为集体经营性建设用地使用权的初次流转。

《土地管理法》第63条规定:"……土地所有权人可以通过出让、出租等方式交由单位或者个人使用……"。《土地管理法实施条例》第41条进一步明确:土地所有权人通过出让、出租等方式将集体经营性建设用地入市的应当以招标、拍卖、挂牌或协议等方式确定土地使用者。

1. 出让

集体经营性建设用地出让,是指集体经营性建设用地所有权人将一定年限的集体经营性建设用地使用权出让,由集体经营性建设用地受让人向集体经营性建设用地所有权人支付出让土地价款的行为。集体经营性建设用地使用权出让,参照同类用途的国有建设用地执行。

《中华人民共和国城镇国有土地使用权出让和转让暂行条例》(以下简称《城镇国有土地使用权出让和转让暂行条例》)第8条规定:土地使用权出让是指国家以土地所有者的身份将土地使用权在一定年限内让与土地使用者,并由土地使用者向国家支付土地使用权出让金的行为。土地使用权出让应当签订出让合同。

参照该定义,集体经营性建设用地的所有权人是农民集体,应由农村集体经济组织、村委会等主体代表土地所有权人,将土地使用权在一定年限内让与土地使用者,并由土地使用者向农村集体经济组织或村委会支付相应的土地使用权出让价款。

在集体建设用地使用权的获取方式上,可以参照现行国有建设用地必须从土地市场通过招拍挂方式获取的模式,即按照《土地管理法实施条例》第41条的规定,"以招标、拍卖、挂牌或者协议等方式确定土地使用者"。

根据各试点地区的实践,通常情况下,试点地区规定出让底价不得低于农村集体经营性建设用地(或出让地块所在地区)基准地价的一定比例,或者同时规定出让底价不得低于国家规定的相应国有建设用地出让最低价标准。例如,《德清县农村集体经营性建设用地入市管理办法(试行)》(德政发〔2015〕30号)第26条规定,集体经营性建设用地使用权入市地价须经有资质的评估机构评估,地价评估报告须经国土资源管理部门备案:(1)集体经营性建设用地入市实行与城镇国有建设用地统一的基准地价体系,统一的基准地价体系建立前,参照国有建设用地基准地价体系执行;(2)集体经济组织可根据评估价适当加价或减价确定起始价,但最低不得低于评估价的80%;(3)集体经营性建设用地入市需设置底价的,集体经济组织可邀请相关专家和成员代表等组成议价小组(不少于5人),于交易活动开始前30分钟内由议价小组确定底价,并在交易活动结束前严格保密。

值得注意的是,农村集体经济组织以集体建设用地使用权入股、联营等形式与社会投资主体共同合作开发的行为,在本质上属于从所有权人手中直接获取集体建设用地使用权的行为,从主体性质判断土地使用权的获取来源的话,其属于从一级市场直接获取土地的方式,应当视同出让。同时,鉴于该方式不属于从公开市场获取途径,性质上应归类于协议出让的范畴。其特殊之处在于,该方式需要经过县级以上地方人民政府批准。

2. 出租

集体经营性建设用地租赁,是指集体经营性建设用地所有权人将集体经营性建设用地一定期限内的使用权租赁给土地使用者,由土地使用者根据合同约定支付租金的行为。农村集体经济组织是集体建设用地的出租人也是受益人。

《土地管理法实施条例》第17条规定,将国有土地租赁作为国有土地有偿使用的一种方式。第18条规定:国有土地使用权出让、国有土地租赁等应当依照国家有关规定通过公开的交易平台进行交易,并纳入统一的公共资源交易平台体系。除依法可以采取协议方式外,应当采取招标、拍卖、挂牌等竞争性方式确定土地使用者。集体经营性建设用地的出租,参照同类用途的国有建设用地执行,应参照适用《规范国有土地租赁若干意见》中的相关规定。

1999年7月27日,原国土资源部发布的《规范国有土地租赁若干意见》(国土资发〔1999〕222号)对国有土地租赁进行了较为详细的规定。例如第1条第2款规定:国有土地租赁是指国家将国有土地出租给使用者使用,由使用者与县级以上人民政府土地行政主管部门签订一定年期的土地租赁合同,并支付租金的行为。国有土地租赁是国有土地有偿使用的一种形式,是出让方式的补充。当前应以完善国有土地出让为主,稳妥地推行国有土地租赁。第2条规定:国有土地租赁,可以采用招标、拍卖或者双方协议的方式,有条件的,必须采取招标、拍卖方式。采用双方协议方式出租国有土地的租金,不得低于出租底价和按国家规定的最低地价折算的最低租金标准,协议出租结果要报上级土地行政主管部门备案,并向社会公开披露,接受上级土地行政主管部门和社会监督。第3条规定:国有土地租赁的租金标准应与地价标准相均衡。承租人取得土地使用权时未支付其他土地费用的,租金标准应按全额地价折算;承租人取得土地使用权时支付了征地、拆迁等土地费用的,租金标准应按扣除有关费用后的地价余额折算。采用短期租赁的,一般按年度或季度支付租金;采用长期租赁的,应在国有土地租赁合同中明确约定土地租金支付时间、租金调整的时间间隔和调整方式。第4条规定:国有土地租赁可以根据具体情况实行短期租赁和长期租赁。对短期使用或用于修建临时建筑物的土地,应实行短期租赁,短期租赁年限一般不超过5年;对需要进行地上建筑物、构筑物建设后长期使用的土地,应实行长期租赁,具体租赁期限由租赁合同约定,但最长租赁期限不得超过法律规定的同类用途土地出让最高年期。

此外,有些试点地区将作价出资(入股)也作为入市方式。集体经营性建设用地作价出资(入股),是指集体经营性建设用地所有权人以一定期限的集体经营性建设用地使用权作价,作为出资与他人组建新企业或增资入股到已有企业的行为,该土地使用权由企业持有。集体经营性建设用地的土地使用权作价出资(入股)形成的股权由集体所有权人或其委托的主体单位持有。无论是出让、出租还是作价出资(入股),都是有偿使用方式,区别于国有土地的划拨方式与公益性集体建设用地的无偿使用方式。

二、集体经营性建设用地使用权在二级市场流转

(一)集体经营性建设用地使用权流转方式

《土地管理法》第63条第3款规定:通过出让等方式取得的集体经营性建设用地使用权可以转让、互换、出资、赠与或者抵押,但法律、行政法规另有规定或者土地所有权人、土地使用权人签订的书面合同另有约定的除外。

2019年7月6日,国务院办公厅发布了《关于完善建设用地使用权转让、出租、抵押二级市场的指导意见》(国办发〔2019〕34号)。其第二部分"完善转让规则,促进要素流通"中指出,要明确建设用地使用权转让形式,将各类导致建设用地使用权转移的行为都视为建设用地使用权转让,包括买卖、交换、赠与、出资以及司法处置、资产处置、法人或其他组织合并或分立等形式涉及的建设用地使用权转移。建设用地使用权转移的,地上建筑物、其他附着物所有权应一并转移。涉及房地产转让的,按照房地产转让相关法律法规规定,办理房地产转让相关手续。明晰不同权能建设用地使用权转让的必要条件……以出让方式取得的建设用地使用权转让,在符合法律法规规定和出让合同约定的前提下,应充分保障交易自由;原出让合同对转让条件另有约定的,从其约定。以作价出资或入股方式取得的建设用地使用权转让,参照以出让方式取得的建设用地使用权转让有关规定,不再报经原批准建设用地使用权作价出资或入股的机关批准;转让后,可保留为作价出资或入股方式,或直接变更为出让方式。第七部分"保障措施"中明确:已依法入市的农村集体经营性建设用地使用权转让、出租、抵押,可参照该意见执行。

集体经营性建设用地使用权转让,是指集体经营性建设用地使用权人将集体经营性建设用地使用权再转移的行为。广义的使用权转让,包括出售、交换和赠与;狭义的使用权转让,不包括交换和赠与。

需要注意的是,《土地管理法》及《土地管理法实施条例》中规定了通过出让等方式取得的集体经营性建设用地使用权可以转让、互换、出资、赠与或者抵押,但并没有包括"出租"。而《城镇国有土地使用权出让和转让暂行条例》第四章专门规定"土地使用权出租",其中第28条规定:土地使用权出租是指土地使用者作为出租人将土地使用权随同地上建筑物、其他附着物租赁给承租人使用,由承租人向出租人支付租金的行为。有些地方的规范性文件中,允许集体经营性建设用地使用权出租。例如,2005年《广东省集体建设用地使用权流转管理办法》第17

条中规定:集体建设用地使用权转租,是指承租人将集体建设用地使用权再次租赁的行为。《德清县农村集体经营性建设用地入市管理办法(试行)》(德政发〔2015〕30号)第20条规定:集体经营性建设用地使用权出租,是指集体经营性建设用地使用权人作为出租人,将集体经营性建设用地使用权出租,由承租人向出租人支付租金的行为。

对于农村集体经济组织出租的集体经营性建设用地能否转租的问题,《土地管理法》及《土地管理法实施条例》中没有规定。实践中,存在较多的转租现象,可以参照适用国务院办公厅《关于完善建设用地使用权转让、出租、抵押二级市场的指导意见》第三部分"完善出租管理,提高服务水平"中的规定:规范以有偿方式取得的建设用地使用权出租管理,以出让、租赁、作价出资或入股等有偿方式取得的建设用地使用权出租或转租的,不得违反法律法规和有偿使用合同的相关约定。

(二)集体经营性建设用地流转的条件

《土地管理法》第63条第4款规定:集体经营性建设用地的出租,集体建设用地使用权的出让及其最高年限、转让、互换、出资、赠与、抵押等,参照同类用途的国有建设用地执行。具体办法由国务院制定。《土地管理法实施条例》第43条中也有类似内容的规定:通过出让等方式取得的集体经营性建设用地使用权依法转让、互换、出资、赠与或者抵押的,双方应当签订书面合同,并书面通知土地所有权人。集体经营性建设用地的出租,集体建设用地使用权的出让及其最高年限、转让、互换、出资、赠与、抵押等,参照同类用途的国有建设用地执行,法律、行政法规另有规定的除外。

参照《城镇国有土地使用权出让和转让暂行条例》第三章"土地使用权转让"、第四章"土地使用权出租"及第五章"土地使用权抵押"的规定,并参照《城市房地产管理法》第38条和第39条规定,根据流转形式的不同,流转条件也有所区别。该条例第19条规定:土地使用权转让是指土地使用者将土地使用权再转移的行为,包括出售、交换和赠与。未按土地使用权出让合同规定的期限和条件投资开发、利用土地的,土地使用权不得转让。

集体经营性建设用地使用权转让(包括出售、交换和赠与)的主要条件:(1)按照出让合同约定已经支付全部土地使用权出让金,并取得建设用地土地使用权证书。(2)按出让合同约定的期限和条件进行投资开发和利用。(3)按照出让合同约定进行投资开发,属于房屋建设工程的,完成开发投资总额的25%以上,属于成片开发土地的,形成工业用地或者其他建设用地条件。(4)原土地使用权人与土地使用权受让人签订书面合同。(5)书面通知土地所有权人。(6)不存在禁止转让的情形:司法机关和行政机关依法裁定、决定查封或以其他形式限制土地权利的;土地权属有争议的;土地使用权属于共有性质,未经其他共有人书面同意的;法律、行政法规另有规定或原出让合同约定不得转让。

有些地方的规范性文件对集体经营性建设用地使用权转让进行了一些限制。例如,《德清县农村集体经营性建设用地入市管理办法(试行)》(德政发〔2015〕30号)第38条规定,有下列情形之一的,相关部门不得办理集体经营性建设用地使用权转让手续:(1)集体经营性建设用地使用者不按照批准的用途和规划条件擅自使用土地的;(2)集体经营性建设用地使用权人开发总面积不足1/3或已投资额占总投资额不足25%的。

需要注意的是,土地使用权转让时,土地使用权出让合同和登记文件中所载明的权利、义务随之转移。土地使用者通过转让方式取得的土地使用权,其使用年限为土地使用权出让合同规定的使用年限减去原土地使用者已使用年限后的剩余年限。土地使用权转让时,其地上建筑物、其他附着物所有权随之转让。土地使用权和地上建筑物、其他附着物所有权转让,应当依照规定办理过户登记。土地使用权转让后,不能改变土地使用权出让合同规定的土地用途。

以出让方式获得集体建设用地使用权的出资可以参考农村集体经济组织以建设用地与其他单位、个人以土地使用权入股形式共同举办企业的做法。主要差别在于无须办理审批手续,但至少要符合以下三个主要条件:(1)按照出让合同约定已经支付全部土地使用权出让金,并取得建设用地土地使用权证书;(2)用地出让方式获得土地的使用人与以土地使用权入股的企业之间要签订书面合同;(3)书面通知土地所有权人。此外,以集体建设用地使用权出资入股,还要进行评估。

集体经营性建设用地使用权抵押,是指将集体经营性建设用地使用权作为债权担保的行为。以出让、作价出资(入股)和转让方式取得的集体经营性建设用地使用权可参照国有建设用地使用权抵押的相关规定办理。集体经营性建设用地抵押分为两种:一是尚未入市但具备入市条件,一般是农村集体经济组织进行抵押;二是已经入市,由土地使用权人进行抵押。

实践中,各试点地区对集体经营性建设用地抵押有一些特殊的规定。例如,(1)海南省文昌市规定,农村集体经营性建设用地在土地一级市场上以租赁方式入市的,租赁期间,出租人与承租人均不得为其设定抵押。(2)上海市松江区规定,开展农村集体经营性建设用地使用权抵押贷款的抵押人限于通过出让或转让方式取得农村集体经营性建设用地使用权的境内外自然人、法人和其他组织(除法律另有规定外),且集体经营性建设用地使用权抵押时所担保的主债权仅限于开发建设该出让地块的贷款,不得超过合同约定的土地出让价款总额。(3)浙江省德清县规定,以租赁方式取得的集体经营性建设用地使用权抵押的,其抵押最高期限不得超过租金支付期限,抵押登记证应当注明租赁土地的租赁期限和租金交纳情况。(4)浙江省义乌市规定,以出让、作价出资(入股)和转让方式取得的农村集体经营性建设用地使用权可参照国有建设用地使用权抵押的相关规定办理,而以租赁方式取得的农村集体经营性建设用地使用权抵押的,其抵押最高期限不得超过租金支付期限,抵押登记证应当注明租赁土地的租赁期限和租金交纳情况。

(三)集体经营性建设用地流转期限

根据《土地管理法》及《土地管理法实施条例》的相关规定,集体建设用地使用权的出让及其最高年限,参照同类用途的国有建设用地执行。所以,集体经营性建设用地使用权流转期限,应为出让合同、作价出资(入股)协议、租赁合同约定的出让、租赁年限减去已使用年限后的剩余年限。

《城镇国有土地使用权出让和转让暂行条例》第12条规定:"土地使用权出让最高年限按下列用途确定:(一)居住用地七十年;(二)工业用地五十年;(三)教育、科技、文化、卫生、体育用地五十年;(四)商业、旅游、娱乐用地四十年;(五)综合或者其他用地五十年。"

一些地方出台的规范性文件中对出让最高年限进行了规定。例如,《义乌市农村集体经营性建设用地入市管理办法(试行)》第14条中规定,农村集体经营性建设用地使用权出让、作价出资(入股)最高年限按以下用途确定:(1)工矿、仓储用地50年;(2)商服、旅游等用地40年。

关于集体经营性建设用地一级市场的租赁最高年限,存在较大争议。有一种观点认为,集体经营性建设用地是用于工业、商业等用途,其出租的最高年限应参照同类用途国有土地使用权出让最高年限,而不是适用房屋的"租赁期限不得超过二十年"的限制。如一审案号为(2021)粤0114民初11342号、二审案号为(2022)粤01民终287号的确认合同无效纠纷案件,生效判决认为集体建设用地使用权出租最高年限可以超出 20 年,但不得超过同类用途的国有建设用地使用权出让的最高期限。根据 2024 年 2 月最高人民法院公布的人民法院案例库中公布的再审案号为(2023)鲁民再 104 号的合同纠纷案例,再审判决认为:集体建设用地租赁期限参照国有建设用地执行,应参照国有建设用地租赁、出租年限,不是参照国有建设用地出让年限。关于国有土地租赁期限,自然资源部《产业用地政策实施工作指引(2019 年版)》第 16 条规定,以长期租赁方式使用土地的,应按照《规范国有土地租赁若干意见》(国土资发〔1999〕222 号)的规定执行,租赁期限不得超过 20 年。因为人民法院案例库入库案例对法院审理类似案例具有指引作用,所以更具有参考价值。

有些地方出台的规范性文件中对流转的最高期限有专门的规定,但差异较大。例如,2005 年《广东省集体建设用地使用权流转管理办法》第 13 条中规定:集体建设用地使用权出让、出租的最高年限,不得超过同类用途国有土地使用权出让的最高年限。而广州市、珠海市等地的规范性文件中规定集体建设用地出租不得超过 20 年。《山东省建设用地使用权转让、出租、抵押交易实施细则(试行)》规定,出租期限不得超过建设用地使用权剩余年限,最高不得超过 20 年;其中从租赁方式取得的建设用地使用权出租,出租年限不得超过国有土地租赁合同约定的剩余年限。《安吉县深化农村集体经营性建设用地入市管理办法》第 10 条中规定:农村集体经营性建设用地出让的最高年限参照同类用途的国有建设用地执行,农村集体经营性建设用地租赁的最高年限不超过 20 年。《义乌市农村集体经营性建设用地入市管理办法(试行)》第 14 条中规定:农村集体经营性建设用地使用权租赁最高年限为 20 年。

(四)集体经营性建设用地使用权流转中出现的问题

集体土地使用者享有一定权利,同时需要履行相应的义务。在权利方面,集体土地使用者可以依法利用集体经营性建设用地建造建筑物、构筑物及其附属设施,并依法申请办理不动产登记;还可以依法转让、互换、出资、赠与或者抵押土地使用权。在义务方面,集体土地使用者应当按照约定及时支付集体经营性建设用地价款,并依法缴纳相关税费;同时,特别需要注意的是不能改变土地的用途。《土地管理法》第 64 条规定:"集体建设用地的使用者应当严格按照土地利用总体规划、城乡规划确定的用途使用土地。"这意味着,无论是以出让方式获得集体经营性建设用地的土地使用权人,还是土地的承租人或土地使用权受让人,都不能改变按照土地利用总体规划、城乡规划确定的、写入书面合同的土地用途。

《土地管理法》第 82 条规定:擅自将农民集体所有的土地通过出让、转让使用权或者出租等方式用于非农业建设,或者违反本法规定,将集体经营性建设用地通过出让、出租等方式交由单位或者个人使用的,由县级以上人民政府自然资源主管部门责令限期改正,没收违法所得,并处罚款。《土地管理法实施条例》第 60 条规定:依照《土地管理法》第 82 条的规定处以罚款的,罚款额为违法所得的 10% 以上 30% 以下。

现实中,农村存在较多的违法建筑现象。对于这种情况,根据《土地管理法》第 66 条规定,"不按照批准的用途使用土地的","农村集体经济组织报经原批准用地的人民政府批准,可以收回土地使用权"。而且对于集体土地使用权人,农村集体经济组织一般不予经济补偿。如果是为了乡(镇)村公共设施和公益事业建设需要,收回农民集体所有的土地,农村集体经济组织应对集体土地使用权人给予适当补偿。如收回的是集体经营性建设用地使用权,应依照双方签订的书面合同办理,法律、行政法规另有规定的除外。在通常情况下,如果不是土地使用权人违法用地导致建设用地使用权被收回,农村集体经济组织应根据土地使用期限及剩余期限、此前支付的集体经营性建设用地价款及集体土地使用权人所建造的建筑物、构筑物等情况,对集体土地使用权人给予合理的经济补偿。

三、探索集体经营性建设用地入市的试点经验

在探索集体经营性建设用地入市的道路上,沿海地区走在全国前列,经过近 20 年的探索,形成了三种模式三种类型,即以珠三角为代表的"股份合作经营"模式下的公有制土地制度类型,以苏南为代表的"返租与集体经营"模式下的公有化集体所有制土地制度类型,以浙江为代表的"私人经营"模式下的"公有私占"的集体所有制土地制度类型。三种土地制度相比,浙江的模式更具有代表性,浙江模式成型以后,全国其他地方大多是在此基础上进行增补。

浙江省德清县与义乌市是 2015 年 2 月 27 日第十二届全国人大常委会第十三次会议通过的决定中 33 个试点县(市、区)之二,下面主要以两地的探索实践为例进行说明。并介绍安吉县与象山县的做法。

(一)浙江省德清县

德清县围绕"建设一个统一市场(城乡建设用地市场)、平衡两种权利、坚守四

条底线"的指导思想,构建了"一办法、两意见、五规定、十范本"的政策体系。德清县的集体经营性建设用地入市政策体系是在2015年后制定的,对于上位法系较大的突破,属于全新体系,在全国起到了示范作用,至今仍具有参考意义。

德清县形成了较为完善的入市流程操作体系。其中,"一办法"是指《德清县农村集体经营性建设用地入市管理办法(试行)》(德政发〔2015〕30号),从入市途径及范围、入市主体、入市方式、入市程序、收益管理、法律责任方面进行了总体规范。"两意见"是指中共德清县委办公室、德清县人民政府办公室《关于建立农村土地民主管理机制的实施意见》《德清县鼓励金融机构开展农村集体经营性建设用地使用权抵押贷款的指导意见》(已失效),通过"两意见"对主体决策机制和入市中资金引入抵押贷款进行指导。"五规定"对入市的主要环节进行细化,是指《德清县农村集体经营性建设用地使用权出让规定(试行)》《德清县农村集体经营性建设用地入市土地增值收益调节金征收和使用规定(试行)》《德清县农村集体经营性建设用地异地调整规定(试行)》《德清县农村集体经营性建设用地入市收益分配管理规定(试行)》《德清县农村集体经营性建设用地出让地价管理规定(试行)》。其中前四个规定的很多内容后来被其他地方所借鉴,异地调整规定的思路被《土地管理法》吸收。此外,德清县还制定了"十范本"为入市的具体操作进行了指导。"十范本"是指入市申请书、入市审核表、入市决议、入市审核呈报表、入市核准书、委托书、德清县集体经营性建设用地使用权出让(租赁)公告、德清县集体经营性建设用地使用权出让(租赁)须知、成交确认书、德清县集体经营性建设用地使用权出让(租赁)合同。

2018年12月,国务院在第十三届全国人大常委会第七次会议上所作的总结报告中指出:浙江省德清县已入市集体经营性建设用地183宗、1347亩,农村集体经济组织和农民获得净收益2.7亿元,惠及农民18万余人,覆盖面达65%。

(二)浙江省义乌市

义乌市有关集体经营性建设用地的入市文件集中发布于2017—2018年。义乌市制定了"一办法、一意见和四规定"。"一办法"是指《义乌市农村集体经营性建设用地入市管理办法(试行)》,相较《德清县农村集体经营性建设用地入市管理办法(试行)》,义乌市的规定作了一些补充和细化,也对其中一些内容作了改变。例如,补充了农村集体经营性建设用地使用权租赁最高年限为20年,入市主体更为细化;对收益分配进行改变,改变了收益10%作为提留用于公益事业的做法,增加了收益用于投资,并且投资收益可进行分红的规定。"一意见"是指《义乌市农村集体经营性建设用地使用权抵押贷款工作实施意见(试行)》(已失效)。"四规定"是指《义乌市农村集体经营性建设用地使用权出让规定(试行)》《义乌市农村集体经营性建设用地入市土地增值收益调节金征收和使用规定(试行)》《义乌市农村集体经营性建设用地出让地价管理规定(试行)》《义乌市农村集体经营性建设用地异地调整规定(试行)》。

(三)浙江省安吉县

安吉县人民政府办公室在2020年发布了《农村集体经营性建设用地入市管理办法(试行)》(安政办发〔2020〕62号),自2021年1月1日起实施,有效期3年。2023年5月31日,安吉县人民政府办公室新发布了《安吉县深化农村集体经营性建设用地入市管理办法》(安政办发〔2023〕24号),自2023年7月1日起施行,有效期至深化农村集体经营性建设用地入市试点工作结束(2024年12月底)。同时,前一管理办法(试行)同时废止。

(四)浙江省象山县

2021年8月3日,象山县人民政府发布了《象山县农村集体经营性建设用地入市管理办法(试行)》(象政发〔2021〕31号),自2021年9月4日起试行,试行一年。新的管理办法暂时还没有出台。

此外,象山县人民政府办公室于2023年7月20日发布的《象山县农村集体资产管理办法》(象政办发〔2023〕28号)中也有内容与集体经营性建设用地入市相关。根据该管理办法第15条的规定,村集体经济组织经营农村集体资产时,涉及"依法进行集体经营性建设用地入市"等重大事项的,应依法依规实行"五议两公开"决策机制,经本集体经济组织成员(代表)大会应到成员的2/3以上通过。

(五)其他地区

2019年《土地管理法》及《土地管理法实施条例》实施后,集体经营性建设用地入市得到立法确认,全国各地均可实施,各地也陆续出台相应的规范性文件。在浙江模式影响下,出现了一些新的变化。以下选取了广东、海南、江苏、上海等地的规范性文件进行比较。

1. 制订集体经营性建设用地入市计划成为趋势。

如海南省自然资源和规划厅于2019年发布的《海南省集体经营性建设用地入市试点办法》，海南省海口市人民政府发布的《关于集体经营性建设用地入市的实施意见》（海府规〔2021〕7号），上海市松江区人民政府于2021年7月发布的《上海市松江区农村集体经营性建设用地入市管理办法》（沪松府办规审字〔2021〕4号）中都提到政府制订集体经营性建设用地入市供应计划。

2. 入市条件有的地方更高，有的地方更模糊，入市范围基本相同。

集体经营性建设用地入市条件上都强调产权明晰、符合用地规划及环保要求。江苏和上海还要求具备"三通一平"开发建设条件，土地及附着物无司法查封限制。入市范围大多强调依法登记，规定就地入市，但也肯定了对零星、分散集体经营性建设用地可采取"先复垦后入市"的异地调整方式入市。

3. 入市主体以集体经济组织为主，村委会等其他主体为辅。

大多数地方确认集体经济组织是集体经营性建设用地入市主体，有的地方规定村委会也可作为入市主体。海南省海口市规定未成立或不健全的集体经济组织可由村委会、村民小组或镇政府代表；江苏省溧阳市规定村民委员会可以代表行使权利。

决策方面大多采用"三分之二以上成员或成员代表同意"，唯有上海修改为"五分之四以上成员或成员代表同意"。

4. 入市方式不再限定于招拍挂，也可以采取协议方式出让，使用年限规定基本相同，但对工业、商业、康养旅游用途未进行细分。

对于集体经营性建设用地入市方式，大多数地方依然强调招拍挂公开出让为主，但也允许低效开发、原集体划拨等土地使用权人协议出让。

对于使用年限，按照用途不同有所区别，如工业用途不超过50年，商业用途不超过40年，仅有常州市溧阳区规定养老用地使用期限可以是50年，对其余用途未作规定。上海市松江区对入市使用年限未作分类别限定的规定。

5. 交易流程上各地规定并不统一，但一般应有准备、方案编制、方案审批、交易、签订合同、公示确权登记等流程。

关于价格问题，2020年后各地都强调"同价同权"，现实中未查询到公开的价格管理规定。各地方对于方案编制、审批的主体及交易场所的名称的规定不尽相同，但内容上总体相当。

6. 在收益管理上,各地的规定并不相同。

大多数地方依然收取土地增值收益调节金,但各地对收取比例的规定不尽相同。各地区单独制定,有的地区对出让、出租等方式做了区分;有的地区统一按净收益的20%收取;有的地区按工业用地类收取20%,商业用地类收取30%;海南省海口市则按分类分级计提,更加细分。

对于入市取得的收益,原则上确定为集体经济组织成员的共同财产,目前尚未有直接分配给成员的规定。仅有部分地区允许进行投资,投资收益在计提公积金公益金后允许分红。

四、地方性法规关于集体所有土地使用权市场管理的规定

海南省在集体经营性建设用地入市方面的探索在国内是较早的。海南省文昌市是全国人大常委会授权的进行三项农村土地制度的33个试点县(市、区)之一,该市为探索建立"同权同价、流转顺畅、收益共享"的农村集体经营性建设用地入市制度,制定了《海南省文昌市集体经营性建设用地入市试点实施方案》。2015年11月16日,文昌市人民政府发布了《文昌市农村集体经营性建设用地入市试点暂行办法》《文昌市农村集体经营性建设用地入市交易规则》《文昌市农村集体经营性建设用地入市土地收益集体和个人分配指导意见》等3个规范性文件。在探索实践的基础上,2019年11月28日,海南省自然资源和规划厅发布了《海南省集体经营性建设用地入市试点办法》。2021年9月13日,海南省海口市人民政府发布了《关于集体经营性建设用地入市的实施意见》。

2021年6月10日,第十三届全国人大常委会第二十九次会议通过了《中华人民共和国海南自由贸易港法》。其中该法第10条第1款规定:海南省人民代表大会及其常务委员会可以根据本法,结合海南自由贸易港建设的具体情况和实际需要,遵循宪法规定和法律、行政法规的基本原则,就贸易、投资及相关管理活动制定法规(以下简称海南自由贸易港法规),在海南自由贸易港范围内实施。第49条第1句规定:海南自由贸易港建设应当切实保护耕地,加强土地管理,建立集约节约用地制度、评价标准以及存量建设用地盘活处置制度。

2023年4月16日,海南省第七届人大常委会第三次会议通过了《海南自由贸易港土地管理条例》,自2023年5月1日起施行。该条例第一章"总则"第3条第2款规定:"集体所有土地使用权可以依法出让、出租、转让、承包、联营、作价出资(入股)、抵押等。"在第七章专门规定了"集体所有土地使用权市场管理"。具体内容如下：

第五十一条　集体所有土地使用权出让或者与他人联合举办企业用于农业开发的，由农村集体经济组织向市、县、自治县人民政府自然资源和规划主管部门提出书面申请，经市、县、自治县人民政府自然资源和规划主管部门审查后，报市、县、自治县人民政府依法办理。

农村集体经济组织利用国土空间规划确定的建设用地举办企业或者与他人联合举办企业的，应当持有关批准文件，向市、县、自治县人民政府自然资源和规划主管部门提出申请，由市、县、自治县人民政府批准；其中，涉及占用农用地的应当依法办理审批手续。

乡（镇）村公共基础设施、公益事业等乡（镇）村建设需要使用集体所有土地的，经乡镇人民政府审核，向市、县、自治县人民政府自然资源和规划主管部门提出申请，报请同级人民政府批准，其中涉及农用地转为建设用地的，应当按照规定权限办理农用地转用审批手续。

集体所有土地的承包经营，依照农村土地承包经营的有关法律、法规执行。

第五十二条　国土空间规划确定为工业、商业等经营性用途，并经依法登记的集体经营性建设用地，土地所有权人可以通过出让、出租、作价出资（入股）等方式交由单位或者个人使用，优先用于发展集体所有制经济和乡村产业。

通过出让等方式取得的集体经营性建设用地使用权可以转让、互换、出资、赠与或者抵押，但法律、行政法规另有规定或者土地所有权人、土地使用权人签订的书面合同另有约定的除外。

农村集体经济组织可以委托土地储备机构承担集体经营性建设用地的前期开发、管护和交易等工作。

第五十三条　土地所有权人出让、出租集体经营性建设用地的，应当符合国家和本省有关规定，按照下列程序进行：

（一）土地所有权人拟出让、出租集体经营性建设用地的，市、县、自治县人民政府自然资源和规划主管部门应当根据国土空间规划对拟出让、出租的集体经营性建设用地的规划条件提出意见，并会同同级发展改革、生态环境等有关主管部门一并提出产业准入和生态环境保护等要求。

（二）土地所有权人应当根据规划条件、产业准入和生态环境保护要求等，编制集体经营性建设用地出让、出租方案，在出让、出租前不少于十个工作日报市、县、自治县人民政府。

（三）市、县、自治县人民政府应当及时组织自然资源和规划、发展改革、生态环境等有关主管部门对方案进行研究，并在收到方案后五个工作日内提出意见。认为集体经营性建设用地出让、出租方案不符合规划条件或者产业准入和生态环境保护要求等的，市、县、自治县人民政府应当提出修改意见，土地所有权人应当按照修改意见进行修改。

（四）土地所有权人应当依据集体经营性建设用地出让、出租方案，以招标、拍卖、挂牌或者协议等方式确定土地使用者，双方应当参照国家合同示范文本签订书面合同，并报市、县、自治县人民政府自然资源和规划主管部门备案。未依法将规划条件、产业准入和生态环境保护要求纳入合同的，合同无效；造成损失的，依法承担民事责任。

（五）集体经营性建设用地出让、出租合同双方应当按照合同约定交付土地和支付价款，并依法缴纳相关税费，持有效合同、价款支付凭证以及纳税证明等向集体经营性建设用地所在地的不动产登记机构依法申请办理不动产登记。

第五十四条　县级以上人民政府应当依据国土空间规划，统筹安排集体经营性建设用地入市的规模、布局和用途等，并纳入土地利用年度计划。零星分散的存量集体经营性建设用地依照有关规定整治后，腾挪出的建设用地指标可以异地入市。

省人民政府应当规范集体经营性建设用地入市流程，完善入市规则。集体经营性建设用地使用权出让、出租的，应当纳入土地超市，并进入政府公共资源交易平台进行供应。

省人民政府应当按照公开透明、合理平衡利益的原则建立土地增值收益分配机制。

第五十五条　集体经营性建设用地使用者应当按照法律、法规有关规定和合同确定的规划条件、开发期限、产业准入以及生态环境保护要求等使用土地。

第五十六条　集体所有土地使用权出让、出租或者举办企业、与他人联合举办企业，应当经本集体经济组织成员的村民会议三分之二以上成员或者三分之二以上村民代表的同意，并进行村务公开。

第五十七条　投入开发资金未达到合同约定标准的，集体所有土地使用权不得转让、入股、出租。

集体所有土地使用权转让、入股、出租的，必须签订合同，依法办理转移登记手续。

第五十八条 集体所有土地使用权出让、出租或者与他人联合举办企业的,应当依照合同约定的用途使用土地。转让、出租后不得改变土地用途。需要改变用途的,应当报请市、县、自治县人民政府批准。

第五十九条 农村村民一户只能拥有一处宅基地,每户用地面积不得超过一百七十五平方米,具体标准由市、县、自治县人民政府规定,报省人民政府批准后执行。

通过合法方式占有宅基地并建成房屋,但不符合前款规定的,可以探索实行宅基地有偿使用。有偿使用费由农村集体经济组织收取和使用。具体办法由省人民政府制定。

五、地方政府规章关于集体建设用地使用权流转管理的规定

早在20世纪80年代,广东省部分乡镇便已开始探索利用集体建设用地兴办乡镇企业。广东省集体建设用地入市流转探索时间较早,2001年佛山顺德作为农村集体土地管理制度改革试点地区,便已探索集体建设用地入市流转。1998年修订的《土地管理法》限制了集体经营性建设用地入市,但是广东省在土地征收中存在返还给村集体"返还地""自留地""留用地"等集体建设用地的做法,使得集体经营性建设用地的开发利用及流转存在现实需求。为鼓励村集体用好用活集体经营性建设用地,在2003年,广东省人民政府发布了《关于试行农村集体建设用地使用权流转的通知》(粤府〔2003〕51号,已失效)。在积累试点经验的基础上,2005年6月23日,广东省人民政府以发布了《广东省集体建设用地使用权流转管理办法》(广东省人民政府令第100号),从2005年10月1日起施行。这是我国第一部关于集体建设用地流转的地方政府规章,其影响巨大,一度被称为中国的"第四次土地流转改革"。该办法及其后续的实践探索为《土地管理法》及《土地管理法实施条例》修改提供了重要的经验,做法也值得其他地方参考。下面择要内容进行介绍:

第三条 取得农民集体土地进行非农业建设,应当符合国家有关产业政策及当地土地利用总体规划、城市规划或村庄、集镇规划。涉及农用地转为建设用地的,应当落实土地利用年度计划的农用地转用指标。

第四条 有下列情形之一的,集体建设用地使用权不得流转:

(一)不符合土地利用总体规划、城市规划或村庄、集镇规划的;

(二)土地权属有争议的;

（三）司法机关和行政机关依法裁定、决定查封或以其他形式限制土地权利的；

（四）村民住宅用地使用权。

因转让、出租和抵押地上建筑物、其他附着物而导致住宅用地使用权转让、出租和抵押的除外。村民出卖和出租住房后，不得再申请新的宅基地。

第五条　通过出让、转让和出租方式取得的集体建设用地不得用于商品房地产开发建设和住宅建设。

第六条　集体建设用地使用权转让、出租和抵押时，其地上建筑物及其他附着物随之转让、出租和抵押；集体建设用地上的建筑物及其他附着物转让、出租和抵押时，其占用范围内的集体土地使用权随之转让、出租和抵押。

第七条　出让、出租和抵押集体建设用地使用权，须经本集体经济组织成员的村民会议2/3以上成员或者2/3以上村民代表的同意。

乡（镇）农民集体所有的土地由乡镇集体经济组织负责经营和管理，没有乡镇集体经济组织的，由乡镇人民政府负责经营和管理。

第八条　下列建设项目可以使用集体建设用地：

1. 兴办各类工商企业，包括国有、集体、私营企业，个体工商户，外资投资企业（包括中外合资、中外合作、外商独资企业、"三来一补"企业），股份制企业，联营企业等；

2. 兴办公共设施和公益事业；

3. 兴建农村村民住宅。

第九条　国家为了公共利益的需要，依法对集体建设用地实行征收或者征用的，农民集体土地所有者和集体建设用地使用者应当服从。

第十条　土地使用者应当按照市、县人民政府建设用地批准文件规定的用途使用土地。确需改变土地用途的，应当经土地所有者和土地、规划行政主管部门同意，报原批准用地的市、县人民政府批准。

第十二条　集体建设用地使用权出让，是指农民集体土地所有者将一定年期的集体建设用地使用权让与土地使用者，由土地使用者向农民集体土地所有者支付出让价款的行为。以集体建设用地使用权作价入股（出资），与他人合作、联营等形式共同兴办企业的，视同集体建设用地使用权出让。

集体建设用地使用权出租，是指集体土地所有者或集体建设用地使用权人作为出租人，将集体建设用地租赁给承租人使用，由承租人向出租人支付租金的行为。

第十三条　集体建设用地使用权出让、出租，应当签订书面合同。

集体建设用地使用权出让、出租的最高年限，不得超过同类用途国有土地使用权出让的最高年限。

第十四条　集体建设用地使用权出让、出租或作价入股（出资）的，农民集体土地所有者和土地使用者应当持该幅土地的相关权属证明、集体建设用地使用权出让、出租或作价入股（出资）合同（包括其村民同意流转的书面材料），按规定向市、县人民政府土地行政主管部门申请办理土地登记和领取相关权属证明。市、县人民政府土地行政主管部门应依法给予办理。

第十五条　集体建设用地使用权出让、出租用于商业、旅游、娱乐等经营性项目的，应当参照国有土地使用权公开交易的程序和办法，通过土地交易市场招标、拍卖、挂牌等方式进行。

第十六条　集体建设用地使用权出让、出租合同约定的土地使用年限届满，土地使用权由农民集体土地所有者无偿收回，其地上建筑物、附着物按照集体建设用地使用权出让、出租合同的约定处理。

原土地使用者要求继续使用土地的，应当在土地使用年限届满前与农民集体土地所有者协商，集体土地所有者同意继续使用的，按本办法的规定重新办理集体建设用地使用权登记手续。

第十七条　集体建设用地使用权转让，是指农民集体建设用地使用权人将集体建设用地使用权再转移的行为。集体建设用地使用权转租，是指承租人将集体建设用地使用权再次租赁的行为。

第十八条　集体建设用地使用权转让、转租应当签订书面合同。

集体建设用地使用权转让的，原受让方的权利、义务随之转移；集体建设用地使用权转租的，转租人应当继续履行原出租合同。

集体建设用地使用权转让、转租的年限为原土地使用年限减去已使用年限后的剩余年限。

第十九条　集体建设用地使用权转让、转租的，当事人双方应当持集体土地使用权属证明和相关合同，到市、县人民政府土地行政主管部门申请办理土地登记和领取相关权属证明。市、县人民政府土地行政主管部门应依法给予办理。

第二十条　集体建设用地使用权抵押，是指集体建设用地使用权人不转移对集体建设用地的占有，将该集体建设用地使用权作为债权担保的行为。

第二十一条 集体建设用地使用权抵押应当签订书面合同,并到市、县人民政府土地行政主管部门办理抵押登记。

农民集体土地所有者抵押集体建设用地使用权的,在申请办理抵押登记时,应当提供本集体经济组织的村民会议2/3以上成员或2/3以上村民代表同意抵押的书面材料。

第二十二条 集体建设用地使用权被作为抵押物的,债务人不履行债务时,抵押权人有权依法处分抵押的集体建设用地使用权。

因处分抵押财产而取得集体建设用地使用权和地上建筑物、其他附着物所有权,应当办理过户登记。

第二十五条 集体土地所有者出让、出租集体建设用地使用权所取得的土地收益应当纳入农村集体财产统一管理。其中50%以上应当存入银行(农村信用社)专户,专款用于本集体经济组织成员的社会保障安排,不得挪作他用。具体实施办法由省劳动保障部门会同省农业、民政、财政、卫生等部门制定,报省人民政府批准后实施。

第二十六条 集体建设用地使用权出让、转让和出租的,应当向土地行政主管部门申报价格,并依法缴纳有关税费。集体建设用地使用权转让发生增值的,应当参照国有土地增值税征收标准,向市、县人民政府缴纳有关土地增值收益。土地增值收益收缴和使用管理办法由省财政部门会同省国土资源、物价部门另行制定,报省人民政府批准后实施。

2024年3月9日,四川省自然资源厅发布了《四川省农村集体经营性建设用地入市交易办法》(川自然资规〔2024〕1号)。该办法中的有些规定值得关注,如第12条"交易方式"规定:农村集体经营性建设用地所有权人可以通过出让、出租等方式交由单位或者个人使用。农村集体经营性建设用地使用权的出让、出租等采取招标、拍卖、挂牌或者协议等方式交易,参照同类用途的国有建设用地执行,法律、行政法规另有规定的除外。第25条"二级市场"规定:农村集体经营性建设用地使用权入市交易中的转让、互换、赠与、出资、抵押等,参照同类用途的国有建设用地执行,法律、行政法规另有规定的除外。第26条"土地增值收益调节金"中规定:农村集体经营性建设用地入市主体及转让方应按照国家及我省有关规定缴纳土地增值收益调节金。试点县(市、区)财政部门会同自然资源主管部门负责征收土地增值收益调节金,按入市或者再转让农村集体经营性建设用地土地增值收益的20%~50%征收。第31条规定:本办法自2024年4月9日起施行,有效期2年。

六、集体经营性建设用地出让合同与出让监管协议

在集体经营性建设用地入市的过程中,签订书面合同非常重要。2023年2月28日,自然资源部办公厅、国家市场监督管理总局办公厅发布《关于印发〈集体经营性建设用地使用权出让合同〉〈集体经营性建设用地使用权出让监管协议〉示范文本(试点试行)的通知》(自然资办发〔2023〕9号)。从内容上看,农村集体经营性建设用地入市的制度突破都被融入了该合同示范文本中,省略了实践中需要从文件条文理解再到适用的过程,直接通过采用合同范本方式完成入市操作,一步到位。《集体经营性建设用地使用权出让合同》示范文本(试点试行)共九章,因为该合同内容较多,所以本部分就示范文本的重点条款进行列举与简单解读:

第二条　本合同项下宗地集体经营性建设用地出让方案已依据《土地管理法实施条例》第四十条规定报市(县)人民政府,双方依据出让方案约定本合同内容,且合同有关内容符合规划条件、产业准入和生态环境保护要求等。合同内容与出让方案不符的,以出让方案为准。

解读:申报是集体经营性建设用地合法出让的前置条件,农村集体经济组织在申报前不能擅自出让集体经营性建设用地使用权。

第三条　出让人作为出让集体土地的所有权人,有权依法出让集体经营性建设用地使用权,但该集体土地的地下资源、埋藏物和公用设施不属于集体经营性建设用地使用权出让范围。

解读:土地所有权人是出让、出租集体经营性建设用地的实施主体。集体经营性建设用地归属于集体所有。由于农民集体并不具有行使权利、履行义务、承担责任的法律人格,所以在实践中由农村集体经济组织代为行使所有权,作为合同签订主体较为合适。同时,未设立村集体经济组织的,村民委员会可以依法代行村集体经济组织的职能。

第五条　本合同项下出让宗地编号为＿＿＿＿,宗地总面积大写＿＿＿＿平方米(小写＿＿＿平方米),其中出让宗地面积大写＿＿＿＿平方米(小写＿＿＿平方米)。

本合同项下的出让宗地坐落于＿＿＿＿＿＿＿;

本合同项下出让宗地的平面界址为＿＿＿＿;出让宗地的平面界址图见附件1。

本合同项下出让宗地的竖向界限以＿＿＿＿为上界限;以＿＿＿＿为下界限,高差为＿＿＿米。出让宗地竖向界限见附件2。

出让宗地空间范围是以上述界址点所构成的垂直面和上、下界限高程平面封

闭形成的空间范围,图示与文字表示不一致的,以附件1和附件2图示表达为准。

解读:本条属于核心条款,是各方交易的主要内容。合同签订过程中规范的界定有利于消除后期因约定不明带来的争议。出让宗地空间范围是以平面界址点所构成的垂直面和上、下界限高程平面封闭形成的空间范围。出让宗地的平面界限按宗地的界址点坐标填写;出让宗地的竖向界限,可以从1985年国家高程系统为起算基点填写,也可以从各地高程系统为起算基点填写。高差是垂直方向从起算面到终止面的距离。如出让宗地的竖向界限以标高加60米(1985年国家高程系)为上界限,以标高减10米(1985年国家高程系统)为下界限,高差为70米。

第六条 本合同项下出让宗地的用途及出让年期为:

用途一_____,出让年期____年,面积大写_____平方米(小写____平方米),占出让地块面积____%;

用途二_____,出让年期____年,面积大写_____平方米(小写____平方米),占出让地块面积____%;

用途三_____,出让年期____年,面积大写_____平方米(小写____平方米),占出让地块面积____%。

解读:宗地用途按《国土空间调查、规划、用途管制用地用海分类指南(试行)》相关规定填写。依据规划用途可以划分为不同宗地的,应先行分割成不同的宗地,再按宗地出让。属于同一宗地中包含两种或两种以上不同用途的,应当写明各类具体土地用途的出让年期及各类具体用途土地占宗地的面积比例和空间范围。农村集体经营性建设用地用途受到限制,可用于工业项目、商业项目、保障性租赁住房项目等的建设,但不得用于成套住宅建设。

根据合同范本约定,用于工业项目建设的,不得建造成套住宅、专家楼、宾馆、招待所和培训中心等非生产性设施;用于商业项目建设的,不得建造成套住宅等非商业设施;用于保障性租赁住房建设的,必须明确总套数下限、建筑面积70平方米以下保障性租赁住房面积占开发建设总面积的比例下限、保障性租赁住房建设套型要求。

第七条 本合同项下出让宗地的出让年期,分别按以下约定起算:

(一)出让人按期交付土地的,按交付土地之日起算;出让人未能按期交付土地的,按实际交付土地之日起算;

(二)出让人交付的土地未能达到本合同约定的土地条件或单方改变土地使

用条件的,按达到约定的土地条件之日起算;

(三)＿＿＿＿＿＿＿＿＿＿＿＿＿＿。

解读:本条属于选择性条款,关于出让年限的起算,可以自行约定,约定优先。

第八条　出让人同意在＿＿＿＿年＿＿月＿＿日前将出让宗地交付受让人,并同意在交付土地时该宗地应达到本条第＿＿项规定的土地条件,双方于交地当日签订交地确认书:

(一)场地平整达到＿＿＿,周围基础设施达到＿＿＿;

(二)现状土地条件＿＿＿。

解读:以上内容对应的是《土地管理法》第63条第1款的相应要求。

第九条　受让人向出让人支付集体经营性建设用地使用权出让价款总额为人民币大写＿＿＿＿元(小写＿＿＿元),每平方米人民币大写＿＿＿＿元(小写＿＿＿元)。

第十条　本合同定金为人民币大写＿＿＿＿元(小写＿＿＿元),缴款日期＿＿＿＿年＿＿月＿＿日,定金抵作集体经营性建设用地使用权出让价款。

第十一条　受让人同意按本条第一款第＿＿项的约定,通过市(县)财政监管账户,向出让人支付集体经营性建设用地使用权出让价款:

(一)本合同签订之日起＿＿＿工作日内,一次性将集体经营性建设用地使用权出让价款缴入市(县)财政监管账户;

(二)按以下时间和金额分＿＿＿期将集体经营性建设用地使用权出让价款缴入市(县)财政监管账户。

第一期　人民币大写＿＿＿＿元(小写＿＿＿元),付款时间:＿＿＿＿年＿＿＿月＿＿＿日前。

第二期　人民币大写＿＿＿＿元(小写＿＿＿元),付款时间:＿＿＿＿年＿＿＿月＿＿＿日前。

第＿＿期　人民币大写＿＿＿＿元(小写＿＿＿元),付款时间:＿＿＿＿年＿＿＿月＿＿＿日前。

第＿＿期　人民币大写＿＿＿＿元(小写＿＿＿元),付款时间:＿＿＿＿年＿＿＿月＿＿＿日前。

分期支付集体经营性建设用地使用权出让价款的,受让人在支付第二期及以后各期出让价款时,同意按照以下第＿＿＿种方式,通过市(县)财政监管账户,向出让人支付利息:

1.支付第一期出让价款之日中国人民银行授权全国银行间同业拆借中心公布的有效的一年期贷款市场报价利率。

2.＿＿＿＿＿＿＿＿＿＿＿＿＿＿＿＿＿＿。

解读:以上3条对应的是价款支付问题。

第十五条 受让人同意本合同项下出让宗地开发投资强度按本条第＿＿项规定执行:

(一)本合同项下宗地用于工业项目建设,受让人同意本合同项下出让宗地的项目固定资产总投资不低于经批准、登记备案或合同双方当事人约定的金额人民币大写＿＿＿＿万元(小写＿＿万元),投资强度不低于每平方米人民币大写＿＿＿＿元(小写＿＿元)。本合同项下出让宗地建设项目的固定资产总投资包括建筑安装工程价值,设备、工具、器具的购置费,以及相关费用(含集体经营性建设用地使用权出让价款)。

(二)本合同项下宗地用于非工业项目建设,受让人承诺本合同项下出让宗地的开发投资总额不低于人民币大写＿＿＿＿万元(小写＿＿万元)。

第十六条 受让人同意在本合同项下宗地范围内新建的建筑物、构筑物及其附属设施,符合市(县)人民政府自然资源主管部门确定的出让宗地规划条件(见附件3)。其中:

用地性质＿＿＿＿＿;

主体建筑物性质＿＿＿＿＿;

附属建筑物性质＿＿＿＿＿;

建筑总面积＿＿平方米,占地面积＿＿平方米;

容积率不高于＿＿不低于＿＿;

建筑限高＿＿;

建筑密度不高于＿＿不低于＿＿;

绿地率不高于＿＿不低于＿＿;

其他土地利用要求＿＿＿＿＿＿＿。

受让人同意按产业准入和生态环境保护要求等,利用本合同项下出让宗地,具体要求见附件4、附件5。

解读:未依法将规划条件、产业准入和生态环境保护要求纳入合同的,合同无效。本合同第16条中,受让宗地用于工业项目建设的,可参照国家或省(区、市)有关规定执行。新出台的法律政策对工业项目容积率、建筑密度等有规定的,签订出让合同时,应当按照最新政策规定填写。

第十七条 受让人同意本合同项下宗地建设配套按本条第____项约定执行:

(一)本合同项下宗地主要用于工业项目建设,根据自然资源主管部门确定的规划条件,本合同受让宗地范围内用于企业内部行政办公及生活服务设施的占地面积不超过受让宗地面积的____%,即不超过____平方米,建筑面积不超过总建筑面积的____%,即不超过____平方米。受让人不得在受让宗地范围内建造成套住宅、专家楼、宾馆、招待所和培训中心等非生产性设施;

(二)本合同项下宗地主要用于商业项目建设,根据自然资源主管部门确定的规划条件,受让人不得在受让宗地范围内建造成套住宅等非商业设施;

(三)本合同项下宗地主要用于保障性租赁住房项目建设,根据自然资源主管部门确定的规划条件,本合同受让宗地范围内保障性租赁住房建设总套数不少于____套。其中,套型建筑面积70平方米以下保障性租赁住房面积占本合同项下受让宗地开发建设总面积的比例不低于____%,保障性租赁住房建设套型要求为_____;

(四)本合同项下宗地主要用于_____项目建设,土地利用要求为_____。

第十八条 受让人同意在本合同项下宗地范围内同步修建下列公共管理、公共服务、公用设施等配套项目:

□养老、教育、医疗等保障性配套服务设施;

□其他_____。

受让人并同意上述配套项目建成后,按本条第二款第____项履行:

(一)不动产产权无偿移交给出让人或政府;

(二)由出让人或政府回购;

(三)_____;

(四)_____。

第十九条 受让人同意本合同项下出让宗地建设项目于_____年____月____日之前开工,于_____年____月____日之前竣工。

受让人不能按期开工,提前30日向出让人提出延建申请,经出让人同意延建的,其项目竣工时间相应顺延,但延建期限不得超过一年。受让人并自行办理延期开工手续。

第二十条 受让人在本合同项下宗地范围内进行建设时,有关用水、用气、污水及其他设施与宗地外主管线、用电变电站接口和引入工程,按有关规定办理。

合同双方当事人同意,政府为公用事业需要而敷设的各种管道与管线进出、通过、穿越受让宗地,由此影响受让宗地使用功能的,政府或公用事业营建主体给予□受让人 □出让人 □其他＿＿＿合理补偿。

解读:以上第17~20条内容是按照《土地管理法实施条例》第41条的规定中的关于出让合同中交易交地时间、竣工期限等的要求。

需要特别注意的是,本协议包括补充协议都是要报市(县)人民政府自然资源主管部门备案的。完成备案后,自然资源主管部门将备案合同、宗地编号、空间范围、规划条件等涉空间布局和规划管理信息纳入有关基础信息平台和监测监管系统。

付清全部出让价款后再申请不动产登记。按照示范文本的约定,受让人按转让合同约定付清全部土地出让价款后,持合同、合同备案文件、出让价款缴纳凭证、土地增值收益调节金缴纳凭证、完税证明等相关证明材料,申请办理不动产登记。

不同于国有建设用地使用权以招拍挂出让为主,协议转让为特例的制度,农村集体经营性建设用地使用权主要是协议转让,但也不是存在于买卖双方之间的纯市场化协议转让,其采取的是在监管机构监管下的三方协议转让模式。监管人、出让人和受让人构成转让的三方主体:出让人为农村集体经济组织,未设立村集体经济组织的,村民委员会可以依法代行村集体经济组织的职能,其与受让人签署《集体经营性建设用地使用权出让合同》;监管人为出让宗地所在地的市(县)人民政府,其与出让人、受让人签署《集体经营性建设用地使用权出让监管协议》。监管协议与出让合同配套使用。

其中,监管人的监管事项包括下列主要项目:(1)规划条件;(2)产业准入要求;(3)生态环境保护要求;(4)交地及开、竣工要求;(5)开发投资强度要求;(6)宗地建设配套要求,包括养老、教育、医疗等保障性配套服务设施建设要求,公共管理、公共服务、市政设施等配套项目建设要求,企业内部行政办公及生活服务设施比例及面积,保障性租赁住房建设套数及户型要求等;(7)延建要求;(8)投、达产及税收等要求;(9)土地增值收益调节金缴纳;(10)集体经营性建设用地使用权转让、出租、抵押等规定;(11)集体经营性建设用地使用权收回、续期等规定;(12)土地闲置认定;(13)乡(镇)村公共设施和公益事业建设认定;(14)原出让合同内容变更。

监管人的监管采取出让人或受让人主动申请监管为主,结合监管人主动监管的方式进行。出让人或受让人主动申请监管是指出让人或受让人将合同履约情况及时告知监管人,监管人根据相关法律法规及政策文件要求,提出监管意见,并视情况采取相应监管措施。监管人主动监管是指监管人认为需要对合同履约情况进行核查或纠正整改时主动核查,并向出让人或受让人提出监管意见,并视情况采取相应监管措施。

监管人可采取的监管措施包括:主动核查;责令出让人或受让人纠正或整改;将监管结果及时对外公布,涉及国家机密或商业秘密的除外;视情节轻重,将出让人或受让人的违约行为记入诚信档案等。此外,以出租等方式供应集体经营性建设用地使用权的,也参照适用上述制度及合同示范文本。

这两份合同示范文本可以基本解决农村集体经营性建设用地入市的实操问题,但仍缺乏正式的制度规则,上述内容是以合同约定的方式落实,效力不高,赋予合同各方很大的自由空间自行约定实施细则,此外配套制度如土地价格评估制度尚缺失,也将对实际执行产生影响。

第五节 与集体经营性建设用地相关的纠纷案例

一、与集体建设用地开发利用相关纠纷案例

(一)可以集体建设用地使用权作价出资设立企业但要先办理审批手续

由于我国实行严格的集体土地管理政策,所以在 2019 年修正的《土地管理法》颁布之前,集体建设用地主要是通过设立乡镇企业的途径加以利用。在实务中,设立乡镇企业有着较严格的要求,如要求农村集体经济组织或者农民投资超过 50%,或虽不足 50% 但能起到控股或者实际支配作用。按照《乡镇企业法》第 8 条的规定,经依法登记设立的乡镇企业,应当向当地乡镇企业行政管理部门办理登记备案手续。同时,对集体建设用地的出资和利用,应当持有关批准文件,向县级以上地方人民政府自然资源主管部门提出申请,由县级以上地方人民政府批准。因此,很多企业在设立过程中并未严格履行企业设立出资的程序。如果乡镇企业或农村集体经济组织承诺以集体建设用地使用权、地上建筑物所有权作为出资,但未办理审批手续,将导致无法完成实物出资的程序。股东无法办理集体建设用地使用权的出资手续,将构成出资不实,对其他股东承担违约责任。

在以集体建设用地使用权作价出资的法律实务中,需要全面了解拟出资的土地用途、权属状况和审批主体,评估出资的可行性,评估具备可出资的条件后,再考虑履行出资入股的程序。同时,在公司设立协议或股东合作协议中,应对股东无法及时出资或无法办理入资程序的处理作出必要的安排,尽量减少以后发生纠纷的可能性。

案例一:在尚未取得政府主管部门审批的情况下,集体建设用地使用权、地上建筑物所有权不能作为出资投资于非乡镇企业。

一审案号为(2012)石民初字第738号,二审案号为(2015)一中民(商)终字第7339号的股东出资纠纷案件。案情简介:北京治政集团公司(以下简称治政集团)原系北京市八大处农工商总公司(以下简称八大处公司)所属企业。2000年12月,八大处公司批复同意治政集团的改制方案,按照现代企业制度改制为有限公司,改制后的名称为:北京治政工贸发展有限责任公司(以下简称治政公司)。公司章程中明确,八大处公司与另外三家公司共同作为股东,改制后的公司注册资本为7500万元,其中,八大处公司以净资产1200万元、实物1800万元,合计出资3000万元,占注册资本的40%。后经股东会决议改为全部以实物出资。2001年4月,工商管理部门为治政公司颁发了企业营业执照,注明实物出资2500万元未办理财产划转手续。八大处公司拟投入的资产位于北京市石景山区永定河南杏石口村东,有房屋建筑物16项,共计建筑面积7919.5平方米,占地面积55.64亩,性质为集体建设土地。经评估公司出具的评估报告确认,以上房屋所有权与土地使用权合计评估总价值为2585.62万元。但八大处公司一直未将以上财产权利过户至治政公司名下。后案涉集体建设用地被北京市石景山区人民政府列为政府储备用地,北京市土地整理储备中心石景山分中心已向八大处公司预付了部分土地补偿金。治政公司向法院提起诉讼,请求八大处公司将其用于出资但未完整交付的场地和房屋交付给治政公司占有、使用。

北京市石景山区人民法院审理后认为,该案中,治政公司并非是乡镇企业,八大处公司以集体所有土地使用权出资的,应按照《土地管理法》(2004年)第60条规定经相关部门批准。在未办理审批手续的情况下,治政公司直接要求八大处公司以实物进行出资,并要求将场地、房屋转移给治政公司占有、使用,不符合《土地管理法》的相关规定。所以判决驳回治政公司的诉讼请求。

治政公司提起上诉,北京市第一中级人民法院二审判决驳回上诉,维持原判。

后治政公司申请再审,北京市高级人民法院经裁定驳回治政公司的再审申请。

(二)可以集体建设用地使用权进行联营但要区别于土地租赁

根据《土地管理法》第60条的规定,农村集体经济组织可以集体建设用地使用权与社会主体开展联营。社会投资主体在参与利用集体建设土地进行联营时,应根据双方的利益诉求和可接受的立场,确定双方的合作模式。在追求稳固的合作模式、需要独立核算主体、满足风险隔离等需求时,可考虑法人型联营。在双方希望有共同的新设主体并投入一定的财产,但仍可保持以各自的财产承担责任时,可以考虑合伙型联营。协作型联营适合于双方希望仍然保持独立经营,各自自行承担民事责任,仅靠合同来确定合作关系的合作双方。

如果在合同中约定,一方仅有收取相当于土地租金的固定回报的合作需求,应将双方的合作关系确定为土地租赁关系。当争议发生时,资金投入方可以避免在双方合作关系被认定为联营关系时土地提供方按比例分配联营收益,而作为土地提供方的农村集体经济组织也可以避免在对方经营发生债务时被要求按照联营关系参照出资比例或者盈余分配比例承担债务。

此外,需要明确的是,农村集体经济组织只能提供规划确定的集体经营性建设用地用作联营的载体。如果涉及农用地,需要先履行农用地转为建设用地的审批手续。农用地不能直接作为双方联营的载体。

案例二:双方签订的联营合同中约定,农村集体经济组织以集体建设用地使用权出资,社会主体投入资金参与联营,但实际约定土地提供方不参与企业经营管理,无论盈亏均可以获得固定回报的,该双方法律关系名为联营实为土地租赁。

一审案号为(2014)临商初字第2号,二审案号为(2014)鲁商终字第436号的土地租赁合同纠纷案件。案情简介:原临沂市罗庄区盛庄发电厂(以下简称盛庄发电厂)系山东省临沂市盛庄镇的镇办企业。1993年6月1日,盛庄发电厂与原临沂市盛庄镇后盛庄村民委员会(以下简称后盛庄村委会)签订了一份合同,主要内容为双方合办企业,其中后盛庄村委会出地,合营后土地所有权归合营企业,合营期限为无限期;合营后,后盛庄村委会不参与企业经营管理。一年后无论企业经营状况如何,盛庄发电厂每年支付给后盛庄村委会100万元。1997年11月,盛庄发电厂进行企业改制,其所有的设备、设施及物资归属山东临沂盛能集团股份有限公司(以下简称盛能公司)所有,其原有的债权债务也由盛能公司享有和承担。后盛庄村委会后也变更为后盛庄社区居委会(以下简称后盛庄居委会)。双方按照合同约定履行至2004年,从2005年起盛能公司开始拖欠应付费用。盛能公司在用地过程中,其土地使用权被当地政府批复文件所确认,并明确土地权属:镇集体所有。2010年6月10日,盛能公司与后盛庄居委会签订了一份协议书,其中关于拖欠费用的约定为:自1993年合同生效之日起至2007年年底的累计所欠租金2,466,367.1元,应于2010年10月30日和2011年年底分别还清。后盛能公司向后盛庄居委会支付了第一笔款146万元,未支付剩余款项。2013年,后盛庄居委会向盛能公司邮寄了《解除租赁合同并催交租赁费函》,要求解除合同。因为盛能公司不支付费用,后盛庄居委会向法院提起诉讼。

山东省临沂市中级人民法院一审判决:(1)解除双方1993年6月1日签订的合同;(2)盛能公司向后盛庄居委会支付自2008年4月1日至2013年12月17日的联营收益5,715,068.49元及利息。

后盛庄居委会提起上诉。山东省高级人民法院审理后认为,虽然合作合同中约定了后盛庄居委会投入土地与盛能公司合办企业、联营后土地所有权归合营企业等内容,但在合同中亦约定了"乙方不参与企业经营管理""无论企业经营如何,每年由甲方付给乙方100万元人民币"等内容,故该合同书虽有进行联营的约定,但实际上应属于土地租赁合同。而此后双方另行签署的协议和往来函件,明确了欠款性质属于土地租金,均表明盛能公司与后盛庄居委会双方在合同书履行过程中对其性质为土地租赁合同有共同的认知。所以判决:(1)变更一审民事判决中"联营收益"的表述为"租赁费";(2)盛能公司向后盛庄居委会返还占用的土地。

(三)集体建设用地可以出租

集体建设用地经过上级部门审批后可以出租。已取得建设用地规划许可证、集体土地建设用地批准书或已取得集体土地使用权证,已被依法批准为建设用地的土地租赁合同应当认定为有效。未依法批准为建设用地的,土地租赁合同应当认定为无效。

关于合同无效后损失的分担,应根据《民法典》第157条关于"民事法律行为无效、被撤销或者确定不发生效力后,行为人因该行为取得的财产,应当予以返还;不能返还或者没有必要返还的,应当折价补偿。有过错的一方应当赔偿对方由此所受到的损失;各方都有过错的,应当各自承担相应的责任。法律另有规定的,依照其规定"的规定进行处理(原《合同法》第58条有类似规定)。法院一般对合同无效采取过错责任原则，尤其是涉及未经农用地转为建设用地审批手续的农用地出租合同中，出租方与承租方都应承担一定的过错责任。

关于租赁合同无效后已付租金的返还原则，可以参照《房屋租赁合同司法解释》第 4 条的规定：房屋租赁合同无效，当事人请求参照合同约定的租金标准支付房屋占有使用费的，人民法院一般应予支持。

案例三：集体经营性建设用地租赁，参照同类用途的国有建设用地执行。因国务院尚未出台相关规定，集体建设用地租赁期限参照国有建设用地租赁年限，租赁年限不应超过二十年。

再审案号为(2023)鲁民再 104 号的合同纠纷案件(入库案例)。案情简介：2001 年 8 月 31 日，青岛市城阳区河套街道某社区居民委员会(甲方)与赵某(乙方)签订《土地租赁协议书》，约定乙方租用甲方土地建设加油站，面积 3350 平方米，租赁年限 50 年，自 2001 年 8 月 31 日起至 2051 年 8 月 31 日止，租赁费用共计 77,500 元，签订协议时，乙方向甲方交付 3 万元，其余 47,500 元待建设开工前一次性付清。乙方负责向上级有关部门办理土地审批手续及加油站相关的批准手续，其费用由乙方承担。2001 年 12 月 19 日，案涉用地取得建设用地规划许可证，用地单位：某村，用地项目：加油站，用地面积 3000 平方米。2002 年 2 月 8 日，案涉加油站取得建设工程规划许可证，建设规模：928 平方米，建设单位：某村，建设项目名称：加油站管理房、加油棚。2002 年 12 月 10 日，青岛蓬勃加油站由赵某投资成立，后于 2004 年 5 月 24 日注销。2003 年 3 月 31 日，青岛蓬勃加油站(甲方)与某油品公司(乙方)签订加油站转让协议，转让费为 240 万元。2003 年 4 月 1 日，某油品公司(甲方)与赵某签订加油站承包协议书，协议书载明，赵某承包某村南加油站，承包期限自 2003 年 4 月 1 日至 2006 年 3 月 30 日。后，居委会向法院提起诉讼，以与赵某签订的《土地租赁协议书》约定"租赁期限 50 年"明显超过 20 年的最长租赁期限，请求判决《土地租赁协议书》自 2021 年 8 月 31 日起至 2051 年 8 月 31 日部分无效。

山东省青岛市城阳区人民法院审理后认为：《土地管理法》第 63 条第 4 款规定："集体经营性建设用地的出租，集体建设用地使用权的出让及其最高年限、转让、互换、出资、赠与、抵押等，参照同类用途的国有建设用地执行。具体办法由国务院制定。"该条款系《土地管理法》2019 年修订新增加内容，此前并无相关规定。即使集体建设用地租赁期限参照国有建设用地执行，亦应参照国有建设用地租赁、出租年限，不是参照国有建设用地出让年限。关于国有土地租赁期限，自然资源部《产业用地政策实施工作指引(2019年版)》第16条规定,以长期租赁方式使用土地的,应按照《规范国有土地租赁若干意见》(国土资发〔1999〕222号)的规定执行,租赁期限不得超过20年。《山东省建设用地使用权转让、出租、抵押交易实施细则(试行)》规定,出租期限不得超过建设用地使用权剩余年限,最高不得超过20年;其中以租赁方式取得的建设用地使用权出租,出租年限不得超过国有土地租赁合同约定的剩余年限。因此,即使参照国有建设用地租赁、出租年限,案涉土地租赁年限亦不应超过20年。该法院作出(2020)鲁0214民初17058号民事判决:确认居委会与赵某于2001年8月31日签订的《土地租赁协议书》自2021年8月31日起至2051年8月31日的部分无效。

赵某提出上诉。山东省青岛市中级人民法院作出(2021)鲁02民终11288号民事判决:(1)撤销一审判决;(2)驳回居委会的诉讼请求。

居委会申请再审。山东省高级人民法院作出(2023)年鲁民再104号民事判决:(1)撤销二审判决;(2)维持一审判决。

(四)集体建设用地不能用于商品房开发

案例四:集体建设用地不能用于商品住宅的房地产开发,当事人约定以集体所有土地为标的签订的合资、合作开发房地产合同,其约定因违反法律、行政法规的强制性规定而无效。

一审案号为(2021)鲁0214民初6171号,二审案号为(2022)鲁02民终4579号的合作开发房地产合同纠纷案件。案情简介:2006年3月1日,青岛市城阳区城阳街道前田社区居民委员会(甲方,以下简称前田居委会)与青岛房地产实业集团有限公司(乙方,以下简称青房公司)就青岛市城阳区城阳街道办事处前田社区旧址改造开发项目签订合作开发协议。该协议载明:用于开发项目的土地面积约计70亩,实际开发面积以青岛市土地局批准挂牌上市的土地面积为准。双方合作对村庄实施村民拆迁安置和商品房开发。甲方确定乙方是该开发项目的唯一合作伙伴。鉴于建设资金存在困难,甲方同意将开发项目用地以每亩90万元的地价抵押给乙方,以保证乙方垫资代建约5万平方米的村民安置用房。2007年1月23日,前田居委会(甲方)与青房公司(乙方)签订补充协议。该协议载明:在合作开发协议执行中,甲方由于村民安置用房建设缺乏正式电配套的建设资金,影响了居民回迁和土地挂牌交易的工作进程,已延缓了双方此前签订的合作开发协议的履行。双方达成如下补充协议:乙方为甲方在村民安置用房项目上垫资220

万元,用以正式电配套建设。对以上乙方垫资部分,甲方应还本付息,其利息按同期中国人民银行贷款利率计算与代建的村民安置用房结算时一并返还乙方。2004年7月28日至2007年1月24日,青房公司共计9次向前田居委会支付垫资款合计830万元,前田居委会分别出具了收据。此后,前田居委会分3次向青房公司偿还垫资合计540万元,青房公司也分别出具的收据。2018年5月16日,双方经对账后共同出具的对账单载明:截至对账日,前田居委会欠青房公司借款本金290万元。后青房公司向法院提起诉讼,要求前田居委会返还垫资款290万元,并承担相应利息。

在审理过程中,前田居委会于2021年10月29日向青房公司支付借款本金290万元,青房公司撤回了要求前田居委会支付290万元本金的诉讼请求。

山东省青岛市城阳区人民法院审理后认为,该案有两个焦点问题:一是案涉合作开发协议和补充协议是否有效。该案所涉及的开发项目用地虽然为集体所有土地,但根据《国土资源部关于进一步规范建设用地审查报批工作有关问题的通知》(国土资发〔2002〕233号)第5条第2项的规定,案涉土地使用权的出让应当按照《中华人民共和国城镇国有土地使用权出让和转让暂行条例》的相关规定予以办理。该案中,青房公司、前田居委会在未经市、县人民政府土地管理部门对案涉土地采用招标、拍卖或协议等方式出让土地使用权的情况下,自行约定前田居委会将案涉土地交付青房公司开发,并将土地使用权出让给青房公司,违反了国家法律法规禁止性规定,故法院确认前田居委会签订的合作开发协议无效,基于该协议签订的补充协议亦无效。二是青房公司向前田居委会支付的款项是借款还是垫资款。前田居委会认可青房公司为其垫资的事实,2018年双方签订的对账单,系双方对前田居委会欠付青房公司垫资本金的确认,其基础法律关系仍然为青房公司为前田居委会垫付资金。综上所述,双方签订的合作开发协议和补充协议无效,合同无效后,前田居委会因该合同取得的垫资款,应当予以返还,且应当根据实际付款、还款情况支付相应的利息。所以判决前田居委会向青房公司支付相应的利息。

前田居委会提起上诉。山东省青岛市中级人民法院审理后认为,该案双方当事人在案涉土地未经政府有关部门通过法定招标、拍卖或协议等方式出让土地使用权的情况下,签订合作开发协议,违反了国家法律法规禁止性规定,应属无效。本案双方当事人对合同无效均有同等过错。青房公司主张的是按银行同期贷款利率计算的利息,法院认为该利息并非法定孳息,而应属于损失。根据《民法典》

第157条的规定,合同无效时,有过错一方应当赔偿对方因此所受的损失,双方均有过错的,应当各自承担相应责任。鉴于青房公司对合同无效应承担一半的过错责任,故其应自行承担上述损失的一半。所以判决:(1)撤销山东省青岛市城阳区人民法院(2021)鲁0214民初6171号民事判决;(2)前田居委会向青房公司支付相应的利息的一半。

二、与集体经营性建设用地入市程序相关纠纷案例

根据《土地管理法》第63条的规定,集体经营性建设用地出让、出租等,应当经本集体经济组织成员的村民会议2/3以上成员或者2/3以上村民代表同意。

案例五:集体建设用地使用权出让,未经法律规定的农村集体经济组织内部的决策程序,未获得2/3以上村民代表同意,集体经营性建设用地出让合同无效。

一审案号为(2021)粤0802民初185号,二审案号为(2021)粤08民终3901号的建设用地使用权转让合同纠纷案件。案情简介:2013年5月,湛江市鑫泰贸易有限公司(以下简称鑫泰公司)与湛江市赤坎区草苏村民委员会东菊村民小组(以下简称东菊村民小组)协商,东菊村民小组同意将该村集体建设用地使用权中的17亩转让给鑫泰公司。双方约定土地使用权转让价为250万元/亩,鑫泰公司需先预付1000万元给东菊村民小组。鑫泰公司根据东菊村民小组的要求,将1000万元汇到湛江市东菊中鹏实业股份有限公司(以下简称中鹏公司)的银行账户中。中鹏公司收到预付款后,东菊村民小组向鑫泰公司出具收款收据。东菊村民小组收取了鑫泰公司预付的土地转让款1000万元,双方未签订合同。后鑫泰公司向法院提起诉讼。

广东省湛江市赤坎区人民法院审理后认为,鑫泰公司虽然未与东菊村民小组签订书面的土地使用权转让合同,但双方已就转让土地的位置、面积、单价及付款方式等主要内容达成合意,且鑫泰公司也按东菊村民小组的要求预付了土地使用权转让款1000万元,故双方成立口头的土地使用权转让合同关系。根据《土地管理法》第63条规定,集体经营性建设用地出让、出租等,应当经本集体经济组织成员的村民会议2/3以上成员或者2/3以上村民代表的同意。该案中,东菊村民小组与鑫泰公司口头达成的土地使用权转让合同,未经东菊村民小组村民会议2/3以上成员或者2/3以上村民代表的同意,该土地使用权转让合同无效。基于合同无效,东菊村民小组应返还土地使用权转让预付款1000万元。至于鑫泰公司主张的利息损失问题,鑫泰公司与东菊村民小组对土地使用权转让合同无效均有过

错,法院酌情决定由东菊村民小组负担60%,鑫泰公司承担40%。中鹏公司系鑫泰公司预付1000万元土地使用权转让款的直接收款人,应与东菊村民小组共同承担向鑫泰公司返还1000万元及利息损失的责任。所以判决东菊村民小组、中鹏公司、东菊村经济合作社退还土地使用权转让款1000万元,并赔偿该款利息损失60%给鑫泰公司。

东菊村民小组、中鹏公司、东菊村经济合作社提起上诉,广东省湛江市中级人民法院二审判决驳回上诉,维持原判。

案例六:村委会未向上级政府部门申报就擅自将集体经营性建设用地通过出租方式交由其他单位或个人使用,由县级以上人民政府自然资源主管部门责令限期改正,没收违法所得,并处罚款。

一审案号为(2019)陕7102行初3426号,二审案号为(2020)陕71行终672号的行政处罚案件。案情简介:2011年3月14日,西安市长安区某镇南堡村民委员会(以下简称南堡村委会,后改为咸宁村委会)与种某签订联合开发合同,约定对老面粉厂地块进行开发,并向南堡村委会一次性支付30万元。2014年10月1日,南堡村委会与种某再签订协议,将原合同的无限使用年限改为70年的租用年限。在原合同基础上,再付给南堡村门面房地皮9间25万元。2016年12月10日,咸宁村委会与骆某签订《幼儿园改扩建用地合同》,将西塬路南侧4.5亩土地用于幼儿园改扩建项目。后咸宁村委会收到租地款10万元。根据土地总体利用规划,上述两宗案涉土地均为集体建设用地。2019年7月19日,西安市自然资源局作出行政处罚决定,内容为:(1)没收咸宁村委会非法出租土地收取的租金65万元;(2)对非法出租土地收取的65万元处以10%的罚款,共计6.5万元。咸宁村委会向法院提起行政诉讼,要求撤销市自然资源局作出的上述处罚决定。

陕西省西安铁路运输法院审理后认为,根据《土地管理法》第63、81条的相关规定,该案中,西安市自然资源局具有对案涉土地违法行为进行查处的法定职权。根据该案查明的事实,对咸宁村委会非法出租该村集体土地给案外人种某、骆某开展盈利性经营活动,并分别收取租金55万元、10万元的事实依法予以确认。对咸宁村委会作出没收非法出租土地收取的65万元租金并处以该非法所得10%的罚款的行政处罚决定符合法律规定,法院依法予以确认。

咸宁村委会提起上诉,西安市中级人民法院二审判决驳回上诉,维持原判。

案例七：对行为人将其所承包土地使用权"转租"的行为，应当结合全案证据对"转租"行为性质进行实质判断。以"转租"之名行转让土地使用权之实的，构成非法转让土地使用权罪。

案号为(2013)海刑初字第1372号的非法转让土地使用权案件(入库案例)。案情简介：田某1系北京市海淀区某镇某村村委会主任；田某2系田某1的哥哥，亦系该村村民。2011年5月至12月，田某1、田某2违反土地管理法律法规，经商议后以村民委员会的名义将田某2从北京市海淀区某镇某村租赁的7.5亩集体土地转租给非该村村民的董某使用，租赁期限为61年，田某2收取了董某支付的租金195万元。董某在该土地上建筑13套房屋后，与田某1商议决定将其中10套房屋所涉土地进行出租，田某1私自在该10份土地租赁协议上加盖该村村民委员会的公章。经北京市国土资源局海淀分局核查，上述7.5亩土地规划地类为基本农田及一般农地区，其中基本农田为2.3亩。案发后，田某1、田某2退还董某195万元。

北京市海淀区人民法院审理后认为：被告人田某1系某村村委会主任，被告人田某2系该村村民并拥有案涉土地的使用权。该案的焦点问题是田某1、田某2将案涉土地使用权转租给他人的行为，是否构成非法转让土地使用权罪。据在案证据，田某1、田某2的"转租"行为已具有实质意义的"转让"效果，足以认定二人非法转让土地使用权，具体理由有：(1)"转租"土地使用权未履行必要的法律程序。据被告人田某1、田某2供述以及田某2与村委会签订的土地租赁合同，二人均明知案涉土地系该村村民集体所有及系农用地性质，如转让该土地使用权，应按土地管理法律法规规定的相关程序进行，即将农民集体所有的土地由本集体经济组织以外的单位或者个人承包经营的，必须经村民会议2/3以上成员或者2/3以上村民代表的同意，但田某2并未履行上述程序。(2)"转租"土地使用权的期限明显具有转让性质。被告人田某2与董某约定的租赁期限长达61年，远超国家法律对于土地承包期限为30年的强制性规定，该"转租"行为已具有实质的"转让"效果。(3)"转租"后案涉土地的用途未经批准而发生改变。虽被告人田某2与董某约定其与村委会的原土地租赁关系不变，由其继续履行土地使用权相应的权利、义务，但田某2在收取董某支付的巨额费用后，并未履行保证该承包土地继续用于农业生产用途的义务，而是放任董某建房出租，致使农用地改作他用。此外，被告人田某1、田某2在非法转让土地使用权的事前、事中均有密切沟通，且由田某1起草相关合同、加盖村委会公章，二人系共同犯罪。综上，被告人田某1、田某2以牟利为目的，违反土地管理法律法规，非法转让土地使用权，情节特别严重,其行为均已构成《刑法》第 228 条规定的非法转让土地使用权罪。法院依法作出(2013)海刑初字第 1372 号刑事判决,认定被告人田某 1、田某 2 均犯非法转让土地使用权罪,均判处有期徒刑 3 年,缓刑 4 年,并处罚金人民币 10 万元。

三、涉集体经营性建设用地入市相关纠纷案例

根据 2020 年 12 月修改后的《民事案件案由规定》,与建设用地使用权相关的案由有建设用地使用权纠纷、建设用地使用权抵押权纠纷、建设用地使用权出让合同纠纷和建设用地使用权转让合同纠纷。

此外,农村集体经营性建设用地入市案例所涉常见案由还有土地租赁合同纠纷、确认合同效力纠纷、土地承包经营权纠纷、排除妨害纠纷、侵害集体经济组织成员权益纠纷等。以下举例予以说明。

案例八:农用地转变为集体经营性建设用地导致原土地使用权流转合同不能履行的,当事人可以依法解除原合同。农村土地制度改革应坚持农民利益不受损的底线。

一审案号为(2021)京 0115 民初 19245 号,二审案号为(2022)京 02 民终 1258 号的土地承包经营权纠纷案。案情简介:林某、田某 1 为北京市大兴区青云店镇北野场村村民,二人为夫妻关系。田某 1 承包了该村 2.51 亩农业用地,土地用途为"农业",承包期限自 2004 年 10 月 1 日至 2028 年 9 月 30 日。2009 年 7 月 1 日,北京市大兴区青云店镇北野场村经济合作社(四分社)(以下简称北野场合作社,甲方)与田某 1(乙方)签署了一份《土地流转协议书》,协议载明:乙方将其承包的 2.51 亩确权土地自 2009 年 11 月 1 日起自愿交给甲方,由甲方帮助乙方统一对外予以流转,期限为 2018 年 11 月至 2028 年 9 月 30 日,流转期间,承接方不得改变乙方与甲方所签订的原土地承包规定条款。收益分配标准为:依据甲方与承接方签订的指标(每年每亩 4000 元)及乙方的合同面积如数收取土地流转费,共计 10,040 元。收益兑现时间及办法为:甲方于每年 11 月 1 日前按每一年一次应分收益金额,以户为单位,一次性统一兑现 10,040 元。甲方未按时间兑现乙方土地流转费,乙方有权收回土地及建筑不动产。后林某、田某 1 主张北野场合作社未给付 2019 年 11 月 1 日至 2020 年 10 月 31 日的租金 10,040 元。所以,林某、田某 1 向法院提起诉讼。

审理中,北野场合作社提交相关证据材料,证明案涉土地性质已由一般农地变更为城镇建设用地,同时,作为集体经营性建设用地入市,经村民代表决议村社

以规划区域内集体土地使用权入股北京青云宏展置业有限公司，成为公司股东，同意终止村社集体在规划区域内与土地承包方签订的土地承包合同。村里已通过社员代表大会的形式告知了社员土地性质变更，之后又以村集体广播、社员代表走访的形式对全体村民进行告知。

北京市大兴区人民法院审理后认为，案涉《土地流转协议书》约定田某1将其承包的案涉土地交付北野场合作社统一对外出租，北野场合作社按照每年每亩4000元标准给付租金，该约定合法有效。该案的争议焦点为案涉土地性质变更、《村民代表决议》是否影响《土地流转协议书》的继续履行。首先，北野场合作社提交的证据可以证明案涉土地性质已由农用地变更为集体经营性建设用地。为进一步实施集体经营性建设用地入市，北野场合作社已与原土地承租方终止租赁协议。后北野场合作社依据民主表决程序，以案涉土地集体建设用地使用权入股北京青云宏展置业有限公司，北野场合作社将按照每年每亩3500元标准给付确权承包户流转金，还按照相应标准给付土地流转金理财利息，同时，会相应增加承包户的承包土地面积。也就是说，北野场合作社已基于土地性质变更的实际情况，终止与原承租方的租赁合同，并根据集体经营性建设用地实施方案及《村民代表决议》等，将案涉集体经营性建设用地使用权入股至北京青云宏展置业有限公司。同时也以村民代表决议、代表走访等形式告知了林某、田某1。其次，农村土地制度改革应坚持农民利益不受损的底线。该案中，根据北京市及大兴区集体经营性建设用地入市试点工作方案，北野场合作社除了继续按照每年每亩3500元标准给付流转金外，还相应增加承包户的承包土地面积，同时，将按照相应标准给付承包户土地流转金理财利息。故案涉集体经营性建设用地入市试点中已为村民利益不受损害提供了保障。综上所述，案涉土地性质已实际发生变更，原《土地流转协议书》因适用基础变更，已导致实际履行不能，符合法定解除条件。所以判决驳回林某、田某1的诉讼请求。

林某、田某1提起上诉，北京市第二中级人民法院二审判决驳回上诉，维持原判。

案例九：农用地如果用于非农建设，必须取得农用地转用审批手续或建设用地规划批准书转为集体经营性建设用地。规划方案只是对土地未来发展可能性用途的规划设计，并非土地实际使用用途的批准审批材料，不能作为土地用途变更为集体经营性建设用地的依据。

一审案号为(2021)粤0118民初2783号，二审案号为(2021)粤01民终23993

号的土地租赁合同纠纷案件。案情简介:2000年7月14日,广州市增城区新塘镇南埔村原南北部分经济合作社(出租方,以下简称南北合作社)和周某(承租方)签订《租用土地使用合同》,约定:出租方将位于该村一块面积为1000平方米的土地租给承租方使用;租用期限为30年,从2001年12月15日至2031年12月15日。签订合同后,南北合作社将土地即交付给周某使用。周某在土地上建造了厂房,现今仍由周某使用。承租方一直交租至诉讼时,2021年的租金已经交纳完毕。南北合作社于2021年2月向法院提起诉讼。

广州市增城区人民法院审理后认为:(1)关于南北合作社主张案涉土地的租赁未征得村民会议同意因而合同无效问题。南北合作社已明确在《租用土地使用合同》中告知案涉土地的出租已经村及社员代表通过,因此其现主张合同因未征得村民会议同意无效,缺乏依据,法院不予支持。(2)关于《租用土地使用合同》自2001年12月15日起计算超过20年部分的效力问题。案涉土地应属集体所有的建设用地。2005年5月17日通过的《广东省集体建设用地使用权流转管理办法》第13条第2款规定,"集体建设用地使用权出让、出租的最高年限,不得超过同类用途国有土地使用权出让的最高年限"。集体建设用地使用权出租的最高年限,不得超过同类用途国有土地使用权出让的最高年限。居住用地的最高年限为70年。案涉《租用土地使用合同》约定租期为30年,从2001年12月15日起至2031年12月15日止,没有违反上述关于最高年限确定的规定,应为合法有效。南北合作社在合同有效且未解除的情况下要求周某、谢某返还土地,法院亦不予支持。所以判决驳回南北合作社的诉讼请求。

南北合作社提起上诉。广东省广州市中级人民法院审理后认为,二审争议的焦点是案涉租赁合同的效力。根据《土地管理法》的相关规定,案涉土地如果需要用于非农建设,必须是取得农用地转用审批手续或建设用地规划批准书的集体经营性建设用地。案涉地块并未有相关的规划报建信息,也没有相应的材料证明其是集体经营性建设用地,现被用于建造厂房,做非农建设使用,违反了土地管理法的相关规定,案涉土地租赁合同无效。所以判决:(1)撤销广东省广州市增城区人民法院(2021)粤0118民初2783号民事判决;(2)南北合作社和周某于2000年7月14日签订的《租用土地使用合同》无效;(3)周某、谢某在2021年12月30日前将《租用土地使用合同》中的出租土地交还给南北合作社;(4)驳回南北合作社的其他诉讼请求。

案例十：集体经营性建设用地入市经相关部门审批后流转，如果土地的所有权发生转移，原发包人丧失案涉土地所有权，建立在原所有权基础上的集体经济组织成员的农村土地承包经营权也因此消灭。

一审案号为（2020）桂0981民初4481号，二审案号为（2021）桂09民终364号的排除妨害纠纷案件。案情简介：原告陈某是北流市民乐镇民乐村镇南组村民，承包地面积为3.08亩。被告广西北流和众房地产开发有限公司（以下简称和众公司）为房地产开发企业。北流市民乐镇民乐村村民委员会（以下简称民乐村委会）、北流市民乐镇南庆村村民委员会（以下简称南庆村委会）于2019年7月12日取得坐落于北流市民乐镇民乐村的62,582.61平方米、民乐镇南庆村的99,768.8平方米集体建设用地使用权。2019年12月5日，北流市人民政府同意《以〔2017〕91号C、D、E地块农村集体经营性建设用地使用权入市出让方案》。2019年12月26日，和众公司通过拍卖竞得该地块的农村集体经营性建设用地使用权，面积为81,958平方米，土地出让人为民乐村委会、南庆村委会、莲塘村委会。陈某原承包地中的一块（面积1.32亩）在该地块界址内。2020年10月12日，和众公司对该地块开工建设。陈某认为和众公司侵占了其承包地，向法院提起诉讼。

广西壮族自治区北流市人民法院审理后认为，集体所有的土地，可以依法确定给个人使用。民乐村委会、南庆村委会依法取得不动产权属证书后，个人不再享有该部分土地的承包经营权。民乐村委会、南庆村委会与和众公司依法签订《农村集体经营性建设用地使用权出让合同》，被告取得了案涉地块的农村集体经营性建设用地使用权，有权进行建设，没有侵占原告的承包地，没有侵犯原告的承包经营权。所以判决驳回原告陈某的诉讼请求。

陈某提起上诉，广西壮族自治区玉林市中级人民法院二审判决驳回上诉，维持原判。

案例十一：农村集体经营性建设用地入市后，所获得的土地流转补偿费、青苗及地上附着物补偿费专项用于补偿集体经济组织内承包农户的土地经营权以及承包地上附着物、青苗费。集体经济组织作出的收益分配方案，如果侵害集体经济组织成员的合法权益，应依法予以撤销。

案号为（2020）渝0111民初5251号的侵害集体经济组织成员权益纠纷案件（入库案例）。案情简介：重庆市大足区是实施农村集体经营性建设用地入市改革试点地区。当地某社区第一居民组所有的一块农村集体经营性建设用地被纳入改革试点范围。该地块最终采取出让方式入市交易,土地用途为工业用地,出让年限为40年,入市价格为12.07万元/亩(其中,土地流转补偿费、青苗及地上附着物补偿费6.6万元/亩,土地开发成本费、集体收益部分5.47万元/亩),确认航拍测绘面积136.82亩,获得入市收益1651.42万元。2020年8月,某社区第一居民组对入市收益中的青苗及地上附着物补偿费、土地流转补偿费制订分配方案如下:可纳入分配的费用为青苗及地上附着物补偿费、土地流转补偿费(6.6万元/亩),以户为单位,按照每户现场实际测量的承包地面积进行计算;全体承包农户现场测量的承包地面积共计198.97亩,需分配的资金为1313.2万元。蒋某及其父母均系该社区第一居民组集体经济组织成员,但在某社区第一居民组均没有承包地。蒋某认为某社区第一居民组制订的收益分配方案严重侵害其合法权益,遂向法院提起诉讼,请求判决撤销某社区第一居民组于2020年8月20日作出的收益分配方案。

重庆市大足区人民法院审理后认为,原《物权法》第63条第2款规定:集体经济组织、村民委员会或者其负责人作出的决定侵害集体成员合法权益的,受侵害的集体成员可以请求人民法院予以撤销。该案中,蒋某对某社区第一居民组就农村集体经营性建设用地入市收益作出的分配方案提出异议,人民法院应审查收益分配方案效力。虽然某社区第一居民组对入市收益中的青苗及地上附着物补偿费、土地流转补偿费作出的分配方案经过民主议定,但是该分配方案以全体承包农户现场测量土地面积198.97亩为基数,仍按照6.6万元/亩的入市交易价格标准向承包农户分配青苗及地上附着物补偿费、土地流转补偿费,合计1313.2万元,而此次入市按照航拍面积136.82亩获得青苗及地上附着物补偿费、土地流转补偿费为903.01万元(6.6万元/亩×136.82亩),显然,依照该分配方案分配青苗及地上附着物补偿费、土地流转补偿费,严重占用了属于全体集体成员共同所有的土地开发成本费、集体收益部分等入市收益,必然导致包括蒋某在内的少数没有承包地或者承包地面积较少的集体成员在另行分配集体收益时可分得的收益减少,直接损害了包括蒋某在内的少数没有承包地或者承包地面积较少的集体成员的合法权益,故该分配方案不应作为收益分配的依据。所以判决撤销某社区第一居民组于2020年8月20日作出的土地收益分配方案。

四、土地租赁合同纠纷案例

案例十二：当事人明知拟租赁土地是耕地，在签订合同时却擅自改变土地的用途，将用于农业生产的土地另作他用，违反了《土地管理法》中关于农用地保护的强制性规定，租赁合同应当被确认无效。

案号为(2021)浙0213民初5160号的租赁合同纠纷案件(入库案例)。案情简介：2020年4月27日，邬某(出租人)与徐某(承租人)签订了一份《场地租赁合同》。合同约定：徐某承租邬某位于浙江省宁波市奉化区某厂西边的空场地，面积8亩，用途为堆放工程所用相关设备等；租赁期限为2020年5月1日起至2025年4月30日止，共计5年(甲方回填场地时间不包含在内)；合同租金为租赁期前三年每亩1.3万元，第四年、第五年每亩1.43万元，租金按每年支付，后四年租金需在租费到期前1个月支付；双方不得无故违约，如违约则另一方的一切经济损失由违约方承担。合同签订后，徐某按约支付了第一年(2020年5月1日至2021年4月30日)的租金10.4万元，并于2021年4月7日以银行转账形式支付了第二年(2021年5月1日至2022年4月30日)的租金10.4万元，邬某于同日出具收条一份，确认已收到该年度租金。2021年5月8日，邬某在微信上向徐某发送由宁波市奉化区某自然资源和规划所出具的《责令改正自然资源违法行为通知书》一份，该通知书载明"经查明，你单位未经依法批准擅自在西坞街道山下地村东岸某号西侧堆放杂物，非法占地面积约4亩，其中，耕地4亩。涉嫌违反了《土地管理法》第二条第三款的规定，根据《行政处罚法》和《国土资源行政处罚办法》相关规定，现责令你自收到本通知书之日立即予以改正，恢复土地原状。"自此，邬某开始要求徐某搬离案涉场地。徐某最终于2021年7月15日从案涉场地完全腾退。徐某在腾退后曾向邬某寄送律师函，要求邬某退还自2021年7月16日起至2022年4月30日止的租金，但邬某未予退还，故徐某向法院提起诉讼。

浙江省宁波市奉化区人民法院审理后认为：违反法律、行政法规强制性规定的民事法律行为无效。虽然原、被告之间签订的《场地租赁合同》系当事人的真实意思表示，但其内容违反了《土地管理法》中关于农用地保护的相关规定，且行政部门作出了责令整改的通知书，故双方签订该合同的民事法律行为应属无效。民事法律行为无效，行为人因该行为取得的财产，应当予以返还，不能返还或者没有必要返还的，应当折价补偿。经法院释明后，原告亦同意按照民事法律行为无效主张相关权利。所以，被告应返还原告已经支付的2021年7月16日至2022年4月月30日的相应"租金"。案涉搬迁损失确系腾退场地的必要开支且在案件判决前已实际支付,故依据原、被告的过错程度,酌情确定由被告按60%的比例赔偿原告。所以判决:(1)徐某与邬某签订的《场地租赁合同》无效;(2)邬某退还徐某已支付的费用82,345.21元;(3)邬某赔偿给徐某搬迁损失22,080元以及徐某为实现该案债权而支出的保全申请费1141元;(4)驳回徐某的其余诉讼请求。

案例十三:承租人在土地上进行违法搭建的,土地租赁合同无效。因违法搭建被拆除致使承租人产生损失,应在合同双方之间进行合理分摊,具体应当考虑双方对导致合同无效及搭建违法建筑的过错程度、合同履行情况、租赁双方收益情况等主客观因素。

案号为(2017)沪0113民初20106号的土地租赁合同纠纷案件(入库案例)。案情简介:2012年10月31日,上海市宝山区庙行镇佳宝五金加工场(以下简称佳宝加工场)与上海市宝山区庙行镇场北村村民委员会(以下简称场北村委会)签订土地租赁合同,约定场北村委会将该村集体耕地2.50亩(以下简称案涉土地)出租给佳宝加工场用于建造生产厂房。合同约定,如上级部门要求拆违,责任由场北村委会承担。合同签订后,佳宝加工场向场北村委会支付的相应租金付清至2016年年底。佳宝加工场承租案涉土地后,在土地上完成搭建,后完成搭建的内部装修,但相关建筑未获得建设工程规划许可证等行政审批手续。2016年12月,宝山区庙行镇人民政府向佳宝加工场发出"五违"整治告知书,称其存在违法用地、违法建筑等情形,并将佳宝加工场建造的房屋作为违法建筑而拆除,致使佳宝加工场遭受一定经济损失。后,佳宝加工场向法院提起诉讼,要求场北村委会向其支付因建造的房屋被拆除而造成的经济损失200万元。

上海市宝山区人民法院审理后认为:案涉土地系集体所有的耕地,场北村委会将案涉土地出租给佳宝加工场用于建设生产厂房,是将耕地用于非农建设,故案涉土地租赁合同当属无效。合同无效或者被撤销后,因该合同取得的财产,应当予以返还;不能返还或者没有必要返还的,应当折价补偿。有过错的一方应当赔偿对方因此所受到的损失,双方都有过错的,应当各自承担相应的责任。佳宝加工场承租案涉土地后建设生产厂房,因相关厂房违法用地、违法建筑、违法排污及存在安全隐患等客观事实,致使案涉房屋被拆除。佳宝加工场作为案涉耕地的承租人、违章建筑的建造方、实际使用人及相关收益方,理应对相关损失承担主要的过错责任;场北村委会作为案涉耕地的出租人,对合同无效及由此导致的相关后果也应承担相应的过错责任。现佳宝加工场的相关搭建已在该案诉讼前被拆除,目前已经缺乏评估其造价的可能性。但佳宝加工场进行了建造系客观事实。同时,根据佳宝加工场自述,佳宝加工场建造厂房后用于生产,年利润约有20万元,部分面积用于出租,收益约20万元左右,这些利益均系佳宝加工场在无效合同履行期间所得,在计算佳宝加工场损失时应予以考量。法院酌情确定由场北村委会向佳宝加工场支付补偿款25万元。所以判决:(1)佳宝加工场与场北村委会就案涉集体耕地2.50亩签订的土地租赁合同无效;(2)场北村委会向佳宝加工场支付25万元;(3)驳回佳宝加工场的其余诉讼请求。

佳宝加工场提起上诉,后提出撤回上诉的请求。上海市第二中级人民法院作出(2018)沪02民终8441号民事裁定:准许其撤回上诉。

案例十四:土地租赁合同被认定为无效,对于因无效合同产生的损失,其赔偿责任分担当适用缔约过失责任的原则和方法确定。若双方都有过错,则无论发生一方受有损失或者双方都受有损失的结果,均应由双方根据自身过错的程度和性质,各自承担相应的责任。

一审案号为(2022)鲁0322民初2387号,二审案号为(2023)鲁03民终880号的土地租赁合同纠纷案件(入库案例)。案情简介:2014年8月30日,淄博汇鑫运输有限公司(以下简称汇鑫公司)与山东省淄博市高青县芦湖街道大官庄村村民委员会(以下简称大官庄村委会)签订土地使用协议,协议中约定汇鑫公司为长期从事运输事业发展,租用大官庄村委会位于村南头滩高路北侧的废弃鱼塘,由汇鑫公司负责填平整理后使用,土地使用期限为15年(2014年8月30日至2029年8月30日)。协议签订后,汇鑫公司将池塘填平工程交由案外人吕某承揽,并实际支付工程费用11万元。后因与案外人吕某发生排除妨害纠纷,经由法院作出的生效判决,明确确认双方签订的土地使用协议无效。汇鑫公司向法院提起诉讼,要求大官庄村委会返还池塘填平费用11万元。

山东省高青县人民法院审理后认为,该案的争议焦点为:合同无效后,损失由谁承担及承担比例问题。(1)汇鑫公司存在缔约过错。根据《土地管理法》(2004年)第43条规定,任何单位或个人进行建设,如果不符合规定的集体土地的使用权主体资格,则必须依法申请使用国有土地。双方签订的协议系土地租赁合同,汇鑫公司租赁大官庄村委会的集体土地用于非农建设,该集体土地应当依法申请并经土地行政主管部门审批变更为国有土地后,方可按照规定程序办理租用手续,原告在签订协议时未进行国有土地申请亦未取得用地批准手续,故在缔约过程中存在一定过错。(2)大官庄村委会亦存在缔约过错。该案中,案涉土地为村集体土地，大官庄村委会作为土地出让方，应当知晓案涉土地性质为农业用地，明知汇鑫公司租赁土地用于非农建设（发展运输事业），却未及时就土地性质问题向汇鑫公司履行告知义务。涉及农村集体土地的租赁应当召开村民会议，并经村民会议决议同意，大官庄村委会在签订案涉土地使用协议时未提交村民会议表决，致使协议签订程序不合法。大官庄村委会的上述行为对无效合同的签订存在过错，大官庄村委会现作为案涉土地使用权的所有人和管理的实际受益人，理应在合同确认无效后对汇鑫公司的损失承担一定的赔偿责任。(3)双方按照过错程度承担责任。该案中，对于缔约过程中双方过失程度及赔偿数额的认定，结合双方在签订协议时的过错程度、池塘填平实际支出费用、池塘现状及管理等基本状况，酌定被告大官庄村委会承担70%责任，汇鑫公司承担30%责任。所以判决：大官庄村委会赔偿汇鑫公司经济损失7.7万元。

大官庄村委会提出上诉。山东省淄博市中级人民法院二审判决驳回上诉，维持原判。

第五章

地役权与相邻关系

第一节 《民法典》对地役权的规定与理解

一、《民法典》对地役权的规定

《民法典》物权编第三分编"用益物权"第十五章"地役权"中共有14条规定。

第三百七十二条 地役权人有权按照合同约定,利用他人的不动产,以提高自己的不动产的效益。

前款所称他人的不动产为供役地,自己的不动产为需役地。

第三百七十三条 设立地役权,当事人应当采用书面形式订立地役权合同。地役权合同一般包括下列条款:

(一)当事人的姓名或者名称和住所;

(二)供役地和需役地的位置;

(三)利用目的和方法;

(四)地役权期限;

(五)费用及其支付方式;

(六)解决争议的方法。

第三百七十四条 地役权自地役权合同生效时设立。当事人要求登记的,可以向登记机构申请地役权登记;未经登记,不得对抗善意第三人。

第三百七十五条 供役地权利人应当按照合同约定,允许地役权人利用其不动产,不得妨害地役权人行使权利。

第三百七十六条 地役权人应当按照合同约定的利用目的和方法利用供役地,尽量减少对供役地权利人物权的限制。

第三百七十七条　地役权期限由当事人约定；但是，不得超过土地承包经营权、建设用地使用权等用益物权的剩余期限。

第三百七十八条　土地所有权人享有地役权或者负担地役权的，设立土地承包经营权、宅基地使用权等用益物权时，该用益物权人继续享有或者负担已经设立的地役权。

第三百七十九条　土地上已经设立土地承包经营权、建设用地使用权、宅基地使用权等用益物权的，未经用益物权人同意，土地所有权人不得设立地役权。

第三百八十条　地役权不得单独转让。土地承包经营权、建设用地使用权等转让的，地役权一并转让，但是合同另有约定的除外。

第三百八十一条　地役权不得单独抵押。土地经营权、建设用地使用权等抵押的，在实现抵押权时，地役权一并转让。

第三百八十二条　需役地以及需役地上的土地承包经营权、建设用地使用权等部分转让时，转让部分涉及地役权的，受让人同时享有地役权。

第三百八十三条　供役地以及供役地上的土地承包经营权、建设用地使用权等部分转让时，转让部分涉及地役权的，地役权对受让人具有法律约束力。

第三百八十四条　地役权人有下列情形之一的，供役地权利人有权解除地役权合同，地役权消灭：

（一）违反法律规定或者合同约定，滥用地役权；

（二）有偿利用供役地，约定的付款期限届满后在合理期限内经两次催告未支付费用。

第三百八十五条　已经登记的地役权变更、转让或者消灭的，应当及时办理变更登记或者注销登记。

二、对地役权制度的理解

（一）地役权是在他人不动产上设立的一种用益物权

在传统的法学理论中，役权分为人役权与地役权，这两种役权是比较相似的用益物权类型。

所谓地役权，是指利用他人不动产以便有效地使用或经营自己不动产的权利。承担地役权的不动产称为供役地，利用地役权的不动产称为需役地。地役权是一项他物权，其存在以供役地和需役地属于不同的所有权人或用益物权人为要件。

按照《民法典》的规定，我国的物权分为所有权、用益物权与担保物权等类型。地役权在性质上是一种用益物权。《民法典》第323条规定："用益物权人对他人所有的不动产或者动产，依法享有占有、使用和收益的权利。"地役权是"利用他人的不动产，以提高自己的不动产的效益"，所以地役权应该适用用益物权的一般规则，其他各国的立法中一般都有类似的适用规范。

（二）地役权的权利主体具有广泛性，可以是不动产的所有权人也可以是土地的用益物权人

地役权是供役地与需役地之间的关系，是物与物的关系，但实际上是人与人之间的关系，只不过通过物表现出来。地役权合同的当事人包括供役地权利人（以下简称供役地人）与地役权人，两者也是地役权的权利主体。地役权的权利主体可以是自然人、法人或非法人组织。

地役权的权利主体具有广泛性，除不动产的所有权人以外，土地的用益物权人也可以设立地役权。《民法典》第372条规定中使用的是"他人的不动产""自己的不动产"的表述，而并非是"他人享有所有权的不动产""自己享有所有权的不动产"。结合《民法典》第376条至第383条的相关规定，土地承包经营权人、建设用地使用权人、宅基地使用权人等用益物权人可以成为地役权合同的当事人，可以成为供役地人或地役权人。

传统的法学理论认为，属于同一所有权人的两处不动产之间不能设立地役权。所有权作为一种对物的完全处分权，如果两块土地属于同一所有权人，似乎没有设立地役权的必要。但随着社会发展，土地利用多元化，土地所有权与使用权的分离日益明显。两块土地虽然属于同一所有权人，但可能由不同的用益物权人实际占有、使用。尤其在我国实行土地公有制的国情下，在同一所有权人的两处不动产之间设立地役权显得非常有必要。因为我国境内的土地要么属于国有、要么属于集体所有，而土地承包经营权人、建设用地使用权人、宅基地使用权人等用益物权人分别实际占有、使用这些土地，相应地就产生了设立地役权的需求。如果认为两块土地所有权同属于国有或某一农村集体经济组织所有，就不能设立地役权，那么，地役权制度在我国就很大限度上失去了其存在的价值，并且也会因此阻碍国有土地或集体所有土地上的各类用益物权人正常的土地利用需求事项。因此，结合国外立法经验和我国现实国情，属于同一所有权人的两处不动产之间也可以设立地役权。

(三)地役权的客体是不动产,包括土地与建筑物

《民法典》第372条规定的地役权的客体是不动产。虽然将"他人的不动产"称为"供役地",将"自己的不动产"称为"需役地",这是法律的习惯用语,但并不代表地役权的客体只包括土地。众所周知,在我国不动产主要包括土地与建筑物两大类。不动产的权利归属应以登记为准。《民法典》第208条规定了"物权公示原则":不动产物权的设立、变更、转让和消灭,应当依照法律规定登记。

区别于土地公有制度,我国的绝大多数建筑物尤其是普通住宅现已属于私人所有。所以,在土地上设立地役权,其权利主体通常是不同的用益物权人。在建筑物上设立地役权,其权利主体通常是不同的所有权人。即使都是国有的房屋(如公租房),如果要设立地役权,也是可以的,但其权利主体应是不同的实际使用人或管理人。需要说明的是,在住宅上设立地役权(如位置靠后住宅的所有人要求位置靠前的住宅不能加盖楼层以免影响其采光、日照),其权利主体应是住宅的所有权人,而不是居住权人、承租人等实际使用人。

(四)设立地役权的目的是满足地役权人的特定需要

我国《民法典》第372条第1款中规定"地役权人有权按照合同约定,利用他人的不动产,以提高自己的不动产的效益"。但对于地役权的权利内容,各国的法律一般不作明确的规定。在法学理论中,根据其用途不同,对地役权作出一些分类,如在罗马法中,地役权主要分为田野地役权与城市地役权。但在此后的各大陆法系国家的民法典中并未继续采用这种分类,因为地役权的适用范围很广,很难一一列举。

与其他用益物权的权利内容比较,地役权的权利内容具有很大的不确定性。如《民法典》第366条中将居住权的权利范围限于"满足生活居住的需要"。但对地役权没有如此限制性规定,只是"以提高自己的不动产的效益",只要能带来便利或利益,都可以是地役权的权利内容。虽然地役权的权利内容是较宽泛而不确定的,没有明确界限,但双方当事人对地役权的权利内容是可以约定的,这样就给了权利人较广泛的空间。

物权法定原则被视为是物权法的一个基本原则,很多国家的民法典中规定了该原则。在我国《民法典》第116条中也规定了"物权法定原则":物权的种类和内容,由法律规定。但社会生活纷繁复杂、瞬息万变,对物的利用方式、范围亦随着

社会发展而不断更新、进步,所以不能在《民法典》中将物的利用类型全部予以明确。如居住权是《民法典》新设的用益物权类型;网络虚拟财产权是随着互联网的发展而产生的,所以《民法典》第 127 条规定"法律对数据、网络虚拟财产的保护有规定的,依照其规定"。各国的法学家在承认民法典或物权法所规定的物权法定原则条文效力的前提下,提出各种学说,试图缓和物权法定原则的不足,被称为"物权法定原则缓和"。当然,这需要在实践中进一步探索。役权制度在一定程度上是对物权法定原则不足的补救。尤其是对地役权而言,与不动产相关的权利尤其是对不动产利用的权利,如果没有在法律中予以明确规定,可以地役权的形式予以设立,实际上弥补了物权法定原则中的某些不足,以适应社会生活发展变化的需要。

虽然地役权的权利内容是较宽泛且不确定的,但在具体到某一地役权设立时,却应该是明确的。地役权的行使以需役地的需要为限,这样可以防止地役权人滥用其权利。按照《民法典》第 373 条的规定,地役权合同中应包括"利用目的和方法",双方当事人应约定对供役地如何利用,如为了地役权人的通行需要、取水需要,或要求供役地人承担一定的消极不作为义务,如不在供役地上建房、不对外出租房屋等。总之,设立地役权的目的是满足地役权人的特定需要,但不是说地役权人可以任意而为,如在耕地上建厂房、造砖窑。如果地役权人违反地役权合同中的约定,将承担相应的违约责任。对此,《民法典》第 384 条规定,如果地役权人违反法律规定或者合同约定,滥用地役权,供役地人有权解除地役权合同,地役权消灭。如果地役权人将作为供役地的耕地用于非农业生产目的,就属于"滥用地役权",供役地人可以解除地役权合同并要求其赔偿损失。

(五)地役权主要通过订立书面形式的合同设立

根据《民法典》第 372 条第 1 款规定的"按照合同约定"与第 373 条第 1 款规定的"设立地役权,当事人应当采用书面形式订立地役权合同",地役权的设立应通过合同方式,而且应采用书面形式。现实中,很多地役权合同是采取口头形式。如在农村,某块农田需要从上游的水库中引入灌溉用水,需要经过位置在其上面的其他农田,就是典型的取水地役权。但农民一般采取口头告知的方式,只要位置在上面的农田承包经营权人(供役地人)表示同意或者没有反对,一般就视为双方达成一致,形成口头形式的地役权合同。

采取书面形式的地役权合同,通过明确合同的内容,可以减少可能出现的纠纷,是应该鼓励采用的方式。《民法典》第490条第2款规定:法律、行政法规规定或者当事人约定合同应当采用书面形式订立,当事人未采用书面形式但是一方已经履行主要义务,对方接受时,该合同成立。根据此规定,法院不应仅因地役权合同为口头形式即否定地役权设立的法律效力,而应进行相应的事实查明,若经审查,存在《民法典》第490条第2款规定的情形,则可依法确认地役权设立的法律效力,并基于个案情况依法作出相应的裁判。

除采取地役权合同形式外,地役权的取得还可以通过其他方式。如基于转让行为取得地役权,按照《民法典》第382条规定:"需役地以及需役地上的土地承包经营权、建设用地使用权等部分转让时,转让部分涉及地役权的,受让人同时享有地役权。"但需要注意的是,"地役权不得单独转让"。此外,还有基于继承取得地役权。虽然在《民法典》中对此没有明确的规定,但在实践中,因为继承的原因而取得地役权的情况却是大量存在的。继承是一种特殊形式的物权转移,所以可以参考用益物权转让的做法。如果地役权人死亡,其对需役地的权利由其继承人来继承时,继承人将在继承其对需役地权利的同时,也继承与需役地权利相伴随的地役权。

(六)办理地役权登记的效力——对抗善意第三人效力

根据《民法典》第374条的规定,地役权自地役权合同生效时设立。地役权与其他不动产物权有所不同的是,并没有采取登记生效主义。同为役权的居住权则采取了登记生效主义。

《民法典》第374条规定:当事人要求登记的,可以向登记机构申请地役权登记;未经登记,不得对抗善意第三人。对地役权的该条规定比较类似于土地经营权。《农村土地承包法》第41条规定:土地经营权流转期限为5年以上的,当事人可以向登记机构申请土地经营权登记;未经登记,不得对抗善意第三人。

因为地役权的权利内容非常多样化,所以对于一些特殊的地役权合同,不动产登记机构很难准确地登记其全部内容。在实践中,签订地役权合同后,当事人一般是不会去办理地役权登记的。只有涉及双方利益较大、需要支付的费用较多、期限较长或一旦违约造成的后果严重的地役权合同,当事人才会去办理地役权登记,尽量避免将来可能出现的纠纷,明确违约责任的承担。

(七)地役权不得单独转让或单独抵押

《民法典》第369条明确规定"居住权不得转让、继承",因为居住权具有限制性人役权的鲜明特点。虽然地役权不像居住权一样被严格限制、具有不可转让性,但地役权的转让也受到了一定的限制,即"地役权不得单独转让""地役权不得单独抵押"。这与地役权具有的不同于其他物权的一些属性相关,因地役权具有从属性与不可分性。

地役权具有从属性。地役权是以地役权人对需役地所享有的权利为主物权的从物权,从物权是必须从属于他项权利而存在的物权。因此,地役权应当从属于地役权人对需役地所享有的权利,与其相伴而生,共伴始终。地役权不能与需役地相分离而单独转让。《民法典》第380条规定:"地役权不得单独转让。土地承包经营权、建设用地使用权等转让的,地役权一并转让,但是合同另有约定的除外。"在这里,"合同另有约定"一般是指用益物权人转让土地承包经营权、建设用地使用权时放弃或提前终止了原来设立在该土地上的地役权。

地役权具有不可分性。地役权不能因为供役地的分割或需役地的分割而随之分割,不论是供役地分割为多个部分,还是需役地分割为多个部分,地役权仍然保持最初的完整性。所以地役权的不可分性,实质上是地役权从属性的一个延伸。

因为地役权"不得单独转让",所以地役权"不得单独抵押"。按照《民法典》第381条规定,只有土地经营权、建设用地使用权等抵押的,在实现抵押权时,地役权才能一并转让。

三、地役权的不同分类

依照不同的标准,可以将地役权划分为不同的类型,以下列举几种划分标准并进行初步分析。

(一)按照地役权的用途不同,分为田野地役权与建筑地役权

田野地役权又称为乡村地役权,是地役权的最初表现形式,以土地为地役权的客体。其目的在于为农业耕作提供便利,在古罗马的农业经济中发挥了重要的作用。按照传统的法学理论,乡村地役权主要有以下几种:通行地役权、取水地役权、畜牧地役权、采掘地役权。后来随着城市建设与集聚居住的趋势,逐渐产生建筑地役权,又称为城市地役权,一般以建筑物为地役权的客体,主要分为通水地役权、立墙地役权、采光地役权,与相邻关系中的相邻权比较相似。罗马法中的城市地役权细分为架梁地役权、支撑地役权、建筑物突出地役权、承溜地役权、阴沟地

役权、排烟地役权、采光地役权、建筑物加高地役权、禁止建筑地役权、禁止妨碍光线地役权、禁止妨碍眺望地役权等。在农村中，田野地役权是常见的类型，一般是以无偿、口头约定的形式存在；随着农村房屋建设的增多，建筑地役权出现得越来越多，有偿、书面形式订立地役权合同也相应增多。

（二）按照地役权的行使内容不同，分为积极地役权与消极地役权

积极地役权，是指地役权人可以在供役地上为一定积极行为（作为）的地役权，故也称作为地役权。地役权人可以积极地利用供役地，而作为供役地人不能加以干涉或排除。如取水地役权中，地役权人可以在供役地上取水以供自己使用；通行地役权中，地役权人可以在供役地上通行，从而方便自己的出行。

消极地役权，是指供役地人应当履行地役权合同而不再行使原本基于其权利可以行使的权能，供役地人因此负有消极不作为的义务，故也称不作为地役权。如限高地役权，供役地人原本可以在自己的土地上自由决定建筑的高度，但为了地役权人的需要（如可以看见前面的自然风景），依据地役权合同，供役地人将自己建造的房屋高度限制在地役权人能够接受的高度范围内。

此外，按照地役权权利内容的实现是否需要权利人的行为的标准，可以分为继续地役权与非继续地役权；按照地役权权利存在的外观是否具有可观察性，可以分为表现地役权与非表现地役权。在理论上，还可以将地役权分为法定地役权、意定地役权与强制地役权。

第二节　地役权合同的签订

一、地役权合同的一般条款

《民法典》第373条规定了"地役权合同的内容"。地役权合同一般包括下列条款：(1) 当事人的姓名或者名称和住所；(2) 供役地和需役地的位置；(3) 利用目的和方法；(4) 地役权期限；(5) 费用及其支付方式；(6) 解决争议的方法。下面对这些一般条款的写法进行分析。

（一）当事人的姓名或者名称和住所

地役权合同一般包括双方当事人，其中以供役地人为一方，以地役权人为另

一方。合同当事人可以是自然人、法人与非法人组织。如果是自然人,一般需要填写姓名、公民身份号码、现具体住址(住所)、联系电话等基本信息;如果是法人或非法人组织,需要填写单位名称、地址(住所)、统一社会信用代码、单位法定代表人或负责人(写明职务)、联系人、联系电话等基本信息。如果不动产是共有性质(包括共有用益物权),应该将所有共有人作为一方当事人,或者书面授权某一共有人作为代表签字。

(二)供役地和需役地的位置

在地役权合同中不仅要写明供役地和需役地的位置,而且要尽量详细、明确。一般要包括以下三个方面内容(其中第1点是必需):

1. 不动产的具体位置,如位于某县(市、区)某乡(镇、街道)某村(或某路某号某小区某号楼某单元某层某号)。土地要明确具体的四至范围,房屋至少要与其他建筑物能区分开;

2. 不动产权属证书号:_____;

3. 该不动产面积_____平方米。

需要特别注意的是,如果是在土地或建筑物的部分区域设立地役权,应清楚、明确地说明设立地役权对应的区域位置及面积,可以附示意图进行说明。

(三)利用目的和方法

地役权合同中应明确地役权人利用该供役地需要达到的目的,如通行、取水、通管线、停车等;并明确地役权人使用供役地的方法,如是否要浇筑水泥路、是否要挖掘地面、是否要埋设管线等,以及使用土地或建筑物的面积、使用完后是否要恢复原状、可能对供役地造成的不利影响等。还可以约定一些特殊的禁止性要求,如不能在土地上挖沟渠,不能在耕地上构建临时建筑物,不能在建筑物上架设高压线,不能在建筑物上安装广告牌或电信信号发射塔等。

如果是要求供役地人承担一定消极不作为的义务,应明确对其的要求,如不能将房屋出租给第三方用于开餐馆、不能在供役地上建造高度在10米以上的建筑物、不能在供役地上使用高毒性的农药等。

(四)地役权期限

地役权期限可以采取固定期限或不固定期限两种方式。其中多数是采取固定期限方式,要明确具体年限与起止时间,写为地役权期限从年月日起至年月日止,或写为地役权期限为几年,自年月日起开始计算,也可以自本合同签订之日起计算。需要注意的是,以土地为地役权客体,地役权期限不得超过土地承包经营权、建设用地使用权等用益物权的剩余期限。如果采取不固定期限方式,写法就比较多样了。

(五)费用及其支付方式

地役权一般是采取有偿方式设立。地役权合同中应约定租金(或使用费)数额及支付方式、支付期限等内容,避免以后产生纠纷。

如果是无偿方式设立,也应在合同中予以明确。如果有需要代交的费用(如水电费、物业服务费)或必要支出的手续费用(如登记费),应说明费用的性质与大致数额。

(六)解决争议的方法

可以约定履行本合同过程中产生的任何争议,双方应先协商解决;如果协商或调解不成,任何一方均可向不动产所在地的人民法院提起诉讼解决(不动产案件是专属管辖,不能协议变更)。

如果是采取有偿方式设立地役权,当事人也可以选择采取仲裁方式解决争议。

二、地役权合同中需要注意的其他事项

应按照地役权的设立目的与当事人的不同情况来起草地役权合同,不同类型的地役权存在较大的区别,很难用一种格式的合同来适用所有设立地役权的情况。建议最好由律师帮助起草或审核合同。

除以上一般条款以外,在起草地役权合同时还需要注意以下事项:

1. 应明确是否要办理地役权登记。一般的地役权合同不需要办理地役权登记,如果双方没有明确约定,应视为不办理地役权登记。如果双方约定要办理登记,在合同中还应该约定办理登记的期限。如约定本合同签订后 10 日内,双方一起到当地的不动产登记机构办理地役权登记。

2. 要明确对地役权人或对供役地人的权利限制。例如,地役权人不能允许其他无关人员使用该供役地,如供役地是供役地人的闲置宅基地,应允许地役权人平整后用来停车,但地役权人不能对外出租停车位;地役权是要求供役地人承担一定消极不作为的义务,其实就是权利限制时,要进行明确,如可以在供役地上建造房屋,但层数不多于 3 层、高度不超过 10 米;地役权人是开超市的时,要求供役地人不能将作为供役地的房屋出租给他人用于开超市、商店,以免对其生意产生不利影响。对地役权人或对供役地人的权利限制往往与"利用目的和方法"密切相关,可以写在一起。

3. 应明确合同解除条件。虽然在《民法典》第 384 条规定了供役地人单方解除地役权合同的两个法定事由,但因为地役权权利内容的不确定性与利用目的的多样化,很难都包括在内,所以建议在地役权合同中明确合同解除的事由。如地役权的内容是在闲置宅基地上停车,虽然供役地人目前无力建造房屋或暂时不想建造,但可以在地役权合同中约定:如果供役地人以后要利用该供役地(宅基地)建造房屋,地役权人应无条件同意解除合同。也可以约定一方解除合同的条件,如地役权人擅自在供役地上挖沟渠用于引水,供役地人可以提前解除合同;供役地人擅自将现在供役地上的草坪与树木破坏用于种植其他农作物的,地役权人可以提前解除合同。双方可以在合同中对地役权人"滥用地役权"的情况予以明确,可以用列举的方式说明。

4. 应明确违约责任。在地役权合同中,应约定地役权人与供役地人可能出现的违约情况,并明确违约方承担责任的方式。例如,地役权人不按时或足额支付使用费的,每延期一天应按照所拖欠费用数额的 1‰ 支付违约金;供役地人未经地役权人的同意,擅自同意第三方以与地役权人相同的利用目的或方法利用该供役地的,应退还地役权人已支付的使用费,并支付相当于该费用的 10% 的违约金。如果在合同中约定有定金,应适用《民法典》中关于定金的相关规定。双方也可以在合同中约定损失的计算方式,或承担违约责任的其他方式,如恢复原状、排除妨害、维修房屋、减少价款等。

5. 其他特殊的约定。如在整块土地的部分区域上或者在某处院落的部分房屋上设立地役权,供役地人拟转让其他部分,应在合同中明确约定是否要提前通知地役权人,地役权人是否有优先权;不动产被征收后,供役地人是否要为地役权人设立新的地役权及是否给予经济补偿;如果因为特殊情况造成不动产灭失或严重毁损,导致地役权合同无法继续履行,当事人是否可以要求设立新的地役权、损害赔偿或经济补偿等。

此外,在合同中可以约定一些个性化的内容,通常是对地役权人的要求,如地役权人要经常修剪院子中的花草,不能在室内或院子中饲养家禽。如果是有偿设立形式,有可能是对供役地人的要求,如要为地役权人提供通行便利,不能擅自停水停电。

三、地役权合同的参考文本

本书提供一份内容相对详细的地役权合同参考文本以供读者参考。但建议读者根据具体的情况,在文本基础上增删内容。尤其是需要办理登记、有偿设立形式的地役权合同在使用费用及支付方式、利用目的和方法、地役权期限、合同解除条件、违约责任等方面应作出较详细、明确的约定,并要注意供役地人与地役权人之间的利益平衡。

地役权合同

(参考文本,可以根据具体情况进行增删)

甲方(供役地人):_____
(如果不动产属于共有性质,应列明所有共有权人)
公民身份证号码:_____
住所地:_____
联系电话:_____
乙方(地役权人):_____
公民身份证号码:_____
住所地:_____
联系电话:_____

为了_____的需要(地役权的利用目的简述),甲方愿意向乙方提供位于_____的土地(或建筑物)。现双方经友好协商,就设立地役权事宜,根据《民法典》及相关规定,签订本合同以共同遵守。

一、基本状况

1.供役地(土地或建筑物)的基本情况:(以附件不动产权证为准)

(1)不动产的具体位置:_____;
(2)不动产权属证书号:_____;
(3)该不动产的面积为_____平方米;

(4)下列范围不属于本合同约定的地役权使用范围：_____ ____。

（如果是在土地或建筑物的部分区域设立地役权，应清楚、明确地说明设立地役权对应的区域位置及面积，可以附示意图进行说明。）

2.需役地(土地或建筑物)的基本情况:(以附件不动产权证为准)

(1)不动产的具体位置：_____；

(2)不动产权属证书号：_____；

(3)该不动产的面积为_____平方米。

二、地役权期限

1.双方确认,地役权期限以下列第____项约定为准:

(1)固定期限:自_____年____月____日至_____年____月____日。

(2)不固定期限:自_____年____月____日起至_____年____月____日止(或采取其他形式的表述)。

（如果以土地为供役地，地役权期限不得超过土地承包经营权、建设用地使用权等用益物权的剩余期限。）

2.甲方应在上述地役权期限开始之日前将不动产交付给乙方使用。

三、办理地役权登记(如果不需要办理地役权登记,本条略)

1.本合同签订后____日内,双方一起到当地的不动产登记机构办理地役权登记手续。

2.办理地役权登记手续费用(如有)由____方承担。

四、利用目的和方法(写法可以多样化)

1.乙方利用供役地的目的：_____；

2.乙方利用供役地的方法：_____；

3.对乙方利用供役地的要求(或权利限制)：

(1)_____；

(2)_____；

(3)_____；

(4)_____。

（如果地役权是要求甲方承担一定消极不作为的义务，应明确对其的要求。）

五、费用及其支付方式

1. 乙方取得本合同约定的地役权,应按下列第____项约定向甲方支付费用:(应约定使用费及支付方式,或其他条件)

(1)乙方应一次性向甲方支付共计_____元。乙方应于本合同签订后____日内支付_____元,在地役权登记完成后____日内付清余款。

(2)乙方应按每年/月_____元向甲方支付房屋使用费用。乙方应于每年____月____日前支付。(支付方式可以采取其他写法)

2. 甲方收取上述款项的收款账户约定如下:

开户行:_____

户　名:_____

账　号:_____

3. 其他费用及承担方式:_____。

(如果地役权采取无偿设立方式,乙方无须向甲方支付租金或使用费用,代交费用除外。)

六、双方的主要权利与义务(或内容写入相关各条中)

1. 甲方的主要权利与义务:

(1)_____;

(2)_____;

(3)_____;

(4)_____。

2. 乙方的主要权利与义务:

(1)_____;

(2)_____;

(3)_____;

(4)_____。

七、合同解除条件(可以简略一些)

1. 乙方有下列情形之一的,甲方有权提前解除本合同:

(1)_____;

(2)_____;

(3)_____。

2.甲方有下列情形之一的,乙方有权提前解除本合同:

(1)＿＿＿＿＿＿＿＿＿＿;

(2)＿＿＿＿＿＿＿＿＿＿;

(3)＿＿＿＿＿＿＿＿＿＿。

八、违约责任

1.乙方不按时或足额支付本合同第五条第1款约定的使用费,甲方可以要求乙方每日按照拖欠费用的＿＿‰支付违约金;

2.乙方有下列情形之一的,甲方可以要求乙方支付相当于本合同第五条第1款约定的使用费的＿＿%的违约金,或赔偿相应的经济损失:(违约金写法可以双方自行协商确定)

(1)＿＿＿＿＿＿＿＿＿＿;

(2)＿＿＿＿＿＿＿＿＿＿;

(3)＿＿＿＿＿＿＿＿＿＿。

3.如果甲方不配合或逾期办理地役权登记,每逾期一日,应按每日＿＿＿＿＿元向乙方支付违约金。(如果不需要办理地役权登记,本款略)

4.如果甲方出现下列情形之一,影响乙方正常使用供役地,乙方可以要求甲方退回乙方交付的所有费用及支付违约金＿＿＿＿＿元。(违约金写法可以双方自行协商确定)

(1)＿＿＿＿＿＿＿＿＿＿;

(2)＿＿＿＿＿＿＿＿＿＿;

(3)＿＿＿＿＿＿＿＿＿＿。

5.如果甲方提前解除本合同,且乙方已向甲方支付了使用费,则使用费应按乙方实际使用时间按比例计算,剩余部分甲方应予返还。

九、其他特殊的约定(可用可无,按照实际情况)

1.＿＿＿＿＿＿＿＿＿＿;

2.＿＿＿＿＿＿＿＿＿＿;

3.＿＿＿＿＿＿＿＿＿＿。

十、争议解决(也可以设立专门的仲裁条款)

凡因履行本合同所发生的或与本合同有关的一切争议,双方应尽量通过友好协商的方式处理。协商不成的,任何一方有权向不动产所在地的人民法院提起诉讼。

十一、其他约定

1. 本合同自双方签字、按指印或盖章之日起生效。

2. 本合同未尽事宜,双方可另行签订补充协议,补充协议与本合同不一致的,以补充协议为准。

3. 本合同附件是本合同不可分割的组成部分,与本合同具有同等法律效力。

4. 本合同一式三份,甲、乙双方各执一份,办理地役权登记时提交不动产登记机构一份,具有同等法律效力。

(如果地役权合同是附条件或附期限的合同,可以单列条款予以规定,具体按照双方的意愿来决定内容。)

甲方(签章):

乙方(签章):

签订日期:_____年___月___日

第三节　设立地役权需要注意的法律问题

一、办理地役权登记

按照《民法典》第374条的规定,地役权自地役权合同生效时设立。是否办理地役权登记,是当事人可以自己选择的。当事人要求登记的,可以向所在地的不动产登记机构申请地役权登记;地役权未经登记,不得对抗善意第三人。

按照《不动产登记暂行条例》第5条规定,地役权属于可以办理登记的不动产权利。在《不动产登记暂行条例实施细则》中有多条与地役权登记相关的内容。其第20条规定,办理地役权登记,不动产登记机构应向申请人核发不动产登记证明,应当加盖不动产登记机构登记专用章。第26条规定,如果地役权的利用目的、方法等发生变化,不动产权利人(包括地役权人与供役地人)可以向不动产登记机构申请变更登记。第27条规定,因需役地不动产权利转移引起地役权转移的,当事人可以向不动产登记机构申请转移登记。第28条规定,在不动产上已经设立地役权,供役地人因放弃权利申请注销登记的,应当提供地役权人同意的书面材料。

《不动产登记暂行条例实施细则》第四章第八节专门规定了"地役权登记"的相关内容,具体如下:

第六十条　按照约定设定地役权,当事人可以持需役地和供役地的不动产权属证书、地役权合同以及其他必要文件,申请地役权首次登记。

第六十一条　经依法登记的地役权发生下列情形之一的,当事人应当持地役权合同、不动产登记证明和证实变更的材料等必要材料,申请地役权变更登记:

(一)地役权当事人的姓名或者名称等发生变化;

(二)共有性质变更的;

(三)需役地或者供役地自然状况发生变化;

(四)地役权内容变更的;

(五)法律、行政法规规定的其他情形。

供役地分割转让办理登记,转让部分涉及地役权的,应当由受让人与地役权人一并申请地役权变更登记。

第六十二条　已经登记的地役权因土地承包经营权、建设用地使用权转让发生转移的,当事人应当持不动产登记证明、地役权转移合同等必要材料,申请地役权转移登记。

申请需役地转移登记的,或者需役地分割转让,转让部分涉及已登记的地役权的,当事人应当一并申请地役权转移登记,但当事人另有约定的除外。当事人拒绝一并申请地役权转移登记的,应当出具书面材料。不动产登记机构办理转移登记时,应当同时办理地役权注销登记。

第六十三条　已经登记的地役权,有下列情形之一的,当事人可以持不动产登记证明、证实地役权发生消灭的材料等必要材料,申请地役权注销登记:

(一)地役权期限届满;

(二)供役地、需役地归于同一人;

(三)供役地或者需役地灭失;

(四)人民法院、仲裁委员会的生效法律文书导致地役权消灭;

(五)依法解除地役权合同;

(六)其他导致地役权消灭的事由。

第六十四条　地役权登记,不动产登记机构应当将登记事项分别记载于需役地和供役地登记簿。

供役地、需役地分属不同不动产登记机构管辖的,当事人应当向供役地所在地的不动产登记机构申请地役权登记。供役地所在地不动产登记机构完成登记后,应当将相关事项通知需役地所在地不动产登记机构,并由其记载于需役地登记簿。

地役权设立后,办理首次登记前发生变更、转移的,当事人应当提交相关材料,就已经变更或者转移的地役权,直接申请首次登记。

在《不动产登记操作规范(试行)》中规定有"地役权登记",并规定了首次登记、变更登记、转移登记、注销登记4种类型,分别明确了适用、申请主体、申请材料、审查要点。下面对地役权首次登记作出说明。

1. 适用

按照约定设定地役权利用他人不动产,有下列情形之一的,当事人可以申请地役权首次登记。(1)因用水、排水、通行利用他人不动产的;(2)因铺设电线、电缆、水管、输油管线、暖气和燃气管线等利用他人不动产的;(3)因架设铁塔、基站、广告牌等利用他人不动产的;(4)因采光、通风、保持视野等限制他人不动产利用的;(5)其他为提高自己不动产效益,按照约定利用他人不动产的情形。地役权设立后,办理首次登记前发生变更、转移的,当事人应当就已经变更或转移的地役权,申请首次登记。

2. 申请主体

地役权首次登记应当由地役权合同中载明的需役地权利人和供役地权利人共同申请。

3. 申请材料

申请地役权首次登记,提交的材料包括:(1)不动产登记申请书;(2)申请人身份证明;(3)需役地和供役地的不动产权属证书;(4)地役权合同;(5)地役权设立后,办理首次登记前发生变更、转移的,还应提交相关材料;(6)法律、行政法规以及《不动产登记暂行条例实施细则》规定的其他材料。

4. 审查要点

不动产登记机构在审核过程中应注意以下要点:(1)供役地、需役地是否已经登记;(2)不动产登记申请书、不动产权属证书、地役权合同等材料记载的主体是否一致;(3)是否为利用他人不动产而设定地役权;(4)当事人约定的利用方法是否属于其他物权的内容;(5)地役权内容是否违反法律、行政法规的强制性规定;

(6)供役地被抵押的,是否已经抵押权人书面同意;(7)该规范第4章要求的其他审查事项。

不动产登记机构审核后认为可以登记的,记载于不动产登记簿后向权利人核发不动产登记证明。地役权首次登记的,不动产登记机构应当将登记事项分别记载于需役地和供役地不动产登记簿。

二、地役权的法律效力

《民法典》对地役权合同双方当事人的权利与义务关系的规定比较简单,只有第375条规定"供役地权利人应当按照合同约定,允许地役权人利用其不动产,不得妨害地役权人行使权利"与第376条规定"地役权人应当按照合同约定的利用目的和方法利用供役地,尽量减少对供役地权利人物权的限制"。

一般情况下,合同经签订后就生效,在当事人之间产生特定的债权关系,主要体现为双方的权利与义务。一般是需要办理登记后,才发生所有权转移或产生用益物权。但地役权有些特殊,因为采取了登记对抗主义,所以地役权自地役权合同生效时就设立。

(一)地役权人的权利

地役权人的主要权利是利用供役地的权利,其目的是能够利用供役地满足自己的需要,更好地实现对需役地的利用。但地役权人需要"按照合同约定的利用目的和方法"利用供役地,即要明确地役权的使用范围,这是保证地役权人正确行使权利,防止供役地人的权利受到侵害,避免纠纷发生的可能。

地役权一经确定,无论是地役权人还是供役地人都不得随意更改,加重或减轻地役权内容。但在现实生活中,不可避免地发生一些情况变化,如原来是利用供役地人的闲置宅基地用于停车,但后来地役权人因为离开该农村要到城市中居住,不需要再停车,继续履行合同变得没有必要,双方可以协商提前解除地役权合同。此外,因为约定的利用目的和方法导致地役权内容发生变更、需役地或者供役地自然状况发生变化等情况,双方可以修改地役权合同中的内容。如果地役权已经办理登记,应申请办理地役权变更登记。

如果地役权人对供役地的利用,与其他地役权人对该供役地的利用存在冲突,成立在先的地役权优先于成立在后的地役权利用该供役地,在后的地役权人不得妨碍在先地役权人的使用,这是物权优先原则的体现。例如,位置在下的多块土地都需要通过位置在上的土地引水,但上游水库的水有限,无法保证所有土地的灌溉。如果有多人向供役地人提出引水的请求,而且给出数量不等的使用费,供役地人不能按照"谁给钱多就给谁"来处理,而是应按照"先答应谁就给谁"的原则设立地役权。如果供役地人违反此前的承诺,将承担违约责任,如已收取的费用是定金性质,应适用定金的"双倍返还"罚则。

因为地役权不需要办理登记就生效,未经登记只是不得对抗善意第三人,所以如果在先的地役权只是签订合同,没有办理登记,而在后的地役权既签订合同又办理了登记,且在后的地役权人是出于善意方式(不知此前已设立地役权并支付合理对价)获得地役权,则在先的地役权不能与在后已办理登记的地役权相抗衡,但可以要求供役地人依据地役权合同的约定承担相应的违约责任。所以,如果地役权存在权利内容非常重要、支付的费用较多等情况,建议权利人还是应去办理地役权登记。

此外,地役权人为了实现地役权的利用目的,可以在供役地上做一些必要的附随行为或使用其附属设施。如为了停车需要可以在供役地上对地面进行适当的硬化处理,为了引水需要可以在供役地上挖必要的引水沟渠等。如果在供役地上已有建筑物或构筑物,且地役权合同中没有明确予以排除,地役权人一般是可以使用的。

(二)地役权人的义务

地役权人在使用供役地时,应当尽可能保全供役地人的利益,原则上应当按照地役权合同所约定的利用目的和方法来进行,尽量减少对供役地人物权的限制。即使在地役权合同中没有明确约定,也应按照"合理的方式"使用该供役地,地役权人应尽到"善良管理人"的注意义务,妥当管理、维护供役地,不得滥用地役权对供役地造成严重损害。如供役地是耕地,地役权人就不能采取挖池塘、建砖窑等方式对耕地造成难以恢复的损害;如供役地是住宅,地役权人就不能采取挖墙打洞、损坏承重结构等方式对房屋造成无法弥补的损害。

地役权人要承担维修、保持供役设施的义务,如果未尽到维修义务致使供役地人遭受损失,地役权人应当承担赔偿责任。

此外,一些地役权的设立,并不是地役权人自己使用该供役地,而是限制供役地人对该供役地的利用。在这种情况下,应允许供役地人继续使用供役地,一般情况下地役权人不应干涉,但如果出现供役地人违反地役权合同约定的情况,地役权人可以加以阻止,并要求供役地人承担违约责任或赔偿损失。如果出现合同约定的解除条件,地役权人可以提前解除合同并要求供役地人承担违约责任。

(三)供役地人的权利

供役地人的权利主要有两项:一是在不妨碍地役权行使的情况下,供役地人有继续使用供役地的权利。同时,供役地人还可以继续使用供役设施。如建筑物所有权人为他人在自己的建筑物上设立了一个放置广告牌的地役权之后,只要不妨碍他人地役权的实现,建筑物所有权人还可以继续行使其对于该建筑物的所有权,包括占有、使用、收益等权利,如可以在该建筑物内正常办公、生活居住等。

二是如果是有偿设立地役权,供役地人有要求地役权人支付费用的权利。如果地役权人不按时支付或足额支付费用,供役地人可以要求地役权人承担相应的违约责任。如果"约定的付款期限届满后在合理期限内经两次催告未支付费用",供役地人可以提前解除合同,这符合法定解除条件。当然,供役地人可以选择只要求地役权人承担违约责任,而不解除地役权合同。如果符合《民法典》第563条规定的法定解除条件,当事人也可以解除合同。

(四)供役地人的义务

供役地人的义务比较简单,主要是容忍或不作为义务,即《民法典》第375条规定的"允许地役权人利用其不动产,不得妨害地役权人行使权利"。

三、在设立用益物权的土地上设立地役权

我国的地役权制度与传统的地役权制度的最大区别是我国允许在设立用益物权的土地上设立地役权。而其他国家的地役权一般只能在他人所有的不动产上设立。根本原因是我国实行土地公有制,我国境内(不包括港澳台地区)的土地要么是国有要么是集体所有,不存在个人所有的土地。个人或家庭对土地的占有与使用是通过用益物权的形式体现的,所以地役权的权利主体除不动产的所有权人以外,还可以是土地承包经营权人、建设用地使用权人或宅基地使用权人。

《民法典》第377条至第383条规定的都是与用益物权相关的地役权内容。如第378条规定:土地所有权人享有地役权或者负担地役权的,设立土地承包经营权、宅基地使用权等用益物权时,该用益物权人继续享有或者负担已经设立的地役权。如农村集体经济组织将"四荒地"承包给本集体经济组织的某成员,但此

前已经在该土地上设立了通行地役权与取水地役权,该土地承包经营权人不能以自己不知道或不同意为由要求取消该地役权。

第379条规定:土地上已经设立土地承包经营权、建设用地使用权、宅基地使用权等用益物权的,未经用益物权人同意,土地所有权人不得设立地役权。如农村集体经济组织将"四荒地"承包给本集体经济组织的某成员,此前土地上没有设立地役权,后来该村因为建设需要在该土地上建设一条道路用于通行,如果未经该土地承包经营权人的同意,该农村集体经济组织就自行作出决定要求土地承包经营权人开通道路,应属于无效行为。

此外,土地上的用益物权发生转让的,设立在该土地上的地役权也随之转移,这是地役权的附属性的体现。《民法典》中的相关规定确认了地役权对于主物权的从属性,地役权随着主物权的转让而转让。其第382条规定:需役地以及需役地上的土地承包经营权、建设用地使用权等部分转让时,转让部分涉及地役权的,受让人同时享有地役权。第383条规定:供役地以及供役地上的土地承包经营权、建设用地使用权等部分转让时,转让部分涉及地役权的,地役权对受让人具有法律约束力。

可见,地役权随土地而始终,不因土地用益物权的变更而受影响。此外,地役权具有不可分性,地役权只能随供役地或需役地进行整体转让,不能部分转让。

四、地役权合同的解除与地役权的消灭

地役权合同作为合同的一种类型,也可能被提前解除。如果地役权合同被提前解除,将意味着地役权期限的提前终止。地役权合同解除可能是双方协商解除,也可能是单方解除,单方解除又包括地役权人单方解除与供役地人单方解除。解除合同的原因可能是约定的解除条件成就或符合法定的解除条件。

(一)双方协商一致同意提前解除

《民法典》第562条第1款规定:当事人协商一致,可以解除合同。解除合同的原因,可能多种多样,这里列举其中几种:地役权人因各种原因不再需要利用供役地,如另外开辟道路,不须在供役地上通行;供役地人需要利用供役地且会影响到地役权人对该土地的使用,如将闲置宅基地用于停车,后供役地人要在该宅基地上建设房屋;因特殊原因或不可抗力导致不动产灭失或严重毁损,导致该不动产无法被有效利用,如因洪水冲垮供役地导致无法利用,已无法实现地役权合同的目的。在这种情况下,供役地人与地役权人都有提前解除合同的意愿。无论何种原因,只要双方达成一致且是真实的意思表示,双方即可以签订书面协议提前解除合同。如果此前办理过地役权登记,当事人应持该协议到登记机构办理地役权注销登记手续。

(二)地役权人或供役地人单方解除

双方可以在地役权合同中约定合同解除的条件或事由,当条件成就或事由发生时,当事人一方可以单方解除合同,依据是《民法典》第 562 条第 2 款规定;或者法定的解除条件发生后,有解除权的一方可以行使解除权,依据是《民法典》第 563 条与第 384 条规定。地役权制度中有个很特殊的规定,就是《民法典》第 384 条规定:"地役权人有下列情形之一的,供役地权利人有权解除地役权合同,地役权消灭:(一)违反法律规定或者合同约定,滥用地役权;(二)有偿利用供役地,约定的付款期限届满后在合理期限内经两次催告未支付费用。"但在实践中,双方可能会对地役权人是否构成"滥用地役权"存在争议因此产生纠纷,所以应尽量在地役权合同中对此进行明确。地役权人一再拖延支付使用费,经供役地人催讨两次还不支付,应被认定为"当事人一方迟延履行主要债务,经催告后在合理期限内仍未履行"。需要注意的是,在行使合同解除权的时候要遵守《民法典》第 564 条规定的"解除权行使期限"与第 565 条规定的"合同解除权的行使规则"。

在《民法典》中虽然规定了地役权合同的法定解除条件,但没有规定地役权消灭的原因。从法理上分析,除合同提前解除这种情况外,地役权消灭的原因至少还有:(1)不动产灭失;(2)不动产被征收;(3)地役权期限届满或供役地人的权利期限届满;(4)需役地与供役地混同;(5)地役权人抛弃地役权;(6)因法院判决或仲裁机构仲裁而消灭。

如果地役权人自愿放弃地役权,或者双方协商后同意提前解除地役权合同,相对比较简单,一般不会引起纠纷。如果供役地人或地役权人单方面提前解除合同,则容易引起纠纷,往往需要法院作出判决来明确地役权是继续存在还是消灭。

在法律没有明确规定的情况下,作者建议:尽量将以上可能导致地役权消灭的其他原因写入地役权合同中,也可以部分写入,作为约定的合同解除条件或事由。尤其是不动产灭失或被征收的情况,可能涉及是否需要供役地人为地役权人设立新的地役权或提供经济补偿,容易产生纠纷。

地役权因上述事由消灭后,将发生如下法律后果:

一是地役权人返还所占用的供役地。地役权消灭,而不动产仍存在的,地役权人负有返还所占用的不动产的义务。地役权人所返还的不动产,应当符合合同约定的使用后状态或者自然损耗后的状态。此外,在供役地上有附属设施的,地役权人也应一并归还给供役地人。

二是地役权人可能要承担赔偿责任。如果因地役权人的原因导致不动产灭失,不仅地役权归于消灭,而且地役权人还应承担相应的赔偿责任。如果是因不可抗力导致不动产灭失或严重毁损,地役权人不需要承担赔偿责任。若因地役权人不及时维修、保护而造成建筑物损害,也应承担赔偿责任。如果因供役地人不承担相应的消极不作为义务,导致地役权人无法利用供役地,应承担相应的违约责任。

三是办理地役权注销登记。如果前期已办理地役权登记,在地役权消灭的情况下,应当办理地役权注销登记。《民法典》第385条规定:已经登记的地役权变更、转让或者消灭的,应当及时办理变更登记或者注销登记。

第四节 相邻关系与相邻权

一、《民法典》对相邻关系的规定

此前,在原《民法通则》、原《物权法》中都有对"相邻关系"的专门规定。《民法典》物权编第二分编"所有权"中第七章"相邻关系"的规定与原来的规定基本一致,共有9条。

第二百八十八条 不动产的相邻权利人应当按照有利生产、方便生活、团结互助、公平合理的原则,正确处理相邻关系。

第二百八十九条 法律、法规对处理相邻关系有规定的,依照其规定;法律、法规没有规定的,可以按照当地习惯。

第二百九十条 不动产权利人应当为相邻权利人用水、排水提供必要的便利。

对自然流水的利用,应当在不动产的相邻权利人之间合理分配。对自然流水的排放,应当尊重自然流向。

第二百九十一条 不动产权利人对相邻权利人因通行等必须利用其土地的,

应当提供必要的便利。

　　第二百九十二条　不动产权利人因建造、修缮建筑物以及铺设电线、电缆、水管、暖气和燃气管线等必须利用相邻土地、建筑物的,该土地、建筑物的权利人应当提供必要的便利。

　　第二百九十三条　建造建筑物,不得违反国家有关工程建设标准,不得妨碍相邻建筑物的通风、采光和日照。

　　第二百九十四条　不动产权利人不得违反国家规定弃置固体废物,排放大气污染物、水污染物、土壤污染物、噪声、光辐射、电磁辐射等有害物质。

　　第二百九十五条　不动产权利人挖掘土地、建造建筑物、铺设管线以及安装设备等,不得危及相邻不动产的安全。

　　第二百九十六条　不动产权利人因用水、排水、通行、铺设管线等利用相邻不动产的,应当尽量避免对相邻的不动产权利人造成损害。

二、对相邻关系的理解

　　在法学理论中,相邻关系是指两个或两个以上相互毗邻不动产的所有权人或使用人,在行使不动产的所有权或用益物权,如通风、采光、用水、排水、通行等时,相邻各方相互给予便利和接受限制而产生的权利义务关系。法律设立不动产相邻关系的目的是尽可能确保相邻的不动产权利人之间的和睦关系,解决相邻的两个或者多个不动产所有权人或使用人因行使权利而发生的冲突,维护不动产相邻各方利益的平衡。相邻关系是相邻不动产的权利人行使其权利的延伸或限制,给对方提供必要便利的不动产权利人是权利受限制的一方,因此取得必要便利的不动产权利人是权利得以延伸的一方,这种延伸是行使所有权和用益物权所必需的。

　　相邻关系不是一种独立的权利类型,而是基于所有权或者用益物权而产生的,在现实生活中行使相邻不动产的所有权或用益物权必然会有所冲突,所以彼此之间要有必要的限制和便利。《民法典》第288条规定的"有利生产、方便生活、团结互助、公平合理"是解决相邻不动产所有权人之间权利冲突的基本原则。

　　在不动产相邻关系中比较重要的就是通风、采光和日照的问题。妨碍通风、采光和日照的判断标准是受害人能够主张排除妨害和损害赔偿的必要条件。事实上,基于相邻关系制度的固有功能,相邻建筑物的所有权人或使用人之间必须负有一定的"容忍义务"。易言之,只有在通风妨碍、采光妨碍和日照妨碍超过必要的容忍限度时,受害人主张排除妨碍和损害赔偿才能够得到支持。这类似日本实务和学说上关于日照妨碍判断上的"忍受限度"的判断基准。申言之,如果妨碍通风、采光和日照的行为超过社会一般人的容忍限度,即构成妨碍行为;如果行为没有超过一般人的容忍限度,则不构成妨碍行为。关于容忍限度的界限,有的国家如意大利、瑞士、日本等通过在民法中规定建造建筑物具体标准的方式予以明确。由于我国幅员辽阔,各地经济社会发展水平差异较大,所以在《民法典》中没有规定具体的工程建设标准,而是在第 293 条规定:"建造建筑物,不得违反国家有关工程建设标准,不得妨碍相邻建筑物的通风、采光和日照"。从而将判断是否构成通风、采光、日照妨碍的标准指向国家有关工程建设标准。

三、相邻权与地役权的差异

相邻关系实质上是相邻不动产所有权人或使用人行使权利的延伸或限制。地役权与相邻权有着密切的关系,甚至有很多极为相似之处,但两者的法律性质不同,处理纠纷的原则也有所不同。地役权与相邻权的区别主要表现在以下七方面。

1. 权利产生的依据不同。相邻权的产生是基于法律的直接规定,是一种法定权利;而地役权通常是基于当事人之间的合同约定而产生,是一种意定权利。在有些纠纷中,双方没有经过意思沟通,如一方希望通过另一方的土地进行引水,但没有与对方商量就直接在其土地边上开挖沟渠用于引水,刚开始另一方并不知情或者知道后没有表示反对,后来另一方要求引水一方向其支付费用但遭到拒绝,所以产生纠纷。引水一方主张自己是基于《民法典》第 290 条第 1 款关于"不动产权利人应当为相邻权利人用水、排水提供必要的便利"的规定,所以没有必要提前征得另一方的同意,也不需要向其支付费用。另一方主张对方在没有提前征得其同意的情况下在其土地上挖沟渠用于引水,没有取得地役权,并侵犯了其物权,所以应承担赔偿责任。双方分别从相邻权与地役权的角度提出诉求,这是一种常见的案例。如果双方没有沟通达成一致,则该案的案由应为相邻关系纠纷;如果双方此前已协商达成可以使用土地挖沟渠用于引水的一致意思表示,但对费用支付数额或支付方式存在争议,则该案的案由应为地役权纠纷。

2. 权利的性质不同。相邻权不是一项独立的民事权利,更非独立的他物权,而是与所有权或用益物权制度相关联的一项民事权利,是不动产所有权或用益物权完整行使的一种保障,是所有权或用益物权的一种法定延伸。地役权尽管从属于需役地上的所有权或用益物权，但其是一种独立的用益物权，受法律的保护。如一块土地靠公路边，另一块土地在里侧不靠公路，如果以前就有一条通过靠公路边的土地的便道进出，那么靠公路边的土地承包经营权人不能将该便道挖断，导致里侧的土地承包经营权人无法通行，根据是《民法典》第291条的规定："不动产权利人对相邻权利人因通行等必须利用其土地的，应当提供必要的便利"。但如果以前此处没有道路，位于里侧的土地承包经营权人一般需要绕道而行，比较麻烦，而且大型机械农具无法运入，所以与靠公路边的土地承包经营权人协商，希望能同意在其土地上开通一条较宽的道路便于大型机械农具通行。靠公路边的土地承包经营权人可以同意或不同意，如果同意该请求，可以要求对方支付一定的费用，这就设立了地役权。

3.对不动产是否相邻的要求不同。相邻关系，顾名思义应是相互毗邻的不动产权利人之间产生的权利义务关系。可以是相邻的土地之间、建筑物之间或土地与建筑物之间，总之应是在相邻的不动产权利人之间产生。但地役权不一定是在相邻的不动产权利人之间产生，即供役地与需役地之间可以不毗邻，只要地役权人可以利用他人的不动产（供役地），提高自己的不动产（需役地）的效益即可。例如，从水库引水灌溉需要经过位置在其土地上面的多块土地，只有位置与其毗邻的土地是相邻关系，其他位置在其上面但不毗邻的土地上可以设立地役权但不存在相邻关系。又如某人在街上开了一家超市，生意很好，但怕别人也在该街上开超市，导致生意分流，所以他向同一条街上有可能出租房屋、面积较大的另一幢房屋所有权人提出："如果你把房屋出租，要在租赁合同中明确承租人只能用于开餐馆或宾馆，不能用作开超市，如果你同意，我每年付给你两万元。"这就属于设立地役权，两幢建筑物之间可以不毗邻，只是在同一条街上。

4.对所有权或用益物权限制的程度不同。相邻权、地役权都是对所有权或用益物权的限制，但限制的程度不同。相邻权是对相邻各方利益的一种最低限度的调节，侧重于社会利益的保护，是对不动产所有权或用益物权的最低限度限制；地役权基于两个民事主体个人利益的平衡，其价值取向侧重于个人利益的维护，其对不动产所有权或用益物权的限制程度一般会大于相邻关系。如有人通过审批获得宅基地使用权，只要在批准文件确定的范围内建造房屋，就不是违法建筑。他人包括邻居不能干涉，除非是在通风、采光和日照等方面对相邻人造成妨碍。但如果某人想在自家房屋的3楼阳台上就可以看到远处的山水风景，这需要不被前面的建筑物遮挡，所以要求在其前面位置建房的宅基地使用权人不要盖层数在

3层以上、高度在10米以上的房屋,并愿意为此支付一定的费用,这样也可以在其前面的宅基地或建筑物上设立地役权。如果因此发生纠纷,因与其毗邻的宅基地使用权人原本没有义务进行"限高",所以不能用相邻关系处理,应以地役权纠纷为案由进行处理。

5. 取得权利需要支付的对价不同。相邻权虽不是一项独立的民事权利,但作为物权的延伸,权利人无须向相邻方支付对价,就可以取得并行使权利。只有不动产权利人不合理行使权利对相邻方造成损害时,才需要予以赔偿或给予补偿,否则无须支付相应的费用。而地役权是基于双方约定,供役地人给予地役权人的特别利益保护,所以地役权人往往需要付出对价。在现实中,地役权无偿设立的情况也较多,所以在地役权合同中应明确地役权人是否要支付费用,对费用数额及支付方式应进行约定;如果合同中没有约定费用,一般应视为无偿设立。在实践中,相邻关系与地役权之间往往没有严格的界限。如某人想架设一条电线,要从邻居家的上空经过,于是与邻居商量如何处理。根据《民法典》第292条的规定:"不动产权利人因建造、修缮建筑物以及铺设电线、电缆、水管、暖气和燃气管线等必须利用相邻土地、建筑物的,该土地、建筑物的权利人应当提供必要的便利。"本来,邻居应提供必要的便利,但邻居是个比较贪心的人,说这样会影响到以后其上屋顶平台晾晒衣服,要求该人给予一定的经济补偿。出于维护邻里关系的考虑,该人向邻居支付了一定的费用,这样双方的关系就不是简单的相邻关系了,而是有偿方式设立地役权。总之,在处理相邻关系或地役权时,是否支付费用及数额多少,完全由当事人之间自由约定,法律一般不加以干涉。

6. 是否需要办理登记不同。相邻权无须登记,只要不动产相邻事实存在,即自然存在,权利人可合理利用相邻的不动产。而地役权设立由当事人协商确定,根据当事人的需要,明确是否要办理登记。如果未办理登记,不得对抗善意第三人。在实践中,多数地役权合同,尤其是可以即时履行的合同,一般不会去办理登记。但有些特殊的地役权合同建议办理登记,主要有涉及双方利益较大的合同,如要求供役地人在宅基地上限高建造房屋;需要支付的费用较多的合同,如需要在供役地建造一条较宽、较长的道路;期限较长或一旦违约造成的后果严重的地役权合同,如在供役地底下建造一条可供通行的地下通道或在其上空建造一条通行走廊,而且是永久性建筑。在这些特殊情况下,如果地役权人提出要求,双方应去办理登记,尽量避免将来可能出现的违约行为,并明确违约责任的承担。

7. 权利救济的请求权基础不同。在相邻关系处理时,受害人通常是以其享有的不动产所有权或用益物权受到妨害或者可能受到妨害为由提起相邻损害防免关系纠纷或其他相邻关系纠纷诉讼,行使的是物上请求权中的"排除妨害请求权",依据是《民法典》第236条规定,即"妨害物权或者可能妨害物权的,权利人可以请求排除妨害或者消除危险";如果权利人已经受到实质损害,则行使的是"物权损害赔偿请求权",依据是《民法典》第238条规定,即"侵害物权,造成权利人损害的,权利人可以依法请求损害赔偿,也可以依法请求承担其他民事责任"。在地役权受到侵害的情况下,地役权人可以地役权受到侵害为由提起地役权纠纷诉讼,行使的是"物权损害赔偿请求权",依据是《民法典》第238条规定。如果是因地役权合同的履行引起的纠纷,性质应是合同纠纷,权利人行使的是债权请求权。所以,法院在审理涉及地役权的纠纷案件过程中,要首先甄别是否实质上是相邻关系纠纷,以避免因诉争法律关系认定有误导致法律适用错误,影响案件的公正处理。

第五节　地役权与相邻关系纠纷案例

一、地役权纠纷的相关案例

2020年12月29日,最高人民法院颁布的修改后的《民事案件案由规定》,在"用益物权纠纷"中有三级案由"地役权纠纷",但没有专门的"地役权合同纠纷",与地役权合同相关的常见案由有土地租赁合同纠纷、土地经营权出租合同纠纷,或者笼统以"合同纠纷"为案由进行处理。

(一)(通行)地役权纠纷案件

案例一:双方采用书面形式订立地役权合同,应按照合同的约定履行合同。如果一方不履行合同义务,应承担相应的违约责任。

案号为(2016)浙1123民初2241号的地役权纠纷案件。案情简介:华某与孟某系兄弟关系,双方在浙江省遂昌县某街道某村的房屋相邻,华某的房屋地势高于孟某的房屋。华某的房屋原有一条在大门右侧、靠孟某家厨房边的道路出入。孟某为建房,与华某于2004年3月13日签订协议,约定:华某有一自留地,坐落在孟某屋下,面积约70平方米,因其兄孟某建房需用该地块,现经兄弟两人协商一致,华某同意以2800元将使用权转让给孟某所有,但孟某必须留出2.5米宽的土地以作道路,能保证后驱拖拉机正常载货通行。2004年3月15日,孟某将2800元交付给华某。房屋建好后,孟某于2010年在房屋边拆建厨房,厨房建成后,华某大门右侧原靠近孟某家厨房的道路不再正常通行,华某从大门前靠近孟某新厨房边简易通道步行出入,该通行需经过孟某房屋大门前空地,上述协议约定的土地其中部分由孟某建房使用,部分为大门口空地。2015年冬,孟某将大门口空地浇筑为水泥平地。因华某房屋大门前通道高于孟某门前水泥平地,孟某为方便取拿物品,在水泥平地与通道之间悬空架上三块长条水泥板,水泥板旁有简易台阶。华某多次向孟某提出水泥预制板宽度不足2.5米宽,预制板较短,坡度较陡,后驱拖拉机无法正常载货通行。要求孟某留出2.5米宽的土地以作道路,能保证后驱拖拉机载货通行,孟某对华某的要求予以拒绝。所以,华某向法院提出诉讼。

浙江省遂昌县人民法院审理后认为,原告华某与被告孟某于2004年3月13日签订的协议,系双方真实意思表示,双方对协议的效力并无异议,协议并未违反法律禁止性规定,应属有效,双方应按协议的内容继续履行。所以判决:(1)原、被告于2004年3月13日签订的协议有效;(2)原、被告按协议内容继续履行。

(二)(建造公路)地役权纠纷案件

案例二:如果地役权人已按照地役权合同的约定向供役地人按时、足额地支付了相关使用费用与补偿费用,供役地人应允许地役权人利用其不动产,不得妨害地役权人正常行使权利。但双方约定的地役权期限不得超过用益物权的剩余期限。

一审案号为(2016)桂0325民初1201号,二审案号为(2017)桂03民终1935号的地役权纠纷案件。案情简介:2003年9月4日,为充分利用水利资源优势,发挥更好的经济效益,经广西兴安县某镇某村村委会同意,王某在当地建设了一座水电站。因修建公路须占用侯某的责任山及坡地,侯某(甲方)与王某(乙方)经过协商后签订了电站用地协议书,当地村委会在协议书上盖章,该协议书上约定的内容有:(1)乙方在甲方的责任山及坡地修建公路用地界限;(2)在此界限内乙方可无限期使用,甲方不得以任何理由干涉乙方的正常生产;(3)付款方式为甲方划分给乙方的山场坡地包括杉树补偿款共计3200元,乙方在动工动土时一次性付清;(4)甲方转让给乙方的山场坡地只能用于电站使用,如今后电站不使用,山场土地归甲方管理使用。同年,王某将该水电站转让给杨某。之后几经周转,水电站也经过更名。侯某以该水电站为被告向法院提起诉讼,请求判令被告立即停止侵权，将侵占的土地归还给原告。

广西壮族自治区兴安县人民法院审理后认为，该案的争议焦点为被告水电站是否存在侵权行为。原告侯某与王某于2003年9月4日签订的电站用地协议书是双方真实意思表示，未违反法律法规，真实有效。根据该协议第2、4条约定可以认定，侯某已将该责任山及坡地的使用权无限期转让给王某用于建设电站，且侯某与王某在协议书中并没有约定该电站不能转让或者需经过侯某的许可才能转让。虽然水电站经过更名，但依然享有该责任山及坡地的使用权。侯某认为该协议书失效且未实际履行，理由是被告未支付转让费及青苗补偿款，为此被告提供了2004年3月29日有侯某签名的某电站青苗补偿清单，证实已经支付相应转让费及青苗补偿款。侯某没有证据证明被告存在侵权行为。所以判决驳回原告侯某的诉讼请求。

侯某提起上诉。广西壮族自治区桂林市中级人民法院审理后认为，该案中，水电站为其电站开发的通行之需，以有偿的方式取得他人的土地使用权用于拓宽道路，与侯某就道路通行等事宜签订电站用地协议书，实质上即水电站作为需役地的权利人，利用侯某享有权利的土地通行，并相应地给付供役地的权利人侯某补偿的地役权合同。地役权的期限由当事人约定，但不得超过土地承包经营权、建设用地使用权等用益物权的剩余期限。2010年以前，当地尚未颁发林权证，对林地承包期限未作规定，此后林权证限定承包期限为70年，双方约定水电站可无限期使用显然与法律规定相违背，其超出承包期限的约定无效。水电站的合伙人虽几经变更，但并没有改变合同的性质，水电站现依旧享有该用地的使用权。所以判决驳回上诉，维持原判。

（三）（土地租赁）地役权纠纷案件

案例三：以耕地作为供役地的，不得改变土地的农业用途，将耕地用作某采石场的通行道路，违反了法律法规的强制性规定，所以该地役权合同属于无效合同。

一审案号为(2016)鄂1223民再1号，二审案号为(2017)鄂12民再3号的地役权纠纷案件。案情简介：2008年7月1日，李某2与朱某、某采石场订立了一份土地租赁合同。该合同约定，李某2将属本村四组所有的位于某处的土地出租给某采石场作道路通行之用，租赁期限为15年(2008年7月至2023年7月)，租赁价款为3500元(一次性付清)，合同期届满后将其土地退还原主。李某1得知此事后，将李某2与朱某、某采石场签订的土地租赁合同要来。2008年9月23日，李某1、谢某与朱某、某采石场签订了一份土地租赁合同。其合同内容与前一份土地租赁合同的内容相同。2008年7月1日、9月23日,李某1分别领取了合同约定的土地(两块水田)青苗费400元、土地租赁款3500元。后李某1、谢某等以朱某、某采石场为被告向法院提起诉讼,请求确认两份土地租赁合同无效,要求两被告恢复农田原状并赔偿损失15,000元。

原一审的湖北省崇阳县人民法院认为,该案是一起土地租用地役权合同纠纷,争议焦点是租赁合同的效力问题。法院认定该合同有效。审理中,鉴于双方订立的土地租赁合同的价款偏低,朱某同意另行补偿5000元,该民事行为不违反法律规定,予以准许。原一审判决李某1、谢某与朱某订立的合同有效,双方应当继续履行,朱某、某采石场补偿李某1、谢某租赁价款5000元。

后李某1、谢某申请再审。湖北省崇阳县人民法院再审认定的案件事实与初审基本一致。再审后认为,初审认定2008年9月23日李某1、谢某与朱某、某采石场订立的合同有效是错误的,应予纠正。理由是两份合同均是以出租的方式将农村土地流转给朱某开办的某采石场用作道路,改变了土地的农业用途,违反了《土地管理法》《农村土地承包法》的强制性规定,应属无效。所以,某采石场对于基于无效合同取得的农村土地应当恢复原状返还承包经营者李某1,李某1收取的土地租金3500元,参照租赁合同约定的价款和租赁年限的比例返还某采石场。至于双方因此所受的损失,因双方都有过错,各自的损失各自承担。朱某、某采石场反诉要求赔偿损失的主张,因未提供相关证据,不予支持。经法院审判委员会讨论决定,判决:(1)撤销湖北省崇阳县人民法院(2009)崇民初字第687号民事判决书;(2)2008年7月1日订立的土地租用合同,以及2008年9月23日订立的土地租用合同无效;(3)某采石场将该案合同所涉的位于崇阳县某处的李某1的两块承包田上的建筑垃圾清理干净,恢复到可耕种的泥土地状态返还李某1,李某1返还某采石场的土地租金1633元;(4)双方其他损失自负。

朱某、某采石场提起上诉。湖北省咸宁市中级人民法院审理后认为,土地承包经营权流转不得改变土地所有权的性质和土地的农业用途,受让方须有农业经营能力。该案中,两份合同均是以出租的方式将李某1家的农业种植用地流转给朱某开办的某采石场用作道路,改变了土地的农业用途,违反了《土地管理法》《农村土地承包法》的强制性规定,属于无效合同。所以二审判决驳回上诉,维持原判。

(四)地役权合同解除

案例四:如果是有偿利用供役地,在约定的付款期限届满后在合理期限内经两次催告地役权人仍未支付费用,供役地人有权提前解除地役权合同,并要求地役权人将供役地恢复原状。

案号为(2017)冀0627民初161号的地役权纠纷案件。案情简介:2006年12月5日,河北省唐县麻黄头村村民委员会(甲方)与张某(乙方)签订了采石占路合同,合同载明:经双方协商同意,在自村北保阜路通过责任田、沙漠、闲散地及原有自然道路直到一方山场区域内修建一条道路,由乙方租赁使用。主要内容如下:(1)乙方占用村民责任田10.5644亩。占地价格每年每亩按800斤小麦价格计算,按砖厂价格、时间兑现。(2)道路中的沙滩、闲散地及原有自然路归甲方所有,由乙方租赁使用,租赁费每年1000元整。(3)甲方每年向乙方收取管理费1000元。(4)租赁期为20年(2006年12月5日至2026年12月5日)。(5)乙方停止不再使用道路时,所租赁的责任田由乙方负责恢复地貌、松软土地到当年能耕种为止。合同签订后至2013年前,张某一直按合同履行了付款义务。但自2013年以后,张某未按该合同约定给付租金及管理费,后失去联系。所以,麻黄头村村民委员会向法院提起诉讼。

河北省唐县人民法院审理后认为,上述采石占路合同系原、被告的真实意思表示,内容不违背法律法规,合同有效。被告张某连续超过两年不履行付款义务,已构成根本违约。所以判决:(1)解除原告唐县麻黄头村村民委员会与被告张某之间签订的采石占路合同;(2)被告张某于判决生效后10日内将原告唐县麻黄头村村民委员会的沙滩、闲散地、原有自然路以及村民的土地10.5644亩恢复原状。

二、相邻关系纠纷的相关案例

《民事案件案由规定》在"所有权纠纷"中有三级案由"相邻关系纠纷",下有7个四级案由:(1)相邻用水、排水纠纷;(2)相邻通行纠纷;(3)相邻土地、建筑物利用关系纠纷;(4)相邻通风纠纷;(5)相邻采光、日照纠纷;(6)相邻污染侵害纠纷;(7)相邻损害防免关系纠纷。下面举例予以说明。

(一)相邻用水、排水纠纷案件

案例五：不动产权利人应当为相邻权利人用水、排水提供必要的便利。一方当事人未按协议修建院墙,未留有足够的位置供排水用,将排水口设在双方相邻的通道,实质损害另一方当事人的利益,应依法承担相应的责任。

案号为(2021)桂1322民初1644号的相邻用水、排水纠纷案件。案情简介：覃某1、韦某(以下简称覃某1户)与覃某2、何某(以下简称覃某2户)系住在广西壮族自治区象州县某镇某村的村民。两户房屋南北相邻,覃某2户居北、覃某1户居南。南、北相邻处有一东西向通道供两户滴水、排水使用。2020年,覃某2户将其房屋拆除后重建,2021年,覃某2户修建围院的围墙后,在与覃某1户大房相邻一面的南面围墙墙脚,开通两个排水口,用于排放覃某2户围院内的天然雨水、家庭的生活用水等到围墙外侧。覃某1户主张覃某2户未按协议建围墙,占用了其滴水位置,故要求覃某2户将其南面墙脚对外的排水口进行封堵。之后,覃某1户向法院提出诉讼。

广西壮族自治区象州县人民法院经过审理后认为,原、被告两户因相邻关系发生纠纷,经当地人民调解委员会调解后于2021年2月3日达成的调解协议,为有效协议,双方均应按协议约定履行。而覃某2户未按该协议修建院墙,未留有足够的位置供排水用,却仍将排水口设在双方相邻的通道,其行为违反了双方的协议并已实际侵占了覃某1户的地界。对此,覃某2户作为后建房一方负有主要责任,依法应承担相应的后果。综合现场勘查情况,覃某2户在双方房屋之间的相邻通道开设排水管,并非唯一的选择,亦可在院墙西面开设排水口。所以,法院判决:覃某2户于判决生效后15日内封堵位于其围院南墙脚,向覃某1户与覃某2户相邻通道排水的案涉排水口。

(二)相邻通行纠纷案件

案例六：不动产权利人对相邻权利人因通行等必须利用其土地的,应当提供必要的便利。一方因房屋翻盖及其他原因,不给予另一方通行的必要便利,受不利影响的一方可以请求该方排除妨碍。

一审案号为(2021)辽0381民初7925号,二审案号为(2022)辽03民终1494号的相邻通行纠纷案件。案情简介：原告金某与被告付某系邻居。2002年,原告金某之父与被告付某及其他人分别购买原某供销社的部分房产并签订了卖房协议。此后,双方作为邻居共同生活居住10多年,未发生矛盾。后因为过道使用产生通行权的问题,金某向法院提起诉讼。

辽宁省海城市人民法院经审理后认为,被告付某于2005年加盖房屋后,至双方因通行权起诉之前的10多年时间里并没有发生矛盾,证明双方之间的邻里关系还是可以的,双方仍应像以前一样诚实信用、互助互爱的相处,互相体谅,继续维持相对和谐的邻里关系。法院认为不能因为被告的辩解就不再给邻居提供通行的道路,故对被告的意见不予采信,被告付某仍应保证原告必要的通行权。所以判决:被告付某给原告金某保留必要的通行权,不得以任何方式加以阻碍。

付某提起上诉,辽宁省鞍山市中级人民法院审理后作出二审判决:(1)撤销辽宁省海城市人民法院(2021)辽0381民初7925号民事判决;(2)付某于判决生效之日起10日内清除放置在5米公道上的所有物资,使5米公道畅通无阻。

(三)相邻采光、日照纠纷案件

案例七:建造建筑物,不得违反国家有关工程建设标准,不得妨碍相邻建筑物的通风、采光和日照。

一审案号为(2021)京0117民初2731号,二审案号为(2021)京03民终18198号的相邻采光、日照纠纷案件。案情简介:原告李某与被告王某系南北邻居,李某居北,王某居南,中间有胡同相隔。2019年6月2日,王某就建房事宜与李某签订自建房邻里协商意见书。2020年春,王某开始建房,并于次年建成并装修。后李某以王某建房时未遵守双方约定为由,向法院提起诉讼。

北京市平谷区人民法院审理后认为,不动产的相邻权利人应当按照有利生产、方便生活、团结互助、公平合理的原则,正确处理相邻关系。妨害物权或者可能妨害物权的,权利人可以请求排除妨害或者消除危险。该案中,双方所签订的自建房邻里协商意见书并无法定无效情形,应属合法有效。鉴于王某房屋已经建成,尽管部分尺寸违反双方意见书之约定,但所差尺寸对于李某的日照和采光并不产生重大影响,如果将王某一层顶部和二层全部拆除,经济损失巨大。再考虑到王某在建房时李某不时进行监督的情况,可以认定李某当时对王某所建房屋现状予以认可,且王某确已对李某的日照和采光多处礼让,不宜对王某苛以更重的责任。法院还指出,王某未按照双方约定建设房屋,确有违诚信,应予批评。所以判决:王某将房屋一层顶部北侧的护栏南移,确保护栏距离其房屋一层北侧房檐不少于1米。

李某提出上诉,北京市第三中级人民法院二审判决驳回上诉,维持原判。

(四)相邻损害防免关系纠纷案件

案例八:在农村建房过程中,如果违规拆掉共用墙体或部分墙面,导致相邻房屋出现损害,建房人应承担赔偿责任。

一审案号为(2013)海南一中民初字第122号,二审案号为(2015)琼民三终字第31号的相邻损害防免关系纠纷案件。案情简介:韩某1、韩某2、韩某3、韩某4(以下简称为韩家姐弟)系同胞姐弟、兄弟关系。其父亲于2012年11月16日去世。韩家姐弟于2016年7月14日共同继承了位于海南省文昌市某处的3号房屋。该房屋为砖混结构两层楼房,由相连的两部分组成,即1994年临街建造的两层楼房及1997年后加建的两层楼房。林某1、林某2系2号房屋所有权人,该房屋为其1995年向原业主所购买,为一层砖混结构房屋。2号房屋与3号房屋相邻,两处房屋共用一面9.7米长的屋墙及与墙体相连的地梁。2013年6月2日,林某1、林某2在未办理报建批准的情况下,将自家原一层的2号房屋拆除改建三层新楼时,拆掉相邻共用墙体的部分墙面,并在相邻墙所在地梁上原自家用地一侧浇筑了3根钢筋水泥柱子作为新建三层楼房的承重支撑柱,为此引发双方之间的相邻关系纠纷。纠纷发生前,3号房屋为韩家姐弟的母亲林某3一人居住使用。发生纠纷后,林某3根据当地居委会的要求,于2013年7月搬离3号房屋,在外租房居住。为此,林某3及韩家姐弟共同以林某1、林某2实施的拆除旧房改建新房的行为导致其相邻的3号房屋损坏为由,向法院提起诉讼。

审理期间,五原告申请进行鉴定,法院委托鉴定机构进行鉴定。鉴定结论为被鉴定房屋的破损与被告新建房屋存在因果关系。

海南省第一中级人民法院审理后作出一审判决:被告林某1、林某2应向林某3赔偿租赁房屋损失24,000元。

林某1、林某2提起上诉,海南省高级人民法院二审判决驳回上诉,维持原判。

第六章
农村房屋建造与装修

第一节 农村房屋的法律特征与相关规范

一、农村房屋的法律特征

农村房屋,顾名思义是指在农村中建造的房屋。此概念比农村住宅要广一些,因为住宅一般是用于生活居住的房屋。此外,在农村中还有一些非生活居住所需的房屋,如农业生产用房、农民会所、文化礼堂、祠堂等。农业生产用房是用于存放农机具、饲养家禽家畜等的场所;有些农民在自家房屋内放置机器,雇工进行生产,该房屋就成为厂房;还有些农民将自家房屋用于开民宿、饭店、商店等商业用途。总之,农村房屋的概念比较广,其中主要的是农村住宅,本章内容也是以农村住宅为主要分析对象。

农村房屋有以下特有的法律特征:

1.农村房屋建房主体具有特定性。农村房屋是在集体土地上建造的,其中多数是建造在宅基地上的。根据土地管理法律的相关规定,只有农村集体经济组织成员提出申请并经依法批准,才能取得所在集体经济组织所有的建设用地作为宅基地,且各个行政村的土地之间互不融通所有权,即村民不能申请其他行政村的土地作为宅基地。除国家征收外,农村集体所有土地与城市国有土地之间也不能混同。除某些特殊情况并经特别批准外,城镇居民或非本集体经济组织成员没有资格取得该农村集体经济组织的宅基地使用权。

2.农村房屋的物权性质具有双重性。农村住宅的产权中既包括房屋所有权又包括宅基地使用权。按照"房地一体"的原则,"两权"应归属于同一人。但在实践中,往往会发生"两权"实际分离的情况:宅基地使用权人将房屋卖给他人实际占有使用,他人又在此房屋基础上翻修,显然新建房屋的所有权应归于该人,但因为宅基地不能买卖,所以就出现了"两权"分离的情况,一旦发生纠纷,法院会认定该农村房屋买卖合同无效,宅基地使用权人获得房屋所有权但要赔偿买受人的损失;城镇户籍的子女可以继承父母在农村的房屋遗产,但因为宅基地使用权无法继承,所以虽然可以办理产权转移登记但实际继承的是房屋所有权,一旦该农村房屋倒塌,宅基地将被农村集体经济组织收回。2016年以前,因为房屋所有权与土地使用权分别由房屋管理部门与土地管理部门登记,所以农村房屋存在较多"两权"分离的现象,即房屋所有权证书与宅基地使用权证书所记载的权利人分属两人。现在,农村房屋统一由自然资源部下属的不动产登记机构办理登记,所以能在产权登记中实现统一,按照"房地一体"的原则,发放"两权"合一的不动产权属证书。

3. 村民使用宅基地具有福利性。20 世纪 80 年代,我国曾实行宅基地收费制度,即有偿使用。尤其是农民建房时超过审批的面积,一般是采取罚款的方式,变相地将违法行为"合法化"。1993 年,我国取消了农村 37 项收费项目,其中包括农村宅基地有偿使用收费、农村宅基地超占费和土地登记费。此后,农民使用宅基地实行无偿分配,农村集体经济组织不能变相要求农民在申请宅基地时缴费。财政部、国家税务总局发布的《关于支持农村集体产权制度改革有关税收政策的通知》(财税〔2017〕55 号)第 3 条明确规定:"对农村集体土地所有权、宅基地和集体建设用地使用权及地上房屋确权登记,不征收契税。"可见,农民可以无偿使用宅基地,具有明显的福利性。

二、农村房屋与城市商品房的差异

农村房屋与城市商品房之间存在明显的区别。主要体现在以下方面。

1. 房屋占用的土地性质不同。城市房屋所占用的土地是国有土地性质。而农村建房所占用的土地一般是集体所有土地性质,大多是宅基地。如果想利用集体所有土地开发商品房,需经依法征收成为国有土地后,该幅国有土地的使用权方可有偿出让,房产商在缴纳国有土地使用权出让金后可用地建设,所以该商品房所占用的土地不再是农村集体所有土地而是国有土地。故在不动产权属证书"权利类型"中的登记表述也不同,城市商品房登记表述为"国有建设用地使用权",农村房屋登记表述为"宅基地使用权"或"集体建设用地使用权"。

2. 使用土地的代价与使用期限不同。《城市房地产管理法》第 3 条规定,"国家依法实行国有土地有偿、有限期使用制度"。国有土地使用权大多是采取出让方式获得,少量是采取划拨方式获得。在城市房地产开发中,国家将国有土地使用权在一定年限内出让给土地使用者,土地使用者应向国家支付土地使用权出让金。并且,用于建设商品房的土地使用权是有期限的,土地使用权出让最高年限由国务院规定。《中华人民共和国城镇国有土地使用权出让和转让暂行条例》第12条规定,土地使用权出让最高年限按下列用途确定:居住用地70年;工业用地50年;教育、科技、文化、卫生、体育用地50年;商业、旅游、娱乐用地40年;综合或者其他用地50年。商品房的土地使用权为70年,自房产商取得该地块的土地使用权之时算起,即从国家首次出让该地块的时间开始计算。房改房的土地使用权年限起算时间以该地块上房屋参加房改之后第一个缴纳土地出让金的时间为准。而农民申请宅基地无须缴纳土地出让金,也无须缴纳宅基地超占费和土地登记费,在税费缴纳方面也明显少很多,所以农村房屋的造价成本比城市商品房要低很多。而且,农民对宅基地享有永久、无偿的使用权利,没有期限限制。即使房屋倒塌、毁损或者拆旧建新,在依法办理审批手续后仍可以继续永久、无偿使用宅基地,这是农民作为农村集体经济组织成员资格权的主要体现。如果城镇户籍的子女继承父母在农村的房屋遗产,也无须缴纳宅基地使用费,其对宅基地的实际使用到房屋倒塌为止。

3.房地产交易条件不同。房地产交易,包括房地产转让、抵押和房屋租赁。城市商品房可随时进入市场交易,而且交易对象一般不受限制,除非其因为限购政策而无法办理产权转移登记手续。如果土地是国有划拨性质的房改房,在补交土地出让金后,也可以入市交易。经济适用住房、共有产权房等福利房,在达到一定的年限或符合一定的条件后,也可以进行入市交易。城市商品房的抵押一般不受限制,除非是受法律限制的房产,如所有权、使用权不明或者有争议的房产,或依法被查封、扣押、监管的房产。城市商品房的租赁,一般不受限制。但农村房屋转让受到了较大的限制,除了全国人大常委会确定的宅基地制度改革试点地区,其他地区的农村房屋只能在本集体经济组织成员之间转让。城镇居民或非本集体经济组织成员作为买受人的农村房屋买卖合同一般会被认定为无效。而且,农村房屋抵押也受到了较大的限制,目前还局限于全国人大常委会确定的农民住房财产权抵押贷款试点地区。但农村房屋的租赁一般不受限制,在农村存在较多的违法建筑被用于出租的现象,实践中有点习以为常了。如果发生纠纷,法院会认定租赁合同无效,但也会支持出租人提出的要求承租人参照合同约定的租金标准支付房屋占有使用费。

三、与农村房屋相关的法律规范

（一）农村宅基地管理的法律规范

农村村民利用宅基地建造房屋是一种事实行为，所以应受到相关法律、法规或规章的规范。其中比较重要的是对农村宅基地管理的规范，但目前我国还没有一部专门的法律法规对宅基地问题进行规范。

对农村宅基地的管理，主要是《民法典》、《土地管理法》及《土地管理法实施条例》中的相关规定。其中，《民法典》物权编第三分编"用益物权"第十三章专门规定"宅基地使用权"，第362～365条，共4条规范；《土地管理法》第9条规定："宅基地和自留地、自留山，属于农民集体所有"，第62条专门规定宅基地相关内容；《土地管理法实施条例》第四节专门规定"宅基地管理"，第33～36条，共4条规范。以上规范中有较多的重复内容。

部门规章中也有较多关于宅基地的规定。如农业农村部、自然资源部发布的《关于规范农村宅基地审批管理的通知》（农经发〔2019〕6号）；2022年12月，农业农村部发布了《农村宅基地管理暂行办法（征求意见稿）》，目前该暂行办法还没有正式颁布。

此外，各地关于土地管理的地方性法规与政府规章中也有关于宅基地管理的规定。因为本书第三章已专门对宅基地的相关法律问题进行介绍，所以本章不再详细介绍相关内容。

（二）城乡规划许可的法律规范

在对农村房屋建造的相关规范中，比较重要的是必须取得规划许可并遵守规划要求。此前，对城市居民或农民私自建造的房屋或搭建的其他建筑物，比较常见的叫法是"违章建筑"，是指违反相关规章的建筑物。现在，一般称为"违法建筑"，主要是指违反了《城乡规划法》。

《城乡规划法》第41条规定，在乡、村庄规划区内使用原有宅基地进行农村村民住宅建设的规划管理办法，由省、自治区、直辖市制定。在乡、村庄规划区内进行农村村民住宅建设，不得占用农用地；确需占用农用地的，应当依照《土地管理法》有关规定办理农用地转用审批手续后，由城市、县人民政府城乡规划主管部门核发乡村建设规划许可证。建设单位或者个人在取得乡村建设规划许可证后，方可办理用地审批手续。第42条规定：城乡规划主管部门不得在城乡规划确定的建设用地范围以外作出规划许可。

很多地方制定了关于城乡规划的地方性法规或规章。如《浙江省城乡规划条例》(2011年修正)第38条规定：在乡、村庄规划区内使用集体所有土地进行农村村民住宅建设的，农村村民应当持村民委员会签署的书面同意意见、使用土地的有关证明文件、住宅设计图件向乡(镇)人民政府提出申请，由乡(镇)人民政府自受理申请之日起5个工作日内报城市、县人民政府城乡规划主管部门，由城市、县人民政府城乡规划主管部门核发乡村建设规划许可证。农村村民也可以持前款规定的材料直接向城市、县人民政府城乡规划主管部门申请核发乡村建设规划许可证。城市、县人民政府城乡规划主管部门应当依据乡、村庄规划核发乡村建设规划许可证，并在乡村建设规划许可证中明确建设用地的位置、允许建设的范围、基础标高、建筑高度等规划要求。城市、县人民政府城乡规划主管部门可以委托乡(镇)人民政府核发本条规定的乡村建设规划许可证。

政府规章《宁波市城乡规划实施规定》(政府令第244号发布，自2018年12月3日起施行)第15条第1、2款规定："在城市、镇建设用地范围内，使用集体所有土地进行建设的，建设单位或者个人应当依法办理建设工程规划许可；在城市、镇建设用地范围以外且在乡、村庄规划区内，使用集体土地进行乡镇企业、乡村公共设施、公益事业、农村集中居住区和村民住宅建设的，建设单位或者个人应当依法办理乡村建设规划许可。城乡规划主管部门可以委托镇(乡)人民政府核发农村村民住宅建设的乡村建设规划许可证。"根据该规定第14条规定，建筑内部装修工程不需要办理建设工程规划许可。

无论是居民自建房还是农民自建房，在动工建设之前，都必须办理规划许可证。因城乡规划区域不同，建设工程规划许可的名称也有所差异。在城市、镇规划区内进行房屋工程建设的，应当申请办理建设工程规划许可证；在乡、村庄规划区内进行房屋工程建设的，应当办理乡村建设规划许可证。本章没有特指，指的是农民自建房的情况。

需要注意的是，《城乡规划法》第65条规定，在乡、村庄规划区内未依法取得乡村建设规划许可证或者未按照乡村建设规划许可证的规定进行建设的，由乡(镇)人民政府责令停止建设、限期改正；逾期不改正的，可以拆除。

四、农村房屋产权的取得与办理登记

农村房屋产权是农民依法对自己所有的农村房屋(包括农业生产用房)享有

房屋所有权和宅基地使用权的权利。可以分为原始取得与继受取得两种情况。

(一)农村房屋产权的原始取得

农村房屋产权的原始取得,是指村民在依法批准使用的宅基地上因所建的房屋而取得所有权,一般是房屋建造完成后申请确权登记,即房屋所有权首次登记,办理登记后可以获得不动产权属证书,其物权会受到法律的保护。《不动产登记暂行条例实施细则》第40条第2款规定:依法利用宅基地建造住房及其附属设施的,可以申请宅基地使用权及房屋所有权登记。

根据《不动产登记暂行条例》第18、19条的规定,办理房屋等建筑物、构筑物所有权首次登记,不动产登记机构受理不动产登记申请后,除应当对申请材料进行查验以外,还可以对申请登记的不动产进行实地查看。不动产登记机构进行实地查看或者调查时,申请人、被调查人应当予以配合。第20条规定:不动产登记机构应当自受理登记申请之日起30个工作日内办结不动产登记手续,法律另有规定的除外。第21条规定:登记事项自记载于不动产登记簿时完成登记。不动产登记机构完成登记,应当依法向申请人核发不动产权属证书或者登记证明。

《不动产登记暂行条例实施细则》第三章对"登记程序"进行了细化,如第16条规定,不动产登记机构进行实地查看,重点查看的情况,包括房屋等建筑物、构筑物所有权首次登记,查看房屋坐落及其建造完成等情况。第17条规定,办理宅基地使用权及房屋所有权首次登记的,不动产登记机构应当在登记事项记载于登记簿前进行公告,公告期不少于15个工作日。公告期满无异议或者异议不成立的,应当及时记载于不动产登记簿。第18条规定了公告的主要内容。

《不动产登记暂行条例实施细则》第四章"不动产权利登记"中第24条规定:不动产首次登记,是指不动产权利第一次登记。未办理不动产首次登记的,不得办理不动产其他类型登记,但法律、行政法规另有规定的除外。在该章第四节"宅基地使用权及房屋所有权登记"中第41条规定,申请宅基地使用权及房屋所有权首次登记的,应当根据不同情况,提交下列材料:(1)申请人身份证和户口簿;(2)不动产权属证书或者有批准权的人民政府批准用地的文件等权属来源材料;(3)房屋符合规划或者建设的相关材料;(4)权籍调查表、宗地图、房屋平面图以及宗地界址点坐标等有关不动产界址、面积等材料;(5)其他必要材料。

《不动产登记操作规范(试行)》中有对"宅基地使用权及房屋所有权登记"的规定,其中"首次登记"的申请主体为用地批准文件记载的宅基地使用权人。不动产登记机构在进行实地查看、公告后,认为不存在不予登记情形的,记载于不动产登记簿后向权利人核发不动产权属证书。

还需要说明的是:因为一些农民的法律意识不强,认为房屋是自己建造的,自然是归属自己所有,所以没有去办理确权登记,造成农村中很多房屋都没有办理产权登记的现象。办理农村房屋确权登记,可以在法律上确认其效力,并受到法律的保护。鉴于办理农村房屋确权登记,免收契税等税费,不仅花费很少,而且一旦发生纠纷有利于维权,所以建议农民在建房后还是尽量去办理确权登记。

即使农村房屋未办理确权登记、没有取得不动产权属证书,也不能否认建房者对于该房屋在事实上的产权。根据《民法典》第209条的规定,不动产物权"未经登记,不发生效力",就农村房屋而言,主要是不能对抗善意第三人。实践中,其他村民一般会认可建房者对该房屋的占有、使用的权利。如果农村房屋被征收,即使此前没有办理产权登记,征收部门也会认可其产权,但一般会认定宅基地审批面积范围内的建筑为合法建筑,超过审批面积范围外的部分建筑为违法建筑,在费用补偿上采取不同的标准。

此外,因为存在宅基地私下转让的情况,有些人是在他人获批的宅基地上建房,如果要办理产权登记,只能登记在宅基地使用权人名下,所以有些建房者出于一些顾虑不愿意去办理产权登记,这种情况在农村中也较多存在。

(二)农村房屋产权的继受取得

房屋产权的继受取得,是指现产权人通过某种法律行为从原产权人处取得房屋所有权。农村房屋产权继受取得的方式较多,如买卖、赠与、互换、析产、继承、受遗赠等。但是,农村房屋产权继受取得是否合法有效,受到宅基地使用权转让限制与"一户一宅"原则的影响,所以情况比较复杂。如农村房屋在同一集体经济组织成员之间买卖,虽然合同有效,但也不一定能办理产权转移登记手续。因为按照"一户一宅"的原则,如果买受人已有宅基地,那么其不能办理新购买的农村房屋的产权转移登记手续,即不能取得不动产权属证书。如果农村村民继承父母在农村的房屋,即使其已有农村房屋或宅基地,也可以办理继承的农村房屋的产权转移登记手续。

《不动产登记暂行条例实施细则》第42条规定:因依法继承、分家析产、集体经济组织内部互换房屋等导致宅基地使用权及房屋所有权发生转移申请登记的,申请人应当根据不同情况,提交下列材料:(1)不动产权属证书或者其他权属来源材料;(2)依法继承的材料;(3)分家析产的协议或者材料;(4)集体经济组织内部互换房屋的协议;(5)其他必要材料。

第二节 农村房屋建造与装修的基本知识

一、农村房屋建造与装修的不同类型

农村房屋建造一般采取自建房方式。按通俗的理解,自建房是指在农村中,通过发包建设工程或自己组织并雇佣他人施工建造房屋。自建房是我国传统建造方式的主流,尤其在我国农村地区,大多数农民是通过自建房方式来满足自己家庭的生活居住需求。根据《村庄和集镇规划建设管理条例》(国务院令第116号)的相关规定,自建房要在村庄、集镇规划区内进行居民住宅建设。本章所称的农村,从广义而言,包括村庄、集镇。村庄,是指农村村民居住和从事各种生产的聚居点;集镇,是指乡、民族乡人民政府所在地和经县级人民政府确认由集市发展而成的作为农村一定区域经济、文化和生活服务中心的非建制镇。农村房屋建造是指在集体土地上建房,一般是农村村民在宅基地上建造房屋。在集体土地上所建的房屋除在同一集体经济组织成员之间转让外,一般不能对外转让。

原建设部于2002年发布的部门规章《住宅室内装饰装修管理办法》第2条第2款规定,"……住宅室内装饰装修,是指住宅竣工验收合格后,业主或者住宅使用人(以下简称装修人)对住宅室内进行装饰装修的建筑活动"。为了便于表述,本书将"住宅室内装饰装修"简称为"住宅装修"。本章主要介绍的是农村自建房屋的后续装修。

按照建设工程或装修工程(以下简称工程)的承包方式,可以分为全包、半包、包清工等方式。全包,指的是承包人采取包工包料方式,就是承包人不仅负责实际施工,而且要按照发包人(业主,或称房主)的要求提供建造、装修所需要的各种材料,进行部分项目的定作;半包,指的是承包人采取包工、部分包料方式,发包人提供部分材料,一般是钢筋、水泥、木材、地板、瓷砖、油漆等主要材料,其他辅料由承包人购买,部分项目如淋浴房、家具、楼梯、门、防盗窗等可以由发包人自己另外定作;包清工,指的是承包人采取包工方式但不负责备料(劳动工具除外),工程所需的设备与材料都由发包人自行购置,有些材料如钢筋、水泥、瓷砖、油漆等需要承包人告知具体的数量与规格后,由发包人负责购置到位。在包工计算费用方式

中,有些约定按照工程项目明确具体标准进行计算,有些采取按照实际工作天数的方式进行计算,也有些按照建设面积或装修面积每平方米的单价进行计算。

按照施工人员的不同,可以分为整体全包与分项承包的方式。整体全包的常见情况是房主将一套住宅的建设工程或装修工程整体发包给建筑公司、装修公司或包工头(通称为承包人),由其组织相关人员进行施工,有些包工头本身也是施工人员之一。房主只与承包人之间签订农村建房施工合同、装饰装修合同或工程承揽合同,不与具体的施工人员之间发生承揽关系或劳务关系。如果工程中发生质量问题,房主应与承包人交涉,一般不直接与施工人员交涉;如果发生承包人拖欠施工人员报酬的情况,也是由其自行解决,房主按照合同约定支付工程款,不直接向施工人员支付报酬费用。承包人经常会将部分项目交给第三方去定作完成,形成新的承揽关系。此时,房主与该第三方之间不构成承揽关系,该第三方也不能向房主直接要求支付费用。但要注意的是,如果承包人将工程项目的全部或主要工作交给第三方完成,将形成转包,一旦发生纠纷,法院一般会认定转包行为无效。此外,有些房主采取分项承包的方式,分别将水电、泥工、木工、油漆等工程项目发包给不同的建筑工匠,然后分别结算费用。在采取分项承包方式的情况下,房主与不同的施工人员形成了不同的承揽关系或共同承揽关系。分项承包中,也同样存在包工包料、包工部分包料、包工不包料等承包方式。

按照工程是否包括设计在内,可以分为包括设计与不包括设计两种类型。如果是豪华别墅的建造或装修,往往花费较多、难度较大,所以需要进行专门的设计,内容包括房屋结构设计、水电设计、装修设计等,各项设计要包括预算、效果图等。如果是将工程整体发包给建筑公司或装修公司,可以同时委托该公司负责设计,这样施工时比较容易实现设计意图。当然,也可以选用当地政府提供的通用设计、标准设计,或可以委托其他公司进行设计,然后交由承包人按照设计图纸进行施工,设计图纸成为装修验收的主要依据。实践中,如果将工程发包给包工头或由不同的建筑工匠分项承包,则通常不进行专门设计,而是由施工人员按照自己的经验进行建造或装修。这种做法适合普通农村房屋的建造与装修,不适合豪华别墅的建造与装修。

在住宅装修中,按照装修的程度,一般可以分为简装与精装两种类型。简装,指的是简单装修,基本能满足生活的需要,但相对比较简陋。房主的资金一般受限或将房屋用于出租时,会采取简装方式。精装,指的是精细装修,电器设备基本齐全。精装住宅内部一应俱全,非常适合生活居住。

总之,实践中农村房屋建造或装修的承包方式比较多样,具体要按照合同内容进行确定。对于一些简单的项目定作事项,双方经常采取口头方式进行约定,一旦发生纠纷,往往难以明确约定的内容,导致费用结算时存在不同的理解。所以,在农村房屋建造与装修时尽量要签订书面形式的合同,并细化项目、材料规格与质量、费用结算的标准及支付期限等条款。

二、农村房屋建造的主要流程

1. 申请宅基地。如果拟在农村新建房屋,除非已经有宅基地,否则应首先提出申请宅基地;如果是拆除旧房盖新房(包括在原址上重建、改建),也要办理申请宅基地的手续。申请人首先要明确自己是否符合申请宅基地的资格,如农村村民出卖、出租、赠与住宅后,再申请宅基地的,不会被批准;宅基地面积已达到规定标准,再申请新宅基地的,也不会被批准。如果符合申请资格条件,农村村民应当以户为单位向所在的农村集体经济组织提出申请;没有设立农村集体经济组织的,应当向所在的村民小组或者村民委员会提出申请。申请先由村民小组会讨论通过并公示,再由村级组织开展材料审核,最后报乡(镇)人民政府审核批准。如果乡(镇)人民政府对农民宅基地申请进行审批,应出具农村宅基地批准书。

2. 调查比较。在建房前,业主可以多进行一些调查。例如,业主可以在网上查找自己喜欢的房屋风格,下载图片进行仔细观看。又如,如果业主看到某幢房子的造型非常喜欢,可以多角度拍照后作为参考,还可以与该房主沟通,进入内部查看;如果是去别人家里做客时看到其房屋的装修风格非常喜欢,可以争取进入各个房间内仔细查看。通过了解别人的建房与装修经验,可以避免自己"踩坑",如一些不实用项目可以取消、容易渗漏的部位要做好防水措施。而且通过比较,业主能够基本明确自己对房屋建造与装修的基本想法,如房屋造型选择一般通用类型还是个性风格类型、装修选择简装还是精装等。

3. 设计方案。如果当地要求采取统一标准建房、按照同一图纸进行施工,这个环节可以省略。但当地对住宅内部装修不会有统一要求,业主可以考虑在装修环节进行个性化设计,体现自己的喜好与装修风格。如果当地对房屋建造没有统一的要求,业主可以委托设计公司或建筑设计师进行设计。首先,双方需要沟通与交流,业主把自己想要建造房屋的需求告诉设计师,这样才能使设计师了解业主需要设计成什么样的风格。设计师在了解业主的详细需求后,根据其大致的预算、宅基地的面积与形状、周围的环境等来制定设计方案,而且在此过程中需要和业主进行持续沟通、反复确认,直到业主表示认可为止。如果业主提出要修改设计方案的部分内容,设计师应按照业主的意见进行适当修改,不要固执己见。最后的设计方案应包括住宅设计效果图、施工图、预算表等。

4.办理许可。农村村民在审批获得宅基地使用权后,还应办理申请自建房的审批手续,取得规划许可证。在乡、村庄规划区内使用集体土地进行房屋工程建设的,应当办理乡村建设规划许可证。农村村民应当持村民委员会签署的书面同意意见、农村宅基地批准书、住宅设计图等向乡(镇)人民政府提出申请,或持规定的材料直接向市、县人民政府城乡规划主管部门申请核发乡村建设规划许可证。实践中的常见做法是,市、县人民政府城乡规划主管部门委托乡(镇)人民政府核发乡村建设规划许可证,或是委托乡(镇)人民政府一并发放农村宅基地批准书与乡村建设规划许可证。农村建房需要办理规划许可证,但此后的住宅装修工程不需要办理建设工程规划许可。如果村民自建两层以下(含两层)或建筑面积为300平方米以下的普通房屋,无须办理施工许可证。如果村民自建三层及以上或建筑面积为300平方米以上的豪华别墅,应办理施工许可证。

5.签订合同。在确定设计方案与费用及支付方式后,业主与建筑公司或包工头需要签订农村建房施工合同。尽量使用政府部门推荐的农村住房建设施工合同示范文本;如果使用建筑公司提供的合同文本,最好请律师进行审核把关。合同一旦签订后,将产生法律效力,所以业主应对合同中的内容进行详细了解,避免出现"合同陷阱"的情况,如交付的是定金还是订金,材料的规格、品牌是否明确,房屋验收标准是否已经写入合同内容中。具体见本章第三节内容。

6.购买材料。如果采取承包人包工包料或承包人包工、部分包料的方式,应在合同中对材料的选用进行详细、明确的约定,可以列表作为合同附件;如果采取承包人包工不包料、业主自己准备材料的方式,业主应与建筑公司或包工头仔细沟通建筑所需要的设备与材料,可以让承包人列出清单,并写明需要到位的时间,业主按照其要求去购置。需要注意的是,业主不需要将建筑材料一次性购足,否则材料可能无处堆放,前期支出压力也较大。如果业主对如何选择材料不清楚,可以要求建筑公司或包工头派人与其一起去市场购买,这样就不太会出现材料买错或数量不足、太多的情况。建筑用的主要材料,如钢筋、水泥、砖块、木材等,一般是分期到位,所以业主在购买时可以与销售商在初步约定数量、规格、价格等方面的基础上,要求其分批供货并送到指定地点,付款方式可以采取分期结算支付或完工后一次性结算支付。

7. 施工交底。在正式建房前,相关人员需要到现场进行项目确认,包括业主、设计师、工头(现场负责人)、施工人员等。有时候,业主还需要在现场举行开工仪式。如农村建房,等房屋结顶时,一般需要举行庆祝仪式。

8. 桩基处理。以前农村建房,房屋结构一般是砖木结构,随着对房屋质量与安全的重视,现在大多采取的是砖混、钢混等结构。以前农村建房很少进行桩基处理,现在大多需要进行专门的桩基处理,以保证房屋结构具有足够的强度和稳定性。在荷载作用下,桩基土不会发生剪切破坏或丧失稳定的情况,不会产生过度的下沉或不均匀沉降变形,这样才能保证房屋结构的质量以及使用人员的安全。

9. 注意事项。农村建房主要是建筑公司或包工头的事情,业主只要做好施工监督、保证材料供应即可。但业主要注意以下事项:开工前要提供符合施工要求的水、电等必备条件;及时提供应由自己提供的材料与设备,确保不影响施工进程;对承包人提供的材料与设备进场验收;要注意施工安全,如提醒施工人员不能酒后上岗、要戴好安全帽等;如果可能占用公共道路或周围邻居的场地,要处理好邻里关系;要注意给邻居和自己房屋的采光、通风留下适当的间距;及时开展工程主要节点验收,尤其是隐蔽工程完成后,业主要进行阶段性的验收;按约定支付工程款。

10. 水电安装。为了便于以后的装修需要,在房屋建造时就要进行必要的水电安装,如设计好地下管道、进行线路铺设等。在装修时,尽量不要对水电路进行大的改造,避免浪费材料。

11. 验收整改。等房屋建造工程主体完成后,业主需要对整个房屋的建造进行验收,如是否存在墙面开裂或鼓包、瓷砖空鼓等现象进行逐一排查。如果发现存在质量问题或与设计方案不符,应及时向建筑公司或包工头提出并要求整改,最好是采取书面方式提出。在整改完成前,一般不支付剩余款项;在整改完成后,业主进行再次验收,直至认可为止。工程通过验收后,有一定的质量保修期,如屋面防水工程、有防水要求的卫生间、房间和外墙面的防渗漏,保修期为5年。如果在保修期限内出现问题(人为损坏除外),业主可以要求建筑公司或包工头提供免费修复服务。

12. 确权登记。农村房屋建造完成后,可以办理确权登记即房屋所有权首次登记,获得不动产权属证书。申请人应为农村宅基地批准书中记载的宅基地使用权人,并按照不动产登记机构的要求提交相关材料。不动产登记机构在进行实地查看、公告后,核发不动产权属证书。需要注意的是,现在采用的是"两证合一"的登记做法,不分别发集体土地使用权证与农村房屋所有权证,只发一本不动产权属证书。

在房屋装修过程中,也有与上述进程类似的环节,如签订合同、购买材料、验收整改等,此外还有软装搭配、家具配套、家电安装等,为了避免重复,本章中就不详细介绍。

有些业主因为资金所限或暂时不住,暂不进行装修,但建议对水、电等进行必要安装,这样可以简单入住,也可为以后的装修工程做一定的准备。

三、住宅装修施工过程中的步骤

住宅装修需要水电工程、泥工工程、木工工程、油漆工程、设备安装等项目相继进行,每个项目的完成都需要进行验收。业主或者住宅使用人(以下简称装修人)虽然将装修工程交给装修公司或包工头去完成,但一般也要参与到装修的施工过程中,到现场了解装修进度,确认所使用的材料是否与所选择的一致。为了更好地监督与配合装修工作,装修人有必要了解装修施工过程中的步骤。

1. 砌墙搭架。进入到装修施工阶段,首先是进行砌墙、安窗等,把工地的框架先搭起来。

2. 水电工程。主要是进行水、电、排气管道等的预埋工作,水管和电线最好选择质量较好的产品,以免增加后期的维修成本。施工时,要留意建造时预留的上水口、油烟机插座的位置,便于以后安装水槽与油烟机。

3. 泥工工程。在此过程中,防水是最重要的环节,而且是最初始的环节,所以必须选择较好的防水涂料,确保不渗不漏。在水路改造完成之后,最好紧接着把卫生间、阳台的防水做了。厨房一般不需要做防水。在对卫生间、阳台做完防水之后应当及时进行防水测试。如果可能,要对房子的外墙进行多重防水处理,以免外墙渗水,导致壁纸发霉或墙皮掉落。

4. 瓷砖铺贴。贴砖实际上是泥工工程的一部分,其中涉及以下三个环节的安装:一是过门石、大理石窗台的安装。过门石的安装可以和铺地砖一起完成,也可以在铺地砖之后完成。大理石窗台一般在窗套做好之后安装,工人会顺手把大理石和窗套用玻璃胶封住。二是地漏的安装。地漏是家装五金件中第一个出场的,因为它要和地砖共同配合安装,所以应尽早买好。三是油烟机的安装。油烟机是家电中第一个出场的,厨房墙地砖铺好之后,就可以考虑安装油烟机了。安装完油烟机之后,就可以进行橱柜的测量。

5. 木工工程。主要是对房子的吊顶、各种衣柜和储物柜的制作,建议选做板材的材料一定要环保。做衣柜和储物柜时,一定要提前确定好尺寸。而且,衣柜和储物柜建议做到顶,避免以后积灰难以清扫。

6. 油漆工程。主要是对墙面进行腻子粉刷、刷乳胶漆、家具上漆等。如果准备贴壁纸,只需要在计划贴壁纸的墙面做基层处理,无须刷面漆。在涂刷油漆的时候要注意保持室内的湿度,以免造成墙壁表面有麻点或者小颗粒的现象。为保证墙面的牢固度,可以在腻子内加墙基膜,这样可以防止墙面掉粉。

7. 设备安装。包括厨卫吊顶安装、橱柜安装、木门安装、地板安装、铺贴壁纸、五金洁具安装等。需要注意以下细节:(1)在安装厨卫吊顶的同时,最好把厨卫吸顶灯、排风扇、浴霸等同时安装好;(2)橱柜要提前预订,在上门安装的同时,一起安装好水槽(可以不包括上、下水件)和燃气灶;如果已通气,可以在燃气灶装好之后进行试气;(3)木门要提前1个多月测量完成并预约安装,装门的同时要安装合页、门锁、地吸等五金件;(4)地板需要提前预订,并让销售商上门测量需要安装的面积,地板安装之前最好让厂家上门勘测一下地面是否需要找平或局部找平,安装之前铺装地板的地面要清扫干净并要保证地面的干燥,地板安装后还要安装踢脚线;(5)铺贴壁纸之前,墙面上要尽量干净,最好对地板做一下保护;(6)开关插座、灯具、上下水管件、卫浴挂件、晾衣架、窗帘杆、抽水马桶等五金洁具要提前准备好,安装前后顺序关系不大。在安装开关插座的时候,先不要安装面板,以免墙纸施工时把开关面板刮伤。

8. 软装进场。在软装进场前,应对房屋进行一次彻底的清扫,尤其是需要放置家具的地面。家具不宜过早订购,等瓷砖铺贴后,明确了房屋内的尺寸,再根据需要订购的家具,选择合适的家具尺寸。家装的最后一步已由装修转为装饰了,包括窗帘的安装都属于家居配饰环节。买窗帘最好是在订好家具之后,以免产生风格冲突。家居配饰还包括绿色植物、挂墙画、摆设工艺品等。

9. 家电进场。装修人可以根据生活需要,订购冰箱、彩电、空调等家电,等装修完成后即可进场安装。需要注意的是:(1)要预留冰箱的安放位置,避免出现预订的冰箱较大但安放位置不足的尴尬,而且新买的冰箱安放后要静置至少1天后才能通电,否则可能损坏;(2)现在很多家庭不再装彩电,但要预留投影仪的投影位置,从而可以在需要的时候观影;(3)安装分体式空调前,要想好外挂压缩机的安装位置,室内部分主要是钻孔与挂机的位置;如果采取家用中央空调,应提前预订并安装,在安装吊顶前应安装好管线。此外,如果在住宅中安装地热,要在安装地板前提前埋好有关管线,所以需要在安装开始前就预订并由安装公司派人上门测量。

10.验收检测。装修工作主体完成后,装修人需要对整个房屋的装修进行验收,包括逐一排查插座是否通电、水管的水流是否正常等。如果发现存在与设计不符或质量问题,应及时向装修公司或包工头提出并要求整改,最好是采取书面方式提出。在整改完成前,一般不支付剩余款项;在整改完成后,装修人进行再次验收,直至认可为止。

此外,装修人还应进行环境检测,防止装修污染对空气造成影响,损害身体健康。等住宅装修完成后,建议至少要过半年后再入住,这样室内空气环境会好些。

第三节 农村房屋建造与装修中的法律适用

一、《民法典》中关于农村房屋建造与装修的规定

对于农村建房施工合同、装饰装修合同性质的认识,首先,应明确其属于承揽合同,所以可适用《民法典》合同编第十七章"承揽合同"中的规范。其次,《民事案件案由规定》将农村建房施工合同纠纷、装饰装修合同纠纷列于"建设工程合同纠纷"项下,所以可以认定农村建房施工合同、装饰装修合同的属性为建设工程合同,适用《民法典》合同编第十八章"建设工程合同"的相关规范。建设工程合同实际上也属于一种承揽合同,因为《民法典》第808条规定:"本章没有规定的,适用承揽合同的有关规定。"可见,《民法典》合同编第十七章关于承揽合同的规定,原则上适用于建设工程合同纠纷,除非有例外规定或第十八章对建设工程合同有不同规定。例如,建设工程合同不适用《民法典》第783条关于"承揽人的留置权"、第787条关于"定作人的任意解除权"的规定。

《民法典》合同编第十七章"承揽合同"中的规范与农村房屋建造与装修的关系都比较密切。

《民法典》合同编第十八章"建设工程合同"规范的是一般的建设工程合同。但是农村房屋建造与装修工程一般不进行专门的勘察与设计,不需要采取招标方式,没有专门机构进行监理。而且,农村建房一般不办理施工许可,住宅装修工程不需要办理建设工程规划许可。所以,该章部分规定对农村建房施工合同、装饰

装修合同并不适用。

另外,需要注意以下两点特殊情况:

1. 农村建房施工合同中,发包人不得参照承揽合同定作人享有任意解除权。虽然农村建房施工合同也是承揽合同,但并不适用《民法典》第787条"定作人在承揽人完成工作前可以随时解除合同,造成承揽人损失的,应当赔偿损失"的规定。最高人民法院民事审判第一庭编写的《民事审判指导与参考》(总第87辑)中即指出"不宜认定发包人享有任意解除权",理由如下:第一,从体系解释来看,《民法典》第808条规定,"本章没有规定的,适用承揽合同的有关规定"。《民法典》合同编第十八章已经就发包人在何种情况下享有解除权作了规定,故关于发包人的解除权问题应当适用《民法典》合同编第十八章的规定,不应适用第十七章的规定。第二,从立法目的来看,《民法典》第787条规定,定作人在承揽人完成工作前可以随时解除合同,主要目的是减少损失、防止浪费。承揽合同约定的定作物是为满足定作人的特定需求,如果由于情况变化定作人不再需要定作物,就没有必要继续制作定作物,及时解除合同有利于减少当事人损失,避免造成更大的浪费。但建设工程施工合同并不存在这一情况。实践中,签订建设工程施工合同后,发包人不需要建设合同约定工程的情况十分少见。如果由于规划变化等情况导致建设工程没有继续施工的必要,发包人可通过情势变更原则行使合同解除权。但是,如果允许发包人随时解除合同,由于承包人准备施工、进场和退场都会带来高昂的成本,反而会造成更大的损失,与定作人任意解除合同制度的立法目的正好相背。如果发包人坚持不履行合同,建设工程施工合同也不适合强制继续履行,就形成了合同僵局,应当按照2019年11月发布的《全国法院民商事审判工作会议纪要》(以下简称《九民纪要》)有关合同僵局的规定与《民法典》第580条第2款"有前款规定的除外情形之一,致使不能实现合同目的的,人民法院或者仲裁机构可以根据当事人的请求终止合同权利义务关系,但是不影响违约责任的承担"的规定,认定发包人系违约方,赔偿承包人的全部损失,包括预期利益。

2. 农村建房施工合同、装饰装修合同履行过程中出现价款支付纠纷,不宜使用工程折价或拍卖形式。一般的建设工程施工合同,因为国有土地使用权或商品房可以上市交易,受到的限制较少,所以出现发包人逾期不支付价款的情况,承包人可以与发包人协商将该工程折价,也可以请求法院将该工程依法拍卖。但一般承揽合同不适用《民法典》第807条规定的关于承包人就工程价款优先受偿的规定。因为农村宅基地制度的限制,农村房屋一般只能在本集体经济组织成员之间转让。如果要拍卖,买受人也只能限定在本集体经济组织成员范围内,这样容易造成流拍或拍卖价值不高。根据"地随房走"的原则,如果将农村房屋转让给他人,那么该房屋占用范围的宅基地使用权也要一并转让,否则会出现房屋所有权与宅基地使用权分离的情况,无法办理产权转移登记。装饰装修工程一般不具备折价或者拍卖条件,因为装修工程一旦完成,装修材料就添附到房屋相关部位中,很难分类,如果强行分类,往往会造成价值严重受损,所以也不宜采取工程折价或拍卖形式。但是有些可以分离的设施设备,如家具、沙发、电器等,可以折抵工程款。

二、其他法律法规关于农村房屋建造与装修的规范

2021年6月1日起施行的《乡村振兴促进法》第38条规定:国家建立健全农村住房建设质量安全管理制度和相关技术标准体系,建立农村低收入群体安全住房保障机制。建设农村住房应当避让灾害易发区域,符合抗震、防洪等基本安全要求。县级以上地方人民政府应当加强农村住房建设管理和服务,强化新建农村住房规划管控,严格禁止违法占用耕地建房;鼓励农村住房设计体现地域、民族和乡土特色,鼓励农村住房建设采用新型建造技术和绿色建材,引导农民建设功能现代、结构安全、成本经济、绿色环保、与乡村环境相协调的宜居住房。

《建筑法》(2019年修正)第83条第3款规定:"抢险救灾及其他临时性房屋建筑和农民自建低层住宅的建筑活动,不适用本法。"现有法律法规对"农民自建低层住宅"并没有进行明确界定。司法实践中,一般是以原建设部发布的《关于加强村镇建设工程质量安全管理的若干意见》(建质〔2004〕216号,已失效)第3条第3项规定为依据,即"村庄建设规划范围内的农民自建两层(含两层)以下住宅"建设活动不适用《建筑法》。同时,该意见第3条第1项规定,对于建制镇、集镇规划区内的所有公共建筑工程,居民自建两层(不含两层)以上,以及其他建设工程投资额在30万元以上或者建筑面积在300平方米以上的所有村镇建设工程,村庄建设规划范围内的学校、幼儿园、卫生院等公共建筑,应严格按照国家有关法律、法规和工程建设强制性标准实施监督管理。建制镇、集镇规划区内所有加层的扩建工程必须委托有资质的设计单位进行设计,并由有资质的施工单位承建。所以,对于三层(含三层)以上的农民住房建设,应将工程发包给具有相应资质的单位进行施工。

《建筑法》中与住宅装修直接相关的规范只有两条。该法第49条规定:"涉及建筑主体和承重结构变动的装修工程,建设单位应当在施工前委托原设计单位或者具有相应资质条件的设计单位提出设计方案;没有设计方案的,不得施工。"第70条规定:"违反本法规定,涉及建筑主体或者承重结构变动的装修工程擅自施工的,责令改正,处以罚款;造成损失的,承担赔偿责任;构成犯罪的,依法追究刑事责任。"

2019年国务院令第714号发布的行政法规《建设工程质量管理条例》的相关规定适用于农村房屋建造与装修工程。该条例第2条第2款规定:"本条例所称建设工程,是指土木工程、建筑工程、线路管道和设备安装工程及装修工程。"

此外,农村房屋建造应适用《村庄和集镇规划建设管理条例》(国务院令第116号)。该条例颁布时间较早(1993年),所以有些规定显得有点过时,已经被列入国务院的立法计划,拟进行修订。如该条例第21条第1款规定:在村庄、集镇规划区内,凡建筑跨度、跨径或者高度超出规定范围的乡(镇)村企业、乡(镇)村公共设施和公益事业的建筑工程,以及二层(含二层)以上的住宅,必须由取得相应的设计资质证书的单位进行设计,或者选用通用设计、标准设计。实践中,除了选用统一设计图纸进行建造的情况,很多农村房屋建造并没有由取得相应的设计资质证书的单位进行设计。

住宅装修周期长、金额高、争议多,一直是消费投诉的热点、难点。为此,消费者权益保护法律法规中也有关于住宅装修的规范。《消费者权益保护法》将装饰装修也纳入受该法保护的"服务"范围,在第23条第3款规定:经营者提供的机动车、计算机、电视机、电冰箱、空调器、洗衣机等耐用商品或者装饰装修等服务,消费者自接受商品或者服务之日起6个月内发现瑕疵,发生争议的,由经营者承担有关瑕疵的举证责任。

在各地制定的关于消费者权益保护的地方性法规中也有一些专门关于住宅装修的条款规定。

《浙江省实施〈中华人民共和国消费者权益保护法〉办法》(2017年修订)第21条第1款规定:住宅装修经营者应当与消费者订立书面合同,明确施工期限、施工质量、施工费用、质量保证方式、违约责任等内容;由经营者提供装修材料的,应当书面约定材料的名称、品牌、规格、型号、等级和价格等。

《四川省消费者权益保护条例》(2007年修订)第37条规定:从事家庭装饰装修业的经营者,应当与消费者以书面合同的形式约定装饰、装修内容,明确相互权利与义务。因经营者违反合同约定,消费者要求重作、返工的,应当重作、返工,并由经营者承担全部费用;造成工期延期的,应当承担违约责任。经营者对装饰、装修工程,应当自工程竣工验收交付之日起2年内予以免费保修。

《江苏省消费者权益保护条例》(2020年修正)第39条规定:从事住宅装饰装修的经营者,应当与消费者订立书面合同,约定装饰装修工程的项目、施工方案、标准、期限、质量、价格、室内环境检测指标、保修内容、保修期限、质量要求和质量验收方式、施工安全责任、违约责任等内容;经营者提供装饰装修材料的,还应当书面约定材料的名称、规格、价格、环保和安全指标、等级等,材料应当经消费者验收、认可。从事住宅装饰装修的经营者,应当保证质量,不得偷工减料。提供的装饰装修材料应当符合国家规定的环保要求。因经营者的原因需要返工、重作的,经营者应当免费返工、重作。装饰装修工程的质保期限自工程竣工验收合格之日起不少于2年,有防水要求的厨房、卫生间和外墙面等部位的防渗漏质保期限不少于5年。质保期限内因维修产生的费用由经营者承担。

三、地方性法规关于自建房安全管理的规范

2022年4月29日,湖南省长沙市望城区发生了一起特别重大居民自建房倒塌事故,共造成54人死亡。2022年11月23日,湖南省第十三届人大常委会第三十四次会议通过了地方性法规《湖南省居民自建房安全管理若干规定》,自2023年1月1日起施行。下面择要内容进行介绍:

第一条　本省行政区域内居民自建房的安全管理适用本规定。

本规定所称居民自建房,是指城乡居民自行组织建设的私有住房(包括附属建筑物、构筑物及其他设施)。

第五条　新建、改(扩)建、重建居民自建房的,应当依法办理用地、规划、建设等手续,按照法律、法规、规章的规定以及建设工程规划许可证的规定或者乡村建设规划许可证的规定进行建设。

城市、县城现状建设用地范围内不得新建居民自建房。

新建居民自建房一般不得超过三层。居民自建房原依法批准层数超过三层的,改(扩)建、重建后层数不得超过原依法批准层数。

居民建设自建房应当按照《中华人民共和国建筑法》和有关法律、法规、规章的规定,委托具备相应资质的勘察设计单位设计图纸,并委托具备相应资质的建筑施工企业施工;农村居民建设低层住宅,可以选用县级人民政府住房城乡建设主管部门免费提供的图纸,委托建筑技能培训合格的乡村建筑工匠施工。设计、施工单位和乡村建筑工匠应当按照法律、法规、规章的规定以及合同的约定进行

设计、施工。

居民自建房应当镶嵌永久性标志牌,主要内容包括建成时间、建设主体、施工主体、项目负责人等内容。

居民自建房竣工后,业主应当组织竣工验收,不组织竣工验收或者竣工验收不合格的,不得投入使用,擅自投入使用的,责令停止使用。居民自建房竣工验收办法由省人民政府住房城乡建设主管部门制定。

第六条 居民自建房所有权人为房屋使用安全责任人。房屋所有权人与房屋使用人不一致的,房屋所有权人与房屋使用人按照约定承担房屋使用安全责任;没有约定或者约定不明的,房屋所有权人承担房屋使用安全责任。房屋所有权人下落不明或者房屋权属不清的,房屋使用人或者管理人承担房屋使用安全责任。

居民自建房使用安全责任人承担下列房屋使用安全责任:

(一)不得擅自加层或者拆改房屋主体承重结构;

(二)对房屋进行日常安全检查、维护和修缮,及时消除安全隐患;

(三)发现严重安全隐患的,及时向居民委员会、村民委员会报告,并采取暂停使用、疏散人群、设置警示标志等应急措施;

(四)保障房屋消防安全;

(五)法律、法规、规章规定的其他责任。

第七条 居民自建房存在下列情形之一,危及公共安全的,房屋使用安全责任人应当依法委托房屋安全鉴定机构进行安全鉴定:

(一)房屋出现明显下沉、裂缝、倾斜、腐蚀等情形;

(二)因自然灾害及火灾、爆炸等事故导致房屋受损;

(三)经过设计的居民自建房,达到设计使用年限;

(四)安全排查和日常巡查发现的其他明显安全隐患或者法律、法规、规章规定的其他情形。

第十条 用作经营的居民自建房除遵守本规定第六条的规定外,还应当遵守以下规定:

(一)从事人员密集型经营活动的,应当取得与经营业态要求相符合的房屋安全鉴定合格证明或者根据经营业态要求改(扩)建、重建后的竣工验收合格证明;

(二)符合经营场所应当具备的消防安全标准,并不得占用、堵塞疏散通道和安全出口;

(三)每户居民自建房经营业态一般不得超过三种,根据用作经营居民自建房的结构安全性、经营安全性、房屋建设合法合规性以及消防安全性的要求严格控制人数,具体人数标准由设区的市、自治州人民政府有关主管部门另行制定。本规定公布之日前已经用作经营的居民自建房不符合本项规定的,应当在2025年6月30日前调整至符合规定;

(四)居民自建房从事工业生产加工按照有关法律、法规、规章规定执行;

(五)法律、法规、规章的其他规定。

鼓励保险机构根据居民自建房安全管理需要开发保险品种,鼓励居民自建房使用安全责任人购买房屋安全保险。

第十五条　居民自建房未取得建设工程规划许可证的,由城市、县人民政府城市管理和综合执法部门依照《中华人民共和国城乡规划法》有关规定处理;未按照建设工程规划许可证的规定进行建设的,由城市、县人民政府城乡规划主管部门责令停止建设,并及时移交城市管理和综合执法部门依照《中华人民共和国城乡规划法》有关规定处理。

居民自建房未依法取得乡村建设规划许可证或者未按照乡村建设规划许可证的规定进行建设的,由乡镇人民政府依照《中华人民共和国城乡规划法》有关规定处理。

第十六条　房屋使用安全责任人违反本规定第六条第二款第一项,在使用过程中擅自加层或者拆改房屋主体承重结构的,由城市、县人民政府城市管理和综合执法部门或者乡镇人民政府责令停止违法行为、限期采取恢复原状或者维修加固等排除危险措施,房屋使用安全责任人应当自接到停止违法行为通知书之日起立即停止违法行为;拒不停止违法行为、逾期不采取恢复原状或者维修加固等排除危险措施的,责令停止使用。

2022年11月18日,安徽省第十三届人民代表大会常务委员会第三十八次会议通过《安徽省自建房屋安全管理条例》,自2023年1月1日起施行。

2023年2月24日,湖南省人民政府办公厅发布《关于〈湖南省居民自建房安全管理若干规定〉实施工作的意见》(湘政办发〔2023〕7号)。

2023年3月21日,经国务院同意,住房和城乡建设部等15部门联合发布了《关于加强经营性自建房安全管理的通知》(建村〔2023〕18号)。其中,提出"加强规划建设审批管理。城市建成区范围内严格控制新建自建房。城乡新建经营性自建房应当依法办理用地、规划、建设等环节审批手续,依法委托具有相应资质的施工单位,按照专业设计图纸或标准设计图组织施工,经竣工验收合格后方可交付使用。""严格改扩建和装饰装修管理。经营性自建房改建、扩建,应当依法办理规划、建设等审批手续,严格按照有关法律法规和工程建设标准进行设计和施工,经竣工验收合格后方可使用。严禁违规加层加盖等行为。加强对经营性自建房的装饰装修管理,经营性自建房装饰装修不得擅自变动建筑主体和承重结构。街道、乡(镇)人民政府要督促产权人和使用人依法依规开展经营性自建房装饰装修活动,确保房屋安全。"

四、地方政府规章关于农村住房建设管理的规范

2024年4月,经国务院同意,住房城乡建设部、应急管理部、自然资源部、农业农村部、市场监管总局联合印发了《关于加强农村房屋建设管理的指导意见》。该指导意见提出,要强化既有农房安全管理,常态化开展农村房屋安全隐患排查整治,坚持"谁拥有,谁负责;谁使用,谁负责"的原则,明确产权人和使用人的房屋安全主体责任。对农房实施改扩建,依法办理用地、规划建设等有关审批手续,严格按照相关工程建设标准进行设计和施工。加快健全新建农房安全管理长效机制,将农房质量安全监管贯穿农房建设全过程。合理安排农房建设用地,切实保障农房选址安全,严格规范设计施工,新建农房设计和施工应符合国家现行抗震设防等有关质量安全标准的要求。

一些地方政府也出台了关于农村住房建设管理的规章或其他规范性文件。如2007年5月26日,上海市人民政府第71号令发布了《上海市农村村民住房建设管理办法》。后在2019年5月5日,上海市人民政府令第16号发布了新的《上海市农村村民住房建设管理办法》,自2019年5月5日起施行。浙江省人民政府于2018年3月22日公布了《浙江省农村住房建设管理办法》(政府令第367号),自2018年5月1日起施行。2018年10月30日,浙江省住房和城乡建设厅发布了修订后的《浙江省农村建筑工匠管理办法》。

相较而言,《上海市农村村民住房建设管理办法》的规定比较详细,共有六章45条。因为篇幅所限,下面择要介绍部分主要内容:

第二条 (适用范围)本办法适用于本市行政区域范围内农民集体所有土地上农村村民新建、改建、扩建和翻建住房(以下统称"村民建房")及其管理。

第三条 (有关用语的含义)本办法中下列用语的含义是:

(一)农村村民,是指具有本市农业户口的本市农村集体经济组织成员。

(二)农户建房,是指由村民以户为单位,自行申请宅基地建造住房的活动。

（三）集体建房，是指村民委员会或者村、镇集体经济组织受村民委托，在村域或者镇域范围内，统一规划、统一设计、集中建造住房的活动。

第四条　（管理部门）市农业农村行政管理部门是本市农村宅基地使用的主管部门；区农业农村行政管理部门负责本辖区内宅基地使用的具体管理。

市规划资源行政管理部门是本市村民建房规划、用地的主管部门；区规划资源行政管理部门负责本辖区内村民建房的规划、用地管理，镇（乡）土地管理所作为其派出机构具体实施相关的管理工作。

市住房城乡建设行政管理部门是本市村民建房的建筑活动主管部门，并负责农村建筑风貌的引导；区建设行政管理部门负责本辖区内村民建房的建筑活动监督管理。

区人民政府和镇（乡）人民政府负责本辖区内村民建房的管理。镇（乡）人民政府受区规划资源行政管理部门委托，审核发放农户建房的乡村建设规划许可证，对农户建房进行开工查验和竣工验收；受区建设行政管理部门委托，进行农户建房安全质量的现场指导和监督检查。

发展改革、生态环境、绿化市容、公安、民政等有关部门按照各自职责，协同实施本办法。

第五条　（基本原则）农村村民实施建房活动，应当符合规划、节约用地、集约建设、安全施工、保护环境、注重风貌。

农村村民建房的管理和技术服务，应当尊重村规民约和村民生活习惯，坚持安全、经济、适用和美观的原则，注重建筑质量，完善配套设施，落实节能节地要求，体现历史文化和乡村风貌。

第六条　（分类引导）位于规划确定的农村居民点范围内的农户，在符合村庄设计和乡村风貌管控要求的前提下，允许翻建、改建住房。

位于规划确定的农村居民点范围以外的农户，引导其选择进城镇集中居住，或者到规划确定的农村居民点实施平移集中建房。

同户（以合法有效的农村宅基地使用证或者建房批准文件计户）居住人口中有两人以上（含两个）达到法定结婚年龄的未婚者，其中一人要求分户，且符合所在区人民政府规定的分户条件的，采取多种方式，保障其居住权。

第八条　（建房方式）本市鼓励集体建房，引导村民建房向规划确定的农村居民点集中。所在区域已实施集体建房的，不得另行申请农户建房；所在区域属于经批准的规划确定的农村居民点，且尚未实施集体建房的，农户可以按规划申请建房。

第九条 （风貌管控）镇（乡）人民政府应当根据本市乡村风貌导则，结合地区自然肌理、传统文化和建筑风貌元素等，将风貌管控要求纳入村规民约，并通过专业设计引导村民建房。

第十二条 （宅基地的使用规范）农户只能拥有一处宅基地，其宅基地的面积不得超过规定标准。

农户按规划易地实施建房的，应当在新房竣工后3个月内拆除原宅基地上的建筑物、构筑物和其他附着物；参加集体建房的，应当在新房分配后3个月内拆除原宅基地上的建筑物、构筑物和其他附着物。原宅基地由村民委员会或者村集体经济组织依法收回，并由镇（乡）人民政府或者区规划资源行政管理部门及时组织整理或者复垦。

区人民政府在核发用地批准文件时，应当注明新房竣工后退回原有宅基地的内容，并由镇（乡）土地管理所负责监督实施。

第十三条 （宅基地自愿有偿退出）区、镇（乡）人民政府和村民委员会、村镇集体经济组织可以采取多种形式，鼓励宅基地使用人自愿有偿退出合法取得的宅基地。区人民政府可以制定具体实施办法。

第十四条 （申请主体）符合下列条件之一的集体经济组织成员，需要申请宅基地建房的，可以以户为单位提出申请：

（一）实行家庭联产承包责任制以来享有土地承包经营权，属本市农业户口且户口、生产生活在本村的；

（二）属本市农业户口，且因合法的婚姻、收养关系户口迁入本村的；

（三）属本市农业户口，且根据国家移民政策户口迁入本村的；

（四）法律、法规规定的其他情形。

农户建房用地人数的计算方法，按照本办法第三十五条规定执行。

第十五条 （建房条件）符合下列条件之一的农户，可以对原有住房进行改建、翻建或者易地新建：

（一）按照村镇规划调整宅基地，需要易地新建的；

（二）原有住房属于危险住房，需要易地新建或者在原址翻建的；

（三）原有住房因自然灾害等原因灭失，需要易地新建或者在原址翻建的；

（四）区人民政府规定的其他情形。

前款中的危险住房，是指根据我国危险房屋鉴定标准的有关规定，经本市专业机构鉴定危险等级属C级或D级，不能保证居住和使用安全的住房。

第十六条 (禁止建房的情形)具有下列情形之一的农户,不得申请宅基地新建住房,或者对原有住房进行改建、扩建或者翻建:

(一)拥有多处宅基地的;

(二)已有宅基地上存在违法用地、违法建筑等情况,未按照相关规定完成整改的;

(三)将原有住房出售、赠与他人,或者未经有关部门许可将原有住房改为经营场所的;

(四)离婚户对宅基地及住房权益未处置完毕的;

(五)区人民政府规定的其他情形。

第十七条 (村级审查程序)村民委员会接到农户建房申请后,应当在本村或者该户村民所在的村民小组,将农户成员人数、建房位置、宅基地和建筑占地面积、建筑方案等相关信息张榜公布,公布期限不少于30日。

公布期间无异议的,村民委员会应当在申请表上签署意见后,连同建房申请人的书面申请报送镇(乡)人民政府;公布期间有异议的,村民委员会应当召集村民会议或者村民代表会议讨论决定。

第十八条 (行政审批程序)镇(乡)人民政府应当在接到村民委员会报送的申请表和建房申请人的书面申请后20日内,会同镇(乡)土地管理所进行实地审核。审核内容包括申请人是否符合条件、拟用地是否符合规划、拟建房位置以及层数、高度、风貌是否符合标准等。

镇(乡)人民政府审核完毕后,应当将审核意见连同申请材料一并报区规划资源行政管理部门;区规划资源行政管理部门会同区农业农村行政管理部门初核后,由区人民政府审批建房用地。审批应当在20日内完成。

建房用地批准后,由区人民政府发给用地批准文件;由镇(乡)人民政府发给乡村建设规划许可证。

第十九条 (审批结果的公布)区人民政府和镇(乡)人民政府应当将农户建房的审批结果张榜公布,接受群众监督。

第二十条 (宅基地范围划定和开工查验)经批准建房的农户应当在开工前向镇(乡)土地管理所申请划定宅基地范围。

镇(乡)土地管理所应当在10日内,到实地丈量划定宅基地,并通知镇(乡)人民政府派员到现场进行开工查验,实地确认宅基地内建筑物的平面位置、层数、高度和风貌。

农户应当严格按照用地批准文件、乡村建设规划许可证和施工图纸的要求进行施工。

第二十一条 (施工图纸)农户建造两层或者两层以上住房的,应当使用具备资质的设计单位设计或经其审核的施工图纸,或者免费使用市住房城乡建设行政管理部门推荐的通用图纸。

施工图纸应当符合相应技术规范、设计标准以及乡村风貌导则。

市住房城乡建设行政管理部门应当组织落实向农户推荐通用图纸的实施工作。

市住房城乡建设行政管理部门应当建立乡村建筑师名单,由镇(乡)人民政府组织建筑师为农户提供技术咨询和指导服务。

第二十二条 (施工队伍)农户建房应当选择具有相应专业能力的施工队伍。施工队伍中,应当配备符合规定的质量员、安全员。

第二十三条 (质量和安全监督)农户应当与施工队伍签订建房协议,并约定质量和安全责任。

镇(乡)人民政府应当落实质量安全专管人员对农户建房实施质量和安全监督,也可以委托符合条件的第三方质量安全管理机构实施质量和安全监督。

第二十四条 (配套设施)镇(乡)人民政府应当配套完善农村居民点内道路、路灯、污水处理、生活垃圾分类处置、通讯等设施。

第二十五条 (竣工期限)镇(乡)人民政府在审核发放乡村建设规划许可证时,应当核定竣工期限。

易地新建住房的竣工期限一般为1年,最长不超过2年。

第二十六条 (竣工验收)农户建房完工后,应当通知镇(乡)人民政府进行竣工验收。镇(乡)人民政府应当在接到申请后的15日内,到现场进行验收。

镇(乡)人民政府应当提前通知镇(乡)土地管理所,由镇(乡)土地管理所派员同时到实地检查农户建房是否按照批准的面积和要求使用土地。

经验收符合规定的,镇(乡)人民政府应当将验收结果送区建设行政管理部门备案。

第二十七条 (集体建房的统筹安排)区人民政府应当按照经批准的村镇规划,结合实际,组织制定集体建房实施计划。有条件的村民委员会或者村、镇集体经济组织可以按本办法规定实施集体建房。

第三十三条 (用地面积标准)农户建房的用地面积按照下列规定计算:

(一)5人户及5人以下户的宅基地面积不超过140平方米、建筑占地面积不超过90平方米；

（二）6人户及6人以上户的宅基地面积不超过160平方米、建筑占地面积不超过100平方米。

区人民政府可以在前款标准范围内，根据户内人数情况，确定宅基地面积、建筑占地面积的具体标准。

对于宅基地原址翻建、易地新建的，相关标准应当按照前款规定执行。

第三十四条 （建筑占地面积的计算标准）农户建房的建筑占地面积按照下列规定计算：

（一）室外有顶盖、有立柱的走廊的建筑占地面积，按立柱外边线水平面积计算；

（二）有立柱的阳台、内阳台、平台的建筑占地面积，按立柱外边线或者墙体外边线水平面积计算。

无立柱、无顶盖的室外走道和无立柱的阳台不计建筑占地面积，但不得超过批准的宅基地范围。

第三十五条 （用地人数的计算方法）农户申请建房用地的人数，按照该户内符合第十四条规定的人数进行计算。

2001年1月1日以后出生，父母至少一方为农业户口的本集体经济组织成员，其本人城镇居民户口地址以及生产、生活在本村的人员，可以计入户内。领取本市《独生子女父母光荣证》（或者《独生子女证》）的独生子女，按2人计算。户口暂时迁出的现役军人（武警）、在校学生、服刑人员，以及符合区人民政府规定的其他人员，可以计入户内。

农户内在本市他处已计入批准建房用地人数的人员，或者因宅基地征收（拆迁）已享受补偿安置的人员，不得计入用地人数。

区人民政府可以制定关于农户申请建房用地人数的具体认定办法。

第三十六条 （用地程序和标准）原址改建、扩建、翻建住房或者按规划易地新建住房的，均应当办理用地手续，并按本办法规定的用地标准执行。

第三十七条 （间距、层数和高度标准）村镇规划对农户建房的间距、层数和高度标准有规定的区域，按照村镇规划执行。

村镇规划尚未编制完成或者虽已编制完成但对农户建房的间距、层数和高度标准未作规定的区域，间距、层数由镇（乡）人民政府按照实际情况确定；房屋檐口高度不得超过10米，屋脊高度不得超过13米。

有些其他省市也制定了关于农村房屋建设管理的规范性文件，很多是与农村宅基地管理结合在一起。如北京市人民政府发布的《关于落实户有所居加强农村宅基地及房屋建设管理的指导意见》(京政发〔2020〕15号),福建省人民政府发布的《关于进一步加强农村宅基地和村民住宅建设管理的若干意见(试行)》(闽政〔2021〕2号),广西壮族自治区自然资源厅等3部门联合发布的《关于规范农村新增宅基地审批和建房管理的通知》(桂自然资发〔2020〕70号),福州市人民政府发布的《关于规范农村宅基地和建房管理的实施意见(试行)》(榕政综〔2021〕142号)等。

五、部门规章关于住宅装修的规范

2002年3月建设部令第110号发布的部门规章《住宅室内装饰装修管理办法》是一部专门规范住宅装修的规范性文件,2011年1月住房和城乡建设部令第9号对该办法进行了修改。该规章比较适合城市住宅的装修,对农村住宅装修只能部分适用,下面予以简要说明:

第一章"总则"第2条明确规定:本办法所称住宅室内装饰装修,是指住宅竣工验收合格后,业主或者住宅使用人(以下简称装修人)对住宅室内进行装饰装修的建筑活动。

第二章"一般规定"内容比较重要,尤其是第5条与第6条内容对农村住宅装修也适用。第5条规定,住宅室内装饰装修活动,禁止下列行为:(1)未经原设计单位或者具有相应资质等级的设计单位提出设计方案,变动建筑主体和承重结构;(2)将没有防水要求的房间或者阳台改为卫生间、厨房间;(3)扩大承重墙上原有的门窗尺寸,拆除连接阳台的砖、混凝土墙体;(4)损坏房屋原有节能设施,降低节能效果;(5)其他影响建筑结构和使用安全的行为。本办法所称建筑主体,是指建筑实体的结构构造,包括屋盖、楼盖、梁、柱、支撑、墙体、连接接点和基础等。本办法所称承重结构,是指直接将本身自重与各种外加作用力系统地传递给基础地基的主要结构构件和其连接接点,包括承重墙体、立杆、柱、框架柱、支墩、楼板、梁、屋架、悬索等。第6条规定,装修人从事住宅室内装饰装修活动,未经批准,不得有下列行为:(1)搭建建筑物、构筑物;(2)改变住宅外立面,在非承重外墙上开门、窗;(3)拆改供暖管道和设施;(4)拆改燃气管道和设施。本条所列第(1)项、第(2)项行为,应当经城市规划行政主管部门批准;第(3)项行为,应当经供暖管理单位批准;第(4)项行为应当经燃气管理单位批准。

第三章"开工申报与监督"内容适用于城市住宅的装修,不适用于农村住宅装修,因为农村住宅一般不会有专门的物业服务。

第四章"委托与承接"对部分农村住宅（如别墅大宅）装修可能适用，如委托专门的装饰装修企业进行装修；但对于大多数农村住宅装修不适用，一般是委托包工头或采取劳务承揽方式进行装修。作者建议：装修人应当与承揽人（包括装修公司或自然人）签订住宅室内装饰装修书面合同，明确双方的权利和义务。

第五章"室内环境质量"中第28条与第29条对农村住宅装修也应适用。第28条规定：住宅室内装饰装修工程使用的材料和设备必须符合国家标准，有质量检验合格证明和有中文标识的产品名称、规格、型号、生产厂厂名、厂址等。禁止使用国家明令淘汰的建筑装饰装修材料和设备。第29条规定：装修人委托企业对住宅室内进行装饰装修的，装饰装修工程竣工后，空气质量应当符合国家有关标准。装修人可以委托有资格的检测单位对空气质量进行检测。检测不合格的，装饰装修企业应当返工，并由责任人承担相应损失。

第六章"竣工验收与保修"中第30条与第32条对农村住宅装修也适用。第30条规定：住宅室内装饰装修工程竣工后，装修人应当按照工程设计合同约定和相应的质量标准进行验收。验收合格后，装饰装修企业应当出具住宅室内装饰装修质量保修书。第32条规定：在正常使用条件下，住宅室内装饰装修工程的最低保修期限为二年，有防水要求的厨房、卫生间和外墙面的防渗漏为五年。保修期自住宅室内装饰装修工程竣工验收合格之日起计算。

第八章"附则"第45条规定：住宅竣工验收合格前的装饰装修工程管理，按照《建设工程质量管理条例》执行。

《建筑工程施工许可管理办法》（2021年修正）第2条规定：工程投资额在30万元以下或者建筑面积在300平方米以下的建筑工程，可以不申请办理施工许可证。在《住宅室内装饰装修管理办法》第44条中也有类似规定。但在实践中，很少有住宅装修工程去申请办理施工许可证。

第四节 签订农村房屋建造与装修施工合同

一、农村住房建设施工合同示范文本

《民法典》第789条规定：建设工程合同应当采用书面形式。第795条规定：施工合同的内容一般包括工程范围、建设工期、中间交工工程的开工和竣工时间、工程质量、工程造价、技术资料交付时间、材料和设备供应责任、拨款和结算、竣工

验收、质量保修范围和质量保证期、相互协作等条款。

2018年10月30日，浙江省住房和城乡建设厅制定并发布了《浙江省低层农村住房建设施工合同(示范文本)》。推荐拟建房的村民和农村建筑工匠参考使用。

浙江省低层农村住房建设施工合同

(示范文本)

发包人：_____

公民身份号码：_____

联系电话：_____

通信地址：_____

承包人：_____

(建筑施工企业、农村建筑工匠分别填写相关内容，具体略)

根据《中华人民共和国合同法》(原文如此，作者注)《浙江省农村住房建设管理办法》以及其他有关法律规定，遵循平等、自愿、公平和诚实信用的原则，双方就低层农村住房建设(以下简称建房)施工有关事项协商一致，共同达成如下协议：

一、建房概况

1. 建房地点：_____。

2. 建房规模：_____层，总建筑面积_____平方米；结构形式(在□中以画√方式选定，只能选择一项)：□框架结构；□砖混结构；□木结构；□其他_____。

3. 宅基地用地批准文件文号：_____；乡村建设规划许可证(建设工程规划许可证)证号：_____。

二、承包内容和方式

1. 承包人按照发包人提供的设计图纸，承担以下内容的施工(在□中以画√方式选定，可以选择多项)：□地基基础；□主体结构；□电气管线；□给排水管道；□化粪池工程；□其他_____。

2. 承包方式(在□中以画√方式选定，只能选择一项)：□包工包料；□包清工；□部分承包；□其他。建筑材料、建筑构(配)件和设备除附件预算清单中注明由发包人提供的外，均由承包人提供。

三、合同工期

计划开工日期：_____年____月____日；计划竣工日期：_____年____月____日。工期总日历天数：____天。

四、价款支付和费用承担

1. 总价款：人民币(大写)_____(￥____元)，价款构成详见附件预算清单。经双方协商一致变更施工内容的，变更部分的费用按实增减。

2. 发包人按照以下约定向承包人支付合同价款(在□中以画√方式选定，只能选择一项)：

□按施工进度支付：

(1)开工时支付预付款人民币(大写)_____(￥____元)；

(2)地基基础验收合格之日起____日内支付进度款人民币(大写)_____(￥____元)；

(3)地上一层验收合格之日起____日内支付进度款人民币(大写)_____(￥____元)；

(4)地上二层验收合格之日起____日内支付进度款人民币(大写)_____(￥____元)；

(5)地上三层验收合格之日起____日内支付进度款人民币(大写)_____(￥____元)；

(6)竣工结算完成后____日内付清剩余价款人民币(大写)_____(￥____元)。

□其他付款方式：_____。

3. 承包人承担其雇佣的施工人员的劳动报酬，以及因施工活动导致的施工人员或者其他人员的人身、财产损失，但是，因发包人原因导致或者加重的损失，由发包人承担。

五、施工要求

1. 发包人应当在开工____日前向承包人提供设计图纸，并保证建房地点通电、通水、通路，场地具备施工条件，与周边邻居不存在影响施工的纠纷。

2. 发包人和承包人提供的建筑材料、建筑构(配)件和设备均应当符合国家和省规定标准，除就地取材的竹、木等材料外，应当有生产合格证。发包人不得要求承包人使用不合格的建筑材料、建筑构(配)件和设备。

3.承包人应当按照设计图纸、施工技术标准和操作规程施工,采取安全施工措施,及时发现和消除施工、消防等安全隐患。承包人应当接受发包人、设计单位或者人员、行政机关及其委托的专业机构依法实施的监督检查,对检查中发现的质量、安全隐患及时整改。

4.承包人完成隐蔽工程施工后,应当提前____日通知发包人验收。发包人不能按时验收的,应当在验收前向承包人提出延期要求。发包人未按时进行验收,也未通知承包人延期的,承包人有权自行验收,验收结果视为发包人认可。隐蔽工程未经验收合格的,不得进入下一道工序施工。

5.承包人完成全部施工内容,并备齐施工档案资料后,可以通知发包人进行竣工验收。发包人应当自收到通知之日起____日内组织承包人和设计、监理等单位或者人员进行竣工验收。验收合格的,发包人应当在____日内向承包人签发接受交付的凭证。验收不合格的,承包人应当返工、修复或采取其他补救措施,由此增加的费用和(或)延误的工期由承包人承担。承包人在完成返工、修复或采取其他补救措施后,应当通知发包人,按本项约定的程序重新进行竣工验收。建房未经验收或验收不合格的,发包人不得使用。

6.承包人对建房承担质量保修责任,保修期为:地基基础和主体结构____年,屋面防水、有防水要求的卫生间、房间和外墙面防渗____年,电气管线、给排水管道____年。保修期自竣工验收合格之日起算;建房未经竣工验收,发包人擅自使用的,保修期自其实际占有之日起算。

7.建房经竣工验收合格的,以承包人通知发包人进行竣工验收之日为竣工日期;因发包人原因,自收到通知之日起____日内未完成竣工验收的,以承包人通知发包人进行竣工验收之日为竣工日期;建房未经竣工验收,发包人擅自使用的,以其实际占有之日为竣工日期。

六、竣工结算

承包人应当自竣工验收合格之日起____日内向发包人提供结算清单,发包人应当自收到结算清单之日起____日内完成审核,逾期未完成审核且未提出异议的,视为认可承包人提交的结算清单。承包人对发包人审核意见有异议的,应当自收到审核意见之日起____日内提出,逾期未提出异议的,视为认可审核意见。对于双方认可的结算价款,发包人应当按照本合同第四条的约定支付给承包人;对于其中一方有异议的结算价款,按照本合同第八条约定的争议解决方式处理。

七、违约责任

1.发包人具有下列情形之一的,承担相应的违约责任:

(1)发包人未按合同约定期限和数额支付合同价款的,按日计算向承包人支付逾期应付款万分之____的违约金,逾期超过____日的,承包人可以解除合同;

(2)发包人提供的建筑材料、建筑构(配)件和设备的规格、数量或质量不符合合同约定,导致承包人返工、修复或者给承包人造成其他损失的,承担承包人相应损失;

(3)发包人违反合同约定造成停工的,按每日____元的标准向承包人支付违约金;

(4)发包人未能按照合同约定履行其他义务的,承担因此造成的承包人实际损失。

2.承包人具有下列违约情形之一的,承担相应的违约责任:

(1)承包人违反合同约定采购和使用不合格的建筑材料、建筑构(配)件和设备,给发包人造成损失的,承担发包人相应损失;

(2)承包人施工质量不符合合同约定的,承担发包人相应损失;

(3)承包人未按合同约定期限完成施工,造成工期延误的,按每日____元的标准向发包人支付违约金,工期延误超过____日的,发包人可以解除合同;

(4)承包人未按照合同约定履行保修义务或者其他义务的,承担因此造成的发包人实际损失。

八、争议解决

因合同及合同有关事项发生的争议,双方可以通过协商、调解解决,也可以按下列方式解决(在□中以画√方式选定,只能选择一项):

□向_____仲裁委员会申请仲裁;

□向_____人民法院提起诉讼。

九、其他事项

1.附件预算清单是合同的组成部分。合同未尽事宜,双方可以另行签订补充协议,补充协议是合同的组成部分。

2.本合同自双方签字或者盖章之日起生效。

3. 本合同一式____份,具有同等法律效力,发包人执____份,承包人执____份。

附件:预算清单

发包人(签字或者盖章):

承包人(签字或者盖章):

签订日期:_____年____月____日

二、农村住宅装修施工合同的参考文本

《住宅室内装饰装修管理办法》第24条规定:装修人与装饰装修企业应当签订住宅室内装饰装修书面合同,明确双方的权利和义务。住宅室内装饰装修合同应当包括下列主要内容:(1)委托人和被委托人的姓名或者单位名称、住所地址、联系电话;(2)住宅室内装饰装修的房屋间数、建筑面积,装饰装修的项目、方式、规格、质量要求以及质量验收方式;(3)装饰装修工程的开工、竣工时间;(4)装饰装修工程保修的内容、期限;(5)装饰装修工程价格,计价和支付方式、时间;(6)合同变更和解除的条件;(7)违约责任及解决纠纷的途径;(8)合同的生效时间;(9)双方认为需要明确的其他条款。

各地住房与城乡建设部门制定了一些装饰装修施工合同示范文本。本书以2021年7月浙江省市场监督管理局、浙江省消费者权益保护委员会、浙江省建筑装饰行业协会联合发布的《浙江省家庭居室装饰装修施工合同(示范文本)》为例进行说明,该合同文本是在《民法典》实施后制定的,所以写法相对较新,可供借鉴。

因篇幅所限,《浙江省家庭居室装饰装修施工合同(示范文本)》具体内容略。下面提醒装修人在签约时需要注意的重点内容:

1. 签约前,发包方(甲方)应查验承包方(乙方)的企业法人营业执照,乙方应为经市场监督管理部门核准登记的企业,合同应加盖与企业法人营业执照一致的公章或合同专用章,合同中需要写明乙方的社会统一信用代码。在协议中最前面"合同当事人"下要明确"现场施工负责人"与联系方式。

2. 在第1条"工程概况和造价"中要明确"装饰施工地址"与"住宅结构",在第4项"装饰施工内容"中应正确、扼要说明主要工序。具体内容可以列于附件一

《装饰施工内容表》。

3. 要在第1条第5项中明确"工程承包方式",双方在以下承包方式中选择其一:(1)乙方包工、包料;(2)乙方包工、部分包料,甲方提供部分材料;(3)乙方包工、甲方包料;(4)乙方以_____元/平方米的单价包干。如果乙方提供材料,要在附件四《工程主材报价单》中写明;如果甲方也提供材料与设备,要在附件三《甲方提供材料、设备表》中予以明确。乙方提供的材料、设备,应提前通知甲方验收,未经甲方验收及不符合工程报价单要求的,不能使用。

4. 第1条第6项中的"合同总价款"是预算造价,而且是含税价款。该价款应是双方对设计方案、工程价格确认后的金额。竣工结算总价的增减幅度在没有项目变更时不应超过合同总价款的5%。经双方约定增项后的结算总价不应超出原合同价的10%。乙方应在合同报价中列出详细的应收费项目与收费标准。双方依照设计施工图纸合理确定工程预算造价,可结合当地实际情况考虑人工幅度差,具体见附件二《工程预算清单》。合同签订生效后,如甲方确认变更施工内容、变更材料,该部份的变更价应当按实计算。

5. 要明确施工工期。装修施工过程中拖工期是很常见的现象,所以要在合同中明确工程逾期交付的违约责任。工期的写法是:工程开工日期____年____月____日,竣工日期____年____月____日,总工期____天。

6. 第3条"施工图纸"中,双方可以约定施工图纸的提供方式:甲方自行设计并提供施工图纸,或甲方委托乙方设计施工图纸。如果委托装修公司,一般不再另外收取设计费用。如果甲方委托其他单位设计,设计负责人要向施工单位进行设计交底、处理有关设计问题和参加竣工验收。施工图纸一式二份,甲、乙双方各一份,作为以后验收的主要依据。

7. 第12条"工程款支付方式"中要明确付款时间与方式。装修一般是采取分期支付的方式。

8. 装修人需要特别注意的是,工程款应交入协议约定的乙方公司账户或乙方加盖公章形式出具的书面指定的收款账户。实践中,有些装修人将款项直接转账或用网上支付方式交付给乙方的项目经理或现场施工负责人,这样的做法不仅不规范,而且存在很大的隐患,容易产生纠纷。一旦产生纠纷,乙方可能不会承认收到过该款项。甲方按约付款,乙方应向甲方开具并提供税务统一发票,需要在协议第12条第6项中明确是先付款后开票,还是先开票后付款。

9. 工程验收合格后,乙方应向甲方提出工程款结算单。如果甲方接到工程款结算单后觉得有异议,应及时向乙方提出异议。具体见附件八《工程结算单(决算)》。请注意协议中第 12 条第 3 项的约定:工程验收合格后,乙方应向甲方提出工程款结算单,甲方收到工程款结算单后____日内既未提出异议也未予确认的,乙方应再次催告甲方确认,甲方接到催告后____日内仍未提出异议,即视为同意,并向乙方结清工程余款。

10. 第 13 条"违约责任"是双方当事人都要特别注意的内容。作为装修人来说,要重点关注以下三点承包人可能违约的情况:(1)因乙方原因致使工程质量不符合约定的,甲方有权要求乙方在合理期限内无偿修理或者返工。经过修理或者返工后,造成逾期交付的,乙方应当承担违约责任。(2)因乙方原因造成工程逾期交付的,乙方应承担违约责任,违约金可以按天计算,也可以合同总价款的一定比例计算(一般不少于每日 0.5‰)。逾期超过一定时间(如 30 天以上),甲方有权要求解除合同。(3)乙方提供的材料、设备是假冒伪劣产品的,应按材料、设备价款的双倍赔偿甲方。装修人也要遵守合同约定,常见的违约情况:甲方未按合同约定时间付款的,不仅工期顺延,而且要支付违约金;未按约定对隐蔽工程、竣工工程进行验收,乙方可以顺延工程竣工和交付日期,并有权要求赔偿停工、窝工等损失;工程未办理验收、结算手续,甲方提前使用或擅自入住,由此造成无法验收并产生损失的,由甲方负责。

11. 除合同正文以外,双方当事人尤其要重视合同附件,往往主要内容是在附件中。合同附件上均应有甲乙双方的签名及具体签署日期。需要说明的是,该示范文本特别强调:签订合同前,乙方应至少提前 3 天,向甲方提供拟签合同文本及合同附件一至附件四,确保甲方能详细阅读了解合同条款。

合同附件有:附件一《装饰施工内容表》;附件二《工程预算清单》;附件三《甲方提供材料、设备表》;附件四《工程主材报价单》;附件五《工程项目变更单》;附件六《工程质量验收单》;附件七《工程保修单》;附件八《工程结算单(决算)》。

在农村住宅装修中,如果是将装修工程发包给装修公司,尤其是采取全包或半包形式,建议可以采用以上的《家庭居室装饰装修施工合同(示范文本)》(部分内容适当修改),这样比较全面,规定的内容也对消费者相对比较有利。但如果将装修工程发包给自然人(包工头),或采取包工不包料的方式,可以采用内容相对简单的工程承揽合同,附件也可以部分省略。

三、签订简易版的工程承揽合同

《民法典》第 771 条规定:承揽合同的内容一般包括承揽的标的、数量、质量、报酬,承揽方式,材料的提供,履行期限,验收标准和方法等条款。

在农村房屋建造或装修过程中,发包人多是采取分项承包或包清工的方式。分项承包,即发包人分别将水电、泥工、木工、油漆等工程项目发包给不同的工匠,约定承包的范围与工作内容,然后分别结算费用;包清工,指的是承包人采取包工方式但不负责备料(劳动工具除外),所以工程所需的设备与材料都由发包人自行购置。有些采取按照施工人员实际工作天数的方式进行计算,也有些按照建筑面积或装修面积每平方米的单价进行计算。这种分项承包与包清工的方式,在法律上是发包人(定作人)与不同的承包人(承揽人)之间形成不同的承揽关系或共同承揽关系。

本书提供一份相对简单的工程承揽合同参考文本,供读者参考。

工程承揽合同(参考文本)

定作人(甲方):＿＿＿＿＿＿＿＿

承揽方(乙方):＿＿＿＿＿＿＿＿

(自然人至少要写明姓名、公民身份证号码、联系方式等内容)

双方经友好协商同意,就乙方承揽甲方的工程事宜订立本合同并共同遵守。

一、工程概况

(一)工程名称:＿＿＿＿＿＿＿＿。

(二)工程地址:＿＿＿＿＿市＿＿＿＿＿区(县)＿＿＿＿＿街道(乡镇)＿＿＿＿＿村＿＿＿＿＿(具体位置)。

(三)施工内容:在合同中简明、清楚地说明主要内容。以水电工程为例说明:

1. 水电开槽、布线、穿线、埋槽;

2. 所有水电施工过程的垃圾清运;

3. 水电施工的穿墙、打孔、切割;

4. 开关面板安装;

5. 小五金、马桶、卫浴设备的安装;

6. 后期灯具的安装。

二、工程承包方式

双方商定采取乙方包工但不包料的方式,由甲方提供材料,劳动工具由乙方自行准备。

（可以按照天数计算,确定每天的劳动报酬;或者按照面积计算,要确定每平方米的单价）

三、工程款项

（一）本项工程预计费用:人民币大写＿＿＿＿元(小写＿＿元)。

（二）合同签订生效后,如甲方确认变更施工内容,该部分的变更价应当按实计算。

（三）甲方应按约及时付款,乙方出具收条。

四、工程款支付方式

（一）工程款分期支付,分别为:

1. 合同签订后＿＿天内(或开工前＿＿天),甲方先支付工程款的＿＿%,人民币(大写):＿＿＿＿元;

2. 施工完成、竣工验收后＿＿天内,甲方付清工程款的＿＿%,人民币(大写):＿＿＿＿元。

（也可以约定竣工验收后一次性支付）

（二）工程验收合格后,乙方应向甲方提出工程款结算单,结算时以双方确认的实际工程量为准。

（三）工程款以现金支付(或转账到乙方指定的账户)。

五、施工时间

（一）工期:＿＿＿＿年＿＿月＿＿日至＿＿＿＿年＿＿月＿＿日。

（二）施工期间如果因为疫情或特殊天气原因,导致无法正常施工,工程时间顺延。

（三）施工期间如果因为甲方提出变更施工内容或未及时提供设备、材料等原因而造成待工,工程时间顺延。

（四）如果上一工期没有完工,导致无法施工,工程时间顺延。

六、材料供应的约定

（一）甲方应按时提供乙方需要的材料。乙方必须至少提前三天向甲方提出下一工序需要购买的材料的清单。

（二）甲方负责提供的材料应是符合设计要求的合格产品,并应按时供应到现场,甲、乙方应办理交接手续(甲方提供的材料、设备应该在合同中写明,或可以采取附件方式《提供材料、设备表》)。

（三）乙方如发现甲方提供的材料有质量问题或规格差异，应及时向甲方提出，甲方仍表示使用的，由此造成工程损失，责任由甲方承担。

（四）甲方供应的材料按时抵达现场后，由乙方负责保管，由于保管不当造成的损失，由乙方负责赔偿。

（五）甲方采购供应的材料，均应用于本合同规定的用途，非经甲方同意，乙方不得挪作他用。

七、关于工程质量及验收的约定

（一）本工程应严格执行国家、地方、行业的相关验收标准。

（二）因乙方原因造成质量问题，其返工费用由乙方承担，工期不变。

（三）工程竣工后，乙方应至少提前3天通知甲方验收，甲方在接到通知后及时组织验收，并办理验收手续。

（四）工程竣工未移交甲方之前，乙方负责对现场的一切设施和工程成品进行保护。

（五）本工程的保修期为＿＿＿年，从双方验收通过之日算起。在保修范围和保修期内发生质量问题的，除因甲方使用或保管不当等原因而造成的以外，由乙方负责修复，并对造成的损失承担赔偿责任。

八、违约责任

（一）甲方未按合同约定时间付款的，每逾期一天，甲方向乙方支付＿＿＿元的违约金。

（二）由于乙方原因导致逾期竣工的，每逾期一天，乙方向甲方支付＿＿＿元违约金。

（三）因乙方原因致使工程质量不符合约定的，甲方有权要求乙方在合理期限内无偿修理或者返工。经过修理或者返工后，造成逾期交付的，乙方应当承担相应的违约责任。

（四）如果乙方挪用或私占甲方提供的材料、设备，应按挪用或私占材料、设备价款的双倍补偿给甲方。

九、合同争议的解决方式

如果因合同履行发生纠纷，双方可以协商或者调解解决。如果协商、调解不成的，任何一方可以向房屋所在地的人民法院提起诉讼。

十、其他

（一）本合同一式两份，甲、乙双方各执一份，自双方签字、盖章后生效。合同附件为本合同的组成部分，具有同等的法律效力。

（二）本合同签订后，乙方不得将本装修工程进行转包。如果转包，甲方有权提前解除合同，因此造成的损失由乙方自行承担。

（三）因乙方原因在施工过程中造成的人身伤害事故，由乙方自行负责。

（四）本合同签订后，若双方需要修改内容，经协商一致后，可签订补充协议。

甲方（签章）：

乙方（签章）：

签订日期：_____年___月___日

（合同附件可以采取表格形式，附件上均应有甲乙双方的签名及具体签署日期。具体内容略）

四、签订定作合同时的注意事项

在农村房屋建造与装修过程中，除签订农村建房施工合同与装修合同以外，可能还要签订一些定作合同。如有部分项目是需要定作的，那么其差异无非是承包人去定作还是发包人自己去定作。如淋浴房，由卫浴生产企业专门定作；厨房的橱柜，一般也需要专门定作；家具可以由木工制作，但木门、移门衣柜等需要定作；推窗、防盗窗、窗帘与导轨也需要定作。定作人（承包人或装修人）与承揽人之间构成承揽关系，但一般不会签订内容详细的定作合同，通常的做法是，承揽人开张订货单，上面写清楚产品名称、规格、颜色、价格等内容，并要求定作人支付一定数额的定金。需要提醒装修人的是，很多定作项目是需要丈量尺寸的，自己丈量的数据不一定准确、全面，最好是让承揽人派人来上门丈量尺寸，这样一旦发生尺寸不符合、无法安装的情况，装修人可以要求退货、重作。

如果合同涉及的金额较大，最好要签订书面形式的定作合同。定作合同也是承揽合同的一种，所以应适用《民法典》对"承揽合同"的相关规范。

本书提供一份比较简单的定作合同写法建议，供读者参考。

定作合同(参考文本)

定作人(甲方):
承揽人(乙方):
(自然人要写明姓名、公民身份号码、联系方式等内容)

甲方委托乙方加工制作,经双方协商订立本合同。

一、加工产品的基本情况

(一)加工产品的要求:如尺寸大小、规格、颜色、所用材料等;
(二)加工产品的数量:如几台、几套,有些需要分别明确要求;
(三)加工产品的质量:可以简单描述;
(四)其他要求。

二、定作方式

双方可以协商定作的方式,如包工包料、包工部分包料、包工不包料等方式。如果由承揽人部分包料,应明确包料的范围。

三、材料的提供

(一)应明确材料的名称、规格、等级、数量、质量等;
(二)材料由乙方提供(也可以由甲方提供;如果由乙方提供原材料,甲方可以要求进行检验);
(三)如果是甲方提供材料,应明确提供的时间。

四、技术资料、图纸(如果没有图纸,本条可以不写)

(一)如果甲方提供技术资料、图纸,应明确提供的时间;
(二)如果甲方委托乙方设计,应明确是否单付设计费用;
(三)技术资料、图纸应作为合同附件,并当作验收的标准;
(四)如果甲方要求保密,乙方应当严格遵守,未经甲方许可不得留存复制品或者技术资料、图纸。

五、价款(或报酬)及支付方式

(一)可以明确价款或报酬的总额或计算方式,注意要用大小写;
(二)如果有变化,可以按照工程完成后的结算单计算价款;
(三)如果分期支付,应明确每期支付的时间与数额,有些是采取预付一些

款项的方式,如果没有明确是定金,应作为预付款;

(四)定作付款的通常做法是先付部分定金,交付时一次性付清余款,定金一般是抵作价款。如果需要甲方交付定金,应明确定金的数额与支付时间。需要注意的是,定金不得超过主合同标的额的20%,超过部分不产生定金的效力;

(五)明确是否开具发票或收据,一般是付款的同时开发票。

六、交付的时间和地点

(一)应明确交付的时间,应明确如果延期该如何处理;

(二)应明确交付的地点,如是否要上门安装。

七、验收标准和方法

(一)按照合同规定的质量要求、图纸和样品作为验收标准;

(二)验收方法一般是表面查看。对短期检验难以发现质量缺陷的定作物或项目,应当由双方协商,在合同中规定保修期限;

(三)保修期限内发生问题,除甲方使用、保管不当等原因造成质量问题的以外,应由乙方负责修复或退换。

八、违约责任

(一)甲方的主要违约情况是逾期付款与提供的材料不符合要求;

(二)乙方的主要违约情况是逾期交付、数量不足、加工产品存在质量问题或提供的材料不符合要求(包括不合格)。

需要注意的是,《民法典》第783条规定,定作人未向承揽人支付报酬或者材料费等价款的,承揽人对完成的工作成果享有留置权或者有权拒绝交付,但是当事人另有约定的除外。

九、合同解除条件

需要注意的是,《民法典》第787条规定,定作人在承揽人完成工作前可以随时解除合同,造成承揽人损失的,应当赔偿损失。

十、自行约定的内容

有些内容可以根据加工产品的具体情况自行约定,如包装要求及费用负担、运输办法及费用负担等。

十一、其他(合同的生效、纠纷的处理、合同的附件等)

(最后是签字、盖章部分与附件,具体内容略)

第五节　农村房屋建造与装修过程中的主要事项

一、农村宅基地的申请与审批

农村宅基地是农村村民用于建造住宅及其附属设施的集体建设用地,包括住房、附属用房和庭院等用地,不包括与宅基地相连的农业生产性用地、农户超出宅基地范围占用的空闲地等土地。

《民法典》第362条规定:宅基地使用权人依法对集体所有的土地享有占有和使用的权利,有权依法利用该土地建造住宅及其附属设施。从土地的性质和用途来说,农村宅基地属于集体建设用地,宅基地使用权是一种用益物权。宅基地产权制度的基本内容是,农村集体经济组织拥有宅基地所有权,农村集体经济组织成员拥有宅基地使用权,符合条件的农户具有分配获得宅基地使用权的资格。

宅基地制度是中国特色土地制度的重要组成部分,其核心是维护农村土地集体所有和保障农民基本居住权利。这一制度安排在保障农村"户有所居、民不失所"等方面发挥了极为重要的作用,促进了农村经济发展和社会稳定。

在农村建房之前(包括拆除旧房盖新房),除非已获批宅基地,否则要先办理宅基地申请与审批手续。

首先,需要明确农村村民在什么情况下可以申请宅基地。依据《土地管理法》及《土地管理法实施条例》,并结合各省(自治区、直辖市)宅基地管理的有关规定,农村村民有下列情况之一的,可以以户为单位申请宅基地:(1)无宅基地的;(2)因子女结婚等原因确需分户而现有的宅基地低于分户标准的;(3)现住房影响乡(镇)村建设规划,需要搬迁重建的;(4)符合政策规定迁入村集体组织落户为正式成员且在原籍没有宅基地的;(5)因自然灾害损毁或避让地质灾害搬迁的。各省(自治区、直辖市)对农户申请宅基地条件有其他规定的,应同时满足其他条件要求。如《浙江省土地管理条例》第58条规定:农村村民因地质灾害避让搬迁、水库移民搬迁、土地整治、危房改造等确需使用本村以外的农民集体所有土地建造住宅的,经安置所在地的农村集体经济组织有表决权的全体成员或者全体成员代表2/3以上同意,可以依法申请使用安置所在地村宅基地。

其次,需要明确农村宅基地审批主体。《土地管理法》第62条规定,农村村民住宅用地,由乡(镇)人民政府审核批准。《土地管理法实施条例》第34条第1款规定:农村村民申请宅基地的,应当以户为单位向农村集体经济组织提出申请;没有设立农村集体经济组织的,应当向所在的村民小组或者村民委员会提出申请。宅基地申请依法经农村村民集体讨论通过并在本集体范围内公示后,报乡(镇)人民政府审核批准。农业农村部、自然资源部联合发布的《关于规范农村宅基地审批管理的通知》(农经发〔2019〕6号)明确,为完善农村宅基地审核批准机制,乡(镇)人民政府要探索建立一个窗口对外受理、多部门内部联动运行的农村宅基地用地建房联审联办制度,方便农民群众办事。根据农业农村、自然资源等部门联审结果,由乡(镇)人民政府对农民宅基地申请进行审批,出具农村宅基地批准书,鼓励地方将乡村建设规划许可证由乡(镇)人民政府一并发放,并以适当方式公开。

最后,需要明确农村宅基地申请审批程序。农村宅基地分配实行农户申请、村组审核、乡(镇)人民政府审批。《村庄和集镇规划建设管理条例》第18条规定,农村村民在村庄、集镇规划区内建住宅的,应当先向村集体经济组织或者村民委员会提出建房申请,经村民会议讨论通过后,按照审批程序办理。按照农业农村部、自然资源部《关于规范农村宅基地审批管理的通知》,宅基地申请审批流程包括农户申请、村民小组会讨论通过并公示、村级组织开展材料审核、乡(镇)部门审查、乡(镇)人民政府审批、发放宅基地批准书等环节。没有分设村民小组或宅基地和建房申请等事项已统一由村级组织办理的,农户直接向村级组织提出申请,经村民代表会议讨论通过并在本集体经济组织范围内公示后,报送乡(镇)人民政府批准。

宅基地作为农村重要土地资源之一,要加强对农村宅基地的管控,保障农村宅基地的使用效率。所以在当前的农村宅基地制度改革之时,农村村民需要注意三件事。

1. 不得长期闲置宅基地。现阶段各地政府在逐步盘活农村闲置的宅基地资源,并深入推动农村闲置宅基地的清理整治,农村集体经济组织也需要合理地对闲置宅基地进行使用,杜绝宅基地闲置浪费等行为,所以农村村民在使用宅基地的过程中,要避免宅基地长期闲置。如果闲置超过两年,村集体可以收回宅基地。

2. 不得擅自在宅基地上修建厂房等非居住性房屋。分配宅基地目的是保障农村村民居住需要,所以不允许擅自改变用途。但是有的村民在审批获得宅基地之后,并没有将宅基地用于住房建设,反而是在宅基地上违规修建厂房、养殖场等,相关部门可能会要求其拆除违规修建的建筑物,对于宅基地也可以收回处理。

3. 可以单独申请宅基地使用权登记,也可以建房后一起办证。《不动产登记操作规范(试行)》第 10.1.1、10.1.2 条规定:依法取得宅基地使用权,可以单独申请宅基地使用权登记。申请宅基地使用权登记的主体为用地批准文件记载的宅基地使用权人。

二、农村自建房需要取得规划许可证

农村村民在审批获得宅基地使用权且获得乡(镇)人民政府颁发的农村宅基地批准书后,可以准备建房。但需要注意的是建房前,还应办理申请自建房的审批手续,取得乡村建设规划许可证。

农村自建房的建设应遵守建设规划方面的规定,但施工管理方面有规定的除外。根据《建筑工程施工许可管理办法》《村庄和集镇规划建设管理条例》的相关规定,村民自建两层以下(含两层)、工程投资 30 万元以下或建筑面积 300 平方米以下的房屋,无须办理施工许可证。超过该标准的自建房应办理施工许可证。

在农村宅基地上建房需要注意以下重要事项:

1. 不能随意加层修建。新建或翻建房屋应申请办理规划许可,可建设层数由许可证规定,一般不允许建三层以上房屋。在农村建造三层以上的房屋,需要向乡(镇)人民政府递交相关的申请,通过审批后才可以动工,还需要专业的施工团队建造。

2. 不能超批准面积扩建。农村建房实行"一户一宅"原则,各地农房宅基地占地面积一般由各地的土地管理法规作出规定。有些村民故意超面积、想多建造一些房屋,但这样做可能会被处罚,被要求拆除违法建筑,即使不拆除,也无法计入产权登记面积之中。需要注意的是农户在开工前,应向乡(镇)人民政府申请现场划定宅基地用地范围。乡(镇)人民政府在受理申请后,应当及时组织有关工作人员实地丈量批放宅基地,确定坐落、四至、界址,明确建设要求。

3. 不能随意翻修老旧房屋。按照《城乡规划法》的规定,在农村翻修旧房、危房,也要办理乡村建设规划许可证,获得许可证后才可以动工。未经许可擅自翻修房屋,可能会被要求拆除。

4. 不能未批先建房屋。根据《城乡规划法》第 65 条的规定,在乡、村庄规划区内未依法取得乡村建设规划许可证或者未按照乡村建设规划许可证的规定进行建设的,由乡、镇人民政府责令停止建设、限期改正;逾期不改正的,可以拆除。

三、农村自建房的质量问题

2022年4月29日,湖南省长沙市望城区一居民自建房倒塌,造成54人死亡。5月6日,国务院成立湖南长沙"4·29"特别重大居民自建房倒塌事故调查组,由应急管理部牵头组成专家组,对事故原因进行调查。5月24日,国务院办公厅发布《全国自建房安全专项整治工作方案》,要求按照"谁拥有谁负责、谁使用谁负责、谁主管谁负责、谁审批谁负责"的原则,依法依规彻查自建房安全隐患。

2023年5月,"4·29"特别重大居民自建房倒塌事故调查报告公布。事故调查组查明,事故的直接原因是违法违规建设的原五层(局部六层)房屋建筑质量差、结构不合理、稳定性差、承载能力低,在违法违规加层扩建至八层(局部九层)后,荷载大幅增加,致使二层东侧柱和墙超出极限承载力,出现受压破坏并持续发展,最终造成房屋整体倒塌。事发前,在出现明显倒塌征兆的情况下,房主拒不听从劝告、未采取紧急避险疏散措施是导致人员伤亡多的重要原因。

该起重大事故,引起了相关部门对自建房的质量与安全问题的重视。房屋刚建好时,一般不会有大的质量问题,但年久失修,就可能会出现质量问题。此外,由于加层扩建,也加剧了这种安全隐患。因为农村自建房在建设前一般都需要办理规划许可,加层扩建行为会超出原建设规划许可范围,所以加层扩建应重新办理规划许可。在施工管理中,如果加层扩建的自建房超出自建低层房屋限定,或扩建后建筑面积超过300平方米,或累计投资额超过30万元,应按照建筑法律法规的规定办理施工许可证,按工程建设强制性标准实施监督管理。

我国农村自建房因条件的局限性,带来了较多的管理漏洞。近年来,农村自建房频发安全事故,主要原因如下:(1)农村自建房的设计不规范。农村自建房由农民自己作主,在设计方面比较简单。农民自建房大多是找农村的建筑工匠,凭建筑工匠的一些经验,实地现场施工,依据农户提出的意愿来建造房屋,没有真正意义上的图纸设计。这样就会存在一些因设计不合理所带来的安全隐患,近年来有较多的自建房安全事故,原因就出在设计不合理上。(2)农村自建房的建筑质量不达标。有些农户自建房,因缺少建房资金,就在材料上尽量节省,造成一些自建房的建筑质量非常差。如农户为了节省经费,购买低质的砖块,选用海砂,使用价格便宜、质量差的水泥,并且浇筑地梁时为节省钢材,使用的钢材非常单薄,不耐承重,造成地基塌陷。框架结构节省钢材,混凝土不合格,导致房屋成为典型的"豆腐渣工程",有的房子建成后,很快就散架倒塌了,这样的建筑安全隐患是非常大的。等建成住了一段时间后,就变成了危房,一旦发生安全事故,可能会造成众多生命和财产的损失。(3)农村自建房违规加层改建和装修。有些农户将自建房用于开商店、饭店或旅馆等用途,因经营性面积不够,便不顾建筑基础和建筑质量,在楼层上随意加层,扩大建筑面积。有的为了经营性的需要,自己找人改建,偷梁换柱,改造、拓展房屋空间和布局,所造成的安全隐患,也不在少数。

一般情况下,自建房并不涉及房屋安全检测鉴定。但如果改变了房屋使用性质,或者加层扩建,就必须对房屋安全性、可靠性进行检测和鉴定。检测是鉴定的前提,鉴定是在检测结果的基础上进行分析与评定。房屋安全性鉴定就是专门的机构对房屋的安全性作出科学的评价,主要是对建筑的结构承载力和结构整体稳定性作的鉴定。建设工程质量检测和安全性鉴定实行的是资格准入制度,没有资质证书不能开展相关业务。所以,业主在选择检测鉴定机构时,要注意公司的经营范围和资质。

对于房屋质量问题,《建筑法》第60条规定:建筑物在合理使用寿命内,必须确保地基基础工程和主体结构的质量。建筑工程竣工时,屋顶、墙面不得留有渗漏、开裂等质量缺陷;对已发现的质量缺陷,建筑施工企业应当修复。

《建设工程质量管理条例》第四章"施工单位的质量责任和义务"适用于对农村房屋建造承包人或实际施工人的要求,如第26条第1、2款规定:施工单位对建设工程的施工质量负责。施工单位应当建立质量责任制,确定工程项目的项目经理、技术负责人和施工管理负责人。第28条规定:施工单位必须按照工程设计图纸和施工技术标准施工,不得擅自修改工程设计,不得偷工减料。施工单位在施工过程中发现设计文件和图纸有差错的,应当及时提出意见和建议。第29条规定:施工单位必须按照工程设计要求、施工技术标准和合同约定,对建筑材料、建筑构配件、设备和商品混凝土进行检验,检验应当有书面记录和专人签字;未经检验或者检验不合格的,不得使用。第30条规定:施工单位必须建立、健全施工质量的检验制度,严格工序管理,做好隐蔽工程的质量检查和记录。隐蔽工程在隐蔽前,施工单位应当通知建设单位和建设工程质量监督机构。第31条规定:施工人员对涉及结构安全的试块、试件以及有关材料,应当在建设单位或者工程监理单位监督下现场取样,并送具有相应资质等级的质量检测单位进行检测。第32条规定:施工单位对施工中出现质量问题的建设工程或者竣工验收不合格的建设工程,应当负责返修。

四、建造与装修过程中的物资材料采购

在农村房屋建造与装修过程中,很让业主纠结的是材料的选购。如果采取包工包料方式,业主可以省下很多购买材料的时间与精力,而且团购的价格比市场上的价格可能更优惠,但有些建筑公司、装修公司或包工头可能会以次充好,甚至使用不合格产品,让业主既花大钱又很恼火,等发现问题后又很难修补。所以,如果采取包工包料方式,建议在合同中详细写清楚材料的品牌、规格、质量、颜色等内容,便于以后对照验收,此外,要经常地到现场监督,避免施工人员偷工减料或以次充好。如在使用水泥前,要看清楚是否是自己指定的品牌,最好看着水泥倒入后进行搅拌;使用油漆前,要看到符合约定的油漆到位并当场打开,过后收回空油漆桶。

如果采取包工部分包料方式,一般是主要的材料由业主自行购置,业主可以提前与施工人员沟通需要的数量、规格等要求,列好清单后去购置,按照自己喜好与装修的预算情况购买相应的材料。这种方式,业主会比较放心,但往往会出现买少了需要跑多趟、买多了不好退的情况。所以,在购买材料时,最好与销售商谈好可以退换,或者由销售商派人上门丈量面积,如地板、瓷砖、油漆等。

如果采取包工不包料方式,业主往往需要花费较多的精力在购买材料上,虽然自己觉得放心但其实不省钱。所以,建议业主邀请施工人员一起到市场上购买材料,按照施工人员的建议分别购买,这样会省下很多时间,否则一旦买回来后发现不适用,还需要跑多趟。

五、建造或装修完成后的验收与保修

首先提醒的是,农村村民完成房屋建设后,应当向乡(镇)人民政府提出竣工验收申请。乡(镇)人民政府在接到申请后,应当及时组织有关工作人员实地检查村民是否按照批准的坐落、四至、界址、面积等使用宅基地,是否按照规划许可要求和批准面积开展建设,对符合要求的,出具验收意见。农村集体经济组织应当委派人员到场参与宅基地批放和住宅建设竣工验收。

《建筑法》第六章"建筑工程质量管理"中有专门的规定,如第61条规定:交付竣工验收的建筑工程,必须符合规定的建筑工程质量标准,有完整的工程技术经济资料和经签署的工程保修书,并具备国家规定的其他竣工条件。建筑工程竣工经验收合格后,方可交付使用;未经验收或者验收不合格的,不得交付使用。第62

条规定:建筑工程实行质量保修制度。建筑工程的保修范围应当包括地基基础工程、主体结构工程、屋面防水工程和其他土建工程,以及电气管线、上下水管线的安装工程,供热、供冷系统工程等项目;保修的期限应当按照保证建筑物合理寿命年限内正常使用,维护使用者合法权益的原则确定。具体的保修范围和最低保修期限由国务院规定。

《建设工程质量管理条例》第六章"建设工程质量保修"中的相关规定,如第39条规定:建设工程实行质量保修制度。建设工程承包单位在向建设单位提交工程竣工验收报告时,应当向建设单位出具质量保修书。质量保修书中应当明确建设工程的保修范围、保修期限和保修责任等。第40条规定:在正常使用条件下,建设工程的最低保修期限为:(1)基础设施工程、房屋建筑的地基基础工程和主体结构工程,为设计文件规定的该工程的合理使用年限;(2)屋面防水工程、有防水要求的卫生间、房间和外墙面的防渗漏,为5年;(3)供热与供冷系统,为2个采暖期、供冷期;(4)电气管线、给排水管道、设备安装和装修工程,为2年。其他项目的保修期限由发包方与承包方约定。建设工程的保修期,自竣工验收合格之日起计算。第41条规定:建设工程在保修范围和保修期限内发生质量问题的,施工单位应当履行保修义务,并对造成的损失承担赔偿责任。

此外,《住宅室内装饰装修管理办法》第六章"竣工验收与保修"对此进行详细规定。第30条规定:住宅室内装饰装修工程竣工后,装修人应当按照工程设计合同约定和相应的质量标准进行验收。验收合格后,装饰装修企业应当出具住宅室内装饰装修质量保修书。物业管理单位应当按照装饰装修管理服务协议进行现场检查,对违反法律、法规和装饰装修管理服务协议的,应当要求装修人和装饰装修企业纠正,并将检查记录存档。第31条规定:住宅室内装饰装修工程竣工后,装饰装修企业负责采购装饰装修材料及设备的,应当向业主提交说明书、保修单和环保说明书。第32条规定:在正常使用条件下,住宅室内装饰装修工程的最低保修期限为二年,有防水要求的厨房、卫生间和外墙面的防渗漏为五年。保修期自住宅室内装饰装修工程竣工验收合格之日起计算。

如果业主将建设工程或装修工程发包给自然人(包工头)或者将不同项目分别找人施工的,很难做到如此规范的要求,但在验收时一定要仔细,如果发现问题,可以要求修补。如浴室中铺贴瓷砖工程,完工要试一下看是否防水,至少要等一天时间,还要看浴室内找平是否做得好,水能否顺利流入地漏中;水电工程完成后安装好插座与灯具,要每个开关都试一下,测试搭线是否正确;油漆工程完成后,要摸一下墙面是否平整,是否有凹凸感,是否会掉色。但有些项目可能一时无法检测出来,如墙面的渗水,往往要几个月才能发现,等雨季过后才能知道情况有多严重。所以,建议双方在合同中写明出现质量问题的处理与违约责任的承担,并留部分(一般是5%~10%)工程款作为质量保证金,当保修期限届满后没有发生渗漏情况,业主才付清尾款。

由于住宅装修存在质量问题或装修材料不符合要求或不合格产生的纠纷较多,不仅是消费者投诉的热点,而且是装饰装修合同纠纷中最常见的情况。因而消费者权益保护法律法规将住宅装修纳入保护范围。

2021年8月,上海市消保委牵头,上海市室内装饰行业协会等9家专业机构和住宅装饰装修企业共同编制了《住宅装饰装修质量验收规范》团体标准,这是中国首个从消费者需求端制定的团体标准。该团体标准从消费者角度出发,针对室内装饰装修过程中水电、泥木、涂装、竣工四大重要验收节点的验收要求和验收方法制定规范,指导消费者便捷直观地参与装修验收的各个环节,及时发现施工质量问题,有针对性地沟通解决问题。该标准中的多项质量指标高于国家现有标准要求,为消费者维护合法权益提供有力依据和保障。同时,该标准还倡导在室内装饰装修工程中实行绿色施工、优先选用绿色材料。如果消费者对住宅装修的程序与标准不清楚,可以参照《住宅装饰装修质量验收规范》团体标准内容。

第六节 建房过程中的人身安全与相关纠纷案例

一、建房过程中的各方法律关系界定

在农村房屋建造过程中,有时会出现一些人身伤害事故,大多是施工人员受到人身损害,也有些是造成对第三人的人身损害。分析造成这类人身伤害事故的原因,主要有以下三方面:(1)安全意识差。从事农村房屋建造的大多是包工头带领的施工队,普遍缺乏建筑资质,缺乏应有的从业培训,存在着忽视安全的问题。无论是包工头还是施工人员普遍安全意识不强,如在施工中不拉安全网、不戴安全帽、酒后上岗等现象时有发生。(2)安全防护用具与劳动工具较差。有些包工头为了节约开支,欠缺施工人员安全帽等安全防护用具或防护用具的质量较差,一旦发生事故,很难起到有效的防护作用。农村建房所需的设备与劳动工具大都是城市建筑行业淘汰下来的,且比较陈旧,容易发生故障。(3)缺乏监督管理。农

村建房很少见到业主请专门的监理机构进行监理,基本上都是业主自己在监督管理,但业主对建设工程往往不太了解,即使监管也主要是对材料使用的监管,不会重视对安全的监管。

处理这类事故纠纷,首先要正确界定各方当事人间的法律关系。当事人一般有发包人(业主)、承包人(包工头)和雇工,涉及承揽合同关系、雇佣合同关系等。特别是对于业主和包工头之间法律关系的认定,直接关系到具体法律的适用和两者赔偿责任的承担。

农村建房中常见的情况:A(业主)与B(包工头)达成协议,将建房工程交由B及其所组织的施工队完成,A支付价款,B组织建房。通常,劳动工具由B提供,材料则由A购买并提供。在这种情况下,业主和包工头之间系何种法律关系,理论和实务上有不同观点。有些认为是雇佣合同关系,有些认为是建设工程合同关系,还有些认为是承揽合同关系。在法学理论和司法实务中,一般认为双方是承揽合同关系,这是主流观点,而且,建设工程合同是承揽合同的一种特殊类型,所以认定为承揽合同关系更加具有包容性。

承揽合同是承揽人按照定作人的要求完成工作,交付工作成果,定作人支付报酬的合同。主要包括加工、定作、修理、复制、测试、检验等承揽内容。按照法学理论,承揽关系是定作人和承揽人基于承揽合同产生的法律关系。承揽合同有如下特点:承揽合同是诺成合同,无论口头还是书面形式订立均可;承揽合同的标的是特定的劳动成果;承揽合同以完成一定的工作成果为目的;承揽人与定作人地位平等,双方不存在人身依附关系;承揽合同履行过程中的风险一般由承揽人承担,除非定作人有指示、选任方面的过错。

关于承揽合同关系与雇佣合同关系的主要区别。如果双方当事人之间存在着控制、支配以及从属关系,由一方指定工作场所、提供劳动工具或设备、限定工作时间、定期给付劳动报酬,并且一方提供的劳动是另一方生产经营活动的组成部分,则可以认定为雇佣合同关系。反之,则应认定为承揽合同关系。

在农村建房施工过程中,除必要的监督检验之外,业主一般不参与施工,为完成房屋建设而进行的人力组织、进度控制、安全保障措施以及提供各种劳动工具等工作,全都由包工头按照自己的意志完成。可见,业主与包工头之间并不存在控制或支配的关系,业主不能对包工头的劳务行为进行控制和约束,包工头也无须服从业主的指挥和意志,双方显然不具备雇佣合同关系的本质特征。在此过程中,业主与包工头之间法律地位平等,不存在一方受另一方控制或支配的人身依附关系。项目完成后,包工头向业主交付特定的劳动成果——房屋,并从业主处获得工程款或报酬。工程款或报酬,不仅包括其向业主提供的劳动力的对价,还包括其建筑房屋所需的技术成份的价值以及一定的利润空间。也就是说,除支付给施工人员的工资之外,包工头还享有一定的额外利益。所以,业主与包工头之间应是承揽合同关系。

在农村建房施工过程中,包工头要为施工人员提供建房所需的脚手架、搅拌机、灰斗等设备和劳动工具,而且要控制和监督施工人员的施工活动,随时掌握工程进度,保障施工安全。施工人员必须服从包工头的指导和监督,按照其指令完成工作任务,并定期从包工头处领取工资报酬。可见,在包工头与各施工人员之间,一方给付劳动,一方支付报酬,雇主控制雇员的人身,雇员服从雇主的意志,所以,两者之间应是雇佣合同关系。

在农村建房中,还有另一种常见的情形就是业主直接找几个施工人员进行施工,没有包工头,找来的施工人员也基本上是本地建筑工匠。在此种情形下,业主与施工人员间又是何种法律关系呢?

如果业主自身不参与施工、将某一工程整体承包给某一建筑工匠,各施工人员在分工协作、共同完成建房项目的工作中各自具有独立性,与业主之间不存在监督管理以及人身依附关系,各施工人员从业主处获得工程款或报酬,建房中的亏损风险和人身损害风险也由各施工人员自己承担,那么业主与各施工人员之间还是承揽合同关系。只不过承揽人由一名变成了多名,各施工人员系共同承揽关系。

如果业主自己也参与了建房活动,并且在整个施工过程中发挥了指挥、监督和管理的作用,不仅督导各施工人员按照施工进度保质保量地完成工作,而且确保施工安全,监管工程质量,施工人员只提供劳务,对于此种情况应认为业主与各施工人员系劳务关系。

二、发生人身损害事故后的责任承担

近年来,因农村建房施工引发的人身损害赔偿案件数量逐年上升,在处理该类纠纷时存在一些难点,主要集中在赔偿责任的分担问题。下面分别分析包工头(雇主)、业主(房主)、施工人员(受害人)的责任承担。

(一)包工头(雇主)责任承担

对于雇主责任的归责原则,虽然有不同的观点,但目前的主流观点是雇主应承担无过错责任。即只要发生雇员在从事雇佣活动中遭受人身损害的后果，雇主都应当负责赔偿。其理论基础是雇员活动的利益由雇主承担，因此风险也应当由雇主承担。对于农村建房施工中造成的人身损害，无资质的包工头应当承担最主要的责任。

《民法典》第1166条规定：行为人造成他人民事权益损害，不论行为人有无过错，法律规定应当承担侵权责任的，依照其规定。这是对无过错责任原则的规定。无过错责任原则，是在法律有特别规定的情况下，以已经发生的损害结果为价值判断标准，与该损害结果有因果关系的行为人，不问其有无过错，都要承担侵权赔偿责任的归责原则。无过错责任原则是伴随社会化大生产的迅速发展，尤其是大型危险性工业的兴起而产生和发展起来的。在德国、法国、英国等国的关于雇主责任、劳工赔偿的法律中，都确立了无过错责任原则，主要内容有：受害的雇员及其同伴或者第三人对损害的发生有过失，而雇主无过失，雇主仍应对雇员在受雇期间所受的损害承担赔偿责任。我国《民法典》第1191条第1款规定："用人单位的工作人员因执行工作任务造成他人损害的，由用人单位承担侵权责任。用人单位承担侵权责任后，可以向有故意或者重大过失的工作人员追偿。"体现的是用人单位对其工作人员的职务行为需要承担无过错责任原则。

最高人民法院《关于审理人身损害赔偿案件适用法律若干问题的解释》（法释〔2003〕20号，已修正）第9条规定：雇员在从事雇佣活动中致人损害的，雇主应当承担赔偿责任；雇员因故意或者重大过失致人损害的，应当与雇主承担连带赔偿责任。雇主承担连带赔偿责任的，可以向雇员追偿。前款所称"从事雇佣活动"，是指从事雇主授权或者指示范围内的生产经营活动或者其他劳务活动。雇员的行为超出授权范围，但其表现形式是履行职务或者与履行职务有内在联系的，应当认定为"从事雇佣活动"。第11条规定：雇员在从事雇佣活动中遭受人身损害，雇主应当承担赔偿责任。雇佣关系以外的第三人造成雇员人身损害的，赔偿权利人可以请求第三人承担赔偿责任，也可以请求雇主承担赔偿责任。雇主承担赔偿责任后，可以向第三人追偿。雇员在从事雇佣活动中因安全生产事故遭受人身损害，发包人、分包人知道或者应当知道接受发包或者分包业务的雇主没有相应资质或者安全生产条件的，应当与雇主承担连带赔偿责任。属于《工伤保险条例》调整的劳动关系和工伤保险范围的，不适用本条规定。

虽然这两条规定在该司法解释2020年修正时被删除，但在实务中还是按照此规定的精神对相关案件进行处理。

(二)业主(房主)责任承担

在有包工头的情况下,业主与包工头之间系承揽合同关系;在没有包工头且业主本身不参与施工的情况下,业主与各施工人之间亦为承揽合同关系。从法律依据上看,应适用《民法典》第1193条规定:承揽人在完成工作过程中造成第三人损害或者自己损害的,定作人不承担侵权责任。但是,定作人对定作、指示或者选任有过错的,应当承担相应的责任。

在农村建房施工过程中发生施工人人身伤害事故的,一般先由包工头承担雇主责任,对受害人进行赔偿;在特殊情形下,即业主作为定作人对其定作、指示或者选任行为存在过失时,由业主就其过失对受害人承担相应的赔偿责任。但是在司法实务中,究竟应当如何认定业主是否对其定作、指示或者选任行为具有过失,因现行法律法规中缺乏具有可操作性的细化规定,在司法实践中难以形成统一认识,故往往成为案件争议的焦点问题。

对于前面所述业主自己也参与了建房活动,并且在整个施工过程中发挥了指挥、监督和管理的作用,施工人员只提供劳务,应认为业主与各施工人员系劳务关系。对于这种情况下发生的人身损害事故,应适用《民法典》第1192条规定:个人之间形成劳务关系,提供劳务一方因劳务造成他人损害的,由接受劳务一方承担侵权责任。接受劳务一方承担侵权责任后,可以向有故意或者重大过失的提供劳务一方追偿。提供劳务一方因劳务受到损害的,根据双方各自的过错承担相应的责任。提供劳务期间,因第三人的行为造成提供劳务一方损害的,提供劳务一方有权请求第三人承担侵权责任,也有权请求接受劳务一方给予补偿。接受劳务一方补偿后,可以向第三人追偿。

本书作者对业主的建议:建造农村房屋,应签订书面的施工合同,加强安全防范措施,避免人身伤亡事故发生。不要存在侥幸心理,认为简单的农村自建房施工无须考虑施工单位有没有资质的问题,若发生受伤事件,很可能会因选任过错而承担赔偿责任。

(三)施工人员(受害人)责任承担

在农村建房过程中,由于进行施工的人员大多是本土的建筑工匠或帮工,有些人员未接受过正规技能培训,缺乏建筑施工的专业知识和安全防范知识,加之自身安全意识淡薄,因此,有时会出现由于施工人员自身的过错引发安全事故的情况。例如,有些施工人员在中午饮酒过度,结果在下午的施工中因醉酒坠落伤亡;还有的施工人员不服从包工头或业主的指示,不戴安全帽、不系安全绳进行施工,结果造成安全事故等。如果施工人员也存在一定的过错,即使其是受害人,也要承担一定的责任。

我国确立了雇工遭受伤害的雇主承担无过错责任的原则。同时,仅在雇工存在重大过失时才相应减轻雇主的赔偿责任。在农村建房中,对雇工的重大过失应结合事故的原因、特点,雇工本身的工种、年龄及其他具体情节综合把握,在具体操作上,可以把雇工的明显过失认定为存在重大过失。

如果在房屋建造过程中,因施工人员的过错造成对第三人的人身损害(如砖块掉落砸伤过路人),应由包工头(雇主)承担赔偿责任。包工头承担赔偿责任后,可以向有故意或者重大过失的施工人员追偿。具体可以参照适用《民法典》第1191条第1款规定。

三、建房过程中发生的人身损害赔偿案例

案例一:**如果双方没有签订书面合同,报酬采取按日结算的方式,一般会被认定形成劳务关系。在农村建房过程中,发生施工人员因劳务受到人身损害的,应根据双方各自的过错承担相应的责任。**

一审案号为(2021)苏0707民初1683号,二审案号为(2021)苏07民终4788号的提供劳务者受害责任纠纷案件。案情简介:徐某2与程某系夫妻关系。徐某2雇用徐某1为自家新建的二层半楼房进行外墙檐口找补工作,双方约定劳务费为200元/天。2020年2月24日,徐某1在施工过程中从顶楼脚手架上跌落受伤,当日被送入医院治疗。经医院检查,徐某1患多处损伤。在治疗期间,徐某1先后共住院8次,共计住院185天,共支出医疗费433,517.36元、交通费340.5元。另因病情需要,徐某1外购人血白蛋白花费10,138元。徐某2共向徐某1支付57,650.1元。后徐某1向法院提起诉讼。

在审理过程中,法院委托鉴定机构对徐某1的伤残等级及相关状况进行鉴定。鉴定机构作出如下鉴定意见:(1)据现有鉴定资料,被鉴定人徐某1颅脑损伤遗留精神障碍,日常生活有关的活动能力中度受限,构成人体损伤九级伤残;行肝破裂修补术,构成人体损伤十级伤残;行膈肌修补术,构成人体损伤十级伤残;骨盆畸形愈合,构成人体损伤十级伤残。(2)建议徐某1的误工期限共计以300日为宜;护理期限共计以实际住院天数为宜;营养期限共计以实际住院天数为宜。

(3)建议徐某1的后续治疗(取内固定物)费用为18,000元左右,亦可以实际发生额为准。(4)据现有鉴定资料,徐某1的用药费用应视为合理性费用。

庭审中,关于受伤经过,双方均认可,徐某1系从顶楼的脚手架上跌落,脚手架由徐某2提供;徐某1没有佩戴安全帽,房屋外也未设置安全网等防护措施。事发当天的天气情况为小雨。

江苏省连云港市赣榆区人民法院审理后认为,个人之间形成劳务关系,提供劳务一方因劳务受到损害的,根据双方各自的过错承担相应的责任。徐某2、程某因建房需要,由徐某2出面雇用徐某1为其新建的楼房进行外墙檐口找补,并约定劳务费为200元/天,徐某1与徐某2、程某之间形成劳务关系。徐某1是在提供劳务的过程中从顶楼脚手架上跌落受伤,徐某2、程某作为雇主,未向徐某1提供安全帽亦未设置安全网等防护措施,依法应承担相应的赔偿责任。徐某1在劳务过程中,对自身安全未尽到合理的注意义务,亦存在一定的过错。综合该案案情,法院酌定由徐某1自行承担30%责任,徐某2、程某承担70%责任。徐某1本次受伤的损失各类费用共计823,572.4元,徐某2、程某应承担70%的责任,并扣除已支付的费用。所以判决:徐某2、程某向徐某1赔偿各项损失共计518,850.58元。

徐某2、程某提起上诉,江苏省连云港市中级人民法院二审判决驳回上诉,维持原判。

案例二:在农村建房中,包工头与施工人员之间一般会被认为是雇佣关系,施工人员在施工过程中受到人身损害的,包工头作为雇主应当承担赔偿责任。发包人与承包人(包工头)之间形成承揽关系,发包人未选任具有相应资质的承包人,也应承担相应的赔偿责任。

一审案号为(2012)金义上溪民初字第244号,二审案号为(2013)浙金民终字第867号的劳务者致害责任纠纷案件。案情简介:黄某以包清工方式承包何某等位于义乌市某处的建房工程,王某受黄某雇用做泥工。2012年5月13日,王某在为何某家施工时,吊机倾倒砸伤王某右脚,王某为医治脚伤花去医疗费9979.29元,医疗费已全部由黄某支付,黄某并在事故发生后向王某支付1000元补助其生活。王某从保险公司赔得保险赔款7710元。鉴定机构出具鉴定意见为,王某的损伤构成十级伤残;护理时间为60日、营养时间30日、误工时间120日,医疗费用基本合理。王某向法院提起诉讼,要求黄某、何某、毛某承担连带赔偿责任,共同赔偿各项损失共计231,550元。

浙江省义乌市人民法院审理后认为,雇员在从事雇佣活动中遭受人身损害,雇主应当承担赔偿责任。原告王某受黄某雇佣期间受伤，事实清楚，被告黄某应对本次事故造成的损伤承担赔偿责任。发包方未选任具有相应资质的承包方，对该案事故的发生有一定的过失，也应承担相应的赔偿责任。关于该案事故所涉发包方的确定，法院认为，建设工程承包协议系被告黄某与毛某、何某等分别签订，权利义务由黄某与各建房户分别约定，责任亦应当各自分别承担；根据黄某的答辩意见及庭审情况，三户统一施工是为了施工方便、提高效益，发生意外当天系为何某家施工，吊机亦搭在何某家，故事故发生时原告从事的雇佣活动与毛某户建房工程无关，而与何某明确相关；故该案中应承担责任的发包方应为何某。原告王某要求被告毛某承担赔偿责任于法无据，应不予支持。经综合考虑，法院确定被告何某就其过失承担原告损失的20%，剩余80%的赔偿责任由被告黄某承担。原告各种损失共计为94,948.79元，扣除原告因被告方投保赔得的保险金7710元，共计87,238.79元，按上述比例，由被告黄某、何某承担。所以判决：（1）被告黄某向原告王某支付医疗费、误工费、护理费、营养费、住院伙食补助费、交通费、残疾赔偿金、精神损害抚慰金等共计87,238.79元的80%即69,791元，扣除已付的医疗费9979.29元、补助费1000元，还应支付58,812元；（2）被告何某向原告王某支付以上各种损失共计87,238.79元的20%即17,448元。

黄某提起上诉，浙江省金华市中级人民法院二审判决驳回上诉，维持原判。

案例三[①]：在农村建房过程中，造成施工人员受伤或造成第三人受伤，应当根据各自的过错程度确定各方当事人应当承担的责任。在具体案件中，要全面衡量业主、包工头、施工人三方在事故中过错程度的大小，按比例划分各自的责任。

这是云南省威宁县人民法院审理、云南省高级人民法院对外发布的一起健康权纠纷案件。案情简介：梅某与刘某签订施工协议，约定梅某将其在农村的房屋承包给刘某修建，刘某系承接建房工程的个体工匠，马某系受刘某雇请为其做工。马某在施工作业时不慎坠落将杨某家的石棉瓦房砸破后连带水泥砖、石棉瓦等跌落至杨某屋内，砸伤正在睡觉的杨某。后杨某将马某、刘某、梅某诉至法院，要求三被告赔偿医疗费、护理费等各项费用。

云南省威宁县人民法院审理后认为，人身损害造成的赔偿责任分摊应当根据各自的过错程度确定。房主未按规定办理建房手续，将工程发包给无资质的承包

[①] 参见《农村自住建房造成人身损害，由谁承担责任？——省法院发布适用民法典典型案例（十七）》，载微信公众号"贵州高院"2021年12月1日。

人施工存在选任过失,要承担一般过错责任。承包人与具体施工人构成雇佣关系,如施工人受伤或造成第三人受伤,雇主应当承担赔偿责任。施工人未经安全培训、无安全防护用品进行施工,存在疏忽大意的过错,也应承担一定责任。该案的争议焦点在于是否应当承担人身损害赔偿责任,若应承担,三被告之间的责任如何划分。首先,刘某作为工程的承包人,是施工现场的组织指挥、监督协调者,也是安全风险的管控者,事故的发生主要是因其管控不到位,存在较大过错,应承担主要责任。其次,马某虽然是刘某的雇员,但其在施工中缺乏安全防范意识,在没有搭架子的情况下不规范操作从而坠落造成损害,也有一定过错,亦应承担一定的责任。最后,梅某将案涉工程发包给不具备施工资质的刘某修建,存在选任过错,也应承担一定比例的责任。所以判决:根据各自过错情况,对杨某的伤害由刘某承担70%的责任,马某承担15%的责任,梅某承担15%的责任。

第七节 农村房屋建造引起的纠纷处理与案例

一、司法解释中适用农村房屋建造与装修合同纠纷处理

最高人民法院发布的《关于审理建设工程施工合同纠纷案件适用法律问题的解释(一)》(2020年12月25日通过)针对一般的建设工程施工合同纠纷。因为农村房屋建造与装修工程有一定的特殊性,如一般不经过招标方式、没有专门机构进行监理,所以该司法解释的多数条款对农村建房施工合同纠纷、装饰装修合同纠纷可以适用,但个别条款不适用,如第2、3、22、23、24条规定。

需要特别说明以下三点情况:

1. 农村建房施工合同是否有效往往与所建房屋的层数相关。一般的建设工程施工项目,对承包人的建设资质都会有要求,如承包人未取得建筑业企业资质或者超越资质等级的、没有资质的实际施工人借用有资质的建筑施工企业名义等,建设工程施工合同会被认定无效。但农村房屋建造要区分类型,对于三层及以上的农民住房建设要严格执行《建筑法》《建设工程质量管理条例》等法律法规的有关规定,应将工程发包给具有相应资质的单位进行施工,如果将建设工程交由自然人(俗称包工头)承包,农村建房施工合同会被认定为无效;对于农民自建两层及以下住宅(以下简称农民自建低层住宅)或开展住宅装修,对承包人一般没有建设资质的要求,实践中很多这类工程是承包给自然人的,所以很少发生因承包人缺少建设资质而导致合同被认定为无效的情况。

2.实际施工人不享有工程价款优先受偿权。《民法典》第807条规定：发包人逾期不支付的，除根据建设工程的性质不宜折价、拍卖外，承包人可以与发包人协议将该工程折价，也可以请求人民法院将该工程依法拍卖。建设工程的价款就该工程折价或者拍卖的价款优先受偿。《关于审理建设工程施工合同纠纷案件适用法律问题的解释（一）》中对此进行细化规范，并在第36条中明确"承包人根据民法典第八百零七条规定享有的建设工程价款优先受偿权优于抵押权和其他债权"，该优先受偿权的享有主体是承包人。农村房屋建造与装修工程的承包人与实际施工人往往不是同一人，转包、违法分包、拖欠劳动报酬的情况也较为普遍。根据《关于审理建设工程施工合同纠纷案件适用法律问题的解释（一）》第43条的规定，如果发包人欠付建设工程价款，实际施工人可以有条件向发包人主张工程价款，法院可以要求发包人在欠付建设工程价款范围内对实际施工人承担责任，但并未规定实际施工人享有工程价款的优先受偿权。

3.农村建房施工合同、装饰装修合同纠纷中要区分主要工作与辅助工作，转包、违法分包行为无效，但部分项目定作应是有效的。实践中，即使将农村房屋建造或住宅装修工程交由建筑公司或装修公司承包，一些专门的项目如防盗门、防盗窗、橱柜、淋浴房、楼梯等，很多也是交给其他的专门单位或个人定作，会被认定是"辅助工作交由第三人完成"。但如果承包人将整个农村房屋建造工程、住宅装修工程或工程的主体结构部分交给其他人去完成，会被认定是"转包"，该行为无效；也可以按照《民法典》第772条第2款规定的"承揽人将其承揽的主要工作交由第三人完成的，应当就该第三人完成的工作成果向定作人负责；未经定作人同意的，定作人也可以解除合同"。

重庆市高级人民法院、四川省高级人民法院于2022年12月联合发布的《关于审理建设工程施工合同纠纷案件若干问题的解答》中对"装饰装修合同的承包人不具备相应的施工资质是否影响合同效力？"问题的解答：装饰装修工程可以分为工业装饰装修工程和家庭居室装饰装修工程。工业装饰装修工程的承包人应当具备相应的施工资质，不具备相应的施工资质或者超越资质等级所签订的装饰装修合同应当认定为无效。家庭居室装饰装修工程的承包人不具备相应的施工资质的，不影响装饰装修合同的效力，但装修活动涉及变动建筑主体和承重结构，或者法律、法规要求承包人应具备相应施工资质的除外。通常情形下，家庭居室装饰装修工程的装修对象应为住宅用房，商服用房、办公用房等非住宅用房的装修不属于家庭居室装饰装修工程。家庭居室装饰装修工程主体应为业主或者住宅使用人,建设单位为进行成品房销售而实施的批量住宅装修一般不属于家庭居室装饰装修工程。

《关于审理建设工程施工合同纠纷案件若干问题的解答》中对"农民自建建筑物施工合同的承包人不具备相应的施工资质是否影响合同效力?"问题的解答:农民自建两层(含两层)以下的住宅,属于《建筑法》第 83 条规定的"农民自建低层住宅",承包人不具备相应的施工资质的,不影响施工合同的效力。农民自建三层(含三层)以上的住宅或者自建非住宅建筑的,承包人应当具备相应的施工资质,不具备相应的施工资质或者超越资质等级所签订的施工合同应当认定无效。

二、建造房屋存在质量问题引起的纠纷案例

案例四:农村建房施工过程中发现存在质量问题,一般需要经过鉴定机构的鉴定才能确认质量问题及修复需要花费的费用,承包方应赔偿因此对发包方造成的经济损失,包括修复费用与鉴定费用等。

案号为(2019)浙 0681 民初 19050 号的农村建房施工合同纠纷案件。案情简介:2018 年 11 月 28 日,周某与许某签订房屋建造合同书,约定周某将自有农村三层半住宅承包给许某施工,建筑工程结构为砖混四层建筑,承包方式为包工不包料,造价按 250 元/平方米计算,自 2018 年 12 月 4 日开工至 2019 年 12 月 3 日竣工。工程开工后,周某认为许某施工质量存在问题,双方发生矛盾。工程于 2019 年 8 月停工。随后,周某向法院提起诉讼。

停工后,周某委托鉴定机构对房屋质量问题进行鉴定,花费鉴定费 1 万元。经鉴定机构鉴定,房屋存在一些质量问题。根据上述鉴定意见,法院委托另一鉴定机构针对上述质量问题提出了相应维修方案,明确需要修复费用 169,195 元。

浙江省诸暨市人民法院审理后认为,原告发包给被告承建的建筑系三层半农村住宅楼,不属于《建筑法》第 83 条第 3 款规定的农民自建低层住宅,应受《建筑法》调整。被告以个人名义承建案涉建筑工程,已违反《建筑法》第 26 条的强制性规定,该案双方签订的建设工程施工合同关系应属无效。即使合同无效,因被告未按一般建筑工程质量标准施工,也应对原告承担赔偿责任。法院委托鉴定机构对原告所主张建筑质量问题和修复费用进行了鉴定,鉴定机构作出鉴定意见后又对原、被告所提出的异议作出了相应答复,原、被告收到答复未再提出异议,法院对上述鉴定意见书予以认定并作为有效证据予以采信。经鉴定,因质量问题原告需支出修复费用计 169,195 元,故法院予以支持。至于原告自行委托鉴定机构对建筑物质量进行鉴定的费用 1 万元,系原告为向被告主张赔偿所支出的合理费用,应予支持。所以判决:被告许某应赔偿给原告周某建筑物修复费用 169,195 元、鉴定费 1 万元,合计 179,195 元。

案例五:在农村建房施工合同履行过程中,承包方存在一定的失误导致出现建筑面积误差,发包方因此解除合同,可以要求返还已支付的建房款,但法院一般不支持其对于赔偿利息损失的请求。

一审案号为(2018)浙 0381 民初 13292 号,二审案号为(2019)浙 03 民终 7232 号的农村建房施工合同纠纷案件。案情简介:2016 年 10 月 16 日,薛某等人所有的老房屋因火灾被烧毁。2017 年 6 月,当地住房和城乡规划建设局同意薛某等人房屋重建,并向薛某颁发《建设工程规划许可证》附拆建位置图。2018 年 4 月 13 日,薛前村 6 户业主代表(包括薛某)和徐某签订一份《六间民房协议书》。合同签订后,徐某与具有村镇建筑工匠资格的陈某共同建造六间房屋,薛某向徐某预付了 2 万元建房款。当房屋建造至一层时,薛某发现自己的房屋面积严重缩水不符合原房产平面结构,故双方产生纠纷。薛某以徐某、陈某为被告向法院提起诉讼。

在审理中,法院组织当地住建所工作人员,在当事人参与下到现场进行测量,经实测应建二层高的"L"形房屋建筑面积为 124.9672 平方米。另查明,薛某原来老屋建筑面积为 128.64 平方米。

浙江省瑞安市人民法院审理后认为,该案徐某和薛某等 6 户达成的建房合同系各方当事人真实意思表示,没有违反效力性强制性规定,合法有效。薛某要求解除案涉建房合同,庭审中徐某亦同意解除该合同。建筑面积误差指建设工程竣工实测建筑面积超出建设规划许可证许可的建筑面积的数值。根据《浙江省城镇建设工程竣工规划核实办法》相关规定,建筑面积在 1000 平方米以内(含 1000 平方米)合理误差为 3%。从现场勘察来看,案涉房屋套内建筑面积为 124.9672 平方米,比原房产建筑面积少了 3.6528 平方米,其套内建筑面积误差比的绝对值未超出 3%,且案涉房屋仅建到一层,完全可以通过整改达到预期目的,若法院径行判决恢复原状会导致履行费用过高,且不利于矛盾的最终化解。合同解除后,已交付的 2 万元建房款,薛某要求返还,法院予以支持。薛某主张赔偿利息损失的请求,不予支持。薛某要求陈某作为合伙人承担共同赔偿责任,陈某和徐某均否认系合伙关系,且薛某没有证据证明二人之间存在合伙关系,故薛某要求陈某承担共同赔偿责任的依据不足,不予支持。所以判决:(1)解除薛某与徐某之间的农村建房合同关系;(2)徐某返还薛某建房款2万元。

薛某提起上诉,浙江省温州市中级人民法院二审判决驳回上诉,维持原判。

三、建造房屋不符合设计或材料不合格引起的纠纷案例

案例六:农村建房施工合同签订后,承建方未按照施工图纸施工导致房屋未达到设计的高度,应承担相应的违约责任。如果委托建设方未按照合同约定支付工程费用,也应承担相应的违约责任。

一审案号为(2019)浙1002民初4574号,二审案号为(2020)浙10民终808号的农村建房施工合同纠纷案件。案情简介:缪某、陆某、王某1、王某2、王某3及王某4将一幢六间五层半的房屋(含地下室)交由卢某承建,双方签订了书面的建房施工合同。合同约定,承包方式为包工不包料,房屋高度定为19.7米;每间承包价为62,800元,付款方式为分期支付;如果卢某没有按照图纸施工或者没有按照相关建筑规范施工,造成返工及材料损失的,应由卢某负责赔偿。卢某将房屋建好后,交付缪某等人使用。缪某等人后来发现房屋未达到合同约定的19.7米高度,所以没有支付余款。卢某向法院提起起诉,要求缪某等5被告支付工程款共计76,640元。

在庭审中,卢某自认缪某等人已支付了部分工程款,王某4付清了工程款。评估机构出具的房地产估价报告显示,案涉五间房屋因高度未达合同约定的19.7米造成的质量缺陷损失补偿金额为24,026元,其中缪某、陆某、王某1、王某2所有房屋的补偿金额各为4780元,王某3所有房屋的补偿金额为4906元。

浙江省台州市椒江区人民法院审理后认为,双方当事人之间签订的建房施工合同系各当事人真实意思表示,故该合同对双方当事人均具有约束力。房屋建造完成后,缪某、陆某、王某1、王某2、王某3未按约付清工程款,其行为已构成违约,应承担相应的违约责任。关于欠款金额问题,缪某等人抗辩卢某建造的房屋高度未达合同约定的19.7米,导致房屋价值受损,并通过委托鉴定确定补偿金额,要求在未付工程款中予以扣除。案涉房屋未达合同约定高度而造成的损失应由卢某承担。所以判决:(1)陆某支付卢某工程款15,620元;(2)王某1支付卢某工程款10,620元;(3)王某2支付卢某工程款5220元;(4)王某3支付卢某工程款5494元;(5)缪某支付卢某工程款15,620元;(6)驳回卢某的其他诉讼请求。

缪某提起上诉,浙江省台州市中级人民法院二审判决驳回上诉,维持原判。

案例七：农村建房施工合同签订后，承建方没有按照设计图纸要求施工，存在偷工减料、以次充好的不正当行为，应该承担相应的违约责任，包括支付房屋修复费用。

一审案号为(2019)浙1127民初503号，二审案号为(2020)浙11民终230号的农村建房施工合同纠纷案件。案情简介：2017年7月，李某等7人享受景宁县九龙乡下山移民政策取得农民公寓建房资格，地基坐落于景宁县。陈某1、陈某2系个体包工头。2018年2月23日，李某等7人(甲方)与陈某1、陈某2(乙方)签订农民公寓施工承包合同，合同主要内容，农民公寓由乙方以包清工的方式承包施工；承包总价格按实际面积计价173元/平方米；严格按照设计图纸要求施工除阁楼顶棚户区改造为木头和瓦片结构外，其余不得更改；建筑材料，必须符合质量要求，不得以次充好偷工减料；甲方应派若干人参与在施工过程中的监督；建房必须在动工之日起10个月内竣工；施工图纸为当地政府提供的农民公寓统一设计图纸。合同签订后，陈某1、陈某2开始施工，李某等人也派人进行监督。但陈某1、陈某2在施工时未按设计图纸施工。工程完工后，双方因施工质量等问题产生纠纷，一直未进行竣工验收。李某等7人向法院提起诉讼，要求陈某1、陈某2赔偿因违约造成的损失共计107,730元。

在审理过程中，七原告申请工程质量及修复费用鉴定，法院委托鉴定机构进行司法鉴定。鉴定结论：通过对检测结果数据分析，2幢东侧单元房屋基本满足使用要求，但抗震性能、使用性能均存在缺陷，建议在投入使用前进行加固改造，使其满足设计规范要求。房屋质量存在多处问题，并出具了初步修复建议。同时出具了修复预估费用，墙体修复所需费用预估算为77,730元，圈梁加固所需费用预估算为30,000元，总计107,730元。

浙江省景宁畲族自治县人民法院审理后认为，该案两被告作为个人未取得建筑施工资质而承包工程施工，故原、被告签订的农民公寓施工承包合同，违反法律法规的强制性规定，应认定为无效。合同无效后，有过错的一方应当赔偿对方因此所受到的损失，双方都有过错应当各自承担相应的责任。该案中，案涉房屋经鉴定存在质量问题，原告请求自行修复，由被告承担应承担的修复费用，但原告在自行修复时应严格根据鉴定机构出具的修复意见进行修复，以确保修复后的房屋安全性能和使用性能符合要求。对于原告主张的修复费用，可参考鉴定机构出具的预估算费用予以确定。对于责任承担，被告无资质承包工程，未按照设计图纸施工，在施工中粉墙砂浆添加洗衣粉等，应对修复费用承担主要责任；原告明知两被告不具备建筑资质将工程发包给被告施工,应承担选任不当的过错责任,在施工过程中,作为业主未雇请监理单位进行监督,自己又监督不力等,对修复费用承担次要责任。所以判决:被告陈某1、陈某2支付给李某等7名原告房屋修复费用86,184元。

陈某1、陈某2提起上诉,浙江省丽水市中级人民法院二审判决驳回上诉,维持原判。

四、合同无效后处理工程费用的相关案例

案例八:农村建造三层及以上的房屋,将房屋工程发包给不具备建筑施工资质的自然人施工,违反了法律强制性规定,建房施工合同(包括口头形式约定合同)会被认定为无效。有过错的一方应当赔偿对方由此所受到的损失。双方都对合同无效与造成损失有过错的,应根据过错程度分别承担相应的责任。

一审案号为(2019)浙1024民初1391号,二审案号为(2020)浙10民终66号的农村建房施工合同纠纷案件。案情简介:2017年5月,王某将其名下的两间四层房屋(不包括地基与屋顶)承包给林某施工建造,口头约定按建筑面积计算,标准为每平方米160元,建造房屋所需的材料由王某自己提供,其中建造房屋所需的水泥、砂、石子等向第三人购买。2017年年底(农历),该房屋建造完成,结顶完工。2018年农历正月,王某发现该房屋一楼至三楼的楼板及大梁有多处裂缝,遂向林某交涉但未果。所以,王某向法院提起诉讼。

在审理中查明:林某没有建房资质证书,但具有十多年承包农村建房经历。该案建造的房屋无建房图纸,在建造房屋时无房屋建造日志。王某已付给林某建房报酬83,000元。

浙江省仙居县人民法院审理后认为,本案的争议焦点是:(1)原告与被告系雇佣关系还是承揽关系;若是承揽关系被告是否须具备相应资质。该案中虽然原告自己向第三人购买建筑材料,但承包给被告建造,被告召集他人进行施工,符合承揽关系特征,应认定为承揽关系。根据原建设部的相关规定,三层(含三层)以上的农民住房建设管理要严格执行《建筑法》《建设工程质量管理条例》等法律法规的有关规定,应将工程发包给具有相应资质的单位进行施工。现原告将案涉房屋工程发包给不具备建筑施工资质的被告个人施工,违反了法律强制性规定,故原、被告双方口头约定的建房协议应认定为无效。(2)造成原告房屋质量问题的责任及加固、修复费用由谁承担。结合原、被告双方申请出庭作证的证人证言及当地

农村建房习惯可以认定施工期间的养护浇水应由原告负责。据鉴定结论,应由原告提供钢筋而楼板板面未配钢筋的责任由原告自己负责。由于施工不当系被告造成的损失应由被告承担责任。混凝土由被告叫他人拌和,鉴定人员当庭证实施工存在不当,被告对案涉房屋的质量问题应承担施工不当的相应责任。鉴于原、被告双方均有过错,并结合该案的实际情况,对原告王某房屋的加固、修复费用为377,125元,酌情确定被告承担35%的赔偿责任,即赔偿131,993.75元,其余65%的损失由原告自负,原告房屋的加固、修复由原告自行安排。所以判决:被告林某赔偿原告王某房屋的加固、修复费用131,993.75元。

王某、林某都提起上诉,浙江省台州市中级人民法院二审判决驳回上诉,维持原判。

案例九:农村房屋建造领域与建设工程领域一样,也存在较多的转包现象,未经过发包人同意的转包行为会被认定为无效。即使转包行为无效,实际承建人为该建设工程支付的款项,承包人也应支付。

一审案号为(2020)浙0282民初151号,二审案号为(2020)浙02民终1856号的农村建房施工合同纠纷案件。案情简介:2018年3月28日,胡某2承包了陈某的农村房屋建造工程,后又转包给孙某的丈夫胡某1。胡某1实际施工了三间二层楼房及地基一间的建造,房屋工程量为543平方米。2018年10月21日,胡某1因交通事故去世,当时案涉工程基本完工。2018年12月18日,陈某按习俗办理了进屋酒。因胡某1死亡,就胡某1雇佣民工工资问题,在当地人民调解委员会主持下,孙某与多名工人达成调解协议。胡某1的继承人为配偶孙某及两个女儿,两个女儿均书面表示放弃遗产继承权。随后,孙某向法院提起诉讼,要求胡某2即时支付工程款29万元。

浙江省慈溪市人民法院审理后认为,根据《建筑法》第83条的规定,农民自建低层住宅(二层及二层以下房屋及设施)的建筑活动不适用《建筑法》。陈某将自建低层住宅发包给了无建筑资质的被告胡某2不违反法律规定,但承包人不得将其承包的全部建设工程转包给第三人,胡某2将案涉工程全部转包给胡某1施工,违反法律、行政法规的强制性规定而无效。陈某于2018年12月18日办理了进屋酒,且已向胡某2支付了全部工程款,表明工程合格,故胡某2应支付胡某1工程款。胡某1于2018年10月21日因交通事故去世,两个女儿作为法定继承人放弃继承权,原告孙某作为继承人要求胡某2支付工程款,主体适格。关于工程价款,胡某2自认42万元,孙某也同意按总价款42万元计算,故案涉工程的总价款为42万元。所以判决被告胡某2支付原告孙某工程款151,649元,并支付利息损失。

胡某2提起上诉,浙江省宁波市中级人民法院二审判决驳回上诉,维持原判。

五、合同提前解除引起的纠纷案例

案例十:农村建房施工合同签订后,因为一方的原因导致合同无法继续履行,另一方可以解除合同。如果合同中约定有定金条款,建房人向承建人支付了定金,可以要求双倍返还定金。

案号为(2020)浙0481民初3484号的农村建房施工合同纠纷案件。案情简介:2019年12月14日,陆某、顾某与嘉兴豪企集成家居有限公司(以下简称豪企公司)签订供货建房协议及补充协议,约定由豪企公司向陆某、顾某供货并施工建设自建轻钢别墅,占地面积为210平方米(三层),合同金额为固定价110万元。同日,陆某、顾某向豪企公司实际支付了定金51,524元。随后,豪企公司表示双方约定的合同价格太低,如不加价则不能按照约定履行合同。双方协商未果,陆某、顾某向法院提起诉讼。

浙江省海宁市人民法院审理后认为,原、被告签订的供货建房协议及补充协议,对双方的权利义务均作了全面详细的约定,属完整的建设工程施工合同,双方当事人均应按约履行。现被告明确表示不能按约定价110万元进行施工,不能继续履行合同义务,系被告单方违约。被告在签订合同之日向原告收取定金51,524元,按定金罚则,应当双倍返还。所以判决:(1)解除原、被告于2019年12月14日签订的供货建房协议及补充协议;(2)被告豪企公司返还原告陆某、顾某定金103,048元,并支付利息损失。

案例十一:农村建房施工合同签订后,因为一方的原因导致合同无法继续履行,另一方可以解除合同。合同解除后,尚未履行的,终止履行;已经履行的,根据履行情况和合同性质,当事人可以要求恢复原状、采取其他补救措施,并有权要求赔偿损失。

案号为(2020)浙0327民初852号的农村建房施工合同纠纷案件。案情简介:原告苏某1、苏某2、苏某3、苏某4按程序申请建房,于2018年10月8日获当地国土资源局私人建房用地许可,每人一间落地房,占地面积为42平方米。苏某1等4人就建设4间民房委托设计单位进行结构设计,设计为每间宽3.5米、长12米。2018年11月15日,苏某1(甲方)与林某(乙方)签订建房协议书,其中约定乙方承包在上述4间地基上再建造4间一层房屋,采用包工包料方式承包,乙方提供建房所需一切材料并提供劳务、建筑技术、模板、码钉及建房所需一切工具、设备;甲方除支付乙方建房工程款外,不支付其他任何费用,其他相关税、费均由乙方承担;乙方按照设计图纸或甲方提出的要求承建;本建房工程实行总价包干,所有费用总计17.8万元,采取分期付款方式。苏某1于2018年11月11日向林某支付建房款定金5万元,后又支付建房款3万元。林某按期开始施工,完成基础地梁及柱体钢筋等工序,但并未完工即停止施工。苏某1委托某律师事务所向林某发送律师函,认为林某施工的房屋每间实际宽3.6米、长11.05米,与图纸不符,也未在约定的时间内完成施工,已构成违约,所以要求解除建房协议书,并要求林某返还建房款8万元。林某于2019年8月18日收到该律师函。后因与林某协商未果,苏某1向法院提起诉讼,苏某2、苏某3、苏某4申请作为共同原告参加诉讼。在审理过程中,林某提起反诉。

在审理过程中,法院委托鉴定机构对案涉工程的质量进行鉴定。鉴定结果认为,苏某1等4间民房(独门独户)的基础梁轴网尺寸、基础混凝土强度、基础梁钢筋保护层厚度、基础梁上部纵向受力钢筋施工配筋、柱纵向受力钢筋插筋施工配筋均存在质量问题。此外,法院委托鉴定机构对案涉工程及旁边的石子、砖头、钢筋的造价进行评估,按图纸和现场实际测量情况鉴定造价为68,488元。

浙江省苍南县人民法院审理后认为,林某作为个体工匠向苏某1承包建设案涉4间民房一层,与苏某1签订建房协议书,是双方的真实意思表示,未违反法律法规的强制性规定,合法有效。在履行合同过程中,双方发生争议,苏某1委托某律师事务所向林某发函要求解除合同,林某也同意解除。因此,对原告关于确认建房协议书于2019年8月18日林某收到该律师函之日解除的主张,法院予以支持。林某作为施工方应确保工程质量,现案涉工程经鉴定发现确实存在质量问题,故相应鉴定费27,000元应由林某承担,但因工程并未完工,也无证据证明不能予以修复,故原告现主张被告返还全部建房款8万元并没有充分的法律依据。法院确定工程造价为65,695元,苏某1已经支付了8万元,林某反诉主张原告支付22,997元,没有事实和法律依据。鉴于合同已经解除,苏某1多付的14,305元工程款,林某应予以返还。如工程确实不能修复,原告可以另行依法提出相应主张。所以判决:(1)确认苏某1与林某于2018年11月15日签订的建房协议书于2019年8月18日解除;(2)林某返还苏某1建房工程款14,305元;(3)林某支付苏某1鉴定费27,000元。

六、与农村建房相关的特殊纠纷案例

案例十二：农村存在较多的合资建房现象，因此引起的纠纷，法院会根据"房地一体"原则认定该房屋属于登记的宅基地使用权人，城市居民即使参与出资合作建房，也不能获得农村房屋的所有权。

一审案号为(2019)粤0111民初23027号，二审案号为(2020)粤01民终5360号的房屋买卖合同纠纷案件。案情简介：案涉房屋是由四方(包括林某的父亲)合资建设的，其中以林某的名义申请了案涉宅基地使用权证，其余三人参与出资在案涉宅基地上合作建设房屋，并按照口头约定实际占用一定面积的房屋。1991年，林某的父亲提出将案涉宅基地房屋所有权人更名为梁某，双方同意后，梁某向林某的父亲支付了20余万元的更名费。随后，另外两人考虑到房屋产权无法分割，便将两人占用的房屋分别以13.5万元和25万元转让给了梁某。此后，案涉房屋一直由梁某实际使用管理。后因纠纷，林某向法院提起诉讼，梁某提起反诉。

法院经审理查明：案涉宅基地使用权证记载使用人为林某，宅基地上建造的房屋层数为6层，建筑面积为421.1平方米，宅基地核发时间为1994年12月20日。现案涉房屋由梁某实际使用管理。

广东省广州市白云区人民法院审理后认为，林某现仍为案涉房屋的合法登记权利人，梁某并非案涉房屋所在集体经济组织的村民，其通过出资购买的方式从其他人处取得案涉房屋，该转让行为依法应为无效，故现林某要求梁某返还案涉宅基地使用权证及案涉房屋的经营管理权于法有据，法院予以支持。虽梁某支付的购买案涉房屋的出资并非由林某实际收取，但此为梁某为取得案涉房屋而付出的相应对价，该对价是案涉房屋价值的体现，现林某以其是权利人为由要求梁某返还案涉房屋，林某应向梁某赔偿相应损失。梁某主张以案涉房屋的现价值赔偿其损失的诉求合理。法院采纳了通过新置市场法得出的评估结果，梁某有权要求林某赔偿的金额为案涉房屋的价值683,455元。所以判决梁某将案涉宅基地使用权证及该宅基地上建造的房屋的经营管理权交还给林某，林某向梁某支付补偿款683,455元。

林某提起上诉，广东省广州市中级人民法院二审判决驳回上诉，维持原判。

案例十三：在农村建房过程中，建房的一方侵占相邻方的土地，往往会出现相邻关系纠纷。被侵权的相邻方可以提出恢复原状、停止侵害等物权请求权。

案号为(2021)鲁1621民初3257号的相邻土地、建筑物利用关系纠纷案件。

案情简介：惠民县交通运输局下设的"交通局大年陈交管所"于1997年6月通过征用、受让在惠民县大年陈镇取得土地一处，用于建设交通运输管理站。后因开发建设沿街房，王某及其亲属作为购买方成为沿街房住户，其所购沿街房与大年陈交管所相邻，其房屋南侧为大年陈交管所院落。2021年5月，王某在其院落南部建设房屋，其间惠民县交通运输局工作人员出面制止并报警。但王某不听劝阻，继续建设房屋。所以，惠民县交通运输局向法院提起诉讼，要求王某立即停止侵权，排除妨碍，恢复原状。

另查明，王某在公安机关于2021年7月7日对其的询问笔录中对其占用惠民县交通运输局的土地建设房屋予以认可，并明确盖房子所用土地为58平方米，其中38平方米系占用该局的土地。

山东省惠民县人民法院审理后认为，被告王某认可占用原告土地建设案涉房屋，并明确占用面积为38平方米，结合原告提交的大年陈交管所平面图及现场勘测情况，被告王某占用原告的土地为36平方米。另外，在被告王某建设案涉房屋过程中，原告方工作人员已予以阻止，王某在明知占用原告土地的情况下仍然建成该房屋，相应的损失应自行承担。被告王某以相邻关系为由辩称原告应提供相应的便利条件，允许被告利用其土地建设房屋，但结合庭审及照片等，被告在建设案涉房屋前就在原有建筑上留有南门，原告并未阻止被告通行，被告仅以便利自己生活为由在原告的土地上建设案涉房屋于法无据，故法院不予认可。所以判决被告王某拆除建设在原告惠民县交通运输局土地上的房屋并恢复原状。

第八节 农村房屋装修引起的纠纷案例

一、因房屋装修质量存在问题引起的纠纷案例

案例十四：双方对房屋装修质量问题存在争议，很难达成一致，往往无法验收结算。在此情况下，法院会结合实际情况，根据装修的面积、质量情况，按照当地的一般标准，计算装修工程款项。

一审案号为(2016)湘1024民初956号，二审案号为(2017)湘10民终810号的装修合同纠纷案件。案情简介：2016年3月5日，黄某与曾某签订装修协议书，由曾某承包黄某房屋的装修工程。曾某基本完成了装修工程，但对三楼外阳台及二楼洗漱间墙面还未砌瓷砖，双方亦未进行验收和结算。因黄某、李某（系黄某之

妻)未足额支付工程款项,曾某向法院提起诉讼。

湖南省嘉禾县人民法院审理后认为,最高人民法院《关于审理建设工程施工合同纠纷案件适用法律问题的解释》明确了对建设工程必须进行验收。该案中,双方未办理验收结算手续,曾某直接起诉要求黄某、李某支付工程款,法院不予支持。所以判决驳回原告曾某的诉讼请求。

曾某提起上诉。湖南省郴州市中级人民法院审理后认为,该案二审中的争议焦点问题是装修工程是否完工,质量是否合格,如何验收结算,是否应支付劳务费及支付多少。农村自建房进行简易装修,一般是聘请当地熟悉的装修工施工。对装修的数量、质量、价款往往都只作大致约定。验收也是房主与装修工双方一起完成。该案房屋装修就属此类。关于工程是否完工的争议在于三楼外阳台及二楼洗漱间墙面砌瓷砖是否完工。该两处未砌瓷砖属实,但三楼阳台未砌瓷砖的部位是房屋承重墙外墙,对于该墙是否应砌瓷砖双方存在争议;对于洗漱间是否应砌瓷砖,如何砌,合同没有约定。双方签订的合同之所以比较简单,除普通合同内容繁多、质量技术指标难以把握的原因外,更重要的是因为双方互相信任。相互信任就意味着房主有何要求随时可以提出,遇到问题,双方随时协商解决。因此,上述两处该不该砌瓷砖应由房主决定,即应该砌瓷砖。再者,装修应按实际工作量计酬,曾某完成上述工作,也不会徒劳。关于装修质量,合同没有关于质量要求的具体约定,应当按农村房屋简易装修的标准衡量。最基本的要求是结实、平整、美观,无明显瑕疵。从黄某提供的照片来看,装修质量并不完全符合上述基本要求。法院将黄某认可的装修面积确认为曾某完成的装修工作量,即装修完工面积为535.7平方米。关于验收、结算,农村自建房简易装修的验收,习惯做法是房主与装修工一起验收即可,不会聘请专门机构验收。现双方已产生矛盾,既达不成对装修缺陷采取补救措施的协议,也难以一同对已完工程进行验收结算。为防止双方关系进一步恶化,酿成更大的纠纷,法院确定按装修面积535.7平方米,单价148元/平方米予以结算,以平息纠纷。所以判决:(1)撤销湖南省嘉禾县人民法院(2016)湘1024民初956号民事判决;(2)黄某、李某清偿曾某装修工程款23,883.6元。

案例十五:农村房屋装修工程完成后未经竣工验收,业主擅自使用并以使用部分存在质量问题为由主张权利的,法院一般不予支持。

一审案号为(2017)粤0222民初9号,二审案号为(2017)粤02民终777号的装饰装修合同纠纷案件。案情简介:2015年6月,张某、徐某经口头约定,由张某对徐某的农村自建房屋进行装修,装修工程包括批荡内外墙壁、外墙贴瓷砖、铺地板砖及贴卫生间瓷砖,工程从2015年6月14日开始,到2016年1月9日完工。装修工程完工后,徐某在未经竣工验收的情况下,随即于工程完工当月搬入案涉房屋居住。此后,张某向徐某催讨拖欠装修款,被徐某以装修工程存在质量问题为由拒付。所以,张某向法院提起诉讼,徐某提起反诉。

广东省始兴县人民法院审理后认为,虽然张某和徐某就装修房屋事宜未签订书面合同,但双方就房屋装修事宜达成合意的口头约定,属双方意思自治表示,内容未违反法律规定,应具有法律效力,对当事人均具有约束力。徐某雇请张某为其新建房屋进行装修,在张某依约完成装修工程后,徐某亦应依约向张某支付装修工程款。庭审时,徐某对张某诉请的拖欠装修款24,728元无异议,法院予以确认。徐某以装修工程质量存在问题为由拒绝支付装修工程款,根据最高人民法院《关于审理建设工程施工合同纠纷案件适用法律问题的解释》第4条关于"建筑工程未经竣工验收,发包人擅自使用后,又以使用部分质量不符合约定为由主张权利的,不予支持"的规定,该案中,张某将装修房屋交付徐某后,徐某在未经竣工验收的情况下,便搬入案涉房屋居住使用,在经法院释明后,徐某仍明确表示不对装修工程质量问题的产生原因进行司法鉴定,故在装修工程质量产生原因不明的情况下,徐某以装修工程质量存在问题为由拒不支付装修工程款,无法律依据,不予支持。所以判决徐某支付张某房屋装修款24,728元。

徐某提起上诉,广东省韶关市中级人民法院二审判决驳回上诉,维持原判。

二、未签订书面形式装修合同引起的纠纷案例

案例十六:农村房屋装修经常采取口头约定的方式,容易在价款结算时产生纠纷。一旦发生纠纷,双方应先对房屋装修项目进行确认,对于具体项目的价款没有书面约定,又不能达成一致意见的,应按照交易习惯确定。

案号为(2013)沈民初字第1343号的装饰装修合同及劳务合同纠纷案件。案情简介:2013年7月8日,姜某和王某(系姜某之妻)请周某为其新建的房屋进行墙壁粉刷并照白以及铺贴地板、墙砖等工程,当时双方没有签订书面合同。姜某和王某的主房为二层,上、下各为四间的砖混结构楼房。此后,周某做了一些建筑项目。姜某和王某所做具体工程为一楼西三间、二楼中间两间和楼梯间北墙的粉刷。周某为姜某和王某所做的五间粉墙工程做了部分修复工作。姜某和王某已支付给周某工程款13,000元。在完工前,周某向姜某、王某索要款项,姜某和王

某以未完工且部分项目质量不合格为由,拒绝再支付,双方遂起纠纷。周某向法院提起诉讼,姜某提起反诉。

河南省沈丘县人民法院审理后认为,原告周某为被告姜某、王某所建房屋进行装饰装修的事实,双方均无异议,应予认定。原、被告对现场勘查数额没有异议,亦应认定。按照现场勘查数据计算出的具体数字,系根据自然规律及定理得出的事实,应予采信。因原、被告对房屋装饰装修具体项目的价款没有书面约定,又不能达成一致意见,故应按照交易习惯确定。原告周某所给出的部分工程项目单价与当地同行业价款基本相符,予以采信;部分偏高或与当地行业价款相差较大的项目单价,予以修正。总计工程款 16,899.68 元,扣除被告支付的 13,000 元,余款 3899.68 元被告应予支付。被告姜某给出的工程项目单价因与当地同行业价款相差较大,不予采信。所以判决被告姜某、王某应给付原告周某房屋装饰装修款 3899.68 元。

案例十七:在农村房屋装修时,经常出现双方只是口头达成协议,而没有签订书面合同的情形,法院可以根据实际施工情况确定当事人之间存在承揽合同关系。双方对装修项目及价款没有明确约定,导致出现纠纷的,对于工程款,法院可以根据实际装修情况合理确定。

一审案号为(2019)京 0114 民初 12862 号,二审案号为(2020)京 01 民终 1752 号的装饰装修合同纠纷案件。案情简介:刘某通过他人介绍认识了案外人沈某,得知沈某在老家有一处老宅院无人使用,刘某想利用该房屋作为民宿。由于案涉房屋比较破旧,刘某欲进行装修改造工作,于是沈某找到王某对案涉房屋进行装修,王某同意承揽此项工作。王某与刘某协商了装修事宜,双方未签订书面形式的合同。王某与刘某商定的装修价款为 7 万~8 万元。协商后,王某即组织和雇佣他人对案涉房屋进行施工。施工中,双方通过微信方式进行有关施工及支付价款的沟通及结算。由于施工接近冬季,装修成本有所提高,王某提出施工价款应在 11 万~12 万元,刘某未明确提出异议。案涉房屋装修工程于 2018 年 5 月 2 日完工,王某将案涉房屋交付刘某。刘某陆续支付王某装修费用 8.4 万元。刘某曾经在案涉房屋中生活居住。此后,双方因装修费用的支付及案涉房屋施工质量问题发生纠纷,刘某搬离了案涉房屋。沈某重新对房屋进行了装修。此后,王某向法院提起诉讼,要求刘某支付拖欠的房屋装修费 64,265 元。

北京市昌平区人民法院审理后认为,王某与刘某虽未签订书面的装饰装修合同,但根据当事人的微信聊天记录及调查笔录,可以确定王某承揽了案涉房屋的装饰装修工程,当事人之间存在装饰装修的承揽法律关系。王某虽未取得装修资质,但完成了工作任务,刘某支付了王某部分工程款并已实际接受使用案涉房屋。对此,刘某应支付王某剩余报酬。关于刘某欠付王某装修款的数额,因当事人没有签订书面协议,参照当事人微信记录中的价格约定、王某付出工作及工程存在的质量问题,根据公平原则,法院酌定刘某应支付王某的尚欠的装修工程款为1.5万元。如刘某认为因装修质量存在问题,给自己造成损失,可另行解决。所以判决刘某支付王某装修工程款1.5万元。

三、因项目定作引起的承揽合同纠纷案例

案例十八:承揽装修工程的承揽人将辅助工作交由第三人完成,应当就该第三人完成的工作成果向装修的业主负责。该承揽人与该第三人形成新的承揽合同关系。该承揽人应按照承揽合同约定向该第三人支付相应的费用,否则应承担相应的违约责任。

案号为(2020)浙0922民初377号的承揽合同纠纷案件。案情简介:周某与王某系熟人关系。周某从事铝合金加工工作,王某为泥工。2019年5—10月,王某以包工包料的形式承揽了柴某位于当地农村的房屋装修工程。周某依照王某的指示,对门窗进行了测量并定作安装。工程结束后,柴某向王某支付工程款52,000元。经周某按照市场价格计算,王某应向周某支付铝合金门窗安装费用13,602元,但王某一直未支付。所以,周某以王某、柴某为被告向法院提起诉讼。

浙江省嵊泗县人民法院审理后认为,原告周某与被告王某之间成立的承揽合同,应属合法有效。周某依照王某指示将定作的铝合金门窗安装完毕,交付了工作成果,王某应当按照约定向周某支付工程款项,虽双方未约定支付期限,周某可以随时要求王某支付,但应给予王某合理的准备时间,现经过诉讼程序王某仍未支付工程款,显属违约,应当承担相应的违约责任。对于周某提出的该案工程款为13,602元的主张,王某对门窗大小并无异议,经法院调查,周某的定作价格在合理区间内,法院予以采纳。法院认为,该案承揽合同的双方当事人为周某和王某,根据合同的相对性原则,周某应当向王某主张权利,且柴某已向王某支付了装修工程款52,000元,故该案的门窗定作工程款应当由王某支付。所以判决王某支付周某门窗定作工程款13,602元。

案例十九:装修的业主自行向承揽人定作的项目,应按照约定支付相应的款项,不能以已将房屋装修项目承包给第三人为由拒绝支付定作款,否则应承担相应的违约责任。

案号为(2018)浙0723民初107号的承揽合同纠纷案件。案情简介:邵某1与邵某2系夫妻关系。2014年,两人将某处农村房屋的油漆涂料工程交由朱某承揽,根据记录的工程量计算,朱某应得的承揽款为36,835元,扣减邵某1已支付的1万元,尚有26,835元未付。房屋装修完毕后至起诉前,朱某曾多次发短信、打电话向邵某1催讨,2016年12月,朱某与另外三起案件的原告(同样系向两被告催讨材料款、承揽款)一起到邵某1、邵某2家中讨要欠款,邵某1未在场,邵某2当面口头承诺会尽快将款项付清,但之后仍未支付。所以,朱某向法院提起诉讼。

邵某1辩称,对承揽款金额没有异议,但其是把房屋所有的装修都包给张某,所有工程款也都已支付给张某,朱某应向张某主张。其与朱某没有签过合同且朱某的起诉已经超过诉讼时效。

审理中查明:案涉房屋所有权人为邵某2,自2014年装修完毕后,邵某1、邵某2一直在案涉房屋中生活居住。

浙江省武义县人民法院审理后认为,原告朱某与被告邵某1、邵某2之间的承揽合同关系双方的真实意思表示,合法有效。邵某1辩称原告的起诉已过诉讼时效,但庭审中又认可原告曾于2016年12月到其家中催讨货款,故该辩解法院不予采信。邵某1辩称案涉房屋的装修全部承包给了案外人张某,但未提交相应的证据予以证明,原告亦不认可,法院不予采信。所以判决被告邵某1、邵某2支付原告朱某承揽款26,835元。

四、因农村房屋装修引起的其他纠纷案例

案例二十:农村房屋装修经常是以承揽合同形式出现,如果装修的业主不支付工程款项,应承担违约责任。如果装修发生在业主的夫妻关系存续期间,即使以后离婚,也应作为共同债务,承担连带责任。

案号为(2018)浙0624民初5102号的承揽合同纠纷案件。案情简介:王某、黄某原系夫妻关系,现已离婚。2015年,孟某承揽了王某、黄某所居住的农村房屋装修项目,王某、黄某结欠孟某做油漆、木工、水电、吊顶、石膏线的报酬。经孟某多次催讨,王某在2017年1月27日向孟某出具一份欠条,确认结欠孟某装修款共计122,900元。后经催讨,王某于2017年7月份支付了2000元,余款未付。后孟某向法院提起诉讼。

被告黄某答辩称,其与王某已离婚,欠结孟某装修工资 120,900 元情况属实且同意共同支付,但由于其经济困难,最多只有每年 2 万元的支付能力,对孟某主张的逾期利息损失不同意支付。

浙江省新昌县人民法院审理后认为,依法成立的合同受法律保护,对当事人具有法律约束力。原告孟某与被告王某、黄某之间的承揽关系不违反法律及法规的禁止性规定,应认定为有效。原告为两被告完成了房子装修工作,而两被告没有履行支付装修款的义务,两被告的行为属违约。原告诉请两被告支付装修款并支付利息损失的要求,符合法律规定,法院应予支持。所以判决被告王某、黄某支付原告孟某装修工资 120,900 元,并支付自 2017 年 2 月 1 日起至款项付清之日止按年利率 6% 计算的利息损失。

案例二十一:如果对三层及以上的农村楼房进行装修施工,装修合同会被认定为建设工程合同性质,如果装修施工人员未取得相应施工资质,合同会被认定为无效。因合同无效,有过错的一方应当赔偿对方由此所受到的损失;各方都有过错的,应当各自承担相应的责任。

一审案号为(2019)闽 0681 民初 1221 号,二审案号为(2020)闽 06 民终 2061 号的装饰装修合同纠纷案件。案情简介:2017 年 11 月 28 日,发包人王某与承包人张某签订《外墙石材干挂外墙石感漆施工合同书》,由张某对王某建设的三层楼房进行外墙干挂及油漆施工。施工过程中,张某与王某多次通过微信就施工等事项进行沟通。王某已支付张某工程款 17 万元。2018 年 4 月 29 日,双方对案涉工程进行验收时,张某认为施工完毕,质量合格,要求结算工程款;而王某却认为工程质量存在问题,要求张某返工,双方因此发生纠纷。而后,王某接手案涉工程并雇请他人对案涉工程进行部分拆除重做。张某向法院提起诉讼,王某提出反诉。

审理中,张某、王某都提出鉴定申请。法院委托鉴定机构进行司法鉴定。鉴定机构出具了两份鉴定意见书。1 号鉴定意见书鉴定的结果:对张某施工合同内已完成的工程量及造价进行鉴定,鉴定造价为 369,629 元。2 号鉴定意见书鉴定结果:返修部分造价为 159,308 元。

福建省龙海市人民法院审理后认为,双方签订的《外墙石材干挂外墙石感漆施工合同书》属于建设工程合同性质,因张某未取得外墙干挂设计、制作、安装作业施工资质,违反相关法律规定,依法应认定为无效。对于合同无效,双方均有过错,应各自承担相应责任。案涉工程无法按正常规范进行竣工验收,特别是因双方对工程质量存在争议,直接导致对案涉工程质量是否合格及存在质量问题情况下的责任归属难以认定。鉴于业主王某已接管张某施工的案涉工程并做了部分修复的事实,结合鉴定单位的鉴定意见,根据双方过错情况,对张某施工的工程造价采用按工程施工质量合格的情况确定同时扣减王某返修及张某未做部分的造价进行处理。所以判决:(1)王某支付张某工程款项199,629元及利息;(2)张某支付王某修复费(含未做部分)159,308元及利息。上述两项款项可以进行抵扣。

双方都提起上诉,福建省漳州市中级人民法院二审判决驳回上诉,维持原判。

第七章
农村房屋买卖

第一节 农村房屋买卖的常见情况与处理建议

一、农村房屋确权与办理登记

农村房屋作为不动产的一种,应按照《不动产登记暂行条例》《不动产登记暂行条例实施细则》等法规、规章进行登记。在《不动产登记操作规范(试行)》中有"宅基地使用权及房屋所有权登记"的具体规定,包括首次登记、变更登记、转移登记、注销登记。其中,首次登记即确权登记。

由于历史原因,我国农村中存在较多的未经过审批就建造的房屋,或"一户多宅"、超占面积的现象,所以很多农村房屋没有办理或无法办理确权登记。为了加强农村宅基地的管理与积极推进集体建设用地使用权的改革,相关部门发布了多个文件,如原国土资源部等5部门联合发布的《关于进一步加快推进宅基地和集体建设用地使用权确权登记发证工作的通知》(国土资发〔2014〕101号)、原国土资源部发布的《关于进一步加快宅基地和集体建设用地确权登记发证有关问题的通知》(国土资发〔2016〕191号)、自然资源部发布的《关于加快宅基地和集体建设用地使用权确权登记工作的通知》(自然资发〔2020〕84号)等。

《关于进一步加快宅基地和集体建设用地确权登记发证有关问题的通知》中指出:"各地政府采取措施,大力推进农村宅基地和集体建设用地使用权确权登记发证工作,取得了积极进展。但同时遇到了一些问题,比如有的地方农村地籍调查工作基础薄弱,难以有效支撑和保障农村房地一体的不动产登记;有的地方只开展宅基地、集体建设用地调查,没有调查房屋及其他定着物;个别地方不动产统一登记后,仍然在颁发老证;一些地方宅基地"一户多宅"、超占面积等问题比较严重,且时间跨度大,权源资料不全等,影响了不动产登记工作的整体进度。尤其是在农村土地制度改革试点地区的土地确权登记发证迟缓,直接影响了试点工作的顺利推进"。该通知提出并解决了关于宅基地管理与农村房屋确权中的一些"老大难"问题。

结合实际依法处理"一户多宅"问题。宅基地使用权应按照"一户一宅"要求,原则上确权登记到"户"。符合当地分户建房条件未分户,但未经批准另行建房分开居住的,其新建房屋占用的宅基地符合相关规划,经本农民集体同意并公告无异议的,可按规定补办有关用地手续后,依法予以确权登记;未分开居住的,其实际使用的宅基地没有超过分户后建房用地合计面积标准的,依法按照实际使用面积予以确权登记。

分阶段依法处理宅基地超面积问题。农民集体成员经过批准建房占用宅基地的,按照批准面积予以确权登记。未履行批准手续建房占用宅基地的,按以下规定处理:1982年《村镇建房用地管理条例》实施前,农民集体成员建房占用的宅基地,范围在《村镇建房用地管理条例》实施后至今未扩大的,无论是否超过其后当地规定面积标准,均按实际使用面积予以确权登记。1982年《村镇建房用地管理条例》实施起至1987年《土地管理法》实施时止,农民集体成员建房占用的宅基地,超过当地规定面积标准的,超过面积按国家和地方有关规定处理的结果予以确权登记。1987年《土地管理法》实施后,农民集体成员建房占用的宅基地,符合规划但超过当地面积标准的,在补办相关用地手续后,依法对标准面积予以确权登记,超占面积在登记簿和权属证书附记栏中注明。历史上接受转让、赠与房屋占用的宅基地超过当地规定面积标准的,按照转让、赠与行为发生时对宅基地超面积标准的政策规定,予以确权登记。

依法确定非本农民集体成员合法取得的宅基地使用权。非本农民集体成员因扶贫搬迁、地质灾害防治、新农村建设、移民安置等按照政府统一规划和批准使用宅基地的,在退出原宅基地并注销登记后,依法确定新建房屋占用的宅基地使用权。1982年《村镇建房用地管理条例》实施前,非农业户口居民(含华侨)合法取得的宅基地或因合法取得房屋而占用的宅基地,范围在《村镇建房用地管理条例》实施后至今未扩大的,可按实际使用面积予以确权登记。1982年《村镇建房用地管理条例》实施起至1999年《土地管理法》修订实施时止,非农业户口居民(含华侨)合法取得的宅基地或因合法取得房屋而占用的宅基地,按照批准面积予以确权登记,超过批准的面积在登记簿和权属证书附记栏中注明。

依法维护农村妇女和进城落户农民的宅基地权益。农村妇女作为家庭成员，其宅基地权益应记载到不动产登记簿及权属证书上。农村妇女因婚嫁离开原农民集体，取得新家庭宅基地使用权的，应依法予以确权登记，同时注销其原宅基地使用权。农民进城落户后，其原合法取得的宅基地使用权应予以确权登记。

《关于加快宅基地和集体建设用地使用权确权登记工作的通知》中要求：充分发挥乡村基层组织作用，推动解决宅基地"一户多宅"、缺少权属来源材料、超占面积、权利主体认定等问题，按照房地一体要求，统一确权登记、统一颁发证书，努力提高登记效率。并规定，对乱占耕地建房、违反生态保护红线管控要求建房、城镇居民非法购买宅基地、小产权房等，不得办理登记，不得通过登记将违法用地合法化。

2021年年底前，全国所有县（市、区）完成汇交工作，逐级汇交至国家级不动产登记信息管理基础平台。通过办理登记，在明确宅基地使用权的基础上，对宅基地上建造的农村房屋进行确权，同时办理房屋所有权登记。

二、农村房屋买卖的常见情况

农村房屋买卖在实践中比较常见，是指村民作为出卖人与买受人约定，将农村房屋所有权和宅基地使用权转移给买受人，从而取得买受人价款的一种民事法律行为。根据土地管理法律相关规定，农村宅基地不能自由买卖，虽相关法律并没有禁止农村房屋买卖，但根据"房地一体"原则，农村房屋买卖必然会导致宅基地使用权随之转移，这就给农村房屋买卖带来了相应的复杂性。

实践中，农村房屋买卖主要有以下情形：

1.农民进城落户后，将其在农村的老房子卖给他人，这种情况比较常见。随着城市化、城镇化进程的推进，很多原来生活在农村的人到城市中定居，农村中的老房子年久失修，要翻修或重建需要较多的费用，并且全家人已经迁出农村，也没有回去继续生活居住的可能性。所以，决定将农村的房屋卖给他人，差异在于有些是卖给本村人，有些是卖给非本村人。造成的法律后果也是不同，前一种情况一般是有效的，后一种情况则很可能是无效的，以后遇到拆迁征收情况，往往容易产生纠纷导致诉讼。买受人购买老房子，有些是翻修或装修后自己居住，有些则是推倒后建新房。

2.事实上存在的"一户多宅"现象，所有权人将闲置的其他农村房屋卖给他人，这种情况也较多。由于历史原因，有些农村家庭拥有多处住宅或者较大的院落,出于经济原因或其他原因,所有权人将部分房屋出售,也可能会出现类似上述的情况。

3. 原来住在农村的父母去世后,子女继承了父母在农村的房屋,但因不回去居住,所以卖给他人,这种情况越来越多。如今越来越多从农村生长起来的孩子走出农村,到城市中就学、就业并生活,不愿意再回农村生活。父母原来居住在农村,所以在外地工作的子女会偶尔回家看望父母,或在过年时回去住一段时间。等父母去世后,这些人基本上不回去了,所以将继承所得的农村房屋卖给他人。

4. 出于经济原因,农民将房屋卖给他人。有些人出于债务原因,只能选择将农村房屋卖给他人,将所得价款用以清偿债务;或者在无法清偿债务时,将农村房屋抵作一定的价款,实现债务抵销。

5. 有些农村集体经济组织或村委会建造的房屋,被出售给村民或卖给非本村人。这种情况在2007年《城乡规划法》颁布实施前较多。有些农村集体经济组织或村委会以帮助村民解决居住问题的名义,利用村里空闲的建设用地或占用耕地建造住宅,实质上是违法建筑。如果房屋是出售给村民,可以通过补办用地手续,将相关用地作为宅基地审批给购买该房屋的村民,将该房屋"合法化"。如果村民已有办理产权登记的宅基地上房屋,因不符合"一户一宅"原则,将无法办理产权登记。也可以在村民退出已确权宅基地后,为其办理产权登记。如果将房屋卖给非本集体经济组织的人员,则无法办理产权登记,以后遇到房屋拆迁征收,容易产生纠纷。此外,还存在有些农村集体经济组织或村委会将原属于村公共设施的房屋(如村老年协会的用房)卖给个人的情况,农村房屋买卖合同也应被认定为无效。

当然,还有可能存在其他情形,如村民将房屋以比较优惠的价格卖给住在农村的亲戚;将房屋卖给村集体经济组织用于公用,如作为村里的文化会堂、举办酒席的场地;还有与本村其他人的房屋进行互换,有些是等价交换,也有些需要补一定的差价。

三、农村房屋买卖的处理建议

随着城市化、城镇化进程的推进,必然会出现农村居住人口逐渐减少的趋势。现在很多农村出现"空心化"的现象,居住在农村里的大多数是老人,青壮年人口比较少。尤其是家中有孩子需要读幼儿园或中小学的,出于孩子接受良好教育的考虑,父母会想办法在县城或城镇中购买房子,让孩子可以就近入学,也方便接送。农村出现越来越多的闲置房屋,农村房屋买卖现象也随之产生。有些农村房屋买卖后没有办理或无法办理过户登记,这一大量存在的现象,必须予以重视。

为了处理好农村房屋买卖中的法律问题,尽量减少纠纷的发生,本书作者提出以下建议:

1. 双方都应谨慎选择合同当事人。对出卖人一方而言,如果买受人是本村人(一般也是本集体经济组织成员,下同),该房屋买卖行为是有效的,该交易也比较稳定。但如果所在农村或该区域被拆迁,该房屋的拆迁征收利益应归于买受人。如果买受人不是本村人,一旦发生纠纷引起诉讼,该房屋买卖合同会被法院认定为无效,该交易也就不稳定了。但如果所在农村或该区域被拆迁,有些地方将买受人作为被征收人,该房屋的拆迁征收利益应归于买受人;更多的地方是将登记的宅基地使用权人作为被征收人,该房屋的拆迁征收利益应归于该宅基地使用权人(出卖人)。在这种情况下,很容易因为经济利益问题产生纠纷导致诉讼。有些是出卖人提起诉讼要求确认农村房屋买卖合同无效,并要求买受人向其交付拆迁征收利益;也有些是买受人提起诉讼,要求出卖人退还所支付的购房款,并要求赔偿所造成的经济损失。

对买受人一方而言,同样也会因为自己是或不是本村人,导致该房屋买卖合同有效或无效,该交易比较稳定或不稳定,从而导致出现纠纷。

总之,如果想要交易稳定,出卖人尽量要选择本村人作为买受人。如果最初的买受人不是本村人,通过转手交易,最终的买受人是本村人,那么该转让行为也会被法院认定为是有效的。

2. 应明确付款期限及支付方式,并在收款后出具收条。农村房屋买卖的数额一般不会很大,加上在农村生活的人习惯使用现金进行交易,所以很多农村房屋买卖会采取现金支付的方式,有些采取分期支付的方式。所以,在合同中除金额外,还要明确付款期限及支付方式。买受人按照约定支付相应款项后,应要求出卖人出具收条,一旦发生纠纷,可以作为书面证据使用。

3. 应在房屋买卖合同中明确违约责任。考虑到农村房屋买卖存在较大的交易不稳定性,一方反悔要求解除合同或确认合同无效的可能性较大。所以,双方尽量在合同中明确违约责任。一方面,这样可以促进双方按照诚信原则履行合同义务,遏制一方为了经济利益而要求解除合同或诉请确认合同无效;另一方面,即使合同被法院确认为无效,守约的一方可以要求违约的另一方支付违约金或承担赔偿责任。一般情况下,法院判决的经济赔偿数额不仅按照填平原则计算,而且一般会认为双方对合同无效都承担相应比例的责任,所以对守约的一方往往是不利的。如果双方在合同中有约定,一方提前解除合同,应承担的违约金数额或计算方式;合同被认定为无效,一方向另一方支付的赔偿费用数额或计算方式。因为这是当事人自己约定的内容,只要不违反法律的强制性规定和公序良俗原则,约定的违约金或赔偿数额不是过高或过低,法院一般不会干涉,会按照合同的约定进行认定。

4. 符合条件的尽量申请办理产权转移登记手续。如果买受人是本村人且没有其他宅基地的,那么该房屋买卖行为是有效的,是有可能办理登记手续的。《不动产登记操作规范(试行)》规定了办理宅基地使用权及房屋所有权转移登记的适用情形,该项登记应当由双方共同申请。虽然该规定中没有包括"农村房屋转让"这种情形,但如果买受人是本集体经济组织成员且没有其他宅基地,那么该交易房屋是有可能办理登记的;如果买受人已有其他宅基地,按照"一户一宅"的原则,可能无法办理产权转移登记。

2019年9月11日,中央农村工作领导小组办公室、农业农村部发布的《关于进一步加强农村宅基地管理的通知》第5条规定:"在征得宅基地所有权人同意的前提下,鼓励农村村民在本集体经济组织内部向符合宅基地申请条件的农户转让宅基地。……转让合同生效后,应及时办理宅基地使用权变更手续。"所以,如果买受人是没有宅基地但符合宅基地申请条件的本集体经济组织成员,合同生效后,可以办理宅基地使用权变更手续,根据现在"两证合一"的登记做法,也应该可以办理农村房屋所有权的转移登记。

第二节 农村房屋买卖合同的建议写法

一、农村房屋买卖合同的一般条款

因为农村房屋买卖不是政府鼓励的做法,所以目前还没有官方发布的农村房屋买卖合同示范文本。

农村房屋买卖合同也属于买卖合同的一种类型,所以应符合《民法典》第596条关于"买卖合同条款"的规定:"买卖合同的内容一般包括标的物的名称、数量、质量、价款、履行期限、履行地点和方式、包装方式、检验标准和方法、结算方式、合同使用的文字及其效力等条款。"但因为房屋作为不动产,与一般货物的买卖有明显的区别,并且农村房屋与城市商品房有较大的区别,所以农村房屋买卖合同应有自己的特点。农村房屋买卖合同一般包括下列条款:(1)双方当事人的姓名、住所等信息;(2)房屋的基本情况;(3)价款、付款期限与方式;(4)房屋交付时间与办理手续;(5)违约责任。下面对这些一般条款的写法进行分析。

(一)双方当事人的姓名、住所等信息

农村房屋买卖合同一般包括双方当事人,其中以出卖人(房屋所有权人)为一方,以买受人为另一方。买卖双方一般应是自然人,所有权人将房屋卖给村集体经济组织这种特殊情况除外。自然人,一般需要填写姓名、公民身份号码、现具体住址(住所)、联系电话等基本信息;如果房屋是共有性质,应该将所有共有人作为一方当事人,或者书面授权某一共有人作为代表签字;如果买受人是共有情况,可以一起写上并签名。

如果双方当事人是同一集体经济组织成员,应写明双方都属于某集体经济组织成员。

(二)房屋的基本情况

拟交易的农村房屋不仅在合同中要写明,而且要尽量详细,至少包括以下三个方面内容:

1.该房屋的具体位置,如位于某市某县(区、市)某街道(乡镇)某村某号,至少要与其他住宅能区分开,尽量写明相邻的四至范围。

2.该房屋的不动产权属证书号_____。也可以说明该房屋登记在_____名下或宅地基使用权登记在_____名下。

3.该房屋的宅基地占用面积_____平方米,房屋建筑面积_____平方米。

如果房屋周围有一定面积的院落,应写明该院落面积约为_____平方米。说明该院落一起随房屋进行转让。

如果有房屋的平面图,可以作为合同的附件,双方也可以手绘图示的方式予以明确。

(三)价款、付款期限与方式

1.应明确房屋交易价格为人民币大写_____万元(小写:_____元)。必要时,应明确该交易价格包括的范围,如是否包括室内家具。

2. 付款期限与方式

(1)一次性付款方式:买方应于本合同生效内一定期限内向卖方一次性支付以上全部款项,以转账(或现金方式)支付给卖方。

(2)定金加一次性付款方式:买方应于本合同生效后的一定期限内向卖方支付定金,并在此后的一定期限内将剩余的款项以转账(或现金方式)支付给卖方。

(3)分期付款方式:买方采取分期方式支付款项,以转账(或现金方式)支付给卖方。如果采取转账方式,应在合同中写明卖方的收款账户。

3. 如果需要办理产权转移登记手续,应写明办理登记的时间及费用由谁承担。

4. 因为农村房屋一般不能办理抵押贷款,所以一般不会约定以贷款方式付款。

(四)房屋交付时间与办理手续

1. 在何时(具体日期)前或买方支付清全部款项(或第一期付款)后一定时间内,卖方须将本合同项下的房屋及产权证等相关资料原件交付给买方并负责腾空房屋。

2. 履行必要的手续:如交付房屋钥匙;卖方付清此前应缴纳的水、电、天然气、宽带、有线电视、供暖等费用(或付款至何时为止)。

3. 明确双方是否要当面验收,如检查室内设施设备情况。

(五)违约责任

违约责任主要是两个方面:

1. 买方逾期付款的违约责任:一般写法是,每逾期一日,按照逾期金额的____‰支付违约金;逾期时间较长的,即视为买方不履行本合同,卖方有权解除合同,买方应承担违约责任。

2. 卖方逾期交房的违约责任:一般写法是,每逾期一日,按照房屋交易价格的____‰支付违约金;逾期时间较长的,即视为卖方不履行本合同,买方有权解除合同,卖方承担违约责任。

二、农村房屋买卖中需要注意的事项

除以上一般条款以外,在农村房屋买卖时还需要注意以下事项:

1.卖方关于房屋产权状况的承诺。卖方应保证该房屋上没有产权纠纷和债权债务纠纷。因卖方造成该房屋不能办理产权转移登记或发生债权债务纠纷的,由卖方承担全部责任。如果该房屋已设立抵押或存在对外租赁等情况,也应在合同中予以说明。

2.对室内设施设备与室外附属设施的处理。考虑到房屋并不一定能即时交付,卖方可能需要继续居住一段时间,并要办理搬迁,此期间可能会发生一定的变化。所以,对卖方拟交付给买方的室内设施设备情况(如家具、电器及其他物品)应该加以清点并列明作为合同附件。如果有车库、车棚、储物间等附属设施,应明确是否也随房屋进行转让,可以计入总价中,或者买方按照一定的价款予以补偿。

3.该房屋的产权证应作为合同附件。如果可以办理产权转移登记,卖方应配合买方办理产权转移登记手续;如果暂时无法办理产权转移登记,卖方一般应将产权证原件交付给买方;如果确认将来也不能办理产权转移登记,应在合同中予以明确,避免以后产生纠纷。

4.此后的处置及拆迁征收所得收益处理。考虑到多数农村房屋买卖后,是无法办理产权转移登记的,因此交易存在不稳定性。所以,双方应尽量在合同中对此后的处置及拆迁征收所得收益处理进行约定,避免以后可能产生的纠纷。如约定:如果合同签订后,暂时无法办理产权转移登记,买方对该房屋进行处置时,卖方应无条件配合买方办理相关手续。以后房屋被征收,拆迁征收收益全部归买方。或约定:安置房归属卖方,所得经济补偿款全部归属买方;双方同意所得拆迁征收收益各得一半;也可以约定按照比例进行分配。

5.其他特殊的约定。如买方同意卖方在该房屋上再居住一段时间才能交付;买方支付完全部款项后,同意卖方以返租形式租赁一段时间;卖方需要继续使用储物间用于存放物品;等等。

三、农村房屋买卖合同的参考文本

本书提供一份农村房屋买卖合同参考文本以供读者参考。但建议读者根据具体的情况,在文本基础上增删内容。有些有特殊需要的农村房屋买卖合同内容应更加详细、清楚,建议请专业人士进行把关。

农村房屋买卖合同(参考文本)

甲方(卖方;如果住宅共有,应列明所有共有权人):_____

乙方(买方;如果是共有情况,可以一起写上并签名):_____

(至少要写明姓名、公民身份号码、住所地、联系方式等内容)

甲、乙双方就位于_____的一处农村房屋的买卖事项,根据我国《民法典》等相关法律规定,经充分、平等协商,自愿达成如下一致协议。

(一)当事人的情况说明

本合同双方当事人均为_____省_____县(区、市)_____街道(乡镇)_____村的_____集体经济组织(名称)成员。

(二)房屋的基本情况

1. 本合同项下的房屋位于_____省_____县(区、市)_____街道(乡镇)_____村_____号。相邻四至为:东邻_____,南邻_____,西邻_____,北邻_____。

2. 该房屋的不动产权属证书号:_____。(或该房屋登记在_____名下或宅地基使用权登记在_____名下)

3. 该房屋的宅基地占用面积_____平方米,房屋建筑面积_____平方米。

4. (备选,可以不写)该房屋周围的院落面积约为_____平方米,该院落一起随房屋进行转让。

5. (备选,可以不写)该房屋由甲方全额出资建造(或合法继承所得),所使用的宅基地为_____省_____县(区、市)_____街道(乡镇)_____村的集体土地,甲方有权对该房屋进行处分。

(三)价款、付款期限与方式

1. 本合同项下的房屋交易价格为人民币大写_____万元(小写:_____元)。该交易价格已经包括该房屋所占土地使用权的费用、房屋转让的费用、附属设施转让的费用、室内装修及设施设备的费用。

2. (付款期限与方式)双方同意采取以下第____种付款方式:

(1)一次性付款方式:乙方应于本合同生效之日起____日内向甲方一次性支付以上全部款项,以转账(或现金)方式支付给甲方,甲方收到款项后应向乙方出具收条。

(2)定金加一次性付款方式:乙方应于本合同生效之日起____日内向甲方支付定金人民币大写_____万元(小写:_____元),并应于本合同生效之日起____日内将剩余的款项大写_____万元(小写:_____元)以转账(或现金)方式支付给甲方,甲方收到款项后应向乙方出具收条。

(3)分期付款方式:乙方分____期支付以上款项,以转账(或现金)方式支付给甲方,甲方收到款项后应向乙方出具收条。分别是:

第一次付款自签约日起____日内支付大写_____万元(小写:_____元);

第二次付款自签约日起____日内支付大写_____万元(小写:_____元);

第三次付款自签约日起____日内支付大写_____万元(小写:_____元)。

(如果采取转账方式,应在合同中写明甲方的收款账户)

甲方的收款账户约定如下:

开户行:_____

户　名:_____

账　号:_____

3.(备选,可以不写)本合同签订后____日内,双方一起到当地的不动产登记机构办理产权转移登记手续。办理登记所需的税费与手续费用由____方承担。(也可以分别写明何种税费承担)

(四)房屋交付时间与办理手续

1.在_____年____月____日(或乙方支付清全部款项或第一期付款后____日内,可以双方约定),卖方须将本合同项下的房屋及产权证等相关资料原件交付给买方并负责腾空房屋。

2.甲方需要履行的其他手续:向乙方交付房屋钥匙____把;甲方付清此前应缴纳的水、电、天然气、宽带、有线电视、供暖等费用(或付款至何时为止)。

3.双方应当面验收,如检查室内设施设备情况。(具体可以双方约定)

(五)甲方对房屋产权状况的承诺

1.甲方保证该房屋上没有产权纠纷和债权债务纠纷。因甲方的原因,造成该房屋不能办理产权转移登记或发生债权债务纠纷的,由甲方承担全部责任。

2.甲方承诺在该房屋上没有设立抵押,也没有对外出租。

(如果该房屋已设立抵押或存在对外租赁等情况,应在合同中予以说明)

(六)对室内设施设备与室外附属设施的处理

1.双方确认以下主要的室内设施设备,在交付房屋时由甲方留给乙方,相关费用已包括在该房屋的交易价格中,乙方不需要另外支付:

_____

(也可以以附件形式,作为合同的组成部分)

2.双方确认以下的附属实施,此前没有办理过产权登记,在房屋交付后,乙方有权使用,相关费用已包括在该房屋的交易价格中,乙方不需要另外支付:

_____

(七)违约责任与合同解除条件

1.乙方逾期付款的违约责任:乙方按本合同规定的付款方式付款,每逾期一日,按照逾期金额的____‰支付违约金,逾期达一个月以上的,即视为乙方不履行本合同,甲方有权解除合同,届时将由乙方承担此次交易中双方的全部交易税费,并向甲方支付相当于房屋交易价格的____%作为违约金。

2.甲方逾期交房的违约责任:甲方按本合同的规定将房屋及时交付给乙方使用,每逾期一日,按照房屋交易价格的____‰支付违约金,逾期达一个月以上的,即视为甲方不履行本合同,乙方有权解除合同,由甲方承担此次交易中双方的全部交易税费,并向乙方支付相当于房屋交易价格的____%作为违约金。

(八)此后的处置及拆迁征收所得收益处理

1.考虑到合同签订后,暂时无法办理产权转移登记,乙方对该房屋进行处置(如抵押、出租)时,甲方应无条件配合乙方办理相关手续;

2.如果今后遇到该房屋被拆迁征收的情况,将甲方作为被征收人,甲方应将所得的全部征收收益给付乙方,如甲方无故拖延或拒绝给付乙方,除全部给付补偿款外,每逾期一日,按照逾期金额的____‰向乙方支付违约金;(注:也可以双方协商后采取其他写法)

3.双方应按照诚信原则履行本合同。如果甲方以后提起诉讼,要求确认本合同无效。如果本合同被法院认定为无效,甲方除应退还乙方支付的购房款(房屋交易价格)外,还应向乙方赔偿所造成的经济损失,损失按照同期的 5 年期以上贷款市场报价利率(LPR)加倍计算。

(九)其他特殊约定

1.＿＿＿＿＿＿＿＿＿＿＿＿＿＿＿

2.＿＿＿＿＿＿＿＿＿＿＿＿＿＿＿

3.＿＿＿＿＿＿＿＿＿＿＿＿＿＿＿

(十)合同附件是本合同的组成部分。本合同未尽事宜,由双方另行议定,并签订补充协议,补充协议与本合同具同等法律效力。

(十一)因履行本合同过程中产生的任何争议,双方应首先协商解决;如果协商或调解不成,任何一方均可向房屋所在地的人民法院提起诉讼。

(十二)本合同自甲、乙双方签字之日起生效。本合同一式三份,甲、乙双方各执一份,另一份交有关部门备案。

附件:该房屋的不动产权属证书。

(如果有房屋的平面图,也可以作为合同的附件,双方也可以手绘图示的方式予以明确)

甲方(签字):

乙方(签字):

签约日期:＿＿＿＿年＿＿月＿＿日

第三节 农村房屋买卖合同纠纷处理

一、法院关于农村房屋买卖合同纠纷处理的相关规定

虽然农村房屋买卖合同纠纷案件较多,但最高人民法院至今还没有出台专门的司法解释。对于农村房屋买卖问题,在三个全国民事审判工作的会议纪要给予了较为明确的规定。

2015 年最高人民法院《全国民事审判工作会议纪要》第 35 条规定:现阶段,我国城市化还处于较低层次,农村社会保障体系还不完善,宅基地还具有较强的社会保障和社会福利性质,完全放开对宅基地使用权限制的条件还不具备。对于已将宅基地流转确定为试点地区的,可以按照国家政策及相关指导意见处理宅基地使用权因抵押担保、转让而产生的纠纷。对于宅基地流转处于非试点地区的,农民出售其宅基地上的房屋给城市居民或者出售给不同农村集体经济组织成员,该房屋买卖合同一般应认定为无效。合同无效后,买受人可以请求返还购房款并支付中国人民银行同期同类银行贷款利息。买受人已经对该房屋进行改建或者翻建,也可以一并请求赔偿翻建或者改建成本。

《第八次全国法院民事商事审判工作会议(民事部分)纪要》(法〔2016〕399号)第19条规定:在国家确定的宅基地制度改革试点地区,可以按照国家政策及相关指导意见处理宅基地使用权因抵押担保、转让而产生的纠纷。在非试点地区,农民将其宅基地上的房屋出售给本集体经济组织以外的个人,该房屋买卖合同认定为无效。合同无效后,买受人请求返还购房款及其利息,以及请求赔偿翻建或者改建成本的,应当综合考虑当事人过错等因素予以确定。第20条规定:在涉及农村宅基地或农村集体经营性建设用地的民事纠纷案件中,当事人主张利润分配等合同权利的,应提供政府部门关于土地利用规划、建设用地计划及优先满足集体建设用地等要求的审批文件或者证明。未提供上述手续或者虽提供了上述手续,但在一审法庭辩论终结前土地性质仍未变更为国有土地的,所涉及的相关合同应按无效处理。

关于试点地区名单,见全国人大常委会《关于授权国务院在北京市大兴区等三十三个试点县(市、区)行政区域暂时调整实施有关法律规定的决定》(2015年2月27日第十二届全国人大常委会第十三次会议通过)。

此外,在2015年12月24日最高人民法院发布的《关于当前民事审判工作中的若干具体问题》中指出:关于农村房屋买卖问题。这是社会主义新农村建设中的重大问题,这个问题比较复杂,我们的总体意见是,要密切关注国家相关政策规定,在非试点地区,对于农民将其宅基地上的房屋出售给非本集体经济组织成员的,应该依法认定合同无效。但是可以探索合同无效后的损失范围和过错比例的研究。比如,出卖人因房屋涨价、拆迁补偿等主张合同无效,要求返还房屋或拆迁补偿款的,可以考虑根据案件实际情况,扩大信赖利益范围,合理确定过错大小,避免出现利益严重失衡的情况。

北京市、上海市、广东省、安徽省等地的高级人民法院也出台了审理农村房屋买卖合同纠纷案件的指导意见。

2004年12月15日,北京市高级人民法院发布的《关于印发〈农村私有房屋买卖纠纷合同效力认定及处理原则研讨会会议纪要〉的通知》(京高法发〔2004〕391号)的内容如下:

近年来,我市法院受理了一批涉及农村私有房屋买卖的合同纠纷案件,由于目前相关法律、法规不够明确,对合同效力认定认识存在差异,在一定程度上产生了此类案件在不同法院、不同业务庭、不同审判人员之间裁判标准不统一的问题。为研究、统一执法尺度,2004年12月,高院民一庭与审监庭、立案庭联合召开会议,就农村私有房屋买卖合同的效力认定及案件处理原则等问题进行了专门研讨,初步形成了处理意见,纪要如下:

一、涉及农村私有房屋买卖纠纷案件的主要情况

目前此类纠纷主要有以下情况:从诉讼双方和案由来看,主要为房屋出卖人诉买受人,要求确认合同无效并收回房屋;从买卖双方身份来看,出卖人为农村村民,买受人主要是城市居民或外村村民,也有出卖给同村村民的情况;从交易发生的时间来看,多发生在起诉前两年以上,有的甚至在10年以上;从合同履行来看,大多依约履行了合同义务,出卖人交付了房屋,买受人入住并给付了房款,但多未办理房屋登记变更或宅基地使用权变更登记手续;从诉讼的起因来看,多缘于土地增值以及土地征用、房屋拆迁等因素,房屋现值或拆迁补偿价格远高于原房屋买卖价格,出卖人受利益驱动而起诉;从标的物现状来看,有的房屋已经过装修、翻建、改建等添附行为。

二、关于农村私有房屋买卖纠纷合同效力的认定

与会人员多数意见认为,农村私有房屋买卖合同应当认定为无效。主要理由是:

首先,房屋买卖必然涉及宅基地买卖,而宅基地买卖是我国法律、法规所禁止的。根据我国《土地管理法》的规定,宅基地属于农民集体所有,由村集体经济组织或者村民委员会经营、管理。国务院办公厅1999年颁布的《关于加强土地转让管理严禁炒卖土地的通知》规定:"农民的住宅不得向城市居民出售,也不得批准城市居民占用农民集体土地建住宅,有关部门不得为违法建造和购买的住宅发放土地使用证和房产证。"国家土地管理局〔1990〕国土函字第97号《关于以其他形式非法转让土地的具体应用问题请示的答复》也明确规定:原宅基地使用者未经依法批准通过他人出资翻建房屋,给出资者使用,并从中牟利或获取房屋产权,是属"以其他形式非法转让土地"的违法行为之一。

其次,宅基地使用权是集体经济组织成员享有的权利,与特定的身份关系相联系,不允许转让。目前农村私房买卖中买房人名义上是买房,实际上是买地,在房地一体的格局下,处分房屋的同时也处分了宅基地,损害了集体经济组织的权益,是法律法规明确禁止的。

再次,目前,农村房屋买卖无法办理产权证书变更登记,故买卖虽完成,但买受人无法获得所有权人的保护。

最后,认定买卖合同有效不利于保护出卖人的利益,在许多案件中,出卖人相对处于弱者的地位,其要求返还私有房屋的要求更关涉到其生存权益。

与会者同时认为,此类合同的效力以认定无效为原则,以认定有效为例外,如买卖双方都是同一集体经济组织的成员,经过宅基地审批手续的,可以认定合同有效。

三、涉及农村私有房屋买卖纠纷案件的处理原则

与会者一致认为,处理此类案件应坚持以下原则:

第一,要尊重历史,照顾现实。农村私有房屋交易是在城乡人口流动加大、居住区域界限打破和城乡一体化的大背景下产生的,相关部门监管不力、农村集体经济组织相对涣散是造成这种现状的制度诱因,而土地市场价格的持续上扬、房屋拆迁补偿等利益驱动是引起此类案件的直接原因。审理此类案件应实事求是地看待上述背景,要考虑到目前城乡界限仍未完全打破,农村集体经济组织仍有一定的封闭性,农村土地属于集体所有,目前法律、政策限制集体土地流转是一种现实;同时要认识到此类案件产生的复杂性,并妥善解决相关的利益冲突和矛盾。

第二,要注重判决的法律效果和社会效果。判决要以"有利于妥善解决现有纠纷、有利于规范当事人交易行为"为指导,起到制约农民审慎处分自己房屋的积极效果。

第三,要综合权衡买卖双方的利益。首先,要全面考虑到合同无效对双方当事人的利益影响,尤其是出卖人因土地升值或拆迁、补偿所获利益,以及买受人因房屋现值和原买卖价格的差异造成的损失;其次,对于买受人已经翻建、扩建房屋的情况,应对其添附价值进行补偿;再次,判决返还、腾退房屋同时应注意妥善安置房屋买受人,为其留出合理的腾退时间,避免单纯判决腾退房屋给当事人带来的消极影响。

2004年,上海市高级人民法院发布的《关于审理农村宅基地房屋买卖纠纷案件的原则意见》(沪高法民一〔2004〕4号)的内容如下:

农村宅基地买卖应严格按照法律法规的规定进行。对于由此引发的纠纷,应当综合考虑出卖人出售房屋是否经过审批同意、合同是否履行完毕以及买受人的身份等因素,区分不同情况,妥善处理,具体如下:

第一,对于发生在本乡范围内农村集体经济组织成员之间的农村房屋买卖,该房屋买卖合同认定为有效。

第二,对于将房屋出售给本乡以外的人员的,如果取得有关组织和部门批准的,可以认定合同有效。

第三,对于将房屋出售给本乡以外的人员的,未经有关组织和部门批准,如果合同尚未实际履行或者购房人尚未实际居住使用该房屋的,该合同应作无效处理。

第四,对于将房屋出售给本乡以外的人员,未经有关组织和部门批准,如果合同已实际履行完毕,且购房人已实际居住使用该房屋的,对合同效力暂不表态,实际处理中应本着尊重现状、维护稳定的原则,承认购房人对房屋的现状以及继续占有、居住、使用该房屋的权利。

对此类案件进行处理时,亦区分不同情况:

第一,按上述第三种情况处理的,双方当事人应各自返还房屋及购房款。

第二,按上述第四种情况处理的,如果系争房屋已经拆迁或者已纳入拆迁范围的,应在扣除购房人的购房款后,充分考虑购房人重新购房的合理支出,由购房人与出卖人按比例取得补偿款,其分割比例一般可以考虑在7∶3左右。

2022年12月15日,广东省高级人民法院发布的《关于审理房屋买卖合同纠纷案件的指引》(经广东省高级人民法院审判委员会2022年总第36次会议、民事审判专业委员会第6次会议讨论通过,并报最高人民法院审查同意)第13条规定:

农村宅基地上房屋买卖合同纠纷,根据《第八次全国法院民事商事审判工作会议(民事部分)纪要》第19条的规定处理。向不具备本集体经济组织成员资格的人出卖宅基地上房屋,合同被认定无效,买受人主张出卖人承担因房地产价格上涨造成的损失的,人民法院应当全面考虑出卖人因房地产升值或者拆迁补偿所获利益,平衡买卖双方的利益。宅基地上房屋买卖合同无效,合同对将来因征收、征用取得的房地产补偿款分配有约定,当事人一方请求参照该约定分配补偿款的,人民法院可以根据补偿款的性质和类别酌情予以支持。宅基地使用权人和不具备本集体经济组织成员资格的人约定在宅基地上合作建房,非集体经济组织成员一方取得部分建设面积的,按照前款规定处理。

2012年3月5日,安徽省高级人民法院发布的《关于审理房屋买卖合同纠纷案件适用法律问题的指导意见》(安徽省高级人民法院审判委员会民事执行专业委员会第1次会议通过)中关于农村房屋买卖部分的内容如下:

13.城镇居民、法人或其他组织购买农村集体所有土地上建设的房屋签订的房屋买卖合同,应当根据《中华人民共和国合同法》第五十二条和《中华人民共和国土地管理法》第四十三条的规定,认定为无效合同。

农村房屋买卖合同被认定为无效的,可以根据当事人的过错、所获利益、赔偿能力等情况,判令其承担相应的缔约过失责任。

14.非同一农村集体经济组织成员之间签订的房屋买卖合同,应当认定为无效合同。但买受人在一审法庭辩论终结前取得出卖人所属的农村集体经济组织成员资格且符合其他购买条件的,可以认定合同有效。

从最高人民法院及部分高级人民法院关于农村房屋买卖处理的相关规定及相关法院裁判文书可见,对非本集体经济组织成员购买农村宅基地上房屋的情况,法院一般会认定农村房屋买卖合同无效,只是认定合同无效的依据和理由有所不同。

二、农村房屋买卖合同的效力分析

(一)关于法律适用的问题

在分析农村房屋买卖合同的效力之前,首先要明确适用法律的问题。最高人民法院《关于适用〈中华人民共和国民法典〉时间效力的若干规定》第1条规定:"民法典施行后的法律事实引起的民事纠纷案件,适用民法典的规定。民法典施行前的法律事实引起的民事纠纷案件,适用当时的法律、司法解释的规定,但是法律、司法解释另有规定的除外。民法典施行前的法律事实持续至民法典施行后,该法律事实引起的民事纠纷案件,适用民法典的规定,但是法律、司法解释另有规定的除外。"根据上述规定,"法不溯及既往"是法律适用的基本原则。合同效力是对已经成立的合同进行价值判断,这个价值判断的依据就是法律,如果合同无效则是自始、绝对地无效。因此,判断农村房屋买卖合同是否有效,应当以合同成立时生效的法律为依据:如果农村房屋买卖合同成立于《民法典》生效前,则依据《合同法》等法律判断合同是否有效;反之,则应当依据《民法典》等法律及相关司法解释判断合同效力。无论是依照《民法典》还是《合同法》,司法实践中对农村房屋买卖合同效力判断的一般原则是：买受人是本集体经济组织成员的，合同有效；买受人非本集体经济组织成员的，合同一般无效。

（二）关于合同无效的原因

农村房屋买卖合同，最常见的无效原因是买受人非房屋所在地的集体经济组织的成员。如果买受人是房屋所在地的集体经济组织的成员，即使该买受人此前已有其他宅基地上房屋，也不会因违反"一户一宅"原则而导致农村房屋买卖合同无效，一般也不会因其他原因而无效。

《民法典》第153条规定：违反法律、行政法规的强制性规定的民事法律行为无效。但是，该强制性规定不导致该民事法律行为无效的除外。违背公序良俗的民事法律行为无效。

原《合同法》第52条规定：有下列情形之一的，合同无效：(1)一方以欺诈、胁迫的手段订立合同，损害国家利益；(2)恶意串通，损害国家、集体或者第三人利益；(3)以合法形式掩盖非法目的；(4)损害社会公共利益；(5)违反法律、行政法规的强制性规定。

农村房屋买卖合同被法院认定为无效的主要原因是违反了法律、行政法规的效力性强制性规定。应是违反了《土地管理法》及《土地管理法实施条例》的相关规定。

1.《土地管理法》第62条规定：农村村民一户只能拥有一处宅基地，其宅基地的面积不得超过省、自治区、直辖市规定的标准。农村村民建住宅，应当符合乡（镇）土地利用总体规划、村庄规划，不得占用永久基本农田，并尽量使用原有的宅基地和村内空闲地。编制乡（镇）土地利用总体规划、村庄规划应当统筹并合理安排宅基地用地，改善农村村民居住环境和条件。农村村民住宅用地，由乡（镇）人民政府审核批准；其中，涉及占用农用地的，依照本法第四十四条的规定办理审批手续。农村村民出卖、出租、赠与住宅后，再申请宅基地的，不予批准。国家允许进城落户的农村村民依法自愿有偿退出宅基地，鼓励农村集体经济组织及其成员盘活利用闲置宅基地和闲置住宅。

2.《土地管理法实施条例》第36条规定：依法取得的宅基地和宅基地上的农村村民住宅及其附属设施受法律保护。禁止违背农村村民意愿强制流转宅基地，禁止违法收回农村村民依法取得的宅基地，禁止以退出宅基地作为农村村民进城落户的条件，禁止强迫农村村民搬迁退出宅基地。

如果农村房屋买卖合同签订于《民法典》生效前,也是违反了《土地管理法》的相关规定。如《土地管理法》(2004年)中第62条规定:"农村村民一户只能拥有一处宅基地,其宅基地的面积不得超过省、自治区、直辖市规定的标准。农村村民建住宅,应当符合乡(镇)土地利用总体规划,并尽量使用原有的宅基地和村内空闲地。农村村民住宅用地,经乡(镇)人民政府审核,由县级人民政府批准;其中,涉及占用农用地的,依照本法第四十四条的规定办理审批手续。农村村民出卖、出租住房后,再申请宅基地的,不予批准。"

在农村宅基地管理领域,我国长期采用政策方式进行管理。如国务院办公厅于1999年5月6月发布的《关于加强土地转让管理严禁炒卖土地的通知》(国办发〔1999〕39号)第2条第3款规定:农村的住宅不得向城市居民出售,也不得批准城市居民在农民集体土地建住宅,有关部门不得为违法建造和购买的住宅发放土地使用证和房产证。国务院发布的《关于深化改革严格土地管理的决定》(国发〔2004〕28号)第10条规定:改革和完善宅基地审批制度,加强农村宅基地管理,禁止城镇居民在农村购置宅基地。国务院办公厅发布的《关于严格执行有关农村集体建设用地法律和政策的通知》(国办发〔2007〕71号)第2条规定:农村住宅用地只能分配给本村村民,城镇居民不得到农村购买宅基地、农民住宅或"小产权房"。单位和个人不得非法租用、占用农民集体所有土地搞房地产开发。农村村民一户只能拥有一处宅基地,其面积不得超过省、自治区、直辖市规定的标准。农村村民出卖、出租住房后,再申请宅基地的,不予批准。

2019年9月11日,中央农村工作领导小组办公室、农业农村部发布了《关于进一步加强农村宅基地管理的通知》。其中第6条规定:宅基地是农村村民的基本居住保障,严禁城镇居民到农村购买宅基地,严禁下乡利用农村宅基地建设别墅大院和私人会馆。严禁借流转之名违法违规圈占、买卖宅基地。

一般而言,如果买受人非农村房屋所在地的集体经济组织成员,法院会以违反法律、行政法规的强制性规定而认定合同无效。

还需要注意的是《合同编通则解释》第17条规定:"合同虽然不违反法律、行政法规的强制性规定,但是有下列情形之一,人民法院应当依据民法典第一百五十三条第二款的规定认定合同无效:(一)合同影响政治安全、经济安全、军事安全等国家安全的;(二)合同影响社会稳定、公平竞争秩序或者损害社会公共利益等违背社会公共秩序的;(三)合同背离社会公德、家庭伦理或者有损人格尊严等违背善良风俗的。人民法院在认定合同是否违背公序良俗时,应当以社会主义核心价值观为导向,综合考虑当事人的主观动机和交易目的、政府部门的监管强度、一定期限内当事人从事类似交易的频次、行为的社会后果等因素,并在裁判文书中充分说理。当事人确因生活需要进行交易,未给社会公共秩序造成重大影响,且不影响国家安全,也不违背善良风俗的,人民法院不应当认定合同无效。"

（三）关于合同效力的分析

根据购买主体的不同,农村房屋买卖分为三种类型,以下具体按类别进行分析：

第一类：同一集体经济组织成员之间的农村房屋买卖。

对于该类买卖合同,因为双方当事人是同一集体经济组织成员,合同履行并不会导致宅基地使用权流转到本集体经济组织之外,对本集体经济组织享有的集体土地所有权不构成影响。故对同一集体经济组织成员之间进行的农村宅基地上房屋买卖在法律上无重大障碍,司法实践中对其合同效力一般予以认可。

第二类：其他集体经济组织成员购买农村宅基地上房屋。

第三类：城镇居民购买农村宅基地上房屋。

上述两类统称非本集体经济组织成员购买农村宅基地上房屋,统归为一大类予以分析。对于该类农村房屋买卖合同的效力,在司法理论中存在有效说、无效说两种观点。其中,无效说是法院裁判的主要观点。无效说认为,宅基地使用权是集体经济组织成员享有的权利,与特有的身份关系相联系,不允许转让。农村宅基地上房屋买卖中买房人名义是买房,在房地一体的格局下,处分房屋的同时处分了宅基地。宅基地使用权的处分损害了所在集体经济组织享有的集体土地所有权。同时必然带来宅基地需求的加大,造成宅基地向耕地延伸,不符合《土地管理法》等相关法律关于保护耕地的立法意图。在政策层面,国务院办公厅、原国土资源部、自然资源部、农业农村部等发布的多份规范性文件均做出了限制农村房屋转让的规定。

非农村集体经济组织成员购买农村房屋,也有合同被认定为有效的一些例外情况。

1. 农村村民在1999年1月1日前将依法取得的宅基地连同地上房屋转让给回乡落户的干部、职工、退伍军人或回家乡定居的华侨、港澳台同胞的,农村房屋买卖合同可认定为有效。原因是1998年12月27日国务院令第256号发布的《土地管理法实施条例》（自1999年1月1日起施行）第27条规定,回原籍乡村落户或回家乡定居的上述人员可以依照程序使用集体土地建设住宅,因此具有宅基地使用资格。

2. 在农村宅基地上房屋连环买卖中,最后的买受人为房屋所在地的集体经济组织成员的,视为合同效力瑕疵得到弥补,应当认定农村房屋买卖合同有效。

3. 城镇居民购买农村房屋,但其家庭成员中有人是房屋所在地的农村集体经济组织成员,该家庭成员实际参与出资并共同居住的,可以认定该合同有效。如果是多人共同购买农村房屋,买受人之一与出卖人为同一集体经济组织成员的,农村房屋买卖合同有效。

4. 买受人原来非该集体经济组织成员,购买农村房屋后在该房屋中长期生活居住,并在后来加入该集体经济组织成为其成员,应被视为同一集体经济组织的成员之间的农村房屋买卖,农村房屋买卖合同有效。

三、农村房屋买卖合同无效后的法律后果

《民法典》第157条规定:民事法律行为无效、被撤销或者确定不发生效力后,行为人因该行为取得的财产,应当予以返还;不能返还或者没有必要返还的,应当折价补偿。有过错的一方应当赔偿对方由此所受到的损失;各方都有过错的,应当各自承担相应的责任。法律另有规定的,依照其规定。原《合同法》第58条也有类似规定。

《合同编通则解释》第24条第1、2款规定:合同不成立、无效、被撤销或者确定不发生效力,当事人请求返还财产,经审查财产能够返还的,人民法院应当根据案件具体情况,单独或者合并适用返还占有的标的物、更正登记簿册记载等方式;经审查财产不能返还或者没有必要返还的,人民法院应当以认定合同不成立、无效、被撤销或者确定不发生效力之日该财产的市场价值或者以其他合理方式计算的价值为基准判决折价补偿。除前款规定的情形外,当事人还请求赔偿损失的,人民法院应当结合财产返还或者折价补偿的情况,综合考虑财产增值收益和贬值损失、交易成本的支出等事实,按照双方当事人的过错程度及原因力大小,根据诚信原则和公平原则,合理确定损失赔偿额。

在处理农村房屋买卖合同纠纷案件时,法院确认合同无效后,应遵循诚实信用原则,公平地处理无效转让行为,合理地认定当事人的民事责任,均衡保护各方民事主体的利益诉求,避免因简单返还而造成利益失衡。其法律依据便是《民法典》第157条规定或原《合同法》第58条规定。

（一）互相返还及折价补偿

1. 出卖人返还买受人的购房款，买受人向出卖人返还宅基地及房屋。另外对于买受人占有房屋期间的占有使用费，出卖人占有购房款期间的利息，在司法实践中一般是相互抵销，不再相互返还。

2. 房屋存在装修、改建情形的，但并未改变原有房屋的性质，构成动产对不动产的附合，按添附中有关附合的规则处理，买受人将添附物随同原物一起返还出卖人，出卖人将添附物的价值补偿给买受人。添附物的价值可由双方协商确定，无法协商的，可通过评估确定。

3. 原房屋拆除而翻建新房，原房屋的所有权消灭，此时原房屋无法返还，买受人就原房屋应向出卖人折价补偿。而新建的房屋可视为附合于宅基地上，故出卖人基于宅基地使用权的返还请求权，在"房地一体"原则下，要求买受人在返还宅基地的同时一并返还房屋，但因该房屋并非出卖人出资建造，基于公平原则，就该新建房屋，出卖人应向买受人进行折价补偿。

4. 原房屋未被拆除而扩建新房的，原房屋应当返还。而扩建的新房，需要结合建房手续是否合法，做出不同的处理。

如建房手续合法，按上所述的，出卖人基于宅基地使用权提出返还请求权，在"房地一体"原则下，要求买受人在返还宅基地的同时一并返还房屋，但因该房屋并非出卖人出资建造，基于公平原则，就该新建房屋，出卖人应向买受人进行折价补偿。

如建房未经合法手续审批，则属于违法建筑。由行政主管部门对此予以认定，如确认为违法建筑，则出卖人可以不予以补偿。如果新建房也被纳入拆迁征收的范围，征收部门给予一定的经济补偿（标准低于合法建筑），出卖人也应对买受人给予相应的补偿。

在少数案例中，基于维护社会稳定和保障当事人权益，如买受人对案涉房屋进行了翻建、装修并长期居住，形成了稳定的社会关系，又无其他可居住的房屋，法院也可能会判决案涉房屋可以不予返还。

（二）过错责任的认定

1. 农村房屋买卖合同纠纷中，一般推定买卖双方均应知道法律、行政法规及国家政策对农村房屋交易的限制性规定，故双方对于合同无效均有过错。

2. 过错责任比例的认定。司法实践中,农村宅基地上房屋买卖合同认定无效,一般认为出卖方负主要责任,买方负次要责任。各地法院有相关的规定出台。如上海市高级人民法院《关于审理农村宅基地房屋买卖纠纷案件的原则意见》中提出:"如果房屋已经拆迁或者已经纳入拆迁范围的,应扣除购房款后,充分考虑购房人重新购房的合理支出,由购房人与出卖人按比例取得补偿款,其分割比例一般可以考虑在7:3左右。"但一些地方法院仅抽象规定了主次责任,就具体责任认定需要具体结合个案情况适用不同的责任比例。一般而言,需要结合以下因素对双方的责任进行具体分配:(1)时间因素。购买的时间越久,买方的责任相对较小(卖方的责任相对较大,下同);最近几年购买的农村房屋,买方的责任相对较大(卖方的责任相对较小,下同)。(2)身份因素。不同集体经济组织的农村村民之间进行的房屋交易,买方的责任相对较小;城镇居民与村民之间进行的房屋交易,买方的责任相对较大。(3)购房目的。对于自住型购房,买方的责任较小;对于投资型购房,买方的责任较大。

在司法实践中,法院判决卖方与买方承担过错责任比例,从9:1到6:4的都有。尤其是在卖方提出农村房屋买卖合同无效的纠纷案例中,法院认定卖方在卖房后因为房屋被拆迁征收、出于经济利益的目的提出合同无效,明显违背诚信原则,所以需要承担较大的过错责任。这样判决,可以在一定程度上减少当地因类似情况提起诉讼的案例,类似情况可以参照上述内容进行处理。

(三)损失赔偿范围的认定

房屋被拆迁征收、房屋买卖合同无效主要是对买受人造成损失。有观点认为,买受人遭受的最大损失是丧失另行向他人购买房屋所产生的房屋增值利益损失,这是一种信赖利益的损失。这是一种合乎逻辑的理论观点。但在实践中,这种损失很难进行计算,所以法院可以进行说理,一般不按此认定损失数额。

安徽省高级人民法院《关于审理房屋买卖合同纠纷案件适用法律问题的指导意见》中第13条第2款指出"农村房屋买卖合同被认定为无效的,可以根据当事人的过错、所获利益、赔偿能力等情况,判令其承担相应的缔约过失责任"。有部分判决在说理中提出,买受人遭受的损失包括缔约费用、准备履行所支出的费用等直接损失,还有信赖利益的损失。但在认定缔约过失责任时,往往难以认定信赖利益的损失,对买受人不利。尤其是在案涉房屋被拆迁征收的情况下,这样的处理不是很合适,所以近年来法院判决的说理很少采用"缔约过失责任论"。

虽然,合同无效后,买受人可以请求返还购房款并支付中国人民银行同期同类银行贷款利息。《合同编通则解释》第25条规定:合同不成立、无效、被撤销或者确定不发生效力,有权请求返还价款或者报酬的当事人一方请求对方支付资金占用费的,人民法院应当在当事人请求的范围内按照中国人民银行授权全国银行间同业拆借中心公布的一年期贷款市场报价利率(LPR)计算。但是,占用资金的当事人对于合同不成立、无效、被撤销或者确定不发生效力没有过错的,应当以中国人民银行公布的同期同类存款基准利率计算。双方互负返还义务,当事人主张同时履行的,人民法院应予支持;占有标的物的一方对标的物存在使用或者依法可以使用的情形,对方请求将其应支付的资金占用费与应收取的标的物使用费相互抵销的,人民法院应予支持,但是法律另有规定的除外。

但这种损失赔偿很难弥补对买受人造成的实际损失,对出卖人有利。如果买受人已经对该房屋进行改建或者翻建,也可以一并请求赔偿翻建或者改建成本。本书作者认为,买受人遭受的损失,除房屋翻建、改建、装修损失等(一般由征收部门委托评估机构进行价值评估,纳入经济补偿范围)之外,其实际损失还包括买受人失去此后对案涉房屋的占有使用权益。但这种权益很难进行价值评估,所以法院一般是酌定一定数额的损失赔偿。

实践中常见的是,很多农村房屋买卖合同纠纷是由于该农村房屋被拆迁征收引起的,对于买受人的损失通常是参照拆迁征收利益进行计算认定的。有些法院直接判决房屋出卖人、买受人对于农村房屋拆迁征收利益的分配比例。因为在集体土地征收过程中,涉及征收农村村民住宅的,《土地管理法》第48条规定了"重新安排宅基地建房、提供安置房或者货币补偿等"补偿安置方式,被征收人对安置方式有一定的选择权,所以需要结合被征收人的情况及不同的安置与补偿方式进行具体分析。

1.有些地方以房屋买受人作为被补偿人,如果买受人是房屋所在地集体经济组织成员,可以获得相应的补偿安置待遇,包括安置房。如果买受人非房屋所在地集体经济组织成员,也可以获得货币补偿。有些地方规定允许农村房屋买卖双方当事人协商确定补偿分配,如根据《广州市农民集体所有土地征收补偿办法》第46条的规定,对非被征收土地农村集体经济组织成员建造或者购买房屋的补偿,宅基地使用权人(房屋出卖人)与房屋建造人(购买人)先行协商解决,协商不成的,可以依法申请调解、仲裁或者提起诉讼。如果双方因为拆迁征收利益分配引起纠纷,房屋出卖人主张农村房屋买卖合同无效,法院一般会认定出卖人需要承担较大的过错责任。因为拆迁补偿利益已经由买受人享受,买受人需要向出卖人支付拆迁征收利益的一定比例(一般是少于30%)作为经济补偿。

2. 通常是将宅基地使用权人作为被征收人,这种情况在多数地方存在。被征收人选择采取货币补偿或房屋产权调换(如按照被征迁房屋的合法补偿面积进行1∶1安置)方式,其拆迁征收利益也是比较清楚的。如果买受人主张农村房屋买卖合同无效,法院一般会认定出卖人需要承担较大的过错责任。出卖人需要向买受人支付拆迁征收利益的一定比例(一般是大于60%)作为损失赔偿。

3. 如果被征收人是宅基地使用权人,被征收人选择按照人口数计算的安置方式,其拆迁征收利益往往是不太清楚的,因为除安置房以外,可能还有车位、裙房店铺等,被征收人还需要自己向征收部门支付部分费用。如果买受人主张农村房屋买卖合同无效,出卖人会抗辩称拆迁安置系根据家庭人口数落实安置房的面积,与被拆迁房屋的面积无关。在这种情况下,法院一般会酌定出卖人承担的过错责任比例。如果法院支持出卖人的观点,显然对买受人不利,结果往往是出卖人得到房屋拆迁征收利益的大部分,买受人只能获得小部分,显然不符合公平合理原则,也变相鼓励了出卖人的不诚信行为。如果法院完全支持买受人的观点,有时也会显失公平,如被征收房屋的实际面积为50平方米,被征收人家庭有4人(农村户籍),可以获得安置房面积为200平方米,如果按照安置房面积计算损失赔偿,明显是对买受人很有利、对出卖人不利。所以,在此情况下,法院通常会适当降低出卖人承担的过错责任比例,或者直接酌定一定数额的损失赔偿。

4. 如果被征收人是宅基地使用权人,被征收人选择按照重新安排宅基地建房安置方式,政府另外审批一块宅基地供被征收人建房,这种方式不常见但也存在。实践中,有些地方政府为被征收人提供一块国有划拨性质的土地作为其建房所需。显然,买受人无法要求被征收人向其转让该宅基地使用权。出卖人额外多了一块宅基地,但造成买受人失去了被征收房屋的占有使用权益,显然不符合公平合理原则,所以应给予买受人一定的损失赔偿。在这种情况下,法院不能只按照征收部门确定的房屋评估价值计算损失,应酌定一定数额的损失赔偿。此外,如果征收部门知道该村民出卖住宅,一般不能对出卖人采取重新安排宅基地建房安置方式。法律依据是《土地管理法》第62条第5款规定:农村村民出卖、出租、赠与住宅后,再申请宅基地的,不予批准。

5. 如果被征收人是宅基地使用权人,登记在其名下被征收的农村房屋有多处。这种情况在一些地方也存在,由于历史原因,有些村民有两处宅基地。其中一处宅基地上房屋由被征收人自住,另一处宅基地被私下转让给他人建房。如果两处房屋都被征收,被征收人所获得的拆迁征收利益显然是与两处房屋都有关。即使被征收人选择按照人口数进行安置,买受人也可以主张按照拆迁征收利益的一定比例计算损失。但不能计算全部拆迁征收利益,需要按照作为买卖标的物的农村房屋占被征收的两处房屋的比例,进行析出后计算拆迁征收利益,在此基础上再结合出卖人应承担的过错责任比例,计算出出卖人应向买受人赔偿的经济损失。

6. 对于部分特定补偿款项的分配,如搬迁费、临时安置费、提前搬迁奖励等。该部分费用的产生是与房屋使用人的行为密切相关的,是对拆迁前房屋实际居住人的补偿,与房屋及宅基地的权属关系不大。故应当归拆迁前房屋的实际居住人(通常是房屋买受人)所有。

本书作者提出了一种新观点:因为双方对安置房屋市场价达不成一致,所以还需要申请进行价值的司法鉴定,花费较多的时间,导致房屋拆迁征收利益难以计算。可以考虑另一种方式,按重新购置房屋价格计算损失。理由是,房屋被拆迁征收、房屋买卖合同无效给买受人造成的主要损失是此后失去对案涉房屋的占有使用权益。如果买受人在现居住地没有其他住所,使得居住条件明显下降,需要购买商品房。新购置房屋的面积由法院酌定,可以参考被征收房屋的面积、新旧、位置,被征收房屋是由出卖人建造或买受人建造,此前买受人在该房屋中已生活居住的时间、买受人家庭的成员人数等因素。购房价格可以按照当地商品房的平均价格或安置房所在小区的平均评估价格计算,这种计算方法比较简单,也合情合理,可作为法院审判类似纠纷案件的备选方案。

四、合同无效但对征收补偿利益的约定仍有效

如果出卖人与买受人不是同一集体经济组织成员,农村房屋买卖合同一般会被认定为无效。是否意味着合同中所有内容都无效?如双方对该房屋以后被拆迁获得的征收补偿利益进行分享的约定。

《民法典》第156条规定:民事法律行为部分无效,不影响其他部分效力的,其他部分仍然有效。第507条规定:合同不生效、无效、被撤销或者终止的,不影响合同中有关解决争议方法的条款的效力。

从这两条规定可见,农村房屋买卖合同无效,不影响独立存在的有关解决争议条款的效力,如果作为买卖标的物的房屋被拆迁,双方应按照诚信原则,按照合

同约定处理征收补偿利益分配事宜。

广东省高级人民法院于 2022 年 12 月 15 日发布的《关于审理房屋买卖合同纠纷案件的指引》第 13 条第 2 款规定:"宅基地上房屋买卖合同无效,合同对将来因征收、征用取得的房地产补偿款分配有约定,当事人一方请求参照该约定分配补偿款的,人民法院可以根据补偿款的性质和类别酌情予以支持。"该指引经报最高人民法院审查同意,所以对其他法院处理类似案件也有一定的指导意义。

从该规定可见,农村房屋买卖合同无效,征收补偿利益归属的约定仍然有效。约定虽有效,但法院在处理争议时存在一定自由裁量权,即"根据补偿款的性质和类别酌情予以支持"。根据公平和诚实信用原则,如果双方在合同中约定征收补偿利益全部归买受人所有,法院一般应判决征收补偿利益的大部分可能归属买受人;如果双方约定按照一定的比例分享,法院应尊重当事人的约定。

从减少纠纷的角度来考虑,尤其是买受人为了保护自身利益考虑,可以要求在房屋买卖合同中对征收补偿收益分享进行约定。如在合同中约定,以后遇到该房屋被拆迁征收的情况,卖方应同意将买方作为被补偿人并书面告知征收部门。如果将卖方作为被征收人,卖方应将所得的全部征收补偿收益给付买方。或约定(选其一),所得的安置房归属卖方,所得的经济补偿全部归属买方,卖方应将所得的经济补偿及时交付给买方;双方同意所得拆迁征收收益各得一半;双方按照以下比例分享征收补偿收益,甲方获得 30%,乙方获得 70%(该比例可以由双方协商确定)。

以下举例说明。

案例一:农村房屋买卖合同被确认无效后,买受人应将房屋返还给出卖人。如果房屋已被拆迁征收无法返还,只能以该房屋所对应的征收安置补偿权益确认该房屋的价值。合同中对征收补偿利益分配有约定的,法院可以根据补偿款的性质和类别酌情予以支持。

案号为(2017)浙 0602 民初 3444 号的房屋买卖合同案件。案情简介:2007 年 8 月 27 日,陈某与诸某签订《绝卖房屋文契》,载明陈某现有坐落在绍兴市越城区某处的房屋 3 间,共计面积为 68.52 平方米。因陈某年事已高,独自一人,生活困难,故自愿将上述全部房产绝卖给诸某。经双方商定,转让价格为 60,850 元整,该款一次性付清。协议签订后,诸某向陈某支付购房款为 60,850 元,陈某向诸某出具收条并向被告交付案涉房屋。后,陈某向法院提起诉讼,请求确认双方签订的房屋买卖协议无效,并要求诸某赔偿损失 70 万元。

审理中查明,案涉房屋2017年2月因城中村改造被拆迁,《安置补偿协议书》载明该房屋认定合法建筑面积为73.95平方米,安置人口0人,各类拆迁安置补偿金额共计694,103元。陈某于2017年3月12日出具授权书,授权由诸某领取上述拆迁安置补偿款项。

浙江省绍兴市越城区人民法院审理后认为,该案的争议焦点之一:案涉《绝卖房屋文契》效力问题。根据房地一体原则,双方在买卖房屋的同时也处分了宅基地使用权。非集体经济组织成员或者是城镇居民,非经法定程序,均不得享受农村宅基地使用权。该案中,被告诸某非案涉房屋所在村集体经济组织成员,故原、被告双方所签订的《绝卖房屋文契》应属无效。该案的争议焦点之二:关于赔偿问题。案涉协议被确认无效后,被告诸某应将案涉房屋返还给原告,但由于上述房屋已被拆迁无法返还,故只能以上述房屋所对应的拆迁安置补偿权益确认该房屋的价值。原、被告签订的《绝卖房屋文契》中明确载明"自卖之后,如有政策性规定,房屋拆迁,村庄改造等,绝卖房屋人能享受的一切待遇均由受买人享受(包括拆迁赔偿,建房指标等),与此同时,绝卖房屋人应无条件协助受买人办理好一切手续",虽然该《绝卖房屋文契》无效,但可以反映出原、被告双方在签订该协议时的真实意思表示。由于案涉房屋房价上涨以及面临拆迁,其价值产生较大幅增值,该增值部分系被告基于信赖双方协议有效而产生的损失。基于双方在签订协议时各自的过错,并根据诚实信用原则之规定,法院确定被告对房屋拆迁安置补偿享有85%的份额,原告享有15%的份额。现因全部拆迁安置补偿款已由被告领取,故被告应支付给原告94,987.95元。所以判决:(1)确认原告陈某与被告诸某于2007年8月27日签订的《绝卖房屋文契》无效;(2)被告诸某向原告陈某支付94,987.95元。

案例二:农村房屋买卖协议无效,但其中对房屋被征收作出的约定应视为对拆迁安置所涉经济利益的自由处分。

一审案号为(2016)豫71行初91号,二审案号为(2016)豫行终2471号的确认行政行为无效及补偿案件(入库案例)。案情简介:2001年,因郑州市环城快速道路及柿园立交桥建设占用了中原区须水镇柿园村部分土地,为安置被占地村民,经郑州市人民政府研究决定,将柿园村搬迁到郑州市西流湖附近进行安置,并将西流湖东侧部分土地置换给须水镇政府建设柿园新区。李某购买了位于柿园新区11排232号宅基地并建有房屋,并于2003年5月30日办理了集体土地使用证,使用面积为132平方米。2009年4月21日,李某与张某签订了房屋及宅基地转让协议,约定将涉案宅基地及三层半楼房转让给张某,转让总价款为53万元,先支付50万元,过户手续办成后,张某将剩余3万元一次性支付,协议第六条还约定,如遇国家、政府及行政公用事业征用、征收,搬迁时出让方必须无条件、无偿协助受让方领取全部足额补偿款及房屋,双方并对其他事项进行了约定。次日,张某向李某支付转让款50万元,李某亦将集体土地使用证原件交付于张某,剩余3万元因未办理过户手续,张某未予支付。此后张某长期在此居住并对房屋重新进行了改建。2013年,郑州市中原区人民政府(以下简称中原区政府)对柿园村进行拆迁改造,涉案房屋在拆迁改造范围之内。经中原区政府成立的柿园拆迁指挥部及村民组在对附属物进行普查及空房验收后,2013年12月25日,中原区政府柿园拆迁指挥部与张某签订了拆迁补偿安置协议。2014年,李某向法院提起民事诉讼,请求确认李某与张某于2009年4月21日签订的《房屋及宅基地转让协议》无效。郑州市中原区人民法院作出(2014)中民二初字第194号民事判决,确认该转让协议无效。张某提起上诉,郑州市中级人民法院作出(2014)郑民三终字第793号民事判决,驳回上诉,维持原判。

审理中查明,李某在2001年购买涉案宅基地时不是柿园村村民,2004年3月16日李某将户籍迁入至中原区须水镇柿园村新区47号,但不享受村民待遇。张某也不是柿园村村民。

后,李某向法院提起行政诉讼,请求确认中原区政府柿园村拆迁指挥部与张某于2013年12月25日签订《拆迁补偿安置协议》无效,并要求中原区政府提供安置补偿。

河南省郑州铁路运输中级法院审理后认为,农村宅基地为农村集体经济成员建房所用,国家为保障农村集体成员的基本居住和生存条件,不允许将无偿取得的宅基地非法转让。该案中,政府部门在市政建设过程中,将安置柿园村被拆迁村民的土地作为宅基地时,也将部分土地出让给非本村村民作为宅基地使用。李某在取得涉案宅基时,就非为柿园村村民,故李某有偿取得涉案宅基地与一般农村集体组织成员无偿取得宅基地有所不同。李某向张某转让涉案房屋及宅基地时,张某也非柿园村村民。在中原区政府对柿园村进行城中村改造并与张某签订拆迁补偿安置协议后,李某向法院提起民事诉讼,其与张某签订的房屋及宅基地转让协议被法院民事判决确认无效,但该民事判决并未对转让协议无效的法律后果作出处理,双方房屋及宅基地转让协议被确认无效,并不必然导致中原区政府与张某签订的拆迁补偿安置协议无效及应向李某予以安置补偿的法律后果。中原区政府与张某签订拆迁补偿安置协议是基于张某在此长期实际使用居住及拆迁改造时的房屋也为张某重新改建的事实。另外,李某与张某在签订房屋及宅基地转让协议时,还专门约定了如遇国家、政府征收,出让方必须无条件协助受让方领取全部补偿款及房屋等。该约定表明,双方在签订协议时已经预见到涉案房屋被征收、征用的可能,该约定也是转让协议双方对拆迁安置中纯经济利益事项所作出的自由处分,涉案宅基地及房屋因被拆迁已丧失了居住和使用功能,现仅为拆迁利益,李某在已将房屋及宅基地转让交付多年并已取得对价的情况下,请求撤销中原区政府与张某签订补偿安置协议并请求对其进行安置补偿,缺乏事实和法律依据,且有违诚实信用和公平原则,对其诉讼请求不予支持。如李某对拆迁安置补偿利益仍有异议,可通过民事诉讼另行解决。所以作出(2016)豫71行初91号行政判决:驳回李某的诉讼请求。

李某提起上诉。河南省高级人民法院作出(2016)豫行终2471号行政判决:驳回上诉,维持一审判决。

李某申请再审。最高人民法院作出(2017)最高法行申6998号行政裁定书:驳回李某的再审申请。

五、农村房屋买卖的民事纠纷与行政处罚的关系

农村买卖房屋合同有效的前提条件是该房屋必须具有合法性,如果这一前提条件未能解决,农村房屋买卖合同很可能会被认定为无效。法院审理农村房屋买卖合同纠纷过程中,首先应当审查村民所出卖的标的物房屋建造是否经过审批及其宅基地使用权是否合法取得。如果村民持有不动产权属证书(包括以前颁发的房屋所有权证和宅基地使用权证、集体土地使用权证),房屋的合法性可以得到确认,在此基础上发生的农村房屋买卖合同纠纷,法院应当按照民事诉讼程序进行处理。如果村民持有农村宅基地批准书、建设用地许可证或乡村建设规划许可证(2007年前没有此证)等证明材料,说明其办理过宅基地申请审批与建房审批手续,即使没有办理房屋所有权证和宅基地使用权证、集体土地使用权证,法院一般也认定为房屋是合法建筑,但如果需要办理产权转移登记,首先应办理农村房屋的确权登记。

实践中,经常出现因村民将违法建造的房屋卖给他人而发生纠纷的情况,这样在民事纠纷和行政处罚交织的情况下如何处理两者关系。

因为违法建筑是不能买卖的,所以房屋买卖合同因违反国家强制性规范会被

认定为无效。但农村房屋是否是违法建筑,应当首先是由有关行政机关确认其对作为出卖人的村民作出限期拆除房屋的行政处罚决定是否已生效。因此,法院应当根据有关行政机关的处理结果去处理农村房屋买卖合同的效力问题。考虑到很多农村房屋没有办理确权登记,有关行政机关出于历史原因不会直接认定这些房屋为违法建筑或作出行政处罚,但法院不能因此拒绝裁判,所以法院通常不会直接判决该房屋的归属,而判决该房屋由谁占有使用。

如果农村房屋买卖的当事人在有关行政机关作出处罚决定前向法院提起民事诉讼的,法院经审查认为案涉房屋可能属于非法建筑,且有关行政机关已经立案调查的,应当中止审理,待有关行政机关作出处理后,再决定是否恢复审理。

《第八次全国法院民事商事审判工作会议纪要(民事部分)》"关于违法建筑相关纠纷的处理问题"中第21条规定:对于未取得建设工程规划许可证或者未按照建设工程规划许可证规定内容建设的违法建筑的认定和处理,属于国家有关行政机关的职权范围,应避免通过民事审判变相为违法建筑确权。当事人请求确认违法建筑权利归属及内容的,人民法院不予受理;已经受理的,裁定驳回起诉。

《土地管理法》第78条规定:农村村民未经批准或者采取欺骗手段骗取批准,非法占用土地建住宅的,由县级以上人民政府农业农村主管部门责令退还非法占用的土地,限期拆除在非法占用的土地上新建的房屋。超过省、自治区、直辖市规定的标准,多占的土地以非法占用土地论处。

如果有关行政机关对作为出卖人的村民作出限期拆除房屋的行政处罚决定,且该行政处罚决定已经生效。该村民就丧失了对该农村房屋买卖标的物的所有权,法院应当确认农村房屋买卖合同无效或者解除农村房屋买卖合同。

如果有关行政机关作出不予行政处罚的决定,法院应当继续审理农村房屋买卖合同纠纷案件,并按照相关法律的规定,对农村房屋买卖合同的效力作出判定。并在此基础上确定相应的房屋归属、由谁占有使用或应承担的违约责任。

由上可见,有效的农村房屋买卖合同由两个基本条件构成:一是作为标的物的农村房屋取得必须符合有关法律规定,尤其是要办理宅基地申请审批与建房审批手续;二是农村房屋买卖合同本身应当符合有关法律的规定,不存在合同无效的法定情形。

以下举例说明。

案例三①：购买违法建筑后，违法建筑的相关权利和义务均由买受人承受，违法建筑的实际占有人将作为被处罚的对象。

案情简介：2008年2月2日，金某以15.6万元的价格向徐某购买了案涉房屋。后，宁波市海曙区综合行政执法局认定案涉房屋是违法建筑，于2017年10月27日作出限期拆除的(2017)甬海建设一决字第37号处罚决定书，因金某系案涉建筑物的实际占有人，认为案涉建筑物的相关权利义务均由金某承受，所以将金某列为被处罚人。金某不服，提起行政复议，宁波市海曙区人民政府作出维持原来行政行为的决定。金某后又提起行政诉讼。宁波市海曙区人民法院认为，金某"在明知案涉房屋不具有合法手续仍愿意购买，应当视为其认可对案涉建筑相关权利义务的承继，且在其使用房屋期间并未依法办理相关规划审批手续，属于违法行为的持续状态"。所以，该法院作出的(2018)浙0203行初44号行政判决书认为，宁波市海曙区综合行政执法局将金某认定为该案违法搭建处罚对象正确，驳回了金某提起的诉讼请求。金某不服，提起上诉。宁波市中级人民法院于2019年2月19日作出(2018)浙02行终431号行政判决书，维持一审判决。

此后，金某提起申诉。2021年1月19日，浙江省高级人民法院作出(2020)浙行申653号行政裁定书。该法院认为，该案中，宁波市规划局海曙分局已经明确，涉案建设行为未取得建设工程规划许可证，且不具备补办条件。据此，宁波市海曙区综合行政执法局认定案涉房屋是违法建筑并作出限期拆除的(2017)甬海建设一决字第37号处罚决定，并无不当。但在该案中，宁波市海曙区综合行政执法局在作出处罚决定前未进行听证告知，程序重大违法。但鉴于案涉房屋已经被拆除，责令重新作出处罚决定已无实际必要，应当确认该行政处罚决定违法。宁波市海曙区人民政府作出的复议决定未对宁波市海曙区综合行政执法局的重大程序违法予以纠正不当，依法应当予以撤销。案涉房屋是违法建筑，申请人金某系实际占有人，案涉建筑物的相关权利义务均由金某承受，被诉的(2017)甬海建设一决字第37号处罚决定书将其列为被处罚人并无不当。所以裁定驳回金某的再审申请。

---

① 参见《浙江高院案例：购买违法建筑后，违法建筑的相关权利和义务均由购买者承受，违法建筑的实际占有人将作为被处罚的对象》，载微信公众号"行政法报"2023年2月28日。

第四节 与农村房屋买卖相关的纠纷案例

一、农村房屋买卖合同纠纷案例

目前,我国农村中存在较多的闲置房屋。因为受制于宅基地使用权一般不能交易的强制性规定,所以很难转让。此前,曾出现农村房屋私下转让但后来村民反悔的一些案例,如备受新闻媒体关注的北京宋庄"画家村"农村房屋买卖合同纠纷案件。

案例四:农村村民将农村房屋转让给非本集体经济组织成员,农村房屋买卖合同一般会被认定为无效。案涉房屋应该返还给出卖人,同时出卖人应退还购房款。出卖人应对合同无效承担主要责任,应承担损失赔偿责任。

一审案号为(2021)浙1004民初6026号,二审案号为(2022)浙10民终906号的农村房屋买卖合同纠纷案件。案情简介:管某与王某1是夫妻关系,杜某、王某2是夫妻关系。2000年5月28日,经人介绍,管某与杜某商量购买案涉房屋事宜,后由王某1与杜某、王某2签订房屋买卖协议书。同日,王某1向杜某支付购房款11.88万元,杜某出具收条,载明:今收到王某1屋款计人民币壹拾壹万捌仟捌佰元整。杜某将案涉房屋所有权证和集体土地建设用地使用证交付给管某。后,管某、王某1一家入住案涉房屋。2014年3月29日,当地相关部门(甲方)与杜某(乙方)订立房屋拆迁补偿协议书和房屋拆迁安置协议书,约定乙方自愿将案涉房屋拆除,共计合法建筑面积173.33平方米,另有违章建筑面积56.45平方米;甲方应安置乙方4人;人均安置住房建筑面积50平方米,按限额标准的120%计应安置面积240平方米,该户选择安置的套型为大套(120平方米)2套。后,双方因费用补偿问题协商未成,王某1向法院提起诉讼。

审理中查明,王某1非该村村民,案涉房屋尚未拆除。

浙江省台州市路桥区人民法院审理后认为,民事主体从事民事活动,应当遵循诚信原则,秉持诚实、恪守承诺。该案中,被告杜某、王某2虽否认与原告王某1之间存在房屋买卖关系,而承认与原告之夫管某存在房屋买卖行为,结合原告王某1与管某系夫妻关系的事实,足以认定被告杜某、王某2与原告王某1之间的农村房屋买卖合同成立。案涉房屋宅基地属于农民集体所有,宅基地使用权是集体经济组织成员享有的权利,原告王某1作为非该村村民,与被告成立农村房屋买卖合同,虽系双方真实意思表示,但违反了法律、行政法规的强制性规定,应为无效。合同无效后,因该合同取得的财产,应当予以返还。有过错的一方应当赔偿对方因此所受到的损失,双方都有过错的,应当各自承担相应的责任。该损失应包括因该合同产生的信赖利益损失。原告据此应将案涉房屋返还给被告,被告应返还原告购房款11.88万元。该案中,原、被告均应知晓涉案房屋系农村宅基地上所建房屋,依法不能转让给本集体经济组织以外的成员,但双方仍进行转让,故双方对此均存在过错。对于过错责任问题,考虑到原告购买案涉房屋至今已逾二十多年,购买房屋的目的亦为自家居住,而被告一方面否认与原告之间存在房屋买卖行为,又主张政府拆迁安置系根据家庭人口情况落实安置住房面积,与原告购买的房屋无关,显与政府以实施房屋拆迁为前提而进行补偿安置的事实不符,亦有违民事活动应当诚实信用原则,对此,被告应对合同无效承担主要责任,法院依法酌定原、被告双方的过错比例为40%、60%。审理中,双方均认可当前安置房价在每平方米1.1万元左右,法院亦予确认,故此按照公平、诚信原则,酌情由被告杜某、王某2赔偿原告王某1共158.4万元。所以判决如下:(1)王某1将案涉房屋返还给杜某、王某2;杜某、王某2返还王某1购房款11.88万元。(2)杜某、王某2赔偿王某1经济损失158.4万元。(3)驳回王某1的其他诉讼请求。

杜某、王某2提起上诉。浙江省台州市中级人民法院二审判决驳回上诉,维持原判。

案例五:房屋买卖合同虽然无效,但买受人对案涉房屋进行了翻建、装修并长期居住,法院驳回出卖人要求买受人腾退房屋的请求。

一审案号为(2013)邮民初字第1544号,二审案号为(2014)扬民终字第0055号的确认合同无效纠纷案件。案情简介:方某与朱某原系江苏省高邮市高邮镇闸北村村民,叶某、朱某系夫妻关系。2009年10月30日,方某与叶某、朱某签订了房地产买卖契约,约定方某自愿将其所有的位于高邮镇新城村柏家组新建两间上下三层新毛坯约128平方米的房屋出售给叶某、朱某,价格为323,000元。签约时,双方都知道案涉房屋是建在集体所有土地上。此后,方某将案涉房屋及房产证交付给叶某、朱某,叶某、朱某向方某支付全部房款。叶某、朱某对案涉房屋进行装饰装修,并在案涉房屋前后加建30多平方米,并生活居住,但未能办理产权转移登记手续。此后,案涉房屋即将被拆迁,方某向法院提出要求确认房地产买卖契约无效,并要求叶某、朱某腾退出案涉房屋。

江苏省高邮市人民法院审理后认为,案涉房屋土地性质属于集体土地。两被告在向原告购买案涉房屋时,户口均为非农户口。根据《土地管理法》相关规定,农村集体所有土地的使用权不得转让集体经济组织以外的居民,原告将其农村宅基地上的房屋出售给两被告,违反了法律禁止性规定,故双方签订的房地产买卖契约应认定为无效。但鉴于原、被告双方当时是基于自愿达成该协议,且该协议内容双方已经履行完毕,两被告在购得该房屋后,一直居住该房屋,且对该房屋进行了装修装饰,现原告因拆迁利益而反悔,要求两被告搬出该案涉房屋,显然违反诚实信用、公平的原则,故对原告要求两被告让出案涉房屋的诉讼请求,法院依法不予支持。所以判决:(1)原告方某与被告叶某、朱某签订的房地产买卖契约无效;(2)驳回原告方某要求被告叶某、朱某腾退出案涉房屋的诉讼请求。

方某提起上诉,江苏省扬州市中级人民法院二审判决驳回上诉,维持原判。

2013年10月,案涉房屋被拆迁,叶某、朱某获得拆迁补偿款。2014年3月,方某再次提起诉讼,要求被告叶某、朱某给付房屋拆迁补偿款计208,019.47元。

江苏省高邮市人民法院审理后认为,方某与叶某、朱某签订的房屋买卖合同系无效合同,现该房屋已拆迁,不能返还,根据法律规定,应当折价补偿。该案中,原、被告双方的房屋买卖行为违反了法律禁止性规定,双方对纠纷的发生均有一定的责任。充分考虑两被告重新购房的合理支出后,由原告与两被告按3:7的比例分割案涉房屋拆迁补偿款。所以判决:被告叶某、朱某一次性给付原告方某案涉房屋折价补偿款77,308.34元。

案例六:买受人之一或其家庭成员与出卖人为同一集体经济组织成员的,农村房屋买卖合同有效。

一审案号为(2020)浙0602民初2788号,二审案号为(2020)浙06民终4606号的农村房屋买卖合同纠纷案件。案情简介:1996年2月13日,孟某2与边某、孟某1签订《绝卖房契》,载明孟某2将位于绍兴市越城区鉴湖镇某村的二楼一间房屋卖给边某、孟某1,双方同意转让价款为1500元。协议签订后,案涉房屋一直由孟某1及其父母占有使用,同时,孟某1持有案涉房屋的集体土地使用权证。此后,孟某1与边某结婚,生有一个孩子。两人后因感情破裂离婚,边某明确表示放弃对案涉房屋享有的所有权及房屋宅基地使用权,由孟某1一人享有。所以,孟某1向法院起诉,请求确认于1996年2月13日签订的《绝卖房契》合法有效。

浙江省绍兴市越城区人民法院审理后认为,违反法律、法规的强制性规定的合同为无效合同。根据土地管理法律法规的规定,任何单位和个人不得非法转让土地,农村宅基地属于农民集体所有,系集体经济组织成员享有的权利,与特定身份相关,而买受人其中之一边某并非案涉房屋宅基地所在地的集体经济组织成员,孟某1、边某与孟某2之间的房屋买卖合同违反法律强制性规定,故法院确定案涉房屋买卖合同无效。所以判决驳回孟某1的诉讼请求。

孟某1提起上诉,并提供新的证据,证明共同买受人中孟某1为房屋所在地的集体经济组织成员。浙江省绍兴市中级人民法院审理后认为,虽然边某并非案涉房屋宅基地所在地集体经济组织成员,但是另一共同购买人即孟某1在与孟某2签订案涉房屋买卖合同时系案涉房屋宅基地所在地集体经济组织成员,且边某已明确表示放弃案涉房屋所能享有的份额,故案涉《绝卖房契》并未实际损害集体经济组织的利益。所以判决:(1)撤销浙江省绍兴市越城区人民法院(2020)浙0602民初2788号民事判决;(2)确认孟某1、孟某2于1996年2月13日签订的《绝卖房契》合法有效。

案例七:买受人或其家庭成员后来成为房屋所在地的集体经济组织成员,农村房屋买卖合同有效。

一审案号为(2016)京0112民初27957号,二审案号为(2017)京03民终3696号的农村房屋买卖合同纠纷案件。案情简介:徐某1系河南省许昌县的农民,与徐某2系父子关系。陈某系北京市通州区宋庄镇管头村农民。1993年2月9日,徐某1与陈某签订《卖房契约》,约定陈某自愿将五间农村房屋卖予徐某1使用,作价4200元整。陈某收取了全部房款后将房屋交付给徐某1。徐某1后于1999年在案涉院落新盖了东西厢房各两间,南房五间。2003年将五间老房翻建为四大间正房。徐某1一家从购买房屋后一直在此生活居住。2015年8月,徐某1之子徐某2的户口也迁至该院落所在的北京市通州区宋庄镇管头村,成为该村集体经济组织成员。后双方产生纠纷,陈某主张《卖房契约》不成立,但承认卖了房屋使用权。徐某1、徐某2向法院提起诉讼,请求确认《卖房契约》有效。

北京市通州区人民法院审理后认为,陈某认可与徐某1签订了《卖房契约》,认可将房屋出售给徐某1,且已收取了全部购房款为4200元,这是陈某自认的事实。徐某1在与陈某签订《卖房契约》时虽非宋庄镇管头村村民,但其家庭成员中的徐某2已迁户口至宋庄镇管头村,成为该村村民,与陈某成为同一集体经济组织成员。根据相关规定,徐某1与陈某于1993年2月9日签订的《卖房契约》应为有效合同。应从诚实信用原则的角度保护当事人合法权益,维护合同的稳定性,提倡契约精神。所以判决确认徐某1与陈某于1993年2月9日签订的《卖房契约》有效。

陈某提起上诉,北京市第三中级人民法院二审判决驳回上诉,维持原判。

案例八:村集体经济组织与本村村民之间签订的房屋买卖合同,不因不符合宅基地"一户一宅"的规定而被认定为无效。

案号为(2021)浙0226民初4743号的房屋买卖合同纠纷案件。案情简介:杨某系浙江省宁海县跃龙街道南门股份经济合作社(以下简称南门合作社)的村民。2010年12月10日,杨某向南门合作社支付购房款50万元。2011年7月16日,双方签订房屋买卖协议,约定杨某于2010年12月20日以公开竞价形式买得南门合作社所建的、位于宁海县跃龙街道某处的房屋,价格为141.5万元。首付50万元,其余部分待房产证件办理到位时由杨某一次性支付。南门合作社将案涉房屋交付后,杨某进行装修并一直在其中生活居住。后,南门合作社向法院提起诉讼,杨某提起反诉。

浙江省宁海县人民法院审理后认为,原、被告于2011年7月16日签订的房屋买卖协议合法有效。2021年11月8日,被告在法院对其进行询问时表示对原告要求解除双方之间的房屋买卖协议没有异议,故对原告的该诉讼请求法院予以支持,该房屋买卖协议于2021年11月8日解除。合同解除后,尚未履行的,终止履行;已经履行的,根据履行情况和合同性质,当事人可以请求恢复原状或者采取其他补救措施,并有权请求赔偿损失。法院对原告要求被告腾空并返还案涉房屋的诉讼请求和被告要求原告返还购房款并赔偿自合同解除之日起按照同期全国银行间同业拆借中心公布的贷款市场报价利率计算的利息损失以及赔偿房屋装修损失的反诉请求予以支持。因案涉房屋交付后一直由被告占有使用并出租收益,故对被告主张的合同解除前的利息损失不予支持。被告庭审后提出的关于合同效力的意见,因现行法律仅对非本集体经济组织成员之间的宅基地买卖行为进行了禁止性规定,并未对同一集体经济组织内的买卖行为进行限制,"一户一宅"的规定属行政调整的范畴,并不影响案涉房屋买卖行为本身的效力,故被告的该抗辩意见不能成立。所以判决:(1)解除房屋买卖协议,解除日期为2021年11月8日;(2)杨某腾空并向南门合作社返还房屋;(3)南门合作社返还杨某购房款为50万元,并赔偿利息损失;(4)南门合作社赔偿杨某装修损失费为26,900元。

案例九：未经登记的农村房屋转让行为不应适用登记生效原则，法院不能仅以房屋所有权和宅基地使用权未办理初始登记为由，否定农村房屋转让的效力。未登记的宅基地使用权再转让的，受让方应当在取得物权后，及时办理初始登记。

一审案号为(2009)甬仑民初字第470号，二审案号为(2009)浙甬民二终字第588号的房屋买卖合同纠纷案件。案情简介：曹某与孙某1系夫妻，婚后共生育二子一女，分别为长子孙某2、次子孙某3、女儿孙某4；孙某2与李某系夫妻，二人婚后生育一子，即孙某5。1988年4月，以孙某2为户主，向当地乡政府申请旧屋原拆原建，经审批同意后在原宅基地上建造平房3间。1992年，孙某1去世。1997年10月，因孙某2生意亏损，欠下巨额外债，离家出走。外出前，孙某2与案外人沈某一同到村委会并出示了一份有两人签字、捺指印的书面字据，孙某2将3间平房抵偿给沈某。此后不久，沈某也因负债外出。1998年6月，沈某的岳母以沈某的名义，将3间平房卖给孙某6，并签订买卖协议，转让房款为22,000元。协议签订后，曹某离开案涉房屋，孙某6入住。1998年10月，孙某6对3间平房进行了翻建，翻建成3间二层楼房，并进行了装修。2001年和2005年，孙某2曾回过当地，但未向孙某6主张过房屋权益。此后，孙某2、李某、孙某5、曹某、孙某3、孙某4（以下简称六原告）向法院提起诉讼，要求确认案涉房屋为六原告所有，要求孙某6将案涉房屋腾空后返还给原告，并赔偿租金损失。

宁波市北仑区人民法院审理后认为，案涉房屋原由孙某2与家人在1988年经合法审批而建造。1992年孙某1去世后，他所有的份额应由他的继承人继承，此时该房屋为六原告所共有。1997年10月，孙某2作为户主在处理家庭经济事务过程中明确作出以房屋抵债的意思表示，将房屋抵偿给沈某，并出具相关书面承诺，这使被告孙某6在1998年6月与沈某进行房屋买卖的过程中，有理由相信当时沈某已取得房屋的所有权。同时，孙某6按照当时的市价支付了房屋价款，并在嗣后实际占有了房屋，孙某6的购房动机是善意的；而且，双方系同村村民，案涉房屋也在该村，房屋交易又是在该村民委员会的见证下进行的，在农村房屋产权登记制度尚不完善的情况下，具有一定的公信力和公示效应，被告孙某6对房屋的取得为善意取得。为保护善意取得人的利益，所以判决驳回六原告的诉讼请求。

六原告提起上诉，浙江省宁波市中级人民法院二审判决驳回上诉，维持原判。

二、农村房屋转卖产生的纠纷案例

在农村房屋买卖合同纠纷中，有一种特殊情况：农村房屋经过转卖甚至多次转手。如果此后发生纠纷,该如何处理?

首先,需要明确相互之间的法律关系。这其中存在多个农村房屋买卖合同关系,中间可能还存在加价转让的情况。如甲是宅基地使用权人也是登记的房屋所有权人,甲将农村房屋转让给乙,乙住了几年后又加价转卖给丙,后来丙又将该农村房屋转让给丁,丁是房屋的实际居住人。后因为发生拆迁征收,征收部门将甲作为被征收人,所有的拆迁征收利益(包括安置房与经济补偿)都归甲。丁对此不服,于是提出要求甲向其交付拆迁征收利益,至少部分利益应归丁,但被甲拒绝。甲认为自己是将该房屋卖给乙的,即使有纠纷,也是乙提出请求,丁无权向甲直接提出要求。一旦发生这种纠纷,按照合同相对性的原则,丁只能起诉丙,在确认农村房屋买卖合同无效的基础上要求丙退还购房款并赔偿经济损失。同样,丙向丁承担责任后,可以起诉乙,在确认农村房屋买卖合同无效的基础上要求乙退还购房款并赔偿经济损失。当然,乙向丙承担责任后,可以起诉甲,在确认农村房屋买卖合同无效的基础上要求甲退还购房款并赔偿经济损失。这样就成为一个连环套的诉讼。如果乙、丙、丁都与甲不是同一集体经济组织成员,相关的几份农村房屋买卖合同在不同的诉讼案件中可能都会被法院认定为无效,然后债权逐级追偿。如果存在加价转让的情况,相互之间的债权并不相同,需要在每个诉讼中进行债权确认,增加当事人的很多讼累,也占用了很多司法资源。如果乙或丙与甲是同一集体经济组织成员,又涉及其中有些农村房屋买卖合同有效、有些农村房屋买卖合同无效的情况,有些是按照合同违约责任处理,有些则是按照合同无效后赔偿损失处理,案件处理将相当麻烦。所以,作者建议:在处理类似的农村房屋转卖产生的纠纷中,法院可以在受理农村房屋买卖合同时依职权将宅基地使用权人与相关的中间人作为第三人参加诉讼,宅基地使用权人与相关的中间人也可以申请加入该诉讼,这样有利于查清事实、明确责任。法院可以在判决中要求第三人承担相应的责任,如退还购房款并赔偿经济损失。

其次,要确认农村房屋买卖合同效力。非同一集体经济组织成员之间就农村房屋"连环买卖"的法律效力认定,在我国现行法律框架下,房屋买卖遵循"房地一体"原则,即农村房屋买卖必然涉及宅基地使用权的转移。如果买受人、再受让人与出卖人不是同一集体经济组织成员,农村房屋买卖合同一般会被法院认定为无效。但如果最终的受让人与出卖人属于同一集体经济组织成员,从鼓励诚实信用、维护交易安全、保护善意第三人角度出发,农村房屋"连环买卖"的行为会被法院认定为有效。

案例十[①]：**农村宅基地房屋出售16年并历经多次转让，法院认定农村房屋买卖合同无效。**

案情简介：1992年，孙某将案涉的宅基地上房屋通过口头协议出售给李某。案涉房屋后又被转卖多次，李某及其他买受人均非该村村民。其中董某作为最后一次转卖的买受人于1997年购买了案涉房屋，受让价格为15,000元。2008年，孙某将李某诉至法院，要求确认其与李某之间的房屋买卖合同无效，后法院作出判决确认孙某及李某之间的房屋买卖合同无效。该判决生效后，孙某又将董某诉至法院，要求其腾退案涉房屋，在该案件审理过程中，董某提出了反诉，要求孙某赔偿其损失，包括因合同无效后其需要购买新房的房款为465,390元，房屋改造及维修费为60,000元。在该案审理过程中，法院依法委托评估机构对案涉房屋的宅基地区位补偿价及房屋重置成新价进行评估，评估机构作出的评估结果为区位补偿价为276,701元，房屋及附属物价值为73,108元。后，法院判决：(1)董某将案涉房屋返还给孙某；(2)孙某给付董某房屋及附属物补偿款73,108元。

该判决书中关于区位补偿价的论述：因案涉房屋及院落尚未进入征用拆迁程序，区位补偿价只是期待利益，不具有现实性，将来能否实际发生亦不具有确定性，并指出若区位补偿价实际产生后可另行解决。

案例十一：农村房屋经过多次转卖，最终买受人为房屋所在地集体经济组织成员的，房屋买卖行为被认定为有效。

一审案号为(2016)京0112民初28940号，二审案号为(2017)京03民终9311号的农村房屋买卖合同纠纷案件。案情简介：李某系北京市通州区宋庄镇辛店村村民；饶某是名画家，非该村村民。1995年5月26日，李某将自有的5间平房，作价1.5万元卖给了饶某，双方签订了房屋买卖合同。之后，饶某新建了南房四间、东厢房一间、西厢房二间，另加部分设施。2007年8月31日，饶某将该院落及房屋整体使用权转让给郭某，总价20万元。2016年9月6日，郭某与尹某签订房屋买卖合同，郭某将上述房屋及院落使用权转让给尹某，总价218万元。之后，李某以饶某为被告，以郭某、尹某为第三人向法院提起诉讼，要求确认李某与饶某于1995年签订的房屋买卖合同无效，并要求第三人腾房，李某愿意返还购房款1.5万元。

---

① 参见《农村宅基地房屋出售16年并历经多次转让，法院为何仍支持初始售房人判决房屋买卖合同无效？买方主张区位补偿款获法院支持！》，载微信公众号"耕道律师团"2017年11月20日。

审理中查明,尹某系北京市通州区宋庄镇辛店村村民,为农业家庭户口,与李某系同村村民。尹某已将案涉房屋出租给案外人。

北京市通州区人民法院审理后认为,李某主张1995年其与饶某签订的农村房屋买卖合同无效,主要理由是饶某非北京市通州区宋庄镇辛店村村民。根据相关法律规定,禁止城市居民到农村购买房屋及宅基地,饶某属于城市居民,违反了法律的强制性规定,非本村集体经济组织成员无权使用本村宅基地,故合同无效。根据国家关于农村宅基地流转的政策,农村宅基地在同一集体经济组织成员间可以自由流转,从该案涉房屋的最终使用人来看,系由与李某为同一集体经济组织成员的尹某所购得,尹某在该案中系案涉房屋的最后一手购房人,尹某与李某为同村村民,其有权购买并有权使用案涉房屋的宅基地。所以判决驳回李某的诉讼请求。

李某提起上诉,北京市第三中级人民法院二审判决驳回上诉,维持原判。

三、违法建筑转让产生的纠纷案例

在一些农村房屋买卖合同纠纷案件中,因为案涉房屋属于违法建筑,被相关部门要求限期拆除,导致双方产生纠纷引起诉讼。农村房屋被认定为违法建筑,常见的有以下三种情况:一是农村村民非法占用集体土地建造房屋的;二是农村村民未经审批就建造房屋的;三是村集体非法占用农用地建造房屋的。

第一种情况的农村违法建筑,主要是违反了《土地管理法》及《土地管理法实施条例》的相关规定建造房屋,包括擅自在耕地上建房、骗取批准建房、超过批准的面积多占土地建房等情形。如《土地管理法》第78条规定:农村村民未经批准或者采取欺骗手段骗取批准,非法占用土地建住宅的,由县级以上人民政府农业农村主管部门责令退还非法占用的土地,限期拆除在非法占用的土地上新建的房屋。超过省、自治区、直辖市规定的标准,多占的土地以非法占用土地论处。

第二种情况的农村违法建筑,是指违反《城乡规划法》的相关规定,未依法取得乡村建设规划许可证或者未按照乡村建设规划许可证的规定,在集体土地上进行建设,从而无法办理所有权登记的建筑物,包括未批先建、不按规划许可证的规定擅自加层建设等情形。如《城乡规划法》第65条规定:"在乡、村庄规划区内未依法取得乡村建设规划许可证或者未按照乡村建设规划许可证的规定进行建设的,由乡、镇人民政府责令停止建设、限期改正;逾期不改正的,可以拆除。"

如果案涉房屋被有关部门确认为非法建筑,并被要求限期拆除,该农村房屋买卖合同自然无效。买受人可以要求出卖人退还购房款,并要求赔偿损失。如果双方都知道该农村房屋是违法建筑,法院会认定双方都有一定的过错,应按照相应的过错责任来承担损失。

第三种情况相对比较复杂。由于一些历史原因,我国各地确实存在一些以村集体经济组织或村委会的名义非法占用土地建造住宅,然后出售给本村村民或者其他人的情况。因为不符合有关用地规划,所以无法办理产权证。后来在土地清查过程中发现此情况,或因为道路建设等需要征收土地,有关部门要求限期拆除,导致发生纠纷。因为该住宅是违法建筑,所以村集体经济组织作为出卖人与买受人之间签订的农村房屋买卖合同应被认定为无效。买受人可以要求出卖人退还购房款,并要求赔偿损失。但对双方的过错责任的认定往往存在较大的争议,本书作者认为:村集体经济组织应承担主要或者全部的过错责任,并赔偿因此给买受人造成的经济损失。

案例十二:以违法建筑为标的物的房屋买卖合同被确认无效后,应按照缔约过失责任处理后续问题,双方所承担的损失为缔约过程中因合同无效给对方造成的相应损失,而非合同标的自身之价款,且该损失与对方当事人之过错行为存在因果关系。

一审案号为(2015)顺民初字第07541号,二审案号为(2015)三中民终字第11075号的农村房屋买卖合同案件。案情简介:李某为海淀区居民,左某为某镇某村村民。2013年7月23日,左某和李某签订了两份协议书。其一,左某将房产转让给李某,村委会收取管理费500元整,此协议书生效。其二,经村委会研究,同意李某长期使用左某房产,面积为402平方米,每平方米收取土地使用费30元。两份协议均有李某、左某签字及当地村委会盖章。2013年7月30日,左某与李某签订房屋出让书,内容:左某收到李某交付的65万元整,自愿将本人位于某村的房产交李某永久使用,并自愿放弃此房屋的所有权、使用权、继承权及一切与此房屋相关的权利。双方及见证人在落款处签名、捺指印。当日,李某向左某交付购房款65万元,左某将房屋交付给李某。经查明,该房为左某所建,位于所在村的集体空闲土地上,无集体土地使用权证。2013年9月,案涉房屋被当地镇政府定为违法建筑,并向左某送达限期拆除通知书,但未通知李某;2014年5月22日,镇政府向左某送达催告书;5月24日,镇政府向左某、李某解释拆除原因。之后,房屋被拆除。经查,案涉房屋建于2011年,经村委会同意,但无审批手续,建筑成本不到30万元,李某在购买案涉房屋后,未对房屋进行过改建。房屋被拆后,李某以左某、村委会为被告向法院提起诉讼,请求确认房屋出让书及协议书均属无效;请求返还购房款,并赔偿房款利息等相应损失。

北京市顺义区人民法院审理后认为,案涉房屋因系违法建筑,属不可交易物,故案涉房屋出让书、协议书均属无效。左某明知房屋并未建在宅基地上,不具备合法产权,而将其出卖给李某,负主要过错;李某因未尽谨慎审核义务,担次要责任。法院根据双方所承担的责任比例,确定左某应返还李某70%的购房款;村委会收取的费用全额返还。所以判决:(1)李某与左某签订的房屋出让书、协议书无效;(2)左某返还李某房屋出让款455,000元;(3)村委会返还李某土地使用费、管理费共计17,060元。

李某提起上诉,北京市第三中级人民法院审理后认为,该案争议焦点是合同效力及其后续问题处理。鉴于案涉房屋属违法建筑并已被拆除,故案涉买卖协议均属无效。其后续问题应按缔约过失责任的原则予以处理,因案涉违建房屋已被拆除,故不存在相应的房屋返还问题。所涉及的直接经济损失主要就是建筑成本和购房款利息。左某将违建房屋出售,其过错程度明显;但李某未尽审慎注意义务,亦存在相应过错。因案涉房屋是先建成再出售,并非双方协议合建,故李某是否购买该房屋对房屋被拆除一事并无影响,该房被拆除与李某之审慎注意义务之间并无因果关系,故左某应自行承担建筑成本损失;一审法院以购房价款为基数确定责任份额不当。但因案涉房屋已实际交付使用,依公平原则,李某应支付一定的使用费用,根据案件具体情况,酌定为5万元。据此,二审判决:(1)维持一审法院认定合同无效和村委会返还管理费的判项;(2)改判左某返还李某房屋出让款60万元。

案例十三:如果案涉房屋是违法建筑,双方签订的房屋转让协议应为无效。合同被认定为无效后,因该合同取得的财产应予返还;不能返还或者没有必要返还的,应当折价补偿。有过错的一方应当赔偿对方因此所受到的损失;双方都有过错的,应当各自承担相应的责任。

一审案号为(2021)京0116民初5936号,二审案号为(2022)京03民终4229号的农村房屋买卖合同案件。案情简介:2019年2月25日,贺某与张某签订房屋转让协议,约定贺某将位于北京市怀柔区某镇某村整院面积约1200平方米的大院房屋转让给张某所有,总价为110万元。合同签订后,张某分5次向贺某转账交付共110万元,贺某出具收据。之后,张某向法院提起诉讼,贺某提起反诉。

审理中，双方均认可案涉房屋因系违法建筑已被拆除。腾退协议系张某与北京市怀柔区某镇政府签订的，且地上物拆除后的腾退配合奖励由张某领取，金额为290,551元。

北京市怀柔区人民法院审理后认为，张某和贺某签订的合同名为房屋转让协议，实则根据合同内容及双方当事人的陈述，应包括土地使用权的转让及地上物的作价买卖。因案涉房屋系违法建筑，故双方签订的房屋转让协议违反了法律、行政法规的强制性规定，应为无效。合同无效，因该合同取得的财产应予返还；不能返还或者没有必要返还的，应当折价补偿；有过错的一方应当赔偿对方因此所受到的损失；双方都有过错的，应当各自承担相应的责任。贺某应当将取得的购房款返还张某，张某应当返还房屋。张某将房屋腾退给了镇政府，因此获得290,551元，房屋腾退后被拆除应视为张某已经履行返还义务，但因张某取得的290,551元款项实则是对房屋拆除的补偿，应在贺某应返还给张某的购房款中扣除。所以判决：(1)确认张某与贺某于2019年2月25日签订的房屋转让协议无效；(2)贺某返还张某购房款809,449元。

贺某提起上诉，北京市第三中级人民法院二审判决驳回上诉，维持原判。

四、名为房屋买卖实为其他权益转让的纠纷案例

在一些案件中案由为农村房屋买卖合同纠纷，但实际上是宅基地使用权的转让，或者虽然是农村房屋买卖合同，但买受人的主要目的不是获得房屋所有权，而是获得宅基地使用权，在获得老旧的农村房屋后，买受人将其拆除，在宅基地上建造新房。这是农村房屋买卖合同纠纷的特殊类型。

农村房屋与宅基地使用权不可分离，农村房屋买卖必然涉及宅基地使用权转让，因此，应以宅基地使用权转让行为的效力来判断农村房屋买卖合同的效力。宅基地为农村集体所有，宅基地使用权由农村集体经济组织的成员基于村民身份，通过申请并获得批准的方式取得。农村宅基地具备福利性和社会保障功能，所以国家严格限制宅基地使用权及其上所建房屋的流转。与农村房屋买卖合同类似，向非本集体经济组织成员转让宅基地使用权的合同，违反了法律、法规的强制性规定，应为无效。

宅基地使用权及其上所建房屋转让合同无效产生的直接后果是财产的相互返还。法院一般会认定出卖人对合同无效具有较大过错，应赔偿买受人的损失。

以下举例说明。

案例十四：农村房屋买卖合同的买受人与出卖人是案涉宅基地所在地同一集体经济组织成员或存在其他特殊情况，房屋买卖行为会被认定为有效。

一审案号为(2021)湘1002民初75号，二审案号为(2021)湘10民终818号的案件。案情简介：陈某户籍地为湖南省郴州市北湖区某街道某村6组，其在该组建有一处住宅。黄某户籍地为湖南省郴州市某处，其在该处建有一处住宅，因灾损毁，无法居住，故欲在其生父户籍地即陈某户籍地购买一处房屋用于居住。2004年2月24日，双方签订立卖合约，黄某出资24,888元购买了陈某在该村6组的住宅。此后，黄某付清了全部房款，全家居住于上述住宅中，陈某向黄某交付集体土地使用权证。陈某此前以灾民身份另行申请了一处宅基地，获批后，建设住宅并居住。2018年3月14日，该村6组与黄某签订书面协议，确认上述买卖及黄某已支付2000元土地补偿款的事实，并约定土地征收款的分配。此后，陈某向法院提起诉讼，请求确认与黄某买卖宅基地上房屋的行为无效，并要求黄某腾出案涉房屋返还给陈某，并返还案涉集体土地使用权原件。

郴州市北湖区人民法院审理后认为，陈某将宅基地使用权转让给集体经济组织之外的黄某，违反国家法律规定，双方签订的立卖合约应系无效。因该合同取得的财产，双方均应予以返还，但因陈某已以灾民身份获批另一处宅基地，按照《土地管理法》第62条"农村村民一户只能拥有一处宅基地"之规定，陈某通过国家政策优惠享受了新宅基地建房居住，旧宅基地房屋的处置权利主体及处置方式，双方均未提交相关政策文件或其他证据佐证，权属不明，黄某返还的对象不明，无法判定。所以判决：确认原告陈某与被告黄某就位于郴州市北湖区某街道某村6组的房屋所实施的买卖行为无效。

双方均提起上诉。湖南省郴州市中级人民法院审理后认为，农村房屋转让仅限于村民与村民之间，不改变农村土地的性质；虽然宅基地土地使用权属集体所有，但农村房屋的所有权属农村村民私有，对权属合法、宅基地已经依法批准使用、符合土地利用总体规划的农村房屋，当事人在意思自治的情况下转让不违反法律的禁止性规定。该案中，陈某与黄某都是农村村民，案涉房屋本身就建造在农村宅基地上，买卖时陈某所在村组的村民参与并予以见证，黄某购买后亦确实用于自住，双方的买卖行为属于农村村民之间为了满足自住需要进行的房屋买卖行为，该行为并不损害农民集体土地的所有权，也没有改变土地用途，不违反我国法律、行政法规的强制性规定，亦不违反相关国家政策，双方买卖协议合法有效。所以，二审判决：(1)撤销湖南省郴州市北湖区人民法院(2021)湘1002民初75号民事判决;(2)驳回陈某的诉讼请求。

案例十五:名为农村房屋买卖,实际为拆迁安置建房权益的转让,该合同可以被认定为有效,当事人应履行合同约定的义务。合同部分内容无效,不影响其他部分效力的,其他部分仍然有效。

案号为(2018)浙0782民初20873号的宅基地使用权纠纷案件。案情简介:2011年3月25日,包某1、叶某、包某2经审批取得108平方米农村住宅用地。2011年3月13日,包某1、叶某(甲方)与何某(乙方)签订《房地产买卖契约》,载明:甲方自愿将位于浙江省义乌市稠城街道十里牌村拆迁安置房卖给乙方居住,房屋占地面积为36平方米,转让价格为259.2万元。甲方必须要随时协助乙方办理产权过户手续;如甲方不协助办理过户手续或拒绝签字,应支付乙方违约金36万元。付款方式为签约之日一次性付清。次日,包某1出具收条载明:包某1收到何某现金259.2万元。此后,何某在案涉土地上建造房屋,并占有使用。因包某1、叶某未协助何某办理案涉房屋不动产权初始登记及转移登记手续,何某向法院提起诉讼。

浙江省义乌市人民法院审理后认为,原告何某与被告包某1、叶某于2011年3月13日签订的《房地产买卖契约》实质上是对包某1、叶某、包某2在十里牌村拆迁安置建房权益的转让。根据双方庭审陈述,真实转让款为129.6万元。《房地产买卖契约》除载明的转让价格有虚假记载以外,其他内容系双方的真实意思表示,且不违反法律、行政法规的强制性规定,除上述虚假记载部分之外,应认定合法有效。原告何某已付清转让款,履行了本方合同义务,并且原告已在案涉地基上出资建成房屋并占有使用至今。被告包某1、叶某、包某2作为转让方按约负有协助原告办理案涉不动产初始登记及转移登记的义务。原告诉请合法合理部分,法院予以支持。所以判决:(1)原告何某与被告包某1、叶某于2011年3月13日签订的《房地产买卖契约》部分有效;(2)被告包某1、叶某、包某2协助原告何某办理位于义乌市稠城街道十里牌村占地面积为36平方米拆迁安置房的不动产初始登记及协助办理将该不动产过户到原告何某名下的转移登记手续。

第八章 农村房屋租赁

第一节 《民法典》对租赁合同的规定与理解

一、《民法典》对租赁合同的规定

租赁合同是日常生活中最常见的合同之一,在租赁合同关系中,将租赁物租出的一方称为出租人,使用租赁物并支付租金的一方称为承租人。常见的租赁合同有房屋租赁合同、土地租赁合同、车辆租赁合同、建筑设备租赁合同等。《民法典》第三编"合同"第二分编"典型合同"第十四章"租赁合同",共有32条规范。具体内容如下:

第七百零三条 租赁合同是出租人将租赁物交付承租人使用、收益,承租人支付租金的合同。

第七百零四条 租赁合同的内容一般包括租赁物的名称、数量、用途、租赁期限、租金及其支付期限和方式、租赁物维修等条款。

第七百零五条 租赁期限不得超过二十年。超过二十年的,超过部分无效。

租赁期限届满,当事人可以续订租赁合同;但是,约定的租赁期限自续订之日起不得超过二十年。

第七百零六条 当事人未依照法律、行政法规规定办理租赁合同登记备案手续的,不影响合同的效力。

第七百零七条 租赁期限六个月以上的,应当采用书面形式。当事人未采用书面形式,无法确定租赁期限的,视为不定期租赁。

第七百零八条 出租人应当按照约定将租赁物交付承租人,并在租赁期限内保持租赁物符合约定的用途。

第七百零九条　承租人应当按照约定的方法使用租赁物。对租赁物的使用方法没有约定或者约定不明确，依据本法第五百一十条的规定仍不能确定的，应当根据租赁物的性质使用。

第七百一十条　承租人按照约定的方法或者根据租赁物的性质使用租赁物，致使租赁物受到损耗的，不承担赔偿责任。

第七百一十一条　承租人未按照约定的方法或者未根据租赁物的性质使用租赁物，致使租赁物受到损失的，出租人可以解除合同并请求赔偿损失。

第七百一十二条　出租人应当履行租赁物的维修义务，但是当事人另有约定的除外。

第七百一十三条　承租人在租赁物需要维修时可以请求出租人在合理期限内维修。出租人未履行维修义务的，承租人可以自行维修，维修费用由出租人负担。因维修租赁物影响承租人使用的，应当相应减少租金或者延长租期。

因承租人的过错致使租赁物需要维修的，出租人不承担前款规定的维修义务。

第七百一十四条　承租人应当妥善保管租赁物，因保管不善造成租赁物毁损、灭失的，应当承担赔偿责任。

第七百一十五条　承租人经出租人同意，可以对租赁物进行改善或者增设他物。

承租人未经出租人同意，对租赁物进行改善或者增设他物的，出租人可以请求承租人恢复原状或者赔偿损失。

第七百一十六条　承租人经出租人同意，可以将租赁物转租给第三人。承租人转租的，承租人与出租人之间的租赁合同继续有效；第三人造成租赁物损失的，承租人应当赔偿损失。

承租人未经出租人同意转租的，出租人可以解除合同。

第七百一十七条　承租人经出租人同意将租赁物转租给第三人，转租期限超过承租人剩余租赁期限的，超过部分的约定对出租人不具有法律约束力，但是出租人与承租人另有约定的除外。

第七百一十八条　出租人知道或者应当知道承租人转租，但是在六个月内未提出异议的，视为出租人同意转租。

第七百一十九条　承租人拖欠租金的，次承租人可以代承租人支付其欠付的租金和违约金，但是转租合同对出租人不具有法律约束力的除外。

次承租人代为支付的租金和违约金,可以充抵次承租人应当向承租人支付的租金;超出其应付的租金数额的,可以向承租人追偿。

第七百二十条　在租赁期限内因占有、使用租赁物获得的收益,归承租人所有,但是当事人另有约定的除外。

第七百二十一条　承租人应当按照约定的期限支付租金。对支付租金的期限没有约定或者约定不明确,依据本法第五百一十条的规定仍不能确定,租赁期限不满一年的,应当在租赁期限届满时支付;租赁期限一年以上的,应当在每届满一年时支付,剩余期限不满一年的,应当在租赁期限届满时支付。

第七百二十二条　承租人无正当理由未支付或者迟延支付租金的,出租人可以请求承租人在合理期限内支付;承租人逾期不支付的,出租人可以解除合同。

第七百二十三条　因第三人主张权利,致使承租人不能对租赁物使用、收益的,承租人可以请求减少租金或者不支付租金。

第三人主张权利的,承租人应当及时通知出租人。

第七百二十四条　有下列情形之一,非因承租人原因致使租赁物无法使用的,承租人可以解除合同:

(一)租赁物被司法机关或者行政机关依法查封、扣押;

(二)租赁物权属有争议;

(三)租赁物具有违反法律、行政法规关于使用条件的强制性规定情形。

第七百二十五条　租赁物在承租人按照租赁合同占有期限内发生所有权变动的,不影响租赁合同的效力。

第七百二十六条　出租人出卖租赁房屋的,应当在出卖之前的合理期限内通知承租人,承租人享有以同等条件优先购买的权利;但是,房屋按份共有人行使优先购买权或者出租人将房屋出卖给近亲属的除外。

出租人履行通知义务后,承租人在十五日内未明确表示购买的,视为承租人放弃优先购买权。

第七百二十七条　出租人委托拍卖人拍卖租赁房屋的,应当在拍卖五日前通知承租人。承租人未参加拍卖的,视为放弃优先购买权。

第七百二十八条　出租人未通知承租人或者有其他妨害承租人行使优先购买权情形的,承租人可以请求出租人承担赔偿责任。但是,出租人与第三人订立的房屋买卖合同的效力不受影响。

第七百二十九条　因不可归责于承租人的事由,致使租赁物部分或者全部毁损、灭失的,承租人可以请求减少租金或者不支付租金;因租赁物部分或者全部毁损、灭失,致使不能实现合同目的的,承租人可以解除合同。

第七百三十条　当事人对租赁期限没有约定或者约定不明确,依据本法第五百一十条的规定仍不能确定的,视为不定期租赁;当事人可以随时解除合同,但是应当在合理期限之前通知对方。

第七百三十一条　租赁物危及承租人的安全或者健康的,即使承租人订立合同时明知该租赁物质量不合格,承租人仍然可以随时解除合同。

第七百三十二条　承租人在房屋租赁期限内死亡的,与其生前共同居住的人或者共同经营人可以按照原租赁合同租赁该房屋。

第七百三十三条　租赁期限届满,承租人应当返还租赁物。返还的租赁物应当符合按照约定或者根据租赁物的性质使用后的状态。

第七百三十四条　租赁期限届满,承租人继续使用租赁物,出租人没有提出异议的,原租赁合同继续有效,但是租赁期限为不定期。

租赁期限届满,房屋承租人享有以同等条件优先承租的权利。

二、房屋租赁合同的法律特征

房屋租赁合同作为租赁合同中最典型的一种,适用《民法典》合同编第十四章"租赁合同"中的规定。与其他租赁比较,房屋租赁最主要的特征是将房屋作为租赁物,出租人将房屋交付承租人占有、使用、收益,承租人支付租金。本章中的房屋,指的是农村房屋,以农村宅基地上所建的房屋为主,还包括部分建在农村的其他房屋。

(一)房屋租赁合同是一种非要式、诺成性合同

出租人将房屋出租给他人,一般应与承租人签订房屋租赁合同。在现实中,有些短期租赁,双方并不签订书面形式的租赁合同,以承租人向出租人支付一定的"押金"代表双方认可租赁合同成立。在农村房屋租赁中,很多是不签订书面形式的房屋租赁合同,或者即使签订合同内容也比较简单。现有的法律规范并不要求房屋租赁必须采取书面形式的租赁合同,也不要求办理租赁合同登记备案手续才生效。从减少纠纷的角度考虑,建议双方还是采取书面形式的租赁合同,尤其是对租金、租期等内容确认清楚。所以法律规定"租赁期限六个月以上的,应当采用书面形式",但这是引导性的规范,并不是强制性规范要求。

只要出租人和承租人的意思表示真实,双方就租赁事宜达成协议,租赁合同就已成立并生效了。无论出租人是否已经交付房屋、承租人是否交付定金或租金,房屋租赁合同作为一种诺成合同即告成立。如果双方签订了书面形式的租赁合同,即使租赁行为还没有实际开始,一方后悔不再履约,也要承担违约责任。虽然双方没有签订书面形式的租赁合同,只是以口头形式达成一致,但有证据可以证明的,也应认定租赁合同已成立,如出租人将房屋的钥匙交给承租人,承租人以转账形式向出租人支付前几个月的租金。根据《民法典》第490条第2款的规定,当事人未采用书面形式但是一方已经履行主要义务,对方接受时,该合同成立。

(二)房屋租赁合同是以出租人转移房屋占有使用权、承租人支付租金为代价的双务、有偿合同

房屋租赁中,出租人转移的是一段时期内对房屋的占有使用权,而并非转让了房屋的所有权。所以,在租赁期限内,承租人可以对房屋进行合理地占有与使用,如果得到出租人的同意还可以转租房屋获得收益,但不能擅自处分该房屋。租赁期满后,承租人负有将房屋交还给出租人的义务。

承租人取得一段时期内对房屋的占有使用权,并非无偿的,而是要支付房租。支付房租是房屋租赁合同作为双务、有偿合同的本质特征,这一特征能够将房屋租赁合同与借用合同、赠与合同等区别开来。房屋借用与房屋租赁,在受益人对房屋的使用上几乎相同,主要差异是受益人是否要支付租金。房屋租赁与有偿方式设立居住权,都是对房屋的占有与使用,但房屋租赁采取支付租金方式,设立居住权一般是以支付房屋使用费的方式,不仅在方式上有所差别,而且租赁合同产生的是典型的债权关系,居住权则因为是一种用益物权,所以需要设立登记后才能生效。

(三)房屋租赁合同具有期限性

在房屋租赁中,出租人将房屋在一定期限内提供给承租人使用,所以承租人不可能对房屋永久地占有、使用。如果房屋租赁合同的期限过长,就会使出租人的权利客观上被架空,其所有权成了"虚所有权",这对于出租人来说是不利的。这不仅会使得双方产生许多纠纷,导致混淆使用权与所有权,还使得很多违法建筑以长期出租的名义行买卖之实,这种情况在"小产权房"交易中常见。所以,《民法典》第705条第1款明确规定"租赁期限不得超过二十年。超过二十年的,超过

部分无效"。

该条对于租赁期限的限制性规定不仅适用于房屋租赁的情形,也适用于其他租赁情形。但考虑到现实中的租赁物类型很多,不能一概而论,如机器设备的实际融资租赁期限可能超过20年,所以《民法典》第705条第2款规定"租赁期限届满,当事人可以续订租赁合同;但是,约定的租赁期限自续订之日起不得超过二十年"。

三、房屋租赁合同中的双方权利与义务

在房屋租赁合同中,主要是出租人与承租人双方的权利与义务关系。下面分别进行简单分析。

(一)出租人的权利

出租人的主要权利是收取租金,这也是房屋所有权人或实际管理人将房屋进行出租的主要目的。

根据《民法典》第721条的规定,承租人应当按照约定的期限支付租金。对支付租金的期限没有约定或约定不明确,一般是采取"一年一付"的方式,即租赁期限一年以上的,应当在每届满一年时支付;期限不满一年的,应当在租赁期限届满时支付。需要注意的是《民法典》第722条的规定:承租人无正当理由未支付或者迟延支付租金的,出租人可以请求承租人在合理期限内支付;承租人逾期不支付的,出租人可以解除合同。

(二)出租人的义务

根据《民法典》的相关规定,出租人的主要义务是交付租赁物,保持租赁物符合约定的用途,履行租赁物的维修义务,出卖租赁房屋前应提前通知承租人。

首先,出租人按照约定将房屋交付承租人是其最基本的义务。需要特别说明的是租赁物要保持"适用性",如在房屋租赁中,房屋不能是危房或其他不适宜居住的房屋。一般情况,承租人会先看房后签约,但有时候承租人看房比较马虎或者房屋的隐蔽瑕疵没有被发现,在实际入住后才发现房屋存在比较严重的问题,如看房时墙壁上贴着新墙纸,入住后发现漏水严重,墙纸很快斑驳。在这种情况下,房屋的质量显然不符合承租人的要求,或者至少不值得承租人支付如此多的租金。如果性质不严重,承租人可以与出租人协商要求减少租金;如果性质严重,

承租人可以要求退租并退款。根据《民法典》第731条的规定,租赁物危及承租人的安全或者健康的,即使承租人订立合同时明知该租赁物质量不合格,承租人仍然可以随时解除合同。

其次,出租人需要在租赁期限内保持房屋符合约定的用途。在房屋租赁中,不仅要保持房屋的质量能符合生活居住的需要,而且房屋的权利应不存在争议。房屋的质量保持,主要通过维修来实现。但房屋的权利存在争议会影响承租人正常使用,而且确实很难预防。如甲将房屋出租给丙,该房屋是甲与乙的共有财产,后甲与乙离婚,房屋归属乙,乙以自己不知情为由要求丙从此房屋中搬离。这些情况,可能会影响到承租人对该房屋的正常使用。

再次,出租人应当履行房屋的维修义务,但是当事人另有约定的除外。因为房屋租赁合同是有偿合同,所以一般认为租金中已包括对房屋的维修费用,应当由出租人承担维修义务。但这不是必然的,双方可以在租赁合同中约定由承租人承担维修义务,或者双方按照维修项目的不同性质分别承担。如门窗维修、家电设备维修等重大维修由出租人承担,但下水管道维修、一般修补由承租人自行承担。

最后,出租人拟出卖租赁房屋的,应当在出卖之前的合理期限内通知承租人,以保障承租人的优先购买权,具体见《民法典》第726条的规定。

(三)承租人的权利

承租人的主要权利是按照约定使用该房屋。主要体现在按照约定的方法使用房屋,享有因占有、使用房屋获得的收益,在房屋需要维修时可以请求出租人在合理期限内维修,等等。

首先,承租人按照约定的方法使用房屋。根据《民法典》第709条的规定,对租赁物的使用方法没有约定或者约定不明确,应当根据租赁物的性质使用。第710条规定,承租人按照约定的方法或者根据租赁物的性质使用租赁物,致使租赁物受到损耗的,不承担赔偿责任。举例说明:甲将房屋出租给乙,乙因为妻子要生孩子,就将老家的父母接来一起住并照看孩子,孩子出生后全家住在一起,后来在退租交房时,甲发现洗衣机被用坏了。甲认为是乙家里人住得太多、经常使用洗衣机导致损坏的,要求赔偿。乙认为虽然家里人比较多,但其正常使用洗衣机,洗衣机损坏是自然磨损导致的,所以不应承担赔偿责任。本文作者支持乙的观点,当然乙需要说明其是正常使用,非不当使用或故意损坏洗衣机。

其次,享有因占有、使用房屋获得的收益。对于承租人在租赁期限内因占有、使用租赁物获得的收益,一般指的是自然孳息。从法理上看,孳息分为自然孳息与法定孳息,自然孳息如院子中种的果树长的果实,法定孳息如银行存款的利息。根据《民法典》第720条的规定,在租赁期限内因占有、使用租赁物获得的收益,归承租人所有,但是当事人另有约定的除外。所以,如果当事人没有专门的约定,自然孳息一般是归承租人所有。如果当事人之间约定,出租人可以在果实收获季节回来采摘,出租人应遵守该约定不能私自采摘果实。此外,如果出租人将房屋出租给承租人,同时允许承租人使用出租人所有的车库或车位,承租人可以使用但不能进行转租,因为这不属于"因占有、使用租赁物获得的收益"。如果出租人同意承租人将房屋转租,承租人还可以获得因转租带来的租金差价收益。

再次,承租人在租赁物需要维修时可以请求出租人在合理期限内维修。根据《民法典》第713条的规定,出租人未履行维修义务的,承租人可以自行维修,维修费用由出租人负担。因维修租赁物影响承租人使用的,应当相应减少租金或者延长租期。

又次,有两种特殊权利,因不是承租人的法定权利,所以需要经出租人同意才能行使。一是对租赁物进行改善或者增设他物。典型的是对房屋进行装修装饰。承租人未经出租人同意,对租赁物进行改善或者增设他物的,出租人可以请求承租人恢复原状或者赔偿损失。二是将租赁物转租给第三人。承租人经出租人同意后转租的,承租人与出租人之间的租赁合同继续有效;但承租人未经出租人同意而转租的,出租人可以解除租赁合同。

复次,承租人还有一些特殊权利,是从租赁权中派生出来的权利。如优先购买权,具体见《民法典》第726条第1款"出租人出卖租赁房屋的,应当在出卖之前的合理期限内通知承租人,承租人享有以同等条件优先购买的权利"的规定;再如优先承租权,具体见《民法典》第734条第2款"租赁期限届满,房屋承租人享有以同等条件优先承租的权利"的规定。

最后,承租人的有些权利虽然没有明确写入法律规定中,但在法理上被承认,在实践中也习以为常了。如与承租人关系密切的人,如其近亲属、需要其抚养或扶养的人员、对其进行生活照顾的人等,一般也一起生活居住,其地位类似承租人,也可以使用该房屋及室内的设施设备。当然,双方当事人可以专门约定的方式予以排除,如约定与承租人一起居住的人员不超过3人。

(四)承租人的义务

承租人的主要义务是合理地使用该房屋,承担起"善良管理人"的义务。具体内容如下:

首先,承租人按照约定的方法使用租赁物既是其权利也是其义务。《民法典》第711条规定,承租人未按照约定的方法或者未根据租赁物的性质使用租赁物,致使租赁物受到损失的,出租人可以解除合同并请求赔偿损失。举例说明:甲将房屋出租给乙,合同中约定的是生活居住需要,结果乙将该房屋用于开饭店,还对房屋进行一定的改造,乙的做法显然不符合合同约定的用途,甲可以提前解除合同,并要求乙恢复原状并赔偿损失。

其次,承租人应当妥善保管租赁物。根据《民法典》第714条的规定,承租人因保管不善造成租赁物毁损、灭失的,应当承担赔偿责任。举例说明:甲将房屋出租给乙,收回时发现白墙上画满涂鸦,被明显污损,显然这不是正常使用导致的,甲可以要求乙赔偿所造成的损失。

最后,租赁期限届满,承租人应当返还租赁物。根据《民法典》第733条的规定,承租人返还的租赁物应当符合按照约定或者根据租赁物的性质使用后的状态。举例说明:甲将房屋出租给乙,在租赁合同中明确约定租期到期后要按照原状退房,乙后来对房屋进行了装修,即使该装修可能还有剩余价值,还可以继续使用,甲也可以要求乙在拆除增设物、恢复原状后才能退房,否则甲可以不退还押金。

除合理地使用房屋外,承租人的另一项主要义务是按照约定的期限支付租金。如果承租人无正当理由未支付或者迟延支付租金,显然属于违约行为,应按照合同的约定承担违约责任。《民法典》第579条规定,当事人一方未支付价款、报酬、租金、利息,或者不履行其他金钱债务的,对方可以请求其支付。如果在合同中约定了违约金,应按照合同约定支付违约金,具体可以适用《民法典》第585条的规定。

房屋租赁中,出租人一般会要求承租人交纳一定的费用作为押金。承租人未按照租赁合同约定足额支付或迟延支付租金,或因承租人原因造成房屋或室内设施设备损坏需要维修、合同约定应由承租人承担的相关费用但未支付的,出租人可以在承租人交付的押金中予以扣除,剩余款项返还承租人。如果承租人已足额支付租金且不存在拖欠费用等违约情况,出租人应在承租人退房时一次性返还全部押金。

四、房屋租赁过程中相关法律问题分析

房屋租赁合同是一种常见的合同类型，与日常生活密切相关。在房屋租赁中，大多数人关注的是房屋是否适用、租金是否合适，对于其他内容关注相对较少，所以有些租赁合同是一页纸，只有寥寥几条内容，有些甚至没有签订书面形式的合同，这些情况容易产生纠纷。其实，在房屋租赁中有一些法律问题值得我们重视，下面对此进行一定的分析。

（一）"买卖不破租赁"原则

该原则体现在《民法典》第725条规定："租赁物在承租人按照租赁合同占有期限内发生所有权变动的，不影响租赁合同的效力。"该条是关于租赁物所有权发生变动时租赁合同的效力不变的规定，俗称"买卖不破租赁"原则。常见的是因房屋买卖引起的所有权变动，此外还有因为房屋继承、赠与、互换、实现抵押等原因引起的所有权变动。"买卖不破租赁"原则源自德国民法，该制度建立的初衷在于保护相对弱势的承租人的利益。同时，因房屋一旦发生了所有权上的变动，就不仅是出租人与承租人的关系了，还涉及了承租人与买受人之间的关系，为了维护租赁关系的稳定，所以大陆法系国家和地区大多沿袭了这一规则。

适用"买卖不破租赁"原则，需要具备以下一些条件：首先，房屋发生了所有权的变动，即原房屋所有人通过出售、赠与、继承、互换等将房屋所有权转移给了第三人；其次，房屋所有权的变动应当是在房屋租赁合同的有效期内发生的，如果在订立租赁合同之前以及租赁关系结束后发生，则承租人不能引用该条款；最后，房屋所有权的变动不影响租赁合同的效力，也就是说即使房屋所有权发生了变动，原出租人与承租人订立的租赁合同也不因此而终止，只是由于房屋所有权人的变化，由新的房屋所有权人继续履行租赁合同。

需要注意的是"买卖不破租赁"要以租赁物的继续存在为前提。如果因发生征收情况，房屋将被拆除，即使租赁期限未到期，合同也无法继续履行下去，在这种情况下，双方只能协商提前解除租赁合同。

2020年12月修订的《房屋租赁合同司法解释》第1条第2款规定：乡、村庄规划区内的房屋租赁合同纠纷案件，可以参照本解释处理。但法律另有规定的，适用其规定。根据第14条第2项的规定，房屋在出租前已被人民法院依法查封，后房屋发生所有权变动,承租人请求房屋受让人继续履行原租赁合同的,人民法院不予以支持。

(二)关于房屋转租问题

转租,顾名思义就是承租人在租赁期限内将房屋出租给第三人,第三人向承租人支付租金的行为。这里的承租人又被称为转租人,第三人被称为次承租人。转租行为在日常生活中是比较常见的,这也催生了一种从事转租的职业,俗称"二房东",他们租赁了许多房产来进行转租,从而挣取租金差价。从某种程度上说,房屋转租有利于提高房屋使用效率,且会给承租人带来利益。但房屋转租也可能会损害出租人的利益,很多出租人不一定会同意转租,所以法律规定对承租人的转租行为进行了一定的限制。为了规范转租行为,实现出租人与承租人之间的利益平衡,法律规范要求承租人将租赁物转租给第三人须经出租人同意。

首先,转租应经过出租人的同意。很多承租人认为出租人已将房屋交给自己使用,自己已支付了相应的租金,那么此后如何使用、是否转租是自己的权利,出租人不应该进行干涉。其实不然,因为房屋租赁虽然属于债权关系,但往往建立在出租人对承租人的信任基础上,如出租人认为承租人是家庭使用,不是群租,会比较爱惜房屋,宁可房租低一些也愿意出租。但如果承租人将房屋进行转租,变成了群租,显然不符合出租人的意愿。若承租人擅自将房屋转租,势必会破坏此种信赖关系。而且,实际居住的人越多,对房屋的损耗也相应越快,尤其是对室内设施设备的频繁使用会加速设施设备的损坏。由于出租人往往对次承租人不了解,其对于房屋的使用情况了解程度就会降低,甚至会担心丧失对房屋的控制。一般情况下,承租人租赁房屋的目的是获得对该房屋的使用权而并非通过转租获利。如果承租人没有经过出租人同意就转租,那么转租行为显然与订立租赁合同的最初目的不同,也与出租人的真实意愿不一致。

其次,若承租人未经过同意擅自转租,出租人可以解除合同。《民法典》第716条第2款明确规定:承租人未经出租人同意转租的,出租人可以解除合同。该条规定赋予了出租人对承租人擅自转租时的法定解除权,并可以要求承租人承担违约责任。根据合同的相对性原则,出租人无须通知第三人。因此产生的纠纷,由承租人自行解决。

最后,经出租人同意转租,租赁合同与转租合同的效力与履行问题。根据《民法典》第716条第1款的规定,承租人经出租人同意后转租的,承租人与出租人之间的租赁合同继续有效。在此种情况下,承租人与次承租人之间的转租合同也是有效的,但其期限受到一定的限制。《民法典》第717条规定,承租人经出租人同意将租赁物转租给第三人,转租期限超过承租人剩余租赁期限的,超过部分的约定对出租人不具有法律约束力,但是出租人与承租人另有约定的除外。如果承租人拖欠租金,意味着出现违约行为,出租人可以解除合同,那么就会导致次承租人受到牵累而无法继续使用该房屋。所以,《民法典》第719条规定:"承租人拖欠租金的,次承租人可以代承租人支付其欠付的租金和违约金,但是转租合同对出租人不具有法律约束力的除外。次承租人代为支付的租金和违约金,可以充抵次承租人应当向承租人支付的租金;超出其应付的租金数额的,可以向承租人追偿。"从实质分析,次承租人代付租金是代为履行合同债务,符合《民法典》第524条第1款规定的"第三人清偿规则":债务人不履行债务,第三人对履行该债务具有合法利益的,第三人有权向债权人代为履行。

(三)关于优先购买权问题

《民法典》第726条规定:出租人出卖租赁房屋的,应当在出卖之前的合理期限内通知承租人,承租人享有以同等条件优先购买的权利;但是,房屋按份共有人行使优先购买权或者出租人将房屋出卖给近亲属的除外。出租人履行通知义务后,承租人在15日内未明确表示购买的,视为承租人放弃优先购买权。

该条款规定了承租人的"优先购买权",指的是当出租人将房屋转让给第三人时,承租人在同等条件下有优先于第三人而购买房屋的权利。优先购买权体现了法律对于相对弱势的承租人的保护。

但由于农村房屋只能在本集体经济组织成员之间转让,所以农村房屋的承租人在行使优先购买权时会受到一定的限制。承租人如果与房屋所有权人不是同一集体经济组织成员,实际上并不享有优先购买权。

(四)关于优先承租权问题

承租人的"续租权"在法律上称为"优先承租权"。优先承租权,是指租赁期限届满后,出租人需继续出租的,原承租人在同等条件下优先于其他第三人取得租用权。《民法典》第734条第2款对此有明确的规定:租赁期限届满,房屋承租人享有以同等条件优先承租的权利。这是在编纂《民法典》时新增的一条规定。此外,《民法典》第732条规定,承租人在房屋租赁期限内死亡的,与其生前共同居住的人或者共同经营人可以按照原租赁合同租赁该房屋。这是"续租权"的另一种体现。

优先承租权的作用在于能够稳定既有租赁关系和房屋的使用状态,这主要是考虑到一些房屋租赁合同关系到承租人的基本生存保障,而作出的对承租人利益的优先关注。优先承租权是一种附限制条件的派生权,但是需要注意的是其行使需要满足两个条件。

一是租赁期限届满出租人仍将房屋出租,即房屋租赁期限届满后,出租人还愿意继续将房屋出租,倘若出租人不愿意将房屋出租,则房屋租赁的基础不存在,承租人肯定不能够继续承租房屋。

二是承租人愿意以同等条件承租。同等条件的内容,首先,同一价格,即租金应当相同,倘若他人的租金出得比原承租人高,原承租人则可能不能够继续承租房屋;其次,租金的支付方式与期限,也应相同或相当。如若原承租人是分期付款,他人愿意一次性付款的,则租赁条件亦完全不同了,原承租人则可能不能够继续承租房屋。

此外,应该注意这是"同等条件"而非"原来条件"。"同等条件"是相对于其他有意向的承租人而言,原承租人有优先承租的权利。但如果是承租人要求按照"原来条件"继续租赁该房屋,或出租人提出要提高租金才继续出租,另一方不愿意接受该要求,应视为双方协商后未达成一致,租赁期满后合同终止。即使后来出租人因难以出租,还是按照原来租金出租给其他人,也不能认为是出租人侵害了承租人的优先承租权。

如果出租人违反法律规定,侵害了承租人的优先承租权,该如何处理?虽然法律没有明确规定,但可以参照《民法典》第728条规定进行处理。也就是说,承租人可以向出租人主张赔偿其遭受的损失,但承租人要求确认出租人与第三人签订的租赁合同无效的诉讼请求,一般不会被法院支持,除非承租人能举证证明出租人与第三人之间存在《民法典》第154条规定的关于合同无效的情形。

虽然《民法典》对于优先承租权的行使方式没有进行明确规定,但为了避免纠纷,建议出租人在房屋租赁期限届满并有意继续出租时,应当通过适当方式告知承租人,并给予承租人合理的时间(如1个月)作出是否承租的决定。当然,当事人亦可在签订房屋租赁合同之时就提前约定关于优先承租权的相关事宜。

(五)关于房屋租赁权与抵押权的冲突处理

在房屋租赁过程中,有时会遇到房屋被抵押的情况,如出现这种情况,是否会对承租人的租赁权产生影响,抵押究竟能否"破"租赁?这需要分情形从租赁与抵押权设立的时间先后顺序来判断。

《民法典》第405条规定:抵押权设立前,抵押财产已经出租并转移占有的,原租赁关系不受该抵押权的影响。可见,如果房屋先出租、后设立抵押,且租赁期限未满,即使后来实现抵押权,租赁关系也继续存在。但需要注意的适用条件:不仅要求房屋"已经出租"而且要求已"转移占有",如此可以避免出现虚假租赁对法院执行的不利影响。

对于先设立抵押、后出租的情况,应参照《房屋租赁合同司法解释》第14条第1项规定,即租赁房屋在出租前已设立抵押权,因抵押权人实现抵押权发生所有权变动的,承租人请求房屋受让人继续履行原租赁合同的,人民法院不应予以支持。

从上述法律以及司法解释可见,租赁的时间与抵押权设立的时间先后是判断租赁能否对抗抵押权的重要依据。如抵押权设立在先,则租赁权不得对抗;如抵押权设立在后,则租赁权能够对抗。

第二节 房屋租赁合同的签订

一、房屋租赁合同的一般条款

房屋租赁合同是房屋出租人和承租人签订的、用来明确双方权利与义务的协议,也可以理解为出租人将房屋交付承租人占有、使用、收益,承租人支付租金的合同。

《民法典》第704条规定:租赁合同的内容一般包括租赁物的名称、数量、用途、租赁期限、租金及其支付期限和方式、租赁物维修等条款。

各地住建管理部门与工商行政管理部门(或为市场监督管理部门)联合制定了房屋租赁合同示范文本,向社会发布以供选用。如2023年4月28日,浙江省住房和城乡建设厅、浙江省市场监督管理局发布了2023年版《浙江省房屋租赁合同示范文本》(HT33/SF01 4-2023)。该示范文本结合了《民法典》及修订后相关司法解释的规定。从示范文本中可见房屋租赁合同的一般条款及其写法。

(一)双方当事人的基本情况

农村房屋租赁合同的当事人一般应是自然人,应写明姓名、身份证号码、联系电话等基本信息。一般要求出租人是登记的房屋所有权人或出具所有权人同意由其出租该房屋的授权委托书。当事人在合同中的姓名、公民身份证号码应与身份证上的信息一致，所以要尽量留下对方身份证复印件作为合同附件。

(二)出租房屋的基本情况

如出租房屋的位置(坐落的具体地点)、面积(建筑面积或实用面积)、结构、房屋用途等，此外应写明该房屋的不动产权证或房屋所有权证号。如果该房屋非白坯房，已有一定的装修，应写明该房屋装饰装修、附属设施设备(包括家具、电器等室内设施设备)情况，必要时可以列表或拍照作为合同附件。此外，出租人应当向承租人出示房屋所有权证明或者其房屋来源证明的原件。

(三)租赁期限与用途

根据房屋租赁期限是否明确，可以分为定期租赁和不定期租赁。定期租赁关系到租金的给付日期、房屋返还的日期等问题。不定期租赁则赋予了双方当事人随时解除合同的权利。通常，房屋租赁期限大多采取固定期限的写法，如自_____年____月____日起至_____年____月____日止。或者写：租赁期限为____年，从何时开始算起。需要注意的是租赁期限不能超过20年。如果是转租的情况，转租期限一般不能超过承租人剩余租赁期限，除非该期限得到原出租人的同意。

对于住宅出租来说，需要写明用途，如承租人承租该房屋作为居住使用，未经出租人同意，不得将该房屋用于居住以外的用途。

(四)租金及其支付期限和方式

租金及其支付期限和方式，应是租赁合同中最主要的条款内容。租金一般采取固定数额的方式，如每月租金额、每季度租金额、每年租金额，该数额在租赁期限内应是不变的。租金也可以采取不固定数额的方式，较常见的是采取每隔一段时间调整一次的做法，如以第一年租金为基数，以后每年比上一年递增10%；或者前三年租金不变，从第四年开始每年增加20%；等等。

租金的支付期限，可以采取每月一付、每季度一付或每年一付等方式，在相应的日期前支付；也可以提前一次性支付，通常是出租人急需用钱，愿意在租金方面给予一定的优惠。有的采取首期支付几个月的租金，此后每月或每季度一付的方式,即出租人要求承租人"先付后用"。

租金的支付方式,以前很多是现金支付或银行转账方式,现在较多的是微信转账或支付宝转账等方式。

需要注意的是,一般是由承租人承担租赁期限内该房屋产生的物业服务费与水费、电费、燃气费等使用费用,出租人可以帮助代缴。

(五)房屋维修责任

租赁合同中一般会约定,承租人应按照居住用途合理使用该房屋,不得拆除、变动该房屋建筑主体和承重结构,不得人为损坏该房屋装饰装修、附属设施设备(包括家具、电器等室内设施设备)等物品。同时,租赁合同中也会约定房屋的维修责任。通常,维修责任由出租人承担,但双方也可以另外约定房屋的维修责任。

即使合同中约定由出租人承担维修责任,但如果由于承租人导致该房屋装饰装修、附属设施设备(包括家具、电器等室内设施设备)等物品损坏,承租人应当负责维修、更换或者承担赔偿责任。

如果是因自然属性或者合理使用导致的损坏,承租人应当及时通知出租人维修、更换,出租人应在接到承租人通知后一定期限内进行维修、更换。如果出租人未履行维修义务,承租人可以自行维修,维修费用由出租人负担。

(六)违约责任条款

为了避免以后出现纠纷难以明确责任,通常在租赁合同中要明确各自违约责任。对于出租人而言,可能的违约情况:未按时交付房屋,未按时履行维修义务,出卖房屋前未提前通知承租人。对于承租人而言,可能的违约情况:未按时足额地支付租金,未合理地使用该房屋导致房屋受损、因保管不善造成房屋毁损或灭失,未按时交还房屋或不符合正常使用的要求,未经出租人同意擅自对房屋进行装修装饰,未经出租人同意擅自转租等。

此外,在合同中也可以约定解除条件,如承租人已经拖欠租金超过3个月且经出租人催告后还是未支付,承租人未经出租人同意擅自转租且拒绝收回房屋,房屋出现质量问题已经威胁到承租人的安全或者健康。一旦条件成就,解除权人可以提前单方解除合同。

二、从出租人角度看合同中需要注意的内容

除以上租赁合同中的一般条款外,还有一些其他内容。但出租人与承租人从自身利益角度考虑的内容不同,所以在租赁合同中双方都希望加上对自己有利的内容,但往往不愿意增加对对方有利、对自己有所限制的内容。所以,在商谈的过程中,需要进行双方的权益平衡,最后达到一个双方都能接受的结果,形成最终的租赁合同文本。

从出租人的角度,往往要求在租赁合同中写入以下内容。

(一)押金交纳

在房屋租赁合同中,出租人出于自身利益的考虑,往往会要求承租人提供相当于几个月租金的款项作为押金。如果承租人不按时支付租金,该押金可以充当租金;如果承租人有其他违约行为,如交还的房屋非常脏乱,出租人就可以将该押金没收。总之,押金是出租人为了制约承租人、预防违约行为的经济手段。

对于租赁合同中经常出现的押金条款,对其性质该如何判断?实践中,当事人约定押金在期满后退还的同时,往往还约定在承租人出现违约行为时出租人有权没收押金。对此类押金条款,能否适用定金规则?对此问题,最高人民法院民事审判第一庭编的《民事审判实务问答》中指出:在房屋租赁合同中经常出现押金条款,有人认为,这种押金实际上是定金。尽管当事人没有明确约定,但是由于合同约定承租人迟交租金达到一定期限出租人即有权没收押金,故该款项与定金的功能相同。同时,虽然合同没有约定出租人违约承租人有权要求双倍返还,但根据公平原则,在出租人违约的情况下也应当如此认定,可以判决出租人双倍返还。上述观点难以成立,理由:第一,租赁合同押金的功能在于两个方面:一是担保承租人在承租期间妥善保管租赁物,如果造成损害,出租人能够及时获得赔偿;二是由于租赁房屋在租赁期间所产生的水电费、卫生费、物业费等费用在合同中一般约定由承租人承担,故这里的押金也是为了担保承租人不会拖欠上述费用。这与定金的功能显然不同。第二,根据当事人的约定,该押金的另一项功能显然是促使承租人及时履行租金给付义务,因此,在出现约定的迟延履行或不履行的情况时,出租人有权没收押金。在此意义上,该押金具有担保和违约金的双重功能,但不能因此说它就是定金。至于能否适用公平原则将该约定解释为定金,因为此种约定仅针对承租人而对出租人不适用,构成权利义务不对等,所以应当按照定金

规则解释为对双方都适用。本书作者认为,即使不将押金认定为定金,出租人违约时,承租人仍然可以请求损害赔偿。

综上所述,押金条款应当解释为既具有担保的性质,同时也是针对承租人迟延给付租金这个特定违约行为的违约金。当然,根据《民法典》第585条第2款的规定,如果承租人认为该违约金过高,可以请求适当减少。

如2023年版《浙江省房屋租赁合同示范文本》第3条第2款规定:押金为【人民币】【　】元(大写:＿＿＿万＿＿＿仟＿＿＿佰＿＿＿拾＿＿＿元整)。乙方应当于＿＿＿＿年＿＿＿月＿＿＿日前向甲方支付押金,甲方收取押金后应向乙方开具收款凭证。第4款规定:租赁期限届满或者合同解除后,甲方应当于＿＿＿日内将押金和预付租金不计利息退还乙方。乙方应当支付给甲方的租金、违约金等费用和应当承担的其他费用尚未付清的,甲方退还押金和预付租金时直接扣减相应费用;押金和预付租金不足以抵扣相应费用的,乙方应当于＿＿＿日内向甲方支付不足部分的费用。

(二)共同居住人数

承租人一般与其家庭成员一起生活居住,出租人对此情况也认可,所以即使是承租人一人出面签订租赁合同,通常也是多人一起生活居住。《民法典》第732条还规定了,与承租人生前共同居住的人"可以按照原租赁合同租赁该房屋"。

但共同居住人数的多少肯定会对房屋的使用造成一定的影响,尤其是使用次数的增多会导致室内设施设备的损耗加快。所以,出租人一般是希望在租金不变的情况下,实际居住的人越少越好。而且在实践中,很少出现按照实际居住人数计算租金的情况。

一旦出租后,出租人很难控制实际居住人数。虽然合同中可以约定不能转租,但承租人可以提供给亲友免费借住的理由实现"变相转租",甚至变成"群租",这样势必会损害出租人的利益。

所以,从出租人的角度考虑,可以在租赁合同中约定在房屋租赁期限内居住人数的限额。要求承租人提供与其共同生活居住的人的基本情况,如姓名、性别、公民身份号码及与承租人的关系等。如果该房屋居住的人员发生变动,承租人应当及时告知出租人。

如2023年版《浙江省房屋租赁合同示范文本》第2条第3款规定:该房屋租赁期限内居住人数不得超过＿＿＿人(不含本数),每个房间不超过＿＿＿人(不含本数),乙方的共同居住人分别为:(1)姓名:＿＿＿＿,证件类型:【居民身份证】【护照】【　　】,证件号码:_____,性别:____,民族:____,户籍地址:_____,联系电话:_____,其他_____;(2)姓名:_____,证件类型:【居民身份证】【护照】【　　】,证件号码:_____,性别:____,民族:____,户籍地址:_____,联系电话:_____,其他_____;(3)_____。乙方居住人员发生变化的,应于发生变化之日起____日内通知甲方。

(三)出租房屋的税费承担

按照出租人的不同,房屋出租可以分为企业或非法人组织出租,个人出租。租金所得都属于出租财产取得的收入,所以按照《企业所得税法》或《个人所得税法》,都应该缴纳税款,适用比例税率。税率为20%,即按应纳税所得额的20%计缴所得税。

按照《个人所得税法》与《个人所得税法实施条例》的相关规定,自然人出租房屋属于财产租赁所得,应当缴纳个人所得税,税率为20%。财产租赁所得,以一个月内取得的收入为一次。财产租赁所得,每次收入不超过4000元的,减除费用800元;4000元以上的,减除20%的费用,其余额为应纳税所得额。

根据《民法典》第706条的规定,租赁合同未办理登记备案手续的,不影响合同的效力。实践中,大多数的农村房屋租赁合同既没有办理登记备案,也不开具发票,实际上也没有纳税。

如果承租人提出要求出租人开具发票,出租人一般不能拒绝其要求。所以在此情况下,双方应协商确定税费由谁承担的问题。如果在租赁合同没有约定或约定不明确,一般是由出租人承担相应的税费。

三、从承租人角度看合同中需要注意的内容

从承租人的角度,往往需要在租赁合同中写入以下内容。

(一)房屋权利不能存在瑕疵

对于承租人来说,不希望所租赁的房屋存在权利瑕疵,导致以后可能无法正常使用该房屋。如房屋已设立抵押,以后一旦抵押权实现,会导致房屋被拍卖,租赁合同只能提前解除。此外,在城乡结合部的农村地区存在这种情况:出租人其实是"二房东",故意隐瞒相关情况进行违法转租,后来原房东(所有权人)发现后要求解除合同,导致承租人无法正常使用该房屋,要求"二房东"承担违约责任则

难度较大。所以,承租人可以要求在租赁合同中写入出租人承担"权利瑕疵担保责任"的相关内容,如出租房屋此前未设立抵押,房屋出租已得到所有共有人的同意,出租人是房屋的所有权人或实际管理人的证明。如果是转租房屋,次承租人应要求转租人提供原出租人同意转租的证明。

参照《房屋租赁合同司法解释》第2、3条的规定,未取得建设工程规划许可证或者未按照建设工程规划许可证的规定建设的房屋(违法建筑),未经批准或者未按照批准内容建设的临时建筑,出租人与承租人订立的租赁合同无效。租赁期限超过临时建筑的使用期限,超过部分无效。

(二)允许转租

对于承租人来说,尽量让出租人同意其进行转租并写入租赁合同。如承租人原来计划租10年作为自己在农村养老的房子,为此还对房屋进行了装修装饰,后来因为各种原因导致无法再使用该房屋,如果因此退租,不仅会损失押金,而且也无法获得装修投入的补偿。对于承租人来说,比较划算的做法是转租,如果在租赁合同中约定可以转租,那么承租人在转租时显然没有障碍了。但如果在租赁合同中没有约定,那么承租人应尽量争取获得出租人的事后追认。常见的做法是,承租人请出租人在转租合同上签名表示同意。

但现实往往是即使承租人提出请求,出租人也未必会明确表示同意。在这种情况下,如果出租人没有明确反对转租,那么只能采取"默认"的方式,即《民法典》第718条规定的"出租人知道或者应当知道承租人转租,但是在六个月内未提出异议的,视为出租人同意转租"。

四、房屋租赁合同的参考文本

如果是租期较长、租金数额较高的房屋租赁,建议使用政府部门推荐使用的住房租赁合同(示范文本)。

本书提供一份简略版的农村房屋租赁合同以供读者参考。

农村房屋租赁合同(参考文本)

出租人(甲方):＿＿＿＿＿＿＿＿＿＿

承租人(乙方):＿＿＿＿＿＿＿＿＿＿

(如果当事人是自然人,应写明姓名、公民身份号码、联系电话等基本信息)

双方经友好协商,就房屋租赁事宜达成一致,签订本合同。

一、租赁房屋位于_____、间数_____、面积_____。甲方持有该房屋的【不动产权证】【房屋所有权证】,证号为:_____。

该房屋装饰装修、附属设施设备(包括家具、电器等室内设施设备)等物品情况见附件(建议双方拍照留存)。

二、租赁期限从_____年____月____日至_____年____月____日。租赁期限届满后乙方需要继续承租的,应当于租赁期限届满____日前向甲方提出续租要求,协商一致后双方重新签订租赁合同。

三、乙方承租该房屋作为居住使用,未经甲方同意,不得将该房屋用于居住以外的用途。

四、该房屋租赁期限内居住人数不得多于____人(不含本数)。

分别为:(写明姓名、性别、公民身份证号码及与乙方的关系等)。

该房屋居住的人口发生变动的,乙方应及时告知甲方。

五、租金为每月人民币大写_____元(小写:_____元)。

六、租金采取按月支付。在每月____日前,乙方通过微信/支付宝/银行转账方式向甲方支付。

七、乙方负责支付租赁期限内该房屋产生的水费、电费、煤气费、网络费、数字电视费、卫生费。(可以选部分费用)

八、乙方在_____年____月____日向甲方交付押金____元。如果乙方未按照本合同足额支付租金、因乙方原因造成房屋或室内设施设备损坏需要维修、合同约定应由乙方承担的相关费用但未支付的,甲方可以在乙方交付的押金中予以扣除,剩余款项返还乙方。如果乙方已足额支付租金且不存在拖欠费用等违约情况,甲方应在乙方退房时一次性返还全部押金。

九、甲方同意(或不允许,此写法由双方协商确定)乙方转租该房屋。乙方装修该房屋,应当经甲方书面同意。

十、房屋维修义务由甲方承担。乙方在房屋需要维修时,及时告知甲方,甲方应在一周内完成维修。如果甲方未及时维修,乙方可以自行维修,维修费用由甲方承担,乙方可以在租金交付时作相应地扣减。特殊情况需要维修,双方另外协商解决。

十一、甲方在_____年____月____日前向乙方交付房屋。租赁期限届满或者合同解除后,乙方应当于____日内将房屋按原状返还给甲方。

十二、房屋使用和维护

1. 乙方应当按照居住用途合理使用该房屋,不得拆除、变动该房屋建筑主体和承重结构,不得人为损坏该房屋装饰装修、附属设施设备(包括家具、电器等室内设施设备)等物品。因乙方原因导致以上物品损坏的,乙方应当负责维修、更换或者承担赔偿责任。

2. 对于该房屋装饰装修、附属设施设备(包括家具、电器等室内设施设备)等物品因自然属性或者合理使用导致的损坏,乙方应当及时通知甲方维修、更换。

十三、违约责任

1. 如果乙方未按时足额地支付租金,每逾期支付一天,按照所拖欠的租金数额的1‰支付违约金。

2. 如果甲方未按时交付房屋,应相应延长租赁期限。

3. 乙方擅自将房屋转租给第三人使用,因此造成房屋或室内设施设备毁坏的,应承担损害赔偿责任。

4. 如果由于其他原因导致乙方不能正常使用该房屋,乙方可以要求减少租金或者不支付租金。

十四、合同解除条件

1. 有下列情形之一,甲方可以提前解除合同:乙方已经拖欠租金超过3个月且经甲方催告后仍未支付;乙方未经甲方同意擅自将该房屋转租给第三人,经甲方提醒后仍不收回房屋;乙方擅自改变房屋用途,如用于商业目的;乙方擅自对房屋进行装修导致出现质量问题;乙方在该房屋中实际居住人数多于本合同约定人数的,经甲方提醒后拒不改正的;乙方利用该房屋进行违法活动的。

2. 有下列情形之一,乙方可以提前解除合同:房屋出现质量问题已经威胁到甲方的安全或健康;甲方不履行维修义务使得乙方无法正常使用该房屋;因其他人主张权利导致乙方无法使用该房屋。

十五、在本合同履行过程中发生的争议,由双方当事人协商解决;协商或调解不成的,可以向房屋所在地的人民法院提起诉讼。

十六、本合同一式两份,双方各执一份,经双方签字盖章后生效。合同附件与本合同具有同等法律效力。

甲方(签章):

乙方(签章):

签订时间:_____年____月____日

第三节　房屋租赁需要注意的事项

一、房屋出租人需要注意的事项

在房屋租赁合同履行过程中,房屋出租人需要注意的事项,也是承租人可能会出现的违约情形。

(一)承租人未按时、足额支付租金

按时、足额地支付租金是承租人的主要义务。根据《民法典》第721条的规定,承租人应当按照约定的期限支付租金。《民法典》第722条规定:承租人无正当理由未支付或者迟延支付租金的,出租人可以请求承租人在合理期限内支付;承租人逾期不支付的,出租人可以解除合同。

如果承租人只是表示暂时没有钱,出租人可以要求其缓交,或在承租人交付的押金或定金中扣除相应款项作为租金。但在实践中,承租人经常会以各种理由要求减少或缓交租金,常见的理由:出租人没有按照承租人的要求及时维修房屋、出租人没有及时缴纳水电费导致出租房被暂时停水停电、第三人主张权利要求承租人退房等。对于承租人提出的减少或缓交租金的要求,出租人是否同意,要看该理由是否成立,即是否实质性影响到承租人对房屋的使用。如果有实质性影响,如停水停电导致承租人只能去朋友处借住,承租人可以请求相应减少租金或延长租期;如果没有实质性影响,如房内有两个卫生间,其中一个抽水马桶堵塞,虽然未及时维修会对生活有所影响,但一般不会影响承租人对房屋的使用,所以该理由不成立,承租人不能因此不交租金。

此外，在租赁合同中有可能对租金的支付期限与方式没有约定或约定不明确，可以依据合同其他条款或者交易习惯确认。如果仍不能确认，一般采取一年一付的方式；如果租赁期限不满一年，应当在租赁期限届满时支付。如果承租人以前一直是每月一付租金，突然在半年后承租人要求一年一付，显然不符合交易习惯，出租人可以不同意其要求。如果承租人以前一直是每年一付租金，剩下最后半年时，出租人提出要求一月一付，显然也不符合交易习惯，承租人可以根据《民法典》第721条中的相关规定，在租赁期限届满时支付。

如果承租人不足额支付租金，出租人可以要求其补足，或在承租人交付的押金或定金中扣除相应款项作为租金。如果承租人拒绝补足，出租人可以按照合同的约定要求承租人支付相应的违约金。

（二）承租人擅自进行转租

在日常生活中，关于承租方是否能转租的问题经常发生纠纷。很多承租人都有认识误区，认为自己承租房屋之后是否转租都是自己的权利，出租人不应该进行干涉。实际上，出租方与承租方之间签订租赁合同是基于两人之间的信任关系，如果承租方擅自转租，就破坏了这种信任关系。

《民法典》第716条第2款明确规定：承租人未经出租人同意转租的，出租人可以解除合同。该条规定赋予了出租人对承租人擅自转租时的法定解除权，并可以要求承租人承担违约责任。需要注意的是，"承租人经出租人同意"可以事前也可以事后，只要出租人对此行为表示认可即可。事前同意如在租赁合同中写明承租人可以将房屋进行转租，又如出租人在转租合同中签名表示同意。事后同意如转租合同签订后，出租人明确表示同意转租。实践中，很少在租赁合同中写明承租人可以将房屋进行转租，如果承租人提出要求转租，出租人既不同意也不反对，但要求与承租人分享转租收益。这样，很容易出现一种合同僵局：次承租人已经入住该房屋多时，但出租人还没有明确表态是否同意转租。一旦承租人不愿意分享转租收益，出租人就会以转租未获得自己同意为由解除租赁合同，并要求次承租人搬离该房屋。为了避免这种僵局的长期存在，平衡各方权益，所以在编纂《民法典》时新增了一条内容，即第718条规定：出租人知道或者应当知道承租人转租，但是在6个月内未提出异议的，视为出租人同意转租。而且，这6个月时间是除斥期间，为固定的不变期间，不存在中止、中断和延长的问题。所以，出租人若已经知道承租人将房屋转租，应及时做出是否同意转租的意思表示。

实践中，存在较大的争议是出租人是否"知道或者应当知道承租人转租"。如果出租人除了收取租金，再没有上门查看，也不知道实际居住人是谁，确实有可能不知道承租人转租的情况。但如果出租人经常上门查看或者在维修房屋时知道实际居住人不是承租人，或者实际居住人已告知其从承租人处转租所得，那么应认定出租人知道或者应当知道承租人转租的情况。

未经出租人同意转租，承租人与第三人之间的转租合同是否有效？对于此种情况，《民法典》以及相关司法解释并没有明确规定，司法实践对此问题亦有争议。本书作者认为：未经出租人同意转租的，实质上是属于无权处分范畴。按照原《合同法》第51条规定，无权处分合同属于效力待定合同，但《民法典》中删除了该规定，所以不宜再认定无权处分合同为效力待定合同。根据《民法典》促成交易、维护商事活动的稳定性的立法精神，并结合司法实践，不应否定该转租合同的效力。所以，未经承租人同意转租，承租人与第三人之间的转租合同亦是有效的。如果因出租人提前解除租赁合同，导致转租合同无法履行，承租人应承担合同违约责任。实践中，也可以由出租人与次承租人签订租赁合同，保障该租赁合同能得到履行。

（三）承租人擅自对房屋进行装修改造

房屋租赁时，双方往往会忽视装修改造的问题，一般也不会写入合同内容，原因是出租人认为承租人不会去装修房屋，如果要装修肯定会提前告知。但在现实中，因房屋装修引起的纠纷也是较多的。《民法典》第715条规定：承租人经出租人同意，可以对租赁物进行改善或者增设他物。承租人未经出租人同意，对租赁物进行改善或者增设他物的，出租人可以请求承租人恢复原状或者赔偿损失。

为避免可能出现的纠纷，如果承租人需要对房屋进行装修改造，一定要提前告知出租人并征得出租人的同意，双方可以在租赁合同相关条款中予以明确，或者出租人出具书面形式的同意函。即使承租人自认为该装修改造会给出租人带来利益，但如果未经出租人同意，出租人还是可以要求承租人恢复原状或者赔偿损失的。对租赁房屋的装修改造不以谁受益作为判断承租人是否违约的标准，而是以是否得到出租人的同意，作为承租人是否违约的判断标准。

对房屋装修改造无论是否经出租人同意，承租人擅自变动房屋建筑主体和承重结构或者扩建，出租人都可以解除合同并要求赔偿损失，具体见《房屋租赁合同司法解释》第6条规定：承租人擅自变动房屋建筑主体和承重结构或者扩建，在出租人要求的合理期限内仍不予恢复原状,出租人请求解除合同并要求赔偿损失的,人民法院依照《民法典》第711条的规定处理。

如果装修改造未经出租人同意,那么该行为显然是违约行为,出租人可以不予以任何补偿。即使装修改造经出租人同意,实践中,也还是经常出现对装修利益是否应予以补偿的争议。对此情况,《房屋租赁合同司法解释》予以了详细的说明,其中第8条规定:承租人经出租人同意装饰装修,租赁期间届满或者合同解除时,除当事人另有约定外,未形成附合的装饰装修物,可由承租人拆除。因拆除造成房屋毁损的,承租人应当恢复原状。第10条规定:承租人经出租人同意装饰装修,租赁期间届满时,承租人请求出租人补偿附合装饰装修费用的,不予支持。但当事人另有约定的除外。

(四)因承租人过错导致房屋毁损或设施设备需要维修

租赁房屋的维修义务,由双方在合同中约定。如果没有约定或约定不明确,一般由出租人承担维修义务。但即使在合同中约定由出租人承担维修义务,如果出现"因承租人的过错致使租赁物需要维修",出租人也可以不承担维修义务。举例说明:承租人在使用空调时发现出风不畅,于是自己对出风口进行改造,后来发现该空调出现故障,要求出租人维修空调。出租人在将空调送修时被告知是人为损坏导致,所以无法保修,要求自己付费。出租人可以要求承租人承担维修费用。

此外,《民法典》第714条规定:承租人应当妥善保管租赁物,因保管不善造成租赁物毁损、灭失的,应当承担赔偿责任。举例说明:承租人经常在外出时不关窗,有一次台风天风雨很大,因为承租人在外出差、未关窗导致室内积水严重,不仅损坏了木地板,而且导致墙壁渗水出现了很明显的斑驳,出租人查看后认为要进行较大的维修,于是要求承租人承担赔偿责任。

(五)承租人返还的房屋不符合约定要求

《民法典》第733条规定:租赁期限届满,承租人应当返还租赁物。返还的租赁物应当符合按照约定或者根据租赁物的性质使用后的状态。举例说明:如租赁合同中约定承租人退租时应将房屋打扫干净,但实际上,承租人返还房屋时没有清扫、室内狼藉满地,说明承租人退还的房屋不符合约定,出租人可以要求承租人打扫干净后再返还房屋。若承租人拒绝,出租人可要求其承担违约责任,雇人清扫的费用由承租人承担。

(六)实际居住人超过合同约定人数

如果租赁合同中对该房屋租赁期限内居住人数限额有明确约定,承租人应遵守该约定。如果承租人以借住的名义让其他人与其共同居住,且超过约定人数,出租人可以要求承租人限时改正。如果承租人拒绝改正,应按照合同约定承担违约责任。也有可能出现这种情况:合同中约定的共同居住人员没有一起生活,因为情况发生变化,其他人来一起生活,如承租人的父母来帮助照顾孩子住了一段时间后,其岳父岳母来帮助照顾孩子又住了一段时间,这属于正常现象,不属于违约情况。但为了避免产生纠纷,承租人应及时将在该房屋居住人员的变化情况告知出租人。

二、房屋承租人需要注意的事项

在房屋租赁合同履行过程中,房屋承租人需要注意的事项,即出租人可能出现的违约情形。

(一)出租人要求提高房租

租赁合同中应约定租金及其支付期限和方式。租金一般采取固定数额的方式,该数额在租赁期限内应是不变的。如果出租人在租期内要求提高房租,是对合同内容的变更,需要得到承租人的同意才能生效。如果承租人拒绝此要求,可以要求按照原租金继续履行合同。

但如果租赁合同中对租金的约定采取不固定数额的方式,如前三年的租金为每年3万元,三年后由双方协商确定。三年后,出租人要求提高房租,不应视为违约行为。如果双方无法达成一致,可以提前解除合同,任何一方都不需要承担违约责任。

如果租赁期满后,承租人提出要续租,出租人要求提高房租,这是双方对合同内容的重新磋商,承租人可以选择接受该条件或不再续租。

(二)出租人不承担维修义务或不支付维修费用

维修义务是指在房屋出现不符合约定的使用状态时,对房屋进行修理以及维护,以确保承租人能够正常地使用房屋。那么租赁房屋的维修义务应该由出租人还是承租人承担呢?《民法典》第712条规定:"出租人应当履行租赁物的维修义务,但是当事人另有约定的除外。"根据此规定,维修义务以双方协商为主,就是"约定优先"。如果没有约定或约定不明确,由出租人承担维修义务,其理由是出租人收取租金应保持租赁物的适用状态,维修费用应已包括在租金之内。

《民法典》第713条第1款规定,承租人在租赁物需要维修时可以请求出租人在合理期限内维修。出租人未履行维修义务的,承租人可以自行维修,维修费用由出租人负担。因维修租赁物影响承租人使用的,应当相应减少租金或者延长租期。

实践中,产生争议的往往是对"合理期限"的理解。举例说明:纱窗在夏天破损,承租人告诉出租人希望及时维修,出租人一周后让人来维修,发现承租人已经自行请人维修。出租人认为自己已让人维修,而且一周时间也不算长,所以不愿意承担该维修费用。但承租人认为维修不及时,一周时间可以让很多蚊虫进入房间,会严重影响承租人晚上的睡眠,所以该维修费用应由出租人承担。

还有对需要维修程度的理解存在争议。有些租赁合同中约定:重大维修由出租人承担,一般维修由承租人自行承担。但合同中对重大维修与一般维修包括的范围没有明确界定的,如果出现墙面渗水、下水管道严重堵塞等情况,该由谁承担维修义务往往会出现扯皮现象。

此外,如果是承租人自行维修,费用由出租人承担的情况,那么双方也会对费用的数额存在争议。出租人会认为承租人是在过度维修,花费了很多不该花费的费用,这种纠纷情况也经常出现,建议出租人与承租人在维修前进行协商,如果由承租人自行维修、出租人承担费用,承租人应及时提出维修报价,经出租人同意后再施工。一般情况下,不能超过原定预算;如果因正当理由超过预算,也应向出租人说明原因,以取得其理解,减少纠纷。

(三)出租人在租赁期内转让房屋或设立抵押

对于在已出租房屋上设定抵押这一问题,《民法典》第405条规定,抵押权设立前,抵押财产已经出租并转移占有的,原租赁关系不受该抵押权的影响。

关于已出租房屋转让这一问题,《民法典》第725条规定,租赁物在承租人按照租赁合同占有期限内发生所有权变动的,不影响租赁合同的效力。

所以,一般情况下,出租人在租赁期内转让房屋或设立抵押,不影响租赁合同的效力,承租人可以要求受让人或抵押权人继续履行租赁合同。但需要注意的是,出租人拟转让已出租房屋的,应提前告知承租人,承租人有优先购买权。此外,出租人与抵押权人协议折价、变卖租赁房屋偿还债务的,也应提前告知承租人,承租人也有优先购买权。

出租人在租赁合同中承诺在租赁期限内不转让房屋或设立抵押,这是出租人自己放弃相关权利,如果出租人违背该承诺,要承担相应的违约责任。租赁合同往往对此情况所对应的违约责任未做明确,但承租人可以因此要求解除合同。

(四)出租人将房屋"一房多租"

"一房多租"在现实中也较常见,有些是出租人将一套房屋的各个房间分别出租,承租人对此情况不清楚,因此产生纠纷。

对此情况,《房屋租赁合同司法解释》第5条规定给出了明确的意见,出租人就同一房屋订立数份租赁合同,在合同均有效的情况下,承租人均主张履行合同的,人民法院按照下列顺序确定履行合同的承租人:(1)已经合法占有租赁房屋的;(2)已经办理登记备案手续的;(3)合同成立在先的。不能取得租赁房屋的承租人请求解除合同、赔偿损失的,依照《民法典》的有关规定处理。

(五)租期届满或合同解除后出租人不愿意退还定金或押金

在房屋租赁合同中,经常会有交纳定金或押金的约定,数额一般是几个月的租金。前文已经分析,押金条款应当解释为具有担保的性质,同时也是针对承租人迟延给付租金这个特定违约行为的违约金。

按照正常情况,租期届满或合同解除后,承租人按照约定返还房屋,没有拖欠租金的,出租人应该退还定金或押金。在实践中,经常会出现出租人找各种理由不愿意退还定金或押金或进行扣款的情况。如承租人有拖延迟付租金的情况,室内设施设备有损坏需要承租人赔偿的情况,返还的房屋不符合要求需要恢复原状或赔偿损失的情况等。虽然承租人也会据理力争,但因为定金或押金由出租人实际掌握,加上承租人在租赁期间确实有一些轻微的违约行为,往往会有所损失。

此外,出租人在拟转让该房屋时,如果没有提前通知,会损害承租人的优先购买权;在租赁期满时,对于出租人没有保障承租人在同等条件优先承租的权利或共同居住人的续租权的处理。第一节中已介绍,此处不再赘述。

三、租赁合同无效的原因及处理

(一)租赁合同无效的原因

《民法典》第143条规定,民事法律行为有效的条件包括:(1)行为人具有相应的民事行为能力;(2)意思表示真实;(3)不违反法律、行政法规的强制性规定,不违背公序良俗。

根据《民法典》的相关规定,导致民事法律行为(包括签订合同)无效的主要原因:(1)无民事行为能力人实施的民事法律行为无效,如不满8周岁的未成年人或不能辨认自己行为的成年人签订的房屋租赁合同无效;(2)限制民事行为能力人实施的其他民事法律行为未经法定代理人同意或者追认,如8周岁以上的未成年人签订房屋租赁合同需要经过其父母等法定代理人同意或者追认;(3)行为人与相对人以虚假的意思表示实施的民事法律行为无效,如存在"阴阳合同"的情况,往往是一真一假,不是当事人真实意思表示的那份租赁合同无效;(4)违反法律、行政法规的强制性规定或违背公序良俗的民事法律行为无效,如违法建筑物出租应认定为租赁合同无效;(5)行为人与相对人恶意串通,损害他人合法权益的民事法律行为无效。在法院执行中发现很多的虚假租赁行为,多数是债务人为了逃避房屋被强制执行,与第三人串通签订租赁合同,因为损害债权人的利益,所以会被认定为无效。

除这些常见的合同无效的原因外,房屋租赁合同还有一种特殊的部分无效情形:如果租赁期限超过20年,超出20年的部分无效。

除此以外,《房屋租赁合同司法解释》中还规定了租赁合同无效的两种特殊情形,其中第2条规定:出租人就未取得建设工程规划许可证或者未按照建设工程规划许可证的规定建设的房屋,与承租人订立的租赁合同无效。第3条规定:出租人就未经批准或者未按照批准内容建设的临时建筑,与承租人订立的租赁合同无效。

这两条规定实际上是对《民法典》第153条关于违反法律、行政法规的强制性规定及违背公序良俗的民事法律行为的效力细化。

(二)租赁合同无效的处理

对于合同无效后的处理,应根据《民法典》的相关规定,具体是第155条规定:无效的或者被撤销的民事法律行为自始没有法律约束力。第156条规定:民事法律行为部分无效,不影响其他部分效力的,其他部分仍然有效。第157条规定:民事法律行为无效、被撤销或者确定不发生效力后,行为人因该行为取得的财产,应当予以返还;不能返还或者没有必要返还的,应当折价补偿。有过错的一方应当赔偿对方由此所受到的损失;各方都有过错的,应当各自承担相应的责任。法律另有规定的,依照其规定。

在实践中,要重点关注导致合同无效的主体过错责任。一般来说,法院会根据诚实信用原则,充分考虑当事人的过错程度、房屋使用状况、合同主体义务、合同履行情况等因素,在当事人之间合理分配责任,避免一方因合同无效而获益,实现各方当事人之间利益的救济与平衡。如出租人将违法建筑出租给承租人使用,一般会认定出租人承担全部或大部分的过错责任;如果出租人与承租人恶意串通,签订虚假的租赁合同以逃避债务履行,一般会认定双方都有过错,各自承担一半的责任;如果出租人与承租人都明知房屋是"小产权房",还是签订了租期为50年的租赁合同,变相实现"小产权房"的转让,一般会认定双方都有过错,承租人的过错责任可能会更大一些。

此外,如果在房屋租赁合同中对合同无效的法律责任作出约定,此种约定应属无效。原因在于,该约定不属于《民法典》第507条规定的"有关解决争议方法的条款",也不属于《民法典》第567条规定的"结算和清算条款"。若法院确认当事人事前对合同无效后果的约定效力,则会与基于法律否定性评价的合同无效后果产生逻辑冲突。

另外,还可以参照《房屋租赁合同司法解释》对房屋租赁合同无效的处理进行了明确,具体是第4条规定:"房屋租赁合同无效,当事人请求参照合同约定的租金标准支付房屋占有使用费的,人民法院一般应予支持。当事人请求赔偿因合同无效受到的损失,人民法院依照民法典第一百五十七条和本解释第七条、第十一条、第十二条的规定处理。"

四、租赁合同提前解除的条件及处理

法律支持合法、有效的合同存续并履行完毕,但是在司法实践中,许多合同往往因为各种各样的原因无法继续履行,有的合同一方当事人会出于某些原因的考虑而无法继续履行合同或者继续履行合同会对自己造成很大的损失。

(一)租赁合同提前解除的条件

合同解除分为法定解除与约定解除。此外,当事人协商一致,也可以解除合同。

《民法典》第563条规定了"合同法定解除"的事由,有下列情形之一的,当事人可以解除合同:(1)因不可抗力致使不能实现合同目的;(2)在履行期限届满前,当事人一方明确表示或者以自己的行为表明不履行主要债务;(3)当事人一方迟延履行主要债务,经催告后在合理期限内仍未履行;(4)当事人一方迟延履行债务或者有其他违约行为致使不能实现合同目的;(5)法律规定的其他情形。以持续履行的债务为内容的不定期合同,当事人可以随时解除合同,但是应当在合理期限之前通知对方。

此外,在《民法典》合同编第十四章"租赁合同"的相关规定也明确了当事人可以解除合同的法定条件,很多是对《民法典》第563条规定的细化。其中,出租人可以解除合同的情形有:(1)承租人未按照约定的方法或者未根据租赁物的性质使用租赁物,致使租赁物受到损失的;(2)承租人未经出租人同意转租的;(3)承租人无正当理由未支付或者迟延支付租金的,在出租人催告后,承租人在合理期限内仍未支付的。承租人可以解除合同的情形有:(1)出租房屋被司法机关或者行政机关依法查封、扣押的;(2)出租房屋权属有争议,致使承租人无法使用该房屋的;(3)因出租房屋部分或者全部毁损、灭失,致使不能实现合同目的的;(4)出租房屋质量不合格,危及承租人的安全或者健康的。此外,按照《民法典》第730条的规定,当事人对租赁期限没有约定或者约定不明确,一般视为不定期租赁;当事人可以随时解除合同,但是应当在合理期限之前通知对方。

当事人还可以合同中约定解除条件。《民法典》第562条第2款规定,当事人可以约定一方解除合同的事由。解除合同的事由发生时,解除权人可以解除合同。如双方可以约定:如果在租赁期内该房屋被拆迁征收,双方应同意解除合同;如果出租人将来要转让该房屋,承租人应同意解除合同;如果承租人因为工作变动需要迁往他处,出租人应同意解除合同等。但要注意"解除权行使期限"与"合同解除程序"。《民法典》第564条规定:法律规定或者当事人约定解除权行使期限,期限届满当事人不行使的,该权利消灭。法律没有规定或者当事人没有约定解除权行使期限,自解除权人知道或者应当知道解除事由之日起一年内不行使,或者经对方催告后在合理期限内不行使的,该权利消灭。

《民法典》第562条第1款规定,当事人协商一致,可以解除合同。无论合同中是否约定合同解除条件,因为出现了特殊情况,导致合同无法继续履行或不能实现合同目的,双方协商一致,就可以提前解除合同。合同解除的,该合同的权利义务关系终止。而且不受"合同解除程序"的限制。

《合同编通则解释》第52条规定:"当事人就解除合同协商一致时未对合同解除后的违约责任、结算和清理等问题作出处理,一方主张合同已经解除的,人民法院应予支持。但是,当事人另有约定的除外。有下列情形之一的,除当事人一方另有意思表示外,人民法院可以认定合同解除:(一)当事人一方主张行使法律规定或者合同约定的解除权,经审理认为不符合解除权行使条件但是对方同意解除;(二)双方当事人均不符合解除权行使的条件但是均主张解除合同。前两款情形下的违约责任、结算和清理等问题,人民法院应当依据民法典第五百六十六条、第五百六十七条和有关违约责任的规定处理。"

(二)当事人提出解除租赁合同的方式

合同当事人可以选择两种方式解除合同:一种是通知解除;另一种是通过诉讼、仲裁等解除。第一种方式解除合同,一方当事人需将解除合同的意思表示传达给对方,可通过口头通知、纸质信函、电子邮件、微信聊天等方式通知,在关于合同是否解除的诉讼中,行使解除权的一方当事人应当对自己已通知对方负举证责任。第二种方式的解除更为明确,如果法院或仲裁机构确认合同解除,则对方当事人自收到起诉状副本或仲裁申请书副本之日起合同即解除。

如果因一方当事人的原因导致合同无法或难以继续履行下去,守约方当然可以单方解除合同。应遵守《民法典》第565条关于"合同解除程序"规定:当事人一方依法主张解除合同的,应当通知对方。合同自通知到达对方时解除;通知载明债务人在一定期限内不履行债务则合同自动解除,债务人在该期限内未履行债务的,合同自通知载明的期限届满时解除。对方对解除合同有异议的,任何一方当事人均可以请求人民法院或者仲裁机构确认解除行为的效力。当事人一方未通知对方,直接以提起诉讼或者申请仲裁的方式依法主张解除合同,人民法院或者仲裁机构确认该主张的,合同自起诉状副本或者仲裁申请书副本送达对方时解除。

此外,违约方在一定条件下也可以提起诉讼或申请仲裁的方式要求解除合同,但不能以通知方式解除合同。对此情况,见《民法典》第580条第2款的规定:"有前款规定的除外情形之一,致使不能实现合同目的的,人民法院或者仲裁机构可以根据当事人的请求终止合同权利义务关系,但是不影响违约责任的承担。"《合同编通则解释》第59条规定:"当事人一方依据民法典第五百八十条第二款的规定请求终止合同权利义务关系的,人民法院一般应当以起诉状副本送达对方的时间作为合同权利义务关系终止的时间。根据案件的具体情况,以其他时间作为合同权利义务关系终止的时间更加符合公平原则和诚信原则的,人民法院可以以该时间作为合同权利义务关系终止的时间,但是应当在裁判文书中充分说明理由。"2019年11月发布的《九民纪要》对此问题也有规范:"48.【违约方起诉解除】违约方不享有单方解除合同的权利。但是,在一些长期性合同如房屋租赁合同履行过程中,双方形成合同僵局,一概不允许违约方通过起诉的方式解除合同,有时对双方都不利。在此前提下,符合下列条件,违约方起诉请求解除合同的,人民法院依法予以支持:(1)违约方不存在恶意违约的情形;(2)违约方继续履行合同,对其显失公平;(3)守约方拒绝解除合同,违反诚实信用原则。人民法院判决解除合同的,违约方本应当承担的违约责任不能因解除合同而减少或者免除。"

(三)租赁合同解除后的处理

对于合同解除后的处理,应根据《民法典》第566条规定:合同解除后,尚未履行的,终止履行;已经履行的,根据履行情况和合同性质,当事人可以请求恢复原状或者采取其他补救措施,并有权请求赔偿损失。合同因违约解除的,解除权人可以请求违约方承担违约责任,但是当事人另有约定的除外。主合同解除后,担保人对债务人应当承担的民事责任仍应当承担担保责任,但是担保合同另有约定的除外。

在实践中,重点要关注合同解除的主体过错责任。一般来说,如果因为一方实质违约导致无法实现合同目的,另一方可以解除合同并要求违约方承担违约责任或请求赔偿损失。如出租人将房屋"一房多租",导致有些承租人不能取得租赁房屋;承租人不按时支付租金,经出租人催告后在合理期限内仍未支付。

此外,双方可能会对应由哪一方承担过错责任存在争议。如房屋在出租前已设立抵押权,后来因为抵押权人实现抵押权导致承租人不能继续使用该房屋,所以只能解除合同。承租人认为出租人在出租前没有告知该房屋已设立抵押权的情况,所以应承担全部过错责任;但出租人认为自己此前已经口头告知过承租人,而且承租人只要到登记机构查一下即可知道该房屋已设立抵押权,所以承租人也有过错,自己不应承担责任。一旦发生纠纷,双方需要对自己的主张承担举证责任。

《房屋租赁合同司法解释》中对房屋租赁合同解除的部分情形进行了规范,农村房屋租赁也可以进行参照。如第6条规定:"承租人擅自变动房屋建筑主体和承重结构或者扩建,在出租人要求的合理期限内仍不予恢复原状,出租人请求解除合同并要求赔偿损失的,人民法院依照民法典第七百一十一条的规定处理。"第

13 条规定:房屋租赁合同无效、履行期限届满或者解除,出租人请求负有腾房义务的次承租人支付逾期腾房占有使用费的,人民法院应予支持。

第四节 房屋租赁引起的常见纠纷案例

一、因出租人违约造成的房屋租赁合同纠纷案例

案例一:在租赁合同中无明确约定时,一般应由出租人履行租赁物的维修义务。承租人在租赁物需要维修时,可以请求出租人在合理期限内维修。承租人也可以自行维修而后再向出租人主张维修费用。

一审案号为(2014)张民初字第 01714 号,二审案号为(2015)苏中民终字第 03307 号的房屋租赁合同纠纷案件。案情简介:包某、樊某是江苏省张家港市某镇某处房屋的所有人,该处房屋有四层。2010 年 6 月 4 日,包某与张某签订租房协议,约定包某将案涉房屋底楼的三间门面房及二楼全部租给张某使用;双方同意无期限租用,绝不涨价。张某自行安装无框玻璃门,费用由张某自付;包某负责安装门面防盗卷帘门,费用由包某支付。签约后,张某按约交付了房屋三年租金 9 万元。2014 年 7 月,张某修理了案涉房屋的门面防盗卷帘门,支出修理费 500 元;并对案涉房屋的外墙下水进行了改造,支出改造费 1600 元。2014 年 8 月 10 日,包某认为张某实际占用的租赁面积不断扩大,提出要涨房租。双方因此产生矛盾,张某向法院提起纠纷,包某、樊某提起反诉。

江苏省张家港市人民法院经审理后认为,包某与张某之间的租赁合同是双方真实意思的表示,不违反法律法规的强制性规定,应为合法有效。租赁合同中约定包某负责门面防盗卷帘门,张某为维修该卷帘门支付了 500 元,费用应由包某负担。张某为案涉房屋的外墙下水改造支付了 1600 元,属于对租赁物的维修,租房合同中未明确约定。在当事人无约定时,应由出租人履行租赁物的维修义务。樊某作为出租房屋的共有人,与包某又是夫妻关系,在租赁合同履行中加入,因此,樊某应与包某共同承担责任。所以判决:(1)张某与包某在 2010 年 6 月 4 日签订的租房协议在 2014 年 11 月 14 日解除;(2)包某与樊某应给付张某维修费 2100 元并赔偿张某营业损失费 21,000 元,共计 23,100 元;(3)张某应给付包某、樊某租金 6068 元;(4)张某应在判决生效后 10 日内搬离案涉房屋。

包某、樊某提起上诉,江苏省苏州市中级人民法院二审判决驳回上诉,维持原判。

案例二:在租赁期限届满或合同解除后,出租人不愿意退还定金或押金的,承租人可以要求出租人返还。承租人超过租赁期限占用案涉房屋的,应参照租金标准支付房屋使用费。

案号为(2017)粤0306民初25321号的房屋租赁合同纠纷案件。案情简介:2015年12月1日,被告伍某与案外人李某签订了房屋租赁合同,约定伍某将位于深圳市宝安区某街道某村的房屋出租给李某使用,租赁期限为2015年12月1日至2017年11月30日,月租金为1300元。2017年6月,被告伍某将该租赁合同原件交付给原告莫某,由莫某按房屋租赁合同的约定缴纳租金。莫某通过李某向伍某交付了押金2600元。2017年6月5日,莫某开始使用案涉房屋。2017年9月1日,莫某要求与伍某重新签订房屋租赁合同书,却遭到伍某的拒绝。莫某在房产管理部门查询得知,案涉房屋系农村自建房屋,在伍某与李某签订房屋租赁合同书时,伍某并非案涉房屋所在村集体经济组织成员,并且伍某的房屋未办理农村宅基地使用权的审批手续、房屋所有权证、房屋租赁证,不能进行出租。2017年9月6日,莫某停止对案涉房屋的使用,要求伍某退还押金。伍某却一直不接电话,所以莫某向法院提起诉讼,要求伍某退还押金。伍某提起反诉。

审理中,伍某承认收取了李某2600元的押金,李某未要求退还,伍某将李某的押金条原件交付给莫某。双方一致确认原告已缴纳2017年6月至8月的租金及水电费。莫某已将房屋恢复原状。

广东省深圳市宝安区人民法院经审理后认为,伍某出租给案外人李某及莫某的案涉房屋没有办理房地产证,也没有取得建设工程规划许可证,因此,伍某与案外人李某签订的房屋租赁合同书因违反了法律法规的强制性规定,应认定为无效合同。合同无效的,自始无效,根据无效合同的处理原则,相互取得的财产应当返还。莫某向伍某缴纳了2600元的押金,伍某应予以退还。所以判决:(1)伍某向莫某返还押金2600元;(2)莫某向伍某支付2017年9月1日至2017年9月13日房屋占有使用费563.33元及电费278元、水费8元。

案例三:在"一房数租"的情况中,最终也只能有一份房屋租赁合同得到履行。出租人应秉承着诚实信用的原则,不能"一房数租";承租人应审慎核查相关情况,在合同无法继续履行的情况下,承租人可以提前解除合同并向出租人要求退还租金并主张赔偿损失。

案号为(2021)沪0151民初7105号的房屋租赁合同纠纷案件。案情简介:2020年6月6日,钱某、薛某签订了房屋租赁合同,薛某将坐落于上海市崇明区某镇某村的农村宅基地房屋出租给钱某,合同约定房屋租赁期限为 2020 年 6 月 5 日至 2025 年 6 月 15 日,租金为每年 20,000 元,另收押金 1000 元,租金一年一付;钱某可自行决定对租赁房屋内部装修等。签约后,钱某向薛某交付一年租金及押金后,将房屋进行一定的装修,共花费 11,285 元。后薛某将案涉房屋转租给第三人,第三人已于 2020 年 9 月搬出。2021 年 3 月,钱某返回案涉房屋,发现全部装修均被拆除,所有电器设备也不见了。之后,钱某了解到薛某在 2020 年 12 月底就与案外人签订了租赁合同,租赁期限为 2020 年 12 月 31 日至 2035 年 12 月 30 日,并将案涉房屋交给案外人占有、使用。钱某认为薛某擅自将案涉房屋租给他人属于违约行为,故向法院提起诉讼。

上海市崇明区人民法院经审理后认为,钱某、薛某于 2020 年 6 月 6 日签订的房屋租赁合同系双方真实意思表示,对双方均具有约束力,理应严格按约履行,否则须承担相应的违约责任。薛某在原房屋租赁合同尚在履行期间又与案外人签订合同,导致案涉租赁合同自 2020 年 12 月 31 日开始无法继续履行,已属违约,租赁合同自该日起解除。对于钱某要求解除租赁合同的诉讼请求,法院予以支持。租赁合同解除后,薛某应返还钱某剩余租金与押金。综合考虑该案租赁期限、薛某违约后剩余租金等情况,法院认为薛某需退还房屋租金 20,000 元作为剩余租金及应承担的违约责任。钱某关于其为租赁房屋花费的装修费、中介费等合理经济损失,法院亦予以支持。所以判决:(1)钱某与薛某于 2020 年 6 月 6 日签订的房屋租赁合同于 2020 年 12 月 31 日解除;(2)薛某返还钱某租金 20,000 元、押金 1000 元,共计 21,000 元;(3)薛某赔偿钱某装修损失 11,285 元、中介费损失 1000 元,共计 12,285 元。

二、因承租人违约造成的房屋租赁合同纠纷案例

案例四:房屋租赁合同依法成立并生效,出租人、承租人双方均应严格履行。承租人应当按照合同约定的方式和金额支付租金,避免因逾期支付租金而承担违约责任。

案号为(2022)沪 0118 民初 3433 号的房屋租赁合同纠纷案件。案情简介:2019 年 11 月 23 日,王某(出租方)与冯某(承租方)签订房屋租赁合同,约定:王某将位于上海市青浦区某处的农村房屋出租给冯某使用,租赁期限为一年,租赁用途为居住之用,租金为每月 1200 元。租期届满后,冯某继续承租该房屋一年。2021 年 11 月月初,冯某告知王某需要搬离案涉房屋,但是之后冯某自行离开房屋,东西没有搬离。2021 年 11 月 22 日合同到期后,王某自行收回房屋。租赁期

间,冯某共拖欠2021年7月至11月的租金共计3640元。为讨要租金,王某向法院提起诉讼。

上海市青浦区人民法院经审理后认为,案涉房屋是农村宅基地上房屋,具备合法批建手续,有乡村建设规划许可证、上海市农村宅基地使用证等证据材料为证。王某、冯某之间签订的房屋租赁合同为双方真实意思的表示,未违反法律、法规的禁止性规定,应为合法有效,双方应当严格履行。双方合同租赁期限届满,租赁合同约束力已经到期自然终止,王某也收回了房屋。对于合同租期届满前冯某拖欠的房屋租金,冯某理应支付,诉讼请求有相应的事实依据,法院予以支持。所以判决:冯某应向王某支付拖欠的租金3640元。

案例五:承租人应当按照房屋租赁合同的约定行使权利,不得擅自对外转租房屋。承租人未经出租人同意转租的,出租人可以解除合同。此前,承租人或第三人占有使用房屋期间,应支付相应的租金或房屋使用费。

案号为(2022)沪0120民初14238号的房屋租赁合同纠纷案件。案情简介:2021年3月24日,李某、徐某签订房屋租赁合同,约定李某将位于上海市奉贤区某镇某村的房屋租给徐某使用,用途为居住,租赁期限自2021年3月24日起至房屋被拆迁为止,年租金为16,000元。合同中未就是否允许转租进行约定。2022年,李某发现徐某将案涉房屋擅自转租给第三人张某。李某认为徐某未经其同意就擅自转租的行为违法,侵犯其权利,李某向徐某提出解除合同通知,但徐某不予理会。所以,李某向法院提起诉讼。

审理中查明,案涉房屋为农村宅基地上房屋,宅基地使用权人之一王某与李某系夫妻关系,宅基地使用经过合法审批。

上海市奉贤区人民法院经审理后认为,李某、徐某签订的房屋租赁合同系双方真实意思表示,并未违反法律、行政法规的强制性规定,该合同合法有效,双方均应遵守。该合同虽未就转租行为进行相关约定,但依据法律规定,承租人未经出租人同意转租的,出租人可以解除合同。该案中,李某主张于2022年过年后发现徐某的转租行为,并于同年3月即向徐某提出解除合同。李某在法律规定的期限内对徐某的转租行为提出异议,故对李某要求解除合同的诉讼请求予以支持。徐某应将案涉房屋返还李某。李某、徐某之间的租赁合同解除后,徐某仍须支付合同解除前的租金及合同解除后至实际搬离之日止的占有使用费。所以判决:(1)确认原告李某与被告徐某于2021年3月24日签订的房屋租赁合同于2022年8月10日解除;(2)被告徐某及第三人张某搬离案涉房屋并返还给李某;(3)被告徐某支付原告李某自

2022年3月25日起至2022年8月10日止的租金为6034.68元,及自2022年8月11日起至实际搬离房屋之日止按16,000元/年计算的房屋占有使用费。

案例六:出租房屋的维修责任一般由出租方承担。如果承租人未按照约定的方法或者根据租赁物的性质使用租赁物,致使租赁物受到损耗,承租人需要承担赔偿责任。

一审案号为(2015)伊民初字第2599号,二审案号为(2015)新40民终1273号的房屋租赁合同纠纷案件。案情简介:2014年5月2日,郭某、杜某签订房屋租赁合同,约定杜某将其所有的位于伊宁市某乡某村新建房屋的其中三间出租给郭某从事餐饮,租期为3年,即从2014年6月5日至2017年6月4日,第一年租金15万元,以后租金逐年递增10%,租金的支付方式为一年一付。合同签订后,郭某按约如期支付了租金,并投入50余万元对房屋进行装修装饰。后郭某申请工商登记准备开业时,被告知所租赁房屋不得用于餐饮服务商业经营。所以,郭某向法院提起诉讼。

新疆维吾尔自治区伊宁市人民法院经审理后认为,杜某经规划及建设部门许可,自筹资金自建了含地下室共二层临街住房。郭某、杜某双方签订租赁合同,该合同系双方真实意思表示,且内容不违反法律、行政法规的强制性规定,合法有效。因郭某在承租杜某房屋期间,未经杜某同意,擅自在房屋承重大梁上凿洞,影响房屋安全,违反了双方合同约定,其理应承担维修费用,因双方对维修费用有争议,杜某申请了对该维修费用的鉴定并支付鉴定费,据鉴定报告该维修费用为8124元,故对于杜某主张支付维修费的请求,法院予以支持。所以判决:(1)解除郭某与杜某签订的租赁合同;(2)杜某偿付郭某装修损失费为91,680元;(3)杜某偿付郭某鉴定费为5000元;(4)郭某偿付杜某租金为124,990元(截至2015年12月30日);(5)郭某给付杜某维修费为8124元;(6)郭某给付杜某鉴定费为7000元。

郭某提起上诉,新疆维吾尔自治区高级人民法院伊犁哈萨克自治州分院二审判决驳回上诉,维持原判。

三、因租赁合同无效或提前解除引起的纠纷案例

案例七:出租人就未取得用地审批手续的农村宅基地上所建房屋,与承租人订立的房屋租赁合同无效。房屋租赁合同无效的,出租人可以请求承租人参照合同约定的租金标准支付房屋占有使用费。

一审案号为(2017)粤0304民初14826号,二审案号为(2017)粤03民终

19568号的房屋租赁合同纠纷案件。案情简介：2017年4月9日，姚某（甲方）与苏某（乙方）签订房屋租赁合同，约定甲方将位于某处的房屋出租给乙方；租期6个月，自2017年4月9日至10月8日；租金为每月2400元，房屋押金4800元，水电押金500元，钥匙押金1把30元。签约当日，苏某向姚某支付押金5330元及截至2017年4月30日的租金为1796.6元。入住后，苏某发现热水器漏水、水龙头损坏、灯和窗坏了等问题。2017年4月28日10时，双方因住房押金退还问题发生争执，到当地派出所后，双方由于分歧大，不能达成一致意见。苏某认为姚某从未向其出示过该栋房屋的租赁许可证，且故意隐瞒苏某承租的六楼是后面擅自加建的违法建筑。所以，苏某向法院提起诉讼。

广东省深圳市福田区人民法院经审理后认为，案涉房屋系农村宅基地上建筑物，姚某未能在该案中提交合法报建资料，参照司法解释的相关规定，苏某与姚某签订的租赁合同无效。无效的合同自始没有法律约束力，因该合同取得的财产，应当予以返还；不能返还或者没有必要返还的，应当折价补偿。该案中，姚某因租赁合同而取得的押金，应当返还给苏某。因此，苏某要求返还押金及水电押金的请求，法院予以支持。所以判决：(1)姚某应向苏某返还房屋押金为4800元、水电押金为500元、钥匙押金为30元；(2)姚某应向苏某赔偿交通费、电话费为500元。

姚某提起上诉，广东省深圳市中级人民法院二审判决驳回上诉，维持原判。

案例八：宅基地使用权是集体经济组织成员享有的权利，与特定的身份关系相联系，非本集体经济组织成员不能取得或者变相取得宅基地使用权。出租人与承租人以签订房屋租赁合同为名实为订立房屋买卖合同的，该合同无效。

一审案号为(2021)京0113民初7317号，二审案号为(2021)京03民终16235号的房屋租赁合同纠纷案件。案情简介：原告翟某1与李某曾系夫妻关系，于2013年2月28日离婚，翟某2为二人之女。三人系北京市顺义区某镇某村的村民，农业户口，是农村集体经济组织成员。2013年3月，出租人翟某1、李某和翟某2（甲方）与承租人周某（乙方）签订房屋租赁合同，约定：甲方将位于北京市顺义区某镇某村某号的土地和房屋出租给乙方，其中土地面积为189.75平方米、房屋建筑面积约为60平方米。租赁期限为20年，自2013年3月8日起至2033年3月7日止。期满自动续租，每次20年。签约之日，乙方一次性将租赁期限内的全部租金25万元支付给甲方。如遇拆迁，货币补偿以及房屋补偿的全部款项甲方、乙方各半。每次租赁期满后，甲方对乙方投入的建造费用需按乙方投入时的市场价补偿，如续租则不需补偿。甲方在签订协议7天内将房屋腾给乙方。甲方如提前解约,需向乙方补偿乙方投入的建造费用,以每月500元扣除已经产生的租金,将剩余租金全额退还,并支付违约金10万元。2013年3月8日,周某向翟某2的银行卡转账25万元。后,翟某1方将案涉宅院集体土地使用权证书交给周某。在租赁期内,周某将部分房屋装修。翟某1、翟某2、李某向法院提起诉讼,请求解除2013年3月签订的房屋租赁协议。

审理过程中,翟某1方陈述当年缺钱给女儿翟某2买房,主要也想卖了案涉宅院,因此要求周某一次性支付25万元。周某不同意双方是买卖关系的说法,双方签订的是房屋租赁合同。

北京市顺义区人民法院经审理后认为,双方虽签订的是房屋租赁合同,但双方合同条款约定的20年后自动续租以及进行拆迁利益的分配均符合买卖合同的特征,结合翟某1、翟某2、李某是以出卖宅院为目的,并要求一次性取得出售对价,周某给翟某1、翟某2、李某的自书条中亦记载"购买翟某1土地和房屋……",再结合周某支付房款后取得案涉宅院的集体土地使用权证,可以认定双方之间交易行为符合农村房屋买卖合同的交易习惯,可以认定双方虽签订的是房屋租赁合同,但实属于农村房屋买卖的法律关系。根据我国相关土地管理法律规定,宅基地属于农民集体所有。案涉宅基地使用权是集体经济组织成员享有的权利,与特定的身份关系相联系,非本村集体经济组织成员不能取得或者变相取得该村宅基地使用权。因周某并非该村集体经济组织成员,无权享有该村宅基地使用权,亦不能通过"租赁合同"直接续租的方式变相取得该村宅基地使用权,双方所签订的房屋租赁合同应属无效。经法院释明,周某在该案并未提出反诉,周某可依据合同无效的法律后果另行解决款项返还、损失赔偿等事宜。翟某1方基于租赁合同关系而主张的腾退、返还宅院和集体土地使用权证的诉讼请求,法院在该案中不予支持,可另案解决。所以判决确认2013年3月翟某1、李某、翟某2与周某签订的房屋租赁合同无效。

周某提起上诉,北京市第三中级人民法院二审判决驳回上诉,维持原判。

案例九:租赁合同中已经明确约定承租人对房屋的改变需要取得出租人同意,承租人未按照约定径行对案涉房屋进行了装修或加建的,构成违约行为,出租人可以解除合同,并要求恢复原状、赔偿损失。

案号为(2020)京0114民初9999号的房屋租赁合同纠纷案件。案情简介:2017年11月16日,张某与任某签订房屋租赁合同,约定张某将位于北京市昌平区某镇某村的农村房屋出租给任某,租期为20年,自2017年11月16日起至2037

年11月6日止。第一个五年每年租金为28,000元,并以此为基数每五年递增5%;任某应合理使用其所承租的房屋及其附属设施,如因使用不当或人为因素造成房屋及设施损坏,任某应立即负责修复或进行经济赔偿;如任某改变房屋的内部结构、装修或设置必须事先征得张某的书面同意后方可施工。租赁期满后依附于房屋的装修归张某所有。房租租赁合同签订后,任某按约定支付租金,张某按约定交付房屋。2019年5月15日,任某在承租房屋内进行违法拆建被邻居举报,相关部门工作人员到达现场,要求张某到现场一起制止任某的违法拆建行为,立即停止施工。张某向法院起诉,诉请解除房屋租赁合同并要求任某腾退房屋,将房屋恢复原状。任某认为房屋租期没有到期,所以不同意提前解除合同。

北京市昌平区人民法院经审理后认为,依法成立的合同,对当事人具有法律约束力。当事人应当按照约定全面履行自己的义务。该案中,张某与任某就案涉房屋签订房屋租赁合同,合同中约定如任某改变房屋的内部结构、装修或设置必须事先征得张某的书面同意后方可施工。现任某虽然通过微信聊天向张某发送装修、加建申请,但是其并未取得张某的书面确认,亦未举证证明双方对于合同相关条款进行了变更,便径行对案涉房屋进行了装修、加建,已经构成违约。在此种情况下,张某有权根据双方在房屋租赁合同中的约定解除房屋租赁合同。所以判决:(1)确认张某与任某于2017年11月16日签订的房屋租赁合同于2020年4月9日解除;(2)任某将案涉房屋及院落腾退返还张某并将上述房屋及院落恢复至2017年11月16日双方签订房屋租赁合同时的状况。

第五节 房屋租赁中的特殊情况处理及纠纷案例

一、超长租期的房屋租赁合同规范与处理

为了获得农村房屋长久使用权,有些人在租赁农村房屋时把租赁期限约定得很长,如30年、50年,甚至是永久或无确定期限,或者约定"20年租赁期限届满后自动续期20年"。超长期限的约定实际上是"以租赁之名,行买卖之实",以此规避农村宅基地上房屋限制转让的规定。

中央农村工作领导小组办公室、农业农村部发布的《关于进一步加强农村宅基地管理的通知》(中农发〔2019〕11号)第5条"鼓励盘活利用闲置宅基地和闲置住宅"中规定:"城镇居民、工商资本等租赁农房居住或开展经营的,要严格遵守合同法

的规定,租赁合同的期限不得超过二十年。合同到期后,双方可以另行约定。"

《民法典》第705条明确规定:"租赁期限不得超过二十年。超过二十年的,超过部分无效。租赁期限届满,当事人可以续订租赁合同;但是,约定的租赁期限自续订之日起不得超过二十年。"由此可见,对于农村房屋租赁合同约定了超长租赁期限的,超出了20年期限的约定部分无效。

如果当事人约定租赁合同期限为20年,到期后自动续期20年,该自动续期约定是否有效?对此问题,最高人民法院民事审判第一庭编写的《民事审判实务问答》中指出:对于"到期后自动续租20年"的约定应认定无效。其主要理由:当事人租赁合同约定租赁期限为20年,意图使租赁合同继续存续的,可于定期租赁合同期限届满之前或之时续订租赁合同,但新的定期租赁仍须受20年的最长期限限制。如果当事人在订立租赁合同时,在合同中约定到期后自动续期20年,这样的约定因意图逃避《民法典》对租赁合同最长租赁期间的限制而无效。

对于超过20年期限的情形,法院认定是非常严苛的,超出部分是无效的,所以作者建议:不论是出租方还是承租方,在租赁期限上还是要注意最长期限不得超过20年。有些人租赁农村房屋开办民宿,考虑到前期投入比较大,回本时间比较长,所以约定了租赁期限30年。但按照法律规定超过20年的部分无效,承租方后面10年的利益就难以得到维护,所以特别是以经营为主的承租方一定要将该类风险提前予以考虑。

对于合同无效后的处理,应根据《民法典》第155条、第156条、第157条规定。尤其需要注意的是:根据《民法典》第156条的规定,民事法律行为部分无效,不影响其他部分效力的,其他部分仍然有效,即签订超长租赁期限的合同,不是租赁合同整体无效,只是对该期限的约定部分无效,双方应按照诚信原则履行合同的其他义务。

在实践中,如果双方协商一致、同意长期使用该房屋,可以采取有偿方式设立长期居住权,这样的做法不仅合法,而且居住权期限不受20年的期限限制,能够更加契合双方的需求。

案例十:如果房屋租赁合同约定的租赁期限超过20年,超过20年的部分无效。但不是房屋租赁合同整体无效,双方应按照诚信原则履行房屋租赁合同的其他义务。

案号为(2023)鲁1121民初8号的房屋租赁合同纠纷案件。案情简介:2005年4月28日,五莲某合作社(出租人)与刘某(承租人)签订房屋租赁合同。该合同约定,经双方商定,五莲某合作社将原大门市部三间房子租给刘某居住;租期为50年,自2005年5月至2056年5月;年租金为1万元,一次性支付。房屋租赁合同签订后,刘某按约履行付款义务。案涉房屋位于山东省五莲县某镇某村,土地使用者为五莲某合作社,现由刘某占用。五莲某合作社向法院提起诉讼。

山东省五莲县人民法院审理后认为,该案中,双方签订的房屋租赁合同系双方的真实意思表示,但租赁期限超过20年的部分无效。故原告五莲某合作社请求确认案涉房屋租赁合同租期超过20年部分无效的诉讼请求,符合法律规定,法院予以支持。所以判决确认原告五莲某合作社与被告刘某于2005年4月28日签订的房屋租赁合同租期超过20年部分(自2025年5月至2056年5月)无效。

二、房屋出租后装饰装修或扩建部分的处理

出租人与承租人签订房屋租赁合同时,有的房屋是精装修的,有的是简装的,还有的是白坯的,有些承租人会根据自己的需求选择对租赁房屋进行装饰装修或者扩建。承租人的装饰装修或扩建行为有的是经过出租人同意的,有的则是未经过同意的。

关于房屋的装饰装修分为两类,已形成附合的与未形成附合的。已形成附合的装饰装修物是指装饰装修物已经与房屋的主体结合成为一个合成物,通常来说很难将装饰装修物与房屋分离,如一定要进行分离,则会损坏房屋的其他装饰装修物与房屋或耗资过大,例如对墙壁的粉刷,房屋地面的瓷砖,吊顶、天花板等。未形成附合的装饰装修物指独立于房屋存在,通常来说很容易将装饰装修物与房屋分离,或进行分离时不会损坏房屋的其他装饰装修物与房屋或耗资较小,如床、椅、沙发、洗衣机、冰箱等。

《民法典》第715条规定,承租人经出租人同意,可以对租赁物进行改善或者增设他物。承租人未经出租人同意,对租赁物进行改善或者增设他物的,出租人可以请求承租人恢复原状或者赔偿损失。在实践中,租赁合同解除、无效时,关于出租后装饰装修的残值或扩建部分如何处理常常发生纠纷。

《房屋租赁合同司法解释》共16条,其中有6条都是关于此种情形处理的规定,足以看出关于房屋出租后装饰装修或扩建部分处理问题的重要性。具体内容如下:

第七条 承租人经出租人同意装饰装修,租赁合同无效时,未形成附合的装饰装修物,出租人同意利用的,可折价归出租人所有;不同意利用的,可由承租人拆除。因拆除造成房屋毁损的,承租人应当恢复原状。

已形成附合的装饰装修物,出租人同意利用的,可折价归出租人所有;不同意利用的,由双方各自按照导致合同无效的过错分担现值损失。

第八条 承租人经出租人同意装饰装修,租赁期间届满或者合同解除时,除当事人另有约定外,未形成附合的装饰装修物,可由承租人拆除。因拆除造成房屋毁损的,承租人应当恢复原状。

第九条 承租人经出租人同意装饰装修,合同解除时,双方对已形成附合的装饰装修物的处理没有约定的,人民法院按照下列情形分别处理:

(一)因出租人违约导致合同解除,承租人请求出租人赔偿剩余租赁期内装饰装修残值损失的,应予支持;

(二)因承租人违约导致合同解除,承租人请求出租人赔偿剩余租赁期内装饰装修残值损失的,不予支持。但出租人同意利用的,应在利用价值范围内予以适当补偿;

(三)因双方违约导致合同解除,剩余租赁期内的装饰装修残值损失,由双方根据各自的过错承担相应的责任;

(四)因不可归责于双方的事由导致合同解除的,剩余租赁期内的装饰装修残值损失,由双方按照公平原则分担。法律另有规定的,适用其规定。

第十条 承租人经出租人同意装饰装修,租赁期间届满时,承租人请求出租人补偿附合装饰装修费用的,不予支持。但当事人另有约定的除外。

第十一条 承租人未经出租人同意装饰装修或者扩建发生的费用,由承租人负担。出租人请求承租人恢复原状或者赔偿损失的,人民法院应予支持。

第十二条 承租人经出租人同意扩建,但双方对扩建费用的处理没有约定的,人民法院按照下列情形分别处理:

(一)办理合法建设手续的,扩建造价费用由出租人负担;

(二)未办理合法建设手续的,扩建造价费用由双方按照过错分担。

案例十一:在房屋租赁合同中,出租人同意承租人对房屋进行装修且装修费用由承租人承担,在房屋租赁合同无效或因出租人提前解除的情况下,出租人应赔偿装修费用损失。

一审案号为(2021)京0115民初27428号,二审案号为(2023)京02民终2693号的房屋租赁合同纠纷案件。案情简介:2015年9月2日,张某1、孙某、张某2作为出租人(甲方)与李某、徐某作为承租人(乙方)签订一份房屋租赁合同。该合同约定:甲方将位于北京市大兴区某处的房屋及院落出租给乙方使用,案涉房屋租赁期限共计10年整,租赁期限自2015年10月10日起至2025年10月9日止,乙方向甲方按年支付双方约定的相应租金,乙方先一次性向甲方支付半年的租金共计10万元,2016年4月乙方交齐全年租金,之后每年10月10日前乙方以现金的形式向甲方支付全年案涉房屋的租金……乙方自行装修并合理使用其承租的房屋及其附属设施,乙方负责对房屋进行保管及日常维修……以后如遇征地、拆迁,案涉房屋涉及的所有拆迁补偿利益均归甲方所有,与乙方无关。上述房屋租赁合同签订后,张某1、孙某、张某2将案涉房屋交付给了李某、徐某。李某、徐某承租案涉房屋后未新建房屋。2018年8月,北京兴业利民置业有限公司作为拆除腾退人(甲方)与张某2作为被拆除腾退人(乙方)签订了农村集体经营性建设用地入市试点项目二期拆除腾退补偿协议。该协议约定,甲方应向乙方支付案涉房屋拆除腾退补偿款共计5,363,895元。拆迁补偿款已打入张某2账户,张某2已将上述拆迁补偿款与张某1、孙某进行了分配。之后,李某向法院提起诉讼。

经查明,案涉房屋系张某1、孙某、张某2建造且建房时未办理房屋产权证或相关准建手续。

北京市大兴区人民法院审理后认为,该案中的房屋租赁合同违反法律、行政法规的强制性规定,合同无效。出租人就未取得建设工程规划许可证或者未按照建设工程规划许可证的规定建设的房屋,与承租人订立的租赁合同无效。该案中,双方签订的房屋租赁合同应属无效。无效的合同或者被撤销的合同自始没有法律约束力。合同无效或者被撤销后,因该合同取得的财产,应当予以返还;不能返还或者没有必要返还的,应当折价补偿。因案涉房屋已经被拆除,且张某1、孙某、张某2作为出租方因案涉房屋被拆除取得了相关的利益,导致签订的租赁合同无法继续履行,承租方主张因该合同不能履行造成的损失参照拆除腾退补偿标准计算损失,其合理部分应予支持。另外,李某向法庭提交了徐某签名、捺指印的声明,证明李某与徐某协商一致终止合伙关系,徐某已退出案涉租赁合同,后经法庭与徐某电话核实了该声明的真实性。该案中,李某主张赔偿损失共计794,263.94元,但张某1、孙某、张某2只认可李某在租赁房屋内安装了暖气、楼梯及监控。法院结合双方提交的证据,综合考虑租赁合同的期限、实际使用情况等因素,酌情确定装修损失为80,000元。所以判决被告张某1、孙某、张某2赔偿原告李某因租赁合同不能履行造成的损失费239,763元。

张某1、孙某、张某2提起上诉,北京市第二中级人民法院二审判决驳回上诉,维持原判。

三、非法建筑或临时建筑出租情况的处理

农用地属于集体所有,在其上搭建非法建筑进行租赁的行为损害了集体公共利益,破坏了农村土地应按规划的用途使用,就非法建筑签订的农村房屋租赁合同因违反《土地管理法》及《土地管理法实施条例》的强制性规定而无效。

未取得建设工程规划许可证或者未按照建设工程规划许可证的规定建设的房屋,是违法建筑,因违反了《城乡规划法》的规定,所以在其上订立的租赁合同原则上是无效的,但也有特殊情形。如《房屋租赁合同司法解释》第2条中规定:"在一审法庭辩论终结前取得建设工程规划许可证或者经主管部门批准建设的,人民法院应当认定有效。"

此外,就未经批准或者未按照批准内容建设的临时建筑订立的租赁合同原则上也是无效的。但在一审法庭辩论终结前经主管部门批准建设的,人民法院应当认定有效。租赁期限超过临时建筑的使用期限,超过部分无效。但在一审法庭辩论终结前经主管部门批准延长使用期限的,人民法院应当认定延长使用期限内的租赁期间有效。

根据无效合同应互相返还财产的规定,承租人应当将房屋返还给出租人。对于房屋租赁合同中约定的押金、租金等,理论上应由出租人归还给承租人。但是,因房屋租赁合同无效,承租人实际使用了租赁物,应支付房屋使用费。具体可以参照《房屋租赁合同司法解释》第4条第1款规定:房屋租赁合同无效,当事人请求参照合同约定的租金标准支付房屋占有使用费的,人民法院一般应予支持。

作者认为,对于房屋占有使用费的计算可以适当低于约定的租金标准,因为非法建筑租赁始终缺乏法律有效性,不能给予肯定性的评价。如果当事人有损失,可以参照《房屋租赁合同司法解释》第4条第2款规定:"当事人请求赔偿因合同无效受到的损失,人民法院依照民法典第一百五十七条和本解释第七条、第十一条、第十二条的规定处理。"作为承租方在签订农村房屋租赁合同时,应要求出租人提供不动产权属证书,看所租赁的房屋是否属于违法建筑,作为出租方亦应该对此进行说明。如果出租人隐瞒事实,应承担合同无效的过错责任。

案例十二:出租人就未取得建设工程规划许可证或者未按照建设工程规划许可证的规定建设的房屋,与承租人订立的租赁合同无效。乡、村庄规划区内的房屋租赁合同纠纷案件,可以参考《房屋租赁合同司法解释》处理。

案号为(2022)京0114民初869号的房屋租赁合同纠纷案件。案情简介:

2016年11月25日,魏某(甲方)与马某(乙方)签订房屋租赁合同,甲方将位于北京市昌平区某镇某村的36间房屋出租给乙方,作为公寓使用。租赁期限为5年,自2016年11月25日至2021年11月25日。每年租金共计38.9万元整,付款方式为半年一付。如过期乙方没有交付租金,甲方有权解除此房屋租赁合同。租赁期间如遇国家拆迁时,甲方按乙方实际使用房屋月份(共计36间)收取房屋租金,多退少补。乙方安装的空调,如遇拆迁或房屋租赁合同终止乙方可拆除空调。签约后,马某出资购买并安装了36台格力空调,安装到案涉房屋中。房屋租赁合同签订后,双方按照该合同约定履行,2018年11月马某少给付租金1万元。2021年11月,房屋租赁合同到期前,魏某之夫蔺某与马某经协商签订了解约协议。其后,蔺某如约向马某支付2万元,并收回案涉房屋。马某欲按照房屋租赁合同约定拆除自己安装的空调,却遭到魏某拒绝。所以,马某向法院提起诉讼。魏某提起反诉,要求马某支付租金及水电费等费用。

北京市昌平区人民法院经审理后认为,最高人民法院《房屋租赁合同司法解释》第2条规定:出租人就未取得建设工程规划许可证或者未按照建设工程规划许可证的规定建设的房屋,与承租人订立的租赁合同无效。但在一审法庭辩论终结前取得建设工程规划许可证或者经主管部门批准建设的,人民法院应当认定有效。该司法解释第1条第2款规定:"乡、村庄规划区内的房屋租赁合同纠纷案件,可以参照本解释处理。但法律另有规定的,适用其规定。"根据该案查明的事实,魏某将其在农村宅基地上建设的多层房屋出租给马某使用,但该房屋的建设未依法取得建设工程规划许可证,亦未经主管部门批准建设,故双方签订的房屋租赁合同应属无效。当事人对自己提出的主张,有责任提供证据;没有证据或者证据不足以证明当事人的事实主张的,由负有举证责任的当事人承担不利后果。所以判决魏某与马某于2016年11月25日签订的房屋租赁合同无效。

第九章
农村不动产抵押贷款

第一节 农村"两权"抵押贷款的相关规范

一、农村"两权"抵押贷款的试点工作

我国由于实行土地公有制,农村集体经济组织实行以家庭承包经营为基础、统分结合的双层经营体制。农民集体所有和国家所有由农民集体使用的耕地、林地、草地以及其他用于农业的土地,依法实行土地承包经营制度。对农村土地经营权流转进行一定的限制。我国对农村宅基地的管理采取免费分配方式,对宅基地使用权流转进行了严格的限制。土地承包经营权的长期稳定与宅基地的免费分配,是保护农民利益与集体经济组织成员权、收益权的重要体现。

随着城市化、城镇化进程的不断推进,农村土地制度改革也提上日程,尤其是2014年以来我国开展了农村土地征收、集体经营性建设用地入市、宅基地制度三项改革试点工作。其中在农村土地承包方面重要的变化是承包地从原来的所有权、承包经营权变为所有权、承包权、经营权"三权",确立了农村土地"三权分置"的制度。土地经营权从承包经营权中分置出来后,可以进行流转,为土地经营权抵押创造了条件,土地经营权人能够以承包土地的经营权向金融机构抵押融资。如2014年9月25日,中国人民银行杭州中心支行、原浙江省农业厅联合发布了《关于开展农村土地经营权抵押贷款工作的意见》(杭银发〔2014〕165号)。2014年12月,中国人民银行宁波市中心支行、原宁波市农业局联合发布了《宁波市农村土地经营权抵押贷款指导意见》,鼓励金融机构开展信贷支农产品创新,规范办理并逐步推广农村土地经营权抵押贷款业务,拓宽"三农"融资渠道。

农村住房在本集体经济组织成员内部可以转让,房屋占有范围内的宅基地使

用权也应随着房屋转让而一并转让。这样有利于盘活利用闲置住宅与闲置宅基地,提高农村住房的利用率。有些地方在宅基地"三权分置"改革试点中进行了多种有益探索,包括开展农村住房抵押贷款试点、建立宅基地使用权退出和流转机制。如2009年10月,宁波市人民政府办公厅发布了《关于印发宁波市农村住房抵押贷款试点工作实施意见的通知》(甬政办发〔2009〕248号),较早就开始了农村住房抵押贷款试点工作。

农村承包土地(主要是耕地)的经营权和农民住房财产权(以下统称"两权")抵押贷款试点是中国共产党的十八届三中全会确定的重点改革任务。在2013年11月12日中国共产党第十八届中央委员会第三次全体会议通过的《中共中央关于全面深化改革若干重大问题的决定》第20条中指出"……赋予农民对承包地占有、使用、收益、流转及承包经营权抵押、担保权能,允许农民以承包经营权入股发展农业产业化经营"。第21条中提出"保障农户宅基地用益物权,改革完善农村宅基地制度,选择若干试点,慎重稳妥推进农民住房财产权抵押、担保、转让,探索农民增加财产性收入渠道"。2014年1月,中共中央、国务院发布的《关于进一步深化农村改革加快推进农业现代化的若干意见》第17条中提出"……赋予农民对承包地占有、使用、收益、流转及承包经营权抵押、担保权能。在落实农村土地集体所有权的基础上,稳定农户承包权、放活土地经营权,允许承包土地的经营权向金融机构抵押融资。有关部门要抓紧研究提出规范的实施办法,建立配套的抵押资产处置机制,推动修订相关法律法规。"在第19条中提出"……在保障农户宅基地用益物权前提下,选择若干试点,慎重稳妥推进农民住房财产权抵押、担保、转让"。2015年2月,中共中央、国务院发布的《关于加大改革创新力度加快农业现代化建设的若干意见》第24条中提出"做好承包土地的经营权和农民住房财产权抵押担保贷款试点工作"。2015年8月,国务院发布的《关于开展农村承包土地的经营权和农民住房财产权抵押贷款试点的指导意见》(国发〔2015〕45号)中提出以依法有序、自主自愿、稳妥推进、风险可控等为基本原则,按照所有权、承包权、经营权三权分置和经营权流转有关要求,以落实农村土地的用益物权、赋予农民更多财产权利为出发点,深化农村金融改革创新,稳妥有序开展"两权"抵押贷款业务。

因为改革试点涉及突破原《物权法》、原《中华人民共和国担保法》(以下简称原《担保法》)中的相关法律条款,国务院提请全国人大常委会授权,允许试点地区在试点期间暂停执行相关法律条款。2015年12月27日,第十二届全国人大常委会第十八次会议通过了《关于授权国务院在北京市大兴区等232个试点县(市、区)、天津市蓟县等59个试点县(市、区)行政区域分别暂时调整实施有关法律规定的决定》，具体内容如下：

为了落实农村土地的用益物权，赋予农民更多财产权利，深化农村金融改革创新，有效盘活农村资源、资金、资产，为稳步推进农村土地制度改革提供经验和模式，第十二届全国人民代表大会常务委员会第十八次会议决定：授权国务院在北京市大兴区等232个试点县(市、区)行政区域，暂时调整实施《中华人民共和国物权法》《中华人民共和国担保法》关于集体所有的耕地使用权不得抵押的规定；在天津市蓟县等59个试点县(市、区)行政区域暂时调整实施《中华人民共和国物权法》《中华人民共和国担保法》关于集体所有的宅基地使用权不得抵押的规定。上述调整在2017年12月31日前试行。暂时调整实施有关法律规定，必须坚守土地公有制性质不改变、耕地红线不突破、农民利益不受损的底线，坚持从实际出发，因地制宜。国务院及其有关部门要完善配套制度，加强对试点工作的整体指导和统筹协调、监督管理，按程序、分步骤审慎稳妥推进，防范各种风险，及时总结试点工作经验，并就暂时调整实施有关法律规定的情况向全国人民代表大会常务委员会作出报告。试点县(市、区)名单和暂时调整实施有关法律规定目录附后(略)。本决定自2015年12月28日起施行。

暂时调整实施集体所有的耕地使用权、宅基地使用权不得抵押的规定。在防范风险、遵守有关法律法规和农村土地制度改革等政策的基础上，赋予农村承包土地(指耕地)的经营权和农民住房财产权(含宅基地使用权)抵押融资功能，在农村承包土地的经营权抵押贷款试点地区，允许以农村承包土地的经营权抵押贷款；在农民住房财产权抵押贷款试点地区，允许以农民住房财产权抵押贷款。

该决定为"两权"抵押贷款试点工作提供了重要的法律支持。后将改革试点期限延长一年至2018年12月31日，此后又将改革试点期限延长至2019年12月31日。

2016年3月15日，中国人民银行等5部门联合发布了《农村承包土地的经营权抵押贷款试点暂行办法》(银发〔2016〕79号)；同日，中国人民银行等6部门联合发布了《农民住房财产权抵押贷款试点暂行办法》(银发〔2016〕78号)。虽然试点工作已经结束，允许农村承包土地经营权抵押贷款的范围在逐渐扩大，但很多地方出台的规范性文件是以以上两份试点暂行办法为基础制定的，很多规定的内容有较大的相似性。所以，本章以以上两份试点暂行办法为主进行介绍与分析。

二、农村"两权"抵押贷款的法律依据

2018年12月29日,第十三届全国人大常委会第七次会议对《农村土地承包法》进行了第二次修正,不仅在第二章第五节"土地经营权"中明确土地经营权可以依法流转,而且新增的第47条专门规定了土地经营权办理抵押的要求:承包方可以用承包地的土地经营权向金融机构融资担保,并向发包方备案。受让方通过流转取得的土地经营权,经承包方书面同意并向发包方备案,可以向金融机构融资担保。担保物权自融资担保合同生效时设立。当事人可以向登记机构申请登记;未经登记,不得对抗善意第三人。实现担保物权时,担保物权人有权就土地经营权优先受偿。土地经营权融资担保办法由国务院有关部门规定。

2019年8月26日,第十三届全国人大常委会第十二次会议通过的《关于修改〈中华人民共和国土地管理法〉、〈中华人民共和国城市房地产管理法〉的决定》对《土地管理法》进行了第三次修正,在修改后的第63条第3、4款规定中明确了"通过出让等方式取得的集体经营性建设用地使用权可以转让、互换、出资、赠与或者抵押",并"参照同类用途的国有建设用地执行"。《土地管理法》第62条是专门关于"宅基地"的规定。该决定新增第62条第6款内容:"国家允许进城落户的农村村民依法自愿有偿退出宅基地,鼓励农村集体经济组织及其成员盘活利用闲置宅基地和闲置住宅。"法律规范对宅基地的利用的规定更加灵活,农村住房可以在一定范围内进行转让,意味着农村住房在理论上也可以办理抵押。如果抵押权实现,该房屋占有范围内的宅基地使用权也应随着房屋转让而一并流转。

在2020年发布的《民法典》中,修改了原《物权法》、原《担保法》中的相关规定,其中第342条规定,通过招标、拍卖、公开协商等方式承包农村土地,经依法登记取得权属证书的,可以依法采取出租、入股、抵押或者其他方式流转土地经营权。该规定明确了土地经营权可以采取抵押的方式进行流转。此外,《民法典》第395条关于抵押财产的范围的规定中,将"建筑物和其他土地附着物"列入可以抵押的范围,并明确"法律、行政法规未禁止抵押的其他财产"都可以抵押。

以上法律规定为"两权"抵押贷款工作开展提供了法律依据。

在一些试点地区也出台了相关的规定,以在北京市开展土地经营权抵押贷款工作试点情况为例。2016年12月30日,由中国人民银行北京营业管理部牵头,联合8个部门联合发布了《关于进一步明确北京市农村承包土地的经营权抵押贷

款试点工作有关事项的通知》(银管发〔2016〕358号),该通知规定"北京市农委指导大兴区、平谷区农村合作经济经营管理站(以下简称经管站)和北京农村产权交易所开展确权登记颁证和抵押登记工作"。2016年12月29日,北京市大兴区农村工作委员会等3部门联合发布了《关于印发〈北京市大兴区农村承包土地的经营权抵押贷款试点实施办法〉的通知》(京兴政农发〔2016〕29号)。2017年11月2日,北京市平谷区人民政府发布了《关于印发〈平谷区农村承包土地经营权抵押贷款暂行实施办法〉的通知》(京平政发〔2017〕43号)。截至2020年年底,北京市已基本完成农村土地确权颁证工作,为土地经营权抵押贷款创造了有利条件。2021年5月6日,北京市地方金融监督管理局等4部门联合发布了《北京市农村承包土地经营权抵押贷款实施办法(试行)》。

三、农村"两权"抵押贷款的法律性质

按照《民法典》第394条的规定,物权上的抵押,是指为担保债务的履行,债务人或者第三人不转移财产的占有,将该财产抵押给债权人的,债务人不履行到期债务或者发生当事人约定的实现抵押权的情形,债权人有权就该财产优先受偿的一种物权担保方式。抵押分为动产抵押与不动产抵押,显然农村"两权"抵押贷款是不动产抵押。

根据《民法典》第397条关于"建筑物与建设用地使用权同时抵押规则"的规定,农民将住房财产权进行抵押时,意味着该住房所占用范围内的宅基地使用权也应一并抵押。这似乎与《民法典》第399条第2项规定的"宅基地、自留地、自留山等集体所有土地的使用权"不得抵押的规定有冲突,但需要注意的是该项规定的后半句"但是法律规定可以抵押的除外"。因为《关于授权国务院在北京市大兴区等232个试点县(市、区)、天津市蓟县等59个试点县(市、区)行政区域分别暂时调整实施有关法律规定的决定》是全国人大常委会通过的规范性文件,其效力地位应等同于法律。所以,对于农村宅基地使用权是否可以随着农民住房抵押,首先要分清试点地区与非试点地区。

根据该决定的内容"在农民住房财产权抵押贷款试点地区,允许以农民住房财产权抵押贷款"。国家对试点地区的农村住宅流转持开放态度,允许在试点地区用于贷款抵押担保,以激活农村住宅这一巨大财产,促进"三农"发展。但需要注意该试点做法有两个限制:一是只适用于试点地区;二是只允许以农民住房用于"贷款"抵押,不能用于一般的民间借贷抵押。在非试点地区,目前还不能突破

法律的限制允许农民住房财产抵押、转让等,仍应执行现行的法律、法规和规章的限制性规定。

农村"两权"抵押与其他不动产抵押一样,也要遵守《民法典》关于抵押权的相关规定,如需要签订抵押合同、办理不动产抵押登记等。见《民法典》第400条的规定:设立抵押权,当事人应当采用书面形式订立抵押合同。抵押合同一般包括下列条款:(1)被担保债权的种类和数额;(2)债务人履行债务的期限;(3)抵押财产的名称、数量等情况;(4)担保的范围。按照《民法典》第402条的规定,不动产抵押的,应当办理抵押登记。抵押权自登记时设立。

2019年11月发布的《九民纪要》中有"关于不动产担保物权"的规定。该纪要第60条规定:"【未办理登记的不动产抵押合同的效力】不动产抵押合同依法成立,但未办理抵押登记手续,债权人请求抵押人办理抵押登记手续的,人民法院依法予以支持。因抵押物灭失以及抵押物转让他人等原因不能办理抵押登记,债权人请求抵押人以抵押物的价值为限承担责任的,人民法院依法予以支持,但其范围不得超过抵押权有效设立时抵押人所应当承担的责任。"

对于抵押权设定后的法律效果,《民法典》进行了明确的规定。具体见第410条规定:债务人不履行到期债务或者发生当事人约定的实现抵押权的情形,抵押权人可以与抵押人协议以抵押财产折价或者以拍卖、变卖该抵押财产所得的价款优先受偿。协议损害其他债权人利益的,其他债权人可以请求人民法院撤销该协议。抵押权人与抵押人未就抵押权实现方式达成协议的,抵押权人可以请求人民法院拍卖、变卖抵押财产。抵押财产折价或者变卖的,应当参照市场价格。

此外,还需要注意以下三点:

1. 抵押权与租赁权的关系。在农村住宅上设立抵押权不影响此前已签约的房屋租赁关系,房屋抵押后经过抵押权人同意也可以出租。《民法典》第405条规定:抵押权设立前,抵押财产已经出租并转移占有的,原租赁关系不受该抵押权的影响。实践中,农民住房已经出租并转移占有的,设立抵押权后,其租赁关系不变。对于土地经营权已出租的情况,也应参照处理,但在实践中可能会比较复杂一些,需要在探索中总结经验。一般情况下,金融机构不会接受已出租的土地经营权作为抵押物。

2. 抵押物的占用。已作抵押的不动产,一般由抵押人占用与管理。如抵押人可以继续在土地上耕作并获得劳动成果,可以继续居住在已抵押的农村住宅中。抵押人在抵押物占用与管理期间应当维护抵押物的安全与完好。抵押权人有权按照抵押合同的约定监督、检查抵押物的管理情况,如要求抵押人对可能成为危房的住房进行维修。

3. 抵押物的转让。与原《物权法》规定抵押房屋转让需要得到抵押权人明确同意有明显区别的是,《民法典》第406条规定:"抵押期间,抵押人可以转让抵押财产。当事人另有约定的,按照其约定。抵押财产转让的,抵押权不受影响。抵押人转让抵押财产的,应当及时通知抵押权人。抵押权人能够证明抵押财产转让可能损害抵押权的,可以请求抵押人将转让所得的价款向抵押权人提前清偿债务或者提存。转让的价款超过债权数额的部分归抵押人所有,不足部分由债务人清偿。"在实践中,农民住房转让,存在有效与无效两种情形。如果农民将住房转让给非本集体经济组织成员,一般会被认定为无效。抵押权人可以以此理由主张农村房屋买卖合同无效,从而保护抵押权。实践中,土地承包经营权可以转让、互换,土地经营权也存在出租、转包、入股等流转方式。所以,对于土地经营权抵押后是否可以流转的情况,在实践中可能会比较复杂一些,需要在探索中总结经验。金融机构一般不会同意已设立抵押的土地经营权进行转让、入股等行为,应在抵押合同中予以明确。

第二节 土地经营权抵押贷款

土地经营权抵押贷款,是指借款人以不转移占有的方式,将其依法取得的农村土地经营权作担保,向金融机构申请贷款。借款人到期不能清偿债务的,金融机构可依法处置抵押的农村土地经营权。《农村承包土地的经营权抵押贷款试点暂行办法》第2条明确规定:本办法所称农村承包土地的经营权抵押贷款,是指以承包土地的经营权作抵押、由银行业金融机构向符合条件的承包方农户或农业经营主体发放的、在约定期限内还本付息的贷款。

一、申请抵押贷款的条件

《农村承包土地的经营权抵押贷款试点暂行办法》第5条明确,符合本办法第6条、第7条规定条件、通过家庭承包方式依法取得土地承包经营权和通过合法流转方式获得承包土地经营权的农户及农业经营主体,都可以成为"借款人",申请农村承包土地的经营权抵押贷款。以下分别说明:

该暂行办法第6条规定:通过家庭承包方式取得土地承包经营权的农户以其获得的土地经营权作抵押申请贷款的,应同时符合以下条件:(1)具有完全民事行为能力,无不良信用记录;(2)用于抵押的承包土地没有权属争议;(3)依法拥有县级以上人民政府或政府相关主管部门颁发的土地承包经营权证;(4)承包方已明确告知发包方承包土地的抵押事宜。

该暂行办法第7条规定:通过合法流转方式获得承包土地的经营权的农业经营主体申请贷款的,应同时符合以下条件:(1)具备农业生产经营管理能力,无不良信用记录;(2)用于抵押的承包土地没有权属争议;(3)已经与承包方或者经承包方书面委托的组织或个人签订了合法有效的经营权流转合同,或依流转合同取得了土地经营权权属确认证明,并已按合同约定方式支付了土地租金;(4)承包方同意承包土地的经营权可用于抵押及合法再流转;(5)承包方已明确告知发包方承包土地的抵押事宜。

在《北京市农村承包土地经营权抵押贷款实施办法(试行)》第6条中对于"借款人"的规定:通过家庭承包方式、转让或互换方式取得农村土地承包经营权和通过合法流转方式获得农村承包土地经营权的农户及农业经营主体。与《农村承包土地的经营权抵押贷款试点暂行办法》的规定基本相似,差异之处是增加了通过"转让或互换方式取得农村土地承包经营权"的农户。因为土地承包经营权互换、转让,当事人可以向登记机构申请登记;如果未登记,不得对抗善意第三人。因为办理土地经营权抵押贷款需要办理登记,所以如果农户是通过转让或互换方式取得农村土地承包经营权,在办理土地经营权抵押贷款前应先向登记机构申请办理土地承包经营权登记。

在该实施办法第7条的申请贷款条件的规定中,与《农村承包土地的经营权抵押贷款试点暂行办法》的第6条规定基本相似,差异之处是增加了一款内容:"通过家庭承包方式取得农村土地承包经营权的农户存在共有人的,应提交其他家庭成员同意抵押的书面证明"。因为我国农村土地承包主要采取家庭承包经营形式,所以农村土地承包经营权实际上是家庭成员"共有",类似"共同共有",所以农户处分该权利应得到其他家庭成员(共有人)的同意,该款内容不仅合理而且非常有必要。

二、贷款的相关问题

以下主要分析贷款的用途、额度、利率、期限等问题。

《农村承包土地的经营权抵押贷款试点暂行办法》中明确：

第八条 借款人获得的承包土地经营权抵押贷款,应主要用于农业生产经营等贷款人认可的合法用途。

第九条 贷款人应当统筹考虑借款人信用状况、借款需求与偿还能力、承包土地经营权价值及流转方式等因素,合理自主确定承包土地的经营权抵押贷款抵押率和实际贷款额度。鼓励贷款人对诚实守信、有财政贴息或农业保险等增信手段支持的借款人,适当提高贷款抵押率。

第十条 贷款人应参考人民银行公布的同期同档次基准利率,结合借款人的实际情况合理自主确定承包土地的经营权抵押贷款的利率。

第十一条 贷款人应综合考虑承包土地经营权可抵押期限、贷款用途、贷款风险、土地流转期内租金支付方式等因素合理自主确定贷款期限。鼓励贷款人在农村承包土地的经营权剩余使用期限内发放中长期贷款,有效增加农业生产的中长期信贷投入。

在《北京市农村承包土地经营权抵押贷款实施办法（试行）》中也有类似的规定,如在第9、26、27、28条分别规定了贷款的用途、贷款抵押率和实际贷款额度、贷款利率、贷款期限。

三、抵押物价值认定与办理登记

在《农村承包土地的经营权抵押贷款试点暂行办法》中明确了不动产权利价值认定和抵押登记的相关事项,但内容比较简单：

第十二条 借贷双方可采取委托第三方评估机构评估、贷款人自评估或者借贷双方协商等方式,公平、公正、客观、合理确定农村土地经营权价值。

第十四条 借贷双方要按试点地区规定,在试点地区农业主管部门或试点地区政府授权的农村产权流转交易平台办理承包土地的经营权抵押登记。受理抵押登记的部门应当对用于抵押的承包土地的经营权权属进行审核、公示。

在《北京市农村承包土地经营权抵押贷款实施办法（试行）》中对"抵押价值认定和登记"规定比较详细,如增加内容："农村承包土地经营权价值的评估应当综合考虑土地附着物的价值、预期收益、财政补贴、已支付的土地承包费用、土地承包期的剩余期限等因素。"

在办理抵押登记方面,该实施办法明确北京市办理农村承包土地经营权抵押贷款登记机构为北京农村产权交易所,在第15条规定:抵押权人与抵押人签订抵押合同后,双方当事人共同持下列材料办理抵押登记:(1)农村承包土地经营权抵押登记申请书;(2)双方当事人主体资格证明或个人有效身份证明;(3)抵押、贷款合同;(4)农村承包土地经营权权属证明材料;(5)通过合法流转方式获得农村承包土地经营权申请贷款时,经村集体经济组织成员大会或成员代表大会同意,并报乡(镇)人民政府审批的,应提供同意贷款的书面证明材料;(6)其他相关材料。抵押合同双方当事人委托代理人办理农村承包土地经营权抵押登记的,除提交前款规定材料外,还应提交代理人有效身份证明和授权委托书。此外,该实施办法中还明确可以办理变更登记与注销登记,及办理相应登记的材料要求与时间要求。

2022年9月发布的《昆明市农村承包土地经营权和农业设施产权抵押贷款实施方案(试行)》明确在为期两年(2022年至2024年)的试行期,昆明将探索建立全市统一的"两权"抵押贷款价值评估制度,培育市场化的专业评估机构。鼓励各县(市)区农业农村局对土地经营权、农业设施等抵押资产出具政府指导价,作为评估参考。合作银行可采用外部评估、内部评估、协议作价等方式,合理确定抵押贷款。

四、抵押的土地经营权处置

任何贷款都会存在一定的风险,所以必须要考虑到债务人无法按时归还贷款的情况,及如何处置抵押的不动产权利。《农村承包土地的经营权抵押贷款试点暂行办法》第15条规定:因借款人不履行到期债务,或者按借贷双方约定的情形需要依法行使抵押权的,贷款人可依法采取贷款重组、按序清偿、协议转让、交易平台挂牌再流转等多种方式处置抵押物,抵押物处置收益应由贷款人优先受偿。

因为土地经营权转让有一定的限制,所以抵押权实现比较困难。有必要建立风险控制与补偿机制,这样金融机构才有办理抵押贷款的积极性,并可以适当提高贷款抵押率和实际贷款额度。所以,《农村承包土地的经营权抵押贷款试点暂行办法》第18条规定:鼓励试点地区政府设立农村承包土地的经营权抵押贷款风险补偿基金,用于分担地震、冰雹、严重旱涝等不可抗力造成的贷款损失,或根据地方财力对农村承包土地的经营权抵押贷款给予适当贴息,增强贷款人放贷激励。该暂行办法第19条规定:鼓励试点地区通过政府性担保公司提供担保、农村产权交易平台提供担保等多种方式,为农村承包土地的经营权抵押贷款主体融资增信。

在《北京市农村承包土地经营权抵押贷款实施办法(试行)》中对此有更加详细、明确的规定,如在第四章"抵押权的监管和处置"规定:处置农村承包土地经营权所得价款,在支付完发包方或承包方相关土地费用后,抵押权人有权优先受偿,如不足以偿还债权,则不足部分由抵押人继续清偿,如债权清偿完毕,仍有剩余,超出部分归抵押人所有。此外,该实施办法第 22 条规定:"抵押权人通过交易平台或其它方式处置农村承包土地经营权时,承包农户和土地所属的农村集体经济组织的其他成员享有优先受让权。"该实施办法第 23 条规定:"因处置而获得农村承包土地经营权的受让方,拥有流转期间的农村承包土地经营权,不得改变土地用途。"通过抵押物处置而获得农村承包土地经营权的受让方,流转期满后应将承包土地经营权返还给农村土地承包经营权人或村集体经济组织。

《昆明市农村承包土地经营权和农业设施产权抵押贷款实施方案(试行)》中明确,贷款到期后,借款人未清偿债务或出现当事人约定的实现抵押权的情形,合作银行可以通过再流转等合法途径,处置已抵押的农村承包土地经营权;通过折价、司法拍卖、变卖抵押等合法途径,处置已抵押的农业设施产权,所得价款由银行依法享有优先受偿权。农村承包土地所有权人在同等条件下享有使用权、优先购买权。

五、土地经营权抵押贷款的发展动向

国务院《关于全国农村承包土地的经营权和农民住房财产权抵押贷款试点情况的总结报告》中指出,通过"两权"抵押贷款试点工作,推动缓解"三农"领域融资难融资贵问题。试点以来,融资额度显著提高,效率有效提升,成本逐步下降。普通农户贷款额度由试点前的最高 10 万元提高至 50 万元,对新型农业经营主体的贷款额度由试点前的最高 1000 万元提高至 2000 万~5000 万元。

2019 年,中国人民银行等 5 部门联合发布了《关于金融服务乡村振兴的指导意见》,引导金融机构做好农村产权制度改革金融服务,积极稳妥开展农村承包土地经营权抵押贷款、林权抵押贷款,缓解"三农"领域融资难的问题。

2021 年 5 月 18 日,中国人民银行等 6 部门联合发布的《关于金融支持新型农业经营主体发展的意见》(银发〔2021〕133 号)中提出银行业金融机构要积极推广农村承包土地的经营权抵押贷款工作。从该意见中可以看出土地经营权抵押贷款试点工作的一些发展动向:(1)农村承包土地经营权抵押贷款主要面向新型农业经营主体,如家庭农场、农民合作社、农业社会化服务组织等;(2)针对不同类型新型农业经营主体的特点,银行业金融机构将研究制定差异化的信用贷款政策,对符合条件的新型农业经营主体,积极发放农户小额信用贷款、普惠小微信用贷款等;(3)创新金融产品和服务,如开发随贷随用、随借随还产品和线上信贷产品,合理设置贷款期限,加大中长期贷款投放力度,优化"保险+信贷"模式。

六、土地经营权抵押引起的纠纷案例评析

案例一:案情简介:2011年8月,甲与某村村委会签订土地承包合同,承包该村5000亩土地,承包期限为19年,自2011年8月1日起至2030年7月31日止。承包费为每亩每年80元。2015年8月,甲与乙签订了个人土地转让协议,约定甲将其承包的某村5000亩土地的承包经营权转让给乙,转让期限自2015年8月1日起至2030年7月31日止,转让价格为1000万元。2017年8月,乙将该土地经营权抵押给信用社贷款200万元,同时提供了其他房产和设备作为抵押,借款期限为2年。现借款期限届满,因受天气影响,乙暂无力还款,信用社和乙协商延长借款合同期限,并仍以该土地经营权抵押。

该案例中的核心问题在于信用社是否享有抵押权,对此需要解决的问题有以下方面,这些方面均关系到信用社实现抵押权。

1. 甲作为承包人承包的土地是何种性质?

根据《农村土地承包法》(2009年)的相关规定,如甲所承包的土地是农地,则甲首先必须是本集体经济组织成员。如甲是其他集体经济组织成员或城市户口,则其在承包主体资格上就因违反法律规定而导致承包合同无效。

2. 甲和乙之间的土地经营权流转行为的效力判断?

该流转行为发生在2015年,应当适用《农村土地承包法》(2009年)的规定。如该5000亩土地属于耕地,因双方采取的流转方式是转让,按照规定应当经发包方同意。采取转让方式流转土地经营权的,需向县级以上地方人民政府申请登记。未经登记,不得对抗善意第三人。按照最高人民法院《农村土地承包司法解释》(2005年)第13条的规定,承包方未经发包方同意,采取转让方式流转其土地承包经营权的,转让合同无效。因此在未取得某村村委会同意的情形下,乙不能获得土地经营权。

在《农村土地承包法》2018年修正之前,土地经营权是不允许抵押的。如该5000亩土地属于"四荒"用地,甲只有在经依法登记取得土地承包经营权证或者林权证等证书后,其土地承包经营权才可以依法采取转让方式流转。

《民法典》实施后,通过招标、拍卖、公开协商等方式承包的农村土地,经依法登记并取得土地承包经营权证或者林权证等证书的,其土地经营权可以依法办理抵押。

第三节 农民住房财产权抵押贷款

《农民住房财产权抵押贷款试点暂行办法》第2条规定:本办法所称农民住房财产权抵押贷款,是指在不改变宅基地所有权性质的前提下,以农民住房所有权及所占宅基地使用权作为抵押、由银行业金融机构(贷款人)向符合条件的农民住房所有人(借款人)发放的、在约定期限内还本付息的贷款。

一、抵押的范围与申请抵押贷款的条件

根据《民法典》第399条规定,宅基地、自留地、自留山等集体所有土地的使用权不得抵押,并规定"但是法律规定可以抵押的除外"。根据此规定及《土地管理法》的相关规定,宅基地使用权不能单独设立抵押,登记机构也不能办理相关的抵押权登记。但因为农村住房可以在一定范围内转让,所以其占用范围内的宅基地使用权也可以一并转让,这为办理农民住房财产权抵押贷款提供了可能。

农民住房财产权抵押的范围包括两方面:一是农民住房所有权,这是不动产;二是农民住房占用范围内的宅基地使用权,这是用益物权。这一规定也符合《民法典》第397条规定的"一并抵押规则":以建筑物抵押的,该建筑物占用范围内的建设用地使用权一并抵押。以建设用地使用权抵押的,该土地上的建筑物一并抵押。抵押人未依据前款规定一并抵押的,未抵押的财产视为一并抵押。

《农民住房财产权抵押贷款试点暂行办法》第4条规定:借款人以农民住房所有权及所占宅基地使用权作抵押申请贷款的,应同时符合以下条件:(1)具有完全民事行为能力,无不良信用记录;(2)用于抵押的房屋所有权及宅基地使用权没有权属争议,依法拥有政府相关主管部门颁发的权属证明,未列入征地拆迁范围;(3)除用于抵押的农民住房外,借款人应有其他长期稳定居住场所,并能够提供相关证明材料;(4)所在的集体经济组织书面同意宅基地使用权随农民住房一并抵押及处置。以共有农民住房抵押的,还应当取得其他共有人的书面同意。

与一般的房屋抵押不同的是以上的第(3)项、第(4)项规定。这两项规定的

内容为,为了确保借款人具有基本的居住条件,借款人除用于抵押的农民住房外,还应有其他长期稳定居住场所并提供证明材料,如在城市或城镇中另外购置了住宅、在农村中有多套住宅或者别人为其设立了长期居住权,也可以是赡养义务人为其提供或承诺提供长期稳定的住所。此外,考虑到宅基地是集体所有的土地,一旦抵押权实现、农村住房被转让,借款人将不能再申请宅基地,所以设立抵押还需要得到其所在的集体经济组织(或所在村的村民委员会)的书面同意。

二、贷款的相关问题

以下主要分析贷款的用途、额度、利率、期限等问题。

《农民住房财产权抵押贷款试点暂行办法》中明确:

第五条 借款人获得的农民住房财产权抵押贷款,应当优先用于农业生产经营等贷款人认可的合法用途。

第六条 贷款人应当统筹考虑借款人信用状况、借款需求与偿还能力、用于抵押的房屋所有权及宅基地使用权价值等因素,合理自主确定农民住房财产权抵押贷款抵押率和实际贷款额度。鼓励贷款人对诚实守信、有财政贴息、农业保险或农民住房保险等增信手段支持的借款人,适当提高贷款抵押率。

第七条 贷款人应参考人民银行公布的同期同档次基准利率,结合借款人的实际情况合理自主确定农民住房财产权抵押贷款的利率。

第八条 贷款人应综合考虑借款人的年龄、贷款金额、贷款用途、还款能力和用于抵押的农民住房及宅基地状况等因素合理自主确定贷款期限。

以上规定与《农村承包土地的经营权抵押贷款试点暂行办法》中的相关规定有些类似。此外,在《农民住房财产权抵押贷款试点暂行办法》第9条中还规定:借贷双方可采取委托第三方房地产评估机构评估、贷款人自评估或者双方协商等方式,公平、公正、客观地确定房屋所有权及宅基地使用权价值。

其中与贷款抵押率和实际贷款额度密切相关的是抵押物的价值评估。因为城市或城镇房屋比较容易转让,而且有比较明确的评估标准,所以容易评估其价值,而且房屋价值中占主要的因素是国有土地使用权的价值。但宅基地是农村集体经济组织分配给其成员的,而且宅基地使用权不能单独转让或设立抵押,所以农村房屋的价值评估比较困难。如果只是按照建造成本为基础进行评估,农村房屋的评估价值往往偏低。如果考虑可能会被拆迁征收获得补偿的因素,存在较大的不确定性,一般不列入价值评估的考虑范围。所以,农民住房的价值,更多的是贷款人自己评估或者双方协商确定,在此基础上确定可以贷款的额度。

三、办理农民住房财产权抵押登记

《农民住房财产权抵押贷款试点暂行办法》第11条规定:借贷双方要按试点地区规定,在试点地区政府确定的不动产登记机构办理房屋所有权及宅基地使用权抵押登记。

办理农民住房财产权抵押贷款,与其他的房地产抵押登记基本相同,具体可见《不动产登记暂行条例》《不动产登记暂行条例实施细则》《不动产登记操作规范(试行)》及各地关于不动产登记的相关规范。因为办理农民住房财产权抵押贷款需要符合一定的条件,所以,抵押权人与抵押人签订抵押合同后,双方当事人共同持下列材料申请办理抵押登记:(1)农民住房财产权抵押登记申请书。(2)双方当事人主体资格证明或个人有效身份证明。(3)抵押、贷款合同。(4)用于抵押的农民住房所有权证及相应的宅基地使用权证等权属证明材料(部分地区已经"两证合一")。(5)抵押人有其他长期稳定居住场所的相关证明材料。(6)所在的集体经济组织书面同意抵押及贷款的书面证明材料。(7)其他相关材料。如当地政府出具的房屋未列入征地拆迁范围的证明材料;以共有农民住房抵押的,其他共有人出具的同意抵押及贷款的书面材料。抵押合同双方当事人委托代理人办理抵押登记的,除提交前款规定材料外,还应提交代理人有效身份证明和授权委托书。以农民住房财产权为他人贷款提供担保的,也可参照执行上述内容。

《宁波市农村住房抵押贷款试点工作实施意见》中提出:对用于贷款抵押的农村住房,经该农村住房所在地的集体土地所有权单位作出同意住房抵押和流转的书面承诺后,房地产管理部门应在农村住房权属登记的基础上,根据农村住房权利人申请,按照"地随房走"的原则,妥善办理农村住房抵押登记,颁发"农村住房他项权证"。对抵押农村住房经流转处置的,也要及时予以办理相应的过户、变更登记手续。

四、抵押的农民住房财产权处置

《农民住房财产权抵押贷款试点暂行办法》第12条规定:因借款人不履行到期债务,或者按借贷双方约定的情形需要依法行使抵押权的,贷款人应当结合试点地区实际情况,配合试点地区政府在保障农民基本居住权的前提下,通过贷款重组、按序清偿、房产变卖或拍卖等多种方式处置抵押物,抵押物处置收益应由贷款人优先受偿。变卖或拍卖抵押的农民住房,受让人范围原则上应限制在相关法律法规和国务院规定的范围内。

因为农民住房转让有一定的限制,所以抵押权实现比较困难。有必要建立风险控制与补偿机制,这样银行业金融机构才有办理抵押贷款的积极性,并可以适当提高贷款抵押率和实际贷款额度。

在司法实践中,如果是同一集体经济组织成员间进行农村宅基地上房屋买卖,法院对其合同效力一般予以认可。所以,在处置抵押的农民住房财产权时,如果买受人与抵押人是同一集体经济组织成员,即使其在本区域内已经申请宅基地或有农村住房,也不会导致宅基地使用权流转到本集体经济组织之外,对本集体经济组织享有的集体土地所有权不构成影响,在法律上无重大障碍,是比较稳妥的办法。但因为有受让主体的限制,所以抵押农民住房流转和处置的难度较大。

国务院《关于全国农村承包土地的经营权和农民住房财产权抵押贷款试点情况的总结报告》中提出"试点工作中存在的主要困难",其中有:抵押农房流转和处置难度较大。根据相关规定,允许进城落户农民在本集体经济组织内部自愿有偿退出或转让宅基地。实践中,集体经济组织内部很难找到符合条件的受让人,农民住房流转受到较大限制。

2004年,最高人民法院、原国土资源部、原建设部联合发布的《关于依法规范人民法院执行和国土资源房地产管理部门协助执行若干问题的通知》(法发〔2004〕5号)第24条规定:人民法院执行集体土地使用权时,经与国土资源管理部门取得一致意见后,可以裁定予以处理,但应当告知权利受让人到国土资源管理部门办理土地征用和国有土地使用权出让手续,缴纳土地使用权出让金及有关税费。对处理农村房屋涉及集体土地的,人民法院应当与国土资源管理部门协商一致后再行处理。

对于非本集体经济组织成员购买农村宅基地上房屋,法院一般会认定为农村房屋买卖合同无效。对此,在《第八次全国法院民事商事审判工作会议(民事部分)纪要》(法〔2016〕399号)作出了较为明确的规定:在国家确定的宅基地制度改革试点地区,可以按照国家政策及相关指导意见处理宅基地使用权因抵押担保、转让而产生的纠纷。在非试点地区,农民将其宅基地上的房屋出售给本集体经济组织以外的个人,该房屋买卖合同认定为无效。

需要注意的是,国家确定的宅基地制度改革试点地区与农民住房财产权抵押贷款试点地区并不一致。宅基地制度改革试点地区名单规定于全国人大常委会《关于授权国务院在北京市大兴区等三十三个试点县（市、区）行政区域暂时调整实施有关法律规定的决定》(2015年2月27日第十二届全国人大常委会第十三次会议通过)。目前,农民住房财产权抵押贷款还处于试点阶段,试点地区是全国人大常委会授权的59个试点县(市、区)。具体是天津市蓟县;山西省晋中市榆次区;内蒙古自治区和林格尔县、乌兰浩特市;辽宁省铁岭县、开原市;吉林省长春市九台区;黑龙江省林甸县、方正县、杜尔伯特蒙古族自治县;江苏省常州市武进区、仪征市、泗洪县;浙江省乐清市、青田县、义乌市、瑞安市;安徽省金寨县、宣城市宣州区;福建省晋江市、古田县、上杭县、石狮市;江西省余江县、会昌县、婺源县;山东省肥城市、滕州市、汶上县;河南省滑县、兰考县;湖北省宜城市、武汉市江夏区;湖南省浏阳市、耒阳市、麻阳苗族自治县;广东省五华县、连州市;广西壮族自治区田阳县;海南省文昌市、琼中黎族苗族自治县;重庆市江津区、开县、酉阳土家族苗族自治县;四川省泸县、郫县、眉山市彭山区;贵州省金沙县、湄潭县;云南省大理市、丘北县、武定县;西藏自治区曲水县;陕西省平利县、西安市高陵区;甘肃省陇西县;青海省湟源县;宁夏回族自治区平罗县;新疆维吾尔自治区伊宁市。

五、抵押人的基本居住条件保护

由于受"一户一宅""规定面积"等法律规范的限制,农民住房因承担抵押责任而被拍卖、变卖,致使该农民及其家庭成员居无定所的,将违背宪法保障公民生存权的规定。为了保护抵押人因住房抵押引起的基本居住条件问题,当前主要有以下三种做法:

1. 保留村民最低居住面积的合法住宅

一些试点地区在制定规范性文件时,规定保留村民最低居住面积的合法住宅,不许该部分住宅买卖、转让或抵押。如《义乌市农村宅基地使用权转让细则（试行）》第11条规定:宅基地使用权转让方为村级集体经济组织成员的,必须保证转让后仍拥有人均建筑面积不低于15平方米的合法住宅。

2. 金融机构排除村民最低居住面积抵押

常见的做法:金融机构不接受无其他居所的村民将全部的农村住房都作为抵押物。例如,抵押人有5间农村住房,金融机构只接受其中4间作为抵押物,排除其中1间作为抵押物,为抵押人保留最低的居住条件,这有利于实现抵押权。

3. 法院在执行程序中保留生活必需品

法理认为,生存权要高于一般债权。所以,《中华人民共和国民事诉讼法》第250、251条规定,法院执行被执行人的收入与财产时,"应当保留被执行人及其所扶养家属的生活必需费用"。最高人民法院《关于人民法院民事执行中查封、扣押、冻结财产的规定》第4条规定:对被执行人及其所扶养家属生活所必需的居住房屋,人民法院可以查封,但不得拍卖、变卖或者抵债。该规定第5条规定:对于超过被执行人及其所扶养家属生活所必需的房屋和生活用品,人民法院根据申请执行人的申请,在保障被执行人及其所扶养家属最低生活标准所必需的居住房屋和普通生活必需品后,可以执行。根据上述规定,法院在强制执行时,若发现被执行人只有唯一住房,且该唯一住房超过被执行人及其所扶养家属生活所必需时(如较豪华的乡村别墅或有多间住房),可以执行该住房,但应保障被执行人及其所扶养家属最低生活标准所必需的住房,如被执行人在农村有5间平房,只能拍卖其中4间,保留其中1间必需住房。如果抵押物为唯一住房且不可分割(如单处套型住房),先应对被执行人及其所扶养家属最低生活标准所必需的居住房屋进行安置后,再予以拍卖,或者在拍卖后搬迁前予以适当安置。

六、农民住房财产权抵押引起的纠纷案例

案例二:在民间借贷活动中,出借人向农民出借资金,双方同意以农村房屋设立抵押,应符合法律的相关规定,签订农村房屋抵押合同并办理抵押权登记。

案号为(2018)沪0116民初4459号的民间借贷合同纠纷案件。案情简介:出借人周某与借款人徐某是同村的农民。2017年4月17日,徐某因急需资金向周某借款,双方签订抵押借款合同,约定:徐某向周某借款20万元,2017年12月28日前还清,徐某自愿将位于某处的一处农村宅基地上房屋抵押给周某。抵押借款合同签订后,周某实际交付给徐某借款15万元,但双方未办理抵押权登记。借款到期后,徐某未按时归还借款。多次催讨未果后,周某向法院提起诉讼。

上海市金山区人民法院审理后认为,借款应当归还,被告向原告先后借款共计15万元,抵押借款合同约定了还款期限,届期未还已构成违约,损害了原告的合法利益。双方关于就被告农村宅基地房屋进行抵押的约定,因违反法律规定应属无效。所以判决:(1)原告周某与被告徐某对位于某处的农村宅基地房屋的抵押约定无效;(2)被告徐某应返还原告周某借款15万元;(3)被告徐某支付原告周某逾期还款利息损失。

案例三:在农村住房财产权抵押贷款试点地区,允许以农民住房财产权抵押贷款,相应的房屋抵押合同有效,并可以办理抵押权登记。实现抵押权时,抵押权人对抵押人提供作为抵押物的农民住房拍卖、变卖所得的价款享有优先受偿权。

案号为(2017)赣0733民初1648号的金融借款合同纠纷案件。案情简介:2015年8月13日,吴某以投资需要资金为由向会昌农村商业银行借款18万元,双方签订了农民住房产权抵押借款合同。该合同约定:借款期限为2015年8月13日起至2017年8月12日止,借款利息按年利率6.09%计算,逾期还款在合同载明利率基础上加收50%罚息。吴某、罗某夫妇以共有的某处农村住宅提供抵押担保,并办理了抵押权登记。该合同签订后,会昌农村商业银行于2016年11月15日将借款发放至吴某账户。借款到期后,至2017年9月30日,吴某尚欠借款本金178,120.84元及利息未偿还。经多次催讨未果后,会昌农村商业银行向法院提起诉讼。

江西省会昌县人民法院审理后认为,被告吴某、罗某尚欠原告借款178,120.84元及利息事实清楚,证据充分,双方债权债务关系明确,双方均无异议,该债权债务受法律保护,被告吴某、罗某理应诚实守信,按约定及时归还借款。现吴某、罗某仍拖欠原告借款,违反了约定和诚实信用原则,故吴某、罗某应将所欠的借款本金及逾期利息归还原告。关于原告对被告吴某、罗某用于抵押的房屋买卖、拍卖所得价款是否享有优先受偿权的问题。根据全国人大常委会《关于授权国务院在北京市大兴区等232个试点县(市、区)、天津市蓟县等59个试点县(市、区)行政区域分别暂时调整实施有关法律规定的决定》的规定"在农民住房财产权抵押贷款试点地区,允许以农民住房财产权抵押贷款"。会昌县作为上述文件规定的农民住房财产权抵押贷款试点地区,当抵押人不能清偿债务时,抵押权人可申请将抵押物进行拍卖、变卖所得价款用于清偿债务,而该案被告吴某、罗某用于抵押的房屋为住宅,土地使用权取得方式为集体土地批准使用,该抵押是符合上述文件规定的。因此,原告作为抵押权人理应对抵押物变卖、拍卖所得价款享有优先受偿权。所以判决:(1)被告吴某、罗某归还原告会昌农村商业银行借款178,120.84元及逾期利息;(2)原告会昌农村商业银行就上述款项对被告吴某、罗某所有的住宅拍卖或变卖的价款,享有优先受偿权。

第四节　农村集体经营性建设用地使用权抵押

《民法典》第398规定：乡镇、村企业的建设用地使用权不得单独抵押。以乡镇、村企业的厂房等建筑物抵押的，其占用范围内的建设用地使用权一并抵押。第418条规定：以集体所有土地的使用权依法抵押的，实现抵押权后，未经法定程序，不得改变土地所有权的性质和土地用途。

2016年5月13日，原银监会、原国土资源部出台了《农村集体经营性建设用地使用权抵押贷款管理暂行办法》（银监发〔2016〕26号）。该暂行办法是为了规范推进农村集体经营性建设用地使用权抵押贷款工作而制定的。其中第35条规定："本办法自发布之日起施行，有效期至2017年12月31日。"虽然该暂行办法已失效，但通过试点获得的经验在得到总结后继续完善并试点。

2022年9月6日，中央全面深化改革委员会第二十七次会议审议通过了《关于深化农村集体经营性建设用地入市试点工作的指导意见》。会议强调，推进农村集体经营性建设用地入市改革，事关农民切身利益，涉及各方面利益重大调整，必须审慎稳妥推进。要坚持同地、同权、同责，在符合规划、用途管制和依法取得前提下，推进农村集体经营性建设用地与国有建设用地同等入市、同权同价。改革的目标是，农村经营性土地"同等入市、同权同价"，在城乡统一的建设用地市场中交易，也适用相同规则。这场"农地入市"的土地改革将最终打破城乡二元结构，让农民充分分享改革红利，盘活农村集体资产，并进一步统一土地供给市场，平抑土地价格。

2024年3月4日，国家金融监督管理总局、自然资源部发布了《关于做好农村集体经营性建设用地使用权抵押贷款相关工作的通知》（金规〔2024〕3号）。内容如下：

根据中共中央办公厅、国务院办公厅印发的《关于深化农村集体经营性建设用地入市试点工作的意见》，现就试点地区开展农村集体经营性建设用地使用权入市抵押贷款工作有关事宜通知如下：

一、银行业金融机构开展农村集体经营性建设用地使用权抵押贷款应当坚持依法合规、惠农利民、风险可控、商业可持续原则，符合金融监管总局关于贷款、押品管理的相关规定。

二、以农村集体经营性建设用地使用权作为抵押申请贷款的,应当满足以下条件:

(一)依法办理不动产登记,取得不动产权属证书并可以办理抵押登记;

(二)用于抵押的农村集体经营性建设用地符合国土空间规划(包括村庄规划);

(三)用于抵押的农村集体经营性建设用地使用权及其地上建筑物、其他附着物未设定影响处置变现的其他权利;

(四)符合入市条件的,应当由所有权主体履行集体土地资产决策程序同意抵押,具备试点县(市、区、旗)政府同意抵押的证明材料等;

(五)法律、行政法规和金融监管总局规定的其他条件。

三、具有下列情形之一的,农村集体经营性建设用地使用权不得抵押:

(一)权属不清或者存在争议的;

(二)司法机关依法查封的;

(三)被依法纳入拆迁征地范围的;

(四)擅自改变用途的;

(五)其他不得办理抵押的情形。

四、银行业金融机构受理借款人贷款申请后,应当履行尽职调查职责,并对贷款申请内容和相关情况的真实性、准确性、完整性进行调查核实,形成调查评价意见。银行业金融机构应当对农村集体经营性建设用地使用权进行价值评估。

五、银行业金融机构应当综合考虑借款人的偿债能力、资信状况、贷款期限以及抵押土地的使用年限、地理位置、规划和用途等因素,合理审慎确定农村集体经营性建设用地使用权抵押率。

六、银行业金融机构应当在合同中明确,在抵押权存续期间,如果国家依法征收该宗土地或者发生其他可能导致农村集体经营性建设用地使用权消灭的情形,抵押人应当以所得补偿费用优先偿还借款人债务,或者另行提供其他足值有效担保。

七、贷款需要展期的,银行业金融机构应当综合考量贷款用途、贷款期限与额度、借款人经营状况与还款能力以及抵押财产状况,决定是否展期。

八、试点地区金融监管总局派出机构应当会同自然资源主管部门,加强对试点地区农村集体经营性建设用地使用权抵押贷款的监管工作。银行业金融机构在执行中遇到相关问题的,应当及时向金融监管总局派出机构、自然资源行政主管部门报告。

试点地区范围、期限等要求,按照自然资源部关于农村集体经营性建设用地入市试点工作的有关规定执行。

第十章 集体土地征收与补偿

第一节 集体土地征收的法律规范与理解

一、法律法规对集体土地征收的相关规定

《宪法》第10条第3款规定:国家为了公共利益的需要,可以依照法律规定对土地实行征收或者征用并给予补偿。《宪法》第13条第3款规定:国家为了公共利益的需要,可以依照法律规定对公民的私有财产实行征收或者征用并给予补偿。

《民法典》对《宪法》中的规定进行了细化。主要有以下规定:

第一百一十七条　为了公共利益的需要,依照法律规定的权限和程序征收、征用不动产或者动产的,应当给予公平、合理的补偿。

第二百四十三条　为了公共利益的需要,依照法律规定的权限和程序可以征收集体所有的土地和组织、个人的房屋以及其他不动产。

征收集体所有的土地,应当依法及时足额支付土地补偿费、安置补助费以及农村村民住宅、其他地上附着物和青苗等的补偿费用,并安排被征地农民的社会保障费用,保障被征地农民的生活,维护被征地农民的合法权益。

征收组织、个人的房屋以及其他不动产,应当依法给予征收补偿,维护被征收人的合法权益;征收个人住宅的,还应当保障被征收人的居住条件。

任何组织或者个人不得贪污、挪用、私分、截留、拖欠征收补偿费等费用。

第三百二十七条　因不动产或者动产被征收、征用致使用益物权消灭或者影响用益物权行使的,用益物权人有权依据本法第二百四十三条、第二百四十五条的规定获得相应补偿。

第三百三十八条　承包地被征收的,土地承包经营权人有权依据本法第二百四十三条的规定获得相应补偿。

《土地管理法》及《土地管理法实施条例》对集体土地征收也进行了规定。如《土地管理法》第2条第4款规定:国家为了公共利益的需要,可以依法对土地实行征收或者征用并给予补偿。此外,《土地管理法》中以下各条对集体土地征收进行了专门规定。

第四十五条　为了公共利益的需要,有下列情形之一,确需征收农民集体所有的土地的,可以依法实施征收:

(一)军事和外交需要用地的;

(二)由政府组织实施的能源、交通、水利、通信、邮政等基础设施建设需要用地的;

(三)由政府组织实施的科技、教育、文化、卫生、体育、生态环境和资源保护、防灾减灾、文物保护、社区综合服务、社会福利、市政公用、优抚安置、英烈保护等公共事业需要用地的;

(四)由政府组织实施的扶贫搬迁、保障性安居工程建设需要用地的;

(五)在土地利用总体规划确定的城镇建设用地范围内,经省级以上人民政府批准由县级以上地方人民政府组织实施的成片开发建设需要用地的;

(六)法律规定为公共利益需要可以征收农民集体所有的土地的其他情形。

前款规定的建设活动,应当符合国民经济和社会发展规划、土地利用总体规划、城乡规划和专项规划;第(四)项、第(五)项规定的建设活动,还应当纳入国民经济和社会发展年度计划;第(五)项规定的成片开发并应当符合国务院自然资源主管部门规定的标准。

第四十六条　征收下列土地的,由国务院批准:

(一)永久基本农田;

(二)永久基本农田以外的耕地超过三十五公顷的;

(三)其他土地超过七十公顷的。

征收前款规定以外的土地的,由省、自治区、直辖市人民政府批准。

征收农用地的,应当依照本法第四十四条的规定先行办理农用地转用审批。其中,经国务院批准农用地转用的,同时办理征地审批手续,不再另行办理征地审批;经省、自治区、直辖市人民政府在征地批准权限内批准农用地转用的,同时办理征地审批手续,不再另行办理征地审批,超过征地批准权限的,应当依照本条第一款的规定另行办理征地审批。

第四十七条 国家征收土地的,依照法定程序批准后,由县级以上地方人民政府予以公告并组织实施。

县级以上地方人民政府拟申请征收土地的,应当开展拟征收土地现状调查和社会稳定风险评估,并将征收范围、土地现状、征收目的、补偿标准、安置方式和社会保障等在拟征收土地所在的乡(镇)和村、村民小组范围内公告至少三十日,听取被征地的农村集体经济组织及其成员、村民委员会和其他利害关系人的意见。

多数被征地的农村集体经济组织成员认为征地补偿安置方案不符合法律、法规规定的,县级以上地方人民政府应当组织召开听证会,并根据法律、法规的规定和听证会情况修改方案。

拟征收土地的所有权人、使用权人应当在公告规定期限内,持不动产权属证明材料办理补偿登记。县级以上地方人民政府应当组织有关部门测算并落实有关费用,保证足额到位,与拟征收土地的所有权人、使用权人就补偿、安置等签订协议;个别确实难以达成协议的,应当在申请征收土地时如实说明。

相关前期工作完成后,县级以上地方人民政府方可申请征收土地。

第四十八条 征收土地应当给予公平、合理的补偿,保障被征地农民原有生活水平不降低、长远生计有保障。

征收土地应当依法及时足额支付土地补偿费、安置补助费以及农村村民住宅、其他地上附着物和青苗等的补偿费用,并安排被征地农民的社会保障费用。

征收农用地的土地补偿费、安置补助费标准由省、自治区、直辖市通过制定公布区片综合地价确定。制定区片综合地价应当综合考虑土地原用途、土地资源条件、土地产值、土地区位、土地供求关系、人口以及经济社会发展水平等因素,并至少每三年调整或者重新公布一次。

征收农用地以外的其他土地、地上附着物和青苗等的补偿标准,由省、自治区、直辖市制定。对其中的农村村民住宅,应当按照先补偿后搬迁、居住条件有改善的原则,尊重农村村民意愿,采取重新安排宅基地建房、提供安置房或者货币补偿等方式给予公平、合理的补偿,并对因征收造成的搬迁、临时安置等费用予以补偿,保障农村村民居住的权利和合法的住房财产权益。

县级以上地方人民政府应当将被征地农民纳入相应的养老等社会保障体系。被征地农民的社会保障费用主要用于符合条件的被征地农民的养老保险等社会保险缴费补贴。被征地农民社会保障费用的筹集、管理和使用办法,由省、自治区、直辖市制定。

第四十九条 被征地的农村集体经济组织应当将征收土地的补偿费用的收支状况向本集体经济组织的成员公布,接受监督。

禁止侵占、挪用被征收土地单位的征地补偿费用和其他有关费用。

第五十条 地方各级人民政府应当支持被征地的农村集体经济组织和农民从事开发经营,兴办企业。

第五十一条 大中型水利、水电工程建设征收土地的补偿费标准和移民安置办法,由国务院另行规定。

《土地管理法实施条例》(2021年修订)第四章"建设用地"的第三节对"土地征收"进行了专门规范。内容如下:

第二十六条 需要征收土地,县级以上地方人民政府认为符合《土地管理法》第四十五条规定的,应当发布征收土地预公告,并开展拟征收土地现状调查和社会稳定风险评估。

征收土地预公告应当包括征收范围、征收目的、开展土地现状调查的安排等内容。征收土地预公告应当采用有利于社会公众知晓的方式,在拟征收土地所在的乡(镇)和村、村民小组范围内发布,预公告时间不少于十个工作日。自征收土地预公告发布之日起,任何单位和个人不得在拟征收范围内抢栽抢建;违反规定抢栽抢建的,对抢栽抢建部分不予补偿。

土地现状调查应当查明土地的位置、权属、地类、面积,以及农村村民住宅、其他地上附着物和青苗等的权属、种类、数量等情况。

社会稳定风险评估应当对征收土地的社会稳定风险状况进行综合研判,确定风险点,提出风险防范措施和处置预案。社会稳定风险评估应当有被征地的农村集体经济组织及其成员、村民委员会和其他利害关系人参加,评估结果是申请征收土地的重要依据。

第二十七条 县级以上地方人民政府应当依据社会稳定风险评估结果,结合土地现状调查情况,组织自然资源、财政、农业农村、人力资源和社会保障等有关部门拟定征地补偿安置方案。

征地补偿安置方案应当包括征收范围、土地现状、征收目的、补偿方式和标准、安置对象、安置方式、社会保障等内容。

第二十八条 征地补偿安置方案拟定后,县级以上地方人民政府应当在拟征收土地所在的乡(镇)和村、村民小组范围内公告,公告时间不少于三十日。

征地补偿安置公告应当同时载明办理补偿登记的方式和期限、异议反馈渠道等内容。

多数被征地的农村集体经济组织成员认为拟定的征地补偿安置方案不符合法律、法规规定的,县级以上地方人民政府应当组织听证。

第二十九条　县级以上地方人民政府根据法律、法规规定和听证会等情况确定征地补偿安置方案后,应当组织有关部门与拟征收土地的所有权人、使用权人签订征地补偿安置协议。征地补偿安置协议示范文本由省、自治区、直辖市人民政府制定。

对个别确实难以达成征地补偿安置协议的,县级以上地方人民政府应当在申请征收土地时如实说明。

第三十条　县级以上地方人民政府完成本条例规定的征地前期工作后,方可提出征收土地申请,依照《土地管理法》第四十六条的规定报有批准权的人民政府批准。

有批准权的人民政府应当对征收土地的必要性、合理性、是否符合《土地管理法》第四十五条规定的为了公共利益确需征收土地的情形以及是否符合法定程序进行审查。

第三十一条　征收土地申请经依法批准后,县级以上地方人民政府应当自收到批准文件之日起十五个工作日内在拟征收土地所在的乡(镇)和村、村民小组范围内发布征收土地公告,公布征收范围、征收时间等具体工作安排,对个别未达成征地补偿安置协议的应当作出征地补偿安置决定,并依法组织实施。

第三十二条　省、自治区、直辖市应当制定公布区片综合地价,确定征收农用地的土地补偿费、安置补助费标准,并制定土地补偿费、安置补助费分配办法。

地上附着物和青苗等的补偿费用,归其所有权人所有。

社会保障费用主要用于符合条件的被征地农民的养老保险等社会保险缴费补贴,按照省、自治区、直辖市的规定单独列支。

申请征收土地的县级以上地方人民政府应当及时落实土地补偿费、安置补助费、农村村民住宅以及其他地上附着物和青苗等的补偿费用、社会保障费用等,并保证足额到位,专款专用。有关费用未足额到位的,不得批准征收土地。

二、农村土地征收制度改革试点工作

2008年10月12日,中国共产党十七届三中全会上通过的《中共中央关于推进农村改革发展若干重大问题的决定》中指出:改革征地制度,严格界定公益性和经营性建设用地,逐步缩小征地范围,完善征地补偿机制。依法征收农村集体土地,按照同地同价原则及时足额给农村集体组织和农民合理补偿,解决好被征地农民就业、住房、社会保障。

2013年11月12日,中国共产党十八届三中全会上通过的《中共中央关于全面深化改革若干重大问题的决定》中指出:缩小征地范围,规范征地程序,完善对被征地农民合理、规范、多元保障机制。

2014年12月,中共中央办公厅和国务院办公厅联合发布了《关于农村土地征收、集体经营性建设用地入市、宅基地制度改革试点工作的意见》(中办发〔2014〕71号)。其中,提出完善土地征收制度。缩小土地征收范围,探索制定土地征收目录,严格界定公共利益用地范围;规范土地征收程序,建立社会稳定风险评估制度,健全矛盾纠纷调处机制,全面公开土地征收信息;完善对被征地农民合理、规范、多元保障机制。并建立兼顾国家、集体、个人的土地增值收益分配机制,合理提高个人收益。

2015年2月27日,第十二届全国人大常委会第十三次会议通过《关于授权国务院在北京市大兴区等三十三个试点县(市、区)行政区域暂时调整实施有关法律规定的决定》。与农村土地征收相关的内容是:暂时调整实施《土地管理法》(2004年)第47条第1款至第4款、第6款关于征收集体土地补偿的规定。综合考虑土地用途和区位、经济发展水平、人均收入等情况,合理确定土地征收补偿标准,安排被征地农民住房、社会保障;加大就业培训力度,符合条件的被征地农民全部纳入养老、医疗等城镇社会保障体系;有条件的地方可采取留地、留物业等多种方式,由农村集体经济组织经营。

随后,全国范围内开始实施了农村土地制度改革三项试点。此后,原国土资源部制定了《农村土地征收、集体经营性建设用地入市和宅基地制度改革试点实施细则》(国土资发〔2015〕35号)。后将改革试点期限延长一年至2018年12月31日,此后又将改革试点期限延长至2019年12月31日。

农村土地制度改革三项试点工作启动以来,先后经历了期限延长、联动探索、范围拓展等不断深化的过程,并取得明显成效。2018年12月23日,国务院在第十三届全国人大常委会第七次会议上所作的《关于农村土地征收、集体经营性建设用地入市、宅基地制度改革试点情况的总结报告》中指出:33个试点县(市、区)已按新办法实施征地1275宗、18万亩。具体成效方面:增加了农民土地财产收入。33个试点县(市、区)征地补偿安置标准比法定补偿标准普遍提高,增加的征地补偿费用全部由财政列支。同时,该报告指出:改革试点中存在一些问题和不足。三项改革试点样本分布不够均衡,土地征收制度改革试点相对不足,33个试点县(市、区)实施的1275宗征地项目中,有918宗(占72%)集中在河北定州、上海松江、浙江义乌、福建晋江、山东禹城5个试点地区。针对存在的问题,提出修法建议,其中主要是关于土地征收制度方面:一是缩小土地征收范围。建议:明确因政府组织实施基础设施建设、公共事业、成片开发建设等六种情形需要用地的,可以征收集体土地。其中成片开发可以征收土地的范围限定在土地利用总体规划确定的城镇建设用地范围内。二是规范土地征收程序。建议:要求市、县人民政府在征地前先与农民签订土地补偿安置协议,落实补偿安置资金,充分体现被征地农民的知情权、参与权、监督权。个别确实难以达成协议的,应当在申请征地时如实说明,供审批机关决策参考。三是完善对被征地农民的合理、规范、多元保障机制。建议:征收农用地的土地补偿费、安置补助费标准由各地制定公布区片综合地价确定;农民住房不再作为地上附着物补偿,而是作为专门的住房财产权给予公平合理补偿;将被征收土地的农民纳入相应的医疗、养老等城镇社会保障体系,切实保障被征地农民长远生计。

农村土地征收制度改革试点工作取得的经验在2019年修正的《土地管理法》与2021年修订的《土地管理法实施条例》中得到体现。尤其是在《民法典》颁布实施后,很多地方也开始制定或修订关于征收集体土地的地方性法规、规章及其他规范性文件。

三、地方性法规对集体土地征收的相关规定

各省、直辖市、自治区或有地方立法权的较大的市在《土地管理法》及《土地管理法实施条例》的规定基础上,结合当地的实际情况,制定关于土地管理的地方性法规,其中都有关于集体土地征收的内容。如《福建省土地管理条例》(2022年5月发布)第四章"建设用地"中第一节是专门关于"农用地转用和土地征收"的规定,从第19~27条共9条规范;《广东省土地管理条例》(2022年6月发布)第四章是专门关于"农用地转用和土地征收"的规定,从第24~38条共15条规范;《江苏省土地管理条例》(2021年1月修订)第四章是专门关于"土地转用和征收"的规定,从第32~48条共17条规范;《吉林省土地管理条例》(2022年11月修订)第四章是专门关于"土地转用与土地征收"的规定,从第25~39条共15条规范;《海南

自由贸易港土地管理条例》(2023年4月发布)第五章是专门关于"农用地转用与土地征收"的规定,从第23~25条共3条规范;《黑龙江省土地管理条例》(2022年12月发布)第四章"建设用地"中第三节是专门关于"土地征收和占用"的规定,从第34~39条共6条规范;《河北省土地管理条例》(2022年3月修订)第四章"建设用地"中第28~40条规范与土地征收相关;《天津市土地管理条例》(2021年11月修订)第五章"建设用地"中第二节是专门关于"农用地转用和土地征收"的规定,从第35~43条共9条规范;《贵州省土地管理条例》(2022年12月修订)第四章是专门关于"农用地转用和土地征收"的规定,从第26~36条共11条规范;《宁夏回族自治区土地管理条例》(2022年11月修订)第四章"建设用地"中第二节是专门关于"土地征收和补偿"的规定,从第36~46条共11条规范。此外,《云南省土地管理条例》(1999年9月发布)、《珠海经济特区土地管理条例》(2020年11月修正)、《厦门经济特区土地管理条例》(1994年1月发布)与《厦门经济特区土地管理若干规定》(2010年7月30日修正)、《呼和浩特市土地管理条例》(2010年12月修正)、《齐齐哈尔市土地管理条例》(2001年发布)等地方性法规中也有关于集体土地征收的相关内容。

随着《民法典》的颁布与《土地管理法》在2019年的第三次修正、《土地管理法实施条例》在2021年的修订,各地制定并颁布了关于土地管理的地方性法规,或者将原有关于土地管理的地方性法规进行修正或修订。如《上海市实施〈中华人民共和国土地管理法〉办法》自1994年5月1日起施行,是上海市第一个由市人大立法的关于土地管理方面的地方性法规。后在1997年、2010年、2018年经过三次修正,在2000年进行修订。2023年9月26日,上海市人大常委会办公厅发布《上海市实施〈中华人民共和国土地管理法〉办法(修订草案)》,向社会征求意见。

地方性法规以《浙江省土地管理条例》(2021年9月29日通过)为例。该条例第五章"建设用地"第二节专门规定"土地征收",具体内容如下:

第四十一条　为了公共利益的需要,确需征收农民集体所有土地的,由设区的市、县(市、区)人民政府依法发布征收土地预公告,并开展土地现状调查和社会稳定风险评估。

征收土地预公告发布后,任何组织或者个人不得在拟征收范围内抢栽抢种抢建;违反规定抢栽抢种抢建的,对抢栽抢种抢建部分不予补偿。

社会稳定风险评估的具体程序和要求按照国家和省有关规定执行。

第四十二条　设区的市、县(市、区)人民政府应当依法拟定征地补偿安置方案并发布征地补偿安置公告。

农村集体经济组织及其成员或者其他与土地征收有利害关系的组织或者个人对征地补偿安置方案有意见、建议的,可以向设区的市、县(市、区)人民政府提出。设区的市、县(市、区)人民政府根据意见、建议情况,认为确有必要的,可以组织听证。

过半数被征地的农村集体经济组织成员认为征地补偿安置方案不符合法律、法规规定的,设区的市、县(市、区)人民政府应当组织听证。

设区的市、县(市、区)人民政府应当根据法律、法规规定和征求意见、听证会情况修改征地补偿安置方案并公布。

第四十三条　拟被征收土地的所有权人、使用权人应当在征地补偿安置公告载明的期限内,持不动产权属证明材料向设区的市、县(市、区)人民政府指定的部门、机构或者乡镇人民政府、街道办事处办理补偿登记。

办理补偿登记的机构应当为拟被征收土地的所有权人、使用权人办理补偿登记提供便利。

拟被征收土地的所有权人、使用权人在规定期限内未办理补偿登记的,相关信息按照土地现状调查公示结果确定。办理补偿登记的机构可以委托公证机构对登记情况进行现场公证。

第四十四条　设区的市、县(市、区)人民政府指定的部门或者乡镇人民政府应当依法与拟被征收土地的所有权人、使用权人签订征地补偿安置协议。征地补偿安置协议示范文本由省人民政府制定。

对个别未达成征地补偿安置协议的,设区的市、县(市、区)人民政府应当在申请征收土地时如实说明。个别的具体标准由省人民政府规定。

第四十五条　本条例规定的征收土地预公告、土地现状调查和社会稳定风险评估、征地补偿安置公告、征地补偿登记和征地补偿安置协议签订等前期工作完成后,设区的市、县(市、区)人民政府方可提出土地征收申请,报有批准权的人民政府批准。

征收土地申请经依法批准后,设区的市、县(市、区)人民政府应当依法发布征收土地公告,公告时间不得少于十个工作日。对个别未达成征地补偿安置协议的,设区的市、县(市、区)人民政府应当作出征地补偿安置决定。

征收土地预公告、征地补偿安置公告的时限和内容以及征收土地公告的内容等,依照法律、行政法规的规定执行。

第四十六条 设区的市、县(市、区)人民政府应当自征收土地公告之日起六十日内足额支付土地补偿费、安置补助费以及农村村民住宅、其他地上附着物和青苗等的补偿费用(以下统称征收土地补偿费用),并安排被征地农民的社会保障费用。对个别未达成征地补偿安置协议的,支付征收土地补偿费用的期限自征地补偿安置决定作出之日起计算。

农村集体经济组织应当依法确定参加社会保障对象的名单,报乡镇人民政府、街道办事处。乡镇人民政府、街道办事处对名单进行审查、公示、确认后,报县(市、区)人力资源社会保障、自然资源主管部门。人力资源社会保障主管部门应当按照规定及时办理社会保障手续。

第四十七条 已签订征地补偿安置协议的被征收土地所有权人、使用权人未按照协议约定履行腾退土地和房屋的义务,经催告后仍不履行的,签订协议的行政机关或者设区的市、县(市、区)人民政府可以作出要求履行协议的书面决定。土地所有权人、使用权人在该书面决定规定的期限内不腾退土地和房屋,也不在法定期限内申请行政复议或者提起行政诉讼的,由作出要求履行协议书面决定的行政机关依法申请人民法院强制执行。

个别未达成征地补偿安置协议的被征收土地所有权人、使用权人在征地补偿安置决定规定的期限内不腾退土地和房屋,也不在法定期限内申请行政复议或者提起行政诉讼的,由设区的市、县(市、区)人民政府依法申请人民法院强制执行。

征地补偿安置协议约定的腾退期限和征地补偿安置决定规定的腾退期限,不得早于设区的市、县(市、区)人民政府足额支付征收土地补偿费用的时间。

第四十八条 征收农民集体所有的农用地和其他土地的征地补偿费、安置补助费标准按照区片综合地价确定。

省人民政府负责制定全省区片综合地价最低标准。设区的市、县(市、区)人民政府综合考虑土地原用途、土地资源条件、产值、区位、供求关系、人口以及当地经济社会发展水平等因素,制定本行政区域区片综合地价,并报省人民政府备案。设区的市、县(市、区)的区片综合地价不得低于省人民政府规定的最低标准。

区片综合地价应当至少每三年进行调整或者重新公布一次。

第四十九条 征收土地涉及农村村民住宅的,设区的市、县(市、区)人民政府应当在尊重农村村民意愿的前提下,按照先补偿后搬迁、居住条件有改善的原则,采取重新安排宅基地建房、提供安置房或者货币补偿等方式给予公平合理的补偿,并对因征收造成的搬迁、临时安置等费用予以补偿。

采用重新安排宅基地建房或者提供安置房方式补偿的,重新安排的宅基地面积或者提供的安置房面积不得少于设区的市、县(市、区)人民政府规定的最低标准。采用货币方式补偿的,应当评估宅基地和住宅的价值,一并作出补偿。

第五十条　省人民政府分类制定地上附着物和青苗等的最低补偿标准。设区的市、县(市、区)人民政府根据实际制定本行政区域地上附着物和青苗等的具体补偿标准,但不得低于省人民政府规定的最低补偿标准。

第五十一条　设区的市、县(市、区)人民政府应当按照国家和省有关规定,将被征地农民纳入基本养老保险等社会保障体系,足额落实社会保障资金,逐步提高保障标准。

被征地农民的社会保障费用实行专户管理,主要用于符合条件的被征地农民的养老保险等社会保险缴费补贴,任何组织或者个人不得侵占、挪用或者转借。

第五十二条　政府组织实施的能源、交通、水利等基础设施建设需要征收国土空间规划确定的城市和村庄、集镇建设用地范围外的农民集体所有土地的,建设单位应当将基础设施建设涉及的征收土地补偿费用及被征地农民社会保障费用等列入工程概算,并缴入当地人民政府财政专户。

第五十三条　设区的市、县(市、区)人民政府组织实施的成片开发建设需要征收农民集体所有土地的,应当按照国家和省有关规定编制土地征收成片开发方案。成片开发方案经依法批准后,方可依照法律、行政法规和本条例规定实施土地征收。

四、各地对集体土地房屋征收与补偿的相关规定

目前,国务院还没有出台对集体土地上的房屋征收与补偿的专门行政法规。所以,各地制定了一些关于集体所有土地房屋征收与补偿的地方性法规、规章或其他规范性文件。地方性法规如《杭州市征收集体所有土地房屋补偿条例》(自2014年5月1日起施行)、《宁波市征收集体所有土地房屋拆迁条例》(2006年10月1日起施行)等。地方政府规章如《北京市集体土地房屋拆迁管理办法》(北京市人民政府令第124号,2003年6月6日发布)、《宁波市征收集体所有土地房屋拆迁条例实施细则》(宁波市人民政府令第141号,2006年10月30日发布)、《徐州市征收集体土地房屋补偿办法》(徐州市人民政府令第146号,2016年11月29日发布)等。此外,各地还会出台关于集体土地房屋征收与补偿的规范性文件。

如浙江省人民政府于 2009 年 8 月 17 日发布的《浙江省征地补偿和被征地农民基本生活保障办法》、北京市国土房屋管理局发布的《〈北京市集体土地房屋拆迁管理办法〉实施意见》（京国土房管拆〔2003〕666 号）、上海市规划和自然资源局发布的《上海市征收集体土地房屋补偿评估管理规定》（沪规划资源规〔2019〕3 号）、长春市人民政府办公厅发布的《长春市集体土地房屋征收与补偿实施办法》（长府办发〔2012〕6 号）、宁波市人民政府发布的《宁波市市区征收集体所有土地住宅拆迁货币安置补偿奖励规定》（甬政发〔2021〕58 号）、福州市人民政府发布的《福州市仓山区东部新城农村集体土地房屋征收补偿安置实施细则（试行）》（榕政综〔2015〕10 号）等。各县（市、区）也会发布适用于本区域的集体土地房屋征收与补偿的规范性文件。如上海市静安区人民政府发布的《静安区征收集体土地房屋补偿暂行标准》（静府发〔2016〕8 号）、浙江省慈溪市人民政府发布的《慈溪市征收集体所有土地房屋拆迁若干规定》（慈政发〔2016〕29 号）、浙江省象山县人民政府发布的《象山县征收集体所有土地房屋拆迁补偿实施办法》（象政发〔2019〕126 号）等。

随着《民法典》的颁布与《土地管理法》在 2019 年的第三次修正、《土地管理法实施条例》在 2021 年的修订，各地制定或修订了关于集体土地房屋征收与补偿的地方性法规、规章与其他规范性文件。如上海市人民政府于 2021 年 9 月 29 日发布了《上海市征收集体土地房屋补偿规定》（沪府规〔2021〕13 号）；2023 年 2 月，广州市人民政府办公厅发布了《广州市农民集体所有土地征收补偿办法》（穗府办规〔2023〕3 号），这是对 2017 年发布的《广州市农民集体所有土地征收补偿试行办法》的修订完善；2023 年 3 月，《北京市征收集体土地房屋补偿管理办法》面向社会公开征求意见；2023 年 11 月，宁波市人大常委会法制工作委员会公布了《宁波市征收集体所有土地房屋补偿条例（草案）面向社会公开征求意见。

因为《宁波市征收集体所有土地房屋补偿条例（草案）》已经送审，有望在 2024 年获得通过。此前在 2006 年发布的地方性法规《宁波市征收集体所有土地房屋拆迁条例》与地方政府规章《宁波市征收集体所有土地房屋拆迁条例实施细则》将不再适用，所以本章不以这两份规范性文件中的内容为例进行说明。只对《宁波市征收集体所有土地房屋补偿条例（草案）》的部分内容进行介绍，具体以该条例公布稿为准，特此说明。

第二节 集体土地征收的基本知识与工作流程

一、集体土地征收与补偿的基本含义

集体土地是集体所有土地的简称,是指由农村村民集体所有的土地。按照土地的性质,我国将土地分为国家所有土地与集体所有土地两大类。根据《宪法》与《土地管理法》的相关规定,农村和城市郊区的土地,除由法律规定属于国家所有的以外,属于集体所有;宅基地和自留地、自留山,也属于集体所有。《民法典》第260、261条规定也对集体土地权属进行了明确。根据《民法典》第262条的规定,农村集体经济组织代表集体行使对土地的所有权。

集体土地征收,是指国家为了公共利益需要,依法将集体土地征收为国有的行为。集体土地征收补偿,是指国家在依法征收集体土地的同时,需要对被征收人给予一定补偿。

集体土地征收与征用不同,征收是指土地所有权由集体所有转为国家所有,而征用是土地使用权的临时转移。二者在审批流程、土地用途及补偿标准等方面均存在差异。如无特别说明,本章中所讨论的,仅指集体土地征收这一种情况。

根据房屋所占用的土地性质不同,房屋可以被分为国有土地上的房屋与集体土地上的房屋。对于国有土地上的房屋,可以根据《国有土地上房屋征收与补偿条例》规定的程序予以征收并补偿;但对集体土地上的房屋进行征收,则必须附随于集体土地征收过程中,即土地与房屋一并征收。除特别说明以外,本章中所说的"房屋",是指集体土地上的房屋。

二、集体土地征收与国有土地上房屋征收的区别

集体土地征收与国有土地上的房屋征收,虽均为征收,存在较多的共同点,但二者也存在一些明显区别。

1.征收主体与审批的政府层级不同。集体土地征收需经省级人民政府或国务院批准,所需要的审批层级较高,集体土地征收与补偿工作由自然资源主管部门具体实施;国有土地上房屋征收只需要市、县级人民政府作出征收决定,由市、县级人民政府确定的房屋征收部门组织实施本行政区域的房屋征收与补偿工作。

2.征收对象不同。国有土地上房屋征收针对的是房屋,国有土地使用权一并

征收,即"地随房走",不涉及土地所有权的变化;集体土地征收主要针对的是土地,地上房屋随集体土地一并征收,即"房随地走",不存在仅征收房屋而不征收土地的情况,土地所有权因征收而由集体所有变为国家所有。

3. 征收程序及适用法律法规不同。国有土地上房屋征收主要依据《国有土地上房屋征收与补偿条例》规定的程序进行;而集体土地征收主要根据《土地管理法》及《土地管理法实施条例》规定的程序进行。

4. 征收补偿安置的内容、方式不同。国有土地上房屋征收补偿内容主要包括:被征收房屋价值的补偿,因征收房屋造成的搬迁、临时安置的补偿,因征收房屋造成的停产停业损失的补偿,以及市、县级人民政府规定的补助和奖励。房屋价值通过评估的方式确定。集体土地征收补偿涉及土地补偿费、安置补助费和农村村民住宅、其他地上附着物和青苗等的补偿费用,以及安排被征地农民的社会保障费用,主要是保障被征地农民的生活,维护被征地农民的合法权益。

三、集体土地征收与补偿的参与主体

1. 征收人。集体土地征收的征收人为设区的市、县(市、区)人民政府(或称县级以上地方人民政府)。集体土地征收工作需要报省级人民政府或国务院批准后,才能开展。具体而言,县级以上地方人民政府中的自然资源主管部门,代表该部门的本级政府实施集体土地征收与补偿工作。

2. 征收部门。根据我国2018年国务院机构改革方案,将原国土资源部以及国家发改委、住建部、水利部、原农业部、原林业局、原海洋局、原测绘局的部分职责整合,专门组建了自然资源部,负责主管全国的土地征收、征用管理工作,具体由耕地保护监督司负责。地方各级政府,也分别作了相应的改革调整,设立了专门的自然资源行政主管部门,具体实施集体土地征收与补偿工作。但需要注意的是,一些市、县级人民政府将集体土地上的房屋征收与补偿工作由专门设立的房屋征收中心(或类似名称)具体组织实施,与国有土地上房屋的征收部门是同一部门。

3. 被征收人。因集体土地归集体所有,集体土地的被征收人首先为集体土地所有权人,也即农村集体经济组织。但因多数集体土地是由本集体经济组织成员使用的,集体土地的被征收人也可以具体细化为集体土地的使用权人、集体土地上房屋的所有权人和其他权利人。

4. 其他参与主体。主要包括评估机构、强制执行机关等。对于征收集体土

房屋的,需要由具有资质的专业评估机构进行价值评估。评估机构可由被征收人协商确定,若被征收人无法协商选定,则可由征收人通过摇号、抽签或者招标等公开报名的方式随机确定评估机构。强制执行机关是指集体土地房屋所在地的基层人民法院。如《浙江省土地管理条例》第47条规定,土地所有权人、使用权人不按期腾退土地和房屋,也不在法定期限内申请行政复议或者提起行政诉讼的,相关行政机关可以依法申请人民法院强制执行。

四、集体土地征收与补偿的工作原则

因我国对集体土地征收还未制定专门的行政法规,故当前集体土地征收并无明文规定的工作原则。结合各地对集体土地征收的相关规范,与国有土地上房屋征收与补偿工作的工作原则,本书作者认为集体土地征收工作也应遵循公平补偿、合理补偿、决策民主、程序正当和结果公开等原则。

1. 公平补偿原则。所谓公平补偿,是指所征收的集体土地价值和所补偿的对价应该相当,避免失衡。同时,公平补偿还应包括同一集体土地征收工作中,对于不同的被征收人应该适用明确统一的补偿标准。

2. 合理补偿原则。《土地管理法》第48条第1款中规定:"征收土地应当给予公平、合理的补偿,保障被征地农民原有生活水平不降低、长远生计有保障。"有些地方发布的规范性文件也提出合理补偿的原则。这主要涉及土地征收补偿标准的制定,具体到个案中,还涉及安置方式与其他费用的补偿,尤其是集体土地房屋的征收补偿。

3. 决策民主原则。决策民主原则在土地征收工作前期的征收决定作出过程中以及征地补偿安置方案制定的过程中均应有充分的体现,主要是指在上述过程中,均应最大限度保证相关部门以及被征收人的民主参与度,充分听取相关参与人的意见和建议。

4. 程序正当原则。在集体土地征收与补偿的过程中,所遵循的征收程序是正当合理的,有明确制度规定的,应该严格按照已确定的征收程序,开展实施整个征收与补偿工作。

5. 结果公开原则。在集体土地征收过程中,相关征地补偿安置公告、安置方案、征收决定、调查情况、补偿情况等均应当及时通过公告等方式对外公布,接受被征收人以及社会公众的查询及监督。结果公开原则的充分贯彻,也是程序正当原则的重要体现。

五、集体土地征收与补偿的工作流程

各地关于土地管理的地方性法规都规定了集体土地征收程序的内容。如《福建省土地管理条例》(2022年5月发布)第21条规定,为了公共利益的需要,征收农民集体所有土地的,按照下列程序依法办理:(1)发布土地征收预公告、开展拟征收土地现状调查和社会稳定风险评估;(2)拟订土地征收补偿安置方案并发布土地征收补偿安置方案公告;(3)办理土地征收补偿登记;(4)签订土地征收补偿安置协议;(5)提出土地征收申请;(6)批准土地征收;(7)发布土地征收公告;(8)支付应缴税费款和土地征收补偿安置费用;(9)交付土地。

各地发布的规范性文件中对地方性法规中规定的集体土地征收程序进行了细化,内容大同小异,基本上是按照《土地管理法》及《土地管理法实施条例》进行制定或修订的,所以不一一介绍。下面以浙江省自然资源厅于2022年5月27日发布的《浙江省土地征收程序规定》(浙自然资规〔2022〕4号)为例进行说明。该规定对工作流程进行了规范,主要内容如下:

一、发布征收土地预公告。设区的市、县(市、区)人民政府确需征收土地,符合《中华人民共和国土地管理法》第四十五条规定第一款第(一)项至第(四)项情形的项目在批准、核准或备案后,符合第(五)项情形的在成片开发方案批准后,在拟征收土地的乡镇(街道)和村、村民小组(若有)范围内张贴征收土地预公告,公告时间不少于十个工作日。征收土地预公告应当包括征收范围、征收目的、开展土地现状调查安排等内容。

二、开展土地现状调查。设区的市、县(市、区)人民政府应当组织开展拟征收土地的现状调查工作。土地现状调查应当查明土地的位置、权属、地类、面积,以及农村村民住宅、其他地上附着物和青苗等的权属、种类、数量等情况。土地现状调查应充分应用已有的不动产登记成果。

三、开展社会稳定风险评估。设区的市、县(市、区)人民政府应当组织有被征地的农村集体经济组织及其成员、村民委员会和其他利害关系人参加的社会稳定风险评估,确定风险点、提出风险防范措施和处置预案。具体程序和要求按照国家和省有关规定执行。

四、拟定征地补偿安置方案。设区的市、县(市、区)人民政府应当依据社会稳定风险评估结果,结合土地现状调查情况,组织自然资源、财政、农业农村、人力资源和社会保障等有关部门,拟定征地补偿安置方案。征地补偿安置方案应当包括

征收范围、土地现状、征收目的、补偿方式和标准、安置对象、安置方式、社会保障等内容。

五、发布征地补偿安置公告。征收土地预公告期满后,设区的市、县(市、区)人民政府将拟定的征地补偿安置方案,在拟征收土地的乡镇(街道)和村、村民小组(若有)范围内予以公告,听取被征地农村集体经济组织及其成员、村民委员会和其他利害关系人的意见,公告时间不少于三十日。土地现状调查结果应与征地补偿安置方案一并公告。

征地补偿安置公告应包括以下内容:

1. 土地、房屋、青苗及其他地上附着物现状调查成果(附拟征收土地范围图);
2. 征地补偿安置方案;
3. 告知听证权利;
4. 补偿登记方式和期限;
5. 异议反馈渠道;
6. 法律法规规定的其他事项。

公告期满后,应取得农村集体经济组织回执函,回执函中应包括征求意见情况。

六、办理补偿登记。拟被征收土地的所有权人和使用权人在征地补偿安置公告规定的期限内,持相关不动产权属证书等材料,到公告指定的单位、地点办理补偿登记。

拟被征收土地的所有权人和使用权人在规定期限内未办理补偿登记的,相关信息按照土地现状调查公示结果确定。

七、组织听证。农村集体经济组织及其成员或者其他与土地征收有利害关系的组织或者个人对征地补偿安置方案有意见、建议的,可以向设区的市、县(市、区)人民政府提出。设区的市、县(市、区)人民政府根据意见、建议情况,认为确有必要的,可以组织听证。

过半数被征地的农村集体经济组织成员(按人计算)认为征地补偿安置方案不符合法律、法规规定的,设区的市、县(市、区)人民政府应当组织听证。

八、公布征地补偿安置方案。征地补偿安置公告期满后,设区的市、县(市、区)人民政府根据法律、法规规定和征求意见、听证会等情况,确定征地补偿安置方案,并在拟征收土地的乡镇(街道)和村、村民小组(若有)范围内予以公布。公布的内容应包括意见建议采纳情况、征地补偿安置方案等。

九、签订征地补偿安置协议。设区的市、县(市、区)人民政府指定的部门或者乡镇人民政府应当依法与拟被征收土地的所有权人、使用权人签订征地补偿安置协议。

与被征收土地的所有权人签订征地补偿安置协议比例为100%；与被征收土地的使用权人签订协议的比例不得低于应当签订协议数90%。个别确实难以达成协议的，设区的市、县(市、区)人民政府应当在申请征收土地时，如实说明未签订征地补偿安置协议的具体情况及保障其合法权益的措施。

十、落实有关费用。设区的市、县(市、区)人民政府应当组织有关部门对拟征收土地的土地补偿费和安置补助费、农村村民住宅、其他地上附着物和青苗等补偿费用以及社会保障费用进行测算，及时落实有关费用，保证足额到位。

十一、申请征地报批。征地前期工作完成后，设区的市、县(市、区)人民政府应当及时提出土地征收申请，报有批准权的人民政府批准。申报材料按国家和省有关规定执行。

十二、发布征收土地公告。设区的市、县(市、区)人民政府应当自收到批准文件之日起十五个工作日内将批准征地机关、批准日期、批准文号、征收土地用途、范围、面积以及救济途径等内容在拟征收土地的乡镇(街道)和村、村民小组(若有)范围内予以公告。公告时间不少于十个工作日。

十三、实施土地征收。设区的市、县(市、区)人民政府应当自征收土地公告之日起六十日内足额支付土地补偿费、安置补助费以及农村村民住宅、其他地上附着物和青苗等的补偿费用，并安排被征地农民的社会保障费用。

个别未签订征地补偿安置协议的，设区的市、县(市、区)人民政府应当在土地征收公告之日起六十日内作出征地补偿安置决定。支付征收土地补偿费用的期限自征地补偿安置决定作出之日起计算，并在六十日内足额支付。

十四、交付土地。被征收土地所有权人、使用权人应当按征地补偿安置协议或征地补偿安置决定规定交付土地。已签订征地补偿安置协议的被征收土地所有权人、使用权人未按照协议约定履行腾退土地和房屋的义务，经催告后仍不履行的，签订协议的行政机关或设区的市、县(市、区)人民政府可以作出要求履行协议的书面决定。土地所有权人、使用权人在该书面决定规定的期限内不腾退土地和房屋，也不在法定期限内申请行政复议或提起行政诉讼的，由作出要求履行协议书面决定的行政机关依法申请人民法院强制执行。

被征收土地所有权人、使用权人在征地补偿安置决定规定的期限内不腾退土地和房屋，也不在法定期限内申请行政复议或提起行政诉讼的，由设区的市、县(市、区)人民政府依法申请人民法院强制执行。

十五、办理不动产注销或变更登记。土地征收批准后,不动产登记机构根据人民政府的要求或权利人(被征收人)的申请,依法办理不动产登记;对全部征收的办理注销登记,对部分征收的办理变更登记。

第三节 征收土地预公告发布与前期工作

一、征收工作启动与征收土地预公告的发布

《土地管理法》第45条规定,为了公共利益的需要,确需征收农民集体所有的土地的,可以依法实施征收。因此,"为了公共利益的需要"是集体土地征收的前置条件。《土地管理法》第45条中对符合"公共利益的需要"的6种情形进行了明确规定。

在此基础上,需要征收土地的县级以上地方人民政府,应首先在拟征收土地的乡镇(街道)和村、村民小组(若有)范围内张贴征收土地预公告,公告时间不少于10个工作日。公告内容包括征收范围、征收目的、开展土地现状调查安排等内容。以下举例说明征收土地预公告的形式与主要内容。

征收土地预公告

根据《土地管理法》等法律规定,因_____项目,拟征收农民集体所有土地,现将有关事项告知如下:

一、征收范围

农民集体所有土地_____亩(或公顷、平方米)(具体以勘测定界成果为准)。四至范围见示意图。

二、土地现状调查安排

市(或县)人民政府将组织开展土地现状调查,对土地权属、地类、面积,以及农村村民住宅(含权属、面积等)、其他地上附着物和青苗的权属、种类、数量等信息进行调查确认,请有关单位和个人予以支持。

三、其他事项

自本公告发布之日起,在拟征收土地范围内暂停办理户口迁入、分户、房屋交易、翻(扩)建、装潢、核发营业执照、调整农业生产结构等不正当增加补偿费用的行为。

> 自本公告发布之日起,任何单位和个人不得在拟征收土地范围内抢种抢栽抢建,违反规定抢种抢栽抢建的,不予补偿安置。
>
> 本公告期限为10个工作日。
>
> 特此公告。
>
> 附件:拟征收土地范围示意图(或用地红线图)(略)

二、集体土地征收中被征收人的确定

我国农村土地属于集体所有,所以集体土地的被征收人首先为集体土地所有权人。如果土地已经发包给农户承包经营或者采取其他形式承包的经营主体,建设用地出让、出租给其他人使用,被征收人应为集体土地的用益物权人。

对于集体土地所有权的确认,应根据原国家土地管理局颁布的《确定土地所有权和使用权的若干规定》(2010年部分修改)。该规定第三章专门规定"集体土地所有权",其中第20条规定:村农民集体所有的土地,按目前该村农民集体实际使用的本集体土地所有权界线确定所有权。根据《农村人民公社工作条例修正草案》确定的农民集体土地所有权,下列原因发生变更的,按变更后的现状确定集体土地所有权。(1)由于村、队、社、场合并或分割等管理体制的变化引起土地所有权变更的;(2)由于土地开发、国家征地、集体兴办企事业或者自然灾害等进行过土地调整的;(3)由于农田基本建设和行政区划变动等重新划定土地所有权界线的。行政区划变动未涉及土地权属变更的,原土地权属不变。该规定第21条规定:农民集体连续使用其他农民集体所有的土地已满20年的,应视为现使用者所有;连续使用不满20年,或者虽满20年但在20年期满之前所有者曾向现使用者或有关部门提出归还的,由县级以上人民政府根据具体情况确定土地所有权。该规定第22条规定:乡(镇)或村在集体所有的土地上修建并管理的道路、水利设施用地,分别属于乡(镇)或村农民集体所有。

按照土地用途,可以将农村土地分为农用地、建设用地和未利用地。征收没有发包的农用地、未利用地,公益性建设用地等土地的,应将集体土地所有权人即农村集体经济组织作为被征收人。

对于承包土地的经营权人,一般按照土地承包经营权经确权登记颁发的证书进行认定。如果承包合同和土地承包经营权证发生冲突,应以承包合同作为确定农户取得土地承包经营权的依据。承包地被征收后,签订承包合同的农户有权获

得相应的土地补偿费。

建设用地是指用于建造建筑物的土地,主要包括宅基地、公益性建设用地、集体经营性建设用地。乡(镇)村办企业建设用地属于集体经营性建设用地。宅基地使用权人、集体经营性建设用地使用权人为相应建设用地的使用权人。

如果是集体经营性建设用地,一般按照建设用地经确权登记颁发的证书进行认定,以集体经营性建设用地使用权人作为被征收人。需要注意的是乡(镇)村办企业依法使用农民集体土地、农民集体经依法批准以土地使用权举办联营企业或作价入股的情况处理。《确定土地所有权和使用权的若干规定》第五章专门规定"集体土地建设用地使用权",其中第43条规定:乡(镇)村办企业事业单位和个人依法使用农民集体土地进行非农业建设的,可依法确定使用者集体土地建设用地使用权。对多占少用、占而不用的,其闲置部分不予确定使用权,并退还农民集体,另行安排使用。该规定第44条规定:"依照本规定第二十五条规定的农民集体土地,集体土地建设用地使用权确定给联营或股份企业。"该规定第25条规定:农民集体经依法批准以土地使用权作为联营条件与其他单位或个人举办联营企业的,或者农民集体经依法批准以集体所有的土地的使用权作价入股,举办外商投资企业和内联乡镇企业的,集体土地所有权不变。

如果农户的房屋被征收,一般以宅基地使用权人作为被征收人。如果房屋此前已经转让,买受人与出卖人属于同一集体经济组织成员,农村房屋买卖合同或宅基地使用权转让合同应被认定为有效,应以买受人作为被补偿人。

《确定土地所有权和使用权的若干规定》第五章"集体土地建设用地使用权"对宅基地面积的规定,具体见第45~51条。该规定第51条的规定:"按照本规定第四十五条至第四十九条的规定确定农村居民宅基地集体土地建设用地使用权时,其面积超过当地政府规定标准的,可在土地登记卡和土地证书内注明超过标准面积的数量。以后分户建房或现有房屋拆迁、改建、翻建或政府依法实施规划重新建设时,按当地政府规定的面积标准重新确定使用权,其超过部分退还集体。"该规定第52条规定:空闲或房屋坍塌、拆除两年以上未恢复使用的宅基地,不确定土地使用权。已经确定使用权的,由集体报经县级人民政府批准,注销其土地登记,土地由集体收回。

三、征收范围确定后的禁止行为与暂停办理事项

在集体土地征收过程中,因需要对被征收土地、房屋进行价值评估,为避免被征收人恶意通过不正当手段增加被征收土地、房屋的价值,在征收范围确定后,对于不当增加被征收土地、房屋价值的行为,应予以明确禁止。虽然《土地管理法》及《土地管理法实施条例》中并无明文规定禁止行为的具体类型,但各地的规范性文件中一般都规定了"征收土地预公告后不得实施的行为"或明确不予补偿的情况。

2021年颁布的《上海市征收集体土地房屋补偿规定》第8条第2~4款规定:征收土地预公告后,拟征地范围内应当执行下列规定,但限制的最长期限不得超过一年:(1)不得新建、改建、扩建建筑物、构筑物及其他设施;(2)不得突击装修房屋;(3)拟征地范围内已取得建房批准文件但新房尚未开工的,不得开工;(4)不得从事其他不当增加补偿费用的行为。违反前款规定实施的,不予补偿。征收土地预公告后,区规划资源部门应当将本条第2款的相关事项书面通知拟征收土地所在的镇(乡)人民政府或者街道办事处。

2014年颁布的《杭州市征收集体所有土地房屋补偿条例》第7条第1、2款规定:城乡规划主管部门核定用地范围后,市国土资源管理部门应当将征地范围公告并通知有关部门在征地范围内暂停办理下列事宜:(1)通知公安部门暂停办理户口的迁入、分户;(2)通知有关部门暂停办理房屋的买卖、交换、翻(扩)建、析产、赠与、分户、租赁、抵押等;(3)通知工商行政管理部门暂停核发营业执照、临时营业执照。暂停办理有关事宜的期限为30个月。因特殊情况需要延长暂停办理有关事宜期限的,应当在期满前一个月报经市国土资源管理部门批准,可以适当延长,但延长时间最长不超过12个月。

《宁波市征收集体所有土地房屋补偿条例(草案)》第11条规定,拟征收土地范围内暂停办理下列事项:(1)审批宅基地和其他建设用地;(2)审批新建、改建、扩建房屋及其附属设施;(3)审批改变房屋、土地用途;(4)其他可能增加补偿费用的事项。市、区(县、市)人民政府应当将暂停办理事项书面通知有关部门、镇(乡)人民政府、街道办事处。暂停办理相关手续的期限一般为12个月,因特殊情况需要延长的,应当在期满前1个月内做出延期决定并公告,延长期限最长不得超过12个月。该条例第12条规定:征收土地预公告发布后,拟征收土地范围内存在的下列情形,不得作为增加补偿的依据:(1)办理入户和分户的;(2)办理土地使用权、房屋所有权的转移与抵押登记的;(3)以拟征收土地范围内的房屋为注册地址办理营业注册登记、变更手续的;(4)擅自从事新建、改建、扩建建筑物、构筑物及其他设施等抢建活动的;(5)实施房屋装饰装修工程或者应当停工而未停工的;(6)擅自改变土地、房屋用途的;(7)其他不当增加补偿的行为。前款规定的第1项情形中,因出生、婚姻、军人退役、大中专院校毕业生户籍回迁、刑满释放等原因确需办理入户和分户,且符合政策规定的,可以除外。

四、开展土地现状调查及社会稳定风险评估

征收土地预公告发布后,应首先对拟征收土地现状进行调查。同时,还应就土地征收开展社会稳定风险评估。

土地现状调查,是指拟对土地进行征收的县级以上地方人民政府组织开展的,对拟征收范围内各种土地的位置、权属、地类、面积,以及农村村民住宅、其他地上附着物和青苗等的权属、种类、数量等情况进行调查,得出调查结论报告,供拟征收土地的县级以上地方人民政府对是否继续开展征收工作、如何开展征收工作进行参考评估的专门工作。该工作一般由自然资源主管部门牵头,由城乡建设、统计部门共同配合完成。土地现状调查应充分应用已有的不动产登记成果。

社会稳定风险评估,是指拟征收土地的县级以上地方人民政府在拟申请土地征收前,对土地征收工作中存在的可能影响社会稳定的相关因素进行调查、分析、评估,并制定应对策略的工作。评估参与人员有被征地的农村集体经济组织及其成员、村民委员会和其他利害关系人。社会稳定风险评估的目的为确定风险点、提出风险防范措施和处置预案。

社会稳定风险评估的内容一般主要包括征收工作的合法性、合理性、可行性和安全性四个方面。(1)合法性评估是指征收工作是否符合党和国家方针政策,是否与现行政策、法律、法规相抵触,是否有充足的政策、法律依据。(2)合理性评估是指征收工作的开展是否符合大多数群众的利益;是否超越绝大多数群众的承受能力;是否得到绝大多数群众的理解和支持,是否符合人民群众的现实利益和长远利益。(3)可行性评估是指征收工作的开展是否征求了广大群众的意见,并组织开展前期宣传解释工作;是否符合当地经济社会发展总体水平;是否有科学依据;是否考虑到时间空间、人力物力财力等制约因素;是否有具体、翔实的方案和完善的配套措施;是否体现相关政策的连续性和严密性以及实施该项目的时机是否够成熟。(4)安全性评估是指征收工作的开展是否按照程序经过严格的审查审批;是否符合广大人民群众的根本利益;是否存在引发群体性事件的可能性、倾向性问题;是否存在其他影响社会稳定的隐患以及是否有相应的预测预警措施和应急处置预案。

第四节　征地补偿安置方案公布与协议签署

一、征地补偿安置公告发布与内容

在完成了土地现状调查及社会稳定风险评估工作后,结合调查评估结果,拟征收土地的县级以上地方人民政府应及时组织自然资源、财政、农业农村、人力资源和社会保障等有关部门,拟定征地补偿安置方案。征地补偿安置方案应当包括征收范围、土地现状、征收目的、补偿方式和标准、安置对象、安置方式、社会保障等内容。

在征收土地预公告期满后,拟征收土地的县级以上地方人民政府将拟定的征地补偿安置方案,在拟征收土地的乡镇(街道)和村、村民小组(若有)范围内予以公告至少30日,听取被征地农村集体经济组织及其成员、村民委员会和其他利害关系人的意见。土地现状调查结果应与征地补偿安置方案一并公告。

征地补偿安置公告的内容主要包括以下方面:

1. 土地现状调查结果

土地、房屋、青苗及其他地上附着物现状调查成果(附拟征收土地范围图)。

2. 征收范围

征收范围包括拟征收区域的四界、所涉及的被征收人的户数(包括住宅住户、非住宅住户)、建筑面积、土地、青苗、地上附着物情况等。

3. 补偿安置的对象和条件

明确拆迁安置的对象,包括认定被拆迁人的条件(如土地使用权证或其他房屋权属来源证明文件)、房屋建筑面积的计算方式及其他情况的原则性规定(如被拆迁人有多处住宅、夫妻双方持有两本以上户口本、改变房屋用途、临时建筑等情形的处理方式等)。

4. 不予补偿安置的情形

在明确安置对象的情况下,征地补偿安置方案一般会列举不予补偿的情形,如:(1)未取得使用权证书或其他房屋权属证明文件、超期的临时建筑等;(2)房屋灭失;(3)不属于符合安置条件的承租人或借用人;(4)寄居、寄养、寄读等人员;(5)其他不予补偿的情形。

5. 补偿安置方式和标准

征收集体所有的土地,应支付土地补偿费、安置补助费以及农村村民住宅、其他地上附着物和青苗等的补偿费用。

征收集体土地上的房屋,补偿安置方式首先按照房屋性质区分为住宅用房的安置和非住宅用房的安置。对于住宅用房的安置方式一般包括重新安排宅基地建房、调产安置、货币补偿安置或宅基地(安置房)与货币补偿安置二者并存。对于非住宅用房的安置,通常采取货币补偿的方式。

6. 宅基地、安置用房的安排和过渡方式

在集体土地房屋征收补偿过程中,涉及重新安排宅基地的,征地补偿安置方案会明确宅基地的位置、面积等内容;涉及调产安置的,征地补偿安置方案会明确安置用房的位置、套型、房屋建成时间等内容。而由于重新安排的宅基地无法短时间内重新建好房屋或安置用房需要一段时间后才可以取得,则需要一定的过渡期,征地补偿安置方案需要明确过渡期限内的过渡方式以及过渡期限内的资金补偿方案。

7. 搬迁期限及要求

由于征收集体土地是为了公共利益的需要,因此对于被征收人搬迁期限具有一定的要求,否则集体土地房屋征收工作无法正常有序开展,公共利益也会受到损害。在征地补偿安置方案中,会对被征收人的搬迁期限予以明确。除存在特殊情形外,被征收人在征收手续办理完毕后,需要按照期限要求搬迁完毕。

8. 社会保障

拟征收土地的县级以上地方人民政府将被征地农民纳入相应的养老等社会保障体系。被征地农民的社会保障费用主要用于符合条件的被征地农民的养老保险等社会保险缴费补贴。

9. 其他事宜

包括:告知被征地农村集体经济组织及其成员、村民委员会和其他利害关系人其有提出听证的权利;补偿登记方式和期限;异议反馈渠道等。

如果是以集体土地上房屋拆迁为主,应公告征地房屋补偿方案。如《上海市征收集体土地房屋补偿规定》第11条规定:区征地事务机构应当根据调查结果,拟订征地房屋补偿方案。征地房屋补偿方案拟订后,区人民政府应当在拟征收土地所在的镇(乡)和村、村民小组范围内进行公告,公告期不少于30日。征地房屋补偿方案应当包括以下内容:(1)拟征地范围内总户数、总建筑面积;(2)同区域新建商品住房每平方米建筑面积的土地使用权基价、价格补贴;(3)房屋的补偿方式和补偿金额的计算方法;(4)补偿安置总金额;(5)安置房屋坐落、单价、数量等;(6)搬家补助费、设备迁移费、过渡期内的临时安置补助费、奖励费等有关费用标准;(7)签约期限;(8)房屋补偿的评估单位和实施单位名称;(9)其他事项。征地房屋补偿方案应当听取相关权利人意见,多数被征地的农村集体经济组织成员认为方案不符合法律、法规规定的,区人民政府应当按照规定组织听证。区征地事务机构应当根据征求意见和听证会情况,修改征地房屋补偿方案。

二、办理补偿登记与组织听证活动

征地补偿安置公告发布后,拟被征收土地的所有权人和使用权人、房屋所有权人(通常是宅基地使用权人)在征地补偿安置公告规定的期限内,持相关不动产权属证书和户口簿、居民身份证等材料,到征地补偿安置公告指定的征收机构或者镇(乡)人民政府、街道办事处办理补偿登记。

土地的所有权人是农村集体经济组织,一般没有争议。土地的使用权人是农村集体经济组织成员的,一般以土地承包经营权证、宅基地使用权证等权属证书为认定依据。但由于在农村,很多房屋没有办理确权登记,所以不一定都有不动产权属证书。农村房屋是否享受补偿及补偿数额,一般以其建筑是否是合法建筑及合法建筑的面积作为认定标准。

农村集体经济组织及其成员或者其他与土地征收有利害关系的组织或者个人对征地补偿安置方案有意见、建议的,可以向县级以上地方人民政府提出。县级以上地方人民政府根据意见、建议情况,认为确有必要的,可以组织听证。

过半数被征地的农村集体经济组织成员(按人计算)认为征地补偿安置方案不符合法律、法规规定的,县级以上地方人民政府应当组织听证。

在需要召开听证会的情况下,应该参考《自然资源听证规定》(2020年修正)第二章的规定流程开展听证会。相关规定如下:

第二章 听证的一般规定

第六条 听证参加人包括拟听证事项经办机构的指派人员、听证会代表、当事人及其代理人、证人、鉴定人、翻译等。

第七条 听证一般由一名听证员组织;必要时,可以由三名或五名听证员组织。听证员由主管部门指定。

听证设听证主持人,在听证员中产生;但须是听证机构或者经办机构的有关负责人。

记录员由听证主持人指定,具体承担听证准备和听证记录工作。

拟听证事项的具体经办人员,不得作为听证员和记录员;但可以由经办机构办理听证事务的除外。

第八条 在听证开始前,记录员应当查明听证参加人的身份和到场情况,宣布听证纪律和听证会场有关注意事项。

第九条 听证会按下列程序进行:

(一)听证主持人宣布听证开始,介绍听证员、记录员,宣布听证事项和事由,告知听证参加人的权利和义务;

(二)拟听证事项的经办机构提出理由、依据和有关材料及意见;

(三)当事人进行质证、申辩,提出维护其合法权益的事实、理由和依据(听证会代表对拟听证事项的必要性、可行性以及具体内容发表意见和质询);

(四)最后陈述;

(五)听证主持人宣布听证结束。

第十条 记录员应当将听证的全部活动记入笔录。听证笔录应当载明下列事项,并由听证员和记录员签名:

(一)听证事项名称;

(二)听证员和记录员的姓名、职务;

(三)听证参加人的基本情况;

(四)听证的时间、地点;

(五)听证公开情况;

(六)拟听证事项的理由、依据和有关材料;

(七)当事人或者听证会代表的观点、理由和依据;

(八)延期、中止或者终止的说明;

(九)听证主持人对听证活动中有关事项的处理情况;

(十)听证主持人认为的其他事项。

听证笔录经听证参加人确认无误或者补正后当场签字或者盖章;无正当理由又拒绝签字或者盖章的,记明情况附卷。

第十一条 公开举行的听证会,公民、法人或者其他组织可以申请参加旁听。

听证会的内容将被提交给相关部门,在对征地补偿安置方案修改与完善时参考使用。开展听证会是决策民主原则在集体土地房屋征收与补偿工作中的重要体现。

三、公布征地补偿安置方案

在征地补偿安置公告期满后,县级以上地方人民政府根据法律、法规规定和征求意见、听证会等情况,对征地补偿安置方案进行必要的修改,在确定征地补偿安置方案后,在拟征收土地的乡镇(街道)和村、村民小组(若有)范围内予以公布。公布的内容应包括意见建议采纳情况、征地补偿安置方案等。

以下以2022年10月11日宁波市海曙区人民政府发布的一份征地补偿安置方案为例进行说明(因该项目不涉及集体土地上房屋拆迁,所以内容相对比较简单)。

征地补偿安置方案

海征方字〔2022〕3号

根据《中华人民共和国土地管理法》等有关规定,拟定本次《征地补偿安置方案》。

一、征收目的、范围及土地现状

因规划G228海曙南(洞桥)高速出入口综合改造工程项目建设需要,需征收章水镇蜜岩村农民集体所有土地0.2526公顷(东至道路,南至荷梁线,西至农田,北至农田)(详见征地勘测定界图)。

其中,园地0.2526公顷。其他情况详见土地现状调查成果。

二、征收土地补偿标准、安置方式及保障内容

1.征地区片综合地价包括土地补偿费和安置补助费。按《宁波市海曙区人民政府关于调整海曙区征地区片综合地价的通知》(海政发〔2020〕23号)规定的征地区片综合地价补偿标准进行补偿,具体为:

地类	二级区片		合计	
	面积(公顷)	补偿标准(万元/公顷)	面积(公顷)	补偿金额(万元)
园地	0.2526	135	0.2526	34.101

> 2.地上附着物和青苗补偿费。按《宁波市海曙区人民政府关于公布征收集体土地地上附着物和青苗补偿标准的通知》(海政发〔2021〕24号)规定的地上附着物和青苗补偿标准进行补偿。
>
> 3.社保安置。按《宁波市人力资源和社会保障局 宁波市财政局 宁波市自然资源和规划局 国家税务总局宁波市税务局关于进一步做好被征地农民参加基本养老保险有关工作的通知》(甬人社发〔2020〕53号)等规定执行。参加被征地农民基本生活保障人数共10人,被征地单位应按有关规定确认具体参保人数和名单,并办理相关手续。
>
> 4.鼓励被征地农民按照有关规定参加就业培训。
>
> 三、农村村民住宅安置方式及保障内容
>
> 本次项目不涉及集体土地上房屋拆迁。
>
> 四、组织实施
>
> 土地征收经批准后,由市、区人民政府按方案内容组织实施。

四、征地补偿安置协议的内容

征地补偿安置协议是在征地补偿安置方案的基础上,征收人与被征收人之间签署的、明确双方权利义务的协议。征地补偿安置协议内容主要包括征收主体、被征收土地房屋情况、补偿方式、补偿金额、安置房屋、支付方式、搬迁费用、搬迁期限、过渡方式、过渡期限等。

《浙江省土地征收程序规定》附件1"征地补偿安置协议(参考格式,1、2、3、4)"针对不同的被征收人与征收对象,提出4种协议文本。

> ## 征地补偿安置协议(参考格式)
>
> 合同编号××-××
>
> 甲方:[市、县(市、区)人民政府/部门/乡镇]
>
> 乙方:(土地所有权人)
>
> 因〈地块编号〉(〈项目名称〉)建设,需征收乙方的农民集体所有土地。根据《中华人民共和国土地管理法》等法律法规,现甲方与乙方就征地补偿事宜

达成协议如下：

一、本次征收土地的权属、地类、面积已经乙方确认。

二、本次征收乙方农民集体所有土地面积_____公顷。其中，农用地（林地除外）_____公顷、林地_____公顷、建设用地_____公顷、未利用地_____公顷。

三、征收土地四至范围：东至〈东至〉，西至〈西至〉，南至〈南至〉，北至〈北至〉。（详见征地勘测定界图）。

四、甲方应支付征地补偿费用明细如下：

1. 征地区片综合地价包括土地补偿费和安置补助费两项，其中土地补偿费占____%。按_____文件（文号）规定的征地区片综合地价补偿标准进行补偿，具体为：

地类	____区片 面积（公顷）	____区片 补偿标准（万元/公顷）	____区片 面积（公顷）	____区片 补偿标准（万元/公顷）	合计 面积（公顷）	合计 补偿金额（万元）

2. 地上附着物和青苗补偿费。按_____文件（文号）规定的地上附着物和青苗补偿标准进行补偿，乙方接受甲方委托办理相关款项的支付工作。

地上附着物 数量	地上附着物 补偿标准	地上附着物 补偿金额（万元）	青苗 数量	青苗 补偿标准	青苗 补偿金额（万元）

注：1. 采取"包干补偿"的，数量栏填写面积、补偿标准栏填写补偿标准。
　　2. 可另附页。

3. 其他补偿费用按照_____文件（文号）规定的补偿标准予以补偿，共____万元。

4. 以上合计，甲方共应支付总费用为人民币_____万元（大写：_____）。

五、参加被征地农民养老保险人数共_____人,乙方应按有关规定确认具体参保人员名单,并办理相关手续。

六、甲方应自征收土地公告之日起六十日内将征地补偿费用一次性支付给乙方,乙方应做好相关费用的分配发放工作,并在收到足额补偿款之日,向不动产登记机构申请办理不动产注销或变更登记手续,交回原不动产权属证书。被征收土地移交甲方前,地块内安全、卫生、绿化等问题由乙方负责管理和解决。

七、其他事宜。

八、本协议签订后,双方应自觉遵守相关权利义务,任何一方不履行本协议的将按有关法律、法规和规章规定承担法律责任。

九、本协议一式肆份,甲、乙双方各执贰份。本协议经双方签署(法人、组织机构盖章)后成立,自征收土地批准之日起生效。

甲方:(签字盖章)　　　　　　　　　　年　月　日
乙方:(签字盖章)　　　　　　　　　　年　月　日

征地补偿安置协议(参考格式)

合同编号××-××

甲方:[市、县(市、区)人民政府/部门/乡镇]
乙方:(土地承包经营权人)/(土地承包权人)
丙方:(土地所有权人)

因〈地块编号〉(〈项目名称〉)建设,需征收乙方承包经营的土地。根据《中华人民共和国土地管理法》等法律法规,现甲方与乙方、丙方就征地补偿事宜达成协议如下:

一、本次征收土地的权属、地类、面积已经乙方、丙方确认。

二、本次征收乙方承包经营的集体土地_____公顷。

三、乙方承包经营的面积、地上附着物及青苗,见下表:

承包经营权类别	地上附着物(农用地)			青苗(农用地)		
	数量	补偿标准	补偿金额(万元)	数量	补偿标准	补偿金额(万元)
土地承包经营权						
土地承包权						
合计(万元)						

注:1.表格填写内容与乙方享受的权益对等,若乙方是土地承包经营权人,承包经营权类别一列中填写[承包经营权];若乙方是承包权人,承包经营权类别一列中填写[承包权]。
2.采取"包干补偿"的,数量栏填写面积、补偿标准栏填写补偿标准。

上述地上附着物补偿费_____万元,青苗补偿费_____万元,其他补偿费_____万元,共计_____万元。

四、甲方应自征收土地公告之日起六十日内将上述费用一次性支付给丙方;丙方在收到足额补偿款之日起十日内,根据《中华人民共和国村民委员会组织法》《浙江省村经济合作社组织条例》、村规民约等有关规定支付给乙方。乙方同意由甲方委托丙方支付上述费用。

五、乙方承包经营的范围内涉及转包、出租或者其他方式流转土地等情形的,除已颁发不动产权证的土地经营权外,乙方应按已有约定妥善处理补偿费用的归属。

六、涉及已颁发不动产权证的土地经营权由甲方、丙方和土地经营权人另行签订合同,对补偿费用、支付方式等另行约定。

七、乙方应在收到补偿款之日,向不动产登记机构申请办理不动产注销或变更登记手续,交回原不动产权属证书。甲方组织做好权证注销或变更工作。土地移交前,地块内安全、卫生、绿化等问题由丙方负责管理和解决。

八、涉及被征地农民养老保险、安置补助费分配等工作,由丙方负责办理。

九、其他事宜。

十、本协议签订后,三方应自觉遵守相关权利义务,任何一方不履行本协议的将按有关法律、法规和规章规定承担法律责任。

十一、本协议一式陆份,甲、乙、丙三方各执贰份。本协议经三方签署(法人、组织机构盖章、自然人签字)后成立,自征收土地批准之日起生效。

　　　　　　　甲方:(签字盖章)　　　　　　　年　月　日
　　　　　　　乙方:(签字、手印或盖章)　　　　年　月　日
　　　　　　　丙方:(签字盖章)　　　　　　　　年　月　日

征地补偿安置协议(参考格式)

合同编号××-××

甲方:[市、县(市、区)人民政府/部门/乡镇]
乙方:(集体建设用地使用权人)/(取得不动产权证的土地经营权人)
丙方:(土地所有权人)

　　因〈地块编号〉(〈项目名称〉)建设,需征收乙方使用的集体土地。根据《中华人民共和国土地管理法》等法律法规,经＿＿＿＿县(市、区)人民政府指定,现甲方与乙方、丙方就征地补偿事宜达成协议如下:
　　一、本次征收土地的权属、地类、面积已经乙方、丙方确认。
　　二、本次征收乙方使用的集体土地＿＿＿＿公顷。
　　三、乙方土地使用权面积、类别、青苗或地上附着物,见下表:

类别	地上附着物(农用地/建设用地/未利用地)			青苗(农用地)		
	数量	补偿标准	补偿金额(万元)	数量	补偿标准	补偿金额(万元)
土地经营权(不动产权属证书号:＿＿)						
集体建设用地使用权						
合计(万元)						

　　上述地上附着物补偿费＿＿＿＿万元,青苗补偿费＿＿＿＿万元,其他补偿费＿＿＿＿万元,共计＿＿＿＿万元。

四、甲方应自征收土地公告之日起六十日内将上述费用一次性支付给丙方;丙方在收到足额补偿款之日起十日内,根据《中华人民共和国村民委员会组织法》《浙江省村经济合作社组织条例》、村规民约等有关规定支付给乙方。乙方同意由甲方委托丙方支付上述费用。

五、乙方应在收到补偿款之日,向不动产登记机构申请办理不动产注销或变更登记手续,交回原不动产权属证书。甲方组织做好权证注销或变更工作。

六、其他事宜。

七、本协议签订后,三方应自觉遵守相关权利义务,任何一方不履行本协议的将按有关法律、法规和规章规定承担法律责任。

八、本协议一式陆份,甲、乙、丙三方各执贰份。本协议经三方签署(法人、组织机构盖章、自然人签字)后成立,自征收土地批准之日起生效。

甲方:(签字盖章)　　　　　　年　月　日
乙方:(签字、手印或盖章)　　　年　月　日
丙方:(签字盖章)　　　　　　年　月　日

征地补偿安置协议(参考格式)

合同编号××-××

甲方:[市、县(市、区)人民政府/部门、乡镇]
乙方:(宅基地使用权人和房屋所有权人)/(宅基地使用权人)
丙方:(土地所有权人)

因〈地块编号〉(〈项目名称〉)建设需要实施土地征收,乙方宅基地在本次拟征地范围内。甲乙双方根据《中华人民共和国土地管理法》等法律法规,参照_____等有关规定,就乙方住宅搬迁补偿安置事项达成如下协议:

一、乙方房屋坐落_____,房屋用途为_____,房屋占地面积_____平方米,总建筑面积为_____平方米,根据_____,确定合法建筑面积为_____平方米。

二、乙方确认

符合安置条件的人口共_____人,其中_____。

三、补偿方式选择

经协商,乙方选择〈货币〉〈宅基地迁建〉〈公寓〉安置方式。

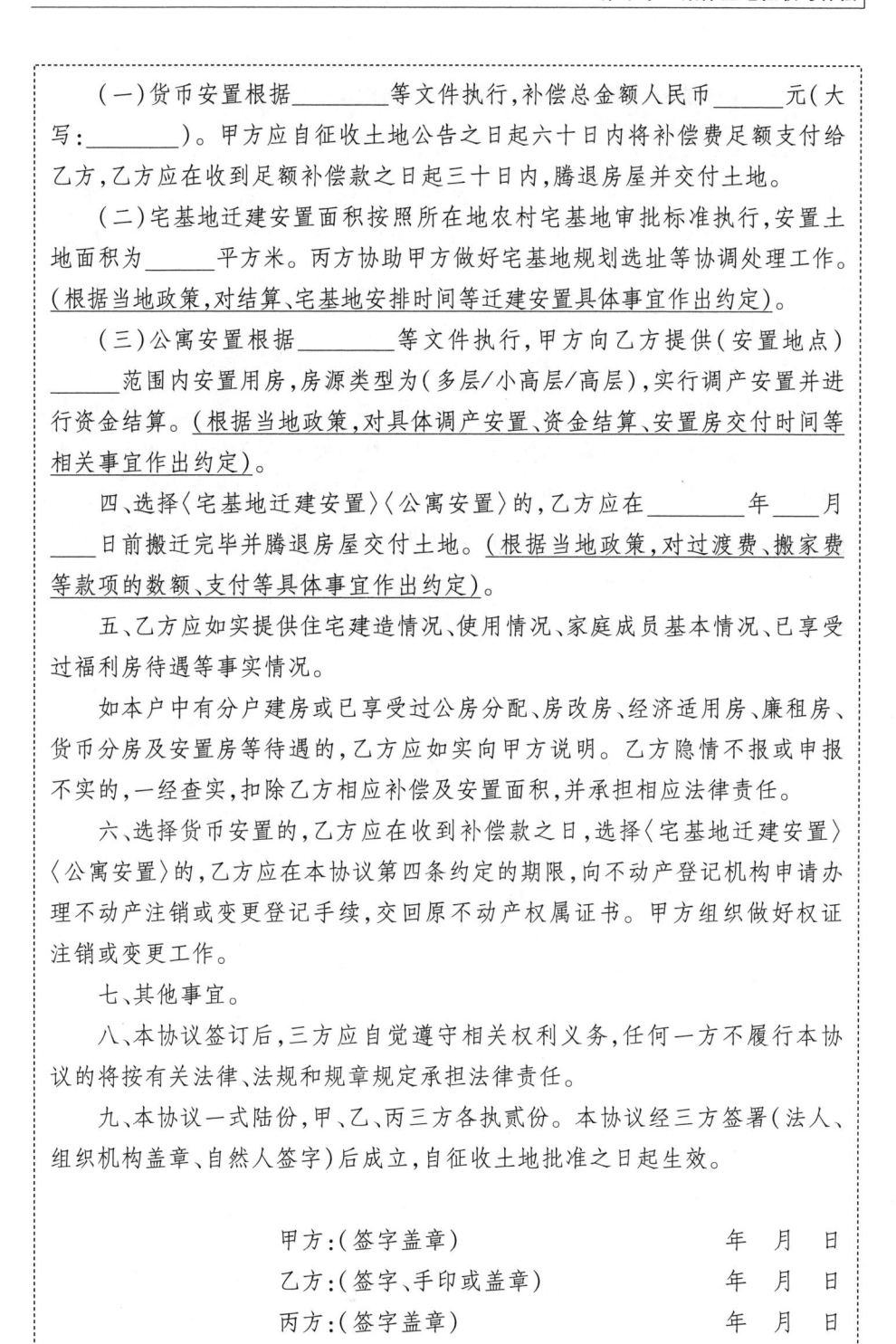

（一）货币安置根据_____等文件执行，补偿总金额人民币_____元（大写：_____）。甲方应自征收土地公告之日起六十日内将补偿费足额支付给乙方，乙方应在收到足额补偿款之日起三十日内，腾退房屋并交付土地。

（二）宅基地迁建安置面积按照所在地农村宅基地审批标准执行，安置土地面积为_____平方米。丙方协助甲方做好宅基地规划选址等协调处理工作。<u>（根据当地政策，对结算、宅基地安排时间等迁建安置具体事宜作出约定）</u>。

（三）公寓安置根据_____等文件执行，甲方向乙方提供（安置地点）_____范围内安置用房，房源类型为（多层/小高层/高层），实行调产安置并进行资金结算。<u>（根据当地政策，对具体调产安置、资金结算、安置房交付时间等相关事宜作出约定）</u>。

四、选择〈宅基地迁建安置〉〈公寓安置〉的，乙方应在_____年____月____日前搬迁完毕并腾退房屋交付土地。<u>（根据当地政策，对过渡费、搬家费等款项的数额、支付等具体事宜作出约定）</u>。

五、乙方应如实提供住宅建造情况、使用情况、家庭成员基本情况、已享受过福利房待遇等事实情况。

如本户中有分户建房或已享受过公房分配、房改房、经济适用房、廉租房、货币分房及安置房等待遇的，乙方应如实向甲方说明。乙方隐情不报或申报不实的，一经查实，扣除乙方相应补偿及安置面积，并承担相应法律责任。

六、选择货币安置的，乙方应在收到补偿款之日，选择〈宅基地迁建安置〉〈公寓安置〉的，乙方应在本协议第四条约定的期限，向不动产登记机构申请办理不动产注销或变更登记手续，交回原不动产权属证书。甲方组织做好权证注销或变更工作。

七、其他事宜。

八、本协议签订后，三方应自觉遵守相关权利义务，任何一方不履行本协议的将按有关法律、法规和规章规定承担法律责任。

九、本协议一式陆份，甲、乙、丙三方各执贰份。本协议经三方签署（法人、组织机构盖章、自然人签字）后成立，自征收土地批准之日起生效。

甲方：（签字盖章）　　　　　　　　　　　年　月　日

乙方：（签字、手印或盖章）　　　　　　　年　月　日

丙方：（签字盖章）　　　　　　　　　　　年　月　日

五、征地补偿安置协议的签署与决定的作出

征收人与被征收人之间签署征地补偿安置协议,是征收人在正式申请征收土地的前期必要工作。征地补偿安置协议需要双方在平等自愿的基础上,由征收人与被征收人按照征地补偿安置方案中明确的期限和地点签署。要求:与被征收土地的所有权人签订征地补偿安置协议比例为100%;与被征收土地的使用权人签订协议的比例不得低于应当签订协议数的90%。

若发生个别确实难以达成协议,不影响之后的征地申请报批,但县级以上地方人民政府应当在申请征收土地时,如实说明未签订征地补偿安置协议的具体情况及保障其合法权益的措施。对于未签订征地补偿安置协议的被征收人,县级以上地方人民政府应当在土地征收公告之日起60日内作出征地补偿安置决定。

《浙江省土地征收程序规定》附件4"征地补偿安置决定书(参考格式)"。

征地补偿安置决定书(参考格式)

×××字[×××]第×××号

_____(户):

(国务院/国务院委托省政府/省政府)于_____年___月___日作出了_____号《_____用地的批复/_____审批意见书》,你户使用的土地已经批准征收。

由于你(户)未签订征地补偿安置协议。根据《中华人民共和国土地管理法实施条例》第三十一条、《浙江省土地管理条例》第四十五条,作出征地补偿安置决定如下:

一、补偿安置内容:

〔宅基地及农村村民住宅〕征收范围内_____农村村民住宅面积为_____平方米,合法面积为_____平方米。按_____文件规定的标准,具体补偿安置方式_____。

〔集体土地上的附着物和青苗〕征收范围内地上附着物和青苗具体情况为:_____。按_____文件规定的标准,补偿金额为_____万元。

〔集体建设用地〕征收范围内集体建设用地使用权及附着物具体情况为:_____。按_____文件规定的标准,补偿金额为_____万元。

其他应支付费用_____。

以上合计,补偿总费用为人民币_____万元(大写:_____)。

二、(被征地农民社会保障有关内容)。

三、你(户)应在收到本决定之日起____日内腾退土地/房屋。

四、你(户)如不服本决定,可以自收到本决定书之日起六十日内依法提起行政复议或者六个月内依法向人民法院提起行政诉讼。

市、县(市、区)人民政府
年　月　日

第五节　征收土地申请审批与后期落实执行

一、征收土地申请审批与公告发布

在完成了上述一系列前期工作后,征收人才能正式申请征收土地。而根据所征收土地不同,相应的审批机关与流程也不相同。根据《土地管理法》第46条的规定,征收土地符合三种情况须由国务院批准:(1)永久基本农田;(2)永久基本农田以外的耕地超过35公顷的;(3)其他土地超过70公顷的。对于征收除上述三种情况以外的土地,由省、自治区、直辖市人民政府批准。征收农用地的,应当依照《土地管理法》第44条的规定先行办理农用地转用审批。其中,经国务院批准农用地转用的,同时办理征地审批手续,不再另行办理征地审批;经省、自治区、直辖市人民政府在征地批准权限内批准农用地转用的,同时办理征地审批手续,不再另行办理征地审批。超过征地批准权限的,应当依照《土地管理法》第46条第1款的规定另行办理征地审批。国务院或者省级人民政府对于征收土地是否符合《土地管理法》第45条规定的"公共利益"进行审查,并作出审批。

2020年3月1日,国务院发布《关于授权和委托用地审批权的决定》(国发〔2020〕4号)。该决定称,在严格保护耕地、节约集约用地的前提下,进一步深化"放管服"改革,改革土地管理制度,赋予省级人民政府更大用地自主权。该决定第1条中规定:"将国务院可以授权的永久基本农田以外的农用地转为建设用地审批事项授权各省、自治区、直辖市人民政府批准。""试点将永久基本农田转为建设用地和国务院批准土地征收审批事项委托部分省、自治区、直辖市人民政府批准"。

若经审查征收土地符合规定,审批通过的,作为征收人的县级以上地方人民政府应当自收到批准文件之日起15个工作日内在拟征收土地的乡镇(街道)和村、村民小组(若有)范围内予以公告。公告内容包括批准征地机关、批准日期、批准文号、征收土地用途、范围、面积以及救济途径等,公告时间不少于10个工作日。

二、征地补偿安置费用的落实与足额支付

为保证集体土地征收与补偿工作的顺利开展,县级以上地方人民政府在申请征收土地前,不仅要完成上述一系列的工作程序,还应当组织有关部门对拟征收土地的土地补偿费、安置补助费、农村村民住宅、其他地上附着物和青苗等补偿费用以及社会保障费用进行测算,及时落实有关费用,保证足额到位。补偿安置费用要做到"专户存储、专款专用",这是申请土地征收的必要前提。如果有关费用未足额到位,不得征收土地。

在征收土地申请批准并公告后,征收人正式开始实施土地征收。县级以上地方人民政府应当自征收土地公告之日起60日内足额支付土地补偿费、安置补助费以及农村村民住宅、其他地上附着物和青苗等的补偿费用,并安排被征地农民的社会保障费用,确保各项补偿安置措施落实到位。

个别未签订征地补偿安置协议的,县级以上地方人民政府应当在土地征收公告之日起60日内作出征地补偿安置决定。支付征收土地补偿费用的期限自征地补偿安置决定作出之日起计算,并在60日内足额支付。

三、被征收人对征地与补偿工作不服的救济途径

在集体土地征收过程中,若被征收人对征地补偿安置方案等有异议,存在多种救济途径。

首先,在征地补偿安置方案公告后,被征收人有异议的,可以根据征地补偿安置方案公告所载明的途径,就征地补偿安置方案提出意见。根据《土地管理法实施条例》第28条的规定,多数被征地的农村集体经济组织成员认为拟定的征地补偿安置方案不符合法律、法规规定的,县级以上地方人民政府应当组织听证。

其次,对于个别无法达成征地补偿安置协议,而由征收人直接作出征地补偿

安置决定,被征收人不服的,可以在知道相关决定之日起60日内依法申请行政复议。被申请人是作出决定的县(市、区)人民政府。行政复议机关是作出决定的县(市、区)人民政府的上一级政府,即设区的市人民政府。行政复议机关收到复议申请后,应在法定期限内进行审查,决定是否受理,并依法作出维持决定、撤销决定或责令重新作出决定等处理,并将复议决定书送达申请人与被申请人。

最后,被征收人若认为征地补偿安置决定侵犯了其合法权益,或者存在县(市、区)人民政府不依法、未按照约定履行土地征收补偿安置协议,除依法提起行政复议外,也可以直接向人民法院提起行政诉讼。提起行政诉讼,一般应该以作出决定的县(市、区)人民政府为被告。如果事先进行了行政复议,则需要在行政复议决定书送达后15日内向法院提起行政诉讼。行政复议机关维持了原决定的,原作出决定的县(市、区)人民政府和复议机关是共同被告。行政复议机关改变了原决定的,复议机关是被告。复议机关没有在期限内作出复议决定,被征收人起诉原行政行为的,以作出原决定的县(市、区)人民政府为被告,起诉复议机关不作为的,以复议机关为被告。行政诉讼立案后,人民法院应依法审理。审理期间,除非存在符合条件的特殊情况,一般不停止原决定的执行。人民法院在依法审理行政诉讼案件后,依法作出相应的判决。原告或者被告对判决不服的,可以依法提起上诉,逾期不上诉,则一审判决生效。

四、征收人申请法院强制执行的条件与程序

被征收土地所有权人、使用权人应在征地补偿安置协议或征地补偿安置决定的规定期限内腾退土地与房屋。但实践中,可能会出现被征收人拒不腾退土地与房屋的情况。

根据《土地管理法实施条例》第62条规定,违反土地管理法律、法规规定,阻挠国家建设征收土地的,由县级以上地方人民政府责令交出土地,拒不交出土地的,依法申请人民法院强制执行。根据该规定,征收人申请法院强制执行也需要满足严格的条件,即拒不腾退的行为已经构成"阻挠"。

具体而言,征收人申请法院强制执行应满足以下前置程序条件:(1)作为征收人的县级以上地方人民政府已完成了土地征收申请的前置流程,征地申请已经获得批准。(2)被征收人已经与征收人签署了征地补偿安置协议,或征收人已作出了相应的征收补偿安置决定。(3)被征收人已经获得了补偿或无正当理由拒绝接受补偿,同时不腾退土地与房屋,影响了征收工作的正常开展。征收人已经对此作出了责令其交出土地的决定书。(4)被征收人既不提出行政复议,也不提起行政诉讼。(5)征收人依法向法院提出强制执行申请,并提交了必要的证明材料。在满足上述条件的基础上,人民法院经审查后,可以依法作出强制执行的裁定。

根据最高人民法院发布的《关于审理涉及农村集体土地行政案件若干问题的规定》第 14 条规定:"县级以上人民政府土地管理部门根据土地管理法实施条例第四十五条的规定,申请人民法院执行其作出的责令交出土地决定的,应当符合下列条件:(一)征收土地方案已经有权机关依法批准;(二)市、县人民政府和土地管理部门已经依照土地管理法和土地管理法实施条例规定的程序实施征地行为;(三)被征收土地所有权人、使用人已经依法得到安置补偿或者无正当理由拒绝接受安置补偿,且拒不交出土地,已经影响到征收工作的正常进行;(四)符合最高人民法院《关于执行〈中华人民共和国行政诉讼法〉若干问题的解释》第八十六条规定的条件。人民法院对符合条件的申请,应当裁定予以受理,并通知申请人;对不符合条件的申请,应当裁定不予受理。"

第六节　集体土地房屋征收补偿标准与安置方式

一、集体土地房屋征收补偿费用与标准

《土地管理法》第 48 条第 1 款规定:征收土地应当给予公平、合理的补偿,保障被征地农民原有生活水平不降低、长远生计有保障。

根据所征收集体土地的不同,适用的安置补偿费用及标准也不同。《土地管理法》第 48 条第 3、4 款的规定:征收农用地的土地补偿费、安置补助费标准由省、自治区、直辖市通过制定公布区片综合地价确定。制定区片综合地价应当综合考虑土地原用途、土地资源条件、土地产值、土地区位、土地供求关系、人口以及经济社会发展水平等因素,并至少每三年调整或者重新公布一次。征收农用地以外的其他土地、地上附着物和青苗等的补偿标准,由省、自治区、直辖市制定。

2019 年 8 月修订后的《土地管理法》公布,该法对制定区片综合地价作出新的规定,该法从 2020 年 1 月 1 日起实施。2019 年 12 月 9 日,自然资源部办公厅发布了《关于加快制定征收农用地区片综合地价工作的通知》(自然资办发〔2019〕53 号)。此后,各省、自治区、直辖市制定或调整了征收农用地区片综合地价。如浙江省人民政府于 2020 年 4 月 24 日发布了《关于调整全省征地区片综合地价最

低保护标准的通知》(浙政发〔2020〕8号,已废止)。2023年9月4日,浙江省自然资源厅发布了《关于重新公布全省征地区片综合地价最低保护标准的通知》(浙自然资规〔2023〕12号)。该通知主要内容:"一、征地区片综合地价由土地补偿费和安置补助费两部分组成。全省征收农民集体所有农用地区片综合地价最低保护标准:征收农用地(不含林地),一类地区不低于6.2万元/亩、二类地区不低于5.6万元/亩、三类地区不低于4.8万元/亩。征收农民集体所有建设用地,按征收农用地区片综合地价标准执行;征收林地和农民集体所有未利用地,按不低于征收农用地区片综合地价标准的60%执行。二、各县(市、区)划定征地区片划分要与当地经济、社会和城市发展相适应,一个县(市、区)原则上不得超过3个区片,鼓励实行1个区片。在制定具体征地区片综合地价时,按照主要用于被征地农民的原则,合理确定土地补偿费和安置补助费比例,其中土地补偿费不得高于征地区片综合地价的40%。三、各市、县(市、区)政府可根据当地实际情况,对征地补偿标准进行重新公布或调整,重新公布或调整后的征地区片综合地价不得低于省政府规定的最低保护标准,并做好宣传解释工作"。该通知自发文之日起施行,有效期为3年。《浙江省人民政府关于调整全省征地区片综合地价最低保护标准的通知》(浙政发〔2020〕8号)同时废止。

各县级以上地方人民政府也制定了本区域的征地区片综合地价。如杭州市人民政府于2020年7月30日发布了《关于调整杭州市征地区片综合地价标准的通知》(杭政函〔2020〕70号);如宁波市海曙区人民政府于2020年7月1日发布了《关于调整海曙区征地区片综合地价的通知》(海政发〔2020〕23号)。

地上附着物和青苗等的补偿标准,也由省、自治区、直辖市制定。如浙江省自然资源厅于2020年5月发布了《关于加快制定完善地上附着物和青苗补偿标准的通知》(浙自然资厅函〔2020〕265号),要求各地加快制定地上附着物和青苗补偿标准。各县级以上地方人民政府根据当地实际情况制定具体补偿费用标准,报上级批准后实施。如宁波市海曙区人民政府于2021年4月30日发布了《关于公布征收集体土地地上附着物和青苗补偿标准的通知》(海政发〔2021〕24号)。其中规定青苗及地上附着物包括粮食类、油料类、蔬菜类、瓜果类、果树类等;农田水利设施、大棚等。该通知第4条中规定:"对农村村民合法住宅,要按照先补偿后搬迁、居住条件有改善的原则,给予公平、合理的补偿。"并规定了以下内容:(1)房屋重置价格;(2)房屋成新标准;(3)住宅用房附属设施补偿费;(4)房屋装饰补贴费;(5)实行调产安置的住宅价格,应当在上述基本造价基础上另行计算楼层差价;(6)采取调产安置的,其附属配套的自行车房价格标准;(7)商品住宅平均价格;(8)临时过渡补贴费;(9)搬家补贴费。

征收土地补偿费用中除了土地补偿费、安置补助费、青苗和其他地上附着物等补偿费用,还有农村村民住宅的补偿费用,且是数额较大、与村民切身利益密切相关的补偿费用。各地规范性文件中都明确了农村村民住宅的补偿标准。2021年12月,宁波市人民政府发布了《宁波市市区征收集体所有土地住宅拆迁货币安置补偿奖励规定》(甬政发〔2021〕58号)。该规定适用于海曙区、江北区、鄞州区行政区域范围内征收集体所有土地住宅拆迁。其他区县(市)可结合实际另行制定相关规定。该规定主要的内容有二:(1)对选择单一货币安置方式的农房被拆迁户,补偿资金奖励标准由原来的20%提高到30%。(2)对选择部分调产安置、部分货币安置(拆迁后一部分拿安置房、一部分拿钱)的农房被拆迁户,货币安置补偿资金部分(拿钱部分)奖励标准由原来的15%提高到25%。对于两种安置方式,原先确定的额外增加的5%补偿资金不变。

二、征收农村村民住宅的补偿安置方式

《民法典》第243条第3款规定:征收组织、个人的房屋以及其他不动产,应当依法给予征收补偿,维护被征收人的合法权益;征收个人住宅的,还应当保障被征收人的居住条件。

《土地管理法》第48条第4款第2句规定:对其中的农村村民住宅,应当按照先补偿后搬迁、居住条件有改善的原则,尊重农村村民意愿,采取重新安排宅基地建房、提供安置房或者货币补偿等方式给予公平、合理的补偿,并对因征收造成的搬迁、临时安置等费用予以补偿,保障农村村民居住的权利和合法的住房财产权益。

在集体土地征收过程中,涉及征收农村村民住宅的,应明确规定"重新安排宅基地建房、提供安置房或者货币补偿等"补偿安置方式,确保村民不因征收而无房可住。对于采取哪一种安置方式,在制订征地补偿安置方案时应该充分尊重村民的意愿,村民有一定的选择权。通过上述安置方式,最终实现保障农村村民居住的权利和合法的住房财产权益的目标,确保不因征收而损害村民的合法权益。

《上海市征收集体土地房屋补偿规定》第3条规定:征地房屋补偿,应当遵循"程序正当、公平补偿、结果公开"的原则,保障被征地农民的居住条件,维护被征地农民的合法权益。该规定第10条第1句规定,征地房屋补偿费用包括用于货

币补偿的资金和用于产权调换的房屋。

《广州市农民集体所有土地征收补偿办法》第四章专门规定"征收土地安置"，主要内容如下：

第三十九条　征收土地涉及农村村民住宅的，应当先补偿安置、后搬迁。

对农村村民住宅给予补偿安置后，农村村民住宅权利人应当在征地补偿安置协议约定的搬迁期限内完成搬迁。

第四十条　征收土地涉及农村村民住宅的补偿安置方式包括复建安置、产权调换、货币补偿等。

选择复建安置或者产权调换的，农村村民住宅权利人应当结清货币补偿金额与复建安置或者产权调换的房屋价值的差价。

第四十一条　农村集体经济组织和村民委员会办公场所、祠堂、圩集、庙观等农村集体经济组织的公共建筑物和公共设施及其他有合法产权的农村集体经济组织物业，可以按照"拆一补一"的原则复建安置或者产权调换。不具备复建安置和产权调换条件的，可以实行货币补偿。

因征收土地造成物业停产停业损失的，参照国有土地上房屋征收的停产停业损失补偿标准予以补偿。

第四十二条　农村村民住宅应当以不动产权属证书或者登记证明，用地、建房批准文件，人民法院、仲裁机构生效的法律文书等作为补偿安置依据。

房屋的用途和建筑面积，以不动产权属证书或者登记证明、建房批准文件的记载为准，记载情况与不动产登记簿不一致的，以不动产登记簿为准。

未办理确权登记的存量农村住宅，如果符合广州市农村住宅建设管理相关政策中明确的存量宅基地房屋确权登记原则，可以参照取得合法产权的农村村民住宅进行补偿安置。

第四十三条　征收土地涉及的物业、农村村民住宅权利人不选择复建安置或者产权调换的，给予货币补偿，具体补偿按照经依法批准公布的标准执行。

第四十四条　有合法产权的农村村民住宅，按照农村村民一户只能拥有一处宅基地的法律规定，以及按照每户农村村民住宅280平方米确定建筑面积进行复建安置或者产权调换，复建房屋优先选取本村安排的宅基地或者公寓式住宅。不具备复建安置条件的，由区人民政府筹建安置房源作为产权调换。

农村村民住宅合法产权建筑面积不足280平方米的，可以根据农村村民住宅权利人意愿按280平方米予以安置，不足部分由农村村民住宅权利人按复建房屋的建安成本价购买。

农村村民住宅合法产权建筑面积超过标准280平方米的,超出部分建筑面积不予复建安置或者产权调换,按照本办法第四十三条给予货币补偿,该部分货币补偿可以折算成股份参与集体物业收益分红。

第四十五条　对下列情形的建筑物及构筑物不予补偿:

(一)按法律、法规等规定认定为违法建设的建筑物及构筑物;

(二)超过批准使用期限的临时建筑物及构筑物;

(三)新房建成后应当拆除的旧房;

(四)征收土地预公告发布后的抢建部分。

对2009年12月31日前建成的现状建筑,若已完善历史用地手续且符合农村村民住宅建设相关规定,经村集体批准使用宅基地的,对现状房屋不超过280平方米建筑面积按"拆一补一"复建安置,超出部分建筑面积不予复建安置,按被征收土地涉及的物业、农村村民住宅重置价给予货币补偿;不具备复建安置条件的,按照本办法第四十三条实行货币补偿。属于未经村集体批准,私自占地建设的不予复建安置,按建安成本价给予货币补偿。

2014年4月发布的《杭州市征收集体所有土地房屋补偿条例》中的相关规定:

第十六条　私有住宅用房实行迁建安置或者调产安置。迁建安置是指由补偿人按照被拆除房屋重置价格结合成新对被补偿人予以补偿,并提供迁建用地的有关费用,由村民委员会负责按照有关规定办理用地手续,在规划确定的农居点复建住宅进行安置;调产安置是指以补偿人统一建造的成套住宅用房,作为产权调换用房,安置被补偿人。

第十七条　私有住宅用房实行迁建安置的,其安置面积按照征地房屋补偿所在地农村宅基地审批标准执行。

在农居点内安置被补偿人的,当地村民委员会应当在征地房屋补偿实施方案公告发布后十五日内,确定具体安置方案。

第十八条　私有住宅用房,根据城乡规划不能新建农居点的或者被补偿人全部是非农业人口的,由补偿人以统一建造的成套住宅用房安置被补偿人,实行产权调换。其安置的建筑面积(以下简称安置面积),以经依法认定的原住宅用房建筑面积(以下简称原面积)结合被补偿人家庭的常住户口人数按照下列安置标准确定:

（一）一至二人户,原面积不足四十平方米的,安置面积为四十平方米;原面积在四十平方米至八十平方米的,按照原面积安置;原面积超过八十平方米的,安置面积为八十平方米。

（二）三人户,原面积不足五十五平方米的,安置面积为五十五平方米;原面积在五十五平方米至一百二十平方米的,按照原面积安置;原面积超过一百二十平方米的,安置面积为一百二十平方米。

（三）四人以上户,原人均建筑面积(以下简称人均面积)不足十八平方米的,按照人均面积十八平方米安置;原人均面积在十八平方米至四十平方米的,按照原面积安置;原人均面积在四十平方米以上的,按照人均面积四十平方米安置。

被补偿人在同一实施范围内有多处住房的,应当合并计算其原住宅用房面积。

实行产权调换安置的,经补偿人与被补偿人协商一致,也可以由补偿人对被补偿人实行货币化安置,由被补偿人自行解决补偿安置用房。货币化安置的具体办法,由市人民政府另行制定。

城市规划区范围内,农村建制经依法批准予以撤销,建立城市居民建制的,安置标准按照市人民政府规定执行。

第十九条 私有住宅用房,实行产权调换的,新建房屋按照重置价格,原房按照重置价格结合成新进行结算;安置面积超原面积的部分,在安置标准范围内的,按照房屋成本价结算,高于安置标准的,按照商品房价格结算;原面积超过安置面积部分按照重置价格结合成新价的两倍结算。

安置用房因自然间不可分割而使总安置面积增加在五平方米以内的部分,按照房屋成本价结算。

三、被征收农村房屋的价值评估

对于征收农村住宅的,无论是采取重新安排宅基地建房、提供安置房或者货币补偿中的哪种方式,对被征收的农村住宅进行价值评估都是其中不可避免的必须步骤,只有对被征收农村住宅的价值进行了准确的评估,才能实现公平补偿、合理补偿。其中影响被征收农村住宅评估价值的因素主要在于在征收时农村住宅本身的客观状态。这些状态包括被征收住宅的区位地段、用途、权利性质、房屋新旧程度、装饰装修情况等,由具有资质的专业评估机构进行价值评估。评估机构可由被征收人协商确定,若被征收人无法协商选定,则可由征收人通过摇号、抽签或者招标等公开报名的方式随机确定评估机构。需要注意的是,被征收人家庭本身人口的多少并不能直接影响对被征收住宅价值的评估。但被征收人家庭人口的多少与征收安置补偿的确定及发放有关,总体来看,在"居住条件有改善"的原则下,被征收人家庭人口越多,所获补偿越多,尤其是采取安置房方式。

对于农村房屋评估,各地的规范性文件中都有相关的规定。如《上海市征收集体土地房屋补偿规定》第24条规定:(估价机构的确定)征地房屋补偿中涉及需要评估的,估价机构由拟征地范围内的宅基地使用权人或者房屋所有人协商选定;协商不成的,由镇(乡)人民政府或者街道办事处组织宅基地使用权人或者房屋所有人按照少数服从多数的原则投票决定,也可以采取摇号、抽签等方式随机确定。估价机构确定后,区征地事务机构应当与估价机构签订委托评估协议。该规定第25条规定:(征地房屋补偿的评估)征地房屋补偿的评估时点为征地房屋补偿方案公告之日。评估的技术规范,按照本市有关规定执行。

2019年5月9日,上海市规划和自然资源局发布了《上海市征收集体土地房屋补偿评估管理规定》(沪规划资源规〔2019〕3号),该规定自2019年5月10日起施行,有效期至2024年5月9日。该规定第4条规定:评估机构应当按照《上海市征收集体土地房屋补偿评估技术规范》及征地房屋补偿法律、法规、规章等的有关规定进行评估。该规定第7条规定:同一征地项目的征地房屋补偿评估工作,原则上由一家评估机构承担。征地范围较大的,可以由两家或者两家以上评估机构共同承担。同一征地项目的征地房屋补偿评估工作由两家或两家以上评估机构承担的,应当共同协商确定一家评估机构为牵头单位。协商不成的,由区征地事务机构指定。牵头单位应当组织相关评估机构就评估技术路线等进行沟通,统一标准。

《广州市农民集体所有土地征收补偿办法》第37条规定:征收土地补偿中涉及青苗、地上附着物或者杆(管)线、通信、网络等工程迁移及人畜饮水恢复工程需要评估的,评估机构由权利人协商选定;协商不成的,由区人民政府指定部门组织通过多数决定、随机选定等方式确定。评估时点为征地补偿安置公告发布之日。

《杭州市征收集体所有土地房屋补偿条例》第11条规定:被补偿房屋需要作价补偿的,由按照规定取得评估资格的单位在实施房屋补偿前进行房屋评估,但不得由补偿人、被补偿人进行房屋评估。

四、安置人口认定与农村集体经济组织成员资格

在农村房屋征收中,很多人选择采取安置房或产权调换方式,尤其是人口较多、被拆迁面积不多的农村家庭,这显然比较划算。这涉及安置人口认定问题,各地规范性文件的规定也有所差异。

《杭州市征收集体所有土地房屋补偿条例》第 7 条第 5 款规定:被补偿人在征地房屋补偿实施方案公告之日起至正式安置前出生的人口应当作为安置人口。该条例第 20 条规定:安置人口按照被补偿人家庭常住户口人数确定。有下列情形之一的,可以增加一个安置人口:(1)已婚尚未有子女的;(2)已领取独生子女证的。被补偿人家庭成员在本市市区虽无常住户口,但属下列情形之一的人员,可以计入安置人口:(1)结婚三年以上的配偶;(2)原户口在被补偿房屋内现在部队服现役的军人(不含已在外结婚定居人员);(3)原户口在被补偿房屋内的大中专院校的在校学生;(4)原户口在被补偿房屋内现在监狱服刑的人员;(5)在户口所在地无人赡养,并在被补偿房屋范围内实际居住二年以上的被补偿人双方父母;(6)法律、法规规定的其他人员。

《宁波市征收集体所有土地房屋补偿条例(草案)》(送审稿)第 20 条规定:【安置人口认定】征收土地预公告发布时,符合下列条件之一的被补偿人及其家庭成员计入安置人口:(1)具有被补偿人家庭常住户口且属于拟征收土地所在的村集体经济组织的成员;(2)法律、法规规定可以计入安置人口的其他人员。征地房屋补偿安置人口认定的具体标准,由区(县、市)人民政府制定并公布。第 21 条规定:【安置计户认定】征地房屋补偿应当以本条例第 19 条规定的房屋权属来源文件记载的事项作为安置计户依据,被补偿人家庭成员符合市、区(县、市)人民政府规定的分户条件的,可以与被补偿人分别计户。征收土地预公告发布时,在同一拟征收土地范围内,有下列情形之一的,应当合并为一户:同一被补偿人拥有多个房屋权属来源文件的;同一家庭成员中被补偿人本人、配偶及其未成年子女分别拥有房屋权属来源文件的;区(县、市)人民政府规定的其他情形。

在实践中,各地都将需要安置的人员明确为被征收集体土地房屋所在的农村集体经济组织成员。不属于农村集体经济组织成员的人员,不应当享有被安置的权利。

实践中,存在对农村集体经济组织成员资格认定的争议。尤其是在农村房屋征收中,有些地方的征收部门不将离异的妇女、结婚后居家女等纳入安置人口,甚至认为这些农村妇女已经不具有农村集体经济组织成员资格,实质损害了这些农村妇女的合法权益。

2018 年修订的《农村土地承包法》并未对农村集体经济组织成员资格的确认

标准问题进行明确。最高人民法院发布的司法解释对此问题也没有明确规定。在实践中,涉及农村集体经济组织成员资格的纠纷案件仍具有一定的数量,且由于立法规范的缺失,导致裁判结果的不一。为推动相关纠纷的解决,最高人民法院在2020年发布的《关于为抓好"三农"领域重点工作确保如期实现全面小康提供司法服务和保障的意见》中要求,对于因分配土地补偿费、其他集体经济收益等产生的集体经济组织成员资格认定问题,综合考虑当事人生产生活状况、户口登记状况以及农村土地对农民的基本生活保障功能等因素认定相关权利主体。

学术界对此进行了大量的研究,对农村集体经济组织成员资格的认定因素基本包括户籍、承包关系、生活保障来源因素以及出生、婚姻、收养等事实,进而形成了户籍标准、以户籍为基础的复合标准、权利义务关系标准三种做法。

从相关政策来看,中共中央、国务院出台的《关于稳步推进农村集体产权制度改革的意见》要求确认农村集体经济组织成员身份,并提出了确认的原则和标准,即依据有关法律、法规,按照尊重历史、兼顾现实、程序规范、群众认可的原则,并按照户籍关系、农村土地承包关系、对集体积累的贡献等因素统筹考虑。这些经验做法已经在2024年6月28日公布的《农村集体经济组织法》中得到体现。

《农村集体经济组织法》第二章"成员"对农村集体经济组织成员资格、失去及其权利、义务进行了规范。该法第11条规定:户籍在或者曾经在农村集体经济组织并与农村集体经济组织形成稳定的权利义务关系,以农村集体经济组织成员集体所有的土地等财产为基本生活保障的居民,为农村集体经济组织成员。根据该法第12条的规定,对因成员生育而增加的人员,农村集体经济组织应当确认为农村集体经济组织成员。对因成员结婚、收养或者因政策性移民而增加的人员,农村集体经济组织一般应当确认为农村集体经济组织成员。确认农村集体经济组织成员,不得违反本法和其他法律法规的规定。农村集体经济组织应当制作或者变更成员名册。成员名册应当报乡镇人民政府、街道办事处和县级人民政府农业农村主管部门备案。该法第13条规定了农村集体经济组织成员享有的权利,其中包括:依法承包农村集体经济组织发包的农村土地;依法申请取得宅基地使用权;参与分配集体收益;集体土地被征收征用时参与分配土地补偿费等。该法第14条规定了农村集体经济组织成员需要履行的义务。该法第16条规定,农村集体经济组织成员提出书面申请并经农村集体经济组织同意的,可以自愿退出农村集体经济组织。农村集体经济组织成员自愿退出的,可以与农村集体经济组织协商获得适当补偿或者在一定期限内保留其已经享有的财产权益,但是不得要求分割集体财产。该法第 17 条第 1 款规定,有下列情形之一的,丧失农村集体经济组织成员身份:(1)死亡;(2)丧失中华人民共和国国籍;(3)已经取得其他农村集体经济组织成员身份;(4)已经成为公务员,但是聘任制公务员除外;(5)法律法规和农村集体经济组织章程规定的其他情形。该法第 18 条规定:农村集体经济组织成员不因就学、服役、务工、经商、离婚、丧偶、服刑等原因而丧失农村集体经济组织成员身份。农村集体经济组织成员结婚,未取得其他农村集体经济组织成员身份的,原农村集体经济组织不得取消其成员身份。此外,该法第 8 条第 3 款规定:妇女享有与男子平等的权利,不得以妇女未婚、结婚、离婚、丧偶、户无男性等为由,侵害妇女在农村集体经济组织中的各项权益。

从此前人民法院处理农村集体经济组织成员资格争议的情况来看,针对不同的诉讼请求,处理结果也存在不同,主要存在以下两种情况:一是当事人仅提出确认农村集体经济组织成员资格的诉讼请求。从裁判情况来看,对于当事人的起诉,法院的处理结果通常为不予受理或驳回起诉;二是当事人提出有关侵害集体经济组织成员权益等诉讼纠纷中在确定当事人诉讼请求能否成立时,需对是否具备农村集体经济组织成员资格问题进行判断。在此情况下,又存在着两种不同的处理方式:一种是直接驳回起诉,另一种则是根据相关证据对当事人是否具备农村集体经济组织成员资格进行判断,并在此基础上对当事人的诉讼请求进行判定。

从最高人民法院的态度来看,对相关争议的处理有一个从不予受理到有条件保护的过程。此前颁布的一些司法文件中明确要依法妥善处理农村集体经济组织成员资格问题,保护农民基本财产权利。

《农村集体经济组织法》第七章"争议的解决和法律责任"对农村集体经济组织成员资格及侵害农村集体经济组织成员合法权益的相关纠纷处理进行了明确。该法第 56 条规定:对确认农村集体经济组织成员身份有异议,或者农村集体经济组织因内部管理、运行、收益分配等发生纠纷的,当事人可以请求乡镇人民政府、街道办事处或者县级人民政府农业农村主管部门调解解决;不愿调解或者调解不成的,可以向农村土地承包仲裁机构申请仲裁,也可以直接向人民法院提起诉讼。确认农村集体经济组织成员身份时侵害妇女合法权益,导致社会公共利益受损的,检察机关可以发出检察建议或者依法提起公益诉讼。该法第 57 条规定:农村集体经济组织成员大会、成员代表大会、理事会或者农村集体经济组织负责人作出的决定侵害农村集体经济组织成员合法权益的,受侵害的农村集体经济组织成员可以请求人民法院予以撤销。但是,农村集体经济组织按照该决定与善意相对人形成的民事法律关系不受影响。受侵害的农村集体经济组织成员自知道或者应当知道撤销事由之日起一年内或者自该决定作出之日起五年内未行使撤销权的,撤销权消灭。

《农村集体经济组织法》第12条第1、4款规定:农村集体经济组织通过成员大会,依据前条规定确认农村集体经济组织成员。农村集体经济组织应当制作或者变更成员名册。成员名册应当报乡镇人民政府、街道办事处和县级人民政府农业农村主管部门备案。但在实践中,很多农村集体经济组织没有制作成员名册并报备案。一旦发生纠纷,法院不能以原告(自然人)不能提供农村集体经济组织成员名册为由认定其不具有农村集体经济组织资格。因为制作成员名册并办理备案是农村集体经济组织的职责,提供成员名册应属于农村集体经济组织的举证责任。为了查明事实,法院也可以应依职权要求乡镇人民政府、街道办事处和县级人民政府农业农村主管部门提供备案的农村集体经济组织成员名册,或应申请同意律师进行调查取证。但如果该成员名册未经成员大会通过,应被认定为无效。

本书作者认为:农村集体经济组织成员资格,应当以户籍在或者曾经在农村集体经济组织为基本判断标准,结合考虑是否以农村集体经济组织成员集体所有的土地等财产为基本生活保障来认定。如果认定某村民是否具有农村集体经济组织成员资格,要先得到农村集体经济组织或村委会出具证明,不仅使得农村集体经济组织或村委会的权力得到扩张甚至造成村干部腐败现象,而且必须要给予村民通过司法途径得到救济的机会,可以将农村集体经济组织或村委会作为被告提起行政诉讼,这与目前的做法不符。所以,判断某村民是否是农村集体经济组织成员,主要是看经过备案的农村集体经济组织成员名册是否有其名字,并结合看其是否有农村户口、土地承包经营权证或宅基地使用权证上是否有其名字,不需要再经过农村集体经济组织或村委会的认定。如果农村集体经济组织否认某村民是其成员,应提供经过备案的农村集体经济组织成员名册,并由提出相关的证据并说明理由,如户籍已经迁出、已经取得其他农村集体经济组织成员身份、已成为国家公务员等。

五、与农村房屋征收相关的其他费用补偿

《土地管理法》第48条第4款中有"并对因征收造成的搬迁、临时安置等费用予以补偿"的规定。在各地的地方性法规、规章及其他规范性文件中,也有与农村房屋征收相关的其他费用补偿的规定。

《上海市征收集体土地房屋补偿规定》第 16 条规定:(居住房屋的其他补偿)征地房屋补偿,还应当对宅基地使用权人或者居住房屋所有人补偿搬家补助费、设备迁移费、过渡期内的临时安置补助费、奖励费,具体标准由区人民政府制定。宅基地房屋应当按照居住房屋进行补偿安置。对利用自有宅基地房屋从事生产经营活动,并在征收土地预公告前已办理了工商营业执照的,可一次性给予适当的停产停业损失补偿。该规定第 21 条规定:(非居住房屋的其他补偿)对于经批准用于生产经营的非居住房屋,还应当补偿下列费用:(1)设备搬迁和安装费用;(2)无法恢复使用的设备按照重置价结合成新结算的费用;(3)停产停业损失补偿。非居住房屋的停产停业损失补偿标准,由各区人民政府根据区域实际情况制定并公布。房屋所有人认为其停产停业损失超过区人民政府制定的标准的,应当提供实施房屋补偿前三年的经营状况、停产停业期限以及其他实际损失等相关证明材料。区征地事务机构应当委托估价机构对停产停业损失进行评估,并按照评估结果予以补偿。

《广州市农民集体所有土地征收补偿办法》第 41 条第 2 款规定:因征收土地造成物业停产停业损失的,参照国有土地上房屋征收的停产停业损失补偿标准予以补偿。该办法第 47 条规定:征收土地涉及农村村民住宅搬迁的,区人民政府应当向农村村民住宅权利人支付搬迁费;选择复建安置或者产权调换的,在复建安置或者产权调换房屋交付前,应当向农村村民住宅权利人支付临时安置费或者提供周转用房。前款规定的搬迁过渡期产生的相关费用及周转用房安排,参照国有土地上房屋征收的补偿标准和要求予以补偿及安排。

《杭州市征收集体所有土地房屋补偿条例》中分"住宅用房补偿"与"非住宅用房及其他补偿"。其中该条例第 23 条规定:拆除住宅用房,补偿人不能一次性安置的,应当在协议中明确过渡期限并且提供过渡用房,或者发给临时过渡费由被补偿人自行过渡。被补偿人搬家时,由补偿人按户发给搬家补贴费。搬家补贴费、临时过渡费的标准和计发办法,由市人民政府规定。

《宁波市征收集体所有土地房屋补偿条例(草案)》中分"住宅用房补偿"与"非住宅用房补偿"。其中第四章"住宅用房补偿"中有搬迁费补偿、过渡期限及临时安置费;第五章"非住宅用房补偿"中有搬迁和临时安置费、重大设施搬迁损失补偿、停产停业补偿。

关于搬迁费、临时安置费的具体补偿标准,一般是由区(县、市)人民政府制定并公布。如宁波市海曙区人民政府《关于公布征收集体土地地上附着物和青苗补偿标准的通知》(海政发〔2021〕24号)第4条第8项关于临时过渡补贴费的规定:"征收住宅用房,不提供过渡用房的,应当按照有关规定支付临时过渡补贴费。临时过渡补贴费按照被征收住宅所在地段等级的合法建筑面积计算,被征收住宅地段等级(同土地级别一致,下同)一至四级按每月每平方米20元计算;五级至六级按每月每平方米18元计算;七级至八级按每月每平方米15元计算。如被征收住宅合法建筑面积超过250平方米的,按250平方米计算,不足75平方米的,按75平方米计算。"该通知第4条第9项关于搬家补贴费的规定:"征收住宅用房,应当按照有关规定支付搬家补贴费。将水电设施、电话移机、有线电视移机、电子防盗门、电脑网络、空调移机及其他搬迁造成损失一并列入搬家补贴费。搬家补贴费每户按被征收住宅合法建筑面积每平方米75元计算,不足5000元的以5000元计,最高不超过1万元;实行调产安置且需要临时过渡的,支付双倍的搬家补贴费。"

2023年5月颁布的《2023年度慈溪市征收集体所有土地房屋拆迁补偿安置价格及有关补偿费用标准》中有"住宅有关其他补偿费用标准",其中第3项对搬家补贴费的规定:"城区范围内,被拆住房建筑面积60平方米以下的,按1200元/户·次结算;60(含60)平方米到90平方米的,按1300元/户·次结算;90(含90)平方米以上的,按1400元/户·次结算。每户被拆迁户的搬家补贴费按两次结算。城区范围外另行规定。"该标准第4项对临时过渡补贴费的规定:"拆迁人应按照被拆住房建筑面积、地段等因素支付被拆迁人临时过渡补贴费。""实行调产安置的私有住房被拆迁人,应自行解决周转用房。安置住房在被拆迁人签订拆迁补偿安置协议时交付的,拆迁人应支付6个月临时过渡补贴费;安置住房以约定期限交付的,拆迁人应支付按协议约定的交付期限再加6个月的临时过渡补贴费。因拆迁人的责任,延期交付安置住房的,自逾期之月起,拆迁人按照原临时过渡补贴费标准的两倍支付给被拆迁人"。"实行迁建安置的私有住房被拆迁人,应自行解决周转用房。被拆迁人签订拆迁补偿安置协议时提供迁建用地的,拆迁人应支付8个月临时过渡补贴费;以约定期限提供迁建用地的,拆迁人应支付按协议约定的提供期限再加8个月的临时过渡补贴费。因拆迁人的责任,延期提供迁建用地的,自逾期之月起,拆迁人按照原临时过渡补贴费标准的两倍支付给被拆迁人"。"实行货币安置的私有住房,拆迁人应一次性发给被拆迁人12个月临时过渡补贴费"。

由上述规定可见,除搬迁费、临时安置费等补偿外,各地规范性文件中还增加了一些其他费用补偿,如停产停业损失补偿、重大设施搬迁损失补偿、经营活动补助,大多是适用于非居住房屋的情况。

此前,在土地征收补偿案件中,最高人民法院作出的行政判决支持被征收人提出的对停产停业损失补偿的诉求。如最高人民法院作出的(2019)最高法行再289号行政判决书指出:关于停产停业损失的问题。国有土地上房屋征收时明确规定了停产停业损失,集体土地上房屋征收时是否需要补偿停产停业损失没有明确规定。在征收的集体土地上存在农业企业时,为充分合理保护被征收人的合法权益,应参照国有土地上房屋征收规定,将停产停业损失作为直接损失予以补偿。停产停业损失的补偿数额一般应以企业前3年的平均利润为参考数据来认定,补偿6个月。

六、土地补偿费用在农村集体经济组织内部的处理

因为集体土地所有权人为集体经济组织,所以土地补偿费应归农村集体经济组织所有。根据《土地管理法实施条例》第32条的规定,土地补偿费的分配办法由省、自治区、直辖市制定。《农村土地承包司法解释》第22条中规定:"农村集体经济组织或者村民委员会、村民小组,可以依照法律规定的民主议定程序,决定在本集体经济组织内部分配已经收到的土地补偿费。征地补偿安置方案确定时已经具有本集体经济组织成员资格的人,请求支付相应份额的,应予支持。"

实践中,对土地补偿费的分配,应经过农村集体经济组织内部的民主决策,除由集体经济组织预留部分费用外,其余大部分一般由集体经济组织成员平均分配。《土地管理法》第49条规定:被征地的农村集体经济组织应当将征收土地的补偿费用的收支状况向本集体经济组织的成员公布,接受监督。禁止侵占、挪用被征收土地单位的征地补偿费用和其他有关费用。

根据《农村集体经济组织法》第5条的规定,分配、使用集体土地被征收征用的土地补偿费等是农村集体经济组织依法代表成员集体行使所有权需要履行的职能。根据该法第26条第1款的规定,农村集体经济组织成员大会由具有完全民事行为能力的全体成员组成,是本农村集体经济组织的权力机构,依法决定土地补偿费等的分配、使用办法。根据该法第27条的规定,农村集体经济组织召开成员大会,应当将会议召开的时间、地点和审议的事项于会议召开10日前通知全体成员,有2/3以上具有完全民事行为能力的成员参加。成员大会实行一人一票的表决方式。成员大会作出决定,应当经本农村集体经济组织成员大会全体成员2/3以上同意。需要注意的是,根据该法第28条的规定,土地补偿费等的分配、使用办法,不是农村集体经济组织成员代表大会决定的事项,只能由成员大会来作出决定。

根据《农村集体经济组织法》第8条第1款规定"国家保护农村集体经济组织及其成员的合法权益,任何组织和个人不得侵犯"与第3款规定"妇女享有与男子平等的权利,不得以妇女未婚、结婚、离婚、丧偶、户无男性等为由,侵害妇女在农村集体经济组织中的各项权益",农村集体经济组织不能以召开成员代表大会的名义(实质上排除部分成员参会)或者以多数成员同意的理由,剥夺部分成员(如未婚女、居家女、离婚女、丧偶女、入赘女婿等)参与土地补偿费分配的权利。如果出现该种情况,根据该法第61条的规定,当事人可以成员(代表大会)所作的决定违反《农村集体经济组织法》第26、27、28条,《妇女权益保障法》第55、56条规定等相关法律法规规定为由,要求乡镇人民政府、街道办事处或者县级人民政府农业农村主管部门责令限期改正。还可以按照该法第57条的规定,当事人可以该决定侵害农村集体经济组织成员合法权益为由,可以请求人民法院予以撤销。根据该法第56条的规定,对确认农村集体经济组织成员身份有异议,或者农村集体经济组织因内部管理、运行、收益分配等发生纠纷的,当事人可以请求乡镇人民政府、街道办事处或者县级人民政府农业农村主管部门调解解决,也可以直接向人民法院提起诉讼。如果确认农村集体经济组织成员身份时侵害妇女合法权益,导致社会公共利益受损的,当事人还可以向检察机关提出申请,请求检察机关发出检察建议或者依法提起公益诉讼。

《浙江省农村集体资产管理条例》(2020年修正)第17条规定,集体土地征收征用补偿费的分配和使用,应当经本集体经济组织成员大会或者成员大会授权的成员代表大会应到成员2/3以上通过。

此外,还需要注意的是,《浙江省农村集体资产管理条例》第10条规定:"农村集体土地依法被征收为国有土地的,设区的市、县(市、区)人民政府除依照法律、法规规定的标准给予补偿外,还应当按照被征收土地面积的一定比例,为被征地村安排集体经济发展留用地,或者以留用地指标折算为集体经济发展资金等形式予以补偿。具体办法由设区的市人民政府制定。前款规定的留用地或者集体经济发展资金等形式的补偿应当用于发展农村集体经济,不得直接分配给集体经济组织成员。留用地的使用应当符合城乡规划和土地利用总体规划。"但该条例对集体经济组织擅自将全部的"留用地或者集体经济发展资金等形式的补偿"分配给集体经济组织成员,应如何处理,没有进行明确的规范。

对于安置补助费,根据《土地管理法实施条例》第 32 条的规定,安置补助费的分配办法由省、自治区、直辖市制定。2021 年修订前的《土地管理法实施条例》(2014 年)第 26 条规定:征收土地的安置补助费必须专款专用,不得挪作他用。需要安置的人员由农村集体经济组织安置的,安置补助费支付给农村集体经济组织,由农村集体经济组织管理和使用;由其他单位安置的,安置补助费支付给安置单位;不需要统一安置的,安置补助费发放给被安置人员个人或者征得被安置人员同意后用于支付被安置人员的保险费用。

对于地上附着物和青苗的补偿费用,则归其所有权人所有。具体的补偿费用的标准,则由省、自治区、直辖市人民政府制定。考虑到不同的地区之间的经济发展差异,实践中往往由省级人民政府制定相关的纲领性文件,具体由县级以上地方人民政府根据当地实际情况制定具体补偿费用标准,报上级批准后实施。该费用由征收人按照标准直接支付给农村集体经济组织,并由集体经济组织具体足额支付给其所有权人。

不属于农村集体经济组织成员的人员,不应当享有分配集体土地征收补偿款的权利。在司法实务中,对于部分人员是否具备农村集体经济组织成员资格存在争议。如户籍仍在原村的出嫁女(包括后来离婚的妇女)及入赘婿能否参与土地征收补偿款分配的问题。出嫁女、入赘婿都是指因结婚而居住在男方或女方家,但是户籍仍在原村保留,并未迁出的女性村民或男性村民。在出嫁女或入赘婿户籍所在的原村面临土地征收时,是否允许出嫁女或入赘婿参与原村的土地补偿款分配,是实践中极易发生争议的问题。实践中,处理该问题的主要原则在于出嫁女或入赘婿在土地征收时是否已经在新居住的村集体经济组织或城镇享有一定形式的收益,如承包地、集体收益分配权、城镇居民社保体系等。如果其没有享有收益或纳入新居住地的社保体系,则一般是有权享受原户籍所在地的土地征收与补偿利益的。相反,若是出嫁女、入赘婿已经在新居住地享受上述权益或社保体系,则一般原户籍所在地集体经济组织会取消其享受土地征收补偿利益的权利。实践中,对户籍产生变动的农村人员一般是采取"两选一"的做法,避免出现"两头都占"或"两头不靠"的不合理情况。

对于特殊原因迁出户口的人员能否参与土地征收补偿款分配的问题。由于我国对于在校大学生、现役兵、监狱服刑人员的户籍管理存在特殊的规定,在这些人员就读、服役、服刑的过程中,其户口需要迁出原户籍地,并在毕业、退役或服刑完毕后,迁回原户籍地。因此,实践中对于特殊原因迁出户口的人员,往往仍然视为其具有原所在地的集体经济组织成员资格,在其原户籍所在地出现土地征收时,其有权参与相关土地征收补偿费用的分配。各地出台的政策,也往往会明确规定,相关人员属于被征收人,属于被安置的对象。

《第八次全国法院民事商事审判工作会议(民事部分)纪要》第 23 条规定:审理土地补偿费分配纠纷时,要在现行法律规定框架内,综合考虑当事人生产生活状况、户口登记状况及农以村土地对农民的基本生活保障功能等因素认定相关权利主体。要以当事人是否获得其他替代性基本生活保障为重要考量因素,慎重认定其权利主体资格的丧失,注重依法保护妇女、儿童以及农民工等群体的合法权益。

《妇女权益保障法》第 56 条规定:村民自治章程、村规民约,村民会议、村民代表会议的决定以及其他涉及村民利益事项的决定,不得以妇女未婚、结婚、离婚、丧偶、户无男性等为由,侵害妇女在农村集体经济组织中的各项权益。因结婚男方到女方住所落户的,男方和子女享有与所在地农村集体经济组织成员平等的权益。

需要特别注意的是农村征地补偿费发放过程中妇女权益的保护问题。农村集体经济组织可以召开村民会议,通过民主议事程序就征地补偿费如何分配进行民主表决,但对部分村民的集体经济组织成员资格排除或取消其享有的集体经济组织成员权益,不是村民会议民主议定的范围。农村集体经济组织成员资格是农民生存权和发展权的基础,不因其婚姻状态变化而改变。农村集体经济组织制订的征地补偿费分配方案,不得违反法律规定的男女平等、村民平权等基本原则。部分法院作出的判决以村民(代表)大会作出的决议是其自治范围,如果村民认为分配方案违反相关法律规定,应向相应人民政府反映,法院对此不应受理,因此驳回村民要求保护集体经济组织成员权益、参与征地补偿费分配的诉讼请求。该判决理由存在明显的问题,值得商榷。根据《村民委员会组织法》第 27 条第 2 款规定"村民自治章程、村规民约以及村民会议或者村民代表会议的决定不得与宪法、法律、法规和国家的政策相抵触,不得有侵犯村民的人身权利、民主权利和合法财产权利的内容",如果村员(代表)大会的决议违反法律法规的规定并与国家政策相抵触,侵犯村民的人身权利、民主权利和合法财产权利,应被认定为无效。如果法院不予受理,对该决议的效力不予认定,不仅不利于农村妇女合法权益的保护,也不符合公平合理原则,更是违反下位法规定不得与上位法冲突、有冲突时应以上位法规定为准的基本原则。

第七节 集体土地房屋征收的法律责任与纠纷案例

一、集体土地房屋征收中的违法行为及法律责任

对于集体土地房屋征收中的违法行为及法律责任承担,主要是《土地管理法》及《土地管理法实施条例》进行规定,一些关于土地管理的地方性法规也有规定。

(一)非法阻碍集体土地征收工作

《土地管理法》第81条规定:依法收回国有土地使用权当事人拒不交出土地的,临时使用土地期满拒不归还的,或者不按照批准的用途使用国有土地的,由县级以上人民政府自然资源主管部门责令交还土地,处以罚款。

《土地管理法实施条例》第61条规定:阻碍自然资源主管部门、农业农村主管部门的工作人员依法执行职务,构成违反治安管理行为的,依法给予治安管理处罚。该条例第62条规定:违反土地管理法律、法规规定,阻挠国家建设征收土地的,由县级以上地方人民政府责令交出土地;拒不交出土地的,依法申请人民法院强制执行。

(二)侵占、挪用集体土地征收补偿费用

《土地管理法》第80条规定:侵占、挪用被征收土地单位的征地补偿费用和其他有关费用,构成犯罪的,依法追究刑事责任;尚不构成犯罪的,依法给予处分。

《土地管理法实施条例》第64条规定:贪污、侵占、挪用、私分、截留、拖欠征地补偿安置费用和其他有关费用的,责令改正,追回有关款项,限期退还违法所得,对有关责任单位通报批评、给予警告;造成损失的,依法承担赔偿责任;对直接负责的主管人员和其他直接责任人员,依法给予处分。

(三)非法批准征收集体土地

《土地管理法》第79条规定:无权批准征收、使用土地的单位或者个人非法批准占用土地的,超越批准权限非法批准占用土地的,不按照土地利用总体规划确定的用途批准用地的,或者违反法律规定的程序批准占用、征收土地的,其批准文件无效,对非法批准征收、使用土地的直接负责的主管人员和其他直接责任人员,

依法给予处分;构成犯罪的,依法追究刑事责任。非法批准、使用的土地应当收回,有关当事人拒不归还的,以非法占用土地论处。非法批准征收、使用土地,对当事人造成损失的,依法应当承担赔偿责任。

(四)工作人员玩忽职守、徇私舞弊、滥用职权

《土地管理法》第84条规定:自然资源主管部门、农业农村主管部门的工作人员玩忽职守、滥用职权、徇私舞弊,构成犯罪的,依法追究刑事责任;尚不构成犯罪的,依法给予处分。

《土地管理法实施条例》第65条规定:各级人民政府及自然资源主管部门、农业农村主管部门工作人员玩忽职守、滥用职权、徇私舞弊的,依法给予处分。

《浙江省土地管理条例》第70条进行了细化规定:县级以上人民政府及自然资源、农业农村等有关部门和乡镇人民政府、街道办事处及其工作人员有下列行为之一的,由有权机关对直接负责的主管人员和其他直接责任人员依法给予处分……(4)违反法定权限和程序进行土地征收的;(5)违法减免土地有偿使用费等土地费用的;(6)其他玩忽职守、滥用职权、徇私舞弊的行为。

二、司法解释关于农村集体土地行政案件的规定

2011年8月7日,最高人民法院发布的《关于审理涉及农村集体土地行政案件若干问题的规定》于2011年9月5日起施行。其中关于集体土地征收的相关内容如下(说明:该司法解释中出现的《物权法》已经失效,应适用《民法典》中的相关规定):

第一条 农村集体土地的权利人或者利害关系人(以下简称土地权利人)认为行政机关作出的涉及农村集体土地的行政行为侵犯其合法权益,提起诉讼的,属于人民法院行政诉讼的受案范围。

第三条 村民委员会或者农村集体经济组织对涉及农村集体土地的行政行为不起诉的,过半数的村民可以以集体经济组织名义提起诉讼。

农村集体经济组织成员全部转为城镇居民后,对涉及农村集体土地的行政行为不服的,过半数的原集体经济组织成员可以提起诉讼。

第四条 土地使用权人或者实际使用人对行政机关作出涉及其使用或实际使用的集体土地的行政行为不服的,可以以自己的名义提起诉讼。

第九条 涉及农村集体土地的行政决定以公告方式送达的,起诉期限自公告

确定的期限届满之日起计算。

第十条 土地权利人对土地管理部门组织实施过程中确定的土地补偿有异议,直接向人民法院提起诉讼的,人民法院不予受理,但应当告知土地权利人先申请行政机关裁决。

第十二条 征收农村集体土地时涉及被征收土地上的房屋及其他不动产,土地权利人可以请求依照物权法第四十二条第二款的规定给予补偿。

征收农村集体土地时未就被征收土地上的房屋及其他不动产进行安置补偿,补偿安置时房屋所在地已纳入城市规划区,土地权利人请求参照执行国有土地上房屋征收补偿标准的,人民法院一般应予支持,但应当扣除已经取得的土地补偿费。

三、因集体土地房屋征收引起的行政诉讼案例

案例一:在被拆除房屋位于确定的征收范围内的情况下,除非市、县级人民政府能够举证证明房屋确系在其不知情的情况下由其他主体违法强拆,否则可以推定强制拆除行为系市、县级人民政府或其委托的主体实施。

再审案号为(2018)最高法行再106号的行政强拆案件。案情简介:原告韩某所有的、坐落于武汉市汉江区复兴村184号的房屋,房屋所有权证记载建筑面积为330.87平方米。2008年5月6日,武汉市人民政府发布征收土地公告,征收江汉区长青街航侧村、江汉区汉兴街贺家墩村10.9455公顷集体建设用地。韩某的案涉房屋在征收范围内。2014年,案涉房屋被拆除。韩某向法院提起行政诉讼,请求确认武汉市人民政府强制拆除其案涉房屋的行为违法。

武汉市中级人民法院审理后认为,韩某提供的证据材料不能证明武汉市人民政府实施了拆除其房屋的行为,裁定驳回韩某的起诉。韩某提起上诉,湖北省高级人民法院二审裁定驳回上诉,维持原裁定。

韩某申请再审。最高人民法院审理后认为,在集体土地征收过程中,有且仅有市、县级人民政府才具有依法征收土地及其附属物的职权,发布公告亦是其履行职权的表现。因而,在被拆除房屋位于市、县级人民政府确定的征收范围内的情况下,除非市、县级人民政府能够举证证明房屋确系在其不知情的情况下由其他主体违法强拆,否则人民法院可以依据法律规定,推定强制拆除行为系市、县级人民政府或其委托的主体实施。在武汉市人民政府已经发布征地公告,且依据武汉市相关规定,征收行为由市政府或区政府及相关部门具体负责实施的情况下,原审法院以韩某并未提交证据证明武汉市人民政府组织参与了强拆其房屋为由,

裁定驳回起诉,适用法律错误。所以最高人民法院裁定:(1)撤销湖北省高级人民法院(2017)鄂行终91号行政裁定书;(2)撤销湖北省武汉市中级人民法院(2015)鄂武汉中行初字第00683号行政裁定书;(3)指令湖北省武汉市中级人民法院对该案进行审理。

案例二:征收房屋过程中,因行政机关违法强拆无证房屋引发的行政赔偿诉讼,原告因房屋灭失而对房屋面积不能举证,符合"因被告的原因导致原告无法举证的,由被告承担举证责任"的情形,应当由被告承担举证证明房屋面积的责任。

再审案号为(2020)最高法行赔申406号的行政赔偿案件(入库案例)。案情简介:2014年8月27日,福建省人民政府作出《关于莆田市涵江区2014年度第六批次农用地转用和土地征收的批复》。2015年1月21日,福建省莆田市人民政府作出《关于同意涵江区2014年度第六批次建设用地征地拆迁补偿安置方案的批复》。刘某1、刘某2的房屋在莆田市涵江区政府征收范围内,2016年7月1日涉案房屋被拆除。刘某1、刘某2对该强制拆除行为起诉至法院,福建省莆田市中级人民法院作出(2017)闽03行初129号行政判决确认涵江区政府强制拆除该房屋的行为违法。各方未上诉,判决生效。后刘某1、刘某2向"莆田市涵江区人民政府区长"邮寄《行政赔偿申请书》,未得到答复,遂向法院提起该案行政赔偿之诉。

福建省莆田市中级人民法院审理后认为,被告莆田市涵江区人民政府强制拆除原告房屋的行政行为违法应承担行政赔偿责任。在行政赔偿、补偿的案件中,依法原告应当对行政行为造成的损害提供证据。故该案对因行政强制造成的损失数额应由原告进行举证。在双方均未提供关于房屋面积认定证据的情况下,原告主张的"对非法拆除刘某1、刘某2房屋276.39平方米,赔付同区位、同面积的合格房屋"没有证据支持,不能成立。原告可在取得相关证据后,另行提起行政赔偿之诉。至于室内财物损失,原告虽未提供证据证明损失数额,但考虑到实际情况,酌情给予2万元作为财产损失补偿。作出(2018)闽03行赔初90号行政判决:莆田市涵江区人民政府支付给刘某1、刘某2人民币2万元作为室内财产损失补偿款。

刘某1、刘某2提起上诉,福建省高级人民法院作出(2019)闽行赔终370号行政判决:驳回上诉,维持原判。

刘某1、刘某2申请再审。最高人民法院经审查认为:其一,关于房屋面积的证明责任问题。首先,住宅房屋承载着公民的居住和生存功能,关系到公民最根本的权益,因此,对公民住宅的拆除,应当设置最严格的行政程序,在举证责任上应当作出对强拆主体较重的安排。其次,根据《土地管理法》及其实施条例等相关规定,在征收房屋等不动产过程中,拆除房屋前,行政机关应当依法对补偿安置工作落实到位,故其有责任对房屋的各方面情况予以记录保存。最后,行政机关实施行政处罚、行政强制等行政行为时,应当依法进行,并符合比例原则,行政机关在强制拆除房屋前,对该房屋的性质、面积等方面的证据予以收集和固定,对屋内动产进行清点登记、妥善保管、及时移交等,均是其当然职责。即使对于违法建筑的拆除,亦应当充分保全房屋内物品以及其他相关合法权益。为了促使行政机关遵守上述要求,行政诉讼的证据制度中设计了的举证责任合理分配规则。《行政诉讼法》第38条第2款规定:"在行政赔偿、补偿的案件中,原告应当对行政行为造成的损害提供证据。因被告的原因导致原告无法举证的,由被告承担举证责任。"该案中,再审申请人的合法居所房屋被行政机关违法强拆后,房屋实体已被消灭,在没有房产证等相关权属证书能够证明其面积的情况下,对房屋面积的举证责任符合"因被告的原因导致原告无法举证的,由被告承担举证责任"的情形。一审、二审法院将证明房屋面积的举证责任完全分配给原告,明显与法律的规定不符。总之,该案被违法强拆的房屋面积究竟多少,由实施违法拆除房屋行为的行政主体来举证是轻而易举,而要求被征收人对自己已经被拆除的房屋举证是难上加难,在此情况下,理应由行政主体来举证。该案一审、二审法院上述举证责任的分配不符合基本逻辑和生活常识。其二,关于人民法院主动调取证据的适用问题。行政诉讼的主要目的不仅在于监督政府依法行政,还应当解决行政争议。该案中,通过一审庭审可知,案涉房屋在拆除前已由政府方组织过丈量测绘,有关房屋面积方面的证据政府方明显能够轻易提供。人民法院通过审理发现案件中的关键证据双方明显可以直接提供而未提供,或者发现关键证据当事人很难获取而法院明显能够直接调取,则应当依据《行政诉讼法》第39条、第40条的规定要求双方提供证据或者主动调取证据。如法院不行使上述职权,而要求双方另行提供证据再起诉讼,属不当行使审判权。最高人民法院作出(2020)最高法行赔申406号行政裁定,指令福建省高级人民法院再审该案。

案例三:集体土地上房屋被纳入征收范围后,被征收人的房屋处理应受征收法律关系调整,行政机关再启动违法建筑一般处理程序,违反正当程序原则。对行政机关"以拆违促拆迁"的行为,行政诉讼应当依法监督。

一审案号为(2021)赣0429行初111号,二审案号为(2022)赣04行终67号的撤销行政处罚案件(入库案例)。案情简介:2016年,因启动汽车园发展用地项目,某区管委会受某市人民政府委托,具体实施征收事务。张某位于梅山村的房屋被列为征收范围内,但张某未能与征收人达成补偿安置协议。某区(出口加工区)城市管理局(以下简称区城管局)向区规划分局去函,要求对张某搭建的1201.35平方米构筑物认定违章建筑。2020年12月2日,区规划分局向区城管局回函,认定张某擅自搭建的1201.35平方米构筑物未取得规划许可,为违章建筑。2020年12月4日,区城管局对张某的违章建筑立案调查,并于同日向张某作出《责令限期改正通知书》,要求张某自行拆除或补办手续。2021年3月2日,区城管局向张某作出《行政处罚事先告知书》,拟对张某作出拆除违规搭建构筑物的处罚措施并告知了张某陈述、申辩的权利。2021年3月11日,区城管局向张某作出《行政处罚决定书》。张某向法院提起诉讼,请求判决撤销区城管局2021年3月11日作出的《行政处罚决定书》。

江西省湖口县人民法院审理后认为,案涉建筑所处属于梅山村汽车工业园规划区,根据属地原则,被告享有管辖权。由于该案涉案的建筑某市人民政府已经决定征收,原告长期未能与征收人达成安置协议,影响征收进度,因此该案需要判断的核心问题是对人民政府决定征收的建筑仍然按照违法建筑的一般处理程序作出处理,即"以拆违促拆迁"的方式是否不符合"程序正当"这一依法行政的基本原则。行政机关作出行政行为所采取的管理手段与其管理目的相一致,是程序正当原则的内容之一。就该案而言,本应由征收法律关系调整的事项,交由城市规划管理进行调整,尤其是曾经对如何补偿进行协商,由于没能达成补偿协议转而又通过"拆违"程序进行拆除并不予补偿,其结果不但不利于被征收人权益的保护,而且导致后续补偿问题更难解决、影响行政效率。这种管理手段与立法目的相悖的行政行为,直接损害行政权威,应归类为行政行为不符合程序正当的基本要求。在集体土地上房屋被纳入征收范围后,应当由征迁实施部门对被征收的集体土地及地上房屋的现状进行调查并将调查情况进行公告,而非由土地管理、城乡规划等执法部门启动违法建筑的一般处理程序,对涉案房屋进行违法认定并拆除。该案中,原告涉案房屋未经审批建设多年未有管理部门立案调查处理,但在被纳入征收范围内,且征收已进入房屋补偿阶段时就被立案调查。显然,被告的执法目的并不是严格城市建设的管理,而是避开法定的征收程序,加快征收进程,以拆违的形式逼迫拆迁,明显不当。故被告作出的行政处罚超越职权、明显不当,应予以撤销。

区城管局提出上诉。江西省九江市中级人民法院二审行政判决驳回上诉,维持原判。

四、因集体土地房屋征收安置补偿引起的行政诉讼案例

案例四：集体土地征收补偿时，应保障地上附着物所有人的财产权益，地上附着物及青苗补偿费应归相应的所有权人所有。行政征收补偿法律关系形成后，不因土地承包合同期限届满而消灭。

案号为(2020)云71行初23号的行政补偿案件(入库案例)。案情简介：云南泽森园艺有限公司(以下简称泽森公司)是一家以绿化苗木种植为主的民营企业，法定代表人为刘某2，刘某1系刘某2的父亲。2010年6月30日，刘某1与所在的嵩明县嵩阳镇倚伴社区居民委员会第一居民小组(以下简称第一居民小组)签订《土地承包合同》，合同中约定：第一居民小组将其所有的坐落于昆曲高速公路下的水田42亩出租给刘某1，用作种植苗木。承包期限5年，自2010年6月1日至2015年5月31日。承包金：头两年每年每亩1000元，后三年每年每亩1100元。临近承包期满，2015年4月1日，刘某1又与第一居民小组继续签订了《土地承包合同》，合同中约定：第一居民小组继续将上述土地出租给刘某1，用作种植绿化苗木。承包期限5年，自2015年6月1日至2020年5月30日。承包费：每亩每年3500元，以后每年在前年的基础上以5%递增。上述刘某1承包的土地实际上用于泽森公司种植绿化苗木进行经营使用，土地使用的承包费由刘某1按照合同约定直接支付给第一居民小组。第一居民小组知晓上述租用的土地作为泽森公司绿化苗木种植用地的事实。

云南省人民政府于2016年1月14日作出《关于嵩昆路(嵩四路与哨关路连接线)一期项目建设用地的批复》，批准对嵩明县1个街道10个居委会39个居民小组的集体农用地43公顷转为建设用地并办理征地手续。其中，刘某向第一居民小组承包的部分水田就属于上述被批准征收的集体土地。2016年1月20日，嵩明县发布征地公告对上述集体土地实施征收。嵩明县人民政府已经将征地补偿款支付给了第一居民小组，但没有对泽森公司在被征收集体土地上种植绿化苗木进行补偿。泽森公司向法院提起诉讼。

云南省昆明铁路运输中级法院审理后认为：根据《土地管理法实施条例》(2014年)第26条第1款的规定："地上附着物及青苗补偿费归地上附着物及青苗的所有者所有。"原告泽森公司是案涉集体土地地上附着物的所有权人，享有对案涉土地上的附着物(种植的绿化苗木)获得补偿的权利。被告嵩明县人民政府有义务向所有者支付相应合理补偿。审理过程中，被告嵩明县政府亦认可就案涉

土地地上附着物并未向任何主体进行过补偿。关于被告提出的原告的《土地承包合同》期限已于2020年5月30日到期,原告应当无条件搬走地上附着物,被告无须再给予征收搬迁补偿等的意见,法院认为,泽森公司作为涉案集体土地地上附着物的所有者,行政征收补偿法律关系已然形成,并不因之后土地承包合同期限届满而消灭。嵩明县人民政府已经将征收某居民小组集体土地的征地补偿款支付给了居民小组,依法亦应当对被征收集体土地的地上附着物,也就是泽森公司的绿化苗木进行合理补偿。所以作出行政判决:嵩明县人民政府于本判决生效之日起60日内对泽森公司在被征收集体土地上种植绿化苗木履行征收补偿职责,向泽森公司作出征收补偿决定。

案例五:在集体土地征收过程中,县级以上地方人民政府是法定的公告和组织实施主体。县级人民政府对镇人民政府实施的集体土地征收行为应当视为委托,在与被征收人达不成补偿协议的情况下,市、县级人民政府应当依法及时作出补偿安置决定并履行补偿安置职责。履行法定职责之诉及给付之诉中,应作出具有具体给付内容的实体判决,更有利于及时实质性解决行政争议,保障当事人的合法权益。

一审案号为(2020)新01行初33号,二审案号为(2021)新行终84号的行政征收补偿案件(入库案例)。案情简介:宋某系新疆维吾尔自治区乌鲁木齐市米东区羊毛工镇卧龙岗村农民。2003年3月10日,宋某与乌鲁木齐市米东区羊毛工镇卧龙岗村村民委员会(以下简称卧龙岗村委会)签订《承包合同》,由宋某承包该村黄渠东344.4亩土地。承包期限自2003年3月10日至2028年12月31日……2003年12月8日,米东区林业局颁发的米林证字(2003)第032号林权证。2017年7月13日,乌鲁木齐市米东区羊毛工镇人民政府(以下简称羊毛工镇政府)出具《关于解决西延干渠引水渠系配套工程征地问题的答复》载明:"卧龙岗村村民宋某:西延干渠引水渠系配套工程项目于2015年9月开工,10月修到宋某所承包的耕地段,由于该项目为自治区重点工程,工期较紧,经镇政府与宋某协商,对于所征用的地会按照有关法律及条文规定进行合理补偿……现镇政府承诺会根据新国土资发〔2009〕131号文件、乌政办〔2011〕272号文件、新计价房〔2011〕500号文件及米东区征收管理办公室对以上文件的解释等相关规定,在15个工作日内给出解决西延干渠引水渠系配套工程征地问题补偿协议及相关说明,并以合法的方式将补偿协议及现场认定书交给宋某,希望宋某能在5个工作日内给予签字认定。政府一定会按照所承诺的内容给予补偿。"宋某称某镇政府未与其达成补偿协议,上述《答复》并未实际履行,故分别向乌鲁木齐市米东区人民政府(以下简称米东区政府)及羊毛工镇政府(以下合称二被告)邮寄履行安置职责申请书,二被告均未答复,后宋某向法院提起诉讼,请求判令二被告履行补偿安置职责。

庭审中,米东区政府、米东区征收办称其均未发布征收补偿方案,未发布过任何征收相关文件、对涉案项目没有进行过征收。羊毛工镇政府在庭审中自认,羊毛工镇政府未与卧龙岗村委会签订过安置补偿协议,也未作出具体征收补偿方案,其对于宋某的安置补偿方案如下:"15.6万元/亩中,3.6万元/亩是土地补偿费归村集体,9万元/亩是安置补偿费只给家庭联产承包责任田村民,宋某被征收土地属于经营承包地故没有这9万/亩的补偿,3万元/亩系对青苗及地上附着物按照实际种植情况补偿,超过3万/亩的部分需要专业技术评估。"宋某不同意上述安置补偿方案,故双方至今未签订安置补偿协议。

新疆维吾尔自治区乌鲁木齐市中级人民法院一审行政判决:责令羊毛工镇政府于本判决发生法律效力之日起60日内针对西延干渠引水渠系配套工程因占用宋某林地、鱼塘作出安置补偿决定。

宋某提出上诉,新疆维吾尔自治区高级人民法院审理后认为:(1)在集体土地征收过程中,县级以上地方人民政府是法定的公告和组织实施主体。集体土地经有权机关批准征收后,市、县级人民政府及其土地管理部门具体负责实施征收与补偿工作,应当积极主动履行补偿安置义务。该案中,米东区政府为该案案涉土地的补偿安置义务主体,委托羊毛工镇政府实施具体安置补偿工作,但不能因此认定羊毛工镇政府据此取得了独立实施补偿安置的行政主体资格,亦不能因此免除米东区政府法定的安置补偿义务。羊毛工镇政府在与被征收人达不成补偿协议的情况下,米东区政府应当依法及时作出补偿安置决定并履行补偿安置职责,故米东区政府系该案法定补偿义务主体,原审认定羊毛工镇政府为补偿安置义务主体无法律依据。(2)该案应当适用履行判决还是给付判决。行政机关优先判断及处理权与司法机关监督及救济权的选择,应当从更有利于当事人权益保障的角度出发。该案各方当事人对于永久性占地补偿3.6万元/亩、安置补偿费9万元/亩、青苗及地上附着物补偿费3万元/亩、鱼池3万元/亩的补偿标准无异议,仅就被征收人应当享有的补偿项目及面积存有争议。基于宋某诉讼请求为要求支付补偿款的金钱给付类请求,且该案满足直接进行司法判断的条件,应当适用给付类判决对补偿数额直接进行裁判,更有利于保障当事人的合法权益。综合全案证据,法院依法确认被征收土地面积为30.74亩,判决米东区政府依法履行安置补偿职责,向宋某支付地上附着物及青苗补偿费922,200元,利息损失43,804.5元,共计966,004.5元。二审行政判决:(1)撤销一审行政判决;(2)责令米东区政府向宋某支付地上附着物、青苗补偿费及利息损失966,004.5元;(3)驳回上诉人宋某的其他诉讼请求。

案例六: 从解决行政争议、实质性化解纠纷的诉讼目的和宗旨出发,在征拆范围内的房屋被非法强制拆除后,相关的补偿问题可依法转化为赔偿程序,将行政补偿和行政赔偿一并处理,基本规则是权利人获得的行政赔偿不得低于其前期应得的补偿额度。

一审案号为(2019)京0112行赔初14号,二审案号为(2020)京03行赔终56号的行政赔偿案件(入库案例)。案情简介:董某系北京市通州区宋庄镇辛店村村民,非农业户口,系该村某号院落及房屋(以下简称案涉院落)的合法使用权人和所有权人。1993年4月6日,原通县土地管理局向董某核发集体土地建设用地使用证,载明共有使用权面积656.57平方米,用途为宅基地。2006年3月4日,辛店村民委员会同意董某在本宅基地内新建、翻建房屋,建筑面积共计446.59平方米,并制作宋庄镇辛店村私人宅基地内建房许可证三份。

2010年,潞苑北大街二期道路工程搬迁项目启动,北京市通州区宋庄镇人民政府(以下简称宋庄镇政府)承担前期搬迁补偿安置工作,案涉院落位于搬迁范围内。后,宋庄镇政府委托某服务中心负责拆迁及相关工作。涉案搬迁项目的搬迁方案中载明,搬迁补偿原则为宅基地置换,按照集体土地建设用地使用证标准占地面积进行1:1土地置换,对原宅基地被拆除的房屋及附属物进行货币补偿,对置换的宅基地建房给予适当补助等。涉案搬迁项目奖励期自2013年6月16日上午12时起至2013年7月15日上午12时止。在搬迁过程中,经测绘,涉案院落占地总面积622.24平方米,建筑总面积550.13平方米,均位于搬迁线内。经评估,房屋重置成新价(不含装修)491,439元,房屋装修、附属物及设备补偿价111,691元。根据搬迁方案初步核算补偿总额为1,245,972元,后因双方就搬迁补偿数额未达成一致意见,董某未搬迁。后,董某向法院提起行政赔偿诉讼。

2018年9月26日,宋庄镇辛店村召开村民代表会议,形成会议记录,决议如下:(1)将董某宅基地收回;(2)董某的安置问题,由其按照宅基地使用权证标准的面积在宅基地置换地中选择安置用地;(3)对于董某地上物及附着物,由某服务中心按照方案标准计算补偿并拨付给辛店村委会,由辛店村委会对董某给予补偿。同日,宋庄镇政府强制拆除了涉案院落,并委托评估公司出具估价结果报告,以 2010 年 9 月 18 日作为估价时点,房屋重置成新价(不含装修)为 490,621 元,房屋装修、附属物及设备补偿价为 115,308 元。

另查明,宋庄镇辛店村召开村民代表会议收回董某宅基地并未经过原批准机关同意;涉案院落位置已被涉案搬迁项目实际占用,董某明确表示放弃宅基地置换,要求按照周边搬迁项目标准进行货币补偿和赔偿。对于现存辛店村委会的室内物品,认为因搬运、保管不当已无法使用,不主张返还原物,要求折价赔偿。

北京市通州区人民法院审理后认为,宋庄镇政府实施的强制拆除行为已被法院生效判决确认违法,董某提起该案行政赔偿诉讼符合法律规定,宋庄镇政府应当就其违法行为给董某造成的合法的直接损失予以赔偿。但该案与一般意义上的侵害财产权引发的行政赔偿案件不同,存在农村宅基地搬迁补偿项目的特定背景,在农村宅基地搬迁补偿项目中,董某本应获得相应补偿,宋庄镇政府所承担之赔偿责任不应低于搬迁人正常搬迁董某应支付的补偿对价。被搬迁人董某对涉案院落被违法拆除并无过错,故其所获得赔偿不应少于同等情形被搬迁人应获得的补偿。对于被拆除房屋、装修及其附属物损失,需要考虑强制拆除时的房屋、装修及附属设施价值。法院依据《北京市房屋重置成新价评估技术标准》,酌定为 1293 万元。所以作出行政判决:宋庄镇政府赔偿董某各项损失共计 1293 万元。

宋庄镇政府提起上诉。北京市第三中级人民法院二审行政判决:驳回上诉,维持一审判决。

案例七:在房屋强制拆除引发的行政赔偿案件中,被征收人提供了初步证据,但因行政机关的原因导致被征收人无法对房屋内物品损失举证,被征收人亦因未依法进行财产登记、公证等措施无法对房屋内物品损失举证的,行政机关应对被征收人未超出市场价值的符合生活常理的房屋内物品承担赔偿责任。

一审案号为(2015)马行赔初字第 00004 号,二审案号为(2015)皖行赔终字第 00011 号的房屋强制拆除行政赔偿案件(最高人民法院发布的指导性案例)。案情简介:2011 年 12 月 5 日,安徽省人民政府作出《关于马鞍山市 2011 年第 35 批次城市建设用地的批复》,批准征收马鞍山市花山区霍里街道范围内农民集体建设用地 10.04 公顷,用于城市建设。2011 年 12 月 23 日,马鞍山市人民政府作出《征收土地方案公告》,将安徽省人民政府作出的以上批复内容予以公告,并载明征地方案由马鞍山市花山区人民政府实施。苏某名下的花山区霍里镇丰收村丰收村民组某号房屋在本次征收范围内。苏某于2011年9月13日去世,其生前将该房屋处置给女儿古某、外孙沙某1、沙某2、沙某3(以下合称四原告)所有。在实施征迁过程中,征地单位分别制作了《国家建设用地征迁费用补偿表》《征迁住房货币化安置(产权调换)备案表》,对苏某户房屋及地上附着物予以登记补偿,原告古某的丈夫沙某领取了安置补偿款。2012年,马鞍山市花山区人民政府组织相关部门将苏某户房屋及地上附着物拆除。四原告认为马鞍山市花山区人民政府非法将上述房屋拆除,侵犯了其合法财产权,故提起诉讼,要求马鞍山市花山区人民政府赔偿损失。

安徽省马鞍山市中级人民法院作出一审行政判决:驳回四原告的赔偿请求。

四原告提起上诉称:(1)2012年年初,马鞍山市花山区人民政府对案涉农民集体土地进行征收,未征求公众意见,上诉人亦不知以何种标准予以补偿;(2)2012年8月1日,马鞍山市花山区人民政府对上诉人的房屋进行拆除的行为违法,事前未达成协议,未告知何时拆迁,屋内财产未搬离、未清点,所造成的财产损失应由马鞍山市花山区人民政府承担举证责任;(3)2012年8月27日,古某的丈夫沙某受胁迫在补偿表上签字,但沙某对房屋并不享有权益且该补偿表系房屋被拆后所签。综上,请求二审法院撤销一审判决,支持其赔偿请求。马鞍山市花山区人民政府未作书面答辩。

安徽省高级人民法院审理后认为:根据《土地管理法实施条例》(2011年)第45条的规定,土地行政主管部门责令限期交出土地,被征收人拒不交出的,申请人民法院强制执行。马鞍山市花山区人民政府提供的证据不能证明原告自愿交出了被征土地上的房屋,其在土地行政主管部门未作出责令交出土地决定亦未申请人民法院强制执行的情况下,对四原告的房屋组织实施拆除,行为违法。关于被拆房屋内物品损失问题,根据《行政诉讼法》(2014年)第38条第2款之规定,在行政赔偿、补偿的案件中,原告应当对行政行为造成的损害提供证据。因被告的原因导致原告无法举证的,由被告承担举证责任。马鞍山市花山区人民政府组织拆除上诉人的房屋时,未依法对屋内物品登记保全,未制作物品清单并交上诉人签字确认,致使上诉人无法对物品受损情况举证,故该损失是否存在、具体损失情况等,依法应由马鞍山市花山区人民政府承担举证责任。上诉人主张的屋内物品5万元包括衣物、家具、家电、手机等,均系日常生活必需品,符合一般家庭实际情况,且被上诉人亦未提供证据证明这些物品不存在,故对上诉人主张的屋内物品种类、数量及价值应予认定。上诉人主张实木雕花床价值为5万元,已超出市场正常价格范围,其又不能确定该床的材质、形成时间、与普通实木雕花床有何不同等,法院不予支持。但出于最大限度保护被侵权人的合法权益考虑,结合目前普通实木雕花床的市场价格,按"就高不就低"的原则,综合酌定该实木雕花床价值为3万元。二审行政判决:撤销一审行政赔偿判决;判令马鞍山市花山区人民政府赔偿四原告房屋内物品损失8万元。

五、因房屋拆迁补偿合同履行问题引起的民事诉讼案例

案例八:房屋补偿安置协议签订后,被拆迁人有按照协议约定腾空被征收房屋的义务,同时要负责房屋使用人的按时搬迁。

案号为(2021)沪0106民初27052号的房屋拆迁安置补偿协议纠纷案件。案情简介:朱某于1993年8月取得农村宅基地使用证,地址为上海市浦东新区某乡某村某队,核定使用面积为166平方米。2019年3月,上海市某局发出征地房屋补偿方案公告,朱某在上述宅基地上所建房屋在征收范围内。2020年7月3日,上海市浦东新区房屋征收事务中心(甲方,以下简称浦东征收中心)与朱某户(乙方,被征收人)签订了上海市征收集体土地居住房屋补偿安置协议,约定:案涉房屋为砖混结构,核定建筑面积为285平方米;甲方应支付乙方各类补偿款(具体略)。该协议第5条约定"乙方在本协议生效后7日内搬离原址,并负责房屋使用人如期搬迁。房屋使用人未按期搬迁的,视作乙方未搬迁"。该协议第12条中约定"乙方必须在协议规定的期限内搬迁,并交出原房钥匙,同时负责将同住人迁出,且原房交由甲方拆除,室内物视作无主物处理"。2020年7月3日,朱某在结算单上签字确认。2021年4月1日,浦东征收中心委托上海市某事务所有限公司向朱某户发出告知书,告知朱某户自收到安置协议之日起7日内履行协议,搬离并交出房屋。2021年4月9日,浦东征收中心向朱某户发出迁出房屋催告书,催告朱某户自收到本催告之日起3日内搬离案涉房屋。但朱某户未履行搬迁义务,所以,浦东征收中心向法院提起诉讼。

庭审中,朱某辩称:案涉房屋至今未腾空系因与被告有债务纠纷的案外人强占其中,朱某无法让案涉房屋使用人搬离房屋,故无法移交房屋。

上海市静安区人民法院审理后认为,上海市征收集体土地居住房屋补偿安置协议是双方真实意思表示,该协议内容合法有效。根据该协议第5条的规定,被告朱某作为案涉房屋的宅基地使用人和房屋建造人,因应在该协议约定的搬迁期限内搬离案涉房屋,同时要负责房屋使用人的搬迁,故被告具有按约腾空案涉房屋的义务。现案涉房屋尚有人居住,尚未搬离该房屋,应视为被告未能履行该协议约定的搬迁义务。所以判决被告朱某户应于本判决生效之日起 15 日内履行与原告浦东征收中心于 2020 年 7 月 3 日签订的上海市征收集体土地居住房屋补偿安置协议,将案涉房屋腾空,并与上海市某事务所有限公司办理房屋移交手续。

案例九:房屋拆迁补偿合同体现了拆迁人和被拆迁人对己方利益的让渡和对己方义务的承诺,对当事人具有法律约束力,没有法定事由,一方当事人不得擅自变更或解除合同。

案号为(2022)浙 0109 民初 752 号的民事主体间房屋拆迁补偿合同纠纷案件。案情简介:姚某 1、许某 1 系夫妻关系,姚某 2 系姚某 1 女儿。2008 年 4 月 21 日,钱江世纪城管理委员会(甲方)与姚某 1(乙方)签订拆迁协议,载明双方就房屋拆迁补偿安置事项达成如下协议:甲方对乙方坐落在杭州市萧山区宁围街道丰北村 5 组,共计建筑面积为 345 平方米的房屋进行拆迁,合计补偿金额为 470,689 元;可安置人口为 2 人,甲方为乙方安排建筑面积为 120 平方米的高层安置房。协议签订后,姚某 1 一家已按约腾房,钱江世纪城管理委员会亦已按约支付补偿款。但双方对于姚某 1 一家的安置份额存在争议,所以姚某 1、许某 1、姚某 2 向法院提出诉讼。

审理中查明:2008 年 4 月 18 日,杭州市住房制度改革办公室出具证明 1 份,载明:截至该日,许某 1 未申请购买房改房。

杭州市萧山区人民法院审理后认为,案涉拆迁协议系双方在平等、自愿、协商一致的基础上签订,内容未违反法律强制性规定,应认定有效。被告按规定经前置程序审查后,确认许某 1 可享受 60 平方米高层房屋安置面积,并与原告达成拆迁协议,该协议体现了拆迁人和被拆迁人对己方利益的让渡和对己方义务的承诺,对当事人具有法律约束力。现被告以许某 1 购置房改房为由,认为许某 1 不能享有房屋安置资格,法院不予采信。所以判决:确认许某 1 具有获得安置面积为 60 平方米的高层安置房的资格。

案例十:拆迁利益中的各项拆迁补偿补助费用及安置房屋的确定,应根据房屋拆迁安置补偿合同及拆迁安置方案等予以确定。

案号为(2016)京 0112 民初 39069 号的房屋拆迁安置补偿合同纠纷案件。案情简介:2015 年,北京新奥集团有限公司(甲方,以下简称新奥公司)与董某 1(乙方)签订集体土地房屋拆迁补偿协议书,约定:甲方因拆迁项目建设需要,对乙方在拆迁范围内的宅基地上所有房屋及附属物进行拆迁;乙方被安置人口共计4人,乙方自愿选择房屋安置,被安置人员分别为董某1、李某(董某1之妻)、董某2(董某1之女)、宋某(董某1之女婿)。经评估机构评估,甲方应支付给乙方的各项拆迁房屋货币补偿款共计2,264,207元。同时,新奥公司(甲方)与董某1(乙方)签订安置协议,约定:乙方系案涉房屋的被拆迁人;应安置面积为251.37平方米,实际安置面积为258.54平方米;安置房位于胡各庄地块,安置户型为两居室3套。按照计算所得,购房款总计1,020,116元;甲方在向乙方支付货币补偿款时扣除上述总购房价款,即甲方应向乙方实际支付差价货币补偿款为1,244,091元。经核实,案涉房屋的所有权人为董某1、李某。上述院落宅基地登记的使用人为董某1。宋某并非该村农业户口,为非在册非京籍人员。2016年7月21日,董某2、宋某离婚。所以,董某1一家不愿意再为宋某提供住处。后来,宋某向法院提起诉讼,诉请对位于北京市通州区胡各庄地块某处安置房屋享有居住权。董某1一家辩称:我们认为是按照房屋面积政策拆迁的,宋某没有任何份额和居住权。

审理中查明,此次拆迁符合安置条件的本村非农业户口人员(含非在册人员),按每人25,000元给予安家补助费;安置总面积应按照安置人口数人均50平方米控制标准并结合户型搭配计算。

北京市通州区人民法院审理后认为,该案系由拆迁引发拆迁利益的分配纠纷,拆迁利益中的各项拆迁补偿补助费用及安置房屋的确定系根据拆迁协议及拆迁安置方案等予以确定。宋某作为此次拆迁被安置人,根据拆迁政策享有相应的安置利益,该安置利益包括拆迁补偿和安置房屋。依据拆迁政策,宋某作为被安置人享有50平方米的安置房屋,在安置房屋未实际分割前,宋某主张对其中的一套安置房屋享有居住权,理由正当、证据充分,法院予以支持。根据拆迁政策,宋某作为非在册非京籍人员,仅享有25,000元的安家补助费。所以判决:(1)原告宋某对因拆迁案涉房屋而安置的北京市通州区胡各庄地块某处房屋享有居住权;(2)因拆迁而取得的拆迁补偿款中的安家补助费共计25,000元归原告宋某所有;(3)驳回原告宋某的其他诉讼请求。

六、因拆迁征收利益的分配与归属引起的民事诉讼案例

与拆迁征收利益的分配与归属相关的常见案由有共有纠纷、分家析产纠纷、赠与合同纠纷、继承纠纷、农村房屋买卖合同纠纷、宅基地使用权纠纷、侵害集体经济组织成员权益纠纷等。下面举例予以说明。

案例十一：遗产是自然人死亡时遗留的个人合法财产。同一顺序继承人继承遗产的份额，一般应当均等。如果共有的房屋被拆迁征收，共有人可以就拆迁利益按照对共有房产的份额进行分割。

案号为(2022)鲁1003民初3429号的法定继承纠纷案件。案情简介：于某(已去世)、杨某(已去世)系夫妻关系，共生育7名子女，分别是于某1、于某2、于某3、于某4、于某5、于某6(未婚，无子女，系五保户，2013年12月去世)，于某7(2022年5月去世)。位于某镇某村某号东三间房屋原系被告于某5所有。杨某在世时，于某5将案涉房屋以1100元的价格卖与于某6。于某6去世后，于某2居住至今。现案涉房屋已列入拆迁范围，各方当事人因拆迁补偿协商未果而产生纠纷。于某1、于某2、于某3向法院提出诉讼，请求依法继承于某6的案涉房屋各1/4。诉讼中，原告变更诉求为依法分割案涉房屋的拆迁利益。

审理中，法院依法追加于某4为原告参加诉讼。于某7有一子徐某，随母亲生活。审理中，徐某向法院表示，其对案涉房屋享有的继承份额由于某5继承。

山东省威海市文登区人民法院审理后认为，该案中，原告提交的视听资料(录音)显示，原、被告之母杨某在世时，被告于某5已经将案涉房屋以1100元的价格卖与于某6。故在被告于某5不提交其他有效的相反证据足以反驳的情况下，该法院对案涉房屋已出卖给于某6的事实予以认定。由此，该法院认定案涉房屋系于某6的遗产。因于某6无配偶，无子女，且其父母已死亡，故依法无第一顺序继承人，应由第二顺序继承人继承于某6的遗产，即由于某6之兄弟姊妹继承案涉房产。因于某7于遗产分割前死亡，故于某7对案涉房屋的继承份额，依法转继承于某7之子徐某。现徐某将其继承权益处分给被告于某5，系其真实意思表示，法院应予准许。所以判决案涉房屋(集体土地使用权证登记在于某5名下)的拆迁利益由原告于某1、于某2、于某3、于某4各享有1/6，被告于某5享有1/3。

案例十二：非同一集体经济组织成员之间的集体土地上所建的房屋买卖或宅基地使用权转让，因违反国家法律、法规的禁止性规定，双方签订的合同应为无效。双方按照过错程度承担由此产生的相关损失，通常按照征收拆迁利益的一定比例进行计算。

案号为(2020)浙1003民初3478号的宅基地使用权纠纷案件。案情简介：被告施某2、黄某2系夫妻关系。施某2在此前与案外人施某1以协议调换的方式取得位于黄岩区新前街道西范村96幢第八间及其东边的土地，后其作为户主申请报批建造一栋三层楼房。1994年2月15日，黄某1与施某2、黄某2就案涉房屋签订协议书,约定:施某2建房进度完成第一层时突然发生经济困难而停建,经人介绍有偿转让给黄某1续建成三层楼,产权归黄某1所有,今后办理房产登记由黄某1出面,费用开支由黄某1承担。黄某1就案涉房屋共计向施某2支付了转让款18,000元。1994年2月17日,黄某1与施某2签订了转让屋基地协议书,约定:施某2现有一间屋基地,经双方协商同意,以6500元价格有偿转让给黄某1,款已付清。该协议签订后,黄某1实际占用及续建了案涉房屋,但产权仍登记在施某2、黄某2名下。1995年8月3日,黄某1就案涉房屋提出产权变动申请,并经当地村委会及镇政府同意盖章。2016年,案涉房屋因建设规划需要纳入拆迁范围。施某2于2016年7月8日与台州市黄岩区人民政府新前街道办事处签订了拆迁补偿安置协议书,约定:拆除施某2砖混结构的三层房屋1栋,建筑面积为150.01平方米,拆迁补偿价格为360元/平方米,计54,003.60元;加上其他补偿,合计为126,771.04元。案涉房屋已于2019年拆除。后黄某1向法院提起诉讼。

  台州市黄岩区人民法院审理后认为,原、被告于1994年2月15日签订的协议书系双方真实的意思表示,但被告在转让案涉房屋时实际将宅基地使用权一并转让给集体经济组织以外的原告黄某1,违反国家法律、法规的禁止性规定,双方签订的协议书应为无效。对于无效合同,因该合同取得的财产,应当予以返还。现案涉房屋已经拆除,被告已以其名义签署了拆迁补偿安置协议,其应返还原告相应的购房款。被告提出其仅收到房屋转让款12,000元,但其在录音资料中认可另收取了原告地基转让款6000元支付给案外人施某1用于地基调换。被告应当返还原告黄某1上述转让款18,000元,并应按照过错程度赔偿由此产生的相关损失。原告作为农村集体经济组织成员,将宅基地转让给本集体经济组织以外的人员,违反了法律的禁止性规定,具有一定的过错。原告购买其他集体经济组织的宅基地,也存在一定过错。案涉房屋的买卖合同在20余年后被确认无效,考虑到这期间本地房价的上涨幅度,原告因此遭受损失系客观事实。法院酌情确定由两被告赔偿原告经济损失30万元。对于原告主张的1994年2月17日签订的转让屋基地协议书,该协议载明的土地未经报批,亦属无效,因该协议取得的财产两被告亦应予以返还,并应赔偿相应的损失。所以判决:(1)原告黄某1与被告施某2、黄某2于1994年2月15日签订的协议书无效;(2)原告黄某1与被告施某2于1994年2月17日签订的转让屋基地协议书无效;(3)被告施某2、黄某2返还原告黄某1转让款24,500元,并赔偿原告黄某1经济损失318,000元,合计342,500元。

案例十三：对于村民是否具有本集体经济组织成员资格的认定，属于法院审理土地征收补偿分配纠纷时进行审查认定的内容。集体经济组织有权依照法定程序决定对土地征收补偿费用的使用、分配办法，但村民具有的本集体经济组织成员资格和待遇，不因村民会议民主表决而被取消。

案号为(2021)川0824民初4263号的侵害集体经济组织成员权益纠纷案件。案情简介：原告郑某、汤某1、汤某2、任某1、任某2、任某3(以下简称六原告)原系四川省广元市苍溪县云峰镇紫云社区居委会第五居民小组(以下简称原五组)农村集体经济组织成员。2021年5月，因合村并组将原第五居民小组分为两部分，分别与原第九居民小组和第四居民小组进行合并，合并的第九居民小组变更为现在的第三居民小组(以下简称三组)。云峰镇紫云社区居民委员会(以下简称紫云社区居委会)将六原告被分配至现第四居民小组(以下简称四组)。2018年，四川苍溪经济开发区管理委员会(以下简称苍溪开发区管委会)因紫云工业园二期PPP项目工程建设需要，不定期租赁紫云社区居委会的集体土地，租赁合同为一年一签。2020年12月20日，苍溪开发区管委会与紫云社区居委会签订青苗补偿协议。该协议明确2020年苍溪开发区管委会应支付给紫云社区居委会三组、四组的租金为280,627.20元，该笔租金归原五组所有。2021年5月3日，原五组对2020年青苗款进行了分配，但分配表中六原告未参与分配。该分配表下备注：原五组青苗协议金额280,627元，到账金额180,627元，由于分组原因，我组现有农业人口47人，按每人2840元来分配，所以本次实际分配136,888元，剩余43,739元由四组自行分配。因未给六原告分配，故六原告找到紫云社区居委会和云峰镇政府要求解决。2021年5月24日，紫云社区居委会召集原五组各户主(实有35户，到会27户)讨论2020年青苗款分配协调会，会议以表决的方式形成分配方案。最后结论：经大家商议，少数服从多数，原五组的任何款项还是原五组在一起讨论分配，和四组无关。六原告因未分配到补偿款，故向法院提起诉讼。

庭审中，经询问紫云社区居委会法定代表人何某与四组负责人任某，两人均认为，根据当地文件精神，六原告应该属于集体经济组织成员，也该参与分配。

四川省苍溪县人民法院审理后认为，根据现行法律、法规的规定，对于村民是否具有本集体经济组织成员资格的认定，属于人民法院审理农村承包地相应补偿分配纠纷时进行审查认定的内容，在集体经济组织一方对原告的成员资格提出异议后，人民法院有权根据证据在具体案件中对原告是否具有集体经济组织成员资格进行审查和认定，并对原告实体权利主张能否得到支持进行裁判。因此，关于六原告是否具有四组成员资格的问题,经审查和参照相关文件规定,六原告符合原五组成员的条件。虽然合村并组后将六原告分配到现四组,但原告具有的集体组织成员资格的事实不应发生改变。同时,紫云社区居委会和四组也认可六原告现为该组成员,故法院认定六原告具有四组成员的资格并有权参与案涉款项的分配。原五组依照法定程序,有权对土地补偿费用的使用、分配办法经本集体组织成员决定,但村民具有本集体经济组织成员资格和待遇,不因村民会议民主表决而被取消。四组拒不给六原告分配补偿款,损害了六原告的合法权益。因四组系非法人集体经济组织,紫云社区居委会作为基层一级的群众性自治组织的法人,对其下属的非法人集体经济组织负有监督管理职责,其相应的责任应由紫云社区居委会承担。紫云社区居委会负有处理和解决的义务。所以判决:(1)六原告具有紫云社区居委会第四居民小组集体组织成员资格;(2)被告紫云社区居委会负责支付六原告应分得的补偿款人均2840元,共计17,040元。

第八节　农村房屋征收中的特殊情况处理

一、征收范围内的违法建筑与临时建筑的认定和处理

在集体土地征收过程中,并非所有的建筑都会被认定并予以补偿,对于被征收范围内的违法建筑,一般不予补偿,并且要采取一定的处理措施。违法建筑,包括两类:一类是违反《土地管理法》及《土地管理法实施条例》的建筑物,具体见《土地管理法》第74、75、77、78条的规定;另一类是违反《城乡规划法》的建筑物,具体见《城乡规划法》第64~66条的规定。

实践中,对于一些建造年代较早的建筑,在认定是否为违法建筑及其处理上,可能出现争议,各地也会制定关于违法建筑认定和处理的具体办法。概括地讲,凡是在建造时相关建筑的建造有法律制度规定,但未按照相关制度取得审批许可而擅自建设使用的建筑,均可被认定为违法建筑。

对于经主管部门认定的违法建筑,通常的处理方式有:(1)对于尚未建设完成的,停止建设,限期改正;(2)对于已经建设完成的,限期拆除;(3)拒不拆除的,通过法定程序强制拆除;(4)无法拆除的,可以没收,并处以罚款。如果"尚可采取改正措施消除对规划实施的影响的",限期改正,处以罚款。

2022年9月23日,自然资源部发布了《自然资源违法行为立案查处工作规程

(试行)》(自然资发〔2022〕165号)。其中第4.2.6条规定"城乡规划违法建设中尚可采取改正措施情形的认定",内容如下,《城乡规划法》规定的违法建设,下列情形构成尚可采取改正措施:(1)取得建设工程规划许可证,但未按建设工程规划许可证的规定进行建设,在限期内采取局部拆除等整改措施,能够使建设工程符合建设工程规划许可证要求的;(2)未取得建设工程规划许可证即开工建设,但已取得城乡规划主管部门的建设工程设计方案审核决定,且建设内容符合或采取局部拆除等整改措施后能够符合审核决定要求的;(3)其他可以采取改正措施的情形。

对于违法建筑,在集体土地房屋征收中一般不予补偿。经依法批准的临时建筑,如果超过批准期限,不给予补偿。未超过批准期限内的临时建筑,按照重置价格结合剩余使用年限给予适当补偿。

一些地方规范性文件对征收范围内的违法建筑与临时建筑处理作出规定。如《上海市征收集体土地房屋补偿规定》第23条规定:未超过批准期限的临时建筑,可给予适当补偿。对违法建筑、超过批准期限的临时建筑,以及征收土地预公告后擅自进行房屋及其附属物新建、改建、扩建的部分,不予补偿。《广州市农民集体所有土地征收补偿办法》第45条第1款规定:对下列情形的建筑物及构筑物不予补偿:(1)按法律、法规等规定认定为违法建设的建筑物及构筑物;(2)超过批准使用期限的临时建筑物及构筑物;(3)新房建成后应当拆除的旧房;(4)征收土地预公告发布后的抢建部分。

《杭州市征收集体所有土地房屋补偿条例》第15条规定:征地范围内的违法建筑物、超过批准期限的临时建筑和暂保使用的房屋,应当自行拆除,不予补偿,不作为安置依据。拆除经依法批准尚未超过批准期限的临时建筑,可以根据已使用年限给予适当补偿,但不作为安置依据。被补偿人在市国土资源管理部门发出征地房屋补偿实施方案公告后,进行装修、翻(扩)建的,不予补偿,不作为安置依据。

以下举例说明。

案例十四:城镇居民不得到农村购买宅基地、农民住宅或小产权房。城镇居民与农村村民合作建房,并未取得房屋所有权,房屋被认定为违法建筑而实施强制拆除的,出资的城镇居民无权获得相应赔偿。

一审案号为(2019)琼02行赔初9号,二审案号为(2019)琼行赔终108号的行政赔偿纠纷案件。案情简介:2010年6月24日,案外人高某与赵某1、赵某2分别签订联合建房协议书,约定:由高某出资,赵某1、赵某2提供自己位于三亚市天涯区海坡村的宅基地共计750平方米联合建设房屋;建房面积在12层以下(含12层)的,双方按各占有50%的原则分配房屋,第13层、第14层中除2间房归赵某1、赵某2之外,其余房屋产权归高某所有。该协议签订后,高某分别向赵某1、赵某2支付原有建筑物的赔偿款75万元和130万元。2012年12月,高某与赵某1、赵某2联合建成一栋14层楼房(久久公寓),占地面积为729.76平方米,建筑面积为9526.27平方米。2016年4月11日,天涯区综合行政执法局经巡查发现赵某1、赵某2未经规划部门批准,擅自建设案涉房屋,遂于当日对赵某1、赵某2作出接受调查询问通知书。2016年7月15日,天涯区综合行政执法局作出行政处罚决定(以下简称83号处罚决定),认定其二人未取得建设工程规划许可证,擅自建设案涉房屋的行为违反了《城乡规划法》第40条及《海南省城乡规划条例》第37条的规定,所以责令赵某1、赵某2拆除上述违法建设建筑物。后天涯区综合行政执法局于2016年7月25日作出强制执行催告书,催告赵某1、赵某2自行拆除上述违法建设建筑物,逾期不拆除的将由该局强制拆除。2016年7月29日,天涯区综合行政执法局对赵某1、赵某2作出强制执行决定书。2017年3月28日,天涯区综合行政执法局强制拆除了案涉房屋。2017年3月2日,高某与刘某签订"合同权利"转让协议,载明虽然高某与赵某1、赵某2于2010年6月24日分别签署了联合建房协议书,但实际投资人是高某、刘某、宋某三人,高某同意将联合建房协议书中的合同权利全部转让给刘某,并由刘某作为合同的新主体。为此,刘某以三亚市人民政府为被申请人,向海南省人民政府申请行政复议,请求确认三亚市人民政府强制拆除案涉房屋的行政行为违法。2017年11月1日,海南省人民政府作出行政复议决定书,以刘某的申请不属于其职责范围,驳回了刘某的行政复议申请。2018年1月22日,刘某向三亚市人民政府递交行政赔偿申请,请求三亚市人民政府向其赔偿因违法征收案涉房屋给其造成的财产损失22,953,412元,但三亚市人民政府未对其申请作出赔偿决定或答复。2018年6月13日,刘某向法院提起行政赔偿诉讼。

海南省三亚市中级人民法院一审认为,该案的争议焦点为:刘某所诉称的财产损失是否为三亚市人民政府的征收行为所导致,其赔偿请求是否具有充分、合法的依据。该案中,案涉房屋系海坡村村民赵某1、赵某2与外来人员高某联合兴建的房屋。该房屋建在海坡村八组农民集体所有的土地上,依法取得建设工程规划许可证,天涯区综合行政执法局据此已于2016年7月15日作出83号处罚决定,认定案涉房屋为违法建筑,并责令赵某1、赵某2在规定期限内予以拆除。因赵某1、赵某2逾期未履行83号处罚决定所确定的拆除义务,天涯区综合行政执法局经催告及作出强制执行决定书后,于2017年3月28日强制拆除了案涉房屋。刘某对天涯区综合行政执法局作出83号处罚决定及强制拆除案涉房屋的行政行为不服,分别提起行政诉讼。两案生效行政判决已经认定天涯区综合行政执法局作出的83号处罚决定证据充分,适用法律正确,程序合法,天涯区综合行政执法局强制拆除案涉房屋的行政行为程序合法。以上事实表明,案涉房屋是被天涯区综合行政执法局作为违法建筑拆除的,并非由三亚市人民政府作为被征收房屋拆除,三亚市人民政府的征收行为与刘某所主张的案涉房屋损失不存在因果关系。此外,因案涉房屋的建设未依法取得建设工程规划许可证,违反了《城乡规划法》第40条第1款的规定,故刘某所主张的案涉房屋损失不属于合法权益,不受法律保护。所以,海南省三亚市中级人民法院判决驳回刘某的赔偿请求。

刘某提起上诉,海南省高级人民法院二审判决驳回上诉,维持原判。

刘某申请再审。最高人民法院作出的(2020)最高法行赔申872号行政赔偿裁定书,裁定驳回刘某的再审申请。

二、村民依法取得的宅基地使用权应予以合理补偿

在农村中,存在特殊原因,虽已经办理宅基地申请审批手续但没有建房的情况,或者宅基地上此前有房屋但已被拆除,严格来说并不符合农村房屋征收的条件。但在实践中,如果符合"一户一宅"原则,被征收人仍享有宅基地使用权,征收人应对其予以补偿安置。

如《上海市征收集体土地房屋补偿规定》第17条第1款规定:(已批未建的房屋补偿)征收土地预公告时,已取得建房批文但新房尚未建造完毕的,新房在建工程按照实际完成的工程量重置价补偿;建房批文规定应当拆除尚未拆除的旧房,可按照重置价结合成新价格补偿。本条规定的重置价,由区征地事务机构委托估价机构评估。该规定第18条第1款规定:(可建未建的房屋补偿)征收土地预公告时,符合本市农村村民住房建设申请条件的村民家庭,因建设规划控制等原因未新建、扩建住房的,现住房建筑面积以征收土地预公告时符合农村村民建房申请条件的人数计算;低于现行农村村民住房可建面积标准的部分,可给予土地使用权基价补偿和价格补贴,但他处有经批准建造的农村住宅、已享受过福利分房或已享受过征收、拆迁补偿安置的人数除外。每户可建未建建筑面积与原建筑面积总和,不得高于当地现行农村村民住房建设标准,且不作分户计算。

以下举例说明。

案例十五：宅基地使用权是农村集体经济组织成员的一项基本权利，应当保障农村村民实现户有所居。村民在未经批准的情况下建设房屋，所建房屋被认定为违法建筑并已被强制拆除，但仍享有宅基地使用权，征收部门应对宅基地使用权人予以补偿安置。

一审案号为(2019)豫13行初145号，二审案号为(2019)豫行终3767号的行政征收案件。案情简介：陈某的户籍一直在河南省信阳市平桥区信阳工业城城东办事处刘洼村陈庙组，系该组村民。结婚后，其丈夫华某1的户籍随其迁入该村，其儿子华某2、女儿华某3出生后户籍也登记在该村，三人均具有该村村民资格。陈某父亲(已去世)名下有当地土地管理机构1990年发证的该村宅基地一处，用地面积为116平方米；其兄长有当地土地管理机构1998年发证的该村宅基地一处，用地面积为165平方米。因在外做生意，陈某一家四口长期不在本村居住。2014年，陈某在未获批准的情况下，在旧宅旁建房两间。2017年10月27日，信阳高新技术产业开发区行政执法局(以下简称信阳高新区行政执法局)对陈某作出限期拆除通知，该通知以陈某未经批准擅自非法占地并未办理建设工程规划许可证便建筑违法建筑为由，责令陈某于2017年10月29日前自行拆除案涉房屋，否则将依法强制拆除。2018年2月23日，陈某所建的案涉房屋被强制拆除。2017年，陈某建房的区域内土地上的房屋被征收，征收实施相关单位没有将陈某所建案涉房屋作为合法建筑，纳入征收安置补偿范围，对陈某、华某1、华某2、华某3一家进行安置补偿。在该区域征收补偿期间，陈某所建案涉房屋被有关单位拆除。2019年8月20日，陈某、华某1、华某2、华某3向法院提起行政诉讼。

河南省南阳市中级人民法院审理后认为，公民的合法财产受法律保护，违法建筑不受法律保护。陈某等四原告一家所建案涉房屋没有经过审批、办理相关建房手续，不具有合法性。案涉房屋经信阳高新区行政执法局认定为违法建筑，责令其自行拆除。后该房被有关部门强制拆除。集体土地上房屋被征收，被征收房屋需要经过征收补偿相关单位进行房屋产权审查认证。该房屋没有经过征收实施单位产权认证需要进行安置补偿。事实上，征收单位拒绝对该房屋作出补偿，且在征收实施过程中，该房屋因被认定为违法建筑被强制拆除。所以判决驳回陈某等四原告的诉讼请求。

陈某等四原告提起上诉，河南省高级人民法院审理后认为，首先，该案作为行政征收补偿案件，应由征收补偿主体为被告。信阳高新技术产业开发区系经河南省人民政府批准设立,依据最高人民法院《关于适用〈中华人民共和国行政诉讼法〉的解释》第21条的规定,信阳高新技术产业开发区管理委员会(以下简称信阳高新区管委会)可独立作为行政诉讼的被告。其次,宅基地使用权是农村集体经济组织成员的一项基本权利。陈某作为刘洼村陈庙组的村民,户籍一直未变动,依法享有村集体经济组织成员的各项权利,包括宅基地使用权。陈某结婚后,其随迁入户的丈夫和所生子女均依法享有村集体经济组织成员的各项权利,包括在本村的宅基地使用权。虽然其家庭因经商长期在外生活,并不否定其依法享有的村集体经济组织成员资格和宅基地使用权。政府依法征收集体土地,并经法定程序出让,是城市发展和公共利益的需要,但应当通过补偿、安置等措施依法保护被征地村民的合法权益。对原集体土地上的房屋进行补偿,既包括对房屋造价的补偿,也包括对宅基地使用权益的补偿。对于特殊情形下村民在所属集体经济组织无房的,也应当通过置换、补偿等方式保护其依法享有的宅基地使用权益。信阳高新区管委会以上诉人无被征收的合法房屋为由拒绝予以补偿,理由不能成立。最后,陈某在未得到批准的情况下进行建设,所建房屋被认定为违法建筑并被强制拆除,这一事实客观存在。信阳高新区管委会简单地以陈某等四原告所建房屋未经批准属违法建筑、原住房已坍塌为由,拒绝予以补偿安置,理由不足,有失公平。综上,四原告认为其应当获得征收补偿的主张成立,被上诉人信阳高新区管委会不予补偿的行为应当确认违法。但是,基于补偿安置方式的多样性和该案的特殊性,该案不宜直接判决如何补偿。所以河南省高级人民法院判决:(1)撤销南阳市中级人民法院(2019)豫13行初145号行政判决;(2)驳回陈某等四原告对信阳市人民政府、信阳高新技术产业开发区城东街道办事处的起诉;(3)确认信阳高新区管委会对陈某等四原告不予补偿的行为违法;(4)责令信阳高新区管委会对陈某等四原告依法予以补偿。

信阳高新区管委会申请再审,最高人民法院作出的(2020)最高法行申13515号行政裁定书裁定驳回信阳高新区管委会的再审申请。

三、继受取得的农村房屋征收与补偿

继受取得是指通过某种法律行为从原所有人那里取得对某项财产的所有权。继受取得方式包括买卖、赠与、互换、析产、继承、受遗赠等。继受取得一般通过事件的发生或民事法律行为的实施而取得物权。在农村房屋征收中,主要是农村房屋已转让或赠与情况,城镇居民继承农村房屋的情况,在实务处理中存在一定

争议。

　　房屋赠与,常见的情况是:父母在分家析产时,将部分农村房屋赠与子女;在农村房屋征收后,父母将部分安置房赠与子女。根据《民法典》第658条第1款的规定,赠与人在赠与财产的权利转移之前可以撤销赠与。如果在拆迁前已赠与房屋,由被赠与人作为被征收人与征收部门签订征收补偿安置协议,该赠与行为因征收补偿安置协议的签订而完成,赠与财产的权利已发生转移,赠与人不能任意撤销。实践中,因为子女不孝,父母后来想撤销赠与的情况也很常见。如父母作为被征收人与征收部门签订征收补偿安置协议,并明确表示将部分安置房赠与子女,但该安置房因故还未办理产权登记。在此时,父母可以撤销房屋赠与。但对于父母行使的是任意撤销权还是法定撤销权,实务中也存在一定的争议。

　　作为城镇居民的子女继承父母在农村的房屋,后来该房屋被征收,城镇居民虽然作为被征收人但其对补偿安置方式往往没有选择权。其不能采取重新安排宅基地建房、提供安置房的安置方式,只能选择货币补偿。如果继承人中有城镇居民也有农村村民,在共有遗产分割前,所继承的农村房屋被征收,遗产就转化为拆迁征收利益,各继承人可以就拆迁征收补偿利益进行分割。如果采取提供安置房加货币补偿的安置方式,安置房只能由农村村民来享受,城镇居民不仅能获得货币补偿,还可以要求获得安置房的其他继承人给予一定的经济补偿。

　　实践中,对于农村房屋转让后的补偿安置,存在较大的争议。有些地方以房屋买受人作为被补偿人,如果买受人是房屋所在地集体经济组织成员,可以获得相应的补偿安置待遇,包括安置房。如果买受人是非房屋所在地集体经济组织成员,一般采取的是货币补偿方式。

　　有些地方规定允许农村房屋买卖双方当事人协商确定补偿分配。如《广州市农民集体所有土地征收补偿办法》第46条规定:"对非被征收土地农村集体经济组织成员建造或者购买房屋的补偿,除符合本办法第四十一条规定的情形外,按照本办法第三十二条的规定确定的补偿对象与房屋建造人或者购买人先行协商解决,协商不成的,可以依法申请调解、仲裁或者提起诉讼。在调解、仲裁或者诉讼明确具体权益分配前,可将相关补偿费用按程序进行公证提存。"

　　更多的地方是以宅基地使用权人(房屋出卖人)作为被征收人,被征收人可以获得相应的补偿安置待遇,可以选择相应的安置方式。如《上海市征收集体土地房屋补偿规定》第13条第1款规定:征地房屋补偿应当以合法有效的宅基地使用权证、房地产权证、不动产权证或者建房批准文件计户,按户进行补偿。《广州市农民集体所有土地征收补偿办法》第 42 条第 1 款规定:农村村民住宅应当以不动产权属证书或者登记证明,用地、建房批准文件,人民法院、仲裁机构生效的法律文书等作为补偿安置依据。

如果此前签订农村房屋买卖合同,买受人是房屋所在地集体经济组织成员,合同有效,应以买受人作为被征收人。如果买受人已有其他宅基地上房屋,不能就该房屋重新安排宅基地建房或提供安置房的安置方式,只能选择货币补偿方式。如果买受人是城镇居民或非房屋所在地集体经济组织成员,无法获得补偿安置待遇,只能主张合同无效,要求房屋出卖人退回购房款并赔偿损失,该损失以拆迁征收利益作为计算依据。

实务中,还有一种特殊情况:非本村村民购买宅基地上房屋后将户籍迁入该村,是否可以享受补偿安置待遇? 下面举例说明。

案例十六:非本村村民购买宅基地上房屋后迁入户籍,并在该房屋中生活居住,可以享受村民补偿安置待遇。虽然宅基地使用证因故没有换发,但仍合法有效,且当事人系经村民小组同意使用宅基地,并支付地上建筑物款项,持有案涉宅基地使用证,是案涉宅基地的使用人。

一审案号为(2018)豫 71 行初 516 号,二审案号为(2018)豫行终 2288 号的拆迁补偿安置案件。案情简介:原告孙某系河南省郑州市中原区须水办事处白寨村村民。2007 年,白寨村民委员会将该村一块面积为 302.5 平方米的宅基地交付给孙某使用,孙某为此交付了原宅基地上房屋的补偿款 17 万元。该块宅基地为村民方某因非法买卖被白寨村民委员会收回的宅基地。白寨村民委员会及白寨村第三村民小组于 2007 年 1 月出具证明,载明"此院已由方某退回村里,现批给村民孙某使用,暂使用原手续,以后换证时给予调换"。2007 年 12 月 10 日,孙某的户籍由柿园村迁入白寨村,并在案涉房屋中生活居住。由于当时中原区已经暂停换发宅基地证,所以该宅基地证载使用者为方某,未能及时变更为孙某。2015 年,中原区人民政府成立了中原新区白寨片区改造指挥部,对白寨村进行城中村改造,发布了《中原新区白寨片区改造拆迁补偿安置方案》(以下简称《白寨安置方案》),在没有与孙某就案涉宅基地及地上房屋签订拆迁安置补偿协议的情况下,将案涉宅基地上房屋予以拆除。孙某提起行政诉讼,要求中原区人民政府履行拆迁安置补偿义务。

河南省郑州铁路运输中级法院审理后认为,《白寨安置方案》第 4 条第 2 款"安置标准"规定:"村(居)民安置以村(居)民所持合法有效宅基地使用证为依据,可以选择按证或按人口计算回迁安置面积,回迁安置面积为建筑面积(含公摊面积)。"虽然案涉宅基地使用证因故没有换发,但仍合法有效,且孙某系经村民小组同意使用案涉宅基地,支付了地上建筑物款项,持有案涉宅基地使用证,是案涉宅基地的使用人;其户籍迁入在《补充规定》规定的户口认定截止日期之内,是白寨村(居)民,符合《白寨安置方案》第4条第2款的规定。所以判决:中原区人民政府按照《白寨安置方案》第4条第2款的规定,就案涉宅基地对孙某进行拆迁补偿安置。

中原区人民政府提起上诉,河南省高级人民法院审理后认为,案涉房屋下的土地办理了宅基证,使用权人孙某户籍转入白寨村,且该村村民小组认可其系"本村村民",认可其使用案涉土地,故应认定其符合《白寨安置方案》第4条第2款所规定的安置补偿条件。所以判决驳回上诉,维持一审判决。

中原区人民政府申请再审。最高人民法院作出的(2019)最高法行申1095号行政裁定书裁定驳回中原区人民政府的再审申请。

四、超面积标准的农村房屋征收与补偿

在农村房屋征收中,需要明确房屋的用途和建筑面积,建筑面积包括合法建筑面积与非法(违章)建筑面积。在补偿安置时尤其是采用货币补偿方式时,以合法建筑面积作为主要计算依据。各地规范性文件都对此进行规范,尤其是明确超面积标准的农村房屋征收与补偿处理。

如《上海市征收集体土地房屋补偿规定》第13条第2款规定:房屋的用途和建筑面积,以宅基地使用权证、房地产权证、不动产权证或者建房批准文件的记载为准。该规定第19条规定(超标准建房的补偿):虽经建房批准,但有下列情形之一的,对超过本市农村村民住房建设标准的建筑面积,可给予房屋建安重置结合成新价补偿,但不给予土地使用权基价补偿和价格补贴:(1)在批准建房时,超过本市农村村民住房建设标准审批的;(2)在批准建房时,只批准房屋建筑占地面积,未明确房屋层数、建筑面积的。超标准建筑面积,由镇(乡)人民政府或街道办事处认定。

《广州市农民集体所有土地征收补偿办法》第42条第2款规定:房屋的用途和建筑面积,以不动产权属证书或者登记证明、建房批准文件的记载为准,记载情况与不动产登记簿不一致的,以不动产登记簿为准。该办法第45条第2款规定:对2009年12月31日前建成的现状建筑,若已完善历史用地手续且符合农村村民

住宅建设相关规定,经村集体批准使用宅基地的,对现状房屋不超过280平方米建筑面积按"拆一补一"复建安置,超出部分建筑面积不予复建安置,按被征收土地涉及的物业、农村村民住宅重置价给予货币补偿;不具备复建安置条件的,按照本办法第43条实行货币补偿。属于未经村集体批准,私自占地建设的不予复建安置,按建安成本价给予货币补偿。

此外,因为历史原因,存在一户村民拥有多处宅基地的情况,宅基地的总面积超过所在地区的面积标准。对于这种特殊历史原因导致的特殊情况,在土地征收与补偿的过程中,往往会对超出部分给予一定的补偿,但会对补偿的上限进行限制,具体则应根据不同地区的具体政策规定为准。

五、集体土地上所建的非住宅用房征收与补偿

在集体土地上所建的房屋,以住宅为主,还有一些是非住宅用房(或称非居住房屋)。一些地方规范性文件对这些房屋征收与补偿进行了专门的规范。

如《上海市征收集体土地房屋补偿规定》第20条规定:对非居住房屋实行货币补偿。农村集体经济组织以土地使用权入股、联营等形式与其他单位、个人共同举办企业的非居住房屋,以及通过集体经营性建设用地入市取得土地使用权的非居住房屋,其货币补偿金额计算公式为房屋建安重置价+相应的土地使用权取得费用。房屋建安重置价、相应的土地使用权取得费用,由区征地事务机构委托估价机构评估。相应的土地使用权取得费用,是指在征地房屋补偿方案公告之日取得相同性质、相同数量、相同地段等级土地使用权所应支付的费用。一般按照征收该地块集体土地的现行标准评估,包括耕地占用税、耕地开垦费、土地补偿费、青苗补偿费和安置补助费等。评估时,可参照同区域工业园区内相同数量的土地使用权取得费用作相应的系数调整。补偿本条第二款中的非居住房屋时,权利人应当出示依法取得土地使用权的证明材料。该规定第22条规定:居住房屋附属的棚舍、除本规定第20条第2款以外的非居住房屋,以及其他构筑物的补偿,按照本市有关国家建设征地的财物补偿标准执行。

《杭州市征收集体所有土地房屋补偿条例》第四章专门规定"非住宅用房及其他补偿"。如该条例第24条规定:非住宅用房不作产权调换,由补偿人按照被拆除房屋重置价格结合成新的三倍对被补偿人予以补偿。补偿人按照上述标准补偿后,被补偿人需要迁建的,由被补偿人自行解决。补偿人不再另行承担迁建费用及停业期间的补贴,也不提供过渡用房。该条例第25条规定:非住宅用房确需迁建的,也可以由补偿人按照被拆除房屋重置价格结合成新对被补偿人予以补偿,并且提供迁建有关费用,由被补偿人按照有关规定自行复建。停业期间由补偿人酌情对被补偿人予以经济补贴。建设项目性质和房源许可的,也可以实行产权调换,建筑面积与原建筑面积相等的部分,按照重置价格结合成新,结算差价;建筑面积超过原建筑面积的部分,按照商品房价格结算;建筑面积不足原建筑面积的部分,按照重置价格结合成新的三倍结算。第26条规定:私有住宅用房附属的禽畜棚舍、室外厕所、门斗等,均不作原住宅用房建筑面积计算,由补偿人给予相应的折价补偿。

以下举例说明。

案例十七:市、县人民政府负责具体征收与补偿的法定行政主体,也负有确保被征收人通过签订协议或者以补偿决定等方式取得公平补偿的义务。被征收人可以依法请求市、县人民政府依法履行补偿安置职责,要求依法作出包含补偿安置内容的补偿安置等决定。

再审案号为(2018)最高法行再124号的不履行行政补偿法定职责案件(入库案例)。案情简介:2000年4月18日,上海蝶球阀门技术开发部(乙方,以下简称蝶球开发部)与上海市闵行区塘湾村委会(甲方,以下简称塘湾村委会)签订房地产权转让合同,约定由乙方自甲方处受让位于上海市闵行区莲花南路的1.32亩集体建设用地使用权、两幢楼房及附属设施等地上建筑物产权,并约定由塘湾村委会负责办理房地产权过户手续。2004年12月29日,上海申闵实业有限公司(以下简称申闵公司)与蝶球开发部签订协议书,载明以上1.32亩土地与两幢办公楼等由申闵公司负责继续办理产权过户手续,期间蝶球开发部实际拥有全部权利。如遇拆迁,蝶球开发部享受全部的政策性拆迁费。2005年3月28日,双方签订修改协议,申闵公司同意蝶球开发部在厂区内新建1300平方米简易辅助用房,同意原两幢楼房改建为企业职工住房。2009年3月,蝶球开发部与上海洪风物流公司(以下简称洪风公司)签订场地和房屋出租合同,约定由洪风公司承租,租期10年。2011年11月22日,上海市人民政府批准同意闵行区征收农村集体土地。2011年12月21日,上海市闵行区人民政府(以下简称闵行区政府)作出《征收土地方案公告》,征收包括上述集体建设用地在内的上海市吴泾镇莲花路西南潮浜南地块集体土地。2013年5月10日,上海紫竹科学园区吴泾镇开发办公室(甲方,以下简称吴泾镇开发办)与申闵公司(乙方)签订动迁补偿协议书,甲方支付乙方补偿费3,663,268元。同日,吴泾镇开发办(甲方)与塘湾村委会(乙方)签订动迁补偿协议书,甲方支付乙方补偿费2,706,054元。两份协议书均约定乙方应在

2013年5月16日之前全部搬运完成,地面资产等不动产均由乙方自行负责拆除。2013年5月,案涉房屋被拆除。因未得到合理补偿,蝶球开发部于2016年7月24日向闵行区政府申请履行土地房屋征收补偿法定职责,闵行区政府未予答复。后,蝶球开发部向法院提起行政诉讼,请求判令闵行区政府依法履行案涉土地房屋征收补偿法定职责;采取补救措施,对由蝶球开发部经合同转让并独资建造的房屋、水泥场地等依法给予征收补偿。

上海市第一中级人民法院作出(2017)沪01行初61号行政裁定,对蝶球开发部的起诉不予立案。

蝶球开发部提起上诉。上海市高级人民法院作出(2017)沪行终177号行政裁定:驳回上诉,维持一审裁定。

蝶球开发部申请再审。最高人民法院审理后认为:现行集体土地征收制度的本质是国家基于公共利益需要实施征收,并由国家依法给予公平合理补偿的制度,市、县人民政府是代表国家负责具体征收与补偿的法定行政主体。市、县人民政府有权代表国家组织实施征收,也负有确保被征收人通过签订协议或者以补偿决定等方式取得公平补偿的义务。市、县人民政府可以结合实际需要,要求土地管理部门具体组织实施本行政区域的土地房屋征收补偿工作,或者委托乡镇人民政府、区(县)征地事务机构等主体从事具体的补偿安置事宜,但市、县人民政府不因此即免除法定补偿安置义务,在被征收人未签订补偿安置协议的情况下,市、县人民政府或其指定的土地管理部门依法应当以书面形式作出补偿安置决定,履行补偿安置义务。否则,被征收人可以依法请求市、县人民政府或其指定的土地管理部门依法履行补偿安置职责,要求依法作出包含补偿安置内容的补偿安置等决定。该案中,蝶球开发部与塘湾村委会于2000年4月签订协议,由蝶球开发部自塘湾村委会处受让1.32亩集体建设用地使用权、两幢楼房及附属设施等地上建筑物产权,并约定由塘湾村委会负责办理房地产权过户手续。蝶球开发部与塘湾村委会、申闵公司还分别于2002年、2004年、2005年签订相关协议,就增加的集体土地使用权及相关费用作出约定,还约定塘湾村委会及申闵公司均认可蝶球开发部拥有对涉案房屋和土地相当于产权证书的相应物权。表明协议主体对所涉土地已经依法取得建设用地使用权,而现行法律法规并不禁止特定情形下集体建设用地使用权可以依法流转。塘湾村委会在案涉协议中均认可蝶球开发部拥有对涉案房屋和土地的全部权利,且约定如遇拆迁由塘湾村委会负责蝶球开发部依法应取得的全部的政策性补偿安置费用。蝶球开发部未依约取得案涉集体建设用地使用权证和房屋所有权证,主要系塘湾村委会未依法及时履约所致。因长期以来案涉不动产均由蝶球开发部占有、使用、收益及经许可自建部分房屋,蝶球开发部是适格的被征收人和补偿安置相对人,而塘湾村委会、申闵公司、吴泾镇开发办等相继与蝶球开发部协商案涉补偿安置事宜。蝶球开发部有权主张其依法应当获得的补偿安置权益,而闵行区政府作为案涉征收实施主体,依法也负有相应补偿安置义务。因蝶球开发部先后提起过多起民事和行政诉讼,而其补偿安置争议问题仍未有效解决。因案涉房屋已经被实际拆除而闵行区政府并未依法对蝶球开发部作出任何补偿,在此前提下,蝶球开发部请求闵行区政府履行征收补偿法定职责,人民法院应予尊重。一审、二审法院分别对蝶球开发部的起诉不予立案及驳回上诉,适用法律确有错误,依法应予纠正。最高人民法院作出(2018)最高法行再124号行政裁定:(1)撤销一审、二审行政裁定;(2)指令上海市第一中级人民法院受理该案。

关联案例:集体土地上所建的非居住房屋被征收,建设用地使用人是适格的被征收人和补偿安置相对人。征收实施主体应当对被征收人予以相应安置补偿,补偿费用包括土地补偿费、房屋补偿费、停产停业损失及搬迁奖励等。

一审案号为(2019)沪01行赔初4号,二审案号为(2020)沪行赔终13号的行政赔偿案件。案情简介见案例十七。

上海市第一中级人民法院审理后认为,根据(2018)最高法行再124号行政裁定,蝶球开发部是适格的被征收人和补偿安置相对人,故其有权主张依法应当获得补偿安置权益。经审查,该案第三人上海市闵行区吴泾镇投资发展中心(以下简称吴泾投资中心)作为案涉征收实施主体,依法负有相应的补偿安置义务。且该案中案涉房屋已被拆除,蝶球开发部通过多次诉讼仍未获得补偿安置利益,为减少当事人诉累,实质性解决争议,基于公平合理原则,应由吴泾投资中心对蝶球开发部案涉土地及房屋予以补偿安置。吴泾投资中心亦表示愿意对蝶球开发部进行补偿安置,故结合评估报告、案涉土地征收补偿相关规定,以及为了案涉房屋的拆除事宜而另行向承租使用案涉房屋的案外人支付迁让补偿款等事实,法院酌定吴泾投资中心尚需向蝶球开发部支付案涉土地、案涉房屋、停产停业及搬迁奖励等补偿款1200万元。关于蝶球开发部要求对案涉土地及案涉房屋按照国有土地征收标准进行补偿以及对其补偿动迁损失5586万元、搬迁奖励费838万元的主张,因案涉土地系集体土地,且蝶球开发部主张的计算标准亦依据不足,法院对蝶球开发部前述意见均不予采信。鉴于案涉房屋于2013年5月16日被拆除,至今蝶球开发部未获得相应的拆迁补偿,第三人应对此承担相应的责任,蝶球开发部有权主张补偿费的相应利息,计息日期应从案涉房屋被拆除之日起算。所以,判决:(1)吴泾投资中心应支付蝶球开发部补偿款人民币1200万元;(2)吴泾投资中心应支付蝶球开发部补偿款利息;(3)驳回蝶球开发部的其余赔偿请求。

  蝶球开发部提起上诉。上海市高级人民法院二审判决:驳回上诉,维持原判。

第十一章
农村家庭内部不动产处理

第一节 农村住宅设立居住权

一、《民法典》对居住权的规定与理解

《民法典》物权编第十四章中创设了"居住权"制度,内容如下:

第三百六十六条 居住权人有权按照合同约定,对他人的住宅享有占有、使用的用益物权,以满足生活居住的需要。

第三百六十七条 设立居住权,当事人应当采用书面形式订立居住权合同。

居住权合同一般包括下列条款:

(一)当事人的姓名或者名称和住所;

(二)住宅的位置;

(三)居住的条件和要求;

(四)居住权期限;

(五)解决争议的方法。

第三百六十八条 居住权无偿设立,但是当事人另有约定的除外。设立居住权的,应当向登记机构申请居住权登记。居住权自登记时设立。

第三百六十九条 居住权不得转让、继承。设立居住权的住宅不得出租,但是当事人另有约定的除外。

第三百七十条 居住权期限届满或者居住权人死亡的,居住权消灭。居住权消灭的,应当及时办理注销登记。

第三百七十一条 以遗嘱方式设立居住权的,参照适用本章的有关规定。

由于居住权制度是《民法典》新创设的用益物权制度,所以目前没有相关的其

他法律、法规规定，也没有出台全国统一的居住权登记规范，最高人民法院也没有出台相关的司法解释。本节中很多内容是本书作者的个人观点，特此说明。

(一)居住权是一种用益物权

所谓居住权，是指以居住为目的，对他人的住宅及其附属设施所享有的占有、使用的权利。按照《民法典》的规定，我国的物权分为所有权、用益物权与担保物权等类型。居住权在性质上是一种用益物权，所以应适用《民法典》关于用益物权的一般规则。

(二)居住权人应是自然人

自然人是民法中的一个法律概念，是指一般的个体，区别于法人与非法人组织。因为居住权是为了"满足生活居住的需要"，所以居住权主体只能是自然人。虽然法人和其他组织也可以对住宅进行占有与使用，但不能是出于满足生活居住的需要。所有权人可以为两个及以上的自然人共同设立居住权(如子女为父母共同设立居住权)，由权利人共同享有居住权。当然，所有权人可以将住宅的不同区域为不同的居住权人分别设立居住权。如农村房屋所有权人将院子的东侧房屋提供给叔叔一家居住并设立居住权；将院子的西侧房屋提供给伯伯一家居住并设立居住权。

(三)住宅所有权人可以是自然人，也可以是其他民事主体

自然人所有的住宅，如家庭私有住宅，当然可以设立居住权。此外，法人、非法人组织也可以作为居住权的设立主体，如企业将自己购买的商品房提供给员工居住并设立居住权，高校将建造的职工宿舍提供给老师居住并设立居住权，都是可以的。但需要注意的是，法人、非法人组织只能是居住权的设立主体，不能作为居住权的权利主体即居住权人。在农村住宅上设立居住权，所有权人一般是自然人。此外，居住权的设立主体有可能是村集体经济组织或村委会，如利用集体所有的房屋为农村五保户设立居住权，在养老院中为老人设立居住权。

(四)设立居住权的目的是满足生活居住的需要

《民法典》将居住权的权利范围限于"满足生活居住的需要"，即居住权人无权将住宅用于生活居住之外的其他用途，如利用住宅进行商务办公，开设小型超市、商店、宾馆、茶馆或棋牌室等。即使双方在居住权合同中约定该住宅可以出

租,承租人也不能用于其他用途尤其是商业经营的用途。当然,如出于职业的需求,居住权人可以利用住宅从事不违背生活居住需要的活动。如居住权人为个体商贩,可以将少量的待售物品存放于该住宅内。

(五)居住权主要通过订立合同与遗嘱方式设立

从《民法典》的相关规定来看,居住权的设立主要有合同和遗嘱两种方式。合同是设立居住权的主要方式,居住权合同应采用书面形式订立。这样可以明确合同的内容,减少可能出现的纠纷。居住权可以通过遗嘱方式设立,一般适用于住宅所有权人以遗嘱方式为他人设立居住权的情形。如遗嘱人在遗嘱中将自己所有的住宅指定由某个或多个继承人继承或将住宅赠送给受遗赠人的同时,要求继承人或受遗赠人同意其在该住宅上为第三人设立居住权。此外,居住权还可以通过生效的法律文书设立。尤其在赡养纠纷、继承纠纷、离婚纠纷中,通过法院出具的判决书或调解书方式设立居住权是常见的情形,但也应办理居住权设立登记。

(六)居住权要办理登记才能生效

居住权与其他不动产物权一样,采取了登记生效主义。这对居住权人与善意第三方的保护较有利。居住权的设立、变更和消灭,自记载于不动产登记簿时发生效力。因此,当事人仅签订居住权合同并不能导致居住权的设立,必须办理登记才能生效。

(七)居住权不得转让、继承,设立居住权的住宅经当事人约定才可以出租

《民法典》第369条明确规定"居住权不得转让、继承",居住权具有不可转让性。如果在居住权合同中明确约定"可以出租",居住权人可以采取出租房屋形式实现一定的收益,这在有偿设立居住权的情况下比较常见;如果在居住权合同中约定"不能出租",双方应遵守该约定;如果在居住权合同中对此没有约定,意味着居住权人也无权出租,这在无偿设立居住权的情况中比较常见。需要说明的是,设立居住权的住宅经当事人约定可以出租,并非"居住权经当事人约定可以出租"。

(八)居住权的消灭事由

居住权作为用益物权,是一种有期物权。当居住权合同约定有存续期间时,期限届满的,居住权消灭。居住权人死亡,即使居住权期限未满,居住权也消灭。

因为居住权不能被继承,所以居住权人的继承人或与其共同生活的人员,也不能取得继续居住的权利。

除以上两种导致居住权消灭的法定事由外,可以办理居住权注销登记的其他常见事由还有:居住权人放弃居住权,居住权合同提前解除,居住权撤销,人民法院、仲裁机构的生效法律文书导致居住权消灭,住宅被征收,住宅灭失或严重损毁,居住权与所有权混同(归于同一人)。

居住权消灭是办理居住权注销登记的前提,办理居住权注销登记后,才意味着居住权的真正消灭。

二、居住权合同的一般条款与注意事项

居住权合同一般包括下列条款:(1)当事人的姓名或者名称和住所;(2)住宅的位置;(3)居住的条件和要求;(4)居住权期限;(5)解决争议的方法。

下面对这些一般条款的写法进行分析。

(一)当事人的姓名或者名称和住所

居住权合同一般包括双方当事人,其中以房屋所有权人为一方,以居住权人为另一方。

房屋所有权人可以是自然人,也可以是法人或非法人组织。如果是自然人,一般需要填写姓名、公民身份号码、现具体住址(住所)、联系电话等基本信息。如果是共有住宅,应该将所有共有人作为一方当事人,或者书面授权某一共有人作为代表签字。

居住权人只能是自然人,写法同上。但居住权人有可能是多人,如果是家庭成员共享一套住宅的居住权,可以一起作为居住权合同中一方当事人;如果是多人共享形式但分区域设立居住权,可以分别签订居住权合同,或者在一份居住权合同中写明分区域的情况。

(二)住宅的位置

设立居住权的住宅,不仅要在居住权合同中写明,而且要尽量详细,至少要包括以下三个方面的内容:

1.设立居住权的住宅的具体位置,如位于某市某区某街道某路某号某小区某号楼某单元某层某号,至少要与其他住宅能区分开。

2. 该住宅的不动产权属证书号。

3. 该住宅建筑面积_____平方米,其中套内建筑面积_____平方米。

需要特别注意以下几点:

1. 要注明该住宅的所有权归属。如果该住宅是共有的,应该写明所有共有人;如果居住权人也是共有人之一,应该进行说明。

2. 无论是在部分区域设立居住权,还是对多个居住权人分区域设立居住权,都应清楚、明确地说明设立不同居住权对应的区域位置及面积,可以附示意图进行说明。

3. 如果有车棚、储物间等附属设施,应明确是否也设立居住权。

(三)居住的条件和要求

居住的条件与要求,可以由双方协商确定,除一些必要的重要条款外,还可以设置一些个性化的内容。

必要的重要条款如明确是无偿设立还是有偿设立。如果是无偿设立但有代交的费用,应说明代交费用的性质与大致数额;如果是有偿设立形式,应约定房屋使用费数额及支付方式、支付期限等内容;如果采取其他有偿形式,如支付商业保险费用、预交维修费用等,也应说明数额、支付方式与期限,避免以后产生纠纷。

必要的重要条款还有如居住权期限内产生的相关的使用费用与物业服务费用由谁来承担,通常由居住权人承担,也可以双方协商确定由所有权人承担,可以列举方式说明费用的范围。

本部分还可以约定房屋维修费用的区别承担。如一般维修通常由居住权人承担,应说明维修的范围;重大维修包括的范围及费用由谁承担。如果所有权人未及时维修,居住权人自行维修,是否可以要求所有权人承担费用。如果居住权人是所有权人的父母或未成年子女,维修费用一般是由所有权人承担。

与居住权人共同生活的人员范围可以在本部分进行说明,可以多人,应写明姓名、公民身份号码、与居住权人之间的关系等基本信息。有些人员暂时没有确定,可以笼统地提一下:如居住权人结婚以后,其配偶可以一起生活居住;居住权人的孩子或直系后辈可以一起生活居住;如居住权人需要人护理照顾,其聘请的保姆、护工可以在该住宅中居住。双方也可以用约定方式排除部分人员入住:如非居住权人的近亲属不能长期在该住宅中生活。

此外,可以约定一些个性化的内容,通常是对居住权人的要求,如要经常修剪院子中的花草,要定期清洗游泳池;不能在室内或院子中饲养家禽;不能将住宅用于办公或商业用途(如开超市、棋牌室等);在21点后不能播放音响;要照顾所有权人及其近亲属的日常生活。如果是有偿设立形式,有可能是对所有权人的要求:如要为居住权人提供日常养老服务与生活照顾;在居住权期限内,不能将房屋设立抵押或进行转让;要为居住权人提供通行便利;不能擅自停水停电等。

(四)居住权期限

居住权期限可以采取固定期限或不固定期限方式。采取固定期限方式的要明确年限与起止时间。可以写为该住宅的居住权期限:从×××年××月××日起至×××年××月××日止。或写为该住宅的居住权期限为××年,自×××年××月××日起开始计算。也可以从本合同签订之日起计算,或从办理居住权设立登记之日起计算。

如果采取不固定期限方式,写法就比较多样了,常见的写法:到居住权人去世为止;到居住权人自行购房为止;到居住权人再婚为止;到居住权人成年(指满18周岁)并具有独立生活能力为止。

在合同中还应该约定办理居住权设立登记的期限。如约定:本合同签订后10日内,双方一同到当地的不动产登记机构办理居住权设立登记。

如果是固定期限或不以居住权人死亡为解除条件的不固定期限,应约定办理居住权注销登记:居住权期限届满后,双方共同前往登记机构办理居住权注销手续,居住权自办理注销之日起终止。

(五)解决争议的方法

可以约定:因履行本合同过程中产生的任何争议,双方应先协商解决;如果协商或调解不成,任何一方均可向住宅所在地有管辖权的人民法院提起诉讼解决。

如果是采取有偿形式设立居住权,尤其是投资性或消费性的居住权,也可以选择采取仲裁方式解决争议。

除以上一般条款以外,在起草居住权合同时还需要注意以下事项:

1.要明确设立居住权的住宅是否可以出租、出借或抵押。如果约定住宅可以出租,租期应不超过居住权的剩余期限;如果约定不能出租或出借,当事人应遵守约定。能否抵押或转让,对房屋所有权人的影响很大。如可以约定:如果今后该房屋办理抵押,应得到居住权人的同意;如果今后该房屋转让,所有权人应提前通知居住权人,居住权人有优先购买权;如果今后该房屋转让,将不影响到居住权,居住权人可以继续在该房屋居住等。

2. 要明确对居住权人的权利限制,尤其是居住权无偿设立的情况。如居住权不能转让、不能赠与、不能继承;居住权人不得将该住宅出租或者借给第三人使用;未经所有权人同意,居住权人不得允许其他无关人员共同居住;居住权人应合理使用该住宅,不得损害该住宅的质量与安全;如果住宅内设施需要日常维护,居住权人应及时维修;如果住宅需要重大修缮,居住权人应提前与所有权人商量并确定费用承担等。

3. 应明确合同解除条件。如果出现约定的情况,房屋所有权人有权提前解除本合同,并要求居住权人及其共同居住人搬离住宅。但从利益平衡的角度来看,只有居住权人存在性质比较严重的违约行为或造成严重后果时,所有权人才能行使合同解除权。如果居住权人的违约行为性质较轻,如在自己不住的期间,将房屋出租给第三方或借给亲友居住一段时间,经所有权人提醒后及时收回房屋,所有权人不能以此为由解除合同。在有偿设立的居住权合同中,也应明确居住权人有提前解除合同的权利,并约定合同解除的条件。

4. 应明确违约责任条款。在居住权合同中,应约定房屋所有权人与居住权人可能出现的违约情况,并明确承担责任的方式,如居住权人不按时或足额支付房屋使用费用,应每日按照拖欠费用的1‰支付违约金。

5. 要明确房屋灭失、严重毁损或其他原因造成居住权消灭,当事人是否可以要求设立新的居住权、损害赔偿或经济补偿。因意外失火或其他原因造成住宅毁损或灭失,且居住权人存在过错的,其应承担赔偿责任。如果由于地震、水灾、台风等不可抗力造成住宅毁损或灭失,或者是室内设施设备的自然损耗、折旧,居住权人不承担赔偿责任。

6. 室内设施设备情况应该清点并列明作为合同附件。这是为了尽量避免出现今后因室内设施设备灭失或毁损引起的纠纷。

7. 其他特殊的约定。例如,如果在部分区域上设立居住权的住宅,所有权人拟转让其他区域,是否要提前通知居住权人,居住权人是否有优先承租权;住宅被征收后,房屋所有权人是否要设立新的居住权及是否给予经济补偿等。

三、居住权合同的参考文本

本书提供一份比较详细的居住权合同参考文本以供读者参考。但建议读者根据具体的情况,在文本基础上增删内容。一般性的无偿设立的居住权合同内容可以简略一些,目前各地登记机构提供的居住权示范合同都比较简单,但产生纠纷后不容易明确责任;有些有特殊需要的居住权合同应更加详细、清楚,建议请律师进行把关。

有偿设立的居住权合同在使用费用及支付方式、居住权条件及要求、住宅能否出租、维修义务的承担、提前解除合同条件、违约责任等方面应与无偿设立的居住权合同有所区别,内容应相对详细。

居住权合同(参考文本)

甲方(所有权人;如果住宅共有,应列明所有共有权人):_____
公民身份证号码:_____
住所地:_____
联系电话:_____
乙方(居住权人;可以为多个自然人设立居住权):_____
公民身份证号码:_____
住所地:_____
联系电话:_____

为了保障乙方的居住条件,甲方愿意提供住宅为乙方设立居住权,以满足乙方生活居住的需要。现双方经友好协商,就设立居住权事宜,根据《民法典》及相关规定,签订本合同以共同遵守。

一、基本状况

1. 甲方将自己所有的住宅为乙方设立居住权,该住宅的基本情况为:(以附件不动产权属证书为准)

(1)住宅地址:_____
(2)不动产权属证书号:_____
(3)所有权人:_____
(4)建筑面积:_____平方米;套内面积:_____平方米

2. 下列范围不属于本合同约定的居住权使用范围内:
_____
(如果是部分区域设立居住权,应清楚、明确地说明设立居住权的区域位置及面积,可以附示意图进行说明;如果有车棚、储物间等附属设施,应明确是否也设立居住权。)

二、居住权期限

1.双方确认,居住权期限以下列第____项约定为准:

(1)固定期限:自_____年____月____日至_____年____月____日。

(2)不固定期限:自_____年____月____日起至乙方去世之日止(或采取其他形式的表述)。

2.甲方应在上述居住权期限开始之日前将房屋交付给乙方使用。

三、居住权登记手续

1.本合同签订后____日内,双方一同到当地的不动产登记机构办理居住权设立登记手续。

2.办理居住权登记手续费用(如有)由____方承担。

四、居住权设立方式

1.乙方无偿取得居住权,乙方无须向甲方支付房屋使用费用。甲方不能要求乙方交纳租金或其他费用,代交费用除外。

或者:1.居住权有偿设立,乙方取得本合同约定的居住权,应按下列第____项约定向甲方支付费用:(应约定使用费及支付方式,或其他条件)

(1)乙方应一次性向甲方支付共计人民币大写:_____元整(小写:____元)。乙方应于本合同签订后____日内支付____元,居住权设立登记完成后____日内付清余款。

(2)乙方应按每年/月____元向甲方支付房屋使用费用。乙方应于每年____月____日前支付。(支付方式可以采取其他写法)

上述款项的收款账户约定如下:

开户行:_____

户　名:_____

账　号:_____

(3)其他费用及承担方式_____。

2.居住期限内发生的下列相关费用均由____方承担:(1)物业服务费;(2)水费;(3)电费;(4)燃气费;(5)固定电话费;(6)电视收视费;(7)网络宽带费;(8)取暖费;(9)房产税及其他税费(也可以不写)。(或采取不同费用分别由何方承担的方式)

五、居住权条件及要求

1.在居住权期限内,与乙方共同居住的人员范围:
_____
(可以多人,写明姓名、公民身份证号码、与居住权人的关系等基本信息)

2.乙方获得居住权,应符合以下条件(或遵守以下的要求):

(1)_____

(2)_____

(3)_____

3.如果甲方要将房屋进行抵押或转让,应提前告知乙方。如果对乙方的居住权产生影响,甲方应为乙方妥善安排新的住处并保证居住条件不下降、居住权期限不缩短。如果甲方已安排了新的住处,双方同意提前解除合同,乙方应无条件配合甲方办理相关登记手续。

或者:3.未经乙方书面同意,甲方不得将该房屋进行抵押。在不影响乙方居住权的前提下,甲方有权对房屋进行对外转让,但应提前一个月通知乙方,乙方享有以同等条件优先购买的权利;但是,房屋按份共有人行使优先购买权或者甲方将房屋出卖给近亲属的除外。甲方履行通知义务后,乙方在十五日内未明确表示购买的,视为乙方放弃优先购买权。

4.未经甲方书面同意,乙方不得将房屋全部或部分出租、出借给任何人。

或者:4.关于房屋的出租,双方确认按以下第____种方式处理:

(1)未经甲方书面同意,乙方不得将房屋全部或部分出租给任何人。

(2)乙方有权出租并享受租金收益,但租赁期限不得超过居住权剩余期限。

(3)甲方允许乙方对外出租,所得租金收益按照以下方式进行分配:____
_____

(如果是在部分区域设立居住权,应约定甲方不能对外出租设立居住权的部分区域,但双方也可以约定甲方可以对外出租未设立居住权的部分区域或附属设施。)

5.乙方不得转让本合同约定的居住权,乙方继承人也无权继承乙方的居住权。

六、房屋维修义务及其他

1.双方均认可并同意按房屋现状移交给乙方。室内主要设施设备清单见附件。

2.乙方应合理使用该住宅,不得损害该住宅的质量与安全。未经甲方书面同意,乙方不得擅自对房屋进行装修及改造;经甲方书面同意后,乙方装修房屋或增加房屋附属设施的,装修添附及相关附属设施所有权归甲方所有。

3.房屋的一般维修义务由____方承担,也可以要求小区物业服务企业提供维修服务,费用由____方承担。

4.房屋的重大修缮或特殊维修(如屋顶、房梁的翻修、更换等)由____方承担,费用由双方协商确定。

5.甲方可以提前通知乙方,自行对房屋进行检查,存在安全隐患的,甲方有权要求乙方进行维修,维修费用由____方承担。

(以上第2、3、4、5款根据双方的约定进行修改,具体可以参考以下写法。)

6.在居住权期限内,乙方负责对房屋及设施设备进行定期安全检查,发现房屋及实施设备发生损坏的,由____方负责维修,并承担维修费用。

7.(如果约定由甲方履行房屋维修义务,在合同中可以写明)乙方在房屋需要维修时可以请求甲方在合理期限内维修。甲方未履行维修义务的,乙方可以自行维修,维修费用由甲方负担。因维修房屋影响乙方正常使用的,应当相应减少使用费或者延长居住权期限。乙方的过错致使房屋需要维修的,甲方不承担前款规定的维修义务。

8.乙方应当妥善保管房屋及设施设备,保管不善造成房屋及设施设备毁损、灭失的,应当承担赔偿责任。

9.乙方经甲方同意,可以对房屋及设施设备进行改善或者增设他物。如果乙方未经甲方同意,对房屋及设施设备进行改善或者增设他物,甲方可以请求乙方恢复原状或者赔偿损失。

七、及时通知义务

1.当发生下列情况之一时,乙方负有及时通知甲方的义务:

(1)房屋灭失或毁损;

(2)有必要进行重大的修缮和改造;

(3)第三人对房屋主张权利或者作出足以侵害房屋的行为;

(4)为保护房屋免受可能的危险而有必要采取防护措施。

2.发生上述情况时,乙方一般应在三天内通知甲方,甲方应及时作出回应并与乙方协商解决办法。如果因情况紧急,乙方可以作出临时措施,因此产生

的费用支出,由甲方承担。(可以进行其他约定)

3.因乙方未及时通知造成损失发生或扩大的,乙方应承担相应的赔偿责任。

八、居住权的解除条件(可以简略一些)

1.乙方有下列情形之一的,甲方有权提前解除本合同:

(1)故意侵害甲方及其亲属的人身权或者对其财产造成重大损害的;

(2)不合理使用房屋,导致房屋损坏或出现质量问题危及住房安全等严重影响甲方或他人合法权益的;

(3)擅自改变房屋的居住用途,或利用房屋从事经营活动或者非法活动的;

(4)未征得甲方书面同意或者超出甲方同意的范围和要求装修房屋或者增设附属设施,导致房屋损毁的;

(5)不承担维修义务,导致住宅或室内设施设备严重损坏的;

(6)擅自将房屋出租或者借用给第三方,且不愿意将出租所得交付给甲方的;

(7)未获得甲方的同意,擅自允许本合同第五条第1款以外的其他人共同居住,且不听甲方劝阻的;

(8)延迟支付本合同第四条第1款约定的费用,在一个月内经两次催告未支付的。(如果居住权为有偿设立,可以加入本项)

(如果是为老年人、未成年人、残疾人等弱势群体设立的居住权,所有权人一般不能擅自解除合同;如果因房屋征收、灭失或严重损毁等特殊原因导致居住权消灭,有条件的所有权人应为居住权人设立新的居住权或提供经济补偿。)

2.甲方有下列情形之一的,乙方有权提前解除本合同:

(1)经乙方多次催促,甲方不承担房屋维修义务,导致房屋毁损或不适合居住的;

(2)房屋存在质量问题,可能危及乙方及共同居住人的安全或者健康的;

(3)拒不办理居住权设立登记,导致乙方的居住权未生效的;

(4)擅自转让房屋或设立抵押权,导致乙方无法使用房屋的;

(5)擅自将房屋出租或者借用给第三方,导致乙方无法使用房屋的;

(6)故意妨碍或影响乙方按约定使用房屋的;

(7)其他情形。

九、违约责任(如果居住权无偿设立,可以简略一些或作相应的修改)

1. 乙方不按时或足额支付本合同第四条第1款约定的使用费,甲方可以要求乙方每日按照拖欠费用的____‰支付违约金。

2. 乙方有下列情形之一的,甲方可以要求乙方支付相当于本合同第四条第1款约定的使用费的____%的违约金,或赔偿相应的经济损失:(违约金写法可以双方自行协商确定)

(1)未支付水、电、煤气、取暖等使用费用或物业服务费,导致第三方要求房屋所有人承担该费用的;

(2)擅自将房屋出租或者借用给第三方的;

(3)擅自允许其他无关人员共同居住的;

(4)不承担日常维修义务,导致房屋及室内设施设备损坏的;

(5)不按照合同约定,履行居住的相关条件与要求的;

(6)居住权期限届满后,不配合办理居住权注销登记手续的;

(7)其他情形。

3. 甲方不配合或逾期办理居住权设立登记的,应按每日____元向乙方支付违约金。

4. 甲方出现下列情形之一的,影响乙方正常使用房屋的,乙方可以要求甲方退回乙方交付的所有费用及支付违约金_____元。(违约金写法可以双方自行协商确定)

(1)不按时将房屋交付给乙方,或房屋不适合生活居住的;

(2)擅自将房屋出租或者借用给第三方的;

(3)使用断水、断电或以其他非法手段对乙方进行妨害的;

(4)不承担房屋维修义务,或不支付应承担的维修费用的;

(5)其他情形。

5. 甲方提前解除本合同的,如乙方已向甲方支付了房屋使用费,则使用费应按乙方实际居住时间比例计算,剩余部分甲方应予返还。

6. 如房屋被拆迁征收,本合同提前终止并办理居住权注销登记,双方同意按照下列第____种方式处理:

（1）所有拆迁补偿利益归甲方所有。但甲方应为乙方设立新的居住权，并保证居住条件不下降、居住权期限不缩短。除房屋中由乙方添设的设施设备对应的补偿归乙方所有以外，甲方无须向乙方支付其他补偿。

（2）所有拆迁补偿利益归甲方所有，但甲方应向乙方退还乙方所支付的费用（如有），并向乙方另外补偿____元。（补偿费用可以双方自行协商确定，如甲方应退还已经收取但没有实际履行部分的房屋使用费。）

（3）同意将乙方作为被征收人，设立居住权的使用面积内的征收补偿利益归乙方所有。如果以甲方作为被征收人，甲方应将设立居住权的使用面积内的征收补偿利益交付乙方。

十、办理居住权注销登记

1. 如果本合同第二条第 1 款约定的居住权期限届满，乙方及其共同居住人应按时搬离该住宅，并将该住宅及室内设施设备移交给甲方。双方共同清查室内设施设备后，共同向该住宅所在地的不动产登记机构申请办理居住权注销登记。

2. 出现本合同第八条第 1 款约定的合同解除条件，甲方有权要求乙方及其共同居住人限期搬离该住宅。甲方可以单方申请办理居住权注销登记，居住权消灭。

3. 其他约定。

十一、争议解决（也可以设立专门的仲裁条款）

凡因履行本合同所发生的或与本合同有关的一切争议，双方应尽量通过友好协商的方式处理。协商不成、发生诉讼的，由房屋所在地的人民法院管辖。

十二、其他约定

1. 本协议自双方签字、按指印或盖章之日起生效。

2. 本协议未尽事宜，双方可另行签订补充协议，补充协议与本合同不一致的，以补充协议为准。

3. 本协议附件是本合同不可分割的组成部分，与本合同具有同等法律效力。

4. 本协议一式三份，甲、乙双方各执一份，办理居住权登记时提交给不动产登记机构一份，具有同等法律效力。

（以有偿方式设立居住权的，建议双方应列出室内主要设施设备的清单，并作为合同附件，必要时可以附现状照片进行说明。）

(如果居住权合同是附条件或附期限的合同,可以单列条款予以规定,具体按照双方的意愿来决定内容。)

甲方(签章):

乙方(签章):

签署日期:_____年___月___日

四、设立居住权的有效遗嘱的基本内容

按照《民法典》第 371 条规定,可以以遗嘱方式设立居住权。除可以参照适用《民法典》物权编第十四章"居住权"的有关规定外,还可以参照适用《民法典》继承编的相关规定。

下文将说明设立居住权的有效遗嘱的基本内容。

1. 首先要明确设立居住权的住宅是可以作为继承财产的自有房屋。遗嘱人应是该住宅的所有权人,并且该所有权一般不能受到权利限制,如已经设立抵押权的住宅,不能擅自设立居住权;与他人共有的住宅,只能就自己所有的部分设立居住权;所有权存在争议的住宅,即使有遗嘱,可能也无法办理居住权设立登记。

2. 以遗嘱方式设立居住权,居住权人可以是法定继承人(如配偶、子女、父母、兄弟姐妹、祖父母、外祖父母等),也可以是其他受益人(亲戚、保姆、需要抚养、扶养或照顾的其他人等)。

3. 要明确设立居住权的住宅位置、区域及面积。应该在遗嘱中明确住宅的位置;如果是在住宅的部分区域设立居住权,应清楚、明确地说明设立居住权的区域位置及面积;如果对不同的居住权人分区域设立居住权,应清楚、明确地说明设立不同居住权对应的区域位置及面积;如果有车棚、储物间等附属设施,应明确是否也设立居住权。

4. 应在遗嘱中明确居住权期限。居住权可以是固定期限,如 3 年、5 年或 10 年。但在实践中,可能更多的是长期或不固定的期限,如到居住权人去世为止,到居住权人购房为止。如果期限不明确,应根据立遗嘱时的基础条件、设立居住权的目的、居住权人的实际需求等情况进行判断。如对老人、没有劳动能力的人、无行为能力或限制行为能力的人,期限一般应是长期,至少要保障其获得基本的居住条件;对于未成年人,期限一般应到其成年或有独立生活能力为止。

5.尽量明确是否有偿及是否附条件和要求,以遗嘱方式设立居住权,一般是采取无偿设立形式,做法类似遗赠。也可以明确:水、电、燃气、取热等相关使用费与物业服务费由居住权人自己承担。如果在遗嘱中没有明确居住权是否有偿设立,应视为无偿设立。此外,可以要求居住权人承担一定的条件与要求,如帮助照顾遗嘱人的配偶、子女、父母的生活。

在我国实践中,除某一自然人设立遗嘱(单立遗嘱)的常见情况外,还有合立遗嘱这一现象。合立遗嘱又称共同遗嘱,是指两个以上的遗嘱人共同设立一份遗嘱,以处分共同遗嘱人各自所有的或者共同所有的财产,如夫妻合立的遗嘱。

以下分单立遗嘱与合立遗嘱两种形式分别进行说明。

(一)单立遗嘱形式

建议写法:位于<u>某市某县某乡(镇)某村某组</u>的住宅(写明具体地址,与产权证书上登记的地址应相同;不动产权属证书号:____;面积情况:____平方米)是<u>本人(指遗嘱人)</u>所有(或登记在本人名下,实际是本人与谁共有)。现明确:该套住宅(或本人所有的部分)由<u>谁(或多人)</u>来继承(或遗赠给谁),并为<u>谁(与继承人、受遗赠人应不同)</u>设立居住权。居住权期限:<u>固定年限(如10年)</u>或<u>长期(到居住权人死亡为止)</u>。是/否有偿,居住条件与要求:(<u>如承担对谁的赡养义务,今后照顾谁的日常生活等</u>)。

如果是在部分区域设立居住权,应清楚、明确地说明设立居住权的区域位置及面积。如居住权设立在该套住宅的北侧的一间客卧,约20平方米;该套住宅的东侧两间房屋,约50平方米。

如果对不同的居住权人分区域设立居住权,应清楚、明确地说明设立不同居住权对应的区域位置及面积。如院子的东侧两间房约50平方米由谁居住;西侧两间房约50平方米由谁居住,中间一间由双方共用。

有车棚、储物间等附属设施的,也在其上设立居住权的,应该在遗嘱中写明,如在该住宅及一楼105号储物间上设立居住权。

(二)合立遗嘱形式

建议写法:位于<u>某市某县某乡(镇)某村某组</u>的住宅(写明具体地址,与产权证书上登记的地址应相同;不动产权属证书号为:____;面积情况:____平方米)登记在<u>(甲或乙)</u>名下,实际是<u>甲与乙</u>共有(两人都是遗嘱人)。现明确:无论甲与乙中谁先去世,另一方对该套住宅都有长期居住权直至去世。此前,房屋不能转让或进行财产分割。等甲与乙都去世后,由谁(或多人)来继承(或遗赠给谁)。

如果两人在遗嘱中为其他人设立居住权,应写明:居住权人的姓名、住宅的位置及设立的区域与面积,居住权期限及居住的条件与要求等内容。

如果居住权人是法定继承人,一般应说明其与房屋所有权人的身份关系。如居住权人是房屋所有权人配偶(包括再婚配偶)、父母(包括继父母)、子女(包括继子女或非婚生子女)、父母已去世的直系后辈、兄弟姐妹等。

如果居住权人是非法定继承人,一般应说明为其设立居住权的原因。如居住权人是房屋所有权人的亲戚、保姆,居住权人是没有住房的未成年人、残疾人、精神病人等。

其他内容可以参见单立遗嘱的情况。可以在以上建议格式基础上适当增删内容,特别注意要符合设立合法遗嘱的形式要求,避免因存在形式上的瑕疵导致遗嘱被认定为无效,使遗嘱设立居住权的行为也被认定为无效。如果在遗嘱中指定了遗嘱执行人,建议由遗嘱执行人协助居住权人办理居住权设立登记手续。

五、设立居住权需要办理登记手续

《民法典》第368条与第370条分别规定了居住权设立登记与注销登记。居住权与其他多数不动产物权一样,采取了登记生效主义,显然有利于保护居住权人的利益。即使将设立居住权的住宅转让,也不影响居住权的继续存在。居住权作为一种用益物权,其登记机构也是不动产登记机构。

目前还没有全国统一的居住权登记规范。本节内容主要借鉴《不动产登记暂行条例》的相关规定并结合上海市、浙江省、广州市、深圳市、武汉市等地的相关做法进行分析。

2022年10月自然资源部公布的《不动产登记法》(征求意见稿)增加了"居住权登记"的内容:当事人申请居住权首次登记,提交设立居住权的合同、遗嘱或者生效法律文书。当事人的姓名或者名称、居住权期限等发生变化的,当事人应当申请居住权的变更登记。居住权人放弃权利、居住权人死亡、约定的存续期间届满等导致居住权消灭的,当事人应当申请居住权的注销登记。

依申请登记是不动产登记的基本原则。房屋所有权人、居住权人可以向住宅所在地的不动产登记机构提出申请,启动居住权登记。

在申请办理居住权设立登记时,申请人应当提交下列材料:(1)不动产登记申请书;(2)申请人、代理人身份证明材料、授权委托书;(3)设立居住权的住宅权属证书;(4)居住权权属来源材料。根据不同的设立方式,提供相应的居住权权属来源材料,如书面形式的居住权合同、生效遗嘱与遗嘱人死亡证明、生效法律文书。对于房屋已办理抵押登记的,不动产登记机构还要求申请人提供抵押权人同意办理居住权设立登记的证明材料。申请人应当如实提交有关材料和反映真实情况,并对其申请材料实质内容的真实性负责。

如果是以合同方式设立居住权并办理居住权登记,一般要求双方当事人共同申请并到场办理。不动产登记机构可以通过询问所有权人来明确设立居住权是否是其真实的意思表示。如果该房屋是共有性质,所有共有人(全部产权人)都应到场办理。但房屋所有权人存在长期在国外或境外居住等特殊原因的,也可以委托其他人办理并出具授权委托书。居住权人一般也应到场办理,除非年老生病、行动不便等特殊原因无法到场,可以委托其他人办理,受委托人可以包括房屋所有权人或其亲友、共同生活的人。如果当事人属于无行为能力或限制行为能力的人(如未成年人、无法辨认自己行为的老年人),应由其监护人到场办理,并出具相关的证明材料。

以遗嘱方式设立居住权并办理居住权登记的,当事人应提供书面形式的遗嘱、遗嘱人的死亡证明等材料,一般允许由遗嘱设立的居住权人单方申请,也可以由遗产管理人代为申请。对于设立居住权的住宅办理所有权转移登记与居住权设立登记先后的顺序,本书作者建议尽量将两项登记同时办理,或居住权设立登记先于所有权转移登记,可以避免出现纠纷,保护居住权人的合法权益。如果因存在继承纠纷,暂时无法办理住宅所有权的转移登记手续,应先办理居住权设立登记。

对以裁判文书方式设立居住权并办理居住权登记的申请人的要求,一般允许生效法律文书确定的居住权人单方提出申请,并提交生效法律文书等材料办理。如果房屋所有权人不配合,居住权人可能难以获得住宅的不动产权属证书,不动产登记机构应根据不动产登记簿记载的情况为居住权人直接办理居住权登记证明。此外,居住权人可以申请法院强制执行,或者判决生效后,由法院通知住宅所在地的不动产登记机构协助办理居住权设立登记手续。此外,对于《民法典》实施前的法院判决书或调解书中出现的"居住权",生效法律文书确定的居住权人单方提出申请,不动产登记机构要求申请人提供生效法律文书的法院出具的书面审查意见后才能办理。

办理登记手续后,不动产登记机构应该为居住权人颁发不动产登记证明(居住权)。办理登记证明需要收费,目前各地自己规定相应的标准。

六、农村合作建房并设立居住权需要注意的事项

农村合作建房的常见情形有:一方是有宅基地使用权的农民,但无经济能力独自建房或重建房屋;另一方可以是城市居民或非本集体经济组织成员,有在农村休闲度假或长期养老的需要,有用于建房的资金但没有宅基地使用权。双方可以各取所需,城市居民一方以全部出资或提供主要建房资金的形式,与能提供用于建房的宅基地使用权的村民进行"合作"(包括"合资")形式建房,在建成的部分房屋上设立长期的居住权。在房屋建成后,房屋归农村村民所有,同时在部分房屋上为城市居民设立长期居住权。这样做既可以解决部分农村村民建房资金不足、难以改善住房条件的问题,又可以为部分城市居民提供可以长期居住的房屋,实际上是以有偿方式设立居住权,达到"双赢"的目的。

用这种形式合作建房并设立居住权,除应签订居住权合同以外,双方还应签订一份合作建房的协议,居住权合同是该协议相关内容的细化与补充,用于办理居住权登记。

在合作建房的协议中应明确:双方的合作方式;建房所需资金的测算方法;拟设立的居住权人所出资的数额及支付方式、时间;土地使用权人办理建房审批手续;建房所需的时间预计;办理房屋产权登记与居住权设立登记的时间;设立居住权的区域与面积;居住权期限;违约责任;解决争议的方法等。

在居住权合同中,应明确:居住权人与实际共同居住人;有偿设立及居住权人为此实际支付的建房资金;住宅的位置;居住权设立的区域与面积;居住权期限;居住的条件和要求;是否可以出租或出借;解决争议的方法等。

这种形式设立的居住权比较特殊,通常有以下特点:

1.一般是在部分区域设立居住权,有必要在居住权合同中清楚、明确地说明设立居住权的区域位置及面积,并在居住权登记证明中载明。在居住权合同中还可以约定居住权人对公用部分及附属设施(如院子、水井、过道、楼梯等)的共同使用权。

2.设立居住权的部分区域的房屋一般可以出租。居住权人作为建房资金的主要出资方,应获得出租所得的收益权。

3.应由居住权人自行承担房屋维修费用、相关使用费等。这是区别于一般的

以有偿方式设立居住权的最大差异。

4. 如果出资人将其子女或其他后辈都设立为居住权人。这样可以变相实现居住权的继承,一旦出资人(一般是长辈)去世,其家庭成员可以作为共同居住权人继续在房屋中生活居住。

5. 如果可能,可以在居住权合同中约定:房屋所有权人应按照居住权人的意愿,在解除现有居住权合同的同时为第三人设立新的居住权,相当于居住权可以进行一定的流转。

6. 应限制房屋所有权人的处分权利,如不能在该房屋上设立抵押或进行转让。要明确房屋所有权人告知其继承人对此权利限制的承诺,该继承人也不能提出提前解除居住权合同的要求。

7. 明确房屋灭失后的处理。如果房屋因为不可抗力如地震、洪水、台风等灭失或严重受损,房屋所有权人一般不能要求居住权人赔偿,居住权人也不能要求房屋所有权人为其设立新的居住权或要求经济补偿。但如果是当事人一方的故意或重大过失引起火灾造成房屋灭失或严重毁损,另一方可以要求经济赔偿。

8. 房屋被征收后所得利益分配。如果设立居住权的住宅被征收,征收部门应与房屋所有权人、居住权人协商安置方式。根据《民法典》第327条的规定,在不动产被征收致使用益物权消灭或者影响用益物权行使的,用益物权人有权获得相应的补偿。但目前在房屋被征收时居住权人如何获得拆迁安置补偿,没有明确的规范。所以,本书作者建议双方应将房屋被征收后所得利益如何分配事宜写入合作建房的协议与居住权合同中。居住权人可以要求按照实际使用面积获得拆迁利益的经济补偿,而不是居住权人为建房投入的资金。

需要特别说明的是,有些城市居民可能会以自己已经获得农村住房的长期居住权为由,要求在该农村落户,是否可以?

本书作者认为,不可以。城市居民一般不能将户籍转到农村,这与农民到城市或城镇中落户有很大的区别。如果同意城市居民到农村落户,意味着可以村集体经济组织成员的名义申请宅基地,参与当地集体所有的土地被征收后的分红。这样的做法,不仅会引起当地村民的反感与投诉,而且会破坏当地的农村土地管理秩序。

第二节 与居住权相关的纠纷案例

一、民事纠纷处理与为老年人设立居住权

《民法典》新设居住权制度所要解决的问题主要是弱势群体的居住条件保障，所以明确居住权原则上无偿设立。我国社会中这类"弱势群体"主要是指老年人、未成年人、残障人士、离婚妇女或没有住房的经济困难群体人员。在处理民事纠纷时，要注重对弱势群体的居住权益保护，居住权制度为老年人的居住条件保障提供了重要的制度支持。

根据2020年12月29日最高人民法院颁布的修改后的《民事案件案由规定》，新设了与居住权相关的两个第三级案由：居住权纠纷；居住权合同纠纷。

在民事纠纷处理中，涉及为老年人设立居住权，常见的案由有：分家析产纠纷、赡养纠纷、继承纠纷、赠与合同纠纷、居住权纠纷。下面举例说明：

案例一：在处理分家析产纠纷时，不仅要保障老人对房屋的共有财产权，还要保障老人的居住条件，可以为老人设立长期居住权。

案号为(2021)豫1102民初2647号的分家析产纠纷案件。案情简介：袁某1与袁某2是父子关系，袁某2与程某系夫妻关系。袁某1原在河南省漯河市源汇区某处有瓦房三间，由袁某1及妻子吴某和两个子女袁某2、袁某3共同居住。1993年，吴某因病去世。2001年，袁某1将原宅基地上的三间瓦房拆掉盖了三间平房及院落、配房，房屋建好后，由袁某2居住使用。2002年，袁某2和程某出资在原有房子的基础上接建了二层并建有其他配房。袁某2与程某结婚后，生了两个儿子。2006年，村集体又给袁某1一家新批了一处宅基地，袁某2在该新宅基地上建了两层楼房。2010年11月，因当地城中村改造，将上述土地、房屋进行征收拆迁补偿。袁某2作为被拆迁人，签订了南关村城中村改造拆迁补偿安置协议。安置房建好后，袁某2分得了位于阳光福园西区的一套房屋，面积为132.45平方米，现袁某2及妻子程某与两个儿子在安置房中生活居住。拆迁安置后，因拆迁房分配问题，袁某1向法院提起诉讼，要求分割案涉房屋。

河南省漯河市源汇区人民法院审理后认为，该案案涉房屋系由南关村城中村改造征收拆迁补偿安置而来，征收的宅基地与房屋系袁某1夫妇及袁某2、袁某3

家庭共同所有,家庭成员均享有使用权及受益权,按照拆迁补偿政策系对整体家庭成员并非对成员中的某人进行拆迁安置,故对安置的房屋,家庭成员均享有所有、使用、收益等权利。现因袁某1的妻子吴某已于拆迁安置前去世,第三人袁某3不主张分割房屋权利,故该安置房屋的权利应由袁某1、袁某2共同享有。鉴于原告的生活状况及被告袁某2对老宅基地上的房屋也有出资加建及袁某2现家庭成员的实际情况,现老宅基地补偿安置的位于阳光福园西区的房屋应由袁某1、袁某2各占50%的所有权,袁某1还应享有居住权。所以判决:原告袁某1对位于阳光福园西区的房屋拥有50%的所有权并享有居住权。

案例二:在处理赡养纠纷时,法院要注重保障老年人的居住条件,除要求子女为老人定期支付赡养费外,还可以判决为老人设立居住权。

案号为(2020)鄂0529民初611号的赡养纠纷案件。案情简介:谢某与覃某1(已故)共生育6名子女,即覃某2、覃某3、覃某4、覃某5、覃某6、覃某7,均已结婚成家。其中,覃某3、覃某4、覃某5三个儿子已娶妻成家,并各自分得宅基地,覃某4现住房宅基地与老屋宅基地相邻。谢某和覃某1独自居住在老屋。2012年2月14日,覃某1与覃某3、覃某4、覃某5签订协议书,约定:"父母在世时一起生活,三兄弟共同照顾,先过世的老人(指父母一方)由覃某3和覃某5两人负责安葬,第二个老人的生养死葬由覃某4独自负担,老人所有的老屋房产及场地归覃某4所有或经营。"2016年,覃某1与覃某5协商,由覃某5将两位老人接至家中居住,覃某1将自家贫困户危房改造资金交付覃某5。后村委会将原告贫困户危房改造资金6000元支付给覃某1,覃某1将资金取出交付覃某5用于住房改造使用。但两位老人并未到覃某5家中居住,仍居住在老屋中。2018年,两位老人居住的老屋发生垮塌,经鉴定为D级危房。因其系贫困户,必须解决其安全居住问题,经村委会与覃某4、覃某5协商,将11,500元交付覃某4,由覃某4负责将原告居住的危房拆除重建。2018年,覃某4将两位老人居住的危房拆除,并临自家住房外墙新建一层40平方米砖混住房,于2019年春完工。期间,覃某4将两位老人安置在侧面石板房居住。2019年4月,覃某1因病去世。覃某4主动操办覃某1安葬事宜并独自承担安葬费用。覃某1去世后,谢某由覃某3、覃某5等子女轮流照顾一段时间后,谢某要求进入新房居住,覃某4拒绝,双方产生纠纷。谢某向法院提起诉讼,要求覃某2、覃某3、覃某4、覃某5、覃某6、覃某7(六名被告)履行赡养义务,并要求覃某4返还安置房以供原告居住。

湖北省五峰土家族自治县人民法院审理后认为,赡养老人是子女应尽的法定义务,成年子女不履行赡养义务的,缺乏劳动能力或者生活困难的父母,有要求成年子女给付赡养费的权利。原告谢某年满85岁,没有劳动能力,六名被告作为成年子女,应当履行对老人经济上的供养、生活上的照料和精神上的慰藉义务。故原告主张六名被告按月支付赡养费的请求于法有据,该法院予以支持。原告谢某当庭陈述自愿跟随被告覃某3生活,本着尊重老人意愿,结合本地风俗习惯及六名被告实际情况,该法院确定原告谢某跟随被告覃某3生活,由覃某3负责照料其日常生活,其他被告按月支付原告赡养费,适当分担。原告谢某老人系单独户口,根据"一户一宅"原则拥有宅基地。2018年老房出现垮塌后,因两位老人为精准扶贫对象,为解决老人实际居住问题,村委会与覃某4协商,共向覃某4支付资金11,500元,以解决老人住房安全问题,且覃某4对实际收取该资金并用于建造住房予以认可,原告谢某亦未重新申请获得宅基地。根据《中华人民共和国老年人权益保障法》第16条的规定,赡养人应当妥善安排老年人的住房,不得强迫老年人居住或者迁居条件低劣的房屋。老年人自有的住房,赡养人有维修的义务。故原告谢某对该重建的一层40平方米住房享有居住权。所以判决:(1)原告谢某跟随被告覃某3生活,由被告覃某3负责照料其日常生活,被告覃某2、覃某4、覃某5、覃某6、覃某7按月支付赡养费;原告谢某因病住院治疗由被告覃某2、覃某7照料护理,医疗费用自费部分由被告覃某3、覃某4、覃某5、覃某6平均分担。(2)原告谢某对重建的一层40平方米住房享有居住权。

案例三:老人丧偶后再婚,立下遗产由再婚配偶与子女继承的遗嘱,其再婚配偶可以对住宅享有居住权利直至去世。

案号为(2021)鲁0683民初7041号的继承纠纷案件。案情简介:芦某与陈某1于2020年12月28日登记结婚,被告陈某2、陈某3系陈某1与前妻所育之女,陈某1于2021年3月26日因病去世。经查,案涉房产坐落于山东省莱州市某镇某庄某村,由陈某1生前居住。因为遗产分配与居住权问题,芦某向法院提起诉讼。

山东省莱州市人民法院审理后认为,该案中,被继承人陈某1生前所立遗嘱由陈某4、陈某5等在场见证,其中陈某4代笔,具备代书遗嘱的形式要件。遗产是自然人死亡时遗留的个人合法财产,故遗嘱中陈某1分配的属于其个人合法财产的内容合法有效。陈某1遗嘱中明确载明:"本人存款除去治疗费用、生活费用和其他各种费用后剩余部分平均分配成三等份,分别留给配偶芦某、长女陈某2、次女陈某3",故各继承人均应按照上述遗嘱内容继承陈某1的遗产。案涉房产的所有权归属于陈某6还是陈某1存在争议,但陈某1在遗嘱中明确表示由原告芦某居住,陈某6亦出具证明明确表示同意原告芦某永久居住,故对于原告芦某要求居住案涉房屋的诉讼请求,该法院予以支持。所以判决:对于坐落于山东省莱州市某镇某庄某村的房屋,原告芦某享有居住权直至去世。

案例四:处分老年人长期居住的房屋应尊重其真实意愿,要保障证老年人的居住权益。

一审案号为(2021)沪0104民初8225号,二审案号为(2021)沪01民终11902号的排除妨害纠纷案件(入库案例)。案情简介:戴某(85岁)系吕某之母。案涉房屋登记于吕某名下。吕某夫妇为接送孙辈上学于工作日与戴某共同居住。吕某因感房屋较小、生活不便,欲置换房屋,承诺保障戴某居住需求。戴某认为自己已在该处居住半生,邻里熟悉,就医便利,希望能在此终老。即使新居面积更大、条件更优,亦不愿搬离旧宅。因协商未果,吕某以房屋所有权人身份向法院起诉,要求戴某不得妨害其置换房屋行为。

经审理查明:案涉房屋系吕某父亲生前因单位保障家庭用房所购买。戴某此前放弃登记为产权人,但不因此丧失居住权。戴某已至耄耋之年,有在此颐养天年直至终老的意愿。

上海市徐汇区人民法院审理后认为,子女虽登记为房屋产权人,但在处理家庭内部关系时,不应仅关注不动产登记,而是要综合考虑购买房屋的资金来源、家庭居住情况、一方承诺等因素。子女作为登记权利人行使民事权利时应注意必要限度,遵循中华民族安土重迁的传统,充分尊重、理解母亲想在长期居住房屋内颐养天年直至终老的意愿,充分考虑房屋便于母亲就医、社交等因素,不得滥用民事权利排除老年人居住权利,切实保障老年人居住权益。一审判决驳回吕某的诉讼请求。

吕某提出上诉。上海市第一中级人民法院二审判决驳回上诉,维持原判。

案例五[①]:法院以调解方式为老人设立居住权。

案例简介:王某和李某结婚多年,1997年双方共同出资建造了位于浙江省宁海县跃龙街道某村的房屋。后两人于2014年8月由法院判决离婚。但当时王某和李某对这套共同建造的房屋都没有提出任何处理方式,因此法院判决离婚时也未对上述财产进行分割。双方离婚后,王某的父母仍居住在上述房屋内。2021年

---

① 参见《我为群众办实事|宁海法院开出首份涉居住权民事调解协议》,载微信公众号"宁海县人民法院"2021年6月11日。

4月,李某起诉要求分割此套房屋。在庭审过程中,王某和李某均同意将该房屋留给儿子小王。但为了更好地解决纠纷,让老人能够老有所养、老有所依,宁海县人民法院积极调解,法官不断劝解和释法,经小王同意,双方达成调解协议,在该房屋上为王某的父母设置居住权。

该案中,该房屋系王某和李某的共同财产,经双方同意后将房屋赠与儿子小王。如果小王在获得房屋产权登记后要求王某父母搬离,老人将居无定所。因此法官在调解协议中为王某父母登记设立居住权。此举在不违背小王意愿的前提下保障了老人的居住权益,让二老老有所养、住有所居,达到了法律效果与社会效果的统一。

二、与居住权相关的其他纠纷案例

与居住权相关的常见纠纷案由还有:离婚纠纷、居住权合同纠纷、赠与合同纠纷、房屋买卖合同纠纷、所有权确认纠纷、居住权纠纷等。下面举例说明。

2022年3月,浙江省温州市中级人民法院发布的8起妇女权益保护典型案例中有为生活困难的妇女离婚后设立居住权的典型案例。[①]

案例六:在处理离婚纠纷时,法院可以酌情为没有其他住处且生活困难的妇女在离婚后设立居住权,保障其基本的居住条件。但因为目前还无关于居住权的相关司法解释,法院对此类判决应比较谨慎。

案情简介:黄某(女)系多重残疾人,肢体残疾达到二级,精神残疾达到三级。法院曾判决宣告黄某为限制民事行为能力人。1992年10月,黄某与叶某登记结婚并生育一子。婚后,双方曾为家庭琐事发生争执。黄某于2012年独自回娘家生活至今。夫妻共同财产有且仅有一间三层半房屋,但没有房产证。该房屋的一楼目前已出租,二楼和三楼分别由叶某和儿子居住。叶某以双方分居数年、夫妻感情已破裂为由向法院起诉要求离婚。黄某不同意离婚,并要求居住在该房屋的一楼或二楼。

浙江省乐清市人民法院审理后认为,双方在婚姻关系存续期间因感情不和分居近10年,且经法院给予双方一个月的冷静期后,叶某仍坚持要求离婚,应认定夫妻感情确已破裂,故对叶某离婚的诉请予以准许。双方确认该间三层半房屋系

[①] 参见《"居住权"七则典型案例汇编》,载微信公众号"最高人民法院司法案例研究院"2022年12月22日。

夫妻共同财产,由于双方均未能提供该房产的权属证书,该案中不宜分割,而叶某又无经济能力支付黄某补偿款。为避免黄某可能面临离婚后无处可住的困境,该法院通过适用《民法典》居住权规则,对案涉房屋"分而不割",黄某仍然可以居住在案涉房屋内。考虑到房屋的第一层(地面)已出租,涉及案外人的权益暂不宜处理。黄某系限制行为能力人且行动不方便,酌定房屋的第二层由黄某使用,第三层由叶某使用,楼梯和第四层(三层半)由双方共同使用。

在该案中,女方作为残疾人很有可能会因离婚而无房屋居住,生活将陷入更加困顿的境地。在房产处理问题上适用《民法典》关于居住权的规定,使女方对案涉房屋享有居住权。同时为方便女方生活,确定女方居住在较低楼层,保障残疾妇女在离婚后仍有稳定住处,以更好地维护妇女、残疾人等弱势群体的合法权益。

案例七:父母在将住宅赠与子女的同时,要求子女同意在该住宅中为自己设立长期居住权。受赠人在要求赠与人履行赠与合同的同时,应履行为赠与人设立居住权的承诺义务。

案号为(2021)津0102民初4055号的赠与合同纠纷案件。案情简介:被告王某1与原告王某2系母子关系。2015年9月24日,以王某1与其丈夫为甲方,王某2为乙方,签订房产赠与合同,载明:甲方将夫妻共同财产,坐落于某处房产,赠与给王某2个人所有,王某2要保障父母在此房中享有永久居住权,如果以后此房产出售或者拆迁,保证为父母提供不低于上述居住条件的良好住房。受赠方愿意接受上述赠与方赠与之房产,并按规定缴纳有关费用并办理了公证。之后,王某1丈夫去世。王某2向法院提出诉讼请求:要求确认房产赠与合同有效,要求赠与人王某1根据赠与合同交付赠与财产。

天津市河东区人民法院经审理后认为,原告王某2与其父母签订的房产赠与合同,系其父母对其财产的有权处分,并在公证员的公证下签订,符合法律规定。经过公证的赠与合同,赠与人不交付赠与的财产的,受赠人可以要求交付。该案的房产赠与合同中已基本上包括了居住权合同应具备的相应内容。该案受赠人在房产赠与合同中关于赠与人永久居住的承诺可以通过居住权的登记来实现。所以,该法院在确认房产赠与合同效力的同时,也对该合同的生效条件予以确认。所以判决:(1)被告王某1协助原告王某2办理案涉房屋过户手续,过户费用由原告王某2自行承担;(2)被告王某1在案涉房屋中享有居住权,该房过户于原告王某2的同时,原告王某2应协助被告王某1办理居住权登记手续。

案例八：房屋所有人或第三人的妨碍行为，导致居住权人无法实际居住或失去居住权，居住权人可以要求经济赔偿，赔偿的标准可以参考与设立居住权的住宅同地段类似房屋租房款。

案号为(2020)赣0102民初12766号的房屋买卖合同纠纷案例，实际上是居住权受到影响的经济赔偿案件。案情简介：王某、陈某是母子关系。1999年，王某与丈夫田某1登记结婚，案涉房屋所有权系夫妻关系存续期间取得。2016年11月15日，田某1(卖方)与陈某(买方)签订房屋买卖合同，将案涉房屋卖给陈某，价款为60万元。此外，双方还签订了一份协议书，载明"陈某负责该房屋由田某1、王某两老人生前居住"。之后，田某1、王某将上述房屋过户给了陈某。田某1、王某一直在该房屋内居住。2018年3月，田某1去世。2018年5月25日，陈某将该房屋出售给案外人，但未办理过户手续。同年7月，王某搬出了该房屋。2019年3月，陈某将案涉房屋产权过户给了案外人。王某提起诉讼，要求陈某以后每月向其支付租房款2000元至其去世，并要求陈某支付此前3年与住所地同地段类似房屋租房款。

江西省南昌市东湖区人民法院审理后认为，原告将其所有的房屋出售给被告，并约定被告负有保障原告生前居住该房屋的权利，该约定不违反法律规定，被告应履行该约定，保证原告的居住权。由于被告在未与原告达成一致意见的情况下，将案涉房屋转让给他人，导致原告无法按约定享有房屋居住权，被告对此应承担相应的民事责任。审理中，被告同意按原告主张的每月2000元租金赔偿原告居住权期间的费用。所以判决被告向原告支付居住权费用62,000元。

案例九：在农村采取"合资建房"方式，双方对部分房屋的居住、使用有书面的约定，应按照合同约定进行处理。为了办理居住权登记需要，建议双方应签订书面形式的居住权合同。

案号为(2020)桂1424民初1242号的所有权确认纠纷案例，实际上是由合资建房引起的纠纷案件。案情简介：农某1与农某2系表兄弟关系，两人父母是亲兄妹关系，曾一起在祖屋生活居住。之后，农某1随父亲在外面工作，农某2随母亲在老家生活。2009年，农某2拆除祖屋新建楼房时，曾与农某1商量。农某1为了方便往后逢年过节返回老家时有个居所居住和上香祭祖，便同意由自己出资部分资金给农某2拆旧建新楼房，农某2则同意楼房建成后留一楼右侧一开间房间由农某1及家人居住、使用。2010年12月20日，农某1书写一份标题为"房屋所有权证书"的字据交由农某2签名确认，农某2作为收款同意人签名。新楼房建成后,农某1在该房间设有祭祖香炉,农某1逢年过节返乡时,农某2也同意农某1居住、使用该房间。2019年,农某2用围墙及铁栏将新楼房门前场地围起来,安装上铁门并上锁,但未给农某1铁门钥匙,致使农某1未能正常使用该房间。经多次协商未果,农某1向法院提起诉讼。

广西壮族自治区大新县人民法院审理后认为,该案的争议焦点为原告农某1是否对案涉房间享有居住权。该案中,原告出资部分资金给被告农某2拆旧建新楼房,被告则同意新楼房建成后留一楼右侧一开间房间由原告及家人居住、使用。案涉楼房是被告拆除双方共同祖屋后建起的,虽未取得合法审批手续,亦未办理相关产权登记。按照农村"一户一宅"的原则,作为农村集体经济组织成员的被告农某2对该楼房享有农村宅基地所建房屋的相关权益。且楼房2010年建成后至2019年双方发生矛盾纠纷,原告农某1一直可以占用、使用该房间。所以,法院对原告农某1请求确认其对案涉房间享有居住权的诉讼请求,予以支持。

第三节 农村分户与分家析产

一、农村分户中涉及的法律问题

在农村家庭中,很多家庭成员处于不同的区域,如父母住在农村、子女住在城市;家庭成员中有部分是居民户口、部分是农村户口;子女在结婚后另组家庭,需要新建房屋,往往要先进行分户,才能申请宅基地。农村的土地承包经营、宅基地申请,均是以户为单位,对外的经济活动很多也是以农村承包经营户的名义进行。所以,农村分户重点要解决房屋所有权、宅基地使用权、土地承包经营权的分割处理。

《土地管理法》第62条第1款规定:农村村民一户只能拥有一处宅基地,其宅基地的面积不得超过省、自治区、直辖市规定的标准。《土地管理法实施条例》第34条第1句规定:农村村民申请宅基地的,应当以户为单位向农村集体经济组织提出申请。

地方性法规《浙江省土地管理条例》第57条规定:有下列情形之一的,农村村民的宅基地申请不予批准:(1)除实施国土空间规划进行村庄、集镇改造外,宅基地面积已达到规定标准,再申请新宅基地的;(2)出租、出卖、赠与住宅后,再申请宅基地的;(3)以所有家庭成员作为一户申请批准宅基地后,不具备分户条件而以分户为由申请宅基地的;(4)法律、法规规定的不符合申请宅基地条件的其他情形。认定户的具体标准和分户具体条件,由设区的市、县(市、区)人民政府制定。

由上述规定可见,我国农村宅基地管理实行"一户一宅"的原则。如果同一农村家庭未分家属于同一农户,任何家庭成员申请取得的宅基地使用权应属家庭成员共同共有。农村中以宅基地申请为目的进行分户的现象较多。需要注意的是:分户须达到一定的条件,如家庭某个成员准备结婚或已结婚需要另外组建家庭,家庭成员较多、随着家庭矛盾增加不宜继续一起生活居住。以所有家庭成员作为一户申请宅基地并被批准后,不具备分户条件或不合理分户申请宅基地的,其宅基地申请将可能不被批准。

《民法典》第55条规定:农村集体经济组织的成员,依法取得农村土地承包经营权,从事家庭承包经营的,为农村承包经营户。《民法典》第56条规定:农村承包经营户的债务,以从事农村土地承包经营的农户财产承担;事实上由农户部分成员经营的,以该部分成员的财产承担。《农村土地承包法》第16条规定:家庭承包的承包方是本集体经济组织的农户。农户内家庭成员依法平等享有承包土地的各项权益。

需要注意的是,承包土地属于农村集体经济组织所有,不属于个人财产。如果家庭分户,土地承包经营权由家庭成员内部协商处理,与发包人之间不再签订新的土地承包合同,法院对土地承包经营权分割的诉请不予处理。下一轮土地承包期开始后,可以以户为单位与发包人协商解决,分别签订新的土地承包合同。

二、农户共有房产与分家析产的方式

分家析产并非法律概念,其含义包含两个要素:一是分家;二是析产。分家是将原来共同生活的一个家庭分成几个独立的家庭;析产是家庭成员通过协商的方式对家庭共有财产予以分割,分属各个独立的家庭或个人所有。

分家析产的前提条件是存在家庭共有财产,在农村主要是农户共有房产。在"一户一宅"的原则下,以农村自建房屋方式初始取得的房屋产权,在一般情况下为家庭共有房产,即使该房屋登记在户主一人名下。但家庭共有房产并非都是全部家庭成员的共有财产,有些家庭成员不一定是住宅的宅基地使用权共有人,因此在分家析产时,家庭共有房产一般应当在宅基地使用权共有人之间分割。下面分别予以说明。

1. 父母共有房产析产。例如,以父母名义取得宅基地使用权,并由父母出资

建造的房屋,属于父母共有(夫妻共有)房产。在分家时,父母愿意将其房产分给子女的,是父母以赠与方式进行的析产。

2. 部分家庭成员共有房产析产。例如,家庭中兄弟姐妹较多,长子工作较早并有一定的积蓄,后以父母和长子的名义取得宅基地使用权,并由父母和长子共同出资建造的住宅,属于三人共有房产。在长子结婚后分户时,长子可以分得其应有份额的房产,如共有 6 间平房,长子分走其中 2 间。其余房产属于父母共有房产。其他子女长大后结婚,可以分户,并以自己的家庭户名义去申请宅基地。长兄自愿将其份额内的部分房产分给弟弟、妹妹的,则属于赠与析产,而非是弟弟、妹妹应有份额的共有房产析产。父母自愿将其房产份额分给其他子女的,也是赠与析产。

同理,以继受(如买卖、继承、互换、赠与等)方式取得的共有房产,在分家析产时应在共有继受人之间进行分割。例如,父母与其中某个子女共同出资购买的房屋,在分家析产时,应在父母与该子女之间进行分割,其他没有参与出资的子女不是共有人,无权参与分割。

3. 全体家庭成员共有房产析产。例如,以全体家庭成员名义取得宅基地使用权,并由全体家庭成员出资建造的房屋,属于全体家庭成员共有财产。在此情况下分家析产,每位家庭成员都应分得应有的份额。

实践中,经常存在这样一种情况:父母在农村想拆旧房建新房,子女在城市工作并落户,出资帮助父母建房。父母同意其中的部分房屋归属于提供出资的子女,便于其回家时可以居住。从表面上看,应是父母与该子女的共有房产。但因为子女已是城市户籍,不是农村集体经济组织成员,所以即使参与出资建房并有分家析产协议约定,也无法办理农村房屋产权登记,否则就可以以共同出资建房的名义变相实现城市户籍人员到农村置房。所以,在这种情况下,房屋还是登记在父母名下,但该子女有免费使用的权利,或由父母为该子女设立长期居住权。父母可以在遗嘱中指定相应的房屋由该子女来继承。

此外,农村房屋属于家庭某一成员单独所有,可以在分家时采取赠与方式析产,如母亲已经去世,父亲以一人名义取得宅基地使用权,并由父亲单独出资建造房屋。该房屋应属于父亲独有,后来子女长大要分户,父亲愿意将房屋分给子女的,属于赠与析产。至于赠与多少,应由父亲决定,子女不能要求父亲均等分割。如果父亲在生前未析产,等父亲去世后,子女对父亲遗留的房产进行分割的,属于继承析产。

在处理关于农村分家析产引起的纠纷时,需要综合考虑家庭成员是不是宅基地使用权人、是否参与出资建造房屋等因素,再确定其是不是该房屋的共有人参与析产的问题。判断家庭成员是不是宅基地使用权人,首先要看建房用地申请表、农村宅基地批准书、宅基地使用权证书等材料上是否列明为宅基地使用权人。通常情况下,已经出生的村民都享有该权利,所以农户在申请使用宅基地时会将全体家庭成员登记在册,登记在册的家庭成员都是宅基地使用权人。在此基础上,如果是以家庭收入建造房屋,该房屋应为农户家庭全体成员的共有财产。即使不动产权属证书或房屋所有权证书登记的权利人是某一家庭成员,该房屋也应属于家庭成员共有的房产。如果家庭成员属于宅基地使用权人,即使对建造房屋没有出资投入(通常是未成年人),根据"房地一体""一户一宅"的基本规制,也享有相应的共有产权,但应对其他有出资投入的家庭成员进行经济补偿,或者多分房屋。如果分户,也可以以自己的小家庭为名义申请宅基地,不参与大家庭的房屋析产。

三、农村分家析产的基本原则与特殊情况

农村分家析产是一件大事,表明子女已成家立业,父母为之高兴,但因为财产分割出现矛盾甚至发生诉讼,则是父母的悲哀。所以,在分家析产时,要和睦析产、妥善处理,尽量减少家庭矛盾。

《民法典》第1043条中提出"家庭应当树立优良家风,弘扬家庭美德,重视家庭文明建设","家庭成员应当敬老爱幼,互相帮助,维护平等、和睦、文明的婚姻家庭关系"。此原则不仅适合婚姻家庭关系的处理,也适合分家析产时的处理。

结合司法实践,农村分家析产时分割共有房产,应当坚持以下基本原则。

(一)协议优先原则

农村分家析产是一种家庭内部行为,而且家庭成员之间是血亲、姻亲的关系。为了维护大家庭的和睦相处,协议析产应该成为首选方式。协议析产体现了家庭成员内部的意思自治的原则,可以不受"等分处理""贡献大小"的限制,只要不违反法律法规的禁止性规定,就合法有效。分家析产协议一旦签订,家庭成员都应遵守,不能借故要求重新分割共有财产,这样容易再生纠纷。

中国人的家庭观念较重,不到迫不得已,一般不会选择用诉讼方式解决家庭矛盾。家庭成员应该本着互谅互让、和睦团结的精神,通过协商方式形成一致意

见,最终达成分家析产协议。特别是父母长辈,应当公平对待每个子女,不能有明显的偏心与不合理的决断,不能重男轻女,排除某一子女的共有份额。如果有纠纷,应首先进行内部协商,或者请亲戚中的长辈、有公信力的村干部等参与调解。

(二)均等原则

如果无法达成分家析产协议,因此产生纠纷,法院在通常情况下会按照均等原则分割共有财产。均等析产是公平、公正原则的体现,也是解决析产纠纷的有效方法。该方法主要是借鉴法定继承中遗产分配的原则,即《民法典》第1130条第1款规定:"同一顺序继承人继承遗产的份额,一般应当均等。"如某农户共有5间三层的住房,其有3个儿子,这样每个儿子分得1间住房,父母分得2间住房,这样比较容易处理,也比较公平合理,大家也比较容易接受该方案。若父母提出自己只要1间住房,将2间住房分给自己比较疼爱的小儿子,如果没有特殊情况,容易引起其他两个儿子的意见。

需要注意的是房产析产中的均等原则,一般是指面积上的平均分割,但由于家庭成员各自分得房屋的方位、朝向、楼层等不同,其价值会有一定的差距。在此情况下,可以采取经济补偿的方式进行合理调整。如果需要分割的是两幢位于不同地段的房屋,可以通过协商或抽签的方式决定其归属,完全均等的析产难度较大。析产时不仅要考虑面积,还要考虑地段、占地面积、新旧、楼层等因素。如果仅有一套无法物理分割的房屋,可以通过协商采取变价分割或者折价补偿的方式,一般做法是"出价高者得之",在价值上实现等分。如果房屋被列入征收范围或已被拆迁,可以将拆迁征收所得补偿利益进行等分。

需要注意的是均等原则主要体现在同辈的兄弟姐妹之间,不是体现在父母与子女之间。父母为家庭付出的较多,而且年老体衰,子女应该体谅、照顾父母,尤其是房屋析产时,要保障父母的居住条件。

(三)贡献大小原则

贡献大小原则类似继承中的"权利义务相一致"的原则,二者的实质含义相同。在房屋析产时,贡献大小主要体现在建房资金的投入,包括材料投入与劳动投入。如建房资金主要来自父母与已工作的长女,两个儿子当时还在上学,等以后房屋析产时,父母只考虑分给儿子而不考虑分给长女,会让人觉得父母存在偏心、明显重男轻女。

贡献大小还要考虑家庭成员对家庭收入的贡献,如房屋是用家庭收入建造,该房屋是家庭共有财产。该家庭中有多个子女,其中某个子女工作较早,用劳动收入帮助家里,使兄弟姐妹能继续上学,显然其对家庭的贡献较大,在房屋析产时适当多分一些,也符合公平、合理的基本原则。

贡献大小还体现在子女对父母的赡养、照顾等方面。如果父母已经年老,与某个子女一起生活,由其照顾日常生活,其他子女不在身边但提供赡养费用。在房屋析产时应考虑父母的因素,对该子女适当多分一些,虽然表面上多分的份额是分给该子女的,但实际上是父母应享有的共有房产的份额,因为父母也要生活居住,也应该有一定面积的住房。

(四)适当照顾原则

适当照顾原则类似继承中的"养老育幼、照顾病残"的原则,二者的实质含义相同。例如,对生活有特殊困难、缺乏劳动能力或重病残疾的家庭成员,在析产时应当予以照顾。但适当照顾并非是法律强制性规范,主要依靠当事人的良知和自愿。例如,成年兄长对建房出资较多,理应可以在房屋析产中分配较多份额,但可能会造成父母及其他兄弟姐妹的份额较少。所以,该兄长在析产时自愿为非共有人的未成年弟弟、妹妹留有房屋或安排好居住条件,是适当照顾原则的体现。又如,兄弟三人进行分家析产,其中两个兄长的家庭条件较好,另一个弟弟家境困难或身有残疾,经家庭内部协商后,同意对该弟弟予以关照,房屋析产时可以为该弟弟多分一间房屋,这也是适当照顾原则的体现。

除以上四条基本原则外,在农村分家析产时还要考虑以下三种情况:

1. 未成年人是否参与析产。未成年人通常随父母一起生活,一般不属于分家析产的对象,但在其兄姐结婚后要求分户时,应同时考虑未成年人的产权份额问题。父母将未成年子女作为家庭成员共同申请宅基地,说明父母愿意将未成年子女作为自建房屋的共有人。在此情况下,未成年人是家庭宅基地使用权共有人之一,即使没有出资投入房屋建设,因父母建造的房屋属于家庭共有房产,所以未成年人可以作为家庭成员享有相应的产权份额。如果兄姐在房屋建造时出资投入,在房屋析产时应适当多分。如果是均等分割的情况,可以考虑等弟弟、妹妹成年后给哥哥、姐姐适当的经济补偿。如果未成年人不是宅基地使用权共有人(如建房时尚未出生),应不是该房屋的共有人,在房屋析产时无权主张产权份额,可以等其成年后再申请宅基地,但在析产时应考虑其居住条件问题。

2.已嫁女是否可以在原家庭参与析产。由于受到传统观念的影响,我国的一些农村地区普遍存在"家产传子不传女"的观念。在分家析产时,经常出现女儿无权参与析产的情况,事实上排除女儿在家庭中的共有份额。实践中,也很少见到已嫁女参与原家庭析产。参照继承权男女平等的原则,女儿应该可以参与家庭析产。未出嫁的女儿是家庭成员,也是宅基地使用权共有人,自然可以参与家庭财产的分割。但对已嫁女是否可以在原家庭参与析产,要看具体情况。如果该女已经将户籍迁出,已经不是所在地的农村集体经济组织成员,不具有宅基地使用权人的资格,则一般不能参与原家庭共有房产的分割,其他家庭成员愿意让其参与析产的除外。如果该女在出嫁前对房屋建设有一定的贡献,如出资投入、用收入帮助家里其他成员,在家庭析产时其他家庭成员应给予适当的经济补偿。如果该女未将户籍迁出,其自然还是宅基地使用权共有人,所以可以参与家庭共有房产析产。通常情况下,如果女儿在建房时有资金投入,即使出嫁后不参与析产,父母出于亲情考虑,会为其保留几间房屋,让其回家时可以居住,但其产权一般登记在父母名下。如果房屋在女儿出嫁前建造并办理了产权登记,并且登记在该女名下,即使后来该女的户籍迁出,也不会因此失去房屋产权,相当于该女继续享有宅基地使用权。

3.丧偶儿媳或丧偶女婿是否可以在原大家庭参与析产。一般情况下,一旦离婚或丧偶后再婚,原家庭一般不视其为家庭成员,很少见其还参与原家庭析产的情况。虽然法律无规定,但可以参照《民法典》第1129条的规定,应将承担赡养义务的丧偶儿媳或丧偶女婿纳入家庭成员中进行析产。如果其有子女,也可以子女的名义参与家庭析产。这种做法符合公平、合理原则,其他家庭成员一般也能接受。

四、分家析产协议的参考文本

本书提供一份适合农村家庭的分家析产协议(参考文本),供读者参考。

分家析产协议(参考文本)

甲方:＿＿＿＿＿＿＿＿

乙方:＿＿＿＿＿＿＿＿

丙方:＿＿＿＿＿＿＿＿

(自然人至少要写明姓名、公民身份证号码、联系方式等内容)

各方系_____关系,因(写明分割原因),各方在平等、自愿、协商一致的基础上,就分家析产达成如下协议。

一、共有房产基本情况(如果多处或多套,应分别写明)

1. 各方共有的房屋,位于:_____

(如果仅写位置不明确,可以写明房屋四至界限)

2. 不动产权属证书号:_____

(或写房屋所有权证号、集体土地使用权证号)

3. 登记的产权人:_____

4. 登记的建筑面积(或实用面积)为:_____平方米

5. 房屋结构:____室____厅____卫。

(或该房屋建筑总层数为____层,其中,一层____间,二层____间)

6. 该房屋附属用房有:_____

7. 该房屋目前状况:_____(如由谁占用、有无租赁)

二、共有房产分割方案

各方经协商一致,约定分割方案如下(以下是举例方式):

1. 东院三间归甲方,西院东侧两间归乙方,西院西侧两间归丙方。(实物分割方式)

2. 房屋都归甲方,甲方给予乙方经济补偿人民币大写_____元整(小写:_____元),给予丙方经济补偿大写_____元整(小写:_____元)。(折价分割并经济补偿方式)

3. 共有房屋不进行分割,三方按份共有,其中甲方占____%,乙方占____%,丙方占____%。(也可以采取份额比例方式)

4. 可以约定房屋所有权归____方,由各方父母实际居住,或约定房屋所有权归____方,为其父母或其他方设立居住权。

5. 对房屋附属用房的处理:_____。

三、其他约定

1. 房屋归____方,由该方负责父母的赡养,包括死后安葬。(其他各方是否承担赡养费用可以分别写明)

2. 经济补偿费用支付的期限与方式:____年____月____日前,____方向____方支付经济补偿费用人民币大写_____元整(小写:_____元)。(其余类似写法)

3.办理过户手续:本协议签订后____天内,(登记的产权人)配合(约定权属方)去当地的不动产登记机构办理过户手续。

4.其他费用承担:本协议所涉分割事项所产生的各项费用(包括但不限于税费、手续费、公证费等),均由____方承担。(也可以各方分担,或按照相关法律法规的规定承担)

5.对室内设施设备的处理:_____。(可以采取协议附件方式)

四、关于土地承包经营权的处理

各方经协商一致,对家庭承包的土地作如下处理(以下是举例方式):

1.位于_____、面积为_____的承包地由甲方耕种,位于_____、面积为_____的承包地由乙方耕种,位于_____、面积为_____的承包地由丙方耕种。

2.家庭承包的土地都由甲方耕种,甲方给予乙方经济补偿人民币大写_____元整(小写:_____元),给予丙方经济补偿人民币大写_____元整(小写:_____元)。

3.承包的土地对外出租,所得租金收入,甲方可以获得____%,乙方可以获得____%,丙方可以获得____%。

4.本次承包期满后,在下次土地承包时,按照分户后的家庭分别签订农村土地承包协议。

五、宅基地使用权

1.宅基地使用权现在登记在_____名下,属于家庭共有。

2.因为_____没有分得房屋,以后结婚后成立家庭,可以自己单独申请宅基地。

六、违约责任

协议生效后,任何一方未按本协议约定履行相关义务的,违约方应当向守约方承担违约责任如下:

1.____方逾期不支付经济补偿费用,每逾期一天,按照逾期支付费用的(不少于0.5‰)支付违约金。

2.(登记的产权人)不配合办理过户手续,每逾期一天,按照每天____元支付违约金。

七、争议解决

因本协议条款或履行过程中发生争议,任何一方均可向房屋所在地的人民法院提起诉讼。

八、其他

1. 协议附件是本协议的组成部分。(如不动产权属证书、室内设施设备的处理方案)

2. 本合同自各方签字或盖章之日起生效,一式____份,各方各执壹份,均具有同等法律效力。(如果需要办理公证,应多签订几份)

甲方(签字):

乙方(签字):

丙方(签字):

签订日期:_____年___月___日

五、办理农村房屋产权转移登记

分家析产后需要办理产权转移登记,对于已经登记的宅基地使用权及房屋所有权转移登记,见《不动产登记操作规范(试行)》第 10 部分第 3 条转移登记中相关的内容,转移登记的适用:已经登记的宅基地使用权及房屋所有权,有下列情形之一的,当事人可以申请转移登记:(1)依法继承;(2)分家析产;(3)集体经济组织内部互换房屋;(4)因人民法院、仲裁委员会的生效法律文书等导致权属发生变化的;(5)法律、行政法规规定的其他情形。

申请主体:宅基地使用权及房屋所有权转移登记应当由双方共同申请。因继承房屋以及人民法院、仲裁委员会生效法律文书等取得宅基地使用权及房屋所有权的,可由权利人单方申请。

申请材料:申请宅基地使用权及房屋所有权转移登记,提交的材料包括:(1)不动产登记申请书。(2)申请人身份证明。(3)不动产权属证书。(4)宅基地使用权及房屋所有权转移的材料,包括:①依法继承的,按照本规范的规定提交材料。②分家析产的协议或者材料。③集体经济组织内部互换房屋的,提交互换协议书。同时,还应提交互换双方为本集体经济组织成员的材料。④因人民法院或者仲裁委员会生效法律文书导致权属发生转移的,提交人民法院或者仲裁委员会生效法律文书。⑤法律、行政法规以及《不动产登记暂行条例实施细则》规定的其他材料。

第四节 与农村分户相关的常见纠纷案例

与农村分户关系比较密切的常见纠纷案由有：分家析产纠纷、宅基地使用权纠纷、土地承包经营权继承纠纷。

一、分家析产纠纷案例

司法实践中，分家析产纠纷主要表现为两种形式：一是某一子女以自己夫妻家庭为单位起诉父母及其他子女家庭要求析产；二是某一子女的配偶在离婚后，起诉其原配偶及原配偶的父母要求析产。前者析产分割后共同财产分属各个独立家庭所有，后者析产分割后共同财产分属个人所有。分家必然会涉及析产，但析产并不是分家的唯一内容，它还包含赡养的负担、债务的承担等，但是析产是分家中最重要的内容。分家析产是我国的特有传统，相关纠纷主要发生在农村地区以及城乡接合部地带，析产的内容主要涉及农村宅基地、承包地、农村房屋及房屋拆迁补偿分配等问题。法律对分家析产的性质没有明确规定，对家庭财产也无明确规定。分家析产案件中当事人的地位是平等的，一般是本着互助互谅、团结和睦、物尽其用的原则，按照协商一致的意见处理财产，发生纠纷后，主要是适用《民法典》中关于共同共有的规定进行处理。

案例十：家庭成员之间达成的分家析产协议，是各家庭成员的真实意思表示，只要不违反法律、法规的强制性规定，协议一般会被认定为合法有效，相关当事人应予以履行。

案号为(2019)浙0327民初10902号的分家析产纠纷案件。案情简介：黄某2与黄某1系兄弟关系。黄某3、陈某(均已故)共生育二子，即长子黄某2、次子黄某1。1987年9月14日，陈某与黄某1、黄某2签订一份分家书，载明："兄黄某2、弟黄某1，兹父黄某3、母陈某，有坐落于某乡某街某号门牌，坐北朝南兴建的3间楼层(柴屋1间)及楼前南面平台，为两兄弟平分。经兄弟俩协商同意，兄黄某2分得两层楼房前部分及平台，关于平台边的柴火间归黄某2个人所有。弟黄某1分给两层楼房后部分2间，以隔址为界，归黄某1所有。"1992年2月25日，黄某1

办理了案涉房屋的房屋所有权证书,两间房屋南靠黄某2屋。但还没有办理土地使用权证,黄某2拒绝配合办证。之后黄某1向法院提起诉讼。

另查明,1992年9月16日,黄某2向当地镇人民政府申请改拆建房,申请表附图中显示拆建老屋北靠黄某1屋,南靠平台及柴草间。经法院现场勘查,被告黄某2已将分家书中分得的"前半部分房屋"及平台等拆除,并在该地基及周边土地上新建三层楼房屋,现该三层楼房屋与原告黄某1分得的"后半部分房屋"中间有一段空地。

浙江省苍南县人民法院审理后认为,案涉房屋原为原、被告父母财产,1987年已经通过分家进行了分割,原告获得该两间房屋的后半部分,被告获得该两间房屋的前半部分,且被告已经将该分得的老屋拆除,在该地基及周边土地上建设三层楼房一间,故该分家书被告已经实际履行。上述家庭成员之间达成的分家书属于各家庭成员对处分家庭共有财产达成的协议,该协议性质为分家析产协议,是各家庭成员的真实意思表示,且不违反法律、法规的强制性规定,因此,该协议合法有效,应予履行。所以判决:(1)确认黄某1与黄某2、陈某于1987年9月14日签订的分家书有效;(2)黄某2协助黄某1办理案涉房屋有关土地使用权初始登记手续;(3)黄某2自上述房屋的土地使用权证书办理完毕之日起7日内协助黄某1办理上述房屋的不动产转移登记手续至黄某1名下。

案例十一:共有人可以协商确定分割方式。若达不成协议,共有的不动产可以分割且不会因分割减损价值的,应当对实物予以分割。如果案涉房屋可以独立分开,且具备分割条件,法院可以判决各个房屋归属某个家庭成员。

案号为(2020)浙0482民初3813号的分家析产纠纷案件。案情简介:耿某4、陈某系夫妻,共生育三个子女,即耿某1、耿某2及案外人耿某3。因住房紧张、弟兄分居,需翻建新房,1993年10月3日,耿某4、陈某及耿某1、耿某2审批建造了位于浙江省平湖市某街道某村某号楼房(建筑用地100平方米)及附属房,原猪舍二间(35平方米)保留。现猪舍两间由耿某4、陈某经营小商店。由于耿某4、陈某年事已高,特别是耿某4长期患病。为避免产生家庭矛盾,耿某4、陈某向法院提起诉讼,请求明确财产权益。

浙江省平湖市人民法院审理后认为,位于平湖市某街道某村某号某层楼某附属房一间、猪舍二间系以两原告耿某4、陈某及两被告耿某1、耿某2的名义审批建造,应属于两原告及两被告共同共有,故两原告有权要求对案涉房屋进行分割。该法院根据原、被告对案涉房屋的贡献大小,并考虑到案涉房屋的具体结构及居住现状,酌情确认案涉房屋的分配。所以判决:(1)位于平湖市某街道某村某号的楼梯、附属房一间、猪舍二间归两原告耿某4、陈某所有;(2)底楼西面一间房间及卫生间归被告耿某1所有;(3)底楼东面一间归被告耿某2所有;(4)两原告有权在底楼西面一间、东面一间通行,被告耿某1有权在底楼东面一间通行。

二、宅基地使用权纠纷案例

案例十二:依法登记的土地使用权和所有权受法律保护。当事人持有集体土地使用权证,该土地使用权在未经法定程序依法收回前,任何单位和个人不得侵犯。

一审案号为(2020)豫1527民初2057号,二审案号为(2020)豫15民终3937号的宅基地使用权纠纷案件。案情简介:宋某1与宋某2系亲兄弟关系。分家时,原宅基地一分为二,两人各得一处,1991年2月,两人都办理了集体土地使用权证。其中宋某1取得的宅基地用地面积为105平方米,其中建筑占地面积为70平方米;宋某2取得的宅基地用地面积为150平方米,其中建筑占地面积为70平方米。上述两地块相邻。宋某2认可在宋某1的地块上建有厕所、菜园、并种植零星树木等。1991年秋,所在村民小组重新调整土地,宋某1分得新宅基地,在新宅基地上建房并居住,但其集体土地使用权证没有被收缴。其原宅基地被重新调整分给宋某2,宋某2及其家人在该宅基地所建房屋中生活居住20多年。之后,宋某1向法院提起诉讼。

河南省淮滨县人民法院审理后认为,宅基地使用权人依法对集体所有的土地享有占有和使用的权利,有权依法利用该土地建造住宅及附属设施。原告宋某1持有的集体土地使用权证,表明其依法获得了该地块的使用权,双方对此证件并无异议。被告宋某2提出相关地块被重新调整,但无相关地块重新确权登记的权属证明,不能对抗原告宋某1已经持有的使用证,原告宋某1持有的使用证也未记载有变更、消灭等事项。被告宋某2提出原告宋某1另有宅基地,违反"一户一宅"相关规定,无相关证据证实,即便原告宋某1出现一户多宅情形,被告宋某2也不能据此侵占原告宋某1名下的宅基地。所以判决被告宋某2对原告宋某1的集体土地使用权证项下的土地停止侵害,并拆除该土地上的厕所、菜园等附着物。

宋某2提起上诉,河南省信阳市中级人民法院二审判决驳回上诉,维持原判。

案例十三：农村宅基地使用实行"一户一宅"的原则。如果同一农村家庭未分家，任何家庭成员申请取得的宅基地使用权应属家庭成员共同享有。以所有家庭成员作为一户申请宅基地并被批准后，不具备分户条件或不合理分户申请宅基地的，其宅基地申请将不被批准。

一审案号为(2020)黔0623民初2147号，二审案号为(2021)黔06民终454号的宅基地使用权纠纷案件。案情简介：杨某1(弟)与杨某2、杨某3(长兄)系亲兄弟关系。第一轮土地承包时，三兄弟与父母作为一个承包户。1992年，三兄弟的父亲去世。1994年，杨某3在外服兵役，母亲吴某改嫁前对承包土地和房屋在家庭内进行明确，即拟写分家合同，杨某1尚小，随杨某2生活，兄弟三人均未在分家合同上签字。1999年土地顺延承包时，三兄弟的承包户主变为杨某2。2013年，杨某1申请宅基地，获批准用地面积160平方米建房。2014年7月31日，公安机关的人口管理信息显示杨某2另立为户主，不再与杨某1、杨某3为一户，而承包证仍是以杨某2为户主未分户。后杨某1未能在两年有效期限内在批准的宅基地上修建，当地国土资源管理部门给予两次延期。因三兄弟在外时间较多，原住房较老旧，当地政府通知三兄弟建新房，杨某2、杨某3出资在杨某1申请的地上修建一楼一底砖混结构房屋六间，三兄弟一人两间。之后，杨某1向法院提起诉讼，要求判令被告杨某2、杨某3拆除修建在其宅基地上的建筑物及构筑物，停止侵害，并恢复原状。

贵州省石阡县人民法院审理后认为，该案的争议焦点为杨某2、杨某3在杨某1申请的宅基地上建房是否侵害杨某1的宅基地使用权。该案中杨某3、杨某2、杨某1系亲兄弟，由于三兄弟父亲在1992年去世，母亲改嫁前对田地在家庭内进行划分，在第二轮顺延承包时该承包户变为以杨某2为承包户主。2013年杨某1申请办理宅基地使用申请获得批准，此时三兄弟不仅土地承包证显示系一个农户家庭，公安机关的人口管理信息显示也为一户，因而三兄弟仍是一户家庭成员，按照宅基地"一户一宅"原则，该户只能合法拥有一处宅基地，杨某1所申请的宅基地不能为一个人独自享有，而应由家庭共同享有。因此，该法院对杨某1诉称杨某2、杨某3侵害其宅基地使用权的主张不予采信。杨某2、杨某3身为长兄，出资在共同的宅基地上建房，在杨某1没有出资的情况下让其享有两间，彰显传统美德，于情、于理、于法该得到倡导，该法院对杨某1要求杨某2、杨某3拆除宅基地上的建筑并恢复原状的请求，依法予以驳回。所以判决驳回杨某1的诉讼请求。

杨某1提起上诉，贵州省铜仁市中级人民法院二审判决驳回上诉，维持原判。

三、土地承包经营权继承纠纷案例

案例十四:农村土地承包经营权是以户为单位的,家庭承包的承包方是本集体经济组织的农户。土地承包经营权不属于个人财产,不发生继承问题。承包人应得的承包收益,可以依法继承。

案号为(2018)冀0682民初3904号的土地承包经营权继承纠纷案件。案情简介:陈某1、陈某2、陈某3、陈某4系亲兄弟关系,四兄弟的父亲陈某5与母亲、祖母作为一个家庭户。1998年8月30日,陈某5作为户主承包了河北省定州市西城区陈庄子村两块耕地,共计2.85亩,承包期限为30年。之后,陈某5的母亲于2003年去世,陈某5的妻子于2004年去世,陈某5于2017年去世,皆由兄弟四人共养共葬。三位老人先后去世,陈某5作为户主承包的2.85亩耕地现由陈某4耕种。之后,兄弟四人为分2.85亩耕地发生了矛盾,陈某1、陈某2、陈某3向法院提起诉讼。

河北省定州市人民法院审理后认为,原、被告诉争的承包地的承包经营权属于以陈某5为户主的农户家庭,而非属于某一家庭成员所有,在陈某5去世后其土地承包经营权已消灭。遗产是公民死亡时遗留的个人合法财产,土地承包经营权不属于个人财产,不发生继承问题。三原告要求分割案涉土地没有事实和法律依据,法院不予支持。所以判决驳回原告陈某1、陈某2、陈某3的诉讼请求。

案例十五:承包土地属于村集体所有,不属于个人财产,也不属于遗产,不能按个人财产进行继承。在土地承包期内承包人如有死亡,其合法继承人可以继续承包。如果继承人因继续承包经营发生纠纷,应与发包人协商解决,签订新的土地承包合同。

案号为(2017)冀0705民初1734号的土地承包经营权继承纠纷案件。案情简介:1977年,郭某1随母亲张某改嫁郭某3,并改姓为郭。郭某2系郭某3的女儿。1998年12月31日,小慢岭村村民委员会(甲方)与郭某3(乙方)签订了土地承包合同,约定甲方将5.2亩水浇地发包给乙方使用经营,承包期限为30年,从1998年1月1日至2027年12月31日。后张某、郭某3先后去世,郭某2一直耕种此地。因部分土地被征用,至2017年4月19日该承包地还剩1.86亩。之后,郭某1向法院提起诉讼,请求判令郭某2停止侵权,并将所占有的父母留下的承包地分一半给郭某1。

审理中查明,郭某1、郭某2均系小慢岭村村民,1998年第二轮土地承包时,两人分别与小慢岭村村民委员会签订了土地承包合同。

河北省张家口市宣化区人民法院审理后认为，遗产是公民死亡时遗留的个人合法财产。该案中，郭某1要求继承的承包土地属于村集体所有，性质为耕地，郭某3、张某二人家庭享有的只是该土地的承包经营权，该承包地不属其二人的个人财产，也不属于遗产，不能作为个人财产进行继承。小慢岭村村民委员会与郭某3签订的土地承包合同约定"在土地承包期内承包人如有死亡，其合法继承人可以继续承包"。根据该约定，张某、郭某3相继去世后，其二人的子女郭某1与郭某2之间因如何继续承包经营发生纠纷，应与发包方小慢岭村村民委员会协商解决，法院不应以司法行为直接干涉或变更合同的契约内容。故对郭某1要求郭某2停止侵权将张某、郭某3承包地分给其一半之诉讼请求，该法院依法不予支持。所以判决驳回郭某1的诉讼请求。

第五节　农村不动产互换

一、房屋互换的类型与法律后果

房屋互换是指房屋所有权人之间相互交换房屋的民事法律行为。房屋互换，主要是双方为了生活、工作方便或者建房、孩子上学等，在自愿的基础上，相互交换房屋的使用权或所有权。在家庭成员内部或亲友之间房屋互换较常见，如父母与子女之间、兄弟姐妹之间房屋互换。如两兄弟各建有一套房屋，其中兄长建的房屋较老但占地面积较大（如三间平房），弟弟建的房屋较新但占地面积较小（如两间楼房），弟弟生活较富裕想新建一套楼房，只能拆旧建新但觉得可惜，于是兄弟之间达成房屋互换协议并办理产权过户登记。这样兄长可以住较新的楼房，弟弟拆除兄长原有的房屋在宅基地基础上新建起三层楼房，各取所需，也符合"一户一宅"的原则。

按照房屋交换的权利类型不同，房屋交换可以分为房屋使用权交换与房屋所有权交换两类。房屋使用权交换是指双方同意在一段期限内互换各自所有房屋的占有与使用的权利，有些还包括收益的权利（可以对外出租获得租金），但一般不包括处分的权利（如向第三人进行转让、设立抵押权或居住权等）。交换使用权后的房屋，其所有权归属没有发生变化，所以不需要办理产权转移登记手续，也不需要缴纳契税等税费。房屋所有权交换是指双方同意将各自所有的房屋所有权进行互换,属于房屋所有权转移范畴,所以需要办理产权转移登记手续,应按照规定缴纳契税等税费。如果交换的房屋是商品房性质,房屋所占用的土地是国有土地性质,根据"地随房走"的原则,该房屋占用范围内的国有土地使用权也应一并进行转移。

按照是否办理登记手续进行分类,可以分为可办理登记的房屋交换与无法办理登记的房屋交换。这种分类方法与上一种分类有一定关系,但不完全一致。如房屋使用权交换一般不需要办理登记,但如果双方为了稳妥,防止一方反悔,可以采取用自己所有的房屋为对方设立居住权的形式来实现使用权的交换,需要办理两项居住权设立登记。房屋所有权交换应办理产权过户手续,但有些房屋因为一些特殊原因,无法办理或暂时不能办理房产转移登记手续。如还在限售期内的经济适用房、共有产权房等,因为不能转让所以也不能互换;又如不符合规划要求的违法建筑、没有在不动产登记机构办理过登记的小产权房,即使互换也不能办理产权转移登记。公租房一般是可以互换的,但应得到房屋产权单位的同意,其实质是使用权交换,不是所有权的交换。总之,对于可办理登记的房屋交换,无论是房屋所有权互换还是设立居住权形式的互换,该房屋应已办理产权登记并且可转让。此外,不同性质的房屋之间互换受到一定的限制,如城市商品房与农村房屋之间一般不能进行互换,因为城市居民不能到农村买房,即使签订了房屋互换协议,也无法办理农村房屋产权过户登记。

按照房屋交换过程中是否补差价,可以分为补差价的房屋交换与不补差价的房屋交换。如果两套房屋的评估价值相同,交换时自然不需要补差价,但这种情况比较少见,一般是双方认可交换的房屋价值基本相同,或者该房屋交换发生在具有特定身份关系的人员之间,如父母与子女之间的房屋交换。一般而言,因为房屋的面积大小、楼层、新旧、地段、装修情况等不同,交换的房屋之间会存在一定的价值差异,所以很多房屋交换采取了不等价加补偿的方式。如在分家析产时,父母给兄弟俩各分配了两间平房,后来兄长成家后另外申请了宅基地建造了两间楼房,等弟弟要结婚时,女方提出要求住楼房,但弟弟的经济能力有限、无力自己造房,兄长提出愿意帮助弟弟,将自己建造的楼房让给弟弟,与弟弟的两间平房进行互换,自己另外在四间平房的基础上建造新房,双方达成房屋互换协议。但因为两间楼房与两间平房相差较大且室内有精装修,需要弟弟补偿 10 万元。这种房屋交换就是典型的不等价加补偿的交换方式。

二、房屋互换合同的性质与法律参照适用

房屋互换合同是《民法典》中没有列入典型合同范围的无名合同。《民法典》第467条第1款规定:"本法或者其他法律没有明文规定的合同,适用本编通则的规定,并可以参照适用本编或者其他法律最相类似合同的规定。"所以,房屋互换合同可以适用《民法典》合同编第一分编通则的规定,同时可以参照适用"最相类似合同的规定"。具体如何参照适用,要根据合同的类型来具体分析。

如果房屋交换的权利类型是使用权,可以参照适用租赁合同的相关规定。房屋使用权互换合同可以被视为双方签订了两份内容相似的房屋租赁合同,其中租金部分进行抵消或部分折抵。在这两份房屋租赁合同中,最大的区别是租赁物的区别,如房屋的面积、位置、内部设施设备等。但双方的权利义务应该是基本相同的,如使用期限、是否可以出租(类似租赁合同中的转租)、房屋维修费用、物业服务费用与水、电等费用承担等。一旦发生纠纷,基于权利与义务对等原则,一方在对方所有的房屋上获得的占有、使用、收益,也同样由另一方在自己所有的房屋上获得相应的权益。如一方限制另一方不得将自己所有的房屋进行出租,自然也不能将对方所有的房屋进行出租;如果自己将对方所有的房屋进行出租,也应同意对方将自己所有的房屋进行出租,对于出租所得收益原则上应归于实际使用人。此外,双方在房屋互换合同中对处分权的行使应进行一定的限制,而且该限制应是对等的,如是否可以进行抵押、是否可以转让等。如果允许房屋所有权人对房屋进行任意处分,必然会对实际使用人的权益造成损害,使其无法正常使用。此外,双方在房屋互换合同中未对处分权的行使进行限制或允许对方任意行使,也应遵守对等原则,而且在一方处分自己所有的房屋前,应提前告知对方。如在合同有效期内,一方因为经济困难需要向他人转让或抵押该房屋,应提前告知另一方,并且所有权人应告知拟受让人或抵押权人相关情况,保证另一方在合同有效期内可以继续使用该房屋,或者双方协商一致提前终止该互换合同。所以,一旦进行房屋使用权交换,房屋所有权人所拥有的不再是"完全所有权",而是类似已设立居住权的房屋上的"名义所有权"。

而且,房屋使用权交换合同与租赁合同也存在一些差异,如最高使用期限的限制、法定优先权的享受。《民法典》第705条第1款规定:租赁期限不得超过20年。超过20年的,超过部分无效。如果房屋使用权交换,可以不受此期限限制,只要双方协商一致,使用权期限可以超过20年。《民法典》第726~728条规定的

承租人"优先购买权"与第734条规定的承租人"优先承租权",并不能成为房屋使用权交换合同中当事人的法定权利,但如果双方在房屋互换合同中进行了约定,对等授予对方一定的优先权,这是约定权利,按照私法自治原则,应予以尊重。

如果房屋使用权的交换是以相互设立居住权的形式进行,房屋互换合同可以被视为双方签订了两份内容相似的居住权合同。《民法典》第367条第1款规定,设立居住权,当事人应当采用书面形式订立居住权合同。根据对等原则,双方的权利义务应该是基本相同的,如居住权期限,居住的条件和要求,是否可以出租,房屋维修费用,物业服务费用与水、电等费用承担等。需要注意的是,因为居住权作为一种用益物权,需要办理设立登记后才能生效,所以除房屋互换合同外,双方还应签订两份单独的居住权合同用于办理设立登记时备案所用。《民法典》第368条规定,设立居住权的,应当向登记机构申请居住权登记。居住权自登记时设立。在两份居住权合同中,除了住宅的面积、位置等基本情况不同外,在房屋使用费方面可能也会有所区别,这部分可能会进行抵消或部分折抵。因为房屋租赁合同对房屋的性质没有限定,所以可以将办公楼、商铺、厂房、仓库等建筑物的使用权进行交换,但居住权是对他人的住宅享有占有、使用的用益物权,所以进行交换的客体只能是住宅。因为《民法典》第369条规定"居住权不得转让、继承",所以在理论上居住权不能成为交换的标的,所以房屋互换合同不能以"交换居住权"的形式,而应是"互为对方设立居住权"。此外,《民法典》第370条规定:居住权期限届满或者居住权人死亡的,居住权消灭。所以,可能会出现房屋互换合同实际上不对等的情况,如双方在居住权合同中都约定"居住权期限到居住权人去世为止",但很少出现双方同时去世的情况,一旦其中一方去世,为其设立的居住权消灭,该房屋所有权人可以单方申请办理居住权注销登记。因为另一方还存活,所以居住权继续存在,去世的一方继承人不能因此解除居住权合同,也暂时无法申请办理居住权注销登记。

如果房屋交换的权利类型是所有权,可以参照适用买卖合同的相关规定。所以,多数的房屋互换引起的纠纷的案由是《民事案件案由规定》中的互易纠纷、买卖合同纠纷或房屋买卖合同纠纷。其中,互易纠纷是买卖合同纠纷的一种类型。《民法典》第647条规定:当事人约定易货交易,转移标的物的所有权的,参照适用买卖合同的有关规定。

一般的商品互易只需要直接交付就可以完成,房屋互换与一般的商品互易存在明显的区别,即需要办理产权转移登记,才能发生物权意义上的变动。

房屋所有权互换合同可以被视为双方签订了两份内容相似的房屋买卖合同。因为房屋的价值往往存在差异，所以在房屋交换合同中需要明确房屋的价值，一般采取部分款项可以折抵，多余部分进行补偿的方式。

《民法典》合同编第九章"买卖合同"的很多规定可以适用于房屋交换合同，如《民法典》第597条规定：因出卖人未取得处分权致使标的物所有权不能转移的，买受人可以解除合同并请求出卖人承担违约责任。法律、行政法规禁止或者限制转让的标的物，依照其规定。如果交换的一方将未取得所有权或未办理产权登记的房屋用于房屋互换，应被认定为违约，致使合同目的不能实现的，另一方可以要求解除合同。

需要特别注意的是，用于互换的房屋应是已办理产权登记且可以转让的房屋。如所有权、使用权不明或者有争议的房屋，已经被认定为违法建筑的房屋，未办理产权登记的自建房屋，一般不能互换。法律、行政法规规定不得抵押的其他房产，也不能用于互换。已经被列入拆迁征收范围的房屋，一般也不宜进行互换，容易因此产生纠纷。

此外，在一些房屋互换合同中，没有明确双方互换的权利为房屋所有权还是使用权，因此产生纠纷。法院应综合分析双方互换时是否支付对价以及权利义务约定，并根据互换后的权利义务以及占有、使用、处分、收益情况判断互换权利为所有权还是使用权。

三、房屋互换合同的参考文本

一般情况，房屋互换合同指的是房屋所有权互换合同。因房屋所有权互换引起的纠纷案例也较多，因房屋使用权互换引起的纠纷案例较少。

在签订房屋所有权互换合同时需要注意的主要事项如下：

1. 用于交换的房屋应是当事人所有的或有权处分的房屋。如果是他人所有的房产，当事人无权处分；如果是共有房产，应得到其他共有人的同意或认可，建议其他共有人也在合同上签字表示认可。

2. 应在合同中明确房屋交付与办理转移登记的期限。在房屋产权转移前，如果一方反悔或不配合办理转移登记，会导致互换合同无法履行，所以应明确违约责任。另外，需要在合同中明确办理转移登记手续所产生费用（包括税费、手续费等）的分别承担责任。

3. 应在合同中明确补偿费用。用于交换的两套房屋一般存在价值差异，所以应进行一定的经济补偿。可以采取由第三方评估机构评估的价值来确定,也可以采取双方都认可的房屋价值确定。建议当事人不要为了少缴纳一些契税,而不在合同中写明经济补偿,这样做容易产生纠纷,而且以后再次转让房屋时可能需要承担更多的增值税与个人所得税。此外,应在合同中明确补偿费用的支付期限与方式,并明确逾期支付的违约责任。

本书以房屋所有权互换为例提供一份房屋互换合同的参考文本,供读者参考。

房屋互换合同(参考文本)

甲方:＿＿＿＿＿＿＿＿＿＿

乙方:＿＿＿＿＿＿＿＿＿＿

(自然人至少要写明姓名、公民身份号码、联系方式等内容)

鉴于甲、乙双方系＿＿＿＿＿＿＿关系,双方自愿将各自所有的房屋进行所有权互换,双方经协商一致,签订如下房屋互换合同。

一、互换房屋基本情况

(一)甲方所有、用于交换的房屋基本情况

1. 位于:＿＿＿＿＿＿＿＿＿＿＿＿＿＿。

(如果仅写位置不明确,可以写明房屋四至界限)

2. 不动产权属证书号:＿＿＿＿＿＿＿＿。

(或写房屋所有权证号、集体土地使用权证号)

3. 登记的产权人:＿＿＿＿＿＿＿＿。

(应登记在甲方名下,如果是共有房屋,共有人应一起写上作为合同当事人)

4. 登记的建筑面积(或实用面积)为:＿＿＿＿＿＿平方米。

5. 该房屋占用范围内的土地使用权的性质:国有出让土地/国有划拨土地/宅基地/集体经营性建设用地。

6. 该房屋附属用房及室内设施设备随该房屋一并交换,附属用房有:＿＿＿＿＿＿＿＿＿＿＿＿＿＿＿＿＿＿(如独用/共用的车棚/汽车库/其他＿＿＿＿＿＿平方米)。

(室内设施设备可以作为合同附件。)

7. 该房屋的市场价值:＿＿＿＿＿＿＿元。(也可以不写)

(二)乙方所有、用于交换的房屋基本情况

(写法同上)

二、甲方承诺(可以有选择地填写)

1. 甲方所有的房屋现由____占用,甲方承诺在____日内腾空交房。

2. 该房屋有(无)租赁,租期于_____年____月____日到期,租金收取情况:_____。

3. 该房屋是(否)设立居住权,居住权人为_____,居住权期限至_____年____月____日,房屋使用费收取情况:_____。

4. 该房屋有(无)抵押,担保金额_____元(拟作如何处理)。

5. 该房屋有(无)贷款,贷款情况:_____。

6. 其他:_____。

三、乙方承诺(可以有选择地填写)

(写法参照第2条)

四、房屋交付与办理转移登记手续

1. 房屋交付时间:_____年____月____日。

2. 双方应在本合同签订后____日内共同向所在地的不动产登记机构申请办理房屋的所有权与土地使用权的转移登记手续。

3. 因办理转移登记手续所产生的费用(包括税费、手续费等)由各方各自承担。(也可以进行其他约定)

五、补偿费用(可以不写或另外约定)

1. 因为甲方(或乙方)所有的房屋价值较高,乙方(或甲方)愿意向甲方(或乙方)提供人民大写_____元整(小写:_____元)的经济补偿费用。

2. 补偿费用的支付期限与方式:_____。

(如在办理转移登记前一次性支付或采取分期支付方式)

六、违约责任

1. 如果一方反悔或不配合办理产权转移登记,导致本合同无法履行,应向另一方支付违约金____元。

2. 如果一方用于交换的房屋是其无权处分的,或者其他共有人不同意互换,导致本合同无法履行,应向另一方支付违约金____元。

3. 如果甲方(或乙方)不按照约定按时、足额支付补偿费用,每逾期一天,应按照未按时支付费用的____(比例可以酌定)向乙方(或甲方)支付违约金。

4.如果约定补偿费用在办理转移登记前一次性支付或支付部分款项,该支付方未按时支付,另一方可以提前解除本合同,或不配合办理转移登记,不视为违约。

七、争议解决

甲、乙双方因履行本合同发生争议时,首先应当协商解决;协商不成的,任何一方可向房屋所在地的人民法院提起诉讼。

八、其他

1.本合同未尽事宜,双方可另行订立补充协议。补充协议以及本合同的附件均为本合同不可分割的部分。

2.本合同自各方签字或盖章之日起生效,一式____份,双方各执壹份,用于备案____份,具有同等法律效力。

甲方(签章):

乙方(签章):

签订日期:_____年____月____日

(如果有见证人,可以在本协议下方签名)

四、涉宅基地的互换与权利确认

在农村中,存在宅基地互换的情况,或者用房屋来交换宅基地的情况。因为涉及对宅基地管理的限制,所以这种互换合同的效力及权利确认比较麻烦。下面分别结合具体情况举例说明。

1.宅基地互换。与农村房屋互换一样,宅基地互换只能在同一集体经济组织成员之间进行,否则互换合同无效。因为宅基地是集体所有用地,所以不能进行宅基地所有权的互换,只能进行使用权的互换。如果将宅基地使用权交换给非本农村集体经济组织成员,就意味着会造成宅基地使用权人不属于本农村集体经济组织成员的情况,目前这在我国多数地区是不被允许的。根据《第八次全国法院民事商事审判工作会议(民事部分)纪要》第19条规定,在国家确定的宅基地制度改革试点地区,宅基地使用权是可以流转的,所以进行宅基地互换也是可以的,一旦发生纠纷,宅基地互换协议可以被法院认定为有效。在非试点地区,农民将其宅基地上的房屋出售给本集体经济组织以外的个人,该房屋买卖合同会被认定为无效,显然这种类型的宅基地使用权交换也是无效的。此外,宅基地使用权是农村集体经济组织成员的成员权的具体体现,不动产登记机构按照农村宅基地批准书进行宅基地使用权及房屋所有权登记,"首次登记"的申请主体为用地批准文件记载的宅基地使用权人。所以,即使签订宅基地互换协议,不动产登记机构一般不会直接按照该互换协议为申请人办理首次登记。而且,互换的两块宅基地面积也不一定完全相等。所以,比较稳妥的做法是等两块宅基地上都建造房屋后,以农村宅基地批准书上记载的宅基地使用权人名义分别办理房屋所有权首次登记,等产权确认后再进行农村房屋的互换,这样可以办理产权转移登记。

2. 农村房屋与宅基地互换。在农村中,先富起来的部分村民在20世纪八九十年代就自建房屋,但当时的经济条件有限,所以所建的房屋一般是一层或二层,而且装修也比较简单,造型也比较传统。很多农民在经济条件改善后,想翻建或新建房屋,但可能原来的宅基地面积较小、地段不好,于是想另找地新建房屋,可以采取将房屋与其他村民的宅基地互换的方式实现。举例说明:甲在老宅的宅基地基础上原建有一幢两层楼房,但占地面积较小,如果拆旧建新,将原来房屋拆除会觉得比较可惜,如果同村的乙获批宅基地,但建房资金不足,双方的房屋与宅基地互换,各取所需,是比较经济且公平合理的做法,也符合"一户一宅"的原则。需要注意的是,这种做法在办理确权登记时,也应参照房屋互换的做法。由甲与乙先签订互换协议,然后由甲协助乙在宅基地上新建房屋,以乙的名义办理房屋所有权首次登记,最后双方进行农村房屋互换,这样可以办理产权转移登记。

3. 商品房与宅基地互换。这种情况也比较常见,如甲原来是在农村中生活长大,后来上学并到城市中工作,获得城市居民户籍,出于对家乡的感情,想在农村中造一幢房屋用于以后有空时居住或退休后在家乡生活。刚好乙获批了宅基地,但因为孩子要到县城中读书,需要在县城中买房或租房照顾孩子,甲在县城中有套房屋但长期不住,只用于出租,于是甲、乙双方达成互换协议,甲以县城中的那套房屋交换乙的宅基地。但因为城市居民不能到农村买房,乙无法将宅基地使用权或在该宅基地上建造的房屋所有权过户给甲,如果发生纠纷,该互换协议会被法院认定为无效。在这种情况下,建议当事人先建好房屋然后采取房屋使用权互换的方式。房屋使用权互换不需要办理登记,也不需要改变房屋的权属,农村房屋与城市房屋之间的使用权互换也应被认定为有效。再举一例:丙是农村户籍,在农村中已申请获批了一块宅基地,但他想扩建成更大的别墅,于是用自己所有的一套商品房与周围邻居丁获批的一块相邻的宅基地进行互换,但因为不符合"一户一宅"的原则,即使房屋建成,也无法以丙的名义办理农村房屋产权登记,只能以丁的名义去办理产权登记。但有一种情况例外,如果农村户籍的丙此前没有申请过宅基地且具备申请宅基地的条件,他与同村村民交换获得或购得的农村房屋,是可以办理产权转移登记的。

总之,无论是宅基地互换还是房屋与宅基地互换,都应当符合我国对宅基地管理的相关法律法规规定,尤其是宅基地只能在本农村集体经济组织成员之间内部流转与"一户一宅"的原则,否则互换协议可能会被认定为无效或无法办理农村房屋的产权转移登记。

第六节 农村不动产互换引起的纠纷案例

在农村房屋或宅基地互换引起的纠纷中,较多的案由有:互易纠纷、合同纠纷、买卖合同纠纷、房屋买卖合同纠纷、确认合同效力纠纷、农村房屋买卖合同纠纷。下面举例说明。

案例十六:同一农村集体经济组织成员之间的农村房屋互换协议,一般会被认定为合法有效。如果一方不履行合同义务,另一方可以要求其履行协议约定的义务,包括腾退房屋、办理产权转移登记手续。

案号为(2016)浙0604民初6631号的合同纠纷案件。案情简介:顾某1与顾某2系兄弟关系,顾某1与沈某系夫妻关系,顾某2与金某系夫妻关系。2015年12月21日,双方因各自家庭生活所需,签订了房屋调换协议,约定将双方所有的房屋互相调换。顾某1将其从陆某处继承的坐落于浙江省绍兴市上虞区某处的一间三层楼房(集体土地建设用地性质)调换给顾某2所有。顾某2将其所有的座落于同村的二层楼房二间半房屋(该房屋于2013年10月30日经审批建造)调换给顾某1所有。双方约定于2016年4月底完成调换。但后来因故未完成调换,所以顾某1与沈某向法院提起诉讼。

浙江省绍兴市上虞区人民法院审理后认为,原、被告之间签订的房屋调换协议,系双方真实意思表示,并未违反相关法律规定,合法有效,应予保护。被告未按约定的期限履行调换房屋即腾退房屋的合同义务,显属违约,应当承担继续履行的民事责任。所以该法院判决:(1)原、被告于2015年12月21日签订的房屋调换协议有效;(2)被告顾某2、金某应从其所有的浙江省绍兴市上虞区某处的二层楼房二间半房屋中腾退,并交付原告顾某1、沈某占有使用。

案例十七:同一农村集体经济组织成员之间的农村房屋互换、宅基地互换,或房屋与宅基地之间的调换,一般会被认定为合同有效。农村房屋的不动产权属初始登记应登记在宅基地使用权人名下,在互换合同履行过程中,可以过户到受让人名下。

案号为(2021)浙0381民初2438号的房屋买卖合同纠纷案件。案情简介:林某1与林某2系兄弟关系。1997年2月25日,双方签订了宅基地和房屋调换协议书,约定:林某2将1984年审批的一间坐落于某街道某村的宅基地与林某1所有的一间二层砖木结构房屋自愿调换;林某1补偿林某2共2000元,一次性付清。两人的兄长林某3作为见证人在协议书上签字捺印。调换完成后,林某1在调换过来的宅基地上建成一间六层楼房,林某2一家搬进案涉二层房屋居住至今。1996年1月22日,案涉房屋办理了集体土地使用权证,土地使用者为林某1。2017年3月,当地政府部门在一份宅基地使用权及房屋所有权权源证明上盖章证实案涉房屋的权利人为林某2。因为林某1不配合办理房屋产权登记,林某2向法院提起诉讼。

浙江省瑞安市人民法院审理后认为,原告林某2与被告林某1签订的宅基地和房屋调换协议书,系当事人真实意思表示,不违背法律强制性规定,合法有效。当事人应当按照约定全面履行自己的义务。根据该案实际情况,被告应当履行约定义务,协助原告办理案涉房屋的不动产权属过户登记手续,但前提是被告应当先行申请办理案涉房屋的不动产权属统一初始登记。所以该法院判决:(1)确认原、被告于1997年2月25日签订的宅基地和房屋调换协议书合法有效;(2)被告林某1于本判决生效后10日内办理坐落于浙江省瑞安市某处房屋的不动产权属初始登记的申请手续;(3)被告林某1自上述第二项不动产权属初始登记完成后,立即协助原告林某2将不动产权属过户登记到原告名下。(办理产权过户手续需要支出的税费由原告自行负担)

案例十八:不同性质的房屋互换受到一定的限制,如城市商品房与农村房屋之间一般不能进行交换,因为城市居民不能到农村买房,也无法办理农村房屋产权过户登记。所以,城市居民与他人交换获得集体土地上建造的房屋,该房屋互换协议会被法院认定为无效。

案号为(2019)吉0502民初1801号的互易纠纷案件。案情简介:祁某1、高某系夫妻关系,祁某2是两人的儿子;时某与祁某2系夫妻关系,祁某3是两人的儿子。2017年6月17日,祁某1与祁某2、时某签订房屋互换协议,约定:祁某2名下有从第三人处继承来的,位于吉林省通化市某处楼房一间,祁某1名下有位于东昌区某乡的平房一间,双方协商互换。祁某1的平房已被征收(征收产权调换协议已签完),拆迁后调换的两套楼房归祁某2所有,祁某2声明自愿将其中较大的一套由妻子时某和儿子祁某3继承,较小的一套归弟弟祁某4所有。位于祁某2名下的楼房由祁某1居住,在祁某1去世后,该房子归祁某2的儿子祁某3和侄子祁某5共同所有,各占50%。之后,祁某2去世。时某在祁某1、高某不知情的情况下,将案涉房屋卖掉,所得款项也没有给祁某1、高某,祁某1及高某多次索要,但时某拒绝给付。所以,祁某1、高某向法院提起诉讼。

吉林省通化市东昌区人民法院审理后认为,2017年6月17日祁某1与祁某2、时某签订房屋互换协议,从内容上看,主要是双方互相交换房屋,并转移标的物房屋所有权的协议。房屋互换协议所涉标的物住宅,系在集体土地上建设的房屋。在非试点地区,其交易主体限制在本集体经济组织成员,而协议换房人祁某1、高某系城市居民,非案涉房屋所在村集体经济组织成员。所以判决祁某1与祁某2、时某签订的房屋互换协议无效。

第七节　农村共有房产处理

一、《民法典》对共有制度的规定

《民法典》物权编第二分编"所有权"中第八章"共有",共有14条规范。具体内容如下:

第二百九十七条　不动产或者动产可以由两个以上组织、个人共有。共有包括按份共有和共同共有。

第二百九十八条　按份共有人对共有的不动产或者动产按照其份额享有所有权。

第二百九十九条　共同共有人对共有的不动产或者动产共同享有所有权。

第三百条　共有人按照约定管理共有的不动产或者动产;没有约定或者约定不明确的,各共有人都有管理的权利和义务。

第三百零一条　处分共有的不动产或者动产以及对共有的不动产或者动产

作重大修缮、变更性质或者用途的,应当经占份额三分之二以上的按份共有人或者全体共同共有人同意,但是共有人之间另有约定的除外。

第三百零二条　共有人对共有物的管理费用以及其他负担,有约定的,按照其约定;没有约定或者约定不明确的,按份共有人按照其份额负担,共同共有人共同负担。

第三百零三条　共有人约定不得分割共有的不动产或者动产,以维持共有关系的,应当按照约定,但是共有人有重大理由需要分割的,可以请求分割;没有约定或者约定不明确的,按份共有人可以随时请求分割,共同共有人在共有的基础丧失或者有重大理由需要分割时可以请求分割。因分割造成其他共有人损害的,应当给予赔偿。

第三百零四条　共有人可以协商确定分割方式。达不成协议,共有的不动产或者动产可以分割且不会因分割减损价值的,应当对实物予以分割;难以分割或者因分割会减损价值的,应当对折价或者拍卖、变卖取得的价款予以分割。

共有人分割所得的不动产或者动产有瑕疵的,其他共有人应当分担损失。

第三百零五条　按份共有人可以转让其享有的共有的不动产或者动产份额。其他共有人在同等条件下享有优先购买的权利。

第三百零六条　按份共有人转让其享有的共有的不动产或者动产份额的,应当将转让条件及时通知其他共有人。其他共有人应当在合理期限内行使优先购买权。

两个以上其他共有人主张行使优先购买权的,协商确定各自的购买比例;协商不成的,按照转让时各自的共有份额比例行使优先购买权。

第三百零七条　因共有的不动产或者动产产生的债权债务,在对外关系上,共有人享有连带债权、承担连带债务,但是法律另有规定或者第三人知道共有人不具有连带债权债务关系的除外;在共有人内部关系上,除共有人另有约定外,按份共有人按照份额享有债权、承担债务,共同共有人共同享有债权、承担债务。偿还债务超过自己应当承担份额的按份共有人,有权向其他共有人追偿。

第三百零八条　共有人对共有的不动产或者动产没有约定为按份共有或者共同共有,或者约定不明确的,除共有人具有家庭关系等外,视为按份共有。

第三百零九条　按份共有人对共有的不动产或者动产享有的份额,没有约定或者约定不明确的,按照出资额确定;不能确定出资额的,视为等额享有。

第三百一十条　两个以上组织、个人共同享有用益物权、担保物权的,参照适用本章的有关规定。

二、共有的类型

在所有权的形态中,单独所有权是基本形态,共有是一种特殊形态。在不动产领域,数人共有的情况广泛存在,如夫妻共有、家庭共有、继承人在遗产分割前对遗产的共有、约定共有等。共有的特殊性体现在权利主体不是单一的,而是多个,因此在对所有物进行占有、使用、收益、处分时,应当遵循全体共有人的意志。这种被两个及以上主体所享有的所有权被称为共有权,共有权的权利人被称为共有人,共有权的客体或标的物被称为共有物。

按照共有的类型划分,共有包括按份共有和共同共有。按份共有人对共有的不动产或者动产按照其份额享有所有权。共同共有人对共有的不动产或者动产共同享有所有权。

(一)按份共有

按份共有是两个及以上的共有人按照各自的份额对共有财产享有权利和承担义务的一种共有关系。按份共有最重要的特征就是共有人对共有物享有份额。所谓份额是指共有人对共有物所有权所享有的比例,其份额一般由当事人约定或者按照投资比例确定。传统民法理论上也称按份共有为"分别共有"。按份共有中的"份",不是具体的份额,不能与共有物特定部分——对应,而是所有权的抽象份额。如两人按份共有的住宅,甲占70%,乙占30%,住宅建筑面积为120平方米,分为三室两厅两卫,其中有一室一厅加起来的建筑面积刚好是36平方米。但并非这一室一厅属于乙所有,其他属于甲所有。按份共有人对该住宅的支配权利及于住宅的全部,除非对共有物进行分割,如将该一室一厅在物理空间上进行单独的隔离,并明确该部分属于乙专用。在未进行分割之前,按份共有人的份额只是抽象的份额。

生活中,按份共有房产的产生原因主要有:(1)合作建房。两人或两人以上,根据约定按一定比例共同出资、出物、出力建造房屋。等房屋建成之后,按照事前商定比例分配房屋。(2)合资购房。共有人按一定的出资比例分享房屋的所有权。(3)共同继承。遗产中的某些房屋,既不能分给一人,又不能实行分割分配时,只能将房屋分成若干份由各继承人按份继承,从而在他们之间形成了按份共有房产。(4)共同受赠。多人共同接受赠,如被赠与房屋。

（二）共同共有

共同共有是指两个及以上的民事主体，基于某种共同关系而对某项财产不分份额地共同享有权利并承担义务。共同共有主要存在于以下情形中：夫妻共有财产、家庭共有财产、共有继承的财产、其他共有财产。需要注意的是《民法典》第308条规定：共有人对共有的不动产或者动产没有约定为按份共有或者共同共有，或者约定不明确的，除共有人具有家庭关系等外，视为按份共有。所以，共同共有住宅主要存在于家庭关系（包括夫妻关系）中。在继承时，也常见共有遗产的情况。继承发生后到遗产分割前，遗产作为整体由全体继承人共同共有。继承开始后，各继承人可以约定按份共有遗产（通常是房产），或对遗产进行分割。其他共有财产，如家族共有的祠堂、学田、族产等，在我国农村中比较常见。

三、共有的分割方式

根据《民法典》第304条的规定，共有人可以协商确定分割方式，所以对于共有物的分割，应遵循"约定优先"的原则。一般称这种分割方式为协议分割，协议分割是指按份共有人经协商一致，通过书面、口头或其他方式达成协议，依据各共有人应得份额，分割按份共有物。与此对应的是裁判分割，即法院通过生效法律文书的方式对共有物进行分割处理。如果共有人无法达成共有物分割协议，又存在分割的必要和合理理由时，共有人可以通过诉讼方式请求分割共有物。

实践中，共有物分割协议属于无名合同，共有物分割标志着共有关系的结束。共有物分割，不同于《民法典》第301条对共有财产处分重大事项须经占份额2/3以上的按份共有人同意的表决规则。即使是按份共有，共有物分割协议也须经全体共有人协商一致同意。如果共有人没有依约履行，其他共有人可以向人民法院提起诉讼，要求共有人履行共有物分割协议。

根据《民法典》第304条的规定，共有物的具体分割方式可以分为实物分割、折价分割及变价分割三种方式。

（一）实物分割

实物分割是较为简单且常见的分割方式，主要针对可以分割且不会因分割减损价值的可分物。这种分割方式比较简单，共有人按照各自持有的比例，取走相应份额的实物，共有分割即完成。

如果夫妻双方离婚需要分割共有的房产,且有两套住宅,可以采取一人一套的办法,这样比较简单。如果房屋价值存在较大的差异,可以采取补差价的方式予以解决。如果夫妻双方只有一套共有的住宅,直接进行实物分割比较困难,通常的做法是住宅产权归一方,给予另一方相应的经济补偿。如果双方暂时都无他处可以居住,且无力对对方进行经济补偿,也可以采取各居一室、离婚不离家的做法。但这种做法往往只是暂时的,因为还没有对共有房产进行明确的分割,经常会产生离婚后财产分割纠纷,届时还是需要进行共有房产的分割。

因为实物分割比较简单,而且无须增加房屋分割的费用,所以该方式应作为共有物分割的首选方式,但需要满足物理上的可分性且分割不会减损房屋的实际价值的条件。如果共有物难以分割或者因分割会减损价值,则应当通过折价分割或变价分割的方式进行分割。

(二)折价分割

折价分割是指共有人中的一人或数人取得共有物的全部所有权,并向其他共有人按照一定的份额支付补偿款或其他对价的分割方式。该种分割方式类似于通过买卖方式使一部分所有人让渡共有物权,是司法实践中较为常见的分割方式,尤其是在房产等不可分物的分割中最为常见。共有人通过协商确定共有物价值,分割完成后所有权由一位或几位共有人实际享有,享有所有权的人向其他共有人给付折价款。该种分割方式存在两个方面的难点:一个是所有权由谁享有的确认;另一个是对共有物价格的确认。

实践中,如果只有其中一人愿意要该共有物,其他共有人表示放弃,比较容易处理。如果有多人都想要该共有物,需要采取竞价方式来明确归属;如果没有人要该共有物,只能采取拍卖、变卖方式,对所得的价款予以分割。

如果各方对共有物的价值达成一致,可以按照该价值进行分割。但实践中,往往很难达成一致,这样就涉及对共有物的价值评估,不仅要产生一定的评估费用,而且经常需要花费较多的时间。

(三)变价分割

变价分割是指将共有物转化为货币形式的价金,共有人就价金按比例分割。采取这种分割方式往往要满足以下条件:实物分割不具有物理上的可分性或者实物分割会减损该物实际价值,不具有经济性;可以通过拍卖、变卖的方式将共有物变为价金。变价分割的方式会产生一定的交易费用,需要较长的交易时间,一定程度上会影响共有人权利的实现。

对强制执行的房产进行变价处理的主要方式是拍卖,但拍卖所得数额往往会低于市场价。所以,在共有房产分割中,采取拍卖方式在司法实践中并不常见。此外,变价分割还可以采取变卖方式,共有人按份额享有变卖所得价款。但共有物变卖过程一般较长,且变卖过程中仍存在需要共有人合意方可处理的问题,所以也存在一定的难度。

四、共有房产分割的常见情形

《民法典》第303条规定,共有人约定不得分割共有的不动产或者动产,以维持共有关系的,应当按照约定,但是共有人有重大理由需要分割的,可以请求分割;没有约定或者约定不明确的,按份共有人可以随时请求分割,共同共有人在共有的基础丧失或者有重大理由需要分割时可以请求分割。因分割造成其他共有人损害的,应当给予赔偿。

共有关系一般发生在互有特殊身份关系的当事人之间,如夫妻关系、父母子女关系、兄弟姐妹关系等。尤其是共同共有,大多存在于家庭内部,因为夫妻离婚、家庭成员分家析产、继承人分配共有遗产等,需要分割物。"共有的基础丧失"一般指的是离婚、分户与解除收养关系这几种情况;"重大理由"比较宽泛,如存在家庭经济困难、需要清偿债务、遗产分给不同的继承人或受遗赠人等。按份共有人请求分割共有物不需要重大理由,只要符合分割条件即可,如共有房产被征收,共有人可以分割征收拆迁利益,按照占共有房产的比例进行利益分配。

(一)夫妻离婚时共有财产分割

夫妻在婚姻关系存续期间所得的财产,一般为夫妻的共同财产,归夫妻共同所有。当然双方也可以约定财产归属,根据《民法典》第1065条的规定:男女双方可以约定婚姻关系存续期间所得的财产以及婚前财产归各自所有、共同所有或者部分各自所有、部分共同所有。约定应当采用书面形式。

但一旦夫妻离婚,则意味着双方"共有的基础丧失",所以需要对共有财产进行分割。对这种情况处理,《婚姻家庭编的解释(一)》第76条规定:"双方对夫妻共同财产中的房屋价值及归属无法达成协议时,人民法院按以下情形分别处理:(一)双方均主张房屋所有权并且同意竞价取得的,应当准许;(二)一方主张房屋所有权的,由评估机构按市场价格对房屋作出评估,取得房屋所有权的一方应当给予另一方相应的补偿;(三)双方均不主张房屋所有权的,根据当事人的申请拍卖、变卖房屋,就所得价款进行分割。"

(二)家庭成员分家析产

在农村家庭中,子女在结婚后另组家庭,需要新建房屋,往往要先进行分户,才能申请宅基地,所以分家析产的情况较多。

承包地、房屋被征收后的拆迁利益分配,是共有财产处理中常见的难题与产生纠纷的原因。如果被征收的房屋属于家庭共有,共有人可以协商确定分割方式与分配比例。如果无法达成一致,提起诉讼,由法院裁判确定分割方式与分配比例。但如果拆迁补偿安置协议书还没有签订或没有生效,说明拆迁征收利益尚不具备分割条件。

(三)继承人共有遗产分割

在继承中,往往需要对共有遗产进行分割。继承发生后到遗产分割前,遗产作为整体由全体继承人共同共有。如果各继承人约定共同继承遗产,即发生共有关系。如果继承人约定不分割遗产,但按照份额对遗产享有所有权,则构成按份共有。当然,继承开始后各继承人可以分割遗产,此时不形成共有,各继承人对分割的遗产形成单独的所有权。

《第八次全国法院民事商事审判工作会议(民事部分)纪要》第25条规定:"被继承人死亡后遗产未分割,各继承人均未表示放弃继承,依据继承法第二十五条规定应视为均已接受继承,遗产属各继承人共同共有;当事人诉请享有继承权、主张分割遗产的纠纷案件,应参照共有财产分割的原则,不适用关于诉讼时效的规定。"

对于继承过程中的共有遗产分割,《民法典》第1156条规定:遗产分割应当有利于生产和生活需要,不损害遗产的效用。不宜分割的遗产,可以采取折价、适当补偿或者共有等方法处理。《继承编的解释(一)》第42条规定:人民法院在分割遗产中的房屋、生产资料和特定职业所需要的财产时,应当依据有利于发挥其使用效益和继承人的实际需要,兼顾各继承人的利益进行处理。

(四)离婚后财产分割

离婚后财产分割实际上是夫妻离婚时共有财产分割的延续。有些时候,夫妻同意离婚并对孩子的抚养形成一致意见，但出于某种特殊原因，共有房产没有在离婚时进行分割。如该房屋是学区房，要为孩子入学考虑；双方只有一套共有住宅且因为经济原因暂时无法负担经济补偿。《婚姻家庭编的解释（一）》第83条规定：离婚后，一方以尚有夫妻共同财产未处理为由向人民法院起诉请求分割的，经审查该财产确属离婚时未涉及的夫妻共同财产，人民法院应当依法予以分割。该解释第70条规定：夫妻双方协议离婚后就财产分割问题反悔，请求撤销财产分割协议的，人民法院应当受理。人民法院审理后，未发现订立财产分割协议时存在欺诈、胁迫等情形的，应当依法驳回当事人的诉讼请求。

（五）同居关系析产

同居关系析产类似于夫妻离婚时共有财产分割，主要差异是共有人存在同居关系而不是夫妻关系，除了常见的一起生活居住但没有办理结婚登记的情形，还包括双方离婚后又一起生活同居但没有办理复婚登记，婚姻被确认无效或者被撤销的情况。《婚姻家庭编的解释（一）》第3条规定：当事人提起诉讼仅请求解除同居关系的，人民法院不予受理；已经受理的，裁定驳回起诉。当事人因同居期间财产分割或者子女抚养纠纷提起诉讼的，人民法院应当受理。该解释第22条规定：被确认无效或者被撤销的婚姻，当事人同居期间所得的财产，除有证据证明为当事人一方所有的以外，按共同共有处理。

五、按份共有人的优先购买权

在共同共有关系存续期间，共有人没有明确的份额比例，所以共有人想要转让其份额，首先要明确其所占份额比例，即将共有关系从共同共有转变为按份共有。很多人认为：夫妻共有，意味着夫妻对共有财产各占50%，夫妻一方可以就自己的份额进行处分，如赠与、转让等。其实这是一种误解，在婚姻存续期间的夫妻共有是没有份额比例的，除非因特殊情况进行夫妻共有财产的分割，或者夫妻离婚时进行共有财产的分割。

此外，《民法典》第303条规定，共有人约定不得分割共有的不动产或者动产，以维持共有关系的，应当按照约定。所以，在共有关系中有禁止共有人出让其份额的约定的，该约定对共有人应当具有约束力。如家庭共有房产，其中某一家庭成员因为经济困难，就将自己的份额对外转让，该做法是不被允许的。想要转让，应先将自己的财产部分从家庭共有财产中析产出来。

只有在按份共有关系中,一方转让其所占的份额比例,才是可能的,其他共有人有优先购买权。《民法典》第 305 条规定:按份共有人可以转让其享有的共有的不动产或者动产份额。其他共有人在同等条件下享有优先购买的权利。《民法典》第 306 条规定:按份共有人转让其享有的共有的不动产或者动产份额的,应当将转让条件及时通知其他共有人。其他共有人应当在合理期限内行使优先购买权。两个以上其他共有人主张行使优先购买权的,协商确定各自的购买比例;协商不成的,按照转让时各自的共有份额比例行使优先购买权。

需要注意的是,此处的"转让",不包括因继承、遗赠等原因发生的产权变化。《物权编的解释(一)》第 9 条规定:共有份额的权利主体因继承、遗赠等原因发生变化时,其他按份共有人主张优先购买的,不予支持,但按份共有人之间另有约定的除外。

按份共有人转让其份额时,其他共有人在"同等条件下"享有优先购买权。《物权编的解释(一)》第 10 条规定,"同等条件",应当综合共有份额的转让价格、价款履行方式及期限等因素确定。

当事人对"合理期间"的界定也经常发生分歧,一般应在 15 日以上。《物权编的解释(一)》第 11 条规定:"优先购买权的行使期间,按份共有人之间有约定的,按照约定处理;没有约定或者约定不明的,按照下列情形确定:(一)转让人向其他按份共有人发出的包含同等条件内容的通知中载明行使期间的,以该期间为准;(二)通知中未载明行使期间,或者载明的期间短于通知送达之日起十五日的,为十五日;(三)转让人未通知的,为其他按份共有人知道或者应当知道最终确定的同等条件之日起十五日;(四)转让人未通知,且无法确定其他按份共有人知道或者应当知道最终确定的同等条件的,为共有份额权属转移之日起六个月。"

还需要注意的是:只有按份共有人向共有人之外的人转让其份额,其他按份共有人根据法律规定,请求按照同等条件优先购买该共有份额的,法院才支持。如果按份共有人之间转让共有份额,其他按份共有人主张依据《民法典》第 305 条的规定优先购买,法院不予支持,但按份共有人之间另有约定的除外。

六、签订共有房产分割协议需要注意的事项

共有房产处理(包括共有房产分割)时,一般采取协议方式处理,当事人之间一般需要签订协议,如离婚协议、分家析产协议、遗产继承分割协议等,协议名称与内容也有较大的区别。

在签署涉及共有房产分割内容的协议中需要注意的主要事项如下：

1. 明确共有房产的基本情况，如房屋的位置、结构、面积、不动产权属证书号等。尤其注意该房屋应是共有房产，登记的产权人应是合同当事人一方；如果登记的产权人非当事人一方，可能会涉及产权纠纷，应先进行确权。在对房屋进行分割的同时，也要对该房屋附属用房进行处理，可以共同使用，也可以归属某一方，或折价分割；附属设施（如车库、车位）有产权登记的，也应进行处理并办理过户手续。室内有设施设备的，尤其是可移动的家具、电器等应尽量明确产权归属，可以采取附件方式，避免以后产生纠纷。此外，还应明确该房屋目前状况，如由谁占用，有无租赁、抵押或其他情形，明确处理方式。

2. 可能需要办理产权转移登记手续。如果房屋的归属方不是登记的产权人，应到当地的不动产登记机构办理产权转移登记手续。物权变动需要办理登记后才能生效。如果房屋的归属方就是登记的产权人，可以不用办理相关手续。如果约定采取按份共有的方式，也需要办理变更登记，在不动产登记簿中登记各自所占的份额比例，并更换不动产权证。办理产权转移登记，需要缴纳契税、印花税等税费，协议中应明确该费用由谁承担。

3. 需要明确经济补偿费用的付款期限与方式。如果各方协商同意将共有房产都归属于某一方，可以约定该方向其他方支付经济补偿费用，若房屋实物分割中价值存在一定的差异，可以进行适当的经济补偿。所以，需要在协议中明确经济补偿费用支付的期限与方式，并在违约责任条款中明确逾期不支付经济补偿费用的责任，逾期不付款是分家析产中比较容易出现纠纷的原因之一。

4. 关于协议是否需要办理公证。分家析产协议订立后，是否办理公证是当事人的自愿行为，不是法律强制性规定。换言之，未办理公证不会影响分家析产协议效力。但是，因为分家析产涉及的金额较大，很多当事人会选择办理公证，这样更具有公信力。一旦一方违约，守约方可以要求其履行分家析产协议。持经过公证的分家析产协议办理过户手续，不动产登记机构一般可以直接办理。即使发生纠纷产生诉讼，经过公证的协议一般也会得到法院的认可。

七、未办理产权登记的房屋使用权益的分割

在农村中，除有房屋所有权证与集体土地使用权证的合法建筑外，还有较多的只办理宅基地审批手续但没有办理确权登记的房屋，普遍存在小产权房与未批先建、超占审批面积等违法建筑。对这些房屋使用权益的分割，在司法实践中也

经常出现。根据《民法典》第 310 条的规定,用益物权、担保物权也可以共同享有,可以称为"准共有",参照适用《民法典》物权编第八章"共有"的有关规定。

小产权房是指在集体土地上建设的房屋,通常未办理相关证件,也未缴纳土地出让金等费用。该类房屋不具有由不动产登记机构颁发的不动产权属证书,而具有由乡(镇)人民政府颁发的集体所有权凭证,所谓"产权证"并不具备法律效力。

在涉及小产权房的处理时,法院应向当事人进行释明。在处理相关房屋的使用权归属时,能分割的进行分割,不能分割的可采用协商、竞价、询价等方式进行适当补偿。如在案号为(2015)高民申字第 03960 号案件中,法院经审理认为:婚后以夫妻一方名义签订房屋买卖合同所购买的小产权房,应认定为夫妻共同财产。在分割时,法院考虑居住使用情况与其他夫妻共同财产的分割情况确定房屋使用权的归属,由最终使用权归属一方给付另一方折价款。折价款的数额根据周边小产权房屋销售情况及小区物业反映情况由法院酌定。

此外,对于被认定为违法建筑的房屋,法院一般不予处理,当事人可以协商对该房屋的使用;对于虽未经审批,但长期存在且未受到行政处罚的房屋,可以对其占有使用作出处理;对于因为历史原因没有办理产权登记的房屋,在产权没有明确之前,可以先对其占有使用作出处理,等不动产权确认后,再进行产权分割。

第八节　与农村共有房产处理相关的常见纠纷案例

共有房产处理的常见纠纷案由有:共有纠纷、分家析产纠纷、离婚纠纷、离婚后财产纠纷、同居关系析产纠纷、继承纠纷。其中,第三级案由共有纠纷下有 4 个第四级案由:共有权确认纠纷、共有物分割纠纷、共有人优先购买权纠纷、债权人代位析产纠纷。分家析产纠纷案例在本章中已列举,继承纠纷在第十二章中专门分析,本节不介绍。下面举例予以说明。

一、共有纠纷案例

案例十九:在法定继承中,法定继承人没有明确表示放弃继承权,视为接受继承。如果其他继承人擅自处分该遗产,属于无权处分行为。

一审案号为(2018)浙 1102 民初 5773 号,二审案号为(2019)浙 11 民终 302

号的共有物分割纠纷案件。案情简介:何某1与何某2系姐弟关系。其父亲何某于1999年去世,母亲薛某于1978年去世,父母生前在浙江省丽水市莲都区遗有一处房屋(以下简称案涉房屋)。何某1与何某2的哥哥何某3、何某4无配偶和子女,自2000年离家出走后下落不明,经何某1申请,法院已作出判决宣告何某3、何某4死亡。何某1已出嫁多年,何某3、何某4因智力残疾,生活不能自理,生前与父亲及何某2共同生活及照料。由于何某2既要照料父亲及兄长,自己家庭负担又重,生活较为困难,曾多次向第三人颜某借款。2010年3月23日,何某2因生活所迫将案涉房屋以100,800元的价格出让给同村村民第三人颜某。何某1向法院提起诉讼,请求确认其对案涉房屋有1/2份额,确定该房屋靠西的一半由其使用。

浙江省丽水市莲都区人民法院审理后认为,案涉房屋系父母遗留的农村房产,无房产证,父母去世后,一直由被告何某2使用、管理,后因被告何某2生活困难,于2010年3月23日将房屋出让给第三人颜某。在本次房屋买卖过程中,第三人颜某系被告同村村民,又支付了合理价款,属于善意取得案涉房产的所有权。现原告何某1主张对案涉房产进行确权分割存在障碍,原告如有因被告处分遗产对其造成的损失,可另行提起损害赔偿。所以判决驳回何某1的诉讼请求。

何某1提起上诉,浙江省丽水市中级人民法院审理后认为,案涉房屋系双方当事人父母遗留的农村房屋,由于何某1、何某2的兄弟何某3、何某4已被宣告死亡,故案涉房屋的法定继承人为何某1、何某2两人,何某1作为法定继承人,在没有明确表示放弃的情况下,其有权继承父母遗留的房屋。何某2未经何某1同意,擅自将案涉房屋卖给颜某,系无权处分行为,颜某作为何某2的邻居,理应知晓何某1和何某2的关系,其在明知何某1也是法定继承人的情况下,却与何某2达成房屋买卖协议,侵犯了何某1的合法权益,并非善意取得房屋所有权。考虑到何某2与瘫痪的父亲和智力残疾的兄长共同生活,父亲、兄长均由何某2照顾,何某2可以多分,案涉房屋酌定由何某2享有80%的份额,何某1享有20%的份额。由于何某2只能处分自己所享有的房屋份额,故颜某依据房屋买卖合同只享有案涉房屋的80%份额,对于何某2无权处分部分房屋份额,颜某可根据房屋买卖合同另行主张赔偿。所以判决:(1)撤销浙江省丽水市莲都区人民法院(2018)浙1102民初5773号民事判决;(2)何某1对案涉房屋享有20%的份额;(3)驳回何某1的其他诉讼请求。

案例二十:按份共有人可以转让其享有的共有的不动产或者动产份额。其他共有人在同等条件下享有优先购买的权利。当事人一方认为另一方转让房屋侵犯了其优先购买权的前提条件是双方当事人对案涉房屋存在共有关系。

案号为(2021)渝0242民初3007号的共有人优先购买权纠纷案件。案情简介:郑某与冉某系亲戚关系。2011年,郑某(甲方)与冉某(乙方)签订了共建房屋分配协议,载明:双方于2011年在某处修建的房屋共5间。经双方协商,东面3间属甲方所有,西面靠河2间属乙方所有。修建该房屋的所有费用已完全结清。2019年8月10日,冉某(甲方)与杨某(乙方)签订了房屋转让协议,载明:甲方在位于某处修建有房屋一套,占地面积约为150平方米,转让给乙方。全额转让金为31.8万元,一次性付清。该房屋未办理房屋产权证书。郑某认为冉某转让共建房屋侵犯了他的优先购买权,所以向法院提起诉讼,要求撤销冉某与杨某签订的房屋转让协议。

重庆市酉阳土家族苗族自治县人民法院审理后认为,按份共有人可以转让其享有的共有的不动产或者动产份额,其他共有人在同等条件下享有优先购买的权利。郑某认为冉某转让其房屋侵犯了他的优先购买权,前提条件是该案涉房屋属于郑某与冉某共有。共有是指两个以上民事主体对同一物享有所有权,分为按份共有和共同共有。共有并非是数个所有权之并存,共有中所有权只有一个,在按份共有中共有的份额是抽象的份额,因此共有人的权利及于整个共有物。该案案涉房屋只是由郑某与冉某共同修建,双方在共建房屋分配协议中对房屋进行了分割,其中东面3间属于郑某,西面靠河2间属于冉某,郑某只享有对东面3间房屋的所有权,其权利不能及于西面靠河2间,郑某与冉某的房屋系独立的两栋房屋,分别属于两个所有权客体物,故该案案涉房屋不属于共有物,原告对诉争之房屋不享有优先购买权,其主张法院不予支持。所以判决驳回原告郑某的诉讼请求。

二、婚姻家庭纠纷案例

涉及共有财产处理的婚姻家庭纠纷中除分家析产纠纷外,主要是离婚纠纷、离婚后财产纠纷、同居关系析产纠纷。

在离婚纠纷处理中,很多是以调解方式结案。在有些案例中(涉及个人隐私,案情介绍略),经法院调解,双方当事人自愿达成协议,对共有的房屋进行处理。如在案号为(2022)甘1224民初552号的离婚纠纷案件中,民事调解书载明:原、被告婚后共同财产,位于某处自建砖混结构房屋7间,被告分得1间,剩余6间归原告及子女所有。

如在案号为(2022)豫1628民初4023号的离婚纠纷案件中,民事调解书载明:原、被告婚后共同财产,位于某处的房屋,归被告王某1所有,被告王某1支付原告张某1共同财产分割款7万元,剩余房贷由被告王某1负责偿还。

案例二十一:离婚时,如果案涉房屋未取得不动产权属证书,不符合分割条件,可以暂不处理。离婚后,一方以尚有夫妻共同财产未处理为由向法院起诉请求分割的,经审查该财产确属离婚时未涉及的夫妻共同财产,法院应当依法予以分割。

案号为(2022)黑2761民初673号的离婚后财产纠纷案件。案情简介:朱某与李某1原系夫妻关系,有一婚生女李某2。2020年10月,法院判决朱某与李某1离婚,女儿李某2由朱某抚养。该判决中认定,案涉房屋性质为回迁安置房,回迁安置协议书的权利人为李某1。案涉房屋为李某1与朱某的夫妻共同财产,但因案涉房屋未取得不动产权属证书,不符合分割条件,考虑到婚生女李某2由朱某抚养,且朱某患有多种疾病,故确认该房屋暂由朱某与李某2共同居住使用,待取得不动产权属证书后,当事人可以另行起诉主张权利。离婚后,朱某与李某2居住在案涉房屋,朱某对房屋进行了装修,装修费用由朱某支付。现案涉房屋已登记完毕,登记时间是2022年4月14日,不动产权属证书权利人为李某1。朱某向法院提出诉讼,请求分割共有住宅(案涉房屋),判令此房屋归朱某所有。

在审理过程中,经朱某申请,对案涉房屋价值进行评估。估价结果:该住宅119.88平方米,单价每平方米3303元,总价39.6万元。另查明,案涉房屋系由李某1与朱某原共同所有的房屋回迁安置而来的房屋。

黑龙江省大兴安岭地区加格达奇区人民法院审理后认为,朱某与李某1争议的案涉房屋在双方离婚时被认定为夫妻共同财产,但因未办理不动产权属证书,案涉房屋未予分割,现案涉房屋不动产权属证书已颁发,符合分割条件,应进行分割。朱某主张案涉房屋归其所有,考虑到朱某与李某1离婚后,婚生女李某2随朱某生活居住于案涉房屋,朱某对案涉房屋进行了装修等因素,故对于该项诉讼请求,该法院依法予以支持。案涉房屋现经鉴定评估价格为39.6万元,朱某应支付李某1房屋差价款19.8万元。关于鉴定费用3960元,因分割案涉房屋产生的费用,双方应各负担一半。所以判决:(1)案涉房屋归朱某所有;(2)朱某给付李某1房屋分割款19.8万元;(3)李某1给付朱某鉴定费用1980元。

案例二十二：在农村存在较多以夫妻名义同居一起生活的现象，但因没有办理结婚登记，所以在此种情况下共有财产分割被确认为同居关系析产纠纷。双方解除同居关系时，同居期间获得的共有财产应当依法予以分割。

案号为（2022）黑 1221 民初 1008 号的同居关系析产纠纷案件。案情简介：2000 年 2 月，王某（女）与周某（男）开始同居生活。共同生活期间，双方以 2.5 万元的价格购买了一套房屋（面积约 80 平方米），双方有存款 8 万元、牛 2 头、玉米 3000 多斤。自 2022 年 2 月起，王某与周某分居，分居后周某以 4 万元的价格将两头牛卖出、以 4000 元的价格将玉米卖出，后将存款 8 万元取出。之后，王某向法院提起诉讼，要求进行共有财产的分割，要求被告付给原告 8 万元。

黑龙江省望奎县人民法院审理后认为，原告王某与被告周某自 2000 年起同居，共同生活达 22 年之久，现双方自行解除同居关系，同居期间的财产应当依法予以分割。周某称双方之间的共同财产只有以 2.5 万元购买的一座房屋，与王某陈述一致，法院予以确认。周某抗辩称购买该房屋的资金系借款，但没有提供证据予以证实，法院不予采纳。关于存款 8 万元及 2 万元现金，双方均认可存款已被周某取出，法院予以确认。关于 2 万元现金，王某未能提供证据证实，法院不予确认。关于两头牛，周某承认双方同居期间有两头牛，但在王某走后被其卖出，卖得 4 万元。关于玉米，周某称被其卖了 4000 元，法院予以采纳。综上，该法院认定周某与王某同居期间财产总额为 14.9 万元，因双方的房屋现由周某居住，存款以及其他财产卖出的价款也都由周某掌控，故法院酌定由周某给付王某同居期间共同财产差价款 7 万元。所以判决：周某给付王某同居期间共同财产差价款 7 万元。

第九节　农村房产赠与

一、《民法典》对赠与合同的规定

《民法典》合同编第十一章"赠与合同"的规定：

第六百五十七条　赠与合同是赠与人将自己的财产无偿给予受赠人，受赠人表示接受赠与的合同。

第六百五十八条　赠与人在赠与财产的权利转移之前可以撤销赠与。

经过公证的赠与合同或者依法不得撤销的具有救灾、扶贫、助残等公益、道德义务性质的赠与合同,不适用前款规定。

第六百五十九条　赠与的财产依法需要办理登记或者其他手续的,应当办理有关手续。

第六百六十条　经过公证的赠与合同或者依法不得撤销的具有救灾、扶贫、助残等公益、道德义务性质的赠与合同,赠与人不交付赠与财产的,受赠人可以请求交付。

依据前款规定应当交付的赠与财产因赠与人故意或者重大过失致使毁损、灭失的,赠与人应当承担赔偿责任。

第六百六十一条　赠与可以附义务。

赠与附义务的,受赠人应当按照约定履行义务。

第六百六十二条　赠与的财产有瑕疵的,赠与人不承担责任。附义务的赠与,赠与的财产有瑕疵的,赠与人在附义务的限度内承担与出卖人相同的责任。

赠与人故意不告知瑕疵或者保证无瑕疵,造成受赠人损失的,应当承担赔偿责任。

第六百六十三条　受赠人有下列情形之一的,赠与人可以撤销赠与:

(一)严重侵害赠与人或者赠与人近亲属的合法权益;

(二)对赠与人有扶养义务而不履行;

(三)不履行赠与合同约定的义务。

赠与人的撤销权,自知道或者应当知道撤销事由之日起一年内行使。

第六百六十四条　因受赠人的违法行为致使赠与人死亡或者丧失民事行为能力的,赠与人的继承人或者法定代理人可以撤销赠与。

赠与人的继承人或者法定代理人的撤销权,自知道或者应当知道撤销事由之日起六个月内行使。

第六百六十五条　撤销权人撤销赠与的,可以向受赠人请求返还赠与的财产。

第六百六十六条　赠与人的经济状况显著恶化,严重影响其生产经营或者家庭生活的,可以不再履行赠与义务。

二、家庭内部房产赠与的特点

根据《民法典》第 209 条第 1 款的规定,不动产物权的设立、变更、转让和消灭,经依法登记,发生效力。房产赠与合同与一般的赠与合同最大的区别在于:房产赠与需要依法办理产权转移登记才能生效,即使房屋已经被受赠人实际占有使用也不发生物权转移的效力;而一般的房产赠与直接交付即可,无须办理登记手续。

房屋是大额财产,房产赠与大多发生在家庭内部。除上述房产赠与需要办理产权转移登记才能生效的特点以外,家庭内部房产赠与还有以下两个主要特点。

1. 对于家庭内部的房产赠与,赠与人是否有任意解除权要根据具体情况而定。《民法典》第658条第1款规定了赠与人任意撤销权,第2款对该撤销权进行了一定的限制。在家庭内部的房产赠与关系中,对该任意撤销权要具体分析,不能简单地认为可以任意撤销或不能撤销。如父母承诺将房产赠与某个子女,但还没有办理产权转移登记,后来因为某些特殊原因(如该子女不孝顺或其他子女反对),父母可以撤销该赠与;但如果是在离婚协议中约定一方将自己名下房产或父母将共有房产赠与未成年子女,该约定不得任意撤销。如果赠与人不履行赠与义务,另一方也可以请求法院判令该方按离婚协议约定办理产权转移登记手续,其子女可以请求父母交付房产。

2. 家庭内部的房产赠与一般是附义务的赠与。《民法典》第661条第1款规定"赠与可以附义务"。在现实中,家庭内部的房产赠与,即使在赠与合同中没有明确写明所附的义务,一般也是附义务的赠与,因为有些义务是按照法律来确定的。如父母将房产赠与子女,总是希望子女以后能赡养父母,如果子女以后不愿意赡养父母,就违反了法定义务,父母可以按照《民法典》第663条第1款第2项的规定行使法定撤销权,这样的做法也是符合家庭伦理与公平原则的。

三、房产赠与的常见情形与法律效力

农村家庭内部的房产赠与主要有以下情形,下文对其法律效力作简要分析。

(一)离婚时双方将房产赠与子女

这种情况在处理离婚纠纷时比较常见,基本是以协议离婚或调解方式结案。此种情况的特点为,该房产大多是双方共有的房屋,一般是婚后购买或建造的房屋;同意将房屋赠送给子女,该子女一般是未成年人;有些为其中一方或双方设立居住权。这样做,一方面可以解决共有房产分割造成的争议与困扰,另一方面该房产往往是学区房,与子女上学有密切关系,所以赠与子女的做法比较合理。此外,还有一方承诺将自己所有的房产赠送给另一方或子女,作为让对方同意离婚

的条件。但这种做法往往会带来一些后续麻烦,实践中,经常出现离婚后赠与一方反悔,拒绝配合办理离婚协议中约定的产权转移登记的情况。

双方协议离婚后,一方不愿按离婚协议约定将自己名下房屋赠与子女时,另一方请求法院判令该方按协议约定办理产权转移手续,该如何处理? 对于此问题,最高人民法院民事审判第一庭编写的《民事审判实务问答》一书第 126 页至第 127 页中指出:离婚协议中关于房屋赠与的约定并不构成一般意义上的赠与合同。具体到离婚协议中的赠与而言,实务中很少出现受赠人在离婚协议上确认接受赠与的情形。也就是说,离婚协议中的所谓赠与并未在赠与人与受赠人之间达成一致,不构成赠与合同。既然不构成赠与合同,那么一般也就不存在赠与人依据《民法典》加以撤销的可能。那么从法律角度看,赠与人在离婚协议中的赠与表示应如何评价呢? 法院认为,这是赠与人为换取另一方同意协议离婚而承诺履行的义务。该义务的特殊之处在于,赠与人的给付房屋义务不是向离婚协议相对方履行,而是按约定向合同外第三人履行。这类离婚协议中双方主要义务表现为,受赠人配合赠与人办理协议离婚,赠与人向第三人交付房屋。在相对方已经按约定与赠与人协议解除婚姻关系的情形下,赠与人也应按约定履行给付房屋的义务。如果赠与人不履行该义务,则构成违约,离婚协议相对方有权请求法院判令其履行房屋交付义务。《婚姻家庭编的解释(一)》第 69 条第 2 款第 1 句"当事人依照民法典第一千零七十六条签订的离婚协议中关于财产以及债务处理的条款,对男女双方具有法律约束力"的规定可以理解为上述精神的体现。离婚协议的签订和履行应当贯彻诚实信用原则。

(二) 父母将房产赠与子女

这种情况在日常生活中也较多,存在于多种场景中。例如,子女要结婚,父母有多套房产,将其中一套房产赠与子女,作为结婚后的住处;由父母实际出资,以子女的名义购置房屋,并登记在子女名下,形式上是赠款实际上是赠与房产;父母名下的房屋被拆迁征收,父母将安置房登记在子女名下,实际上是将作为拆迁利益的安置房赠与子女;父母将拆迁补偿所得款为子女购置房屋等。

家庭内部的房产赠与除以上两种典型情形外,还存在祖父母或外祖父母对孙辈的房产赠与、子女对父母的房产赠与、兄弟姐妹之间的房产赠与等情形。祖父母或外祖父母在遗嘱中对孙辈的遗赠也是比较常见的情况。

四、签订房产赠与合同时需要注意的事项

在签订房产赠与合同时需要注意以下主要事项。

1. 所赠与的房产应属于赠与人。如果是他人所有的房产,赠与人无权处分;即使实际属于某人但登记在他人名下(如代持情况),也应以代持人名义赠与比较合适。如果是共有房产,无论是共同共有还是按份共有,赠与前应提前告知其他共有人,应得到其他共有人的同意或认可,建议其他共有人在赠与合同上签字表示认可。

2. 谨慎选择使用赠与方式与其他方式。如果该房产在所有权人生前就过户,应选择赠与方式,注意应在合同中明确所附义务;如果暂不过户,也可以选择赠与,这样赠与人有任意撤销权,也可以选择遗嘱继承或遗赠,所有权人生前可任意变更、撤销遗嘱;如果选择遗赠扶养协议,则双方均不得随意撤销,但可在符合约定或法定条件时提前解除。

3. 应在赠与合同中明确所附义务。如受赠人负责清偿剩余贷款、为赠与人或第三人设立居住权、经常探望赠与人等。为了确保该义务的履行,应在合同中明确:如果办理房产转移登记手续后,受赠人不履行合同约定的所附义务,赠与人可以撤销赠与或要求受赠人继续履行义务。

4. 应明确办理房产转移登记的期限。在产权转移前,赠与人有任意撤销权,所以从受赠人角度考虑,应尽快办理转移登记手续。为了防止赠与人签订合同后又反悔,受赠人可要求进行赠与合同的公证。从赠与人的角度考虑,尽量暂时不办理转移登记手续也不办理公证,保留随时可以撤销赠与的权利;如果不可行,应在赠与合同中约定赠与人以后可以主张撤销赠与的权利。如果赠与人届时不办理转移登记手续,受赠人可以催告,或视为赠与人有撤销赠与的意愿;受赠人逾期不办理或拒绝配合办理转移登记手续的,应视为受赠人放弃赠与。

本书提供一份房产赠与合同参考文本,供读者参考。

房产赠与合同(参考文本)

甲方(赠与人):_____

乙方(受赠人):_____

(自然人至少要写明姓名、公民身份号码、联系方式等内容)

鉴于甲、乙双方系_____关系,现甲方自愿将房产赠与乙方,乙方表示接受,双方经协商一致,签订如下房产赠与合同。

一、赠与房屋基本情况

1. 本合同约定的房屋(以下简称该房屋),位于:_____。
(如果仅写位置不明确,可以写明房屋四至界限)

2. 不动产权属证书号:_____。
(或写房屋所有权证号、集体土地使用权证号)

3. 登记的产权人:_____。
(应与赠与人一致)

4. 登记的建筑面积(或实用面积)为:_____平方米。

5. 该房屋占用范围内的土地使用权随该房屋一并赠与。

6. 该房屋附属用房及室内设施设备随该房屋一并赠与,附属用房有:_____。(如独用/共用的车棚/汽车库/其他____平方米)

二、甲方承诺(可以有选择地填写)

1. 该房屋目前由_____占用,甲方承诺在____日内腾空交房。

2. 该房屋有(无)租赁,租期到_____年____月____日到期。

3. 该房屋是(否)设立居住权,居住权人为_____,居住权期限到____年____月____日。

4. 该房屋有(无)抵押,担保金额人民币大写_____元整(小写:____元)(拟作如何处理)。

5. 截至合同签订日,该房屋尚余银行贷款人民币大写_____元整(小写:_____元),还款方式为:_____(拟作如何处理)。

三、赠与附义务(如果不附义务,可以不写)

1. 甲方自愿将该房屋附义务赠与乙方,乙方表示接受并愿意履行所附义务。

2.所附义务为:_____。

四、房屋交付与办理转移登记手续

1.该房屋交付时间:_____年___月___日。

2.双方应在本合同签订后____日内共同向房屋所在地的不动产登记机构申请办理该房屋的所有权转移登记手续。如甲方届时不配合办理手续,视为甲方撤销赠与;如乙方逾期不办理或拒绝配合办理,视为乙方放弃赠与。

3.因办理转移登记手续所产生的费用(包括税费、手续费等)由乙方承担。(如果要甲方承担,需要特别约定)

五、赠与的撤销(可以不写或另外约定)

乙方有下列情形之一的,甲方有权撤销赠与:

1.严重侵害甲方或者甲方的近亲属的合法权益。

2.对甲方有扶养义务而不履行。

3.不履行本合同约定的所附义务。

4.其他:_____。

六、违约责任

如果办理房屋所有权转移登记手续后,乙方不履行本合同约定的所附义务,甲方可以撤销赠与或要求乙方继续履行义务,并要求乙方承担因此所支出的合理费用(包括诉讼费、律师费、差旅费等)。

七、争议解决

甲、乙双方因履行本合同发生争议时,首先应当协商解决;协商不成的,任何一方可向房屋所在地的人民法院提起诉讼。

八、其他

1.本合同如有未尽事宜,双方可另行订立补充协议。补充协议以及本合同的附件均为本合同不可分割的部分。

2.本合同自各方签字或盖章之日起生效,一式____份,双方各执壹份,具有同等法律效力。(如果需要办理公证,应多签订几份)

甲方(签字):
乙方(签字):
签订日期:_____年___月___日

(如果有见证人,可以在本协议下方签名)

五、赠与所附义务的处理

(一)受赠人应当按照约定履行义务

《民法典》第661条规定:赠与可以附义务。赠与附义务的,受赠人应当按照约定履行义务。

附义务的赠与是指受赠人需要履行一定的义务的赠与。赠与时所附义务可以是一种作为,也可以是不作为。受赠人所承担的义务的受益人可以是赠与人,也可以是特定的第三人或不特定的社会公众。如果受赠人所承担的义务与赠与人承担赠与财产的义务构成对等给付(如赠与一套沙发但受赠人需要为赠与人装修帮工一个月),合同的性质将发生变化,不再是赠与合同,而可能构成买卖合同关系或者其他法律关系。

附义务赠与是一种双方民事法律行为,须以双方当事人达成合意为要件。赠与人发出要约表示将自己的财产给予受赠人,并要求受赠人负担一定的义务,受赠人作出承诺表示接受赠与财产,并愿意履行义务时,附义务赠与合同方成立。在不附义务赠与的情况下,受赠人纯受利益,一般会表示接受;但是在附义务的赠与情况下,受赠人可能会拒绝。附义务赠与合同中所附的义务是赠与合同的一部分,也是影响赠与人作出赠与意思表示的因素之一,不能因为赠与合同的单务性而否定受赠人存在一定的履行义务。

《民法典》第662条规定:在不附义务的赠与中,除特定情况外,赠与人不承担瑕疵担保责任;在附义务的赠与中,赠与人在附义务的限度内承担与出卖人相同的瑕疵担保责任。

(二)审查所附义务的合法性与可执行性

虽然只要双方当事人达成一致,就可以在赠与合同中附义务。但一旦发生纠纷,法院要注意审查所附义务的合法性、可执行性。如果赠与所附义务违反公序良俗或者法律、行政法规的强制性规定,所附义务无效。如夫妻离婚时,一方将自己的房产赠与另一方,所附义务是要求该另一方以后不能再婚,这违反了婚姻自由原则,也违反公序良俗,所以该所附义务无效;兄弟两人一个住城市、一个住农村,住在城市的哥哥(居民户籍)表示愿意将在城市中的一套房子赠与弟弟(农村户籍),但要求弟弟将获批的宅基地转让给他使用,让他可以在农村老家建造别墅,这违反了宅基地不能自由转让、城镇居民不能到农村建房的强制性规定,所附义务无效。

《民法典》第 663 条规定,如果受赠人不履行赠与合同约定的义务,赠与人可以撤销赠与。但要注意的是,如果受赠人不履行合同义务之外的其他义务,不构成赠与人撤销赠与的原因。如夫妻离婚后,未成年的儿子由母亲抚养,父亲为了让自己的父母能经常看到孙子,提出赠送儿子一套房产,在赠与合同中所附的义务是儿子以后必须每年回老家看望爷爷奶奶 10 次以上。如果该孩子接受赠与后,几乎没有回老家看望过爷爷奶奶,该父亲可以儿子没有履行赠与合同约定的义务为由,撤销赠与。但如果该孩子按约经常回老家看望爷爷奶奶,但每次回去时都没有带礼物,还从老家带走一些土特产,父亲与爷爷奶奶可以责怪孩子不懂事,但不能因此撤销赠与。

第十节　与农村房产赠与相关的常见纠纷案例

与房产赠与相关的常见纠纷案由有:离婚纠纷(第三级案由)、赠与合同纠纷(第三级案由)、附义务赠与合同纠纷(第四级案由)。下面各举几个案例予以说明。

一、离婚纠纷处理与房产赠与

在离婚纠纷处理中,很多是以调解方式结案。在有些案例中(涉及个人隐私,案情介绍略),经法院调解,双方当事人自愿达成协议,父母同意将共有的房产赠与子女。如在案号为(2022)豫 1624 民初 2780 号的离婚纠纷案件中,民事调解书载明:原告胡某与被告张某 1 自愿离婚;夫妻共同财产位于某处的房屋归婚生子张某 2 所有,原告胡某及婚生女张某 3 有权居住该房屋。

如在案号为(2022)黑 1224 民初 2256 号的离婚纠纷案件中,民事调解书载明:原告与被告离婚;婚姻存续期间共同财产,刘某 1 名下位于某乡某村某屯 114 平方米砖木结构房屋归原、被告婚生男孩刘某 2 所有。

一些赠与合同纠纷案例,涉及离婚时的房产赠与。这类案例有较大的类似性:父母双方在离婚协议中约定将房屋所有权赠与未成年子女,但办理离婚手续后,其中父母一方不配合办理房产转移登记手续,所以子女提起诉讼,要求父母双方履行赠与合同义务。法院的判决一般是支持作为原告的子女的诉讼请求。

以案号为(2017)黑0224民初1607号的赠与合同纠纷案为例,案情简介:李某1与罗某原为夫妻关系,李某2为李某1与罗某的婚生女儿。2012年9月3日,李某1与罗某协议离婚,离婚协议书约定李某2由罗某自行抚养。夫妻共同财产,两处房屋(现登记在李某1名下)归李某2所有,李某1有居住权。之后,李某2要求李某1将房屋过户到李某2名下,遭李某1拒绝,故李某2以父母为被告向法院提起诉讼。

法院审理后认为,父母约定共有房产归属子女条款和夫妻间房屋赠与条款一样,均属于附随的身份法律行为,因此在效力上从属于离婚行为。一旦离婚协议生效,附随的财产协议一并生效,对协议当事人产生拘束力,当事人不得单方面变更或撤销。所以法院判决:(1)被告李某1与罗某签订的离婚协议书第3条关于房屋产权事项的约定合法有效。(2)现登记在被告李某1名下的两处房屋产权归原告李某2所有。被告李某1于本判决生效后,应立即协助原告李某2办理上述两处房屋产权变更登记手续。李某1对上述两处房屋有居住权。

二、赠与合同纠纷案例

案例二十三:受赠人存在《民法典》第663条规定的情形,赠与人可以撤销赠与。赠与人的撤销权,自知道或者应当知道撤销事由之日起一年内行使。赠与人可以行使法定撤销权的情形,应符合受赠人行为情节"严重"的程度,不能因为双方关系闹僵或情节较轻的情形就撤销赠与。

一审案号为(2022)京0109民初2136号,二审案号为(2022)京01民终7198号的赠与合同纠纷案件。案情简介:罗某与施某1系母子关系。罗某与施某2原系夫妻关系,后经法院调解离婚。双方夫妻关系存续期间,罗某购买了位于北京市门头沟区某处房屋(以下简称案涉房屋)。在离婚前,双方同意将案涉房屋过户至施某1名下。后母子产生矛盾,罗某向法院提起诉讼,要求撤销对施某1的赠与,要求施某1把案涉房屋过户给罗某。在庭审中,罗某主张为避免案涉房屋在离婚过程中被分割,因当时罗某和施某1关系较好,故将案涉房屋过户至施某1名下,系赠与给施某1。现施某1将其电话拉黑,微信删除,节假日也没有看望罗某,罗某生病住院施某1没有给予照顾,不履行赡养义务,两人关系恶化,故要求撤销赠与。罗某陈述在其与施某2离婚过程中,因案涉房屋已经登记在施某1名下,故两人对该房屋未予处理。

施某1主张案涉房屋系用其奶奶的拆迁款购买,故不同意返还。房屋是父母的共同财产,如果要撤销赠与应当将其父亲也追加为当事人。施某1称此前他一直都赡养母亲罗某,亦称其与罗某之间因矛盾于2021年10月至今未联系。

北京市门头沟区人民法院审理后认为,根据《民法典》第663条规定:受赠人对赠与人有扶养义务而不履行,赠与人可以撤销赠与。赠与人的撤销权,自知道或者应当知道撤销事由之日起一年内行使。具体到该案中,罗某以其与施某1之间关系不和、施某1不照顾其为由,要求撤销案涉房屋的赠与,但两人之间仅系因生活琐事发生争吵,进而产生矛盾,并不属于可以撤销赠与的法定条件,故罗某的该项诉讼请求无事实和法律依据,该法院不予支持。需要指出的是,罗某现已离婚,作为其唯一子女的施某1,应多换位思考,更主动地付出,使双方关系缓和融洽,实现家庭温馨和谐。所以判决驳回罗某的全部诉讼请求。

罗某提起上诉,北京市第一中级人民法院审理后认为,施某1作为罗某的独子,自2021年10月至今未联系罗某确有不当之处,但施某1对此也作出了解释,罗某作为施某1母亲也应当充分考虑子女的生活困难。罗某与施某1因生活琐事发生矛盾,现有证据尚不能认定施某1未履行赡养义务,罗某要求撤销赠与缺乏依据。鉴于该案双方当事人之间系母子关系,施某1对一审法院的特别提示应当予以高度重视,在日后的生活中应当给予罗某关心与照顾,避免家庭矛盾升级,除尽到子女应尽的赡养义务之外,还应尽量给予母亲更多的陪伴和关心。所以判决驳回上诉,维持原判。

案例二十四:赠与人在赠与财产的权利转移之前可以撤销赠与。但如果在房屋拆迁前已赠与,由被赠与人作为被征收人签订征收协议,该赠与行为因征收协议的签订而完成,赠与财产的权利已发生转移。

案号为(2022)鲁1502民初4378号的赠与合同纠纷案件。案情简介:二被告王某2、于某系二原告王某1、明某的儿子和儿媳。2013年11月5日,甲方(征收实施部门)与乙方(被征收人)王某2签订房屋征收产权调换协议,主要内容为,乙方自愿选择某安置小区某号楼东单元东户10层和西户10层,建筑面积为123.21平方米。王某2与父母关系不和,于是王某1、明某提起诉讼,请求判令撤销对二被告被征收房屋所有权的赠与(拆迁征收利益的赠与)。

当地村民委员会出具证明一份,载明:村民王某1、明某夫妻在1995年建设老房屋一间……王某2和父母一块居住,王某2代父母挑选楼房,拆迁时间为2013年10月。

山东省聊城市东昌府区人民法院审理后认为,标的物被拆迁后的对价是由房屋征收部门与被征收人在补偿协议中约定的补偿金或产权调换房屋。原标的物的所有权人同意将标的物拆迁的行为是导致标的物灭失的重要因素。房屋的拆迁权益系特殊、复合权利,一般来说由补偿款、安置费、损失及房屋组成,该权益自签订拆迁协议之日起产生。在该案中,王某1、明某在房屋拆迁时自愿由其儿子王某2签订拆迁协议,该赠与行为因拆迁协议的签订已经完成、已发生效力,权利已经发生转移,王某2享有安置房屋的物权期待权利。故原告王某1、明某以权利未转移为由要求行使赠与人的任意撤销权,法院不予支持。另王某1、明某在诉称中还以王某2、于某"不尽扶养义务"为由主张撤销该项赠与,依照法律规定,赠与人的撤销权自知道或应当知道撤销事由之日起一年内行使,王某1、明某未向法庭提交王某2、于某不尽扶养义务的相关证据,法院不予支持。所以判决驳回原告王某1、明某的诉讼请求。

三、附义务赠与合同纠纷案例

案例二十五:赠与可以附义务。赠与附义务的,受赠人应当按照约定履行义务。受赠人有符合法律规定的情形的,赠与人可以撤销赠与。发生纠纷后,对于是否已履行赡养义务,应听取被赡养人的意见,由受赠人承担主要的举证责任。

一审案号为(2013)德城民初字第2492号,二审案号为(2014)德中民终字第696号的附义务赠与合同纠纷案件。案情简介:李某3与苏某系夫妻,李某1与李某2系两人的儿子。案涉的宅基地登记的土地使用人为李某1,地上北房五间。1985年建3间,后李某1又建了2间。1993年,李某3又向所在村委会申请宅基地,李某2因为经济原因没有在该宅基地建房,由李某1新建了房屋,并搬到新房居住。李某2当时尚未结婚,与父母一起搬至原院内居住。李某2与其父母在该院居住期间,修建了东、西房各2间。2010年苏某患病,三个儿子分摊了医疗费用。2010年5月23日,李某1、李某2在证人陶某、曾某等的见证下签订了一份赠送协议书,主要内容为:李某1于1985年在东北街建房一处(砖瓦结构,北房5间及偏房大门),由于李某1的三弟李某2无经济能力修建房屋,经协商,哥哥李某1同意将土地使用证姓名是李某1的房子一处(独院)赠送给三弟李某2居住,现由于父母居住北房2间,经兄弟三人同意,父亲李某3、母亲苏某长期跟随李某2居住,如房屋拆迁分配安置房,二老同时跟随李某2居住,一直居住到故。落款日期是2010年5月23日,相关人员在协议上签字。后因为家庭矛盾,李某1向法院提起诉讼,要求撤销2010年5月23日李某1、李某2之间签订的赠送协议书,理由是赠送协议书附有李某2赡养父母的义务,但李某2未尽赡养义务。

山东省德州市德城区人民法院审理后认为,案涉赠送协议书合法有效,由李某2照顾、赡养父母不是赠送协议书中赠与所附的义务,李某1以李某2没有照顾父母为由要求撤销该协议,没有事实及法律依据,不予支持。该房屋的所有权归属属于确认之诉,不属于该案审理的范围,故李某1以此为由要求撤销该协议,不予支持。所以判决驳回李某1的诉讼请求。

李某1提起上诉,山东省德州市中级人民法院审理后认为,该案争议的焦点是李某1要求撤销案涉赠与合同的主张能否支持。关于是否尽到赡养义务的问题。李某3、苏某与李某2一起居住,自2013年10月之后搬出不再与李某2一起居住。李某3在一审、二审均陈述是李某2不管李某3的生活,李某3才搬到李某1处。当事人的姐妹则认为其父母是被迫离开原住所,李某2没有尽到赡养义务。被赡养人本人的意见证明效力更高,因此不能认定李某2已经尽到了赡养义务。关于赠与协议是否赋予李某2赡养义务的问题。该法院认为,父母和子女居住,同住的成年子女应当承担赡养的义务,而该案中在赠与房屋的同时专门明确李某3、苏某与李某2居住的问题,其承担赡养义务的含义更为明确,因此该案中赠送协议书应当理解为附有赡养义务条件的赠与合同。由于该案赠与协议为附有赡养义务条件的赠与合同,而不能认定李某2已经尽到了赡养义务,2013年10月之后李某3、苏某未与李某2共同居住,目前已无固定居所,李某1据此主张撤销赠与具有法律依据,一审未予支持不当,对此应予变更。所以山东省德州市中级人民法院二审判决:(1)撤销山东省德州市德城区人民法院(2013)德城民初字第2492号民事判决;(2)撤销2010年5月23日李某1与李某2之间签订的赠送协议书。

案例二十六:赠与的财产依法需要办理登记等手续的,应当办理有关登记手续。赠与附义务的,受赠人应当按照约定履行义务。如果受赠人不完全履行合同中约定的金钱支付义务,赠与人可以要求其继续履行合同义务。

一审案号为(2021)鲁0202民初11727号,二审案号为(2022)鲁02民终5699号的附义务赠与合同纠纷案件。案情简介:聂某与江某2系祖孙女关系。2017年7月20日,聂某与江某2签订赠与书一份,载明:青岛市市南区某路某号甲503户(以下简称案涉房屋)是聂某的产权房,现在欲将此房赠与江某2,江某2拿出10万元孝敬给聂某。另外,江某2每月给聂某赡养费500元到聂某离世为止。赠与书签订当日,江某2先支付10万元孝敬费。之后,江某2未继续履行附条件的赠与书,仅向聂某支付两个月的赡养费共计1000元。2021年,江某2起诉聂某赠与合同纠纷案件,要求聂某返还江某 10 万元及利息 18,000 元,法院作出(2021)鲁 0202 民初 282 号民事判决书,判决驳回江某 2 的诉讼请求。江某 2 不服该判决,上诉至青岛市中级人民法院,青岛市中级人民法院作出(2021)鲁 02 民终 5961 号民事判决书,判决驳回上诉,维持原判。之后,聂某向法院提起诉讼,请求判令江某 2 每月向原告支付赡养费 500 元,并支付此前拖欠的赡养费 26,000 元。

青岛市市南区人民法院一审法院认为,庭审中,聂某提交赠与书一份,江某 2 对赠与书的真实性无异议,称其系被强迫签订。经法院当庭询问,江某 2 称关于受胁迫,其无证据向法庭提交。聂某已按照赠与书的约定将案涉房屋过户至江某 1(江某 2 的父亲)名下,江某 2 已支付聂某 10 万元,且于 2017 年 8 月、9 月每月支付聂某赡养费 500 元,上述均系履行赠与书之行为。(2021)鲁 02 民终 5961 号民事判决书中亦载明:案涉赠与合同系双方真实意思表示,合法有效。故认定聂某、江某 2 之间签订的赠与书合法有效。该案系附义务赠与合同纠纷,双方之间成立赠与合同关系,双方均应当遵循诚信原则,按照约定全面履行自己的义务。所以判决:(1)江某 2 支付聂某自 2017 年 10 月至 2022 年 1 月的赡养费共计 26,000 元;(2)江某 2 自 2021 年 2 月起,每月支付聂某赡养费 500 元。

江某 2 提起上诉,山东省青岛市中级人民法院二审判决驳回上诉,维持原判。

第十二章
农村不动产权益继承与遗赠

第一节　农村不动产权益继承

一、《民法典》对继承的一般规定与基本原则

《民法典》继承编中第一章"一般规定"的内容如下：

第一千一百一十九条　本编调整因继承产生的民事关系。

第一千一百二十条　国家保护自然人的继承权。

第一千一百二十一条　继承从被继承人死亡时开始。

相互有继承关系的数人在同一事件中死亡，难以确定死亡时间的，推定没有其他继承人的人先死亡。都有其他继承人，辈份不同的，推定长辈先死亡；辈份相同的，推定同时死亡，相互不发生继承。

第一千一百二十二条　遗产是自然人死亡时遗留的个人合法财产。

依照法律规定或者根据其性质不得继承的遗产，不得继承。

第一千一百二十三条　继承开始后，按照法定继承办理；有遗嘱的，按照遗嘱继承或者遗赠办理；有遗赠扶养协议的，按照协议办理。

第一千一百二十四条　继承开始后，继承人放弃继承的，应当在遗产处理前，以书面形式作出放弃继承的表示；没有表示的，视为接受继承。

受遗赠人应当在知道受遗赠后六十日内，作出接受或者放弃受遗赠的表示；到期没有表示的，视为放弃受遗赠。

第一千一百二十五条　继承人有下列行为之一的，丧失继承权：

（一）故意杀害被继承人；

（二）为争夺遗产而杀害其他继承人；

(三)遗弃被继承人,或者虐待被继承人情节严重;

(四)伪造、篡改、隐匿或者销毁遗嘱,情节严重;

(五)以欺诈、胁迫手段迫使或者妨碍被继承人设立、变更或者撤回遗嘱,情节严重。

继承人有前款第三项至第五项行为,确有悔改表现,被继承人表示宽恕或者事后在遗嘱中将其列为继承人的,该继承人不丧失继承权。

受遗赠人有本条第一款规定行为的,丧失受遗赠权。

一般认为,我国《民法典》继承编主要体现了以下六项基本原则。

1. 保护自然人私有财产权的原则。该原则体现为《民法典》第1120条规定的"国家保护自然人的继承权"。保护自然人的私有财产继承权,既是继承法的基本原则,也是国家对继承立法的目的。

2. 继承权平等的原则。原则主要体现为《民法典》第1126条规定的"继承权男女平等"。需要注意的是,该条款并不是规定在"一般规定"中,而是规定于"法定继承"中。在我国的一些地区,特别在农村中,女性的继承权还没有得到很好的保障,如出嫁女子的合法继承权受到父母的忽视或家族的剥夺。所以,法律强调"继承权男女平等"。继承权平等的原则还体现为:非婚生子女与婚生子女的继承权平等,养子女、继子女与亲生子女的继承权平等;在法定继承中,同一顺序继承人继承遗产的份额,一般应当均等。

3. 养老育幼、照顾病残原则。这是人类社会延续的自然要求,也是中华民族传统美德和社会主义精神文明建设的要求,更是继承法作为身份法、财产法对家庭相关成员在法律上进行制度安排的逻辑诉求。如遗产分割时,应当保留胎儿的继承份额;遗嘱应当为缺乏劳动能力又没有生活来源的继承人保留必要的遗产份额;对生活有特殊困难又缺乏劳动能力的继承人,分配遗产时,应当予以照顾;对继承人以外的依靠被继承人扶养的人,可以分给适当的遗产。

4. 限定继承原则。《民法典》第1161条规定:继承人以所得遗产实际价值为限清偿被继承人依法应当缴纳的税款和债务。超过遗产实际价值部分,继承人可以不负清偿责任,继承人自愿偿还的不在此限。继承人放弃继承的,被继承人对依法应当缴纳的税款和债务可以不负清偿责任。限定继承是世界上大多数国家的立法通则。限定继承并不代表凡是以被继承人名义或身份所担负的债务全部被限定,如被继承人生前出面、以个人名义欠下的家庭共同债务,继承中其家庭成员需要共同承担,不受限定继承的限制;再如,在生前,继承人不供养被继承人,被继承人为了正常生活需要欠下的生活费、医疗费也不受限定继承原则的限制。

5.权利义务相一致的原则。这是我国宪法的一条重要原则,在《民法典》继承编中也体现得比较充分。该原则体现得较为宽泛,如在确定继承人范围时,要考虑继承人与被继承人之间是否有法定的抚养义务;在确定遗产份额的时候,要考虑继承人尽义务的多寡;在遗产分配时,要考虑继承人是否履行了法定的抚养义务等。该原则体现在《民法典》的多个条款中,如《民法典》第1127条关于法定继承人的范围及继承顺序的规定;第1129条规定,丧偶儿媳对公婆,丧偶女婿对岳父母,尽了主要赡养义务的,作为第一顺序继承人;第1130条第2、3款规定:对被继承人尽了主要扶养义务或者与被继承人共同生活的继承人,分配遗产时,可以多分。有扶养能力和有扶养条件的继承人,不尽扶养义务的,分配遗产时,应当不分或者少分。

6.互谅互让、和睦团结的原则。《民法典》第1132条规定:继承人应当本着互谅互让、和睦团结的精神,协商处理继承问题。遗产分割的时间、办法和份额,由继承人协商确定;协商不成的,可以由人民调解委员会调解或者向人民法院提起诉讼。该条是中华民族传统美德的继承,也是建立社会主义新型家庭关系的基本准则。该原则具体表现为:各继承人要按照家庭身份关系处理继承问题,注意个人的具体情况,对幼弱少助、生活困难、缺乏劳动能力的继承人要体恤、关照,对尽了主要抚养义务的继承人要适当倾斜。同时倡导各继承人要尽可能以协商、友好的方式解决被继承人的身后事宜和继承财产的分割问题,以弘扬中华民族的传统美德和良好社会风尚。

二、继承的类型与遗嘱的形式

继承分为两种类型:法定继承与遗嘱继承。

(一)法定继承

法定继承,又称无遗嘱继承,是指在被继承人无遗嘱的情况下按照法律规定的继承人范围、继承人顺序、遗产分配原则等进行的遗产继承方式。法定继承主要有两个法律特征:第一,法定继承需满足一定的人身关系。法定继承人要依据继承人和被继承人之间的婚姻关系、血缘关系和家庭关系予以确定。《民法典》第1127条第1、2款规定:"遗产按照下列顺序继承:(一)第一顺序:配偶、子女、父母;(二)第二顺序:兄弟姐妹、祖父母、外祖父母。继承开始后,由第一顺序继承人继承,第二顺序继承人不继承;没有第一顺序继承人继承的,由第二顺序继承人继承。"第二,法定继承人的主体范围、继承顺序和遗产分配的原则均由法律明确规定。这些规定属于强制性规范,除可由被继承人生前依法以遗嘱方式自主决定外,任何人都无权改变。

除被继承人生前没有留下遗嘱对其名下财产予以处分应适用法定继承外,根据《民法典》第1154条的规定,有下列情形之一的,遗产中的有关部分按照法定继承办理:(1)遗嘱继承人放弃继承或者受遗赠人放弃受遗赠;(2)遗嘱继承人丧失继承权或者受遗赠人丧失受遗赠权;(3)遗嘱继承人、受遗赠人先于遗嘱人死亡或者终止;(4)遗嘱无效部分所涉及的遗产;(5)遗嘱未处分的遗产。

需要注意的是法定继承中还包括代位继承。《民法典》第1128条规定:被继承人的子女先于被继承人死亡的,由被继承人的子女的直系晚辈血亲代位继承。被继承人的兄弟姐妹先于被继承人死亡的,由被继承人的兄弟姐妹的子女代位继承。代位继承人一般只能继承被代位继承人有权继承的遗产份额。

(二)遗嘱继承

遗嘱继承是指继承人按照被继承人生前所立的合法有效的遗嘱进行继承的一种方式。在遗嘱继承中,订立遗嘱的人为遗嘱人(或称立遗嘱人),遗嘱指定的继承遗产的人为遗嘱继承人。因遗嘱人在遗嘱中可能指定继承人,指定继承遗产的种类、数额等,所以遗嘱继承又被称为指定继承。

遗嘱继承有两个特点:第一,遗嘱继承的发生必须满足被继承人(遗嘱人)死亡和所立遗嘱合法有效这两个法律事实,缺少任何一项,遗嘱继承即不能发生。相对而言,法定继承只需要被继承人死亡即可发生。第二,遗嘱继承中有关继承人的选择,继承遗产的份额、多少,继承的顺序等都是遗嘱人真实意思的表示,反映了个人意志。这与法定继承的相关内容由法律直接规定,有很大差异。

关于遗嘱继承,需要注意的问题有以下几点:第一,遗嘱继承只能在法定继承人中选择。《民法典》第1133条第2款规定:自然人可以立遗嘱将个人财产指定由法定继承人中的一人或者数人继承。第二,遗嘱继承人为数人的,可以不再受法定继承顺序的限制,即不存在各遗嘱继承人之间继承先后顺序的问题。遗嘱对数人的遗产份额有明确意思表示的,按遗嘱份额继承;没有明确表明遗嘱份额的,在遗嘱的财产范围内,各遗嘱继承人均等分配。需要注意的是:如果存在子女等法定继承人,将遗产分配给某个孙辈(不属于法定继承人的范围),不是遗嘱继承,而是作为遗赠处理。第三,如果遗嘱继承人先于遗嘱人死亡,遗嘱又未变更,遗嘱继承人的晚辈直系血亲主张代位继承的,因无法律根据,法院不予支持,即在这种情况下遗产只能转为法定继承进行处理。代位继承只发生在法定继承中,不发生在遗嘱继承中。

需要注意的是,无论是法定继承还是遗嘱继承,都存在转继承的情况。《民法典》第1152条规定:继承开始后,继承人于遗产分割前死亡,并没有放弃继承的,该继承人应当继承的遗产转给其继承人,但是遗嘱另有安排的除外。

关于遗嘱的形式,《民法典》继承编第三章"遗嘱继承和遗赠"规定:

第一千一百三十四条　自书遗嘱由遗嘱人亲笔书写,签名,注明年、月、日。

第一千一百三十五条　代书遗嘱应当有两个以上见证人在场见证,由其中一人代书,并由遗嘱人、代书人和其他见证人签名,注明年、月、日。

第一千一百三十六条　打印遗嘱应当有两个以上见证人在场见证。遗嘱人和见证人应当在遗嘱每一页签名,注明年、月、日。

第一千一百三十七条　以录音录像形式立的遗嘱,应当有两个以上见证人在场见证。遗嘱人和见证人应当在录音录像中记录其姓名或者肖像,以及年、月、日。

第一千一百三十八条　遗嘱人在危急情况下,可以立口头遗嘱。口头遗嘱应当有两个以上见证人在场见证。危急情况消除后,遗嘱人能够以书面或者录音录像形式立遗嘱的,所立的口头遗嘱无效。

第一千一百三十九条　公证遗嘱由遗嘱人经公证机构办理。

由上述规定可知,自书遗嘱、代书遗嘱、打印遗嘱属于书面形式,也是继承中常见的遗嘱形式。需要注意以下几点:第一,自书遗嘱需要遗嘱人亲笔将自己的意思用文字表达出来并签名,注明年、月、日。在打印出来的内容上签名不是自书遗嘱,而是打印遗嘱。第二,遗书中涉及死后个人财产处分的内容视为自书遗嘱。《继承编的解释(一)》第27条规定:自然人在遗书中涉及死后个人财产处分的内容,确为死者的真实意思表示,有本人签名并注明了年、月、日,又无相反证据的,可以按自书遗嘱对待。第三,代书遗嘱、打印遗嘱都应当有两个以上见证人在场见证,法律对遗嘱见证人有一定的资格限制,必须是与继承人、受遗赠人没有利害关系的人。第四,代书遗嘱即由他人代笔书写的遗嘱。除了有两个以上见证人在场见证,还应当由其中一人代书,并由遗嘱人、代书人和其他见证人签名,注明年、月、日。代书遗嘱能否由子女执笔代写?《民法典》第1140条规定,子女作为继承人,与遗产继承有直接的利害关系,不能作为见证人,自然也不能作为代书人。子女代书的遗嘱会因不符合法定要件而被认定为无效。第五,对于打印遗嘱的特殊要求。在现实生活中,将电子编辑的遗嘱内容打印出来让遗嘱人签字是常见的情况。但需要特别注意的是:打印遗嘱除了有两个以上见证人在场见证外,遗嘱人和见证人应当在遗嘱每一页签名,注明年、月、日。如果遗嘱人和见证人只是在最后一页中签名,因无法判断前几页的真假,该遗嘱未签名的部分内容会被认定为无效。

对于录音录像遗嘱,除了有两个以上见证人在场见证外,还要求遗嘱人和见证人应当在录音录像中出镜,记录其姓名或者肖像,以及年、月、日。需要注意的是:应保证音像资料所录制信息的完整性,不要暂停、中断,整个视频从头到尾应是连贯的。整个视频中,最好将遗嘱人、见证人、周围环境、局部特写等悉数录入,整个视频不要剪辑、修改、编辑,不要使用人脸美化功能,避免难以辨认。

口头遗嘱的内容难以证明,而且容易被其他形式的遗嘱改变,所以经常会被认定为无效,所以涉及房产继承时,尽量不要用口头遗嘱形式。在办理产权转移登记时,口头遗嘱既无法保存也无法提供。

公证遗嘱是指遗嘱人经公证机关办理的遗嘱。公证遗嘱是形式上非常严格的遗嘱方式,经过公证的遗嘱具有很强的效力。需要注意的是:此前《继承法》(已失效)规定,公证遗嘱的效力要高于其他遗嘱形式,《民法典》取消了该规定,意味着公证遗嘱的效力与其他遗嘱效力相同。但在司法实践中,其他形式的遗嘱经常会被当事人怀疑其真实性或形式上的瑕疵,但公证遗嘱在遗嘱人的真实意思表示及形式方面,一般不存在问题,更容易被法院认定。

如果外国公民通过订立公证遗嘱的方式处分在我国境内的不动产,需要办理该公证遗嘱在我国驻该国使领馆的认证手续。涉及港澳台人士的遗产继承的,建议提前了解相关法律法规,必要时应向律师咨询订立遗嘱的注意事项,避免出现遗嘱无效的情况。

遗嘱的效力认定一般根据立遗嘱的时间来确定,公证遗嘱没有特殊的效力。《民法典》第1142条规定,如果遗嘱内容存在抵触,应以最后一份有效的遗嘱为准。

三、订立一份包括房产继承内容的合法遗嘱

(一)遗嘱的类型与需要注意的事项

遗嘱是遗嘱人生前根据自身真实意愿订立遗嘱处分其个人合法财产,并在其

死后发生效力的单方法律行为。《继承编的解释(一)》第 26 条规定:遗嘱人以遗嘱处分了国家、集体或者他人财产的,应当认定该部分遗嘱无效。

在实践中,除某一自然人设立遗嘱的常见情况外,还有合立遗嘱这一现象。按照遗嘱人的人数多少,可以分为单立遗嘱与合立遗嘱。

合立遗嘱,又称共同遗嘱,是指两个及两个以上的遗嘱人共同设立一份遗嘱,以处分共同遗嘱人各自所有的或者共同所有的财产。夫妻合立的遗嘱属于典型的合立遗嘱。

在单立遗嘱时,需要注意的是遗嘱人不能擅自处分夫妻共有或家庭共有的财产。《民法典》第 1153 条规定:夫妻共同所有的财产,除有约定的外,遗产分割时,应当先将共同所有的财产的一半分出为配偶所有,其余的为被继承人的遗产。遗产在家庭共有财产之中的,遗产分割时,应当先分出他人的财产。

如夫妻共有一套房产,在立遗嘱的时候首先要析产,遗嘱人一般只能处分自己在共有房产中的份额。如果遗嘱人将共有房产的全部份额都作为遗产进行分配,显然会损害其他共有人的利益。此外,如果没有订立遗嘱或遗嘱无效,在办理法定继承时,应先析产、再继承,夫妻双方之间也发生继承关系。

继承时的析产与夫妻离婚时的共有财产分割有所区别。如果一套房产是夫妻一方婚前购买的,在夫妻离婚时,法院一般会认定该房产是一方的婚前财产,判决归其所有。但如果是在继承时析产,法院一般不会如此认定,而是认定该房产是夫妻双方的共有房产,各有一半的份额。在司法实践中,各地的做法可能有所差异,需要具体情况具体分析,如夫妻双方对财产归属有明确的书面约定,法院一般会尊重其约定,按照约定进行析产。

共同遗嘱因内容不同,可以分为形式意义的共同遗嘱和实质意义的共同遗嘱两大类。形式意义的共同遗嘱是指内容各自独立的两个或两个以上的遗嘱,记载于同一遗嘱中。这种共同遗嘱在内容上是各遗嘱人独立进行意思表示,并根据各自意思表示产生独立法律效果,相互不存在制约和牵连。一个遗嘱人的表意内容是否有效或生效不影响其他遗嘱人表意内容的效力。实质意义的共同遗嘱是指两个或两个以上的遗嘱人将其共同一致的意思通过一个遗嘱表示出来,形成一个内容共同或相互关联的整体遗嘱。这种共同遗嘱通常有四种表现方式:(1)相互指定对方为自己的遗产继承人,并以对方指定自己为遗嘱继承人为前提;(2)共同指定第三人为遗产的继承人或受遗赠人,其遗产多为共同财产;(3)相互指定对方为继承人,并约定后死者将遗产留给指定的第三人;(4)相关的遗嘱,即形式上各自独立、实质上相互以对方的遗嘱内容为条件的遗嘱,一方遗嘱撤回或失效,另一方的遗嘱也归于失效,一方遗嘱执行时,他方遗嘱不得撤回。

《遗嘱公证细则》第 15 条规定:两个以上的遗嘱人申请办理共同遗嘱公证的,公证处应当引导他们分别设立遗嘱。遗嘱人坚持申请办理共同遗嘱公证的,共同遗嘱中应当明确遗嘱变更、撤销及生效的条件。虽然该规定的立意精神是不提倡设立共同遗嘱,但因共同遗嘱无违反法律规定之处,不能被禁止或认定为无效,现实中也确实存在很多形式的共同遗嘱。

在共同遗嘱中,如果夫妻双方对共有的财产作出处分,视为双方的共同意思表示。如共同遗嘱中明确双方共有的一套房产由 3 个子女继承,其中甲因赡养父母较多,可以分得 50%,乙与丙可以各分得 25%。该遗嘱意思的一般理解应是:双方将自己可得的份额部分都按照以上份额比例在 3 个子女中进行遗产分配;需要等两位老人都去世后,子女再进行遗产分割;如果一方先去世,也不必先析产、再继承,夫妻双方之间不发生继承。

《民法典》第 1142 条规定,遗嘱人可以撤回、变更自己所立的遗嘱。立遗嘱后,遗嘱人实施与遗嘱内容相反的民事法律行为的,视为对遗嘱相关内容的撤回。所以,即使订立共同遗嘱,如果在遗嘱中没有明确该遗嘱不能撤回或变更,在一方去世后,存活的一方也可以撤回、变更共同遗嘱中自己所立的遗嘱内容。如在上述情况中,共同遗嘱中明确甲、乙与丙可以各分得 50%、25%、25%。在父亲去世后,母亲由乙为主赡养,于是母亲想改变共同遗嘱中的部分内容,让乙多分得遗产,也是可以变更的。但需要注意的是,父亲所占共有部分的遗产份额分配不能改变,母亲只能改变自己所占共有部分的遗产份额分配。如果三个子女都不孝顺、不愿意承担赡养义务,母亲还可以将自己的遗产遗赠给他人或与第三人签订遗赠扶养协议。

有时候,遗嘱中注明"终生有效、永不反悔"字样,但如果遗嘱人想反悔,另立一份新的遗嘱也是可以的,而且新遗嘱将会取代旧遗嘱。法律充分尊重遗嘱人的真实意愿,赋予其撤回、变更遗嘱的权利。如果遗嘱人立有数份遗嘱,内容相抵触,以最后一份有效遗嘱为准。

有时候,父母为了避免子女在其死后为了遗产继承发生纠纷,导致家庭不睦,于是,提前订立遗嘱,并要求子女也都在遗嘱上签字。法律并不要求订立遗嘱需要子女签字,子女在遗嘱上签字,只能表示子女知晓父母订立遗嘱的内容、尊重父母的意愿。如果子女以遗嘱见证人身份签字,可能会使遗嘱因形式瑕疵被认定为无效。

此外,需要注意《民法典》第1143条的规定:无民事行为能力人或者限制民事行为能力人所立的遗嘱无效。遗嘱必须表示遗嘱人的真实意思,受欺诈、胁迫所立的遗嘱无效;伪造的遗嘱无效;遗嘱被篡改的,篡改的内容无效。

实践中,在继承纠纷中经常出现的是限制民事行为能力人所立的遗嘱无效情况。不能完全辨认自己行为的成年人为限制民事行为能力人,其所立的遗嘱无效。对于患精神疾病、老年痴呆的老年人,确认其是否属于限制民事行为能力人,需要经过医学鉴定。需要注意《继承编的解释(一)》第28条的规定:遗嘱人立遗嘱时必须具有完全民事行为能力。无民事行为能力人或者限制民事行为能力人所立的遗嘱,即使其本人后来具有完全民事行为能力,仍属无效遗嘱。遗嘱人立遗嘱时具有完全民事行为能力,后来成为无民事行为能力人或者限制民事行为能力人的,不影响遗嘱的效力。总之,遗嘱是否有效,与遗嘱人在订立遗嘱时的民事行为能力相关,不受此后是否具有民事行为能力的影响。

(二)有效遗嘱的一般条款

1.首部应该明示这是一份遗嘱,并且将遗嘱人的基本信息和立遗嘱时的精神状况和自主能力进行交代。通常包括:

(1)标题。通常为"遗嘱"两字。

(2)遗嘱人信息。包括遗嘱人姓名、公民身份证号码、婚姻家庭状况等。

(3)遗嘱人立遗嘱时的精神状况。这一点是基于法律规定遗嘱人必须是完全民事行为能力人的考虑。

(4)遗嘱人立遗嘱时的意志自主状况。这一点是基于法律规定遗嘱必须是遗嘱人真实意思表示的考虑。

(5)遗嘱唯一性声明或者与其他遗嘱的关系。以免造成多份遗嘱的烦恼,而且方便以后对遗嘱进行补充或修正。

2.正文是遗嘱的核心。在这部分,遗嘱人要对自己的合法财产进行分配。遗嘱人可以先列明遗产清单,然后再一一分配;也可以不列清单,分项分配。尽量避免出现处分他人财产等导致遗嘱内容部分无效情形的出现。另外,也要确保对财产的处分符合财产的最大效益,并具有可执行性。要照顾各方利益,并且不能违反法律的强制性规定。

3.尾部可以写明如下内容:

（1）可以指定遗嘱保管人。遗嘱最好一式多份，由遗嘱人持有一份，可以交给遗嘱保管人保管一份，这样可以进行对照。遗嘱保管人可以是遗嘱执行人。

（2）可以指定遗嘱执行人。遗嘱执行人应该具有一定的公信力，且与继承人、受遗赠人没有利害关系。

（3）遗嘱人签名。如果遗嘱有多页，最好在每页上都签名。注意是亲笔签名，不要用盖章或按手指印方式代替签名。如果是代书遗嘱或打印遗嘱，应有两名及以上的见证人（包括代书人）在每页上签名。

（4）如果是代书遗嘱，写明代书人信息（姓名、公民身份号码、工作单位或住所地等）。

（5）如果财产属于共有性质，最好是共有人也在遗嘱上签名，表示认同财产共有情况。

（6）注明签署日期。一般是公历日期，要用年、月、日的方式表示。

（7）注明遗嘱订立地点。

4.附件（属于可有可无）。

可将医生的精神见证书或律师的律师见证书作为附件。

（三）一份包括房产继承内容的遗嘱

遗嘱（参考文本）

立遗嘱人（姓名）：＿＿＿＿＿＿＿＿＿

公民身份证号码：＿＿＿＿＿＿＿＿＿

婚姻家庭状况（如配偶、子女、父母的姓名，是否在世）：

一、声明

1.订立本遗嘱时，本人身体状况良好、精神状况正常、具有完全民事行为能力，完全理解本遗嘱的含义和法律后果。

2.本遗嘱中的所有内容均为本人的真实意思表示，未受到任何欺诈、胁迫。

3.本遗嘱处分的财产均为本人合法取得且有处分权的个人财产。

4.在本遗嘱订立前，本人未订立其他遗嘱，也未就本遗嘱涉及的财产与他人签订遗赠扶养协议。

二、财产情况

（一）房屋

目前登记在本人名下的房屋共____处。其中，单独所有的有____处、共同所有的有____处。具体情况如下：

1. 单独所有房产

(1) 位于：_____。

（如果仅写位置不明确，可以写明房屋四至界限）

(2) 不动产权属证书号：_____。

（或写房屋所有权证号、集体土地使用权证号）

(3) 登记的产权人：_____。

(4) 登记的建筑面积（或实用面积）：____平方米。

2. 共有房产

与上类似，除了写明登记的产权人外，应写明遗嘱人所占份额。

（此处最好有共有人签字表示确认）

也可以写上房屋结构、房屋市值估价。

（二）其他财产

如车辆（包括机动车辆、非机动车辆）、银行存款（一般不包括现金部分）、公司股权、股票、债券、基金等，应写明财产名称、数额或财产价值。

三、继承人（或受遗赠人）情况

1. 继承人1 姓名：_____；性别：____；与本人关系：_____。

2. 继承人2 姓名：_____；性别：____；与本人关系：_____。

（可以写上公民身份号码与出生日期）

3. 受遗赠人（写法同继承人类似）

……

四、财产分配安排

1. 位于_____处房产，由_____继承____%，由_____继承____%，由_____继承____%。（或由_____全部继承，或全部赠与_____）

2. 位于_____处房产，由_____、_____、_____均等继承。

……

以上继承人于本人去世后从本人处实际继承的财产，以继承时本人实际拥有的财产为准。(可以补充:继承人继承遗产时有配偶的,继承人所继承财产与其配偶无关,均为继承人的个人财产。)

五、遗嘱执行人

1. 遗嘱执行人信息:

姓名:_____

公民身份证号码:_____

(还可以写上联系方式与住所地等)

2. 本人去世之后,上述执行人代为执行本遗嘱。执行人应出于诚实、信用、勤勉义务执行本遗嘱。

3. 遗嘱执行人的报酬:_____。(可以从遗产中支出)

4. 遗嘱执行人先于本人去世的,本人将另行以书面方式变更遗嘱执行人,届时将以新的遗嘱内容为准。

六、其他

本遗嘱一式____份,内容相同。本人保存壹份,交由____保管壹份,另交____、____、____各保存壹份,每份具有同等效力。

(以下无正文)

立遗嘱人(签名):_____

签署时间:_____年____月____日

订立地点:_____

(代书人、见证人、财产共有人、遗嘱保管人、遗嘱执行人等也可以签名)

见证人确认:

上述遗嘱由立遗嘱人签署,立遗嘱人神志清醒且就订立该遗嘱未受到任何胁迫、欺诈,上述遗嘱为立遗嘱人自愿作出。

见证人(签名):_____

公民身份证号码:_____

工作单位或住所地:_____

签署时间:_____年____月____日

(特别说明:至少需要两名符合资格条件的见证人)

如果是共同遗嘱,应在立遗嘱人信息中分别写明,并说明立遗嘱人之间的关系(一般是夫妻关系)。格式可以参照以上遗嘱(参考文本),但对共有财产

的处分建议写法:

位于_____的房产(写明具体地址,与产权证书上登记的地址应相同;不动产权属证书号;面积情况),登记在_____名下(应是立遗嘱人之一),实际是_____与____(两人都是立遗嘱人)共同共有(或按份共有,应写明份额比例)的房产。现明确:无论两人中谁先去世,另一人对该房产都有长期居住权直至去世。此前,该房产不能转让或进行财产分割。等两人都去世后,作如下遗产分配:

1. 由_____继承____%,由_____继承____%,由_____继承____%。(或由_____全部继承,或全部赠与_____)

2. 位于_____处房产,由_____、_____、_____均等继承。

四、房产继承中的常见法律问题

(一)对遗嘱见证人的资格限制

在不同形式的遗嘱中,除自书遗嘱外,代书遗嘱、打印遗嘱、录音录像遗嘱、口头遗嘱等其他遗嘱的生效条件中都要求"有两个以上见证人在场见证"。即使是公证遗嘱,一般也需要两名见证人。《遗嘱公证细则》第6条第1款规定:遗嘱公证应当由两名公证人员共同办理,由其中一名公证员在公证书上署名。因特殊情况由一名公证员办理时,应当有一名见证人在场,见证人应当在遗嘱和笔录上签名。

在一些继承纠纷案件中,遗嘱上只有一名见证人签名或见证人不符合资格条件,导致遗嘱被认定为无效的情况很常见。所以,立遗嘱时,如果需要有人见证,对见证人的选择非常重要,这往往是决定遗嘱是否符合生效要件的关键。《民法典》对遗嘱见证人有一定的资格限制,第1140条规定:"下列人员不能作为遗嘱见证人:(一)无民事行为能力人、限制民事行为能力人以及其他不具有见证能力的人;(二)继承人、受遗赠人;(三)与继承人、受遗赠人有利害关系的人。"《继承编的解释(一)》第24条规定:继承人、受遗赠人的债权人、债务人,共同经营的合伙人,也应当视为与继承人、受遗赠人有利害关系,不能作为遗嘱的见证人。按照一般的理解,遗嘱见证人应是与继承人、受遗赠人没有利害关系的人。而我国的传统做法,一般是让亲戚担任见证人,如舅舅、叔伯、姑妈、姨妈、兄弟姐妹等。需要特别注意的是,兄弟姐妹是第二顺序的继承人,如果遗嘱是让第一顺序继承人(配偶、子女、父母)继承遗产,兄弟姐妹可以担任见证人;如果遗嘱将兄弟姐妹也列入遗产继承人的范围,担任见证人会与遗产产生利害关系,这样的见证人不适格;如果遗嘱将担任见证人的亲友列入遗产遗赠人,该亲友担任见证人也不适格,可能会导致遗嘱无效。对于继承人放弃继承权或受遗赠人放弃受遗赠权,其是否可以作为适格的见证人,从而认定该遗嘱有效,现有的司法解释还没有明确。但从《民法典》第1140条规定的立法本意看,应该是不适格的。如果继承人想放弃继承权或受遗赠人想放弃受遗赠权,应在见证立遗嘱时就提出,这样遗嘱人就可以不将其列入遗嘱继承人或受遗赠人的范围。

有些当事人受到影视剧的影响,希望聘请律师作为遗嘱见证人并作为以后的遗嘱执行人。律师参与的遗嘱属于代书遗嘱、打印遗嘱或录音录像遗嘱。因为聘请律师见证需要支付法律服务费,当事人可以根据自己的实际情况决定是否需要请律师参与订立遗嘱的事项。如果想让律师担任遗嘱执行人与遗产管理人,聘请律师担任见证人是比较合适的。

律师如果承接遗嘱见证业务,需要注意按照《律师见证业务工作细则》(中华全国律师协会2007年制订)的规范开展业务。如接受客户委托后,律师事务所应指派两名律师进行见证工作。从事见证工作的律师必须具备律师资格,并持有律师执业证。应遵守回避原则,即律师不得办理与本人、配偶,或本人、配偶的近亲属有利害关系的见证业务。律师对客户申请办理见证的事务,应当保守秘密。

(二)对遗嘱执行人与遗产管理人的资格要求与其主要职责

《民法典》第1133条第1款规定:"自然人可以依照本法规定立遗嘱处分个人财产,并可以指定遗嘱执行人。"对于遗嘱执行人的资格,没有特殊的要求,遗嘱见证人可以担任遗嘱执行人。即使与遗产存在利害关系,也可以担任遗嘱执行人。所以,遗嘱人一般会选择聘请律师或委托亲友担任遗嘱执行人,且该遗嘱执行人应是遗嘱人所信任的人。

遗产管理人制度是我国《民法典》继承编中的新增亮点,其中第1145条至第1149条分别对遗产管理人的确定、争议解决程序、职责、民事责任以及遗产管理人享有报酬的权利五个方面进行规定,初步构建起有一定特色的遗产管理人制度体系。具体内容如下:

第一千一百四十五条 继承开始后,遗嘱执行人为遗产管理人;没有遗嘱执行人的,继承人应当及时推选遗产管理人;继承人未推选的,由继承人共同担任遗产管理人;没有继承人或者继承人均放弃继承的,由被继承人生前住所地的民政部门或者村民委员会担任遗产管理人。

第一千一百四十六条　对遗产管理人的确定有争议的,利害关系人可以向人民法院申请指定遗产管理人。

第一千一百四十七条　遗产管理人应当履行下列职责:

(一)清理遗产并制作遗产清单;

(二)向继承人报告遗产情况;

(三)采取必要措施防止遗产毁损、灭失;

(四)处理被继承人的债权债务;

(五)按照遗嘱或者依照法律规定分割遗产;

(六)实施与管理遗产有关的其他必要行为。

第一千一百四十八条　遗产管理人应当依法履行职责,因故意或者重大过失造成继承人、受遗赠人、债权人损害的,应当承担民事责任。

第一千一百四十九条　遗产管理人可以依照法律规定或者按照约定获得报酬。

《民法典》并未对遗产管理人作出具体的资格限制。从广义上看,遗产管理人的范围包括自然人、法人及非法人组织。遗产管理人应具有完全民事行为能力,律师、公证员等人员或机构可以担任遗产管理人。

由相关规定可知,遗产管理人可以从以下人员中通过以下方式产生:遗嘱执行人担任遗产管理人;继承人推选遗产管理人;继承人共同担任遗产管理人;民政部门或村民委员会担任遗产管理人;申请指定遗产管理人。

一般观点认为,遗产管理人与破产管理人类似,均具有独立的法律地位,可根据法律规定及约定履行职责,不受继承人等的妨碍。遗产管理人有权就其所管理的遗产权利向债务人提起诉讼,同时有权以独立诉讼主体资格参与遗产管理期间的诉讼。另在执行阶段,可直接变更遗产管理人为被执行人。因遗产管理人的主要职责是处理被继承人的债权债务和分割遗产,所以不能直接执行遗产管理人的自有财产清偿债务,亦不能对遗产管理人采取限制消费措施,遗产管理人在遗产范围内承担责任。

因为遗产管理人制度是新设立的,所以该制度还处于探索阶段。遗产管理人如何"按照遗嘱或者依照法律规定分割遗产"需要在实践中总结经验,如果无法做到公平合理,可能会引起继承人的投诉甚至导致诉讼,因此产生麻烦。

(三)继承人丧失继承权或放弃继承的处理

根据《民法典》第1125条第1款的规定,继承人有下列行为之一的,丧失继承权:(1)故意杀害被继承人;(2)为争夺遗产而杀害其他继承人;(3)遗弃被继承人,或者虐待被继承人情节严重;(4)伪造、篡改、隐匿或者销毁遗嘱,情节严重;(5)以欺诈、胁迫手段迫使或者妨碍被继承人设立、变更或者撤回遗嘱,情节严重。但需要注意的是,丧失继承权,在一定条件下是可以恢复的。因为继承人与被继承人之间存在血缘关系或家庭关系,所以从亲情的角度给了继承人改正错误的机会。该条第2款规定:继承人有前款第3项至第5项行为,确有悔改表现,被继承人表示宽恕或者事后在遗嘱中将其列为继承人的,该继承人不丧失继承权。

《民法典》第1124条第1款规定:继承开始后,继承人放弃继承的,应当在遗产处理前,以书面形式作出放弃继承的表示;没有表示的,视为接受继承。

根据《民法典》第1154条的规定,如果遗嘱继承人放弃继承或丧失继承权,遗产中的有关部分将按照法定继承办理。

对于继承人放弃继承的处理,《继承编的解释(一)》进行了详细的规定。具体如下:

第三十二条　继承人因放弃继承权,致其不能履行法定义务的,放弃继承权的行为无效。

第三十三条　继承人放弃继承应当以书面形式向遗产管理人或者其他继承人表示。

第三十四条　在诉讼中,继承人向人民法院以口头方式表示放弃继承的,要制作笔录,由放弃继承的人签名。

第三十五条　继承人放弃继承的意思表示,应当在继承开始后、遗产分割前作出。遗产分割后表示放弃的不再是继承权,而是所有权。

第三十六条　遗产处理前或者在诉讼进行中,继承人对放弃继承反悔的,由人民法院根据其提出的具体理由,决定是否承认。遗产处理后,继承人对放弃继承反悔的,不予承认。

第三十七条　放弃继承的效力,追溯到继承开始的时间。

例如,在案号为(2021)粤0304民初23560号的被继承人债务清偿纠纷案的民事判决书中的判决理由载明:在该案中,被告吴某和于某在被继承人死亡后,放弃继承遗产，使债权人的债权无法正常行使。法院审理后认为，该案中，二被告均表示放弃继承权，但吴某第一顺序法定继承人仅为二被告，二被告放弃继承权致其不能履行法定义务，故二被告放弃继承权的行为无效，二被告应在继承吴某遗产价值范围内承担吴某上述债务的清偿责任。

（四）遗产分配原则与房产分割方法

对于遗产的分配，主要体现了继承权平等的原则，养老育幼、照顾病残原则，权利与义务相一致的原则。以下分法定继承与遗嘱继承进行简单说明。

法定继承的遗产分配主要原则：同一顺序继承人继承遗产的份额，一般应当均等。但有一定的例外，对生活有特殊困难又缺乏劳动能力的继承人，分配遗产时，应当予以照顾；对被继承人尽了主要扶养义务或者与被继承人共同生活的继承人，分配遗产时，可以多分；有扶养能力和有扶养条件的继承人，不尽扶养义务的，分配遗产时，应当不分或者少分；对继承人以外的依靠被继承人扶养的人，或者继承人以外的对被继承人扶养较多的人，可以分给适当的遗产。此外，继承人协商同意的，也可以不均等。

遗嘱继承的遗产分配主要原则：自然人可以立遗嘱处分个人财产，指定由法定继承人中的一人或者数人继承。也有一定的例外：遗嘱应当为缺乏劳动能力又没有生活来源的继承人保留必要的遗产份额；附有义务的遗嘱继承，继承人没有正当理由不履行义务的，人民法院可以取消其接受附义务部分遗产的权利。

对于遗产分割的原则与方法，《民法典》第1156条规定：遗产分割应当有利于生产和生活需要，不损害遗产的效用。不宜分割的遗产，可以采取折价、适当补偿或者共有等方法处理。《民法典》第1132条规定：遗产分割的时间、办法和份额，由继承人协商确定；协商不成的，可以由人民调解委员会调解或者向人民法院提起诉讼。《继承编的解释（一）》第42条规定：人民法院在分割遗产中的房屋、生产资料和特定职业所需要的财产时，应当依据有利于发挥其使用效益和继承人的实际需要，兼顾各继承人的利益进行处理。

当继承发生时，需要对共有房产析产，即析出被继承人名下房产份额，然后再继承。有遗嘱或者遗赠的，先按照遗嘱或者遗赠办理，遗嘱或者遗赠无效或者未处理部分房产按照法定继承办理。此外，被继承人的房屋须具有合法产权才能被继承并办理转移登记，如违法建筑物、小产权房等无法办理因继承引起的产权转移登记。公房承租权的原承租人去世后，其继承人还可以继续承租公房并在被征收时获得拆迁利益,但也不能办理产权转移登记。

房屋遗产分割不同于其他财产的分割,因为房屋是不动产,不能随意移动,或因继承人人数较多不易分割,或因房屋遗产本身的结构也难以分割等,如果强行分开、割断,可能损伤房屋的效用,以致房屋无法正常使用,或给生活带来不便。因此,如果分割房屋遗产在客观上可行,且不损害房屋的效用,不影响生产、生活,可以分割处理。对于不宜分割的房屋,可以采取以下两种方法处理:

1. 折价补偿方法。一般是归居住使用者所有,由其按照各个继承人应继承的房屋遗产份额折价补偿。房屋作价标准可以由继承人自行协商确定,也可以由评估机构按市场价格对房屋作出评估,取得房屋所有权的一方应当给予其他方相应的经济补偿。

2. 共有方法。各继承人可以商定遗产房屋为共同所有,可以是按份共有,也可以是共同共有。在房屋遗产分割中,应尽量采取折价补偿的方法,共有的方法并没有彻底解决纠纷,应视为对第一种方法的补充,如折价一方因经济能力负担不起折价款时,可以暂时采取共有方法,减少矛盾。

(五)被继承人的税款与债务清偿

因为继承采取限定继承原则,所以继承人对被继承人生前所欠的税款和债务,只限于其所继承遗产价值范围内有清偿义务,对超过所继承遗产价值总额的债务,无清偿义务和责任。《民法典》继承编对被继承人税款与债务清偿的相关规定如下:

第一千一百六十一条 继承人以所得遗产实际价值为限清偿被继承人依法应当缴纳的税款和债务。超过遗产实际价值部分,继承人自愿偿还的不在此限。

继承人放弃继承的,对被继承人依法应当缴纳的税款和债务可以不负清偿责任。

第一千一百六十二条 执行遗赠不得妨碍清偿遗赠人依法应当缴纳的税款和债务。

第一千一百六十三条 既有法定继承又有遗嘱继承、遗赠的,由法定继承人清偿被继承人依法应当缴纳的税款和债务;超过法定继承遗产实际价值部分,由遗嘱继承人和受遗赠人按比例以所得遗产清偿。

需要特别注意的是《民法典》第1159条规定:分割遗产,应当清偿被继承人依法应当缴纳的税款和债务;但是,应当为缺乏劳动能力又没有生活来源的继承人保留必要的遗产。对此条规定的理解为：即使遗产不足以清偿全部债务与依法应当缴纳的税款，也要为缺乏劳动能力又没有生活来源的继承人保留必要的遗产。这条规定很好地体现了我国继承制度的养老育幼、照顾病残原则。

（六）遗嘱中的房屋发生变化后的处理

现实中，可能会出现这样一种情况：遗嘱人在遗嘱中指定给继承人的房屋后来被拆迁征收，此时遗嘱人还没有死亡，并未因此修改遗嘱。等遗嘱人死亡后，遗嘱中确定的原继承人能否以原房屋被拆迁后所得补偿房屋或补偿款为原房屋的变更物主张继承？

对此问题，最高人民法院民事审判第一庭编写的《民事审判实务问答》第157～158页中指出：遗嘱人在遗嘱中对财产的处分，本质上是遗嘱人基于其对该财产的所有权，在法律允许范围内自由处分其财产的一种表现形式。遗嘱中对财产的处分方式体现了遗嘱人立遗嘱这一时点的内心真意，但不能对遗嘱人随后改变其财产处分方式产生约束。因此，遗嘱人在立遗嘱后，还可通过各种法律允许的方式撤销其在原遗嘱中的财产处分行为。对此，《民法典》第1142条第1款规定："遗嘱人可以撤回、变更自己所立的遗嘱。"标的物被拆迁后的对价是由房屋征收部门与被征收人在补偿协议中约定的补偿金或产权调换房屋。也就是说，标的物被拆迁一般是标的物所有权人同意拆迁并与房屋征收部门达成补偿协议引起。因此，标的物所有权人同意标的物被拆迁的行为是导致标的物灭失的重要因素。标的物所有权人在遗嘱中将标的物处分给他人后，又以补偿协议形式同意将标的物拆迁，这应被视为其在立遗嘱后又以行为作出了与立遗嘱时相反的意思表示，并导致了标的物的灭失。根据《民法典》第1142条第2款"立遗嘱后，遗嘱人实施与遗嘱内容相反的民事法律行为的，视为对遗嘱相关内容的撤回"之规定，该遗嘱涉及标的物被拆迁的部分被视为撤销。遗嘱人遗嘱中所涉标的物被拆迁后所获得的补偿金或产权调换房屋与原标的物为不同的物。对遗嘱人而言，该补偿金或产权调换房屋属于立遗嘱后新获得的财产。由于遗嘱人并未明确表示将标的物被拆迁后的对价——补偿金或产权调换房屋作为遗嘱的组成部分，故不能将补偿金或产权调换房屋作为遗嘱中标的物的变更。

但如果遗嘱人同意由该继承人来处分遗嘱中指定给继承人的房屋，由该继承人与房屋征收部门签订补偿协议，则应视为对该继承人的授权，遗嘱人与继承人可以协商确定财产的分配处理，包括将拆迁征收获得的补偿金或产权调换房屋全部由继承人继承。

此外,如果遗嘱中指定给继承人的房屋是在遗嘱人死亡后才被拆迁征收,该继承人与房屋征收部门签订补偿协议,该继承人自然可以取得补偿金或产权调换房屋。

五、农村宅基地及其上所建房屋的继承

农村宅基地使用权及在宅基地上建造的房屋能否继承是社会关注的重点问题。对此问题,以前曾有一定的争论,现在已经明确。

(一)农村宅基地使用权不能被单独继承

根据法律的相关规定,农村宅基地属于农民集体所有。只有农村集体经济组织成员,才有资格通过申请,免费分配获得宅基地使用权,但宅基地不属于农户家庭或个人的私有财产,所以不能作为遗产继承。宅基地是按户申请和批准,非按农户家庭中的个人分别批准。即使家庭成员中有人死亡,也不会影响其他成员对该宅基地的使用。《民法典》第1122条规定,遗产是自然人死亡时遗留的个人合法财产。依照法律规定或者根据其性质不得继承的遗产,不得继承。因宅基地使用权与特定社会身份相关,具有专属性,只能由作为农村集体经济组织成员的农户及自然人享有。如果在获批的宅基地上尚未建有房屋或房屋已经倒塌,宅基地使用权不能被单独继承。

(二)宅基地上所建房屋可以被依法继承

首先需要明确的是,讨论宅基地上所建房屋继承问题以合法建筑为前提。如果是村民私自在耕地上建造或未取得规划许可所建的房屋,则属于违法建筑,该房屋不能办理确权登记,所以不存在继承的问题。即使不被拆除,农户可以实际占用,但也无法办理产权转移登记。

如果村民已经办理宅基地的合法批准手续,获得农村宅基地批准书、乡村建设规划许可证,那么在宅基地上建造的房屋为其家庭共有或个人所有的合法财产。房屋所有权人死亡后,该房屋可以成为遗产。无论继承人是农村村民还是城镇居民,都可以继承该房屋。

如果继承人与被继承人是同一农村集体经济组织成员,这种情况比较常见,通常是子女继承父母共有的房产。若在宅基地上已经建有房屋,基于"地随房走"

"房地一体"的原则,房屋所有权与宅基地使用权可以一起被继承。

对于父母去世后,城市户籍子女能否继承农村房屋问题。在2020年9月,自然资源部对十三届全国人大三次会议第3226号建议作出的明确答复(自然资人议复字〔2020〕089号)的第6点称:"关于农村宅基地使用权登记问题。农民的宅基地使用权可以依法由城镇户籍的子女继承并办理不动产登记。根据《继承法》规定,被继承人的房屋作为其遗产由继承人继承,按照房地一体原则,继承人继承取得房屋所有权和宅基地使用权,农村宅基地不能被单独继承。《不动产登记操作规范(试行)》明确规定,非本农村集体经济组织成员(含城镇居民),因继承房屋占用宅基地的,可按相关规定办理确权登记,在不动产登记簿及证书附记栏注记'该权利人为本农民集体经济组织原成员住宅的合法继承人'。"

需要注意的是,城镇居民继承农村房屋后,不能擅自对房屋进行翻修、重建,但可以将房屋卖给本村符合宅基地申请条件的村民。

(三)房产继承应办理产权转移登记手续

《不动产登记暂行条例》第14条规定,继承、接受遗赠取得不动产权利的,可以由当事人单方提出申请登记。

《不动产登记暂行条例实施细则》第14条规定:因继承、受遗赠取得不动产,当事人申请登记的,应当提交死亡证明材料、遗嘱或者全部法定继承人关于不动产分配的协议以及与被继承人的亲属关系材料等,也可以提交经公证的材料或者生效的法律文书。该实施细则第27条规定,因继承、受遗赠导致不动产权利发生转移的,当事人可以向不动产登记机构申请转移登记。该实施细则第42条规定,因依法继承、分家析产、集体经济组织内部互换房屋等导致宅基地使用权及房屋所有权发生转移申请登记的,申请人应当根据不同情况,提交:(1)不动产权属证书或者其他权属来源材料;(2)依法继承的材料;(3)分家析产的协议或者材料;(4)集体经济组织内部互换房屋的协议;(5)其他必要材料。

《不动产登记操作规范(试行)》中关于继承、受遗赠的不动产登记的内容如下:

因继承、受遗赠取得不动产申请登记的,申请人提交经公证的材料或者生效的法律文书的,按《不动产登记暂行条例》《不动产登记暂行条例实施细则》的相关规定办理登记。申请人不提交经公证的材料或者生效的法律文书,可以按照下列程序办理:

申请人提交的申请材料包括:(1)所有继承人或受遗赠人的身份证、户口簿或其他身份证明。(2)被继承人或遗赠人的死亡证明,包括医疗机构出具的死亡证明,公安机关出具的死亡证明或者注明了死亡日期的注销户口证明,人民法院宣告死亡的判决书,其他能够证明被继承人或受遗赠人死亡的材料等。(3)所有继承人或受遗赠人与被继承人或遗赠人之间的亲属关系证明,包括户口簿、婚姻证明、收养证明、出生医学证明,公安机关以及村委会、居委会、被继承人或继承人单位出具的证明材料,其他能够证明相关亲属关系的材料等。(4)放弃继承的,应当在不动产登记机构办公场所,在不动产登记机构人员的见证下,签署放弃继承权的声明。(5)继承人已死亡的,代位继承人或转继承人可参照上述材料提供。(6)被继承人或遗赠人享有不动产权利的材料。(7)被继承人或遗赠人生前有遗嘱或者遗赠扶养协议的,提交其全部遗嘱或者遗赠扶养协议。(8)被继承人或遗赠人生前与配偶有夫妻财产约定的,提交书面约定协议。

受理登记前应由全部法定继承人或受遗赠人共同到不动产所在地的不动产登记机构进行继承材料查验。不动产登记机构会要求申请人签署继承(受遗赠)不动产登记具结书。不动产登记机构可以就继承人或受遗赠人是否齐全、是否愿意接受或放弃继承、就不动产继承协议或遗嘱内容及真实性是否有异议、所提交的资料是否真实等内容进行询问,并做好记录,由全部相关人员签字确认。经查验或询问,符合规定的受理条件的,不动产登记机构应当予以受理。

受理后,不动产登记机构应按照审核规则进行审核。认为需要进一步核实情况的,可以发函给出具证明材料的单位。被继承人或遗赠人原所在单位或居住地的村委会、居委会核实相关情况。

对拟登记的不动产登记事项在不动产登记机构门户网站进行公示,公示期不少于15个工作日。公示期满无异议的,将申请登记事项记载于不动产登记簿。

后附:

继承(受遗赠)不动产登记具结书

申请人:_____

公民身份证号码:_____

被继承人(遗赠人):_____

公民身份证号码:_____

申请人因继承(受遗赠)被继承人(遗赠人)_____的不动产权,于_____年___月___日向(不动产登记机构)申请办理不动产登记,并提供了_____等申请材料,并保证以下事项的真实性:

一、被继承人(遗赠人)于_____年___月___日死亡。

二、被继承人(遗赠人)的不动产坐落于:_____。

三、被继承人(遗赠人)的不动产权由_____继承(受遗赠)。

四、除申请人(受遗赠)外,其他继承人放弃继承权或者无其他继承人(受遗赠人)。

以上情况如有不实,本人愿承担一切法律责任,特此具结。

具结人签名(盖章):

_____年___月___日

(四)房产继承办理登记所需的税费

在房产继承过程中需要办理产权转移登记,申请人需要缴纳契税、印花税、登记费用等。

按照《中华人民共和国契税法》(以下简称《契税法》)第6条的规定,法定继承人通过继承承受土地、房屋权属,免征契税。《契税法》第10条规定,纳税人应当在依法办理土地、房屋权属登记手续前申报缴纳契税。《契税法》第11条规定,纳税人办理纳税事宜后,税务机关应当开具契税完税凭证。纳税人办理土地、房屋权属登记,不动产登记机构应当查验契税完税、减免税凭证或者有关信息。未按照规定缴纳契税的,不动产登记机构不予办理土地、房屋权属登记。

可见,契税的收取与受益人是否是法定继承人有关。如果是法定继承或遗嘱继承方式,受益人是法定继承人,可以免契税;但如果采取遗赠方式,需要缴纳相当于房产价值3%的契税。

根据《中华人民共和国印花税法》的附件"印花税税目税率表"的规定,土地使用权、房屋等建筑物和构筑物所有权转让[包括买卖(出售)、继承、互换、分割]书据,都需要缴纳"价款的万分之五"的税费。所以,无论法定继承、遗嘱继承还是遗赠,都要缴纳印花税。

登记费用主要是办理不动产权证的费用,按照不动产登记机构公布的收费标准收取,一般标准为每件80元。

六、关于土地承包经营权能否作为遗产继承

农村土地承包经营权是一种用益物权,是我国土地法律制度中特有的概念,是建立在农村集体经济组织成员权的基础上,以农户家庭为单位进行承包。

(一)土地承包收益属于遗产可以继承

在各类土地承包中,被继承人死亡时已取得或应得的承包收益,应属于其遗产,这是实践中的共识,在法律中也有明确规定。《农村土地承包法》第 32 条第 1 款规定:承包人应得的承包收益,依照继承法的规定继承。《继承编的解释(一)》第 2 条规定:承包人死亡时尚未取得承包收益的,可以将死者生前对承包所投入的资金和所付出的劳动及其增值和孳息,由发包单位或者接续承包合同的人合理折价、补偿。其价额作为遗产。

(二)土地承包经营权原则上不能继承

土地承包经营权本身能否作为遗产继承,对此问题的判断,应当基于农村土地承包经营权的社会保障性考量,并以相关的法律规定为依据。《农村土地承包法》第 16 条规定:家庭承包的承包方是本集体经济组织的农户。农户内家庭成员依法平等享有承包土地的各项权益。可见,家庭承包是以农户为生产经营单位进行的承包,土地家庭承包经营权不属于某个家庭成员,承包户中部分成员死亡的,承包关系不变,其他成员以该户的名义继续承包经营,因此不发生继承问题。同时,农户家庭成员对土地承包经营权形成共同共有关系,部分成员死亡的,其内部权利义务关系适用于共同共有的规则进行调整,彼此不发生继承关系。如果家庭成员全部死亡,农户已不存在,家庭承包经营权因权利主体消灭而丧失,承包地应由村集体经济组织收回重新承包,也不存在土地承包经营权的继承问题,所以土地承包经营权原则上不得继承。

需要注意的是,承包土地属于村集体经济组织所有,不属于个人财产,也不属于遗产,所以不能按个人财产进行继承。土地承包经营权也不发生继承问题。所以,人民法院对土地承包经营权分割的诉请不予处理。如果继承人之间因继续承包经营发生纠纷,应与土地承包合同的发包人协商解决,签订新的土地承包合同。

(三)林地家庭承包经营权可以继承

土地承包经营权不能继承在我国法律中存在一个特殊的例外。《农村土地承

包法》第32条第2款规定：林地承包的承包人死亡，其继承人可以在承包期内继续承包。《农村土地承包司法解释》第23条第1款规定：林地家庭承包中，承包方的继承人请求在承包期内继续承包的，应予支持。

林地承包的承包人死亡，其继承人可以在承包期内继续承包。这主要是考虑种植树木的收益周期长，承包期也较长，故在承包期内允许承包方的继承人基于继承权主张继续承包。

（四）土地经营权可以被依法继承

《农村土地承包法》第54条规定：依照本章规定通过招标、拍卖、公开协商等方式取得土地经营权的，该承包人死亡，其应得的承包收益，依照继承法的规定继承；在承包期内，其继承人可以继续承包。《农村土地承包司法解释》第23条第2款规定：其他方式承包中，承包方的继承人或者权利义务承受者请求在承包期内继续承包的，应予支持。

以其他方式承包取得的土地经营权，对承包主体没有身份限制，承包标的不具有社会保障性，发包方式呈现市场化属性，土地经营权的财产属性更加明显，所以《民法典》的相关规定将其从原有的土地承包经营权体系中剥离。这也是对此种承包方式主体平等性、权利配置市场性、权益财产性的尊重。因此，法律规定允许承包方的继承人在承包期内继续承包该土地，即意味着土地经营权可以被依法继承。

第二节　不动产权益继承中发生的常见纠纷案例

关于遗产继承纠纷的诉讼管辖问题，根据《民事诉讼法》第34条的规定，因继承遗产纠纷提起的诉讼，由被继承人死亡时住所地或者主要遗产所在地人民法院管辖。也就是说，遗产继承纠纷案件实行的是专属管辖，只有被继承人死亡时住所地或者主要遗产所在地的人民法院有管辖权，其他法院无权管辖。

农村不动产权益继承、遗产分配过程中的常见纠纷案由有：继承纠纷（第二级案由）、遗嘱继承纠纷（第三级案由）、法定继承纠纷（第三级案由）、土地承包经营权继承纠纷（第四级案由）。下面各举几个案例予以说明。

一、继承纠纷与调解处理

在继承纠纷处理中,很多是以调解方式结案。在有些案例中(涉及个人隐私,案情介绍略),经法院调解,当事人自愿达成协议,对共有房产进行处理。

如在案号为(2022)辽 0381 民初 2756 号的法定继承纠纷案件中,民事调解书载明:位于辽宁省海城市海城集用 1990 第 012-09-66 号(登记在孙某名下使用权面积为 200 平方米)上的房屋三间由原告孙某 1 继承,继承人孙某 2、孙某 3 放弃继承权益。

如在案号为(2022)鲁 0683 民初 4953 号的法定继承纠纷案件中,民事调解书载明:登记在苑某 3 名下,位于莱州市某镇某村某幢某号的房屋一处,由原告苑某 1 单独继承、所有,被告苑某 2 自愿放弃在上述房屋中的应继承份额。如原告苑某 1 办理不动产权登记手续,被告苑某 2 应予以协助。

如在案号为(2022)沪 0151 诉前调书 173 号的法定继承纠纷案件中,民事调解书载明:登记在被继承人施某名下坐落于上海市崇明区某镇某村 404 号(建筑占地面积 47 平方米)的房屋,由原告施某 1 得 1/3 房屋份额、被告施某 2 得 2/3 房屋份额。

案例一:作为遗产的农村房屋可以被继承。被继承人所有的宅基地上房屋已被拆除的,继承人不能单独继承宅基地使用权。

案号为(2015)新民初字第 919 号的继承权纠纷案件。案情简介:曾某 2 与曾某 3 系兄弟关系,均系被继承人曾某 1 与高某之子,被继承人夫妇生前共生育三子二女,三子是:曾某 2、曾某 3、曾某 4(已故),二女曾某 5、曾某 6 已出嫁。曾某 1 于 1987 年去世;高某于 2009 年去世;曾某 4 于 1995 年去世,生前未曾婚配。被继承人夫妇曾有祖屋三间及偏杂屋三间,1982 年曾某 2 新建房屋,将偏杂屋拆除,取其木料用于建房。1987 年曾某 1 去世后,其三间祖屋右边二间于 1989 年登记在高某名下,右边一间于 1989 年登记在曾某 3 名下,曾某 3 新建房屋时已拆除,曾某 4 生前随母亲高某居住。因为对父母遗留的房屋与宅基地使用权归属存在纠纷,曾某 2 向法院提起诉讼。

湖南省新邵县人民法院审理后认为,该案系继承权纠纷,该案的焦点有三个:一是被继承人遗产的确定。原告曾某 2 主张祖居三间房屋属于遗产范畴,被告曾某 3 取得登记的一间房屋不具有法律效力。因被告所有的一间房屋经买卖程序取得,且被继承人高某当时尚在,所有权人未曾提出异议,结合被告在建房时,将该间房屋拆除时，原告也未曾提出异议，且该房屋也已实际不存在的客观事实，法院确定被继承人高某所留遗产有房屋二间。二是偏杂屋三间是否属于遗产。原、被告父母祖居三间偏杂屋已于1982年由原告拆除，取其木料用于建房，现仅存宅基地，而宅基地由于其取得的无偿性、人身依附性和福利性，是为了保障农民"居者有其房"而设立，具有社会保障职能，享有宅基地使用权的农民死后，其农村集体经济组织成员权自然归于消灭，以此为基础的宅基地使用权也就当然消灭，继承人不能单独继承宅基地使用权。故该案诉争的偏杂屋三间的地基不属于遗产范畴。三是原、被告兄弟曾某4生前承包的土地使用权转让费及被告出售该土地上部分树木所得款项是否属于遗产。曾某4生前承包地由原、被告分半代为耕种，曾某4去世后，于2009年原、被告各自取得了代为耕种土地的承包经营权，被告将其原代为耕种的责任田的树木变卖，至今已达数年，当时原告亦未提出异议，现原告提出应作遗产处理，法院不予采信。原、被告于2012年将原各自代为耕种并已取得土地承包经营权的猪婆氹四方丘流转他人，各自取得了转让费，且转让时双方均未提出异议，现原告提出被告的转让费应作为遗产，无事实和法律依据，法院不予采信。该案中有独立请求权的第三人曾某5、曾某6对被继承人的遗产放弃继承，法院予以准许。对于被继承人高某遗留的遗产房屋二间，以原、被告各占一半为宜。所以判决：被继承人高某的遗产房屋二间，凭二间房屋中心线为界，右边一间归原告曾某2所有，左边一间归被告曾某3所有。

二、法定继承纠纷案例

案例二：如果对不动产存在共有关系，共同共有人在有重大理由需要分割时可以请求分割。如果农村房屋具备分割条件，法院可以明确不同的房间归属于不同的共有人。

案号为(2019)浙0902民初3642号的继承纠纷案件。案情简介：被告韩某1、第三人韩某2、韩某3、韩某4系原告李某与韩某5夫妇生育子女。李某与5某夫妇在舟山市定海区某乡某村原有5间房屋，韩某5于1984年11月28日申请建房用地，扩建1.5间房屋。韩某1于1986年9月28日申请建房用地，在原有房屋的正间(主房)南面新建2间小屋。1992年4月18日，韩某1申请私人建房用地，获批后在另处新建房屋。1993年3月20日，舟山市定海区土地管理局向韩某5颁发了集体土地使用权证，记载用地面积为432.2平方米，其中建筑占地为237.9平方米(地上建筑物包括韩某1于1986年新建2间小屋)。韩某5于2014年1月

15 日去世。后因为遗产分配问题，李某向法院提起诉讼。

浙江省舟山市定海区人民法院认为，被告韩某 1 主张其父母在 2012 年将部分房屋分与其的事实不能得以证实，第三人韩某 2、韩某 4 对案涉房屋属父母共同财产无异议，法院认定案涉集体土地上房屋属原告李某与韩某 5 夫妇共同财产。属被继承人韩某 5 的 50% 房屋的继承从韩某 5 死亡时开始，按照法定继承办理，由原告和被告、3 位第三人继承，众当事人各继承遗产的 20%。因第三人韩某 2、韩某 4 将可继承遗产让与原告李某，第三人韩某 3 将可继承遗产让与被告韩某 1，确认原告李某得韩某 5 房屋份额的 60%、被告韩某 1 得 40%，即上述集体土地使用权证项下土地上房屋的 80%（含原告李某原有房屋共有份额）归属原告李某、20% 归属被告韩某 1。按上述房屋的状况，房屋具有实物分割的条件，对被告提出的以实物分割方式进行分割的主张，予以支持。案涉集体土地上房屋中的三间正间（主房）每间面积约为 35.7 平方米，面积未达到所有房屋总面积 237.9 平方米的 20%，但正间房屋质量相对优于其他房屋，法院确认其中一间正间归被告韩某 1 所有，其余房屋归属原告李某。所以判决：坐落于定海区某街道某小区某号案涉集体土地上房屋中的北面东首第一间正间房屋归被告韩某 1 所有，其余房屋归原告李某所有。

案例三：如果作为遗产的房屋被征收拆迁，所得的拆迁征收利益可以作为遗产在继承时进行分割，各继承人所得比例与占房屋的比例应相同。如果房屋存在，可以约定由其中一个继承人所有，按照评估价值，由其向其他继承人给付相应的房屋分割款。

案号为（2022）津 0104 民初 3475 号的法定继承纠纷案件。案情简介：被告宋某与被继承人王某 3 系夫妻，婚后育有一子一女，即原告王某 1 和被告王某 2。王某 3 与宋某结婚前曾有过一段婚姻，并与前妻育有一子一女，即被告徐某 1、被告徐某 2。王某 3 于 2019 年 2 月 5 日死亡。王某 3 与宋某的夫妻共同财产有原位于天津市南开区汉沽灰楼平房 139 号的拆迁款 1,077,923 元，和位于南开区西马路的房屋（经评估，该房屋在 2022 年 5 月 10 日的价值为 1,042,000 元，原告为此支付评估费 5100 元）。上述款项和房产均登记在王某 3 名下。因为财产继承纠纷，王某 1 向法院提起诉讼，要求均等分割被继承人王某 3 的遗产。

审理中，被告宋某、王某 2、徐某 1、徐某 2 同意原告王某 1 提出的诉讼请求，且均同意拆迁款所产生的孳息均归宋某所有。

天津市南开区人民法院审理后认为，当事人有权在法律规定的范围内处分自己的民事权利和诉讼权利,被告承认原告的诉讼请求,不违反法律规定。所以判决:(1)被继承人王某3名下银行账户内拆迁补偿款1,077,923元,其中538,961.5元归被告宋某所有,另538,961.5元为被继承人王某3遗产,原告王某1与被告宋某、王某2、徐某1、徐某2各继承107,792.3元,账户内剩余孳息均归被告宋某所有;(2)被继承人王某3名下坐落于天津市南开区西马路的房屋由原告王某1继承,原告王某1给付被告宋某房屋分割款625,200元,给付被告王某2、被告徐某1、被告徐某2各104,200元;被告宋某、王某2、徐某1、徐某2在收到上述款项后配合原告王某1办理上述房屋所有权转移登记手续,所需税费由原告王某1负担;(3)评估费5100元,原告与被告宋某、王某2、徐某1、徐某2均等负担,各1020元。

三、遗嘱继承纠纷案例

案例四:作为遗产的房屋可以继承,立遗嘱时要注意遗嘱的生效要件。尤其是代书遗嘱、打印遗嘱、录音录像遗嘱,都应当有两个以上见证人在场见证。代书遗嘱由遗嘱人、代书人和其他见证人签名,注明年、月、日。同时需要注意遗嘱见证人资格的限制性规定。

一审案号为(2022)鲁1003民初3256号,二审案号为(2022)鲁10民终1845号的遗嘱继承纠纷案件。案情简介:于某5(男)和于某4系夫妻(均已离世),育有两子一女,分别是长子于某2、次子于某3、女儿于某1。因遗产分配纠纷,于某1以于某2、于某3为被告向法院提起诉讼,依法确认父母共同所有的位于威海市文登区某处房屋(案涉房屋)归于某1所有。

于某1持有一份代书遗嘱,主要内容:于某5与于某4,共同拥有房屋一栋,坐落于文登市某处,房屋四间,均登记在于某5名下。等两人去世后,上述房屋属于两人各自拥有的50%份额,全部归于某1一人所有(继承),如该房屋被拆迁,拆迁后的安置房或补偿款属于两人各自拥有的50%份额,也全部归于某1一人所有。遗嘱由于某1保管、执行。立遗嘱人:于某5、于某4;代书人:毕某;见证人:徐某;立遗嘱时间:2011年4月29日;立遗嘱地点:山东某律师事务所。庭审中,于某1提交了一张光盘,拟证实当时立遗嘱时的事实。

山东省威海市文登区人民法院审理后认为,代书遗嘱应当有两个以上见证人在场见证,由其中一人代书,注明年、月、日,并由代书人、其他见证人和遗嘱人签名。该案中,案涉遗嘱仅有一名见证人在场见证、签名,不符合此类遗嘱应由两个以上见证人在场见证、签名的形式要件。因案涉遗嘱缺失法定的形式要件,故认定案涉遗嘱无效。所以判决:(1)驳回于某1要求确认案涉房屋归其所有的诉讼请求;(2)案涉房屋由于某1与于某2、于某3各享有1/3的产权份额。

于某1提起上诉。二审期间,于某1申请遗嘱见证人毕某、徐某到庭作证,拟证明遗嘱真实有效。山东省威海市中级人民法院审理后认为,徐某与毕某均证实于某5、于某4立遗嘱时表示案涉房屋由某1继承,与录像内容能够相互印证,虽对遗嘱是何时打印及当天有几人到山东某律师事务所有不同陈述,但该瑕疵不足以推翻遗嘱内容。毕某及徐某的证言与录像内容相互佐证,法院对该证人证言的真实性予以认定。当事人二审争议的事实,法院认定:于某5、于某4立遗嘱时,毕某、徐某均在场,其中毕某系代书人。所以判决:(1)撤销山东省威海市文登区人民法院(2022)鲁1003民初3256号民事判决;(2)坐落于威海市文登区某处的案涉房屋由于某1继承。

案例五:在遗产继承时,如果立有遗嘱,按照遗嘱继承办理。立有数份遗嘱,内容相抵触的,以最后的遗嘱为准。

案号为(2022)沪0115民初37747号的遗嘱继承纠纷案件。案情简介:被继承人程某与丈夫洪某6共生育子女五人,儿子洪某1、洪某2、洪某3,女儿洪某4、洪某5。洪某6于1997年10月7日死亡,程某于2022年1月16日死亡。案涉房屋于2014年7月取得房地产权证,权利人为程某。2014年8月25日,程某在上海市徐汇公证处立下公证遗嘱,表示案涉房屋由洪某3、洪某4两人均等继承。2020年7月27日,程某在上海市徐汇公证处立下第二份公证遗嘱,表示案涉房屋由洪某1、洪某2、洪某3各继承1/3份额。兄弟姐妹间因为遗产分配产生纠纷,洪某1、洪某2、洪某3向法院提起诉讼。

上海市浦东新区人民法院审理后认为,继承开始后,按照法定继承办理。有遗嘱的,按照遗嘱继承办理。立有数份遗嘱,内容相抵触的,以最后的遗嘱为准。该案中,被继承人程某生前曾先后立下两份不同的公证遗嘱,应以第二份为准,案涉房屋由原告洪某1、洪某2、洪某3各继承1/3。两被告辩称程某是在原告洪某1、洪某2、洪某3逼迫下立的遗嘱,未提交相应证据佐证,法院不予采信。所以判决:位于上海市浦东新区某处的案涉房屋由原告洪某1、洪某2、洪某3各继承1/3份额。

四、土地承包经营权继承纠纷案例

案例六：家庭承包的承包方是作为农村集体经济组织成员的农户，家庭土地承包经营权只能属于农户整个家庭，而不是属于其中某一个家庭成员。家庭土地承包经营权不能继承。当家庭中某个成员死亡，作为承包方的农户还存在，因此不产生继承问题。

案号为(2017)陕0502民初392号的土地承包经营权继承纠纷案件。案情简介：高某1与高某2系兄弟关系。两人的母亲张某承包由所在村民小组按相应标准划分的承包地，因张某与高某2在同一户口登记，所以承包地一直由高某2耕种，但其父母一直由高某1抚养。张某于2001年去世，两人的父亲在2004年去世前立有遗嘱，将以张某名义承包的土地由高某1耕种。高某1因此就承包地的使用问题曾要求村组处理，因兄弟两人各执己见而未果。为此，高某1向法院提起诉讼，请求法院判令被告高某2立即返还二亩承包责任田，并返还10年期间的承包金3000元，和国家粮食补助款共计1690元。

陕西省渭南市临渭区人民法院审理后认为，家庭承包的承包方是本集体经济组织的农户。其含义是指家庭承包经营权只能属于农户整个家庭，而不是属于其中某一个家庭成员。当家庭中某个成员死亡，作为承包方的"户"还存在，因此不产生继承问题，此时该户内其他人都是承包经营权人，应当由其他承包人继续经营，这有助于稳定农村土地承包关系。当承包经营土地的家庭中的所有成员都死亡，即家庭整体消亡的，其承包的土地也不允许继承，而应由集体经济组织收回后重新分配，用于解决人多地少的矛盾。因此，无论是哪种情况，家庭土地承包经营权都不能继承。该案中，原告母亲去世后，原告无权对该土地予以继承，其父也无权对该土地进行遗嘱分配，故对原告的请求法院不予以支持。所以判决：驳回原告高某1的诉讼请求。

案例七：土地承包经营权通过招标、拍卖、公开协商等方式取得的，该承包人死亡，其应得的承包收益，可以依法继承；在承包期内，其继承人可以继续承包。

案号为(2017)琼9027民初1226号的土地承包经营权继承纠纷案件。案情简介：陈某1系吴某之长子，与陈某2、陈某5系兄弟妹关系。1998年6月8日，他(她)们的父亲陈某6(吴某的丈夫)与新兴居委会签约，承包102亩集体土地，承包期限30年(1998年6月8日至2028年6月8日)。2011年，陈某6去世。2011年11月5日，陈某2与钟某签订土地承包合同书，将102亩土地中的25亩出租给钟某,出租期限6年,并收取土地租金225,000元。吴某将上述租金分给了4个儿子,其中陈某1得到45,000元。出租届满后,2017年6月16日,陈某2与梁某签订土地承包合同书,将上述25亩土地出租给梁某,出租期限为6年,租金为1550元/亩·年,6年租金共计232,500元。梁某分两次将全部租金汇至陈某5的银行账户,陈某5已将该款项交给母亲吴某。另外,陈某6承包的102亩土地中,四个儿子陈某1、陈某2、陈某3、陈某4各自耕作14亩(共计56亩),另有19亩建公共通道,两旁种椰子树,剩余2亩无法耕作,处于闲置状态。之后陈某1向法院提起诉讼,要求吴某、陈某2一次性向其支付承包地收益款46,500元。

海南省乐东黎族自治县人民法院审理后认为,《农村土地承包法》(2009年)第50条规定:土地承包经营权通过招标、拍卖、公开协商等方式取得的,该承包人死亡,其应得的承包收益,依照继承法的规定继承;在承包期内,其继承人可以继续承包。2011年陈某6去世后,其第一顺序继承人吴某及八个子女有权继续承包102亩土地。上述继承人均未放弃对102亩土地继续承包的权利,因此,102亩土地应由上述九位继承人继续承包,以各继承人等额按份共有(每人享有11.33亩)合乎情理。陈某1目前耕作14亩,已超出其享有的份额。陈某1分配到25亩土地出租给钟某时的租金,是当事人处分自己的民事权利,并不能说明陈某1对该25亩土地享有收益权。因此,陈某1主张再分配该25亩土地收益无理,不予支持。所以判决驳回原告陈某1的诉讼请求。

第三节 房产遗赠与遗赠扶养协议

一、《民法典》对遗赠的相关规定与理解

(一)《民法典》对遗赠的相关规定

《民法典》对遗赠的相关规定主要有以下5条:

第一千一百二十三条 继承开始后,按照法定继承办理;有遗嘱的,按照遗嘱继承或者遗赠办理;有遗赠扶养协议的,按照协议办理。

第一千一百二十四条 继承开始后,继承人放弃继承的,应当在遗产处理前,以书面形式作出放弃继承的表示;没有表示的,视为接受继承。

受遗赠人应当在知道受遗赠后六十日内,作出接受或者放弃受遗赠的表示;

到期没有表示的,视为放弃受遗赠。

第一千一百四十四条 遗嘱继承或者遗赠附有义务的,继承人或者受遗赠人应当履行义务。没有正当理由不履行义务的,经利害关系人或者有关组织请求,人民法院可以取消其接受附义务部分遗产的权利。

第一千一百六十二条 执行遗赠不得妨碍清偿遗赠人依法应当缴纳的税款和债务。

第一千一百六十三条 既有法定继承又有遗嘱继承、遗赠的,由法定继承人清偿被继承人依法应当缴纳的税款和债务;超过法定继承遗产实际价值部分,由遗嘱继承人和受遗赠人按比例以所得遗产清偿。

此外,根据《民法典》第1125条第1款的规定,继承人有下列行为之一的,丧失继承权:(1)故意杀害被继承人;(2)为争夺遗产而杀害其他继承人;(3)遗弃被继承人,或者虐待被继承人情节严重;(4)伪造、篡改、隐匿或者销毁遗嘱,情节严重;(5)以欺诈、胁迫手段迫使或者妨碍被继承人设立、变更或者撤回遗嘱,情节严重。受遗赠人有以上行为的,丧失受遗赠权。继承人有特定行为,确有悔改表现,被继承人表示宽恕或者事后在遗嘱中将其列为继承人的,该继承人不丧失继承权。但受遗赠人一旦丧失了受遗赠权,将不可能恢复。

(二)对遗赠的理解及其法律特征

遗赠是指自然人以遗嘱的方式将个人合法财产的一部分或者全部赠送给法定继承人以外的其他人或国家、集体组织的一种遗产处理方式。遗赠和遗嘱继承一样,作为法律行为,都是在自然人死亡后才发生法律效力。在遗赠中,遗嘱人为遗赠人;遗嘱所指定接收遗赠财产的人为受遗赠人,也称遗赠受领人。

遗赠具有以下法律特征:第一,遗赠是单方的、要式的民事法律行为。遗赠人以遗嘱的方式将其个人财产赠送给他人,不需要征得受遗赠人和他人的同意,该法律行为在遗赠人死亡后发生法律效力。遗赠行为必须以遗嘱的方式进行,以及符合遗嘱的法定形式。第二,遗赠是无偿的给予遗产行为。遗赠人通过遗赠给予他人的财产利益往往是无偿的,即使附有某种义务,一般也没有对等性质,遗赠人如果将财产义务(如债务)赠与他人或使受遗赠人所负的义务超过其所享受的权利,则不属于遗赠。作为受遗赠人,可以明确作出不接受遗赠的意思表示,这样也不必承担遗赠所附的义务。第三,遗赠是以遗赠人死亡事实发生为生效要件的法律行为。遗赠虽然是遗赠人生前在遗嘱中所作出的意思表示,但必须在遗赠人死亡后才发生法律效力,故可以理解为附条件的法律行为。遗赠人订立遗赠以后未死亡之前,其可以随时依法定程序变更或撤销自己的意思表示。第四,如果受遗赠人是自然人,遗赠生效时必须活着。如果受遗赠人先于遗赠人死亡,或者与遗赠人同时死亡,则因为遗嘱尚未生效而不能成为受遗赠人。第五,受遗赠人须是法定继承人以外的人。法定继承人不能作为受遗赠人,只能作为遗嘱继承人,也就是说遗赠人只能在法定继承人以外指定。此外,遗赠人必须具有民事行为能力,如果遗赠人没有民事行为能力,其所作法律行为无效。

二、房产遗赠需要注意的法律问题

(一)受遗赠人与遗嘱继承人的区分

遗嘱因受益人不同分为两种:一是在遗嘱中指定法定继承人中的一人或几人继承;二是在遗嘱中将自己的遗产赠与法定继承人之外的组织、个人,也可以是国家、集体。

若遗嘱人的遗产受益对象并非法定继承人,则发生遗赠。即使遗嘱人将遗产分配给其直系后辈血亲,如果不是代位继承的情况,如通过遗嘱将其遗产分配给孙辈,也属于遗赠。

此外,需要注意的是,虽然法律中没有规定遗赠可以发生类似在继承中的代位继承或转继承的制度,但遗赠一旦生效,即使遗产还没有分割,受遗赠人能获得的收益可以转移给其继承人。具体见《继承编的解释(一)》第38条的规定:继承开始后,受遗赠人表示接受遗赠,并于遗产分割前死亡的,其接受遗赠的权利转移给他的继承人。

另外,根据《民法典》第1145条的规定,受遗赠人一般不能参与推选或共同担任遗产管理人,所以不能直接支配遗产,其享有的是请求遗嘱执行人或继承人给付受遗赠财产的具有请求性质的权利,在本质上是一种债权。

(二)受遗赠人作出接受遗赠或放弃遗赠的意思表示

《民法典》第1124条第2款规定:受遗赠人应当在知道受遗赠后60日内,作出接受或者放弃受遗赠的表示;到期没有表示的,视为放弃受遗赠。

接受遗赠或者放弃遗赠,从性质上来看,属于单方民事法律行为,即只要受遗赠人单方表示就可发生法律效力,产生接受遗产或放弃遗产的后果。需要注意的问题有以下两点。

第一,接受或放弃遗赠的主体。接受遗赠的主体可以是受遗赠人本人,也可以是其代理人。放弃遗赠的主体,一般应为受遗赠人本人,法定代理人对无民事行为能力或限制民事行为能力的人,不能代为放弃。如夫妻离婚后,婴儿由母亲抚养,爷爷奶奶心疼孙子,立下遗嘱将遗产中的一套房子遗赠给孙子,母亲可以作为婴儿的法定代理人作出接受遗赠的意思表示,但无权代其作出放弃遗赠的意思表示,否则会侵害未成年人接受纯受利益的受遗赠权。

第二,接受或放弃遗赠的表示形式。受遗赠人可以当场表示接受、邮寄声明书、办理接受遗赠的公证等形式作出接受遗赠的意思表示,但必须有明确的意思表示,即该表示行为必须能够认为有接受或放弃遗赠的意思表示。对于"作出接受或者放弃受遗赠的表示"的形式,可以是书面形式,也可以是其他形式,可以直接表示,也可以间接表示(如收取房屋租金),只要能够达到确定是接受遗赠还是放弃遗赠的程度。在实践中,接受遗赠的意思表示要让遗赠执行人及继承人能够获知。

受遗赠人虽未以书面或口头表示接受,但其特定行为能够反映接受遗赠的,也应予以认定,不能简单以其未作出书面表示即否认其接受遗赠的权利。如在案号为(2021)苏02民终6263号的遗嘱纠纷案中,民事判决书中的裁判理由载明:该案中,陈某一直占有使用案涉房屋,包括收取租赁收益,无论其何时知晓祖父母的遗嘱,从其持续在行使所有权人的权利就足以认定其以行为表达了接受遗赠的意思表示,办理房产过户或办理接受遗赠的公证并不是判断是否接受遗赠的必要条件或必要形式。

(三)作出接受遗赠意思表示的法定期限

如果受遗赠人想接受遗赠,应当在知道受遗赠后60日内作出接受遗赠的表示。到期没有表示的,视为放弃受遗赠。逾期后受遗赠人即使作出明确的接受遗赠的表示,该表示也无效。该60日是法定期限,一般不能中断或延长。如在案号为(2022)沪02民终3193号的遗嘱纠纷案中,民事判决书中的裁判理由载明:高某立下遗赠书时,满某1在场并进行了拍摄,满某1、满某2又系父子关系,虽满某2婚后居他处,但两地相隔很近,且双方关系紧密,事关房屋处理的重大之事,在高某立遗嘱至其去世的长达近两年时间内不告知满某2,这有悖常理……现满某2称其在2021年6月,在一次和父亲满某1的交流中偶然得知遗赠事实,这种解释显然难以让人信服。由于高某明确表示在其死亡后将系争房屋赠与满某2,满某 2 应当在高某死亡后 60 日内作出接受遗赠的意思表示,而满某 2 于 2021 年 7 月才主张要求接受遗赠,已超过法定的期间,应视为放弃接受遗赠。

该 60 日为接受遗赠的除斥期间,应当从受遗赠人知道遗赠之日起计算。关于受遗赠人"知道受遗赠后六十日内"的起算点问题,最高人民法院民事审判第一庭编的《民事审判实务问答》在第 159 页中指出:继承从被继承人死亡时开始,被继承人活着时,即便作了遗嘱公证,受遗赠人也不宜在被继承人活着就表示接受遗赠,只能等被继承人死亡后再表示自己愿意接受遗赠的意愿,故 60 日的最早起算点应是被继承人死亡之日。如果受遗赠人在被继承人死亡前得知遗赠之事,应当在被继承人死亡之日起 60 日内作出表示;如果受遗赠人在被继承人死亡后才得知遗赠之事,则应当在知道受遗赠后 60 日内作出接受或放弃受遗赠的表示。

该"知道"应理解为"知道或应该知道"。在实践中,认定"应该知道"必须有充分的证据予以证明,即应严格掌握,否则容易侵害受遗赠人的合法权利。

(四)遗赠所附义务的处理

一般而言,遗赠是无偿给予遗产的行为。遗赠人通过遗赠给予他人的财产利益往往是无偿的,即使附有某种义务,一般也没有对等性质。《民法典》第 1144 条规定:遗嘱继承或者遗赠附有义务的,继承人或者受遗赠人应当履行义务。没有正当理由不履行义务的,经利害关系人或者有关组织请求,人民法院可以取消其接受附义务部分遗产的权利。《继承编的解释(一)》第 29 条规定:附义务的遗嘱继承或者遗赠,如义务能够履行,而继承人、受遗赠人无正当理由不履行,经受益人或者其他继承人请求,人民法院可以取消其接受附义务部分遗产的权利,由提出请求的继承人或者受益人负责按遗嘱人的意愿履行义务,接受遗产。

可见,遗嘱中所附的义务不是可有可无的,一旦受遗赠人表示接受,就应该按照诚信原则,全面、恰当地履行义务。如遗嘱中要求,受遗赠人每个月至少要去上门探望遗赠人的配偶并帮助照顾生活,如果受遗赠人接受遗产后,几乎不去探望,遗赠人的配偶可以作为利害关系人要求受遗赠人退还所接受的遗产。

此外,如果受遗赠人放弃遗赠,可以不履行遗嘱所附的义务。《民法典》第 1154 条规定,受遗赠人放弃受遗赠、丧失受遗赠权,或受遗赠人先于遗嘱人死亡或者终止,遗产中的有关部分按照法定继承办理。

(五)关于遗赠人的税款与债务清偿

因为遗赠是单方民事法律行为,遗赠的内容往往只包括财产利益,而不包括财产义务。但需要注意的是,遗赠人有依法缴纳的税款和债务,遗赠的财产应不超过全部遗产权利和义务相抵后剩余的财产利益。所以,《民法典》第1162条规定:"执行遗赠不得妨碍清偿遗赠人依法应当缴纳的税款和债务。"这一规定,可以防止遗赠人通过遗赠方式逃避其债务,有效地保护债权人的合法权益。在遗产和清偿债务的顺序上,清偿债务要优先于执行遗赠。只有清偿债务之后,还有剩余遗产时,遗赠才能得到执行。如果遗产已不足清偿债务,则遗赠不能执行。

此外,《民法典》第1163条规定:既有法定继承又有遗嘱继承、遗赠的,由法定继承人清偿被继承人依法应当缴纳的税款和债务;超过法定继承遗产实际价值部分,由遗嘱继承人和受遗赠人按比例以所得遗产清偿。

在房产继承是否要先办理公证、办理房产转移登记手续、办理手续所需的税费等方面,遗赠与继承的情况基本相似,具体内容见本章第一节关于房产继承的相关内容,此处不再赘述。需要提醒的是,如果采取遗赠方式,在办理房产转移登记手续时,需要缴纳相当于房产价值3%的契税与"价款的万分之五"的印花税。对于继承或赠与、遗赠来的房屋,以后再转让时,个人所得税的适用税率为20%。

(六)关于遗赠标的物的限制

需要特别注意以下两点:

1.因为在农村宅基地上建造的房屋,只能在本集体经济组织成员内部转让,所以也不能赠与或交换给非本集体经济组织成员,实现变相的转让。同理,遗产中涉及农村宅基地上建造的房屋,如果受遗赠人或扶养人不是房屋所在地农村集体经济组织成员,该房屋不能作为遗赠的标的物。或者即使由受遗赠人或扶养人实际占用,也无法办理产权转移登记手续。

2.因为以家庭承包方式取得的土地承包经营权除林地承包经营权外继承人不能继承,所以普通耕地承包经营权不能作为遗赠的标的物。如果所在农村集体经济组织是遗赠扶养协议的扶养人,遗赠人没有其他家庭成员的,遗赠人死亡后,该承包地由所在农村集体经济组织收回。林地承包经营权的权益可以依法继承,也可以作为遗赠的标的物。以其他方式承包获得的土地经营权可以流转,所以也作为遗赠的标的物。

如果在遗嘱或遗赠扶养协议中,将受到流动限制的房屋或承包地经营权作为遗赠标的物,一旦发生纠纷引起诉讼,法院会认定该内容无效,但不影响其他内容的效力。

三、《民法典》对遗赠扶养协议的相关规定与理解

(一)《民法典》对遗赠扶养协议的相关规定

《民法典》对遗赠扶养协议的相关规定主要有以下两条：

第一千一百二十三条　继承开始后，按照法定继承办理；有遗嘱的，按照遗嘱继承或者遗赠办理；有遗赠扶养协议的，按照协议办理。

第一千一百五十八条　自然人可以与继承人以外的组织或者个人签订遗赠扶养协议。按照协议，该组织或者个人承担该自然人生养死葬的义务，享有受遗赠的权利。

由上述规定可见，遗赠扶养协议有一定的优先性。继承开始后，遗赠扶养协议、遗嘱继承或遗赠、法定继承，一般按照先后顺序处理遗产，即优先考虑遗赠扶养协议，遗嘱继承或遗赠次之，最后考虑法定继承。

如果遗赠人将遗赠扶养协议中约定的财产列入遗嘱继承或者遗赠的财产范围，这样会发生冲突，对此情况如何处理？《继承编的解释(一)》第3条规定：被继承人生前与他人订有遗赠扶养协议，同时又立有遗嘱的，继承开始后，如果遗赠扶养协议与遗嘱没有抵触，遗产分别按协议和遗嘱处理；如果有抵触，按协议处理，与协议抵触的遗嘱全部或者部分无效。

遗赠扶养协议是一种有偿、双务合同，双方当事人都应遵守诚信原则，全面、适当地履行合同义务。从《民法典》第1158条的规定可知，对于扶养人来说，要履行对遗赠人生养死葬的义务，才享有受遗赠的权利。《继承编的解释(一)》第40条规定：继承人以外的组织或者个人与自然人签订遗赠扶养协议后，无正当理由不履行，导致协议解除的，不能享有受遗赠的权利，其支付的供养费用一般不予补偿；遗赠人无正当理由不履行，导致协议解除的，则应当偿还继承人以外的组织或者个人已支付的供养费用。

(二)对遗赠扶养协议的理解与其法律特征

遗赠扶养协议是指遗赠人生前与扶养人订立的关于扶养人承担遗赠人生养死葬义务，并于遗赠人死亡后享有按约取得其遗产权利的协议。遗赠扶养协议是一种平等、有偿的民事法律关系。遗赠扶养协议是我国继承立法上一项有特色的制度，也是一项创造，该制度是在我国农村"五保"制度的基础上形成和发展起来的，是我国社会生活和司法实践的总结，符合中国国情，有利于对老人的照顾和

扶养。

遗赠扶养协议有以下几项法律特征：第一，遗赠扶养协议的遗赠人是自然人，而扶养人必须是法定继承人以外的自然人或组织。实际生活中，扶养人有的是遗赠人的本族晚辈亲属或者其他亲友，有的与遗赠人根本没有亲友关系。需要注意的是，虽然遗赠扶养的遗赠人多为孤寡老人或没有法定赡养人，但有子女的遗赠人，如其子女不在身边或即使在身边，没有尽到、不能尽到赡养义务时，也可以与法定继承人以外的自然人或组织签订遗赠扶养协议。第二，遗赠扶养协议是双务、有偿的法律行为。遗赠扶养协议是一种民事合同，虽然有偿、双务，但难以衡量是否等价，也并非是一种纯粹的交易，所以与商事合同不同。当然，随着养老的产业化，部分机构和组织作为扶养人的遗赠扶养协议，也具有较强的商事性，但因为扶养的情感因素，将该合同作为民事合同予以考量更符合该种合同的性质。作为特殊的民事合同，其特点是一经签订，任何一方都应当遵守协议的内容，不得单方面解除协议；虽然有偿，但代价不一定能够与遗产的价值相衡量，可能大于、等于或小于所取遗产的价值。同时，扶养义务不能仅理解为物质供养，精神支持可作为扶养人履行遗赠扶养协议义务的方式，关键看协议如何约定，法定继承人等不能简单以扶养人未尽到物质供养否认遗赠扶养协议中的受遗赠人未尽到扶养义务。如何才能视为尽到扶养义务，须视遗赠人与受遗赠人的约定及义务履行情况等而定。第三，遗赠扶养协议是生前法律行为与死后法律行为的统一。生前法律行为是指双方当事人参与签订协议，并履行协议约定的扶养义务等，行为都是在生前进行的，而且在生前就具有法律效力；死后法律行为是指必须等到遗赠人死后才能将遗产转移给扶养人，扶养人在遗赠人生前不得提出取得遗赠财产的要求。

（三）遗赠扶养协议与遗赠的比较

遗赠扶养协议可以看作是遗赠的一种特殊形式。遗赠扶养协议与一般遗赠的主要区别在于：一是是否附有义务不同。遗赠扶养协议是附义务的，受遗赠人需要承担该遗赠人生养死葬的义务，这种义务与获得的利益具有一定的对等性。但一般的遗赠可以附义务也可以不附义务，即使附有义务，相比于受遗赠的财产而言，也往往没有对等性。二是是否可以解除或撤销不同。遗赠扶养协议是以协议形式确定双方的权利与义务，如果其中一方不履行义务，另一方可以解除协议，或者双方协商一致解除协议。如果一方不履行义务，另一方可以要求其继续履行或承担违约责任。一般的遗赠是以遗嘱方式明确受遗赠人与遗赠的财产,除非遗赠人撤销或变更遗嘱内容,受遗嘱人无权改变遗嘱。遗赠人去世后,受遗赠人获得遗赠财产但没有正当理由不履行义务的,因为无法改变遗嘱,只能由利害关系人或者有关组织请求其履行,法院可以取消其接受附义务部分遗产的权利。三是受遗赠权是否会丧失或放弃不同。遗赠扶养协议签订后,受遗赠人履行协议约定的义务后,获得受遗赠权,不需要在遗赠人去世后作出接受或者放弃受遗赠的表示。但对于一般的遗赠,受遗赠人应当在知道受遗赠后 60 日内,作出接受或者放弃受遗赠的表示;到期没有表示的,视为放弃受遗赠。如果受遗赠人有《民法典》第 1125 条第 1 款规定的行为之一,将丧失受遗赠权。该规定不仅适用于一般遗赠的受遗赠人,也适用于遗赠扶养协议的受遗赠人。

四、遗赠扶养协议的参考文本

遗赠扶养协议(参考文本)

甲方(遗赠人):＿＿＿＿＿＿＿＿

公民身份证号码:＿＿＿＿＿＿＿＿

乙方(受遗赠人):＿＿＿＿＿＿＿＿

公民身份证号码:＿＿＿＿＿＿＿＿

[如果受遗赠人是法人或非法人组织,需要填写单位名称、地址(住所)、统一社会信用代码、单位法定代表人或负责人(写明职务)、联系人、联系电话等基本信息。]

甲方因年老疾病、身体衰弱,又后继无人(如果有子女,该句不写),长期以来依靠乙方照顾生活,经双方协商后自愿签订本协议,以资共同遵守。

一、甲方单独所有的以下房产,在甲方死后遗赠给乙方。该房产的具体情况:

1. 位于:＿＿＿＿＿＿＿＿＿＿＿＿＿。

(如果仅写位置不明确,可以写明房屋四至界限)

2. 不动产权属证书号:＿＿＿＿＿＿＿。

(或写房屋所有权证号、集体土地使用权证号)

3. 登记的产权人:＿＿＿＿＿＿＿。

4. 登记的建筑面积：＿＿＿平方米。（或实用面积，也可以不写）

二、乙方保证继续悉心照顾甲方，让甲方能安度晚年，至甲方去世之前供给衣、食、住、行等全部费用，保证甲方的生活水平能达到社会的一般生活水平。甲方的饮食起居的一切照顾由乙方承担，甲方去世后由乙方负责送终安葬。

三、甲方将本协议的具体内容告知其继承人，使其继承人不对本协议内容提出异议，对甲方去世后乙方办理房屋所有权转移登记不提出阻挠。（如果甲方没有继承人，本条可以删除）

四、甲方在去世前将本协议第一条中不动产权属证书原件（或写房屋所有权证、土地使用权证）交给乙方保管，便于乙方以后办理房屋所有权转移登记。

五、甲方承诺不另外订立遗嘱处理该房产，也不对外出租或设立居住权、抵押权。甲方应妥善保管该房产，做好日常维护工作，如果需要维修，甲方应与乙方提前协商。

六、如果甲方擅自处分该房产，导致乙方可能无法办理房屋所有权转移登记，乙方可以提前解除本协议。

七、乙方应每月向甲方支付养老费用人民币大写：＿＿＿＿元整（小写：＿＿＿＿元）。在每月＿＿＿日前，乙方以银行转账（或现金及其他方式）形式支付。如果乙方未按时或足额支付，甲方可以要求乙方履行协议，并按照每逾期一天支付＿＿＿元的违约金。如果乙方逾期支付三次以上，而且不及时补足，甲方有权提前解除本协议，乙方不能享有受遗赠的权利，其支付的供养费用甲方可以不予补偿。

八、甲方的医疗费用承担：＿＿＿＿＿＿＿＿＿＿。

（可以协商确定，可以甲方承担或乙方承担，也可以按照一定比例分别承担；还需要根据甲方是否有医疗保险的情况来确定。）

九、如果甲方对乙方提供的照顾不满意，双方可以协商提前解除协议。甲方应偿还乙方已支付的供养费用。

十、本协议自双方签字后生效。本协议一式＿＿＿份，双方各执一份，交＿＿＿＿保管一份。

（其他约定与附件可以补充）

甲方(签名)：
乙方(签名)：
签订日期：_____年___月___日

(如果有见证人,也可以在协议上签名)

五、遗赠扶养协议的效力认定与违约责任

(一)遗赠扶养协议的效力认定

根据《民法典》第143条的规定,民事法律行为有效的条件包括：(1)行为人具有相应的民事行为能力；(2)意思表示真实；(3)不违反法律、行政法规的强制性规定,不违背公序良俗。

遗赠扶养协议一般会被认定为有效,但在一些特殊情况下会被认定为无效。如不能辨认自己行为(比如患老年痴呆症、精神疾病)的成年人是限制民事行为能力人,其签订的协议需经法定代理人同意或者追认后才能认定为有效,否则无效。老年人在扶养人的逼迫下或在其他人的欺骗下签订内容明显不利于遗赠人的遗赠扶养协议,可以请求法院予以撤销。但需要注意的是行为人行使撤销权的期限,具体见《民法典》第152条的规定。

遗赠扶养协议与一般合同不同,其涉及遗赠人与扶养人的重大利益,且协议履行的时间较长,所以应采用书面形式,这样即使以后产生争议,也有据可依。遗赠的不动产的产权转移登记是在遗赠人过世后再办理。如果未采取书面形式订立遗赠扶养协议,不动产登记机构也无法为扶养人办理产权转移登记。如果双方虽然有口头承诺但未采取书面形式订立遗赠扶养协议,但此前已经交付了部分动产,应视为赠与行为。即使未采取书面形式订立遗赠扶养协议,或遗赠扶养协议被认定为无效,如果扶养人能举证说明其对遗赠人生前多有照顾,可以按照《民法典》第1131条的规定,"继承人以外的对被继承人扶养较多的人,可以分给适当的遗产"。

(二)与存在法定赡养义务的人签订遗赠扶养协议是否有效

根据《民法典》第1158条的规定,受遗赠人(扶养人)应是法定继承人以外的组织或者个人。如果受遗赠人是对遗赠人有法定扶养或赡养义务的继承人,如父母与子女签订遗赠扶养协议,可能因为受遗赠人身份不符合法律规定的要求而导致遗赠扶养协议无效。但遗赠扶养协议被认定无效,并不代表赡养人可以不承担赡养义务,该协议可以被认定为附义务的遗嘱,仍然适用遗嘱继承。

日常生活中,常见侄子女照顾叔伯姑姑、外甥子女照顾舅舅姨母并为其养老送终的情况。如果双方之间签订遗赠扶养协议,是否应被认定为有效?如甲终身未婚、没有子女,其父母也先其死亡,其有多个兄弟但也已去世,等甲年老后,其中一个侄子乙愿意照顾其生活并为其养老送终,双方签订遗赠扶养协议,甲将一套房屋遗赠给乙。甲死亡后,其他侄子提出:其父亲作为甲的兄弟是第二顺序继承人,按照《民法典》第1128条的规定,侄子可以代位继承,这些侄子们(包括乙)都是继承人。所以,甲与乙签订的遗赠扶养协议因为受遗赠人身份不符合法律规定的要求而无效,所以甲的这套房屋作为遗产应采取法定继承方式。本书作者观点:一是兄弟姐妹的子女可以代位继承,但只是继承了其父母可以继承的份额部分,但其并不是《民法典》第1127条规定的"法定继承人的范围";二是侄子对叔伯没有法定的赡养义务,所以该遗赠扶养协议应认定为有效。

此外,如果丧偶儿媳与公婆,丧偶女婿与岳父母之间签订遗赠扶养协议,是否应被认定为有效?根据《民法典》第1129条规定"丧偶儿媳对公婆,丧偶女婿对岳父母,尽了主要赡养义务的,作为第一顺序继承人"。该规定的主要目的是鼓励丧偶儿媳、丧偶女婿对配偶的父母的生活照顾,所以赋予继承权。但丧偶儿媳、丧偶女婿对配偶的父母没有法定赡养义务,其只是代替已去世的配偶来履行义务,而且并不是《民法典》第1127条规定的"法定继承人的范围",所以该遗赠扶养协议是有效的。

总之,对《民法典》第1158条的规定中"继承人"的理解,应是对遗赠人有法定扶养或赡养义务的继承人。这样理解,既可以保护扶养人的合法权益,而且可以起到鼓励敬老养老的作用。

(三)与雇用的保姆签订遗赠扶养协议是否有效

现代社会中,因为生活成本高、竞争压力大,很多年轻人在城市中生活,工作繁忙,而父母住在农村。等父母年老的时候,经常会出现无人照料的问题。有的子女协商出钱雇用保姆或护工照顾父母。有时,会出现有些保姆、护工乘机打起自己"小算盘"的情况。在案号为(2014)朝民初字第19965号的遗赠纠纷案件中,杨某的四个子女因工作繁忙无暇照顾老人,所以请保姆李某照顾。2009年12月,杨某与李某签订遗赠扶养协议,约定李某要对杨某履行赡养义务,杨某同意去世后将房屋赠送给李某。2010年7月,李某被解雇。2014年,李某在知道杨某去世后,要求杨某的四个子女配合办理房屋过户手续,后因无人配合,房屋已经过户至边某名下。于是,李某提起诉讼,要求边某(杨某小儿子)赔偿房屋折价损失855,300元,杨某的其他三位子女承担连带责任。法院审理后认为,杨某与保姆李某所签订的遗赠扶养协议事实存在,但在遗赠扶养协议中,为保姆李某设定的义务,与双方原有的家政服务合同关系中李某的义务存在一定重合。李某并未负担杨某的生活及医疗等费用,且杨某对李某的劳务支付了报酬。故现有证据无法证明李某对杨某履行了赡养义务。而且,从2010年7月李某离开杨某住所至杨某去世,并未向四被告(杨某的四个子女)出示遗赠扶养协议,亦未要求履行该协议。故李某在客观上并未按照约定,在杨某有生之年对杨某履行赡养义务,所以其要求获得遗赠的合同条件并未成就,所以驳回其诉讼请求。

根据意思自治的原则。保姆与雇主之间虽然存在雇佣合同关系,保姆有义务照顾老人的生活起居,雇主也有义务向其支付佣金,但并不代表保姆不能与雇主签订遗赠扶养协议。需要说明的是,遗赠扶养协议中应约定好扶养人的义务,并且扶养人的扶养义务应当区别于雇佣合同中的义务,否则因两份合同中内容存在重叠,难以区分保姆履行的是雇佣合同中的义务,还是遗赠扶养协议中的扶养义务。这有可能会导致遗赠扶养协议被认定无效,或者因为未实际履行而被认定不符合受赠的条件。

如果遗赠扶养协议在履行或者部分履行后被认定无效,且无效的原因不能归咎于扶养人,扶养人一般可以要求获得已提供的扶养服务的补偿。补偿费用双方协商一致的,可以按照协商确定的价格处理;若不能协商一致,可以按照提供服务所在地区一般市场的相应档次家政服务价格补偿。

(四)扶养人不履行扶养义务该如何处理

遗赠扶养协议是一种有偿、双务合同,遗赠人与扶养人都应遵守诚信原则,全面、适当地履行合同义务。但在现实中,在签订遗赠扶养协议后,有些扶养人不履行合同义务或者不完全履行合同义务,构成违约。对此,应按照《民法典》的相关规定与遗赠扶养协议的约定,来认定违约方的责任。《继承编的解释(一)》第40条规定:继承人以外的组织或者个人与自然人签订遗赠扶养协议后,无正当理由不履行,导致协议解除的,不能享有受遗赠的权利,其支付的供养费用一般不予补偿;遗赠人无正当理由不履行,导致协议解除的,则应当偿还继承人以外的组织或者个人已支付的供养费用。

是否需要承担违约责任,关键是一方不履行协议有无正当理由。对于扶养人而言,所谓的正当理由,一般是指扶养人本人丧失了扶养他人的能力,如扶养人因患重病而无法扶养遗赠人;扶养人有特殊情况需要移居他处,无法照顾遗赠人的生活;遗赠的财产因为不可抗力或意外事故(如失火)导致毁损、灭失或者严重贬值,且遗赠人不愿意提供新的遗赠财产进行补充。对于遗赠人而言,所谓的正当理由,一般是扶养人不愿意继续履行扶养义务,或者扶养人提供的生活照顾无法达到协议约定的标准、不能让遗赠人认可。此外,还有一些特殊情况,如遗赠人要移居他处、扶养人虐待遗赠人、双方关系搞僵无法一起生活等。如果双方同意,可以协商解除合同。

因为遗赠扶养协议具有较强的人身属性,不能要求老年人勉强接受别人的扶养。所以在司法实践中,一般认为遗赠人可以随时解除遗赠扶养协议,做法有点类似承揽合同。所以,可以参照《民法典》第787条规定:"定作人在承揽人完成工作前可以随时解除合同,造成承揽人损失的,应当赔偿损失。"如果不是扶养人不履行协议且有过错,而是存在其他情形,遗赠人应当偿还扶养人已支付的供养费用。

第四节 遗赠中发生的常见纠纷案例

与房产遗赠相关的常见纠纷案由有遗赠纠纷、遗赠扶养协议纠纷。下面各举几个案例予以说明。

一、遗赠纠纷案例

案例八:遗产是自然人死亡时遗留的个人合法财产。自然人可以立遗嘱处分个人财产,可以立遗嘱将包括房屋在内的个人财产赠与法定继承人以外的个人。如果房屋属于拆迁安置所得,尚未办理产权登记,可以要求确认该房屋相对应的**拆迁征收利益**。

案号为(2022)皖0202民初2223号的遗赠纠纷案件。案情简介:遗赠人杨某2与杨某1系叔侄关系。在杨某2患病期间,杨某1对其进行照顾,2017年8月19

日,杨某2在同村两位村民的见证下书写遗赠书,载明:"本人杨某2,本人逝世后,没有其他直系亲属,现本人经过再三考虑,将本人因荆山湖(河)整治获得的位于某小区某号楼某单元某室的拆迁安置房,赠与杨某1。以上内容是本人真实意思,没有受到任何人的干扰。本人承诺本份协议不可撤销。"2017年8月22日,杨某2因病去世。杨某1为杨某2操办了丧事,并实际占用案涉房屋。但因为政策要求需公证或者法院生效裁判文书才能转移登记,杨某1至今无法将该房屋登记至自己名下,所以杨某1以芜湖市镜湖区王埂村村民委员会为被告向法院提起诉讼。

2022年2月28日,被告芜湖市镜湖区王埂村村民委员会出具情况说明,载明:"兹有本村村民杨某2,其名下有一套原位于镜湖区某街道某村某号房屋一套,因荆山湖(河)整治,该房屋被当地街道办事处拆迁征收,遂安置一套位于镜湖区某小区某号楼某单元某室的房屋,该房屋自2017年6月杨某2搬进去居住,杨某2过世之后,该房屋一直由杨某1占用,杨某1多次到本村民委员会来反映,其接收杨某2遗赠,要求本村委会协助办理手续,但因无生效法律文书,一直未能办理。"双方确认杨某2无其他直系亲属。

安徽省芜湖市镜湖区人民法院审理后认为,继承开始后,按照法定继承办理;有遗嘱的,按照遗嘱继承或者遗赠办理。杨某2已于2017年8月22日去世,生前其于2017年8月19日立有遗嘱,该遗嘱形式、内容均符合法律规定,合法有效。因原告并非杨某2法定继承人,因此上述所立遗嘱应理解为遗赠。故原告要求确认案涉遗赠书合法有效,法院予以支持。因遗赠书明确载明将杨某2因拆迁获得的案涉拆迁安置房赠与杨某,但该房屋尚未办理产权登记,且系杨某2位于芜湖市镜湖区某村某号房屋拆迁安置而来,故原告要求确认其获得杨某2的拆迁利益,法院予以支持。所以判决:(1)杨某2于2017年8月19日书写的遗赠书合法有效;(2)原告杨某1获得杨某2位于芜湖市镜湖区某村某号房屋的拆迁利益。

案例九:自然人可以立遗嘱将个人财产赠与国家、集体或者法定继承人以外的组织、个人。如果房屋分割会严重影响使用,应不予分割,可以由继承人与受遗赠人享有相应的产权份额。

案号为(2021)豫0302民初2706号的遗赠纠纷案件。案情简介:乔某6与李某系夫妻关系,乔某6于2008年死亡,李某于2010年死亡。两人生前育有乔某1、乔某2、乔某3、乔某4、乔某5五名子女。乔某5肢体二级残疾,双大腿缺失。2013年底王某经人介绍到乔某5家中照顾乔某5起居,至乔某5于2021年5月

10日因病去世。2018年1月30日,乔某5手写遗嘱一份,主要内容:我叫乔某5,是一个失去双腿的残疾人,生活不能自理,经朋友介绍我认识了王某,我的后半生由王某来照顾。我家房产现有房屋192.62平方米,其中预制板房有118.56平方米,是我们兄弟三人合资建造的。等到我去世后,我的一切财产由王某来接管,任何人不能干涉。立嘱人:乔某5;时间:2018年1月30日。遗嘱下面见证人处有田某1、闫某签字。2021年3月22日,乔某5立打印遗嘱一份,共2页。之后,王某向法院提起诉讼。

庭审中,见证人闫某、田某1出庭作证,2018年1月30日和2021年3月22日的两份遗嘱是其在乔某5家里签的名字,内容在签名前已经存在,当时乔某5精神状态很好,很清楚。

河南省洛阳市老城区人民法院审理后认为,自然人可以立遗嘱将个人财产赠与国家、集体或者法定继承人以外的组织、个人。该案中,原告王某提交了两份遗嘱:第一份系2018年1月30日的自书遗嘱,第二份系2021年3月22日的打印遗嘱。该两份文件名为遗嘱,实为遗赠。根据查明的事实,法院对该两份遗嘱认定如下:乔某5于2018年1月30日所立遗嘱合法有效。至于2021年3月22日的打印遗嘱的效力。该案中,根据见证人出庭作证证言及原告王某的陈述,见证人并未全程参与该打印遗嘱的订立过程,且该打印遗嘱的第一页没有见证人的签名,第二页没有注明日期,只有一个打印日期,该打印遗嘱在形式上不符合形式要件,形成过程也没有见证人的全程参与,因此该打印遗嘱系无效遗嘱。关于原告王某要求依法分割洛阳市老城区某街某号房屋的诉讼请求。案涉房屋现仍登记在乔某6名下,登记的建筑面积为155.59平方米,遗产应当归全体法定继承人共有,由乔某1、乔某2、乔某3、乔某4、乔某5共有,其中乔某5享有1/5份额。乔某5生前立有遗赠,将属于其个人的份额赠与原告王某,故案涉房屋登记建筑面积为155.59平方米的1/5份额,由原告王某继承所有。考虑到案涉房屋的不可分割性和如果分割会影响使用,因此,法院对案涉房屋不予分割,从有利于生产和生活需要角度出发,由原告王某继承享有1/5份额。所以判决:(1)乔某5于2018年1月30日所立遗嘱合法有效;(2)乔某6名下位于洛阳市老城区某街某号房屋由原告王某继承享有1/5份额。

二、遗赠扶养协议纠纷案例

案例十[①]：子女对父母负有法定赡养义务，因而不能够成为遗赠扶养协议的扶养人，双方之间签订的遗赠扶养协议不发生效力。若此协议系双方自愿签订且不违反法律相关规定，基于意思自治原则，协议对双方仍存在法律上的约束力，应视作附义务的遗嘱处理。

案情简介：原告施某1与被告施某2系父子关系，上海市嘉定区某号房屋产权系原告所有。2001年夏天，由于台风天气恶劣，该房遭到风雨侵袭倒塌，后被确认为危房。但由于原告年事已高，身体状况不佳，无力翻修房屋，为此，父子两人经协商后自行签订了一份遗赠扶养协议。该协议主要内容：因父亲无力翻修房屋，故将此房屋产权赠与儿子所有，由儿子承担翻修房屋的全部资金；房屋翻修后，儿子必须保证父亲能够在该房内居住至百年，以尽赡养义务，让父亲可以安度晚年。被告遂按照该协议出资翻修了住房。但房屋翻修后，父子之间因产权归属及收取房屋租金问题又产生了争执。双方协商不下，施某1提起诉讼，要求撤销双方签订的遗赠扶养协议。

一审法院经审理认为，原、被告自愿签订遗赠扶养协议后，被告理应按该协议履行对原告的赡养、关心、照顾的义务。被告由于未能妥善处理好与原告之间的关系，还就房屋产权及收取房屋租金等与原告发生争执，致父子失和，责任在被告。现原告据此坚持请求撤销与被告签订的遗赠扶养协议，符合法律规定，予以支持。所以判决：自判决生效之日起，原、被告之间所签订的遗赠扶养协议予以撤销。

施某2提起上诉，二审法院经审理认为，遗赠扶养协议系遗赠人与扶养人订立的关于后者承担前者生养死葬的义务并享有受遗赠权利的协议。其中，扶养人属自然人的，依法应为遗赠人之法定继承人以外的人。遗赠扶养协议由父子签订，显然不符合该类协议的法律特征。一审法院将其认定为遗赠扶养协议并判决予以撤销，定性不当，适用法律错误，依法应予纠正。施某1起诉要求撤销该遗赠扶养协议，缺乏法律依据，法院不予支持。所以判决：(1)撤销一审判决；(2)驳回施某1的诉讼请求。

[①] 参见丁梦妮：《与子女签订的遗赠扶养协议效力如何？》，载微信公众号"上海市凤凰律师事务所"2021年11月19日。

案例十一：自然人可以与法定继承人以外的组织或者个人签订遗赠扶养协议。该组织或者个人承担该自然人生养死葬的义务，享有受遗赠的权利。但若遗产中涉及农村宅基地上建造的房屋，如果受遗赠人不是房屋所在地农村集体经济组织成员，该房屋不能作为遗赠的标的物。

案号为（2022）京0116民初597号的遗赠扶养协议纠纷案件。案情简介：原告赵某1与付某2系夫妻关系，付某1系两人之子；被告赵某2与赵某3、赵某1系兄弟姐妹关系。2018年3月13日，赵某3、赵某2（兼赵某3的法定代理人）共同作为甲方，与共同作为乙方的付某1、赵某1、付某2签订遗赠扶养协议。该协议的主要内容：(1)甲方愿意将本协议第2条中所有的个人财产遗赠给乙方，并由乙方承担扶养甲方的义务；乙方愿意承担扶养甲方的义务，并愿意接受甲方遗赠的财产。(2)甲方所有的如下个人财产在甲方去世后赠与乙方：①甲方二人所有的房产，均位于北京市怀柔区某镇某村某号院内。赵某3拥有北房的从西数第一至三间，赵某2拥有北房的从西数第四至六间。②如在甲方去世前遇国家征地拆迁，甲方所得的房产，在甲方去世后亦归乙方所有。③甲方去世后的剩余存款归乙方所有。该协议还载明赵某2系赵某3的法定代理人，甲方落款处由赵某2代赵某3签名，乙方落款处有付某1、赵某1和付某2亲笔签名。2021年3月6日，赵某3去世，原告为其处理了后事。后因遗产问题产生争议，付某1、赵某1、付某2向法院提起诉讼。

庭审中，双方当事人均称赵某3生前系聋哑人、文盲，终身未婚，亦未育有子女，其父母均先于赵某3去世，其法定继承人为赵某2和赵某1。经询问，付某1、赵某1和付某2均非北京市怀柔区某镇某村村集体经济组织成员。

北京市怀柔区人民法院审理后认为，自然人可以与继承人以外的组织或者个人签订遗赠扶养协议。按照协议，该组织或者个人承担该自然人生养死葬的义务，享有受遗赠的权利。根据我国现行土地管理法律、法规的规定，宅基地属于农民集体所有，宅基地使用权是农村集体经济组织成员享有的权利，非本集体经济组织成员无权取得或变相取得。该案中，双方当事人对案涉遗赠扶养协议的真实性均无异议，法院予以确认。双方虽均坚称上述协议合法有效，但对合同效力的认定是国家公权力对民事行为进行的干预，当事人无权约定合同效力的有无。赵某1作为赵某3的法定继承人，并非签订遗赠扶养协议的适格主体，故其与赵某3、赵某2签订的遗赠扶养协议应属无效。案涉遗赠扶养协议虽系双方当事人的真实意思表示，但约定将宅基地上的房屋遗赠本集体经济组织以外的付某1、付某2，实际处分了该宅基地使用权,该部分违反了法律、行政法规的强制性规定,应为无效。合同部分无效,不影响其他部分效力的,其他部分仍然有效。就无效部分的法律后果,因双方当事人均坚持认为协议有效,故该案中不宜处理,可另行解决。所以判决:(1)确认赵某1与赵某3、赵某2于2018年3月13日签订的遗赠扶养协议无效;(2)确认付某2、付某1与赵某3、赵某2于2018年3月13日签订的遗赠扶养协议中涉及北京市怀柔区某镇某村某号院内房屋遗赠部分的约定无效,确认其他部分有效。

案例十二:自然人可以与继承人以外的组织或者个人签订遗赠扶养协议。但因为以家庭承包方式取得的土地承包经营权除林地承包经营权外继承人不能继承,所以耕地承包经营权不能作为遗赠的标的物。林地承包经营权可以被依法继承,也可以作为遗赠的标的物。

一审案号为(2021)黔2631民初733号,二审案号为(2021)黔26民终3330号的遗赠扶养协议纠纷案件。案情简介:遗赠人杨某3、石某夫妇系杨某1的伯父、伯母,系黎平县茅贡镇寨南村二组(以下简称成寨南村二组)成员,二老已去世多年。生前为安排后事,杨某3于2001年10月与杨某1签订遗赠扶养协议,约定由杨某1负责杨某3的生养死葬,杨某3去世后其生前管理的耕地、林地等土地承包经营权归杨某1继承。石某于2001年10月与杨某2(系原告杨某1的哥哥)签订遗赠扶养协议,约定由杨某2负责赡养石某,石某去世后其管理的耕地、林地承包经营权归杨某2继承。后杨某2以石某难以伺候为由不同意继续赡养石某,并将石某交由寨南村二组扶养。石某与寨南村二组协商后双方于2004年3月19日签订调解意见书,约定石某由寨南村二组负责其生养死葬,其生前管理的耕地、林地等土地承包经营权归被告寨南村二组继承。石某生前,寨南村二组组织人员为其耕田、提供蔬菜等。石某去世时,由小组牵头组织本组成员及组民以户为单位出钱、出粮食,外加当地政府民政救助款处理其后事。杨某3、石某去世后,遗留的财产有存折余额942.26元及其生前所管理的林地承包经营权及其林木。杨某1在杨某3去世后,依照遗赠扶养协议已将杨某3管理的山林登记到其名下,属于杨某3承包的耕地也一直由其管理、耕种至今。石某去世后,寨南村二组已经将石某生前管理的林地承包经营权登记到其名下。属于石某生前承包的耕地也一直由寨南村二组管理、耕种至今,已经有10多年之久。之后,杨某1以寨南村二组为被告向法院提起诉讼。

审理中查明,杨某3与石某生前承包的耕地和山林,分别由原、被告集体管理和耕种。原、被告管理的山林均已转移到原、被告户上。耕地也已按照政策规定，登记上报当地人民政府办理承包经营权证。

贵州省黎平县人民法院审理后认为，自然人可以与继承人以外的组织或者个人签订遗赠扶养协议。按照协议，该组织或者个人承担该自然人生养死葬的义务，享有受遗赠的权利。该案中，遗赠人杨某3与原告杨某1签订的协议书，符合遗赠扶养协议的特征，属遗赠扶养协议；遗赠人石某与被告寨南村二组签订的调解意见书，符合遗赠扶养协议的特征，属遗赠扶养协议。该案中，遗赠人杨某3、石某分别与原告杨某1、被告寨南村二组所签订的遗赠扶养协议均涉及土地承包经营权。家庭承包方式的农村土地承包经营权属于农户家庭，而不属于某一个家庭成员。除林地外的家庭承包，当承包农地的农户家庭中的一人或几人死亡，承包经营仍然是以户为单位，承包地仍然由该户的其他家庭成员继续承包经营；当承包经营农户家庭成员全部死亡，由于承包经营权的取得是以集体成员权为基础，该土地承包经营权归于消灭，不能由该农户家庭成员的继承人继续承包经营，更不能作为该农户家庭成员的遗产处理。故遗赠人与原、被告签订的遗赠扶养协议中涉及土地承包经营权的部分内容不发生法律效力。综上，以家庭承包方式取得的土地承包经营权除林地承包经营权外继承人不能继承。原告杨某1、被告寨南村二组依照遗赠扶养协议将杨某3、石某的林地承包经营权分别登记到各自名下，符合法律规定。遗赠人杨某3、石某去世后遗留的存折尚有余额942.26元，该遗产由原告杨某1、被告寨南村二组按遗赠扶养协议共同继承，各享有余额471.13元。所以判决：被告寨南村二组将遗赠人杨某3、石某的存折内存款金额一半即471.13元支付给原告杨某1。

杨某1提起上诉，贵州省黔东南苗族侗族自治州中级人民法院二审判决驳回上诉，维持原判。

主要参考文献

1. 最高人民法院民法典贯彻实施工作领导小组主编:《中华人民共和国民法典物权编理解与适用》,人民法院出版社2020年版。
2. 最高人民法院民法典贯彻实施工作领导小组主编:《中华人民共和国民法典合同编理解与适用》,人民法院出版社2020年版。
3. 最高人民法院民法典贯彻实施工作领导小组主编:《中华人民共和国民法典婚姻家庭编继承编理解与适用》,人民法院出版社2020年版。
4. 最高人民法院民法典贯彻实施工作领导小组编著:《中国民法典适用大全(物权卷)》,人民法院出版社2022年版。
5. 最高人民法院民法典贯彻实施工作领导小组编著:《中国民法典适用大全(合同卷)》,人民法院出版社2022年版。
6. 最高人民法院民法典贯彻实施工作领导小组编著:《中国民法典适用大全(继承卷)》,人民法院出版社2022年版。
7. 杜万华主编:《中华人民共和国民法典实施精要》,法律出版社2021年版。
8. 杨立新主编:《中华人民共和国民法典释义与案例评注》,中国法制出版社2020年版。
9. 最高人民法院民事审判第一庭编:《民事审判实务问答》,法律出版社2021年版。
10. 最高人民法院民事审判第一庭编:《房屋买卖租赁案件审判指导》,法律出版社2022年版。
11. 周珑、金永熙:《农村土地承包经营法律实务》,法律出版社2021年版。
12. 金永熙主编:《农村住宅法律实务与案例分析》,法律出版社2022年版。
13. 马丽红、匡令清:《集体土地法律实操与案例指引》,法律出版社2020年版。
14. 高圣平:《农地三权分置的法律表达》,法律出版社2023年版。
15. 何宝玉:《农村土地"三权分置"释论——基于实践的视角》,中国民主法制出版社2022年版。
16. 董新辉:《乡村振兴背景下宅基地"三权分置"改革法律问题研究》,法律出版社2021年版。

17. 曹泮天:《宅基地使用权流转法律问题研究》,法律出版社2012年版。
18. 祁全明:《农村闲置宅基地治理法律问题研究》,法律出版社2018年版。
19. 中国法制出版社编:《宅基地纠纷实用法律手册》,中国法制出版社2015年版。
20. 本书编写组编:《农村宅基地知识一本通》,中国农业出版社2021年版。
21. 韩荣和编著:《农村宅基地法律政策解答》,法律出版社2009年版。
22. 方岩编著:《农村房屋与宅基地常见法律问题100例》,中国人民大学出版社2011年版。
23. 严威:《爱问法律百科:农村土地承包经营、征收征用、宅基地必知120问》,中国法制出版社2020年版。
24. 申屠良瑜:《爱问法律百科:征地安置补偿必知130问》,中国法制出版社2020年版。
25. 黄山编著:《律师来了:房屋、土地征收纠纷律师答疑》(第13辑),法律出版社2018年版。
26. 白昌前:《农村土地经营权实现法律保障研究》,法律出版社2020年版。
27. 盖凯程:《基于农村集体经营性建设用地入市的土地利益协调机制的研究》,经济科学出版社2021年版。
28. 杜伟、赵华、黄善明:《深化农村集体经营性建设用地流转改革研究》,科学出版社2021年版。
29. 吴彩容:《农村集体经营性建设用地入市试点改革:广东南海实践》,九州出版社2022年版。
30. 陈剑:《集体经营性建设用地入市的法律规则体系研究》,法律出版社2015年版。
31. 刘卫柏、李中:《城镇化进程中的农村土地制度改革研究》,人民出版社2021年版。
32. 王秋瑞:《土地改革新动向与地产法律实务专题研究》,法律出版社2022年版。
33. 赵保海等:《我国农村宅基地使用权流转制度研究》,中国社会出版社2019年版。
34. 李春燕:《变革与重构:集体土地征收程序研究》,法律出版社2017年版。
35. 董景山:《农村集体土地所有权行使模式研究》,法律出版社2012年版。
36. 肖黎明:《倾听田野:集体土地征收法律制度研究》,知识产权出版社2020年版。
37. 全国"八五"普法学习读本编写组编:《法律明白人应知应会农村土地房屋法律实用手册》,法律出版社2022年版。
38. 曹文衔、谭波主编:《民法典背景下财产继承实操指引》,法律出版社2021年版。
39. 李艳红主编:《继承纠纷典型案例解析》,中国法制出版社2021年版。
40. 娄宇红主编:《商品房、存量房及农村房屋买卖纠纷典型案例解析》,中国法制出版社2022年版。
41. 鲁桂华主编:《房屋买卖纠纷案例典型解析》,中国法制出版社2022年版。
42. 邵明艳主编:《搬迁补偿纠纷典型案例解析》,中国法制出版社2022年版。
43. 安凤德主编:《房屋买卖案件疑难问题裁判精要》,法律出版社2021年版。

44. 安凤德主编:《租赁合同纠纷案件疑难问题裁判精要》,法律出版社 2021 年版。
45. 王勇:《房地产纠纷诉讼指引与实务解析》,法律出版社 2022 年版。
46. 谭波、黄献、张乐编著:《中国合同库:房屋买卖、租赁》,法律出版社 2018 年版。
47. 陈贤贵编著:《农村房屋买卖、租赁、抵押法律政策解答》,法律出版社 2010 年版。
48. 高益民主编:《房屋租赁合同纠纷诉讼指引与实务问题解答》,法律出版社 2012 年版。
49. 刘子平、梁朔梅编著:《农村土地纠纷新型典型案例与专题指导》,中国法制出版社 2009 年版。
50. 张永民主编:《房屋买卖租赁纠纷实务指引与参考》,中国政法大学出版社 2021 年版。
51. 贾国昌、谭朋涛:《房屋征收、征地补偿法律问题一本通:案例解读版》,中国法制出版社 2022 年版。
52. 史浩明、张鹏:《地役权》,中国法制出版社 2007 年版。
53. 耿卓:《传承与革新——我国地役权的现代发展》,北京大学出版社 2017 年版。
54. 李遐桢:《我国地役权法律制度研究》,中国政法大学出版社 2014 年版。
55. 俞建伟:《民法典居住权制度的理论与实践》,法律出版社 2022 年版。

后　　记

《民法典》的颁布实施,是我国经济社会生活中的一件大事,也是我们法治建设取得重大成就的标志。《民法典》颁布后,我对《民法典》进行了仔细、认真的学习。在学习过程中,我对居住权制度产生了兴趣。通过一年多的努力,我撰写了《民法典居住权制度的理论与实践》一书,后由法律出版社出版。但我感觉意犹未尽,因为我对不动产法律相关制度产生浓厚的兴趣,我想深入进行学习,于是找了一些关于民法典的书籍与研究房屋法律问题的书籍阅读,发现了一些遗憾与不足。如最高人民法院组织民法典贯彻实施工作领导小组主编的"民法典理解与适用丛书"内容全且有一定的理论性,不适合作为普法书,只能作为法律专业人员的工具书。其他介绍《民法典》的书籍也有较多,但主要介绍对条文理解于解释,内容较杂,对普通人来说看起来也比较费力;有些介绍《民法典》的普法书,没有结合实例进行分析,或者没有将《民法典》的规范与相关法律、法规、规章、司法解释的内容结合起来介绍,所以显得有些"呆板",让人没有把全书读完的兴趣。

虽然此前有较多的研究房屋法律问题的普法书,但大多是局限于某个领域,如农村土地承包经营、宅基地管理、农村房屋买卖、集体土地房屋征收与补偿等,很少将这些内容集中于一本书中,读者需要找不同的书阅读才能掌握这些法律知识。多数普法书着重于纠纷发生后的处理,但没有介绍签约前需要注意的事项或提示可能发生的风险,书中也没有合同的示范文本或参考文本,普通读者读后还是无法解决签约中存在的问题,会产生"不实用"的感觉。此外,2020年前出版的普法书,因为《民法典》的颁布实施,此前的有些法律已废止,加上相关司法解释的修订,《城市房地产管理法》、《城乡规划法》、《土地承包法》、《土地管理法》及其实施条例的最新修正,有些内容已不再适用,可能会误导读者。

基于以上这些原因,我想牵头写一本关于不动产法律实务问题的普法书,虽然不能弥补现有普法书中存在的全部不足,但尽量避免以上存在的主要问题。经过征询、协商,我们确定了写作成员与写作提纲。我们想依照城市与农村分别成书,因为两种情况有较大的区别,主要读者群体也有明显不同。我们确定下来的基本思路为:(1)定位于普法书。所以重点是"介绍"而不是"研究"相关法律实务问题,主要介绍法律法规的规范与通常的观点,也有些内容可以是作者的个人观点。(2)书中内容应包含不动产法律的各个方面但应有所取舍。如农村不动产包括集体土地与房屋,尤其是农村土地,包括农村土地承包经营、土地经营权流转、宅基地使用与管理、集体经营性建设用地入市、地役权等多个方面,农村房屋包括农房建造与装修、买卖、租赁,集体土地房屋征收与补偿等方面,还包括土地与房屋在内的农村不动产抵押贷款、家庭内部处理、权益继承与遗赠等。(3)每章的前面部分以"非诉讼"为主。书中介绍了法律法规中相关规范与该领域的基本知识、流程步骤,便于读者理解;书中还介绍相关法律问题分析,并提出律师的建议与注意事项,提供相关的合同示范文本或参考文本,有较好的实用性。(4)每章中至少有一节内容介绍相关典型案例。通过"以案说法"方式进行普法并增加可读性,结合案例进行简单说明,便于读者理解。

在基本确定以上的写作思路与提纲后,我们向宁波市律师协会的徐立华会长、徐衍修监事长、邬辉林副会长、朱益峰秘书长等汇报了写作想法,得到他们的鼓励与支持。我们还向浙江省律师协会民商专业委员会主任陈勇律师、宁波市律师协会民商专业委员会主任胡志明律师等请教。虽然是几位律师一起合作完成此书,但其实刚开始时大家心中都没有把握,只能边写边完善,摸着石头过河。所幸我们最终坚持下来,完成本书。

本书完成后,得到了宁波市律师协会的大力支持,给予了出版经费的支持。全国律师协会监事长吕红兵、全国律师协会副会长郑金都为本书作序,增光添彩。我们还得到了浙江省律师协会监事长叶明、原副会长唐国华的鼓励。在本书出版过程中,得到了法律出版社章雯、慕雪丹编辑的大力帮助与支持。在本书写作过程中,我们还得到了很多法学专家的鼓励与律师同行的帮助,在此表示诚挚的感谢!

本书共分十二章。分别是:第一章"农村土地承包经营"由浙江合创律师事务所俞建伟律师执笔;第二章"农村土地经营权流转"由俞建伟律师执笔;第三章"宅基地使用与管理"由浙江红邦律师事务所俞乾文律师执笔;第四章"集体经营性建设用地入市"由俞乾文律师执笔;第五章"地役权与相邻关系"由浙江共业律师事务所兰军华律师执笔;第六章"农村房屋建造与装修"由俞建伟律师执笔;第七章"农村房屋买卖"由俞建伟律师执笔;第八章"农村房屋租赁"由浙江京衡(宁波)

律师事务所王榕律师执笔；第九章"农村不动产抵押贷款"由俞建伟律师执笔；第十章"集体土地征收与补偿"由浙江合创律师事务所周龙飞律师执笔；第十一章"农村家庭内部不动产处理"由俞建伟律师执笔；第十二章"农村不动产权益继承与遗赠"由北京天驰君泰（宁波）律师事务所嵇思涛律师执笔。全书由俞建伟律师修改并统稿完成。

本书完稿后，我们认为基本上达到原来的预期。本书是一本较全面介绍农村土地房屋法律问题并具有一定创新性的普法书。不仅适合普通读者阅读，而且可以作为法官、律师、基层法律工作者、人民调解员等的工具书，也可以作为法学专业学生的参考书，还可以作为给农村"法律明白人"的培训教材。

在写书过程中，从2022年8月开始，我开始运营名为"不动产法律"的微信公众号，作为与律师同行及其他感兴趣者交流关于不动产（包括房屋与土地）法律问题的平台。作者已将书中部分内容发在该微信公众号，已经发了300多篇文章。以后还会陆续将书中内容以普法文章或案例介绍的方式进行发布。

此外，结合本书的写作，我们还做了一些有意义的事情。如我关注并积极推动既有住宅加装电梯工作，曾于2022年年初通过宁波市人大代表提出"关于制定《宁波市老旧小区住宅加装电梯管理办法》的建议"，该建议被宁波市人大常委会评为2022年度优秀建议。他还深入开展与加装电梯相关其他法律问题的研究，所撰写的论文《既有住宅加装电梯情形下相邻业主的权利保护与利益平衡》在2022年宁波市律师论坛上获奖并发表在《中国律师》2022年第11期上。2022年11月，《老旧小区住宅加装电梯过程中的法律服务》在宁波市"法治惠企"法律服务产品大赛上获奖。后，我有幸被评为2023年度宁波市既有住宅加装电梯"最美加梯人"的荣誉，是获得表彰人员中唯一的律师。2024年，经过我的牵线联系，宁波市住建部门与宁波市律师协会开展合作并成立了宁波市既有住宅加装电梯法律服务团。

2023年1月，浙江省住房和城乡建设厅就修订的合同示范文本向社会公开征求意见。我对征求意见稿曾提出过5条建议，其中有4条建议被吸纳，并在2023年版《浙江省存量房买卖合同》《浙江省房屋租赁合同》示范文本中有体现。2023年4月，最高人民法院发布了《关于适用〈中华人民共和国民法典〉侵权责任编的解释（一）（征求意见稿）》，我对高空抛坠物案件中物业服务企业的责任问题提出6条建议。在2023年宁波市律师论坛上，论文《高空抛坠物案件中物业服务企业的责任承担——基于物业服务企业的安全保障义务进行分析》获得二等奖。2023

年4月,宁波市司法局发布"关于征求《宁波市租赁住房安全管理条例(草案征求意见稿)》的公告",我提出共14条修改建议,对照后来的公布稿,发现有7条建议被不同程度地采纳。此外,我还对《宁波市征收集体所有土地房屋补偿条例(草案)》两次提出修改建议,共计20多条建议。2024年1月,我对《农村集体经济组织法(草案二次公开审议稿)》提出10条修改建议。其间,我还被相关政府部门聘为宁波市农业农村普法讲师团成员、宁波市既有住宅加装电梯专家。

我们在选用案例时,尽量选择近年来各级法院判决的案例,尤其是最高人民法院判决或裁定的案例。在本书即将付印时,突然出现一个新情况:2024年2月27日,最高人民法院举行人民法院案例库建设工作新闻发布会。人民法院案例库收录经最高人民法院审核认为对类案具有参考示范价值的案例。我查询后发现案例库中有很多关于不动产的纠纷案例,于是抓紧时间收集与整理了30多个案例,对本书中原来的部分案例进行替换或新增。尤其是农村土地承包经营、土地经营权流转、集体经营性建设用地、集体土地房屋征收与补偿等领域中,很多案例是采用的是入库案例。入库案例经过最高人民法院统一审核把关,显然更有典型性与指导意义。

由于作者的水平有限,书中难免会有一些差错或遗憾。如果有些内容有不同的观点,我们一般采用通常的观点。虽然本书的文字已经很多,但也无法将农村土地与房屋中的法律问题都包括在内,只能选择部分比较常见的法律问题与典型案例进行介绍。欢迎读者提出批评意见,在本书有机会再版时,我们争取将一些内容进行修改完善。

人生很短,我们希望能做一些自己力所能力、对社会有贡献的事情,希望本书的出版能帮助到普通读者,对社会大众有益!

俞建伟 执笔

2024年6月